U0126690

李慶著

顧千里研究

顧廷龍題

臺灣學生書局印行

《顧千里研究》增補本説明

本書是拙著《顧千里研究》的增補本。

《顧千里研究》，乃筆者三十年前，在復旦大學讀研究生時所撰，是一本古典文獻學的專業著作。後由上海古籍出版社出版。原以為僅可覆瓿——當時出版社要求我自己買一百本，至今家中還有餘存。後來漸漸地受到一些讀者和研究者關注，認為此書不僅對於校勘學有意義，其中考究的內容，對於清代的學術史研究，所論的種種方法，對於古典文獻學的展開，都尚有參考價值。因最初印數很少，有的需要者難以入手。

時光荏苒，數十年如飛。去年在北京的一個國際性學術會議上，遇見臺灣大學趙飛鵬教授。因是古典文獻學的同道，談到此書。認為不妨再版。這就成了再版的契機。蒙他的熱誠好意，和臺灣有關出版社聯繫，表示可以接納。

要再版，自然想做得更全面一些。

原書出版時，因出版篇幅限制，筆者有關顧千里的論説，比如研究生的畢業論文《顧千里校勘學初探》等，沒有收入。有些介紹性文章中把《顧千里研究》説成是我的畢業論文，並不確切。《顧千里校勘學初探》中的一些內容，筆者曾在不同的專業雜誌上發表過，如：

〈胡刻《文選考異》為顧千里所作考〉（原載北京圖書館【現北京國家圖書館】主辦《文獻》，1984 年第 22 輯）

〈顧千里對校勘學的貢獻〉（原載《復旦學報》社會科學版，1984 年第 3 期）

〈論顧千里校勘之方法〉（原載全國高校古籍整理研究委員會主辦《古籍整理與研究》，1987 年第 1 期）

其餘多置篋底，未曾面世。

這次再版，有的朋友勸曰，不妨把有關的研究匯集起來，便於需要者查考。所

以，特把《顧千里校勘學初探》補入。在發表過的文章中，〈論顧千里校勘之方法〉，原為《初探》中的一節，故不再重複收錄。而〈顧千里對校勘學的貢獻〉，是對《初探》的概括，作為一篇導論性的文字，特附於後。此外，還有幾篇文字，當時和〈胡刻《文選考異》為顧千里所作考〉一起，是作為「附錄」列在論文後的，沒有公開發表過。它們是：

　　〈《撫州本禮記考異》作者考〉

　　〈《國語札記》作者考〉

　　〈《鹽鐵論》考證作者考〉

　　〈汪本《隸釋刊誤》作者辨證〉

這次也一併收入。

　　鑒於都是近三十年前所撰，具體內容和文字表述當然多帶有那個時代的印記。且不少原始資料已不在手邊，無法再重新梳理。因此，這次增補版，所收的文字，除了改正個別明顯的誤訛以外，其餘一仍其舊。供讀者參考的同時，或也可顯現當時的歷史本來面貌。

　　做了上述的增補訂正，比起原來的本子，或許對於讀者和研究者來說，更便於查閱參考。但問題肯定還是不少，敬祈各方批評指正。

　　在走筆交代上述具體事宜的同時，腦海中情不自禁地浮現出當時在復旦大學求學的情景和曾經指導過我的老師、前輩的身影。他們有的已經仙逝，有的也病重在身，不勝感觸。恍然間想起陳寅恪先生的兩句詩：「回首卅年眠食地，模糊殘夢上心頭」。（《改舊句寄北》，載《陳寅恪詩集》頁73，清華大學出版社，1993年）每個時代的學者都有著自己的夢想和追求，有些撰寫的東西，或許在歷史的波瀾中，會漸漸被消磨揚棄，而這樣的夢，也許是不會斷絕的。

　　就此，作為增補本的說明。

2010 年 3 月 30 日

序

　　清代乾、嘉之際，考據之學大盛，凡當時學術上稍有名望者，幾無一不與考據學有某種淵源。一時名家輩出，蔚為清代學術界之一大特色。

　　考據學者反對宋、明以來游談無根、主觀臆斷的空疏議論，而強調無徵不信、實事求是的務實精神，這就要求考據的結論必須建立在大量原始的、確鑿可靠的材料基礎上。時代固求其愈早愈佳，內容則必求其翔實可靠。而古籍經過長期寫刻流傳，散佚訛誤固在所難免，當時段玉裁提出了「必先定底本之是非，而後可斷其立說之是非」的議論，認為古籍非經校勘整理，則不足以定底本之是非，未能審定底本之是非，則不足以言立說之是非，由此可見清代學者對校勘之重視程度。於是學者們鉤稽索引，爬羅剔抉，無不致力於材料的搜輯整理，公私諸家輯刻古籍之風，亦因而大暢，而輯佚、校勘之學，遂成為考據學重要之組成部分。

　　由於校勘本身對考據具有的重要地位和得到當代學者的普遍重視，當時遂有終生從事於此而卓然以此名家者，顧千里即為其中之代表人物。千里從小博覽群書，潛心向學，經史、小學、天文、曆算、輿地等學，無書不讀，為日後從事校勘工作打下了深厚的學術基礎。而其所處之江南吳中地區，適為清代藏書家薈聚之中心，舊刻名鈔，所在多有；其所交往，亦多一時名流學者，切磋探討，相互啟迪，在客觀上為其提供了一定的物質條件。

　　顧氏一生，所校圖書不下一百六七十種，內容包括經、史、子、集各部，其校書所涉範圍之廣，實為歷代校勘家中所僅見。龔自珍在《己亥雜詩》中稱讚他：「誤書細勘原無誤，安得陳編盡屬君！」對他在我國校勘學史上的地位，都作了充分肯定。

　　對這樣一位在校勘學史上具有重要地位的學者，第一個為他撰寫年譜的是日本漢學家神田喜一郎。一九二六年，《國學月刊》發表了他撰寫的《顧千里先生年譜》

的譯文，由於是初創，內容顯得不夠充實；陳乃乾為此作了「補遺」，增加了若干材料。一九三○年，汪宗衍根據涵芬樓收藏的顧千里校本加以補充，撰成《顧千里年譜》，發表在《圖書館學季刊》上，材料稍有增加，但內容仍嫌簡略。同年，趙詒琛根據顧氏生平事蹟及交遊作了較多補充，撰成《顧千里先生年譜》；嗣後又根據王欣夫先生提供的資料進行了增補，於一九三二年刊入《對樹書屋叢刻》，這是我們目前能夠看到的較好的一個本子。

李慶同志長期從事對顧千里的研究工作，從北京、上海、江蘇、浙江等地各大圖書館和私人收藏的顧氏校本中搜集了大量第一手材料，並參閱了文集、方志、碑拓、尺牘、筆記等三百餘種，鉤稽研討，從中發掘了不少前人從未注意到的資料，尤其對顧氏早年的活動情況和他的交遊作了較多的補充，從而勾勒出了他一生思想發展的脈絡。對顧千里的校勘成果，本書作了較為深入、詳盡的考訂，論述了這些校本的校勘根據、校勘過程及其以後的流變情況，為進一步了解顧氏在校勘學上所取得的成就提供了十分有用的材料。

本書還對前人論述中的某些問題，如顧千里與段玉裁相識的時間、兩人在爭論時來往書札的次序等進行了考訂，糾正了一些錯誤的論斷。同時對顧千里與段玉裁、黃丕烈之間所以發生爭論的原委，進行了一些探索，提出了自己的見解。這些，對了解顧千里的思想發展過程，無疑是十分有益的。

李慶同志的這本書，通過對顧千里生平的排比整理，不僅對研究顧氏本身提供了比較完備的資料，同時通過對顧氏交遊的敘述，對研究嘉、道時期吳中地區學者之間的關係及學術流別也具有一定的參考價值。它的出版，將對進一步研究顧千里的生平和他在校勘學上的成就，起積極的推動作用。

徐鵬

一九八七年八月於復旦大學

顧千里研究（增補本）

目　次

前　言

　　顧千里（1766－1835），名廣圻，號澗薲，以字行，江蘇元和（今吳縣）人。他是我國清代嘉慶、道光年間的著名學者，經學小學，天文地理，詩賦詞章，金石碑版俱有所長，尤精於校勘之學，被譽為「清代校勘第一人」❶。他校刊的典籍，廣為流布，沾溉後世；他的丹黃遺冊，被奉作書苑球璧，珍藏秘府；但他本人，卻還有不少事蹟未顯於世。這是一位在清代學術史、中國古典文獻學、中國文化史研究中應當予以重視的人物。

一

　　乾嘉時期，清朝的政權業已鞏固，進一步加強了思想文化上的專制統治。乾隆皇帝號稱「稽古右文」，刻石經，修《四庫》，提倡考據，而又在士人的頭頂揮動「文字獄」的鎖鍊。當時江南地區，承數百年經濟文化發展之餘緒，呈現出發達的景象，成為學術文化中心。「乾嘉以後，刻書之風盛行」，而其名家，「皆在大江以南」❷。江南地區的藏書家，更是不勝枚舉。

　　顧家世代為醫，千里從兄顧之逵是乾嘉時著名吳中藏書家。家庭的薰陶和大量的藏書，使他得以博覽羣書。他又是江聲的高足，惠棟的再傳弟子。曾師事錢大昕，得到過段玉裁的指點。這樣的師承關係，對他學術思想和治學方法，無疑有著很大的影響。他交遊廣闊，和孫星衍、張敦仁、阮元、秦恩復、吳鼐、顧蒓、王引之、洪瑩等人頗有交往，得到他們的提攜和幫助。此外，他的友好，如戈襄、鈕匪石、袁廷檮、黃丕烈、瞿木夫、嚴元照、李銳、臧在東等，俱為一時俊選。友朋間切磋

---

❶　見神田喜一郎《顧千里年譜》及日本平凡社版《大百科事典》顧廣圻條。

❷　傅增湘《雙鑒樓藏書續記》卷下。

琢磨，相互影響。

這樣的社會歷史條件造就了顧千里，造就了他的校勘學。

二

顧千里的主要成就在古典文獻學領域，在校勘學。他一生整理的古代典籍之多，校書之勤奮，令人讚歎不已。他在校勘學理論和方法上的建樹，尤為人稱道。他提出校書須「去鑿空騰說之損，收實事求是之益」；主張吸取「宋學」主靜主敬的思想，運用到「漢學」「實事求是」的治學中去；這在當時「宋學」、「漢學」門戶之見甚深之際，有其可貴之處。他主張校勘必須和目錄、版本之學相結合，校勘須精通文字、音韻、訓詁；校勘須注意全書義例，具有識見。他強調的校書須有根據，標明出處；校書要「以不校校之」，不可輕改原文等理論，可以說在今天已成了古籍整理學科中的基本原則。他在長期實踐中運用和總結的一整套校勘的方法，成為我國校勘學的寶貴財富。

顧千里畢生從事古籍整理，進行校勘，因而形成了自己的風格和特點。具體而言，有如下數端：

一，顧千里與其說是一個專門研究古籍的學者，不如說他更多的是以校書為職業，為謀生的手段。他之所以終身從事丹鉛，很大程度上是為生計所迫。這和乾嘉之際的其他校勘學者，如段玉裁、王念孫、錢大昕等人是不同的。他沒有這些人那樣悠閒，可以隨自己的學術研究和愛好來決定校理典籍的內容和進程。由此便決定了他校書範圍博大，不是偏專於一個領域，耕耘於一隅之地，而是經史子集，旁及各類，是一個博涉派。這是一個主要的特徵。

二，在校勘時，他特別強調要收羅眾本，辨明版本源流，講求不同版本的互勘。堅持校勘要有版本根據。從校勘的方式上來說，他屬於「版本派」。

三，顧千里從事校勘，但他並不滿足於一般的典籍整理，而且注意從具體的校理工作中，抽象出規律性的東西。顧千里雖然沒有留下一部完整的校勘學專門著作，但在他的那些題跋、校勘記中，常常可以看到閃光的理論性歸納，而這正是我們應

當進一步加以研究的。❸

　　顧千里的成就，又不僅僅局限於校勘學領域。如在經學中，他強調《詩經》的箋、注不當混淆；對《禮記》中有關周代學制的獨到看法；在小學中對《說文解字》的研究，對《釋名》義例的闡述；在史學中，對《資治通鑑》中有關地理的研究等等。他是一位博學多才的學者。在清代學術史、清代文化史中，他應當有自己的地位。

三

　　「讀書貴經濟，經濟又貴用而不貴言。」❹「他日倘出仕，當上不負國，下不負民，終於不負所學而後止。若肥身家，保妻子，從時自媚，不危言危行者，共絕之！」❺讀著這些熱血奔突的豪言，你腦海中會浮現出一個怎樣的形象呢？顧千里在人們的印象中，更多的是一個斷斷於校勘之役的「萬卷書生」，是一個心如古井的儒者。但是，誰又能說，在他的血管中沒有熱血在奔流呢？

　　顧千里在青年時，是一個很有濟世抱負，志在騰飛的人物。看看他的老友戈襄所寫的〈贈顧子遊序〉，便會深切地感觸到這一點。但人的思想是變化的。時代的潮流，人生的際遇，生計的奔波，磨滅了他的理想之光。他漸漸地沉寂了，現實了。為稻粱謀的實際境況，迫使他惶惶於校勘之中。歷史就這樣捉弄人，一個認為讀書當「貴用」的人，偏偏就要讓他為他以為不當「貴」的他人之「言」而耗費一生。這未始不是一場悲劇。

　　顧千里還是一個個性強烈的人物。喜笑怒罵，率性為之。遇事講求理性，不拘泥於情面。他與先輩如段玉裁、劉鳳誥等人的爭執，與友朋黃丕烈、李銳等的牴牾，大抵多與此有關。關於顧千里的為人性格，前人有截然不同的兩種說法。有的人認為他剛愎自用，好輕詆人，故多與人爭執；而還有的人則說他進退舉止粥粥，詞色嫗煦平和。現在看來，這二者都存在著一些片面性，他們刻畫的，都只是顧千里的

---

❸　關於顧千里校勘學，拙作有《顧千里校勘學初探》，其中部分章節已發表於《復旦學報》1984 年第 3 期，和《古籍整理與研究》第二期。現已收入本書 357 頁以降，請參閱。

❹　見戈襄《半樹齋文》卷七〈思適軒記〉。

❺　同上書，卷十〈贈顧子遊序〉。

一個側面。年輕氣盛時，閱世頗淺，遇事據理力爭，頗有意氣之舉。而年歲增長，閱歷漸深，生活的波濤，沖刷了身上的稜角，便漸趨沖虛平和了。從一個銳意進取、鋒芒畢露的青年，到一個平和可掬的碩儒，最後在貧病交困中死去，這中間，我們不是可以看到那個時代的影子嗎？

還要提一下的是，顧千里一個最大的特點，便是他的真誠。吳鼒說他「終不欺人」❻，李兆洛也說他「唯無自欺，方無書欺」❼，細細品味他的一生，確實可以領略到這一點。

四

有關顧千里的生平記載，現可見的〈墓志銘〉有二個。一為夏寶晉所撰，一為李兆洛所撰。為顧千里作年譜的，最早是日本老一輩的漢學家神田喜一郎。國內曾有幾種譯本，陳乃乾氏嘗略作苴補。汪宗衍氏又復撰之。而後，趙詒琛氏再次重撰。趙氏之譜先後刊布過二次。先由金山姚氏刊布，稍略；後趙氏又再增補刊行。這最後一種，吸收了前人成果，最為細密。

前人對顧千里生平的研究，篳路藍縷，功不可沒。但是，也無須諱言，其中有不少問題還是可以進一步探討的。比如，他們對於顧千里思想發展的脈絡，勾勒不清，尤其是早年的濟世思想和事蹟等，多未涉及。又比如，對於顧千里一生較有影響的和段玉裁爭論的始末，和黃丕烈之間的關係，由甚為親密到最後交絕的原委，俱未能究明。再比如，有大量新發現的資料，舊譜中俱未予採用。此外，顧千里的交遊、行跡，還多有可補訂者。因此，筆者不揣淺陋，以數年之力，遍及南北各大圖書館，收羅尋訪，爬梳剔抉，略事考訂，成此新譜。我主要做了如下一些工作：

一，根據收集到的各種新材料，對顧千里的生平事蹟作了較大的補充。

二，對顧千里的師承交遊，廣事考訂，從各種方志，詩文別集，說部筆記等資料中，彙集了不少不見於史傳的人物事蹟，使我們對顧千里的交往狀況，有較明確的認識，對當時整個學術界的相互關係狀況，有所了解。

---

❻ 見《思適齋集》卷十三〈西園感舊圖序〉。
❼ 見《養一齋集》卷十一〈顧澗薲墓志銘〉。

三，對顧千里所校的各種書，在可能的條件下，考明其所用的版本，勾勒其校勘的具體過程，使大家對顧千里的校勘學，有更明晰的認識。

四，對於顧千里生平中的一些重大事件，如上文所提及的那些問題，略作考訂，力求能勾畫出其發展的始末，以及相互的關係。

五，對於前人所作諸譜中的訛誤之處進行了辨證。

〈顧千里校書考〉將顧千里所校之書的原委和流布狀況，作一考察，以期對顧千里的校書情況能有一系統的研究。

最後我這部《顧千里研究》的寫作，首先應當感謝我的導師徐鵬先生對我的指導。他不僅確定了我的研究生畢業論文以顧千里為研究對象，並慨然將已故王欣夫老先生的《蛾術軒篋存善本書錄》手稿示我閱讀，還曾介紹我去謁見請教謝剛主老前輩，對我多有指導。成稿以後，先生又在百忙中看過我的稿子。

還應感謝老前輩呂貞白先生，當時他得知我寫作此書後，熱情地給我以指點，並囑我曰：此人是很值得研究的。他還介紹我給黃永年先生寫信，收集有關資料。遺憾的是，呂先生已無法見到此書的出版了。而陝西師大的黃永年先生，我當時毫不相識，冒昧給他寫了信。不意先生在百忙中，慨然將珍藏的顧千里手書題跋抄錄寄我。章培恆先生對我多加關照，曾多次問及此書的情況。顧起潛先生也多加指點，並蒙惠題書名。對於師長對我的指點和幫助，我由衷地表示深切的感謝，並將永遠銘記在心，作為鞭策自己不斷努力探求的動力！

此外，北京圖書館、上海圖書館、南京圖書館、浙江圖書館、北京大學圖書館、復旦大學圖書館、揚州市圖書館等單位，都曾將善本圖書惠借。我的同窗好友孫猛、王鎮遠諸同志，也對我多有幫助。在此一併表示謝意。

新訂顧千里年譜

敘　例

一，本譜所收材料以與顧千里有關者為限，列舉事實，不加評論。

二，本譜繫年，採用舊曆。一年之中，凡月份不可考之事蹟，則次於是年之末；凡推定為某一時期之事蹟，則次於此時期某年後，於注釋中說明。

三，凡引用材料，一律標明出處，以便讀者查檢。凡採納他人之成果，亦一律於注釋中說明，不敢掠美。

四，所取材料，多有出自《思適齋集》及《思適齋書跋》者。為行文簡略，凡出此二書者，一般僅標明卷數，不再抄錄。

五，書中凡涉及顧千里親屬、師承、交遊，其人於正史中有傳者，除個別因傳文過略而稍事苴補外，一般僅標明卷數，以免繁冗。前人所撰〈墓志銘〉及《年譜》，則著錄其目，以便翻檢參閱。凡正史未見其傳者，則或尋方志、或錄他人詩文，以彰行跡。

六，後人有關顧千里的傳記材料，如〈墓志銘〉等，一仍趙詒琛氏《顧千里先生年譜》例，列於譜文之後。

七，顧千里校書甚多，凡校一書，多以數本互勘，且參以他書，故常有所舉為同一書名，而實為不同校本之情況。為便於讀者了解他校書所採版本、校書過程及校本之流布狀況，筆者不揣淺陋，將所見草成〈顧千里校書考〉，次於《年譜》之後。而〈顧千里題跋書目〉，〈顧千里著述目錄〉附焉。

八，在收羅顧千里材料之際，略見有遺文為《思適齋集》，《思適齋書跋》所未收者，稍事排比，次於書後，以備讀者翻閱。

　　九，最後附有全書徵引文獻目錄，所舉僅為主要者。其中除鈔本、校本等外，一般不注明版本。又，凡本書引用時有略稱者，如《思適齋集》稱「《集》」，《思適齋書跋》稱「《書跋》」等，則於書目後標明，以供查對。

　　十，本書採用新式標點，標點符號用法一仍常例。文內括號中文字，除標明「原注」者外，俱為筆者所注。

年　譜

乾隆三十一年（1766 年）丙戌，一歲。

八月，顧千里生。江蘇吳縣人。父名文煜，字庭有，時年二十七歲。母鄭氏，時年二十一歲。[一]

顧千里名廣圻，字千里，以字行。號澗薲。其一生中所用署名、別號、印鑑甚多，現據所見，彙錄如下[二]：

署名、別號：

思適居士　見〈百宋一廛賦〉，顧千里手校《古文苑》卷九。

間蘋居士　見北京圖書館藏《顧氏藏墨》。

鑑平　見《蕘圃藏書題識》卷三〈吳地記〉條。

一雲　見王欣夫先生校《思適齋集》卷十六。

一雲散人　見顧千里手校《唐文粹》卷九。

一雲老人　見顧千里手校《唐文粹》卷九十七。

牛背散人　見顧千里校跋《衢本郡齋讀書志》。

無悶子　見〈遯翁苦口序〉，顧千里手校《唐文粹》書尾。

千翁　見顧千里手校《歐陽行周集》卷五。

印鑑：

顧廣圻印　白方。見顧千里校《中論》。

顧千里印　朱白方。見顧千里校《復古篇》，顧千里撰《釋梧溪集訂譌》稿本。

顧廣圻　白方。見顧千里校《道藏目錄詳注》。

千里　朱方。見顧千里校《金石後錄》。

千里　白長方。見復旦大學藏原顧千里收藏之《士禮居叢書》。

澗薲　白長方。見顧千里校《唐大詔令集》、《道藏目錄詳注》。

顧　白小方。見顧千里校《金石後錄》。

廣　白小方。見顧千里跋抄本《後漢書補注》。

圻　白小方。同上。

顧千里以字行　白長方。見顧千里跋《爾雅》。

一雲散人　朱方。見顧千里校《易林》、《復古篇》。

一雲山人　見北京圖書館藏《顧氏藏墨》。

顧澗薲手校　白方。見顧千里校《古文苑》、《困學紀聞》。

顧澗薲藏書　朱長方。見顧千里校《周禮》。

顧千里經眼記　朱長方。見顧千里跋鈔本《後漢書補注》。

廣圻審定　朱方。見顧千里校《古文苑》、胡刻《文選》。

字千里號澗薲　見顧千里校宋本《禮記釋文》、《資治通鑑釋文》。

東吳　白長方。見顧千里校《金石後錄》。

千翁　見北京圖書館藏《顧氏藏墨》。

無悶子　朱橢圓。見顧千里校《唐文粹》。

思適齋　朱方。見顧千里跋《韓非子》。

思適齋　朱小長方。見顧千里跋《漢書》。

陳黃門侍郎野王三十五代孫　見顧千里校宋本《禮記釋文》。

　　顧千里之親屬現可考見者有：祖父名松，字雨蒼；伯父文烜，從兄之逵、東京，妻韓氏，子四人，除鎬外，俱夭折；女四人，婿名鈕寶順、沈秉錕、程雲燦、張定海，有侄，名阿和、阿道、望山，孫名瑞清，字河之。[三]

　　顧千里之交遊：江聲四十六歲。程瑤田四十二歲。王昶四十二歲。盧文弨四十歲。錢大昕三十九歲。姚鼐三十六歲。段玉裁三十二歲。孫志祖三十歲。王念孫二十三歲。孫星衍十三歲。陳鱣十三歲。張敦仁十二歲。秦恩復七歲。江藩六歲。鈕匪石六歲。黃丕烈四歲。阮元三歲。李富孫三歲。王引之是年生。[四]

　　是時，清朝統治已趨穩固，江南地區社會較為安定。經濟、文化都得到發展。思想控制日見嚴厲。

注釋：

　　[一]《集》卷十八〈先考碣陰記〉：「先考府君諱文煜，字庭有。系出陳黃門侍郎，世為吳縣人，我祖雨蒼公之第六子也。」「府君生於乾隆五年六月七日，歿於三十六年三月廿日。」據

此，是年其當為二十七歲。又：「元配先姚鄭氏太孺人，上虞奕葉詩禮名門」，「廿六而寡，七十一而終，立節撫孤凡四十六載。」「太孺人生於乾隆十一年十月三日，歿於嘉慶二十一年九月廿九日。」則是年當為二十一歲。

〔二〕顧千里的署名、別號、印鑑，散見各處，重見者不乏其例。此所標見處，僅為舉例言之。又，間有未標款式者，乃從他處迻錄，未曾目驗故也。

〔三〕李兆洛《養一齋文集》卷十一〈澗蘋顧君墓誌銘〉：「君名廣圻，字千里，號澗蘋，陳黃門侍郎野王之三十五世孫。曾祖沛，祖松，父文煜，俱業醫，世為吳人。」「舅氏鄭源濤」。「配韓氏，卒於道光十五年八月十九日，年七十。子鎬。孫瑞清。」

李斗《揚州畫舫錄》卷十：「顧文烜，字玉田，吳縣人。精於醫，以張仲景為法。尤通《素問》、《靈樞》之理。揚州人以千金求其一至為幸。子之逵，字抱沖，邑諸生，好藏書，築小讀書堆。」顧之逵為千里從兄，則文烜當為千里伯父。

《藏書紀事詩》卷五：顧之逵「字抱沖，元和人。廩貢生，好讀書。其藏書處曰小讀書堆。嘉慶丁巳卒，年四十五。瞿中溶輓之詩云，嗟嗟顧君好讀書，百萬牙籤皆玉軸。宋刊元印與明鈔，插架堆牀娛心目。一握書論一斛珠，購來手自三薰沐。黃金散盡為收書，秘本時時出老屋。」「著有《一瓻錄》」。

《書跋》卷二「《古刻叢鈔》一卷」條下曰：「從兄東京取小讀書堆所藏付校」。《蕘圃藏書題識》卷八「《林和請集》四卷」條下曰：「此故人顧抱沖遺書也」「因從其弟東京借歸讎勘」。可知東京為千里從兄，抱沖之弟。

趙詒琛《顧千里先生年譜》：「先生有子四人，其一名鎬，餘殤。女四，鈕寶順、沈秉錕、程雲燦、張定海，其婿也。」

光緒九年刊《蘇州府志》卷八十三〈鈕樹玉傳〉：「子寶順，福建沙洲典史。值大水，平糶躬親，按戶發給，厝棺漂沒，勸捐埋無算，百姓德之。遷南平縣丞。」又，蔣祖詒等《思適齋集外書跋輯存》前，有影印潘博山先生藏顧千里手札，曰「婿鈕承之」。可知鈕寶順為鈕樹玉之子，其字似為承之。

《書跋》卷二「《通鑑紀事本末》四十二卷」條下曰：「程槃初嬭孟出以見示。」疑其或為程雲燦之父。

《書跋》卷一：「《禮記釋文》四卷」條下曰：「促姪望山尋出」。又卷二「《高注戰國策》三十三卷」條下曰：「書此留示阿和、阿道，回數家兄下世已閱七年」。則望山、阿和、阿道當俱為其姪。或望山即阿和或阿道亦未可知。

張瑛《知退齋稿》卷五〈河之顧君傳〉云：「吾郡乾嘉間宿儒澗蘋先生有孫曰瑞清，字河之」，「父鎬，弟三，皆早卒。」可知瑞清為鎬之子。

王欣夫先生校《思適齋集》卷十六〈跋鄭仁愷碑〉：「口占，授孫金保書。」知千里有孫名金保，或為河之小名。

綜上所述，顧千里之世系，可作成下圖：

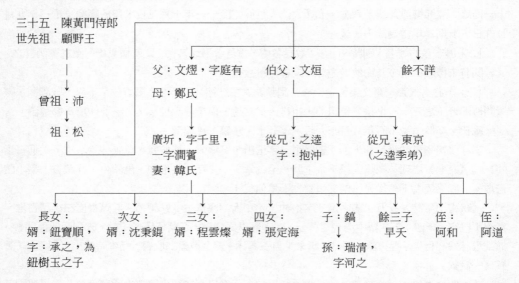

三十五　陳黃門侍郎
世先祖　顧野王

曾祖：沛

祖：松

父：文煜，字庭有　　伯父：文烜　　　　　餘不詳

母：鄭氏

廣圻，字千里，　　從兄：之邎　　從兄：東京
一字澗薲　　　　字：抱沖　　　（之邎季弟）
妻：韓氏

長女：　　　　　次女：　　　　　三女：　　　　　四女：　　　　　子：鎬　　　餘三子　　　侄：　　　侄：
婿：鈕寶順，　　婿：沈秉錕　　婿：程雲燦　　婿：張定海　　　　↓　　　　早夭　　　阿和　　　阿道
字：承之，為　　　　　　　　　　　　　　　　　　　　　　孫：瑞清，
鈕樹玉之子　　　　　　　　　　　　　　　　　　　　　　　字河之

　　[四] 江聲，字叔澐，號艮庭，江蘇吳縣人。孫星衍作〈傳〉，載《平津館文稿》。江藩《漢學師承記》載其事。胡虔善作〈家傳〉，載《新城伯子文集》。《清史稿》卷四百八十一有傳。

　　程瑤田，字易疇，安徽歙縣人。羅振常作〈傳〉，載《古調堂文集》。羅繼祖有《程易疇先生年譜》。《清史稿》卷四百八十一有傳。

　　王昶，字德甫，號蘭泉，又號述菴。江蘇青浦人。阮元撰〈神道碑〉，載《揅經室集》。嚴榮有《述菴先生年譜》。《清史稿》卷三百五有傳。

　　盧文弨，字紹弓，號抱經，又號檠齋。臧庸作〈行狀〉，載《拜經堂文集》。翁方綱作〈墓志銘〉，載《復初齋文集》，段玉裁作〈墓志銘〉，載《經韻樓集》。柳詒徵有《盧抱經先生年譜》。《清史稿》卷四百八十一有傳。

　　錢大昕，字曉徵，號辛楣，江蘇嘉定人。江藩作〈傳〉，載《漢學師承記》。自編有《竹汀居士年譜》，錢慶曾有《竹汀居士年譜續編》。《清史稿》卷四百八十一有傳。

　　姚鼐，字姬傳，號夢穀，又號惜抱。安徽桐城人。陳用光作〈行狀〉，載《太乙舟文集》。姚瑩作〈行狀〉，載《東溟文集》。鄭福照有《姚惜抱先生年譜》。《清史稿》卷四百八十五有傳。

　　段玉裁，字若膺，號懋堂。江蘇金壇人。姚鼐作〈墓志銘〉，載《惜抱軒文集》。劉盼遂有《段玉裁先生年譜》，日本神田喜一郎亦有《段玉裁年譜》。《清史稿》卷四百八十一有傳。

　　孫志祖，字詒穀，號頤穀，又號約齋。浙江仁和人。阮元作〈傳〉，載《揅經室集》。孫星衍作〈傳〉，載《平津館文集》。《清史稿》卷四百八十一有傳。

　　王念孫，字懷祖，號石臞，又作石渠。江蘇高郵人。阮元作〈墓志銘〉，載《揅經室集》。劉盼遂有《高郵王氏父子年譜》。《清史稿》卷四百八十一有傳。

　　孫星衍，字伯淵，又字淵如。江蘇陽湖人。阮元作〈傳〉，載《揅經室集》。張紹南作《孫淵如先生年譜》，繆荃蓀有《訂補》。《清史稿》卷四百八十一有傳。

　　陳鱣，字仲魚，號簡莊，又號河莊。浙江海寧人。《清史稿》卷四百八十四有傳。

　　張敦仁，字古餘。山西陽城人。《清史稿》卷四百七十八有傳。又，《光緒續揚州府志》卷十四有傳，稱其：「以進士官撫州府。所校刊《禮記注》，為海內最善之本。晚居金陵中正街，門無雜賓。延元和李銳與談算，刊《求一算術》」，「又刊《鹽鐵論》，亦佳妙。君所刊書，皆不用坊人，宋體字，故尤為世所重云。」

　　秦恩復，字近光，號敦夫。江蘇江都人。閔爾昌《碑傳集補》卷八載其傳云：「乾隆四十八年舉人，五十二年進士。改庶常，授編修。嗣丁內艱，服闋。將入都，疽發於背」，「由是閉戶養疴，構屋東偏，築室三楹，顏曰五笥仙館。藏書極富，家居幾十載」，「嘉慶十一年入都供職，逾歲回里，明年遊浙。阮文達公時撫浙，延主講詁經精舍。十四年，兩淮鹽政又延主講樂儀書院。二十年，復聘校刊欽定《全唐文》」，「二十三年入都，閱四年，仍乞假歸。晚年自號狷翁」，「著有《享帚詞》三卷。平居收藏書畫法帖，洎瓷銅玉石之類，鑑別精確。勘定古書，慎選良工以付剞劂，海內爭購。曾刊《列子》、《鬼谷子》、《揚子法言》、《駱賓王集》、《李元賓集》、《呂衡州集》、《奉天錄》、《隸韻》、《詞林韻釋》諸古本行世，卒年八十有四。」

　　江藩，字子屏，江蘇甘泉人。閔爾昌有《江子屏先生年譜》。《清史列傳》卷六十九《黃承吉傳》稱其曰：「號鄭堂，又自號節甫老人。」受業於吳縣余蕭客及元和江聲，為吳派漢學大師惠棟再傳弟子。與同里焦循、黃承吉、李鍾泗友善，以學問切磋，號「江、焦、黃、李」。

　　鈕樹玉，字匪石，號藍田。江蘇吳縣人。《清史稿》卷四百八十一有傳。又，民國刊《吳縣志》卷七十一載其傳，稱之為「洞庭東山布衣，通六書之學」，「又精音律，與青浦王侍郎昶，欲以八音調合宮商，俾復古樂，而未果事。」

　　黃丕烈，字紹武，號蕘圃，又號復翁。江蘇吳縣人。江標有《黃蕘圃先生年譜》，王欣夫先生有《黃蕘圃先生年譜補》。民國《吳縣志》卷七十一載其傳云：「乾隆戊申舉人，注銓部主事。性孝友」，「平生無聲色之好，喜藏書。購得宋刻百餘種，學士顧蒓顏其室曰百宋一廛。日夜校讎，研索訂正。嘗刻《周禮鄭注》、《國語》、《國策》、《焦氏易林》等書，一以宋刻為準。」

　　阮元，字伯元，號芸臺。江蘇儀徵人。劉毓崧作〈傳〉，載《通義堂文集》。張鑒等有〈雷塘庵主弟子記〉。《清史稿》卷三百六十四有傳。

　　李富孫，字既汸。浙江嘉興人。有《校經廎自訂年譜》。《清史稿》卷四百八十二有傳。

　　王引之，字伯申，號曼卿。江蘇高郵人。湯金釗作〈墓志銘〉，載《寸心知室文存》。劉盼遂有《高郵王氏父子年譜》。《清史稿》卷四百八十一有傳。

　　千里之交遊頗廣，未能徧舉，此所列者，乃與之關係較密及頗有聲名者。

乾隆三十二年（1767 年）丁亥，二歲。

臧庸、郭麐[一]生。

注釋：

[一] 臧庸，字拜經，一字西成，又字在東。江蘇武進人。阮元作〈臧拜經別傳〉，傳《揅經室集》。日本吉川吉次郎有《臧在東年譜》。《清史稿》卷四百八十一有傳。

郭麐，字祥伯，號頻迦，又號蘧菴、復菴。江蘇吳江人。馮登府作〈墓志銘〉，載《石經閣文集》。《清史稿》卷四百八十五有傳。

乾隆三十三年（1768 年）戊子，三歲。

李銳、彭兆蓀[一]生。

注釋：

[一] 李銳，字尚之，一字四香。江蘇元和人。阮元作〈傳〉，載《揅經室集》。張星鑑作〈傳〉，載《仰蕭樓文集》。佚名者有《李尚之先生年譜》。《清史稿》卷五百零七有傳。

彭兆蓀，字湘涵，號甘亭。江蘇鎮洋人。姚椿作〈墓志銘〉，載《晚學齋文集》。繆朝荃有《彭湘涵年譜》，云其生於乾隆三十四年。《清史稿》卷四百八十五有傳。

乾隆三十四年（1769 年）己丑，四歲。

李兆洛、瞿中溶[一]生。

注釋：

[一] 李兆洛，字申耆，號養一老人。江蘇陽湖人。包世臣作〈傳〉，載《藝舟雙楫》。魏源作〈傳〉，載《古微堂外集》。蔣彤有《武進李先生年譜》。《清史稿》卷四百八十六有傳。

瞿中溶，字木夫，一字鏡濤。江蘇嘉定人。有《瞿木夫先生自訂年譜》。王欣夫先生有《瞿木夫先生自訂年譜補》。《清史稿》卷四百八十六有傳。

乾隆三十五年（1770 年）庚寅，五歲。

乾隆三十六年（1771 年）辛卯，六歲。

三月二十二日，父卒，享年三十二歲。母鄭氏，時僅二十六歲。其母「撫孤守節，極人生之艱難」。[一]顧千里幼年，殆多受其母之教誨。

注釋：

[一] 見《集》卷十八〈先考碣陰記〉。

乾隆三十七年（1772 年）壬辰，七歲。

　　春正月，乾隆下詔訪求天下典籍，此為撰修《四庫全書》之先聲。[一]

注釋：

　　[一]《四庫全書總目提要・卷首》載乾隆三十七年正月四日諭曰：「今內府藏書，插架不謂不富。然古今來著作之手無慮千百家，或逸在名山，未登柱史。正宜及時採集，彙送京師。」「其令直省督撫會同學政等通飭所屬，加意購訪。」

乾隆三十八年（1773 年）癸巳，八歲。

　　春，《四庫全書》開館修纂。[一]江浙二省搜求典籍甚多。[二]

注釋：

　　[一]《四庫全書總目提要・卷首》載乾隆三十八年二月旨曰，「將來辦理成編時，署名《四庫全書》」、「現在查辦《四庫全書》之翰林等官，著照武英殿修書處之例，給與飯食。」則四庫館正式開張。

　　[二]據同上書載乾隆三十八年五月諭曰：「據江南督撫及兩淮鹽政等奏到，購求呈送之書，已不下四五千種」。可見江南地區搜求甚力。

乾隆三十九年（1774 年）甲午，九歲。

　　乾隆褒賞進呈書百種以上者。[一]

注釋：

　　[一]《四庫全書總目提要・卷首》載乾隆三十九年五月諭，對呈書百種以上者，賞《古今圖書集成》、《佩文韻府》，「以示嘉獎」。這在當時社會上，頗有影響。

乾隆四十年（1775 年）乙未，十歲。

　　千里少孤多病，然嗜書如命，枕上未嘗廢書，人咸異之。[一]

　　戴震、邵晉涵[二]等平步翰林。士子漸趨實學。[三]

　　清廷強調要刪削典籍中違礙字句。[四]

注釋：

　　[一]見李兆洛《養一齋文集》卷十一〈澗蘋顧君墓志銘〉。又，神田喜一郎《顧千里年譜》將此條繫於此。然千里嗜書之勤，未必僅限於是年。

　　[二]戴震，字東原。安徽休寧人。洪榜撰〈行狀〉，載《初堂遺稿》，錢大昕作〈傳〉，載《潛研堂文集》。劉師培作〈傳〉，載《左盦外集》。段玉裁有《戴東原先生年譜》。魏建功有

《戴東原年譜》。《清史稿》卷四百八十一有傳。

邵晉涵，字二雲。浙江會稽人。錢大昕撰〈墓志銘〉，載《潛研堂文集》。王昶撰〈墓碑〉，見《春融堂集》。章學誠撰〈別傳〉，載《章氏遺書》。黃雲眉有《邵二雲先生年譜》。《清史稿》卷四百八十一有傳。

［三］盧文弨《抱經堂文集》卷六《戴氏遺書·序》：「天子開四庫館以網羅放失，讎校之司，必得如劉向、揚雄者方足以稱上指。東原用薦者，以鄉貢士起家，入館充校理。命與會試中式者同赴廷對，洊升翰林，天下士聞之，咸喜以為得發抒所學矣。」

洪亮吉《卷施閣文集甲集》卷九〈邵學士家傳〉：「及四庫館之開，君與戴君又首膺其選，由徒步入翰林。於是海內之士知向學者于惠君則讀其書，于君與戴君則親聞其緒論。向之空談性命及從事帖括者，始駸駸然趨實學矣。」

由此可見當時學風之一斑。

［四］《四庫全書總目提要·卷首》載乾隆四十年十一月諭：「務須詳慎抉擇，使羣言悉歸雅正」。此後，又多次下諭，將違礙字句「逐細查明，概行燬棄。」

乾隆四十一年（1776 年）丙申，十一歲。

從兄顧之逵以第三名入長洲縣學。[一] 時主科試者為嘉善謝墉。[二]

注釋：

［一］據《國朝三邑諸生譜》是年「長洲」條下，有顧之逵之名。乃「謝宗師」科試。趙詒琛《顧千里先生年譜》是年載：「謝宗師科試，從兄抱沖入元和學，第三名。題《明日》。」注：「後為廩貢生」。「長洲」、「元和」稍異，今從《諸生譜》。

［二］謝墉，字崑城，號金圃，又號東墅。阮元作〈墓志銘〉，載《揅經室集》。《清史稿》卷三百五有傳。

乾隆四十二年（1777 年）丁酉，十二歲。

三月七日，祧父靈於吳縣一雲山東麓神臺墩下祖塋之側。[一]

千里隨舅氏陳鑑堂[二]赴京師。[三]

注釋：

［一］見《集》卷十八〈先考碣陰記〉。

［二］陳鑑堂，林汝珍《詞林輯略》卷四：「鄭源燾，榜姓陳，字奕堂，號鑑堂，順天宛平人。散館，改主事，官至江南道監察御史。」光緒間刊《畿輔通志》卷四十一〈選舉表九〉，乾隆三十六年辛卯，恩科黃軒榜，順天府下載：「陳源燾，宛平人。」《光緒上虞縣志校續》卷四十一〈選舉〉，進士，乾隆三十六年下載：鄭源燾，「庶常郎中，宛平籍。碑錄不載。登黃軒榜。」

又，《明清歷科進士題名錄》乾隆三十六年，第二甲二十三名為「陳源橐」。注：「復姓。鄭源橐。」然則「陳鑑堂」即「鄭源橐」。趙詒琛《顧千里先生年譜》作「陳鑑塘」，「塘」、「堂」音同。

　　[三] 李兆洛《養一齋文集》卷十一〈澗蘋顧君墓志銘〉：「年十二，隨舅氏鄭源橐侍御於京師。」

乾隆四十三年（1778 年）戊戌，十三歲。

　　在京師。

乾隆四十四年（1779 年）己亥，十四歲。

　　在京師。

　　乾隆於此數年間，屢下旨諭，要四庫館臣務必詳加勘校。[一]

注釋：

　　[一]《四庫全書總目提要・卷首》載乾隆四十二年十一月諭：館臣「尤應留心細勘」，「嗣後務悉心詳校，毋再輕率干咎。」載四十三年五月諭：館臣對諸繕寫之書，「既經抽看，而仍聽其魯魚亥豕，累牘連篇」，「嗣後務宜痛加猛省，悉心校勘」，「毋再因循干咎。」「將此再行嚴飭在館諸臣知之。」

乾隆四十五年（1780 年）庚子，十五歲。

　　六月入伏日，千里跋舊鈔本《嵇康集》十卷云：「有書不知較讎，與無書等。」[一]此可見千里是時治學之態度，殆受當時社會風尚影響也。

注釋：

　　[一] 見《書跋》卷四。（按：近年有學者認為，此跋非顧千里所寫，存此備考。）

乾隆四十六年（1781 年）辛丑，十六歲。

　　自京南歸。[一]此後十餘載，千里俱在里中求學。

　　時，與程念鞠[二]等從張白華[三]先生學。假館於程氏。千里不喜時藝，每問師讀書之法。念鞠富藏書，與千里善。千里因得徧覽其書，學者稱之為「萬卷書生」。[四]

　　程念鞠有陸敕先[五]手校本《易林》在張白華處，後被吳枚菴[六]借去丟失，千里甚憾之。[七]

　　是年，黃蕘圃入縣學。[八]

是數年間，清廷收繳銷燬版片十萬餘塊，禁書三千餘種。[九]

注釋：

[一]《集》卷九〈刻易林序〉云，是年南歸。李兆洛〈澗蘋顧君墓志銘〉則云「弱冠南回」。趙氏《顧千里先生年譜》作是年南歸。其說是，今從之。

[二] 程念鞠，據蔣吟秋《吳中藏書先哲考略》云：「程世銓，字叔平，號念鞠。清吳下人。所居曰逸園，其地絕勝。以西磧為塢，以太湖為池，繞於所謂騰嘯臺下，以梅花萬樹為林。」「王同愈藏念鞠〈鄧尉探梅圖〉卷，有自題云：己酉仲夏，世銓書於寸草軒中。下有『銓』字方印，『鞠菽』二字朱文方印。」趙懷玉《亦有生齋詩集》卷五有〈方大薰為程三世銓寫謝康樂詩意索題〉詩，可知世銓排行第三。又，《蕘圃藏書題識》卷六「《鑑戒錄》十卷宋槧本」條下云：「念鞠宦遊江西，家中書籍大半散佚」。丙寅春，「叔平從江西解餉至江寧，旅中病卒。」由此可見程氏生平概略。

[三] 張白華，《吳中藏書先哲考略》：「張思孝，字南陔，號白華。清長洲人。好蓄書。舊藏《絳雲樓書目》，吳翌鳳曾向借鈔，而索還甚急。蓋博雅多聞，於書尤斤斤護惜者。著有《白華堂詩》。」趙氏《顧千里先生年譜》是年有云：張白華，「諸生。有《白華堂詩詞》。」其注云：「詞集一卷，名《鶯邊詞》，詒琛已刻入《又滿樓叢書》。」

[四] 見《集》卷九〈刻易林序〉，李兆洛《養一齋集》卷十一〈澗蘋顧君墓志銘〉。

[五] 陸敕先，名貽典，號覿菴。江蘇常熟人。《常昭合志稿》卷三十二載其傳云：「諸生。博學工詩。」「工書法，尤長漢隸。篤於友誼。馮鈍吟、孫岷自之遺稿，皆其編輯付梓。」「藏書多善本，與馮己蒼、葉石君有無通假，勤於迻錄，尤精校讎。」

[六] 吳翌鳳，字伊仲，號枚菴。江蘇吳縣人。《吳縣志》卷七十一載其傳云：「諸生。先世新安人，高祖廬遷吳。翌鳳於學無不窺，尤長於詩。自漢魏之唐及宋金元人詩，皆手自選定。吳祭酒《梅村詩集》，舊詳略失宜，翌鳳考訂五十餘年，據史傳為之注。所為詩格律深穩，得溫柔敦厚之旨。所撰輯之書甚多，卒年七十八。中歲，應湖南巡撫姜晟之聘，繼主瀏陽南臺書院。操行潔白，不可干以私。既老倦而歸，橐中惟書數千卷而已。」

[七] 見《集》卷九〈刻易林序〉。

[八] 江標《黃蕘圃先生年譜》是年有云：「先生以十九名入長洲縣庠。學使為彭元瑞侍郎。」其注云：「《長元和（按：「和」疑「吳」之誤。）三縣青衿錄》。」又，《獨學廬四稿》云，年十九，補學官弟子。尋食餼。」

[九] 郭伯恭《四庫全書纂修考》第二章「寓禁於征之實際情況」，第五節「禁燬書籍之統計」中，根據各種檔案資料統計，云：「乾隆三十八年十二月起至四十五年十月，共收到應繳版片五萬二千四百八十塊」。「又，四十五年十一月起，至四十六年九月，共收到版片一萬五千七百五十九塊」。「若再合後數年所繳，計當在十萬以上。」又據陳乃乾統計，編四庫書，共禁燬書約三千種。可見當時禁燬書籍之烈。

乾隆四十七年（1782 年）壬寅，十七歲。

《四庫全書》修成。[一]北方文源、文津、文淵、文溯四閣建成，以藏《四庫全書》。[二]

注釋：

[一] 見《清史稿·高宗本紀》是年所記。

[二] 郭伯恭《四庫全書纂修考》第六章「四庫七閣之告藏」引乾隆《御製詩五集》卷十八〈文津閣詠古樹〉詩注云，是年「四閣俱成。」

乾隆四十八年（1783 年）癸卯，十八歲。

時，千里在里中，與戈襄[一]、范三喬[二]等為至交。「苟相遇，無他言，或縱橫論古今成敗，或慷慨談天下事，各舒所學。」而顧千里「年少氣銳，視天下事無不可為。」「恆以濟世利民相期許。」然其「性剛果，故出語恆忤觸人。醉後議事，尤中時要，而慢易人尤甚。」故「習見者多徙席以辟。」[三]

注釋：

[一] 戈襄，字小蓮。江蘇元和人。顧千里撰〈墓志銘〉，載《思適齋集》。董國華撰〈戈孝子傳〉載《半樹齋文》中，其云：「五歲失怙，居喪哀瘠過成人。母張太宜人以《孝經》課之，孝子受讀，聲淚俱下。」「孝子博聞多識，撰述宏富。古文久刊行世，詩則自編四十卷，附詞二卷。又有《方輿志略》、《十六國地理考》、《五代地理考》、《十國地理考》。精研十載，凡三易稿，手鈔成帙。晚年力探聖賢之學，著《大儒傳道錄》、《名儒傳經錄》、《小人儒錄》，尤有益於世道人心。其餘經學、字學，韻學，算學，各有成書，俱藏於家。」

[二] 范三喬，戈襄《半樹齋文》卷八〈與顧澗薲書〉中稱其「病甚而貧」。卷十〈贈顧子游序〉稱其「有經濟才，豪邁不羈。」卷四有〈與范三喬第二書〉，乃丁巳（嘉慶二年）年所作，注云：范氏「時從軍廣西。」書云：「近乃知足下好佛愈甚，且食不茹鹹，夜不臥席。」由此可略見其生平及為人。

[三] 見戈襄《半樹齋文》卷十〈贈顧子序〉。此所記乃十五、六年前千里與之交往事。考〈贈顧子序〉當作於嘉慶五年，說詳見嘉慶五年注[三十五]。又，此所言俱千里少時事，必千里二十歲以前所為。故次於此。

乾隆四十九年（1784 年）甲辰，十九歲。

在里中。

乾隆五十年（1785 年）乙巳，二十歲。

從徐七來家得宋刻本《鑑戒錄》，後被程念鞠奪去，千里頗為不平。[一]

九月，程念鞠以所得《鑑戒錄》攜示金德輿[二]、鮑廷博[三]、方薰[四]、趙懷玉[五]等，云係「厚價收得。」時在金氏之桐華館。[六]

十日，趙懷玉借觀《鑑戒錄》，重校畢，跋之。[七]

十三日，鮑廷博以鈔本與之互相參校。[八]

此後，千里從趙懷玉處錄出一本，贈黃丕烈。[九]可見諸人嗜書之狀。

冬，秦恩復從吳徵埜處借得何義門[十]手校《歐陽行周文集》，鈔錄成冊。[十一]

注釋：

[一]《蕘圃藏書題識》卷六「《鑑戒錄》十卷宋槧本」條下，黃丕烈跋云：「余友顧千里向為程念鞠豪奪去，此事已逾二十年矣。」又，顧千里跋云：「嘉慶甲子重見此於讀未見書齋，去予前買得時忽忽二十載矣。」二跋俱作於嘉慶甲子（九年），云「二十年前」，當在此時。二十年後，猶記此事，可見千里頗有不平在胸臆間。

[二] 金德輿，字鶴年，又字少權，號雲莊，又號鄂巖。浙江桐鄉人。趙懷玉作〈墓志銘〉，載《亦有生齋集》。王昶《湖海詩傳》卷三十八載其事云：「監生。官刑部主事，有《桐華館吟稿》。」又，王昶《蒲褐山房詩話》稱其：「能詩善畫，累世所藏法書名蹟及宋刻書甚富。南巡時，擇善本以進。有文綺之賜。」「入貲為刑部主事，不久乞病歸。所居桐華館，擅圖書花木之勝，與蔣君元龍、方君薰等流連文酒。四方名士過桐鄉者，必造請盤桓而去。」千里校跋之書，多有原為其所藏者。

[三] 鮑廷博，字以文，又字淥飲。安徽歙縣人。《揅經室二集》卷五載其傳云：「君幼而聰敏，事大父能孝。」「大父卒，既葬，君父攜家居杭州，君事父又以孝聞。以父嗜書，乃購前人書以為歡。既久，而所得書益多且精，裒然為大藏書家。」「君以進書受知名聞當世」，「多刻所藏古書善本公諸海內，至嘉慶十八年，年八十有六，所刻書至二十七集，未竣，而君以十九年秋卒。」「君勤學耽吟，不求仕進，天趣清遠。嘗作〈夕陽詩〉，甚工，世傳之，呼之為『鮑夕陽』。」錢泳《履園叢話》卷六稱其「少習會計，流寓浙中，因家焉。以冶坊為世業而喜讀書。」

[四] 方薰，字蘭坻，一字嬾儒，號蘭如、蘭士等。蔣寶齡《墨林今話》卷五稱其：「幼敏慧，侍其父雪屏先生某遊三吳兩浙間，與賢士大夫交，即以筆墨著。後僑寓禾中之梅里。雪屏歿，極困窘，乃就食桐鄉金比部鄂巖。」「中年，贅梅里王氏，旋僦屋桐華館左右焉。維時海內畫家屈指可數，而若蘭士兼長者尤罕。」「卒年六十有四」。「生平著述甚富，其《山靜居詩稿》四卷，《畫論》二卷，已刻。」

[五] 趙懷玉，字味辛。江蘇陽湖人。《清史稿》卷四百八十五有傳。

[六]《知不足齋叢書》本《鑑戒錄》載鮑廷博〈跋〉云：「乾隆乙巳，吳郡程君叔平厚價收之，攜示金君鄂嚴德輿。適予與方君蘭如薰、趙君味辛懷玉同集於桐華館，得寓目焉。」

[七]《蕘圃藏書題識》卷六「《鑑戒錄》十卷宋槧本」條下，載有趙懷玉跋云：「頃從叔平借觀重校一過，凡兩日而竟。復得譌謬七十餘處，從闕疑者尚多也。乾隆七巳九月十日漏下三鼓。」

[八] 同上書，趙懷玉又跋云：「十三日鮑君以文復攜一本來互相參校，又得誤處三十餘條。其從《全唐詩》采入者，間有異同，仍闕而不補，以存其舊矣。」又，《知不足齋叢書》本《鑑戒錄》鮑廷博〈跋〉云，見程叔平所得本，「並以家抄本互相讎比，正譌補缺，十得八九。」

[九]《蕘圃藏書題識》卷六「《鑑戒錄》十卷宋槧本」條下，載黃丕烈跋云：「既而，千里以鈔本贈余，云是別從趙味辛本錄出，而以宋本校勘，故板本校大。」殆千里在趙氏校後所錄。

[十] 何焯，字屺瞻，號茶仙。人稱義門先生。江蘇長洲人。沈彤作〈行狀〉，載《果堂集》。王峻作〈傳〉，載《王艮齋文集》。全祖望作〈墓志銘〉，載《鮚埼亭集》。《清史稿》卷四百八十四有傳。

[十一] 顧千里校秦恩復鈔本《歐陽行周集》卷十後有秦氏跋云：「乙巳冬，從吳徵塾太史處借得何義門先生手校本，抄錄成冊。」

乾隆五十一年（1786 年）丙午，二十一歲。

春，秦恩復校跋於鈔本《歐陽行周集》上。[一]

時，千里與戈襄、范三喬「頗以濟世利民相期」，嘗相約誓曰：「他日倘出仕，當上不負國，不下負民，終於不負所學而後止。若肥身家、保妻子，從時自媚，不危言危行者，共絕之。」[二]濟世報國之情，溢於字裏行間；鏗鏘金石之言，可謂落地有聲！千里平日每言及此，意氣軒揚。[三]

注釋：

[一] 顧千里校秦恩復鈔本《歐陽行周集》卷十後有秦氏跋云：「取御定《歷代賦彙》及《全唐詩》將前三卷再校一過，並補〈秋月賦〉一首。」時「丙午春分前五日。」

[二] 見《半樹齋文》卷十載〈贈顧子序〉。此序當作於嘉慶五年，見嘉慶五年注[三十五]。文中云，此乃「三人十五年前之所言。」以嘉慶五年上溯十五年，則當在是年。

[三] 同上文。

乾隆五十二年（1787 年）丁未，二十二歲。

七月，千里以陸敕先校宋本《管子》校明刊《管子補注》，並過錄惠棟校語。[一]

七月十三日，孫星衍借觀秦恩復鈔校《歐陽行周集》，並跋之。[二]

千里從程念鞠蓉江寓館鈔得《五代史闕文》、《五代史補》。顧抱沖用以校汲

古閣毛氏本，多有補正。[三]

　　千里得元刊本《困學紀聞》，始與程念鞠、顧至[四]三人分卷共校之，並錄何義門評語於其上。[五]

　　孫星衍、秦恩復、張祥雲[六]同科中進士。[七]

注釋：

　　[一] 王欣夫先生《蛾術軒篋存善本書錄》清稿本第二十一冊「《管子》二十四卷六冊」條下云：「瞿氏鐵琴銅劍樓藏顧千里手校南宋紹興王申瞿源、蔡潛道墨寶堂刊《管子》共兩本」。「其一底本用劉績《補注》本，校宋則臨自陸勅先，並自加案語。《弟子職》有『丁未七月』紀年，當為乾隆五十二年。」則是時千里嘗校此書。

　　[二] 顧千里校秦恩復鈔《歐陽行周文集》十卷，前有孫星衍跋云：「丁未七月望前二日，孫星衍觀於西苑，時校秘書。」西苑在清宮西華門內。殆二人時俱在京師校書。

　　[三] 顧千里抄校本《五代史闕文》一卷，《五代史補》五卷，前有顧千里跋云：「乾隆丁未從程氏蓉江寓館抄得此二種，大約與汲古毛氏及近日伍子田所刊脫誤同耳。」「家兄抱沖曾用以讎毛本，謂不啻如風庭掃葉也。」

　　[四] 顧至，原名玉台，字子山。江蘇長洲人。《國朝三邑諸生譜》乾隆二十九年科試，長洲有顧玉台。注云：「改名至」。王欣夫先生《蛾術軒篋存善本書錄》清稿本第二十二冊「《困學紀聞》二十卷十六冊」條下云：「黃蕘圃《汪水雲詩》、《湖山類稿》均及其人。《湖山類稿》並有于山跋。則與蕘圃為友，亦嗜書者。葉菊裳先生《藏書紀事詩》與顧雨時、聽玉祖孫同列，今查《碧鳳坊顧氏族譜》無其人。蓋同姓而不宗，葉先生誤也。」

　　[五] 王欣夫先生《蛾術軒篋存善本書錄》清稿本第二十二冊「《困學紀聞》二十卷十六冊」條下云：「是書合千里、于山、念鞠三家手校，朱墨紛然。先兄蔭嘉曾詳檢而次敘之：一，乾隆五十二年丁未，顧千里年二十二，得元刊六、七、八三卷校，始以朱筆錄何義門評語於芙蓉江館。詳卷八後跋。二，乾隆五十七年壬子，千里年二十七。八月，重寓齊女門之順宜堂，句讀是恊。詳卷末跋。三，乾隆五十八年癸丑，七月，顧于山以墨筆校元刊，並全錄錢竹汀校本於順宜堂。詳逐卷及卷末跋。四，同年八月廿一日至九月十一日，于山以朱筆臨何評至卷五。詳逐卷跋。五，同年重陽至九月廿六日，程念鞠朱筆續臨何評於卷十八、十九二十。詳逐卷跋。六，同年霜降前一日至大雪，顧于山臨何評於卷九、十、十一，凡三卷。詳逐卷跋。七，乾隆五十九年甲寅冬，千里年二十九，朱筆補臨義門評語自十二卷至十七卷，凡六卷，始成完書，上距丁未首尾八年。詳卷十七跋。」

　　[六] 張祥雲，號鞠園。福建晉江人。《蕘圃藏書題識》卷三「《輿地廣記》三十八卷校影宋本」條下云：「祥雲，號鞠園。以養親乞歸。閩晉江人也。丁卯過吳曾見之，今聞以事下獄瘐死矣。」趙懷玉《亦有生齋詩集》卷二十三有〈吳門晤張太守祥雲，時已乞養得請。出己未所繪揚

子飽帆圖索題〉詩，云：「如練澄江五兩懸，之官猶記九年前。客窗重展生綃看，身已收帆到岸邊。」「疏慵我合老歸耕，君亦居然勇退成。畢竟乘風輸愛日，循陔歲月勝專城。」又，《續修四庫全書提要》集部，收錄清褚廷璋撰《筠心書屋詩鈔》十二卷，乃嘉慶丙寅（十一年）刻本。《提要》云：「是集為其門弟子張祥雲所刊。」

〔七〕見《明清歷科進士題名錄》是年條下。

乾隆五十三年（1788 年）戊申，二十三歲。

得滋蘭堂朱氏[一]鈔本《建康實錄》，以宋本及他書校補之。[二]

黃丕烈是年為舉人。

注釋：

〔一〕滋蘭堂朱氏，據蔣吟秋《吳中藏書先哲考略》載：「朱邦衡，字秋崖。清吳中人。為余蕭客高弟。好藏書，嘗傳錄《國語》惠校本，自署『小門生』，蓋蕭客又為惠棟弟子也。又手錄《述古堂書目》，題『乾隆庚子錄於白蓮里之靜怡小築』。姪奐，字文游。與惠棟為莫逆交。藏書甲吳中，所居為滋蘭堂。余蕭客館其家，因得博覽羣書。」

〔二〕見《書跋》卷二「《建康實錄》二十卷鈔本」條。

乾隆五十四年（1789 年）己酉，二十四歲。

正月，錢大昕主講蘇州紫陽書院，其「諭諸生以無慕虛名，勤修實學。由是吳中士習，為之一變。」[一]

是時，千里與鈕匪石、瞿中溶、顧蒓[二]等俱在紫陽書院就學，「皆當時傑出者也。」[三]

十二月，千里據馮知十原藏本校《五代史闕文》、《五代史補》鈔本。[四]

是時前後，千里成親，妻韓氏。[五]

注釋：

〔一〕錢大昕自編《竹汀居士年譜》乾隆「五十四年己酉，年六十二歲」條下載：「正月，到紫陽書院。」錢慶曾注云：「紫陽書院舊院長為蔣侍郎元益，於去冬謝世。中丞閔公博訪輿論，惟公克稱斯席。遂以公品粹學淳，居鄉端謹入奏。公追憶四十年前，賴名師益友得闚古人堂奧，乃奮然以振興文教為己任。諭諸生以無慕虛名，勤修實學。由是吳中士習，為之一變。」

〔二〕顧蒓，字吳羹。江蘇吳縣人。《吳縣志》卷六十六下〈列傳四〉載其事云：「先世江寧人，前明有諱鵬者徙居吳之碧鳳坊。蒓以嘉慶七年進士選庶吉士，授編修，擢侍讀。督學雲南道。」道光十二年，「卒於京邸，年六十有八。」

[三] 鈕樹玉《匪石日記鈔·自序》：「年三十，始得謁見竹汀先生於紫陽書院。又獲見艮庭先生。江雨來、顧千里、費玉璣、瞿鏡濤、漸磨切磋，每有所見。」

錢慶曾《竹汀居士年譜續編》「乾隆五十八年癸丑，年六十六歲」條下云：「公在紫陽最久，自己酉至甲子，凡十有六年。一時賢士受業於門下者不下二千人。悉精研古學，實事求是。如李茂才銳之算術，夏廣文文燾之輿地，鈕布衣樹玉之《說文》，費孝廉士璣之經術，張徵君燕昌之金石，陳工部稽亭先生之史學。幾千年之絕學，萃於諸公，而一折衷於講席。餘如顧學士蒓、茂才廣圻、李孝廉福、陳觀察鍾麟、陶觀察樑、徐閣學頲、潘尚書世恩、戶部世璜、蔡明經雲、董觀察國華輩，不專名一家，皆當時之傑出者也。」

據上引，鈕樹玉「三十」方得謁錢竹汀於紫陽書院，則正當在是年。而千里等亦在紫陽書院為錢竹汀門下士。

[四] 顧千里校鈔本《五代史闕文》卷末，有千里題識云：「己酉十二月，用馮知十家藏本校一過。顧廣圻記」。《五代史補》卷末題識云：「己酉十二月，用馮知十家（下殘缺）。」同書，又載顧千里題識有：「從白華師借得馮知十家藏鈔本校一過」云云，則馮氏書乃從其師張白華處借得。

[五] 千里娶妻時日，未見記載。今考之，其孫瑞清，據張瑛《知退齋稿》卷五〈河之顧君傳〉云，卒於「同治癸亥夏五月」，「卒年四十八歲。」同治癸亥為同治二年，以此推之，其當生於嘉慶二十一年。若以二十餘歲生子推算，千里之子鎬當生於乾隆末年。則千里娶妻自在此之前。又，據前所述，千里之妻卒於道光十五年，年七十。與千里同歲。若至乾隆末年，其年已三十。以清代吳中風俗，女子二十八、九歲方始成婚，似嫌稍晚。折衷之，以常情推斷，其娶妻當於是年前後。

乾隆五十五年（1790 年）庚戌，二十五歲。

春，執贄於同郡江艮庭先生之門，[一]為江氏之高足。艮庭曾以篆文寫《釋名》一部，千里嘗校之。[二]

趙氏亦有生齋欲刊行《韓詩外傳》，千里作〈與趙味辛論韓詩外傳誤字書〉。[三]

時與戈襄、吳若霞[四]論詩。千里稱吳氏之詩「幽深博大而無脂粉綺羅氣。」[五]

注釋：

[一] 見《集》卷五〈惠松崖先生四世畫像記〉。按，李兆洛〈澗薲顧君墓志銘〉稱，千里三十歲後，從江艮庭先生遊。神田喜一郎《顧千里先生年譜》、趙詒琛《顧千里先生年譜》並疑〈墓志銘〉有誤。汪宗衍《顧千里年譜》亦以是年千里從江氏遊。似當以千里自記為是，〈墓志銘〉殆誤。

[二]《增訂四庫簡明目錄標注》卷三「《釋名》四卷」條下云：「沅叔又收得篆文本，為顧

千里手校。」千里校此書凡兩過，其一在江聲歿後二十年，另一次未詳。考經訓堂本《釋名》刊於乾隆五十四年，是時千里又從江氏學，故暫繫於此。

[三] 《集》卷六載〈與趙味辛論韓詩外傳誤字書〉，未注所作時日。〈書〉中有：「元槧本第五卷『用萬乘之國則舉錯而定一朝之自詩曰周雖舊邦其命維新可謂白矣謂文王亦可謂大儒已矣』。此本《荀子・儒效篇》文。彼作『舉錯而定一朝而伯』，無『詩曰』以下云云。故尊校依楊倞《注》『伯讀為霸』，而改『自』為『伯』，刪去『可謂白矣謂』五字」云云，可知此書當在千里見到趙氏校本以後所作。又，《亦有生齋集》卷二有〈校刻韓詩外傳序〉曰：「既取數本參校」，「未敢示人。歲戊申，餘姚盧弓父先生來吾郡講席」，「偶及是書，先生出手定本見示」，「乃取向所參校者改竄而附益之。於是未敢自信者，藉可質之於世。」可知趙氏校本示人，在乾隆五十四年之後。又，趙氏刊本刊行於乾隆五十六年。疑千里此書乃與趙氏切磋而作，故繫於此。

[四] 何若霞，名采。江蘇吳縣人。《半樹齋文》卷四〈何若霞墓志銘〉云：「何若霞，吳中某家青衣也，名采。才色絕擅。不自飾，不自矜，故知者絕少。」著有《吳中草》詩一卷。何氏卒時，「得十九歲。」

[五] 同上，又云：「予與顧子澗蘋獨識之，且時與澗蘋論詩。因出所為《白燕詩》請和。和如其什，若霞違焉。因盡出其稿示予。乃知澗蘋所謂幽深博大而無脂粉綺羅者，不繆也。」

乾隆五十六年（1791年）辛亥，二十六歲。

正月二十七日，千里以養拙齋影元鈔本《復古篇》校乾隆四十五年葛鳴陽刊本，並跋之。[一]

六月，段玉裁手輯《戴東原集》十三卷付刊。[二]

八月十三日，東洞庭山徐學友葬其父徐潄坡，妣邱氏請千里撰〈墓志銘〉。千里撰〈增貢生潄坡徐君墓志銘〉。[三]

十一月二十五日，鈕匪石見訪，借戴東原所校《孟子注》，與千里暢談。千里曰，《方言》非揚子雲作。又曰，《通雅》甚雜。《竹書紀年》、《孔叢子》、《家語》不足引用。[四]

由千里介紹，鈕匪石始知臧在東。千里云：「有顧子述[五]者，攜其友臧拜經所輯《爾雅古注》來吳，因得寓目，蓋希有之書也。」[六]

何若霞卒。終前，以詩本託付千里。千里悲痛之餘，踉蹌以告戈襄，云：「子知之乎？若霞死矣。」其詩「今搜之已十零七八，僅存《吳中草》一卷而已。」「詩雖數十首，若霞傳矣。」[七]

注釋：

　　[一] 此書現存黃永年先生處。承先生函示，書中跋曰：「重光大淵獻，用養拙齋影元版鈔本校。養拙齋者，《曝書亭集・漢晏壽碑跋》所稱中吳齊女門顧氏是也。孟陬廿有七日圻記。」

　　[二] 王欣夫先生《蛾術軒篋存善本書錄》清稿本第十八冊著錄有段玉裁經韻樓刊初印本《戴東原集》，為顧廣圻手校本。

　　[三] 見《集》卷十八〈增貢生漱坡徐君墓志銘〉。

　　[四] 見《非石日記鈔》。

　　[五] 顧子述，《非石日記鈔》云，「名明，字子述，號尚志。」又，段玉裁《戴東原集・序》云：「《文集》十卷，先生之學梗概具見。武進臧在東、顧氏子述因增其未備，編為十二卷。

　　[六]《非石日記鈔》附〈遺文〉有〈癸丑季冬送臧拜經詩跋〉：「余之獲交於君，實由顧千里始。憶辛亥冬，千里謂余曰，有顧子述者，攜其友臧君所輯《爾雅古注》來吳，因得寓目，蓋希有之書也。余雖未見，固已中心藏之矣。壬子，舟過毗陵，始獲晤君於顧氏尚志齋。」又，《非石日記鈔》載，鈕匪石經顧千里介紹始識臧在東，時亦在「辛亥冬」。兩處所記，殆同一事。

　　[七] 見《半樹齋文》卷四〈何若霞墓志銘〉。此〈墓志銘〉作於嘉慶丁巳（二年），中云：「去其死已七年」，則何氏似亡於是年前後。

乾隆五十七年（1792 年）壬子，二十七歲。

　　二月二十九日，鈕匪石過常州，因顧子述得見臧在東，與之訂交。臧在東遂得與千里等交往。[一]季春，黃丕烈經顧千里借其師張白華所儲錢叔寶[二]校刊之《吳地記》、《吳郡圖經續記》。[三]

　　八月，千里重寓齊女門之順宜堂，校讀《困學紀聞》。[四]

　　十月，段玉裁遷居姑蘇閶門外下津橋，多與錢大昕過從。始見千里，稱之曰：「《音均表》解人，昔為高郵王懷祖，今乃得足下耳。」[五]

　　段玉裁甚器重千里，嘗寄書陳壽祺[六]曰：「子蘭[七]與顧千里，蘇之二俊也。」[八]千里亦多有請教段玉裁處，嘗語袁又愷[九]、黃丕烈等云：「吾學得諸懋堂先生。」[十]

　　是年，乾隆下諭，務將坊間所存刪節經書之版片限期銷毀，如逾期不毀，將予嚴懲。[十一]

注釋：

　　[一]《非石日記鈔》。引文見上年注釋[六]。又，臧庸《拜經堂文集》卷四〈別鈕匪石序〉云：「君壬子春過常，造顧子述。子述來告曰，有錢少詹高弟子吳縣鈕匪石至，足下願見其人乎？

余欣然就尚志齋相晤。」可知二人始相見於是時。

同上書卷四〈漁隱小圃文飲記〉云：「昔顧子明吳門還，告余有其宗者，高明績學士也。恨勿能見。後鈕君匪石過尚志齋，子明招余訂交焉。」「遂得與匪石、千里往還以求從事於實學。乃漸與鏡濤、玉衡、尚之交。」參以上年注釋[六]，可知千里與臧在東之交，實得力於顧子述。子述於吳中，使千里知有在東。返常州，使在東知有千里。賴子述之力，匪石得與在東訂交，緣此與千里交往，進而與吳中諸子相識。

[二] 錢叔寶，名穀，字叔寶，自號磬室。江蘇吳縣人。《明史》卷二百八十七附〈文徵明傳〉。又，錢謙益《列朝詩集小傳·丁集》稱其：「少孤貧，遊文徵明門下，日取架上書讀之，以其餘功點染水墨。」「葺懸磬室，讀書其中。聞有異書，雖病必強起匍匐請觀。手自鈔寫，幾於充棟。窮日夜校勘，至老不衰。」

[三] 《蕘圃藏書題識》卷三「《吳地記》一卷校本」條下云：「壬子季春，從余友顧鑑平轉假伊師張白華所儲《吳地記》及《吳郡圖經續記》，二書俱係錢叔寶校刊之本，而龍公所梓者也，故合裝一冊。」

[四] 見《書跋》卷三「《困學紀聞》二十卷校本」條。又，參見乾隆五十二年注釋[五]。

[五] 劉盼遂《段玉裁先生年譜》是年下載：「十月，避橫逆移家居蘇州，得識黃蕘圃丕烈、顧千里廣圻。先生極愛賞千里，謂之曰，『《音均表》解人，昔為高郵王懷祖，今乃得足下耳。』」段氏贊許千里語，又見《集》卷十八〈刻釋拜序〉。

[六] 陳壽祺，字恭甫，一字葦仁，號左海。福建閩縣人。有〈自傳〉，載《左海文集》。阮元作〈傳〉，載《擘經室集》。林昌彝作〈傳〉，載《小石渠閣文集》。《清史稿》卷四百八十二有傳。

[七] 江沅，字子蘭，號鐵君。江蘇吳縣人。《清史稿》卷四百八十一有傳。

[八] 王欣夫先生輯《段玉裁經韻樓集外文》抄本中，載有〈與陳壽祺書〉。此書未注寫作日期，從上引文語氣而言，當為與千里交惡之前，方到蘇時所作，姑繫於是。

[九] 袁又愷，名廷檮，字壽階，或作綏階。一字又愷。江蘇吳縣人。《吳縣志》卷七十一其傳云：「國學生。六歲而孤，生母韓，教之成立。家有竹柏樓，韓所居也。廷檮繪圖，徵海內詩文以顯其節，故竹柏樓頗著聲藝林間。家饒於資，遺書萬卷，廷檮與錢詹事大昕、王侍郎昶、王光祿鳴盛、江徵士聲、段大令玉裁為師友。而尤與黃主事丕烈相契，故學有本原。後家中落，曾都轉燠招修《揚州圖經》，同事震其名，既乃嘆曰，今黃叔度也。卒年四十八。」又，李正度《國朝先正事略》卷三十六稱其「家楓江，有小園，饒水石之勝。又得先世所藏五硯，為樓弄之。蓄書萬卷，皆宋元槧刻及金石碑版、法書名畫之屬。又得徐健菴留植洞庭山之紅蕙種之，名其室曰『紅蕙山房』。生平於書無所不讀，尤精於小學。」

[十] 劉盼遂《段玉裁先生年譜》是年條下載：千里「請業於先生。嘗語袁又愷、黃蕘圃輩曰，吾學得諸懋堂先生。」《注》云：見「《經韻樓集》卷十二〈答黃紹武書〉，卷十一〈答顧千里

書〉。」

關於千里與段玉裁是否為師徒，前人議論頗有不同。張穆《閻潛邱年譜》卷四云：「《漢學師承記》，聞之顧君千里云，曾見初印亭林所刊《廣韻》，前有校刊姓氏，列受業閻若璩名。則若璩嘗贄彼崑山門下。然若璩書中不稱亭林為師，豈亭林歿後遂背其師耶？」張氏云：「千里天生輕薄，於生平師事之段懋堂，一旦論學不合，輒痛加詆厲，無復弟子之禮，懋堂至引顏黃門語以責之」，「然則其誣潛邱，正以自解也。」李慈銘《越縵堂日記》光緒四年五月十日記云：平定張誦風，其撰《閻百詩年譜》，「橫詆先生（指顧千里）天性輕薄，於平生師事之段懋堂，一旦論學不合，痛加詆毀，無復弟子之禮。余謂先生所言必有據。且未嘗以段氏為師。段氏《集》中與先生書及〈與黃紹武書〉，雖亦有師資受教之言，而未嘗執贄稱弟子。蓋段氏年輩已老，為經學大師，久居吳門。先生以輩行尊之。相從論學，固事之所有，要非奉手受教在門下者也。張氏不知而妄言，無足深論。」就段玉裁，顧千里是否為師生關係而言，似以李氏之說為是。

[十一] 劉錦藻《清續文獻通考》卷九十七「直省鄉黨之學」載：是年，「行令各督撫學政，轉飭所屬，將坊間所存刪節經書版片限三月內押令盡數呈繳銷毀。如逾限不交，一經查出，照違制治罪。其未能詳查之地方官及各督撫學政，均照例分別議處。」此乃清廷加強思想控制之措施。

乾隆五十八年（1793年）癸丑，二十八歲。

春，黃丕烈公車入都，未能得東城顧氏之宋本《列女傳》，旋為顧抱沖所得。[一]

四月十四日，千里會鈕匪石。千里以校本書示之，其中有千里自校之《廣雅》，段玉裁糾正盧抱經校刻之《方言》，惠定宇《後漢書補注》，惠氏校本《大戴禮記》。[二]

四月，臧在東校鈔本《唐石經考異》。[三]

五月九日，千里從段玉裁處借得傳錄宋明道本《國語》，過錄於明萬曆間刻本上，並跋之。[四]

十月十日，千里校畢影宋鈔本《文苑英華辨證》，作〈書文苑英華辨證後〉。[五]

十一月望日，重閱過錄校宋本《國語》一過，又跋於書上。[六]

十二月十八日，鈕匪石訪顧抱沖及千里。共同觀閱校宋本《漢藝文志》、校宋本《列子》、毛鈔《藥石》、《爾雅》，元刻《草堂集》，元版《濟生拔萃方》等。[七]

歲除，黃丕烈得宋景德年刊單疏本《儀禮》，千里取勘世行本。[八]千里屢誇此書在宋槧中為「奇中之奇、寶中之寶。」[九]

千里過錄惠棟校《大戴禮記》，並校跋之。[十]

千里多與師友切磋學問，品評所作文章。是年，戈襄作〈凡式貢之餘財以共玩好之用論〉，千里閱而贊之曰：「是第一等文字。使無此文，幾使人欲謂此句是劉子駿增加也。」戈氏又作〈里克論〉，千里閱而評曰，「是第一等文字。吾乃知晉之禍，里克為之也。」[十一]

是歲前後，千里得子，名鎬。[十二]

注釋：

[一] 《蕘圃藏書題識》卷二「《古列女傳》八卷明刻校宋本」條下云：「壬子歲暮，從東城顧氏攜來宋本《列女傳》二冊，裝璜精雅，楮墨俱帶古香，心甚愛之。緣需直頗昂，僅留閱信宿而取去。簡端有牧翁題語，詳是書流傳始末甚明，蓋即所云內殿本也。閱歲，癸丑新春，余以公車匆匆入都，未及購買。迨夏初旋里，知是書已為友人顧抱沖所得。」

[二] 見《非石日記鈔》。

[三] 日本吉川幸次郎《臧在東年譜》是年載：「四月，籤校錢氏《唐石經考異》。」注云：「本書。案，書在涵芬樓秘笈中。」

[四] 見《書跋》卷二「《國語》二十一卷明刻本」條下。

[五] 見《集》卷十五所載原文。又見《書跋》卷四「《文苑英華辨證》十卷校本」條。

[六] 見《書跋》卷二「《國語》二十一卷明刻本」條下。

[七] 《非石日記鈔》：是日，「候顧抱沖、千里。見校宋本《漢藝文志》（校於汪本上），校宋本《列子》（校於世德堂本上），毛鈔《藥石》、《爾雅》。頃之，有顧姓攜元刻《草堂集》來，索價百金。又觀元版《濟生拔萃方》，共十九卷。朱竹垞跋誤為六卷，是未見其足本也。」

[八] 《士禮居藏書題跋記續》卷一「《儀禮疏》」條下，曰：「顧子千里嘗用行世各本勘之一過，補其脫，刪其衍，正其錯繆。千里云，其所標某至某，注某至某，尤有關於經注，而各本刊落竄易殆盡，非此竟無由得見。實於宋槧書籍中為奇中之奇，寶中之寶，莫與比倫者也。」

[九] 見上。又見〈百宋一廛賦注〉此書條下。

[十] 韓應陛《讀有用書齋書目》著錄有：「《大戴禮記》十三卷，雅雨堂刻本。惠松崖、顧澗薲廣圻、戈小蓮宙襄三人手校。有惠、戈二跋。」此書王欣夫先生有過錄本，僅錄惠、顧二人校語，未著顧校時日。考《蕘圃藏書題識》卷一「《大戴禮記》十三卷校本」條下云：「乾隆壬子莫秋，滋蘭堂所藏惠松崖校本適歸余架。」「十一月中，於書肆得宋刻本，適余友顧抱沖欲得惠校本，因照原值歸去。」可知惠校本於十一月已歸顧氏。且如上所述，鈕匪石是年於千里處得見惠氏校本。再則，此時千里與戈襄過從甚密。故疑此書為是時所校。

[十一] 《半樹齋文》卷二載有〈凡式貢之餘財以共玩好之用論〉文，略云：「《周禮・大府》曰，凡式貢之餘財，以共玩好之用。或者曰，此非周公之言，人君為天下守財，纖悉皆民脂膏，

豈可以供玩好。或又曰，天府之守器，諸侯之分器，皆取於是，以其可玩也，故曰玩好。」而戈氏以為「此二說皆非也。」並詳論之。錢大昕評此文曰：「精理名言極得周公制禮之旨。筆力縱逸，亦甚似三蘇。」顧千里評如正文所引。又載有〈里克論〉一文，略云：「里克非忠臣也，殘忍狠戾人也。」（按：里克事見《史記·晉世家》。）錢大昕評曰：「豈有殺兩君一大夫而可號為忠者？此正論，非刻論也。」顧千里引文亦見正文。二文俱注明為「癸丑」年所作。由此可略見顧千里師友間切磋學問之狀況。其並非僅囿於文字訓詁，而不達世務者也。

[十二] 千里之子生於何時，並無確切記載，以其孫生於嘉慶二十一年推算，其子鎬當生於是年前後。又，以千里結婚時日推算，此前似當有一至二子、女。

乾隆五十九年（1794 年）甲寅，二十九歲。

元月人日，鈕匪石訪顧抱沖，見殘宋本《事類賦》。[一]

三月，千里閱顧抱沖傳校的惠棟校本《淮南子》，跋於其上。[二]

三月間，千里於書肆購得近刻《新唐書糾繆》，其中正趙開美本誤處頗佳。為此，千里後曾致書盧文弨。二人書信往復。[三]

四月十三日，鈕匪石訪顧抱沖，觀影宋毛鈔本《五經文字》、《九經字樣》等書。二十日，抱沖致書匪石，云有宋本《說文繫傳》，匪石往觀，惜止存三十至四十卷。[四]

四月二十五日，鈕匪石至黃丕烈家，觀宋刻本《列女傳》，與顧氏家所藏者同。[五]

是時千里已校過殿本《列女傳》，所據殆即宋本。[六]

五月五日，鈕匪石假顧抱沖所藏郃陽褚峻[七]手摹《金石經眼錄》觀之。七日，顧抱沖招飲匪石，觀宋本《古文苑》，鈔補兩本。又見宋王荊公選《百家唐詩》、元本《冊府元龜》等書。[八]

六月十日，千里以葉文莊[九]、錢罄室鈔本《金石錄》校盧見曾[十]雅雨堂刻本一過，以葉本為主，附以錢本異同。校畢，跋於校本上。[十一]次日，又跋於葉氏校鈔本上。[十二]

七月十九日，鈕匪石詣蕘圃，觀影鈔天聖七年刊《國語》，末有何義門跋。又有殘缺毛鈔本《隸續》等書。[十三]

是月段玉裁致函劉端臨[十四]，甚推許抱沖、千里兄弟，認為抱沖「學問甚優」，

而千里則「尤博而精」。[十五]

九月一日，鈕匪石訪蕘圃，又至千里館中，見千里所校《潛夫論》、《越絕書》。《潛夫論》中引《詩》：「此推與度，莫與併蠡，于何不臻。」又言：「廖氏有金本《本草》，上有牧齋跋。」[十六]

十六日，千里以影鈔嘉定甲申本《吳越春秋》校明刻本，並跋之。[十七]

是時，千里手摹毛斧季[十八]校《松陵集》十卷。[十九]

又，黃丕烈與千里借明章蘗刻本《逸周書》，跋而歸之。[二十]

孟冬，千里補錄《困學紀聞》何義門評語十二至十七卷於顧至、程念鞠等合校本上。上距千里始校是書時，首尾已八年。[二十一]

是年，千里嘗假錄鈕匪石所校《經典釋文》，並跋於卷二十一《春秋釋文》後。[二十二]

除夕前一日，千里以太玄書室本《鹽鐵論》校明鈔涂禎本，跋之。[二十三]

時，蘇州藏書以黃丕烈、顧抱沖、袁廷檮、周錫瓚[二十四]為四大家。[二十五]千里、鈕匪石等與之交往甚密、相互觀賞摩娑所藏宋元善本，砥礪學問。[二十六]

是年，清廷據乾隆旨諭，將官刊校勘經書的《考文提要》頒行天下。云，以後考試，儻再有沿用坊刻本致誤者，將予以嚴懲。[二十七]校勘之學則更盛行矣。

注釋：

[一] 見《非石日記鈔》。

[二] 見《書跋》卷三「《淮南子》二十一卷校本」條下。

[三] 《武英殿聚珍版叢書》本《新唐書糾繆》後，有光緒間吳星華氏所錄顧千里與盧文弨往復之書信。千里信中有：「三月間，於書肆購得近刻《新唐書糾繆》」，「諸是正趙開美本誤處，洵為美善」云云。其餘未標寫作年代。考盧文弨卒於乾隆六十年（見柳詒徵《盧抱經先生年譜》），則千里之信必寫於此之前。又，千里信中有云「近刻《新唐書糾繆》」，考乾隆末年刻《新唐書糾繆》者，為鮑氏知不足齋，此書收入《知不足齋叢書》第十五集，刊刻時間在乾隆五十七年左右。可見，千里購得是書，與盧文弨書信往復當在此三年間。以常理推之，一書之刊刻到其流布於書肆，當有一定間隔，故次於是年。

[四][五] 俱見《非石日記鈔》。

[六] 《蕘圃藏書題識》卷二「《古列女傳》八卷明刻校宋本」條下：「周薌巖先生屬校此刻，故校錢本、宋本於此，而以顧澗薲所校殿本宋本參之。」時為「甲寅四月下澣」。可知在此之前，千里已校過《古列女傳》。

[七] 褚峻，字千峰，陝西邰陽人。趙詒琛《顧千里先生年譜》是年注稱其「常游江淮間，足跡所至，殘碑斷碣、崩崖頹石，無不手自摩揭。《金石經眼錄》，千峰橅圖，滋陽牛階平運震集說，有何堂序及自序，刊刻甚精。清光緒間，貴池劉氏易名《金石圖說》，重刻行世。」

[八] 見《非石日記鈔》。

[九] 葉盛，字與中，諡文莊。江蘇崑山人。《明史》卷一百七十七有傳。

[十] 盧見曾，字抱孫，號澹園，又號雅雨。山東德州人。盧文弨撰〈墓志銘〉，載《抱經堂文集》。《清史列傳》卷七十一有傳。

[十一] 見《書跋》卷二「《金石錄》三十卷校本」條。

[十二] 同上書，見「《金石錄》三十卷校鈔本」條。

[十三] 見《非石日記鈔》。

[十四] 劉端臨，名台拱，端臨係其字。一字江嶺，號子階。江蘇寶應人。阮元作〈墓表〉，載《揅經室文集》。朱彬作〈行狀〉，見《遊道堂集》。段玉裁作〈家傳〉，載《經韻樓文集補編》。劉文興有《劉端臨先生年譜》。《清史稿》卷四百八十一有傳。

[十五] 劉盼遂《段玉裁先生年譜》云，是年「秋七月，作第八書」。即〈與劉端臨第八書〉。是書載《經韻樓文集補編》卷下。中云：「顧君之逵，字安道，其學問甚優，又多購宋刊古本，不惜荊州之借。現在次兒同寓此，可與言學者也。其弟廣圻，字千里，尤博而精，他日大駕到吳，可晤。」

[十六] 見《非石日記鈔》。

[十七] 見《書跋》卷二「《吳越春秋》十卷校宋本」條。

[十八] 毛扆，字斧季。江蘇常熟人。《常昭合志稿》卷三十二云：毛晉之子，「耽校讎」，「兼精小學，何義門輩皆推重之。」又，蔣光熙《東湖叢記》云，其為「陸貽典婿也，最知名。尤耽校讎。」

[十九] 見《書跋》卷四「《松陵集》十卷校本」條。

[二十] 同上書，見卷二「《逸周書》十卷校本」條。

[二十一] 見乾隆五十二年注釋[五]。

[二十二] 見《書跋》卷一「《經典釋文》三十卷校本」條。

[二十三] 同上書，見卷三「《鹽鐵論》十卷校明鈔本」條。

[二十四] 周錫瓚，字仲漣，號漪塘，又號香嚴居士。江蘇蘇州人。蔣吟秋《吳中藏書先哲考略》稱其「居閶門外馬鋪橋。癖好聚書，家多善本。其識別精審，冠絕一時。與黃丕烈同嗜，蹤跡甚密。每得一書，必互借所藏秘本為證」。「嘉慶二十四年卒，年八十餘。」

[二十五] 潘祖蔭〈藝芸書舍宋元本書目跋〉：「吾郡藏書家自康、雍間碧鳳坊顧氏、賜書樓蔣氏後，嘉慶時以黃蕘圃百宋一廛、周錫瓚香嚴書屋、袁壽階五硯樓，顧抱沖小讀書堆為最。所謂『四藏書家』也。」

　　[二十六] 見《非石日記鈔》。是年，鈕匪石與顧抱沖、黃丕烈、周錫瓚等交往甚密，《日記鈔》九月二十一日，二十八日，二十九日，十月十三日，十一月十一日諸條及正文已引諸條，俱有記載。由此可窺見千里諸學友間切磋學問之狀。

　　[二十七] 劉錦藻《清續文獻通考》卷一百一，〈學校八·圖書〉：是年「九月間，石經館大臣等奏，士子所讀經書多係坊本，舛謬衍缺，不一而足，近因刊刻石經，出內府所弆天祿琳琅宋版各經，命臣等詳悉校對，與武英殿官刻諸書參稽印證，逐條摘出，釐訂成編。」「擬名《考文提要》，請頒行天下。於乙卯科鄉試為始，三科後，儻再有沿用坊監本以致舛誤者，將考官士子分別議處停科。」

乾隆六十年（1795 年）乙卯，三十歲。

　　正月九日，千里借顧抱沖藏何義門校宋本《新序》七卷，傳錄一過，跋之。何義門所據，乃陽山顧大有[一]舊藏之宋刊本。[二]

　　十一日，千里以小讀書堆所得陸敕先校本及汲古閣毛氏校本《老學庵筆記》十卷校《稗海》本，並跋之。[三]

　　二月七日，又以《道藏》本《墨子》校畢沅校注本，錄異文於《道藏》本書眉。校畢跋之。[四]

　　閏二月十二日，千里過錄惠松崖批點本《廣韻》，跋於卷五末。[五]

　　閏二月二十三日，黃丕烈於蘇州醋坊橋訪友，得明攖寧齋鈔本《鹽鐵論》，並跋之。[六]

　　是月，黃丕烈借千里年初傳錄之《新序》，再度錄之。以為「視顧澗蘋所校《漢魏叢書》本，勝之遠矣。」殆千里在此之前，嘗校過是書。[七]

　　三月，王昶返蘇州，千里與李尚之、袁廷檮等前往造詣。有宴飲之會。[八]

　　四月，千里重檢《老學庵筆記》，跋之。[九]

　　是月望日，黃丕烈訪顧抱沖，索觀所藏何義門校宋本《新序》。[十]

　　二十八日，又跋於前所檢之《老學庵筆記》上。[十一]

　　是日，鈕匪石訪黃丕烈，觀《平水新韻》、宋本《新序》。[十二]

　　是時，千里始從黃丕烈處借得影寫明道本《國語》，與過錄的段玉裁校本互勘。後，黃丕烈以己之校本屬千里復校。黃丕烈所據，乃影明道本、臨惠棟校本及陸敕先校本。[十三]

五月一日，鈕匪石訪周錫瓚。周氏云：「有元板《論衡》、《呂氏春秋》、明板涂禎刻《鹽鐵論》。」[十四]又至顧抱沖家，觀宋本《前》、《後漢書》。[十五]

五月五日，千里借段玉裁所校《廣韻》過錄，並跋之。[十六]

六月四日，千里為黃丕烈校《國語》畢。將黃氏所藏影寫明道本跋而歸還之，時已逾兩月。又跋於黃氏另一校本上。[十七]

六月二十一日，千里以影宋本《國語》重勘明刻本《國語韋昭注》。校畢，跋於其所過錄的段玉裁校本上。[十八]

是月，又嘗校閱《焦氏易林》。[十九]

八月，千里借盧抱經過錄陸敕先校本《易林》傳臨之。十八日，跋於是書卷一末。[二十]

九月二十四日，千里臨何義門校《蘇學士集》，跋之。[二十一]

千里借袁綬階所藏元刻本《詩外傳》，校《津逮秘書》等諸本，跋於元刻本上，以為此勝諸本遠。[二十二]

十一月二十一日，以影宋本《國語》重勘世行本，補正段玉裁校遺漏若干條。[二十三]

二十五日，鈕匪石訪黃丕烈，觀周漪塘所藏影宋鈔《荀子》，惠松崖手校《荀子》。午後，詣顧抱沖家。[二十四]

晦日，黃丕烈至郡廟前五柳書居，得鈔本《鉅鹿東觀集》，借顧抱沖所藏宋本校勘。後又跋之。[二十五]

季冬，黃丕烈得北宋本《沖虛至德真經》，十二月二十五日，鈕匪石訪黃蕘圃，觀此書。千里為黃丕烈校勘《列子》。[二十六]

十二月二十六日，鈕匪石至顧抱沖家，觀宋本《韓》、《柳集》，元本《玉山草堂集》、《中吳紀聞》等書。[二十七]

是年，段玉裁作書與劉端臨，稱許顧千里云：「蘇州顧廣圻，字千里。其人尚未進學，而學在在東之上，校書最好。」[二十八]

千里讀黃丕烈所藏宋刻《儀禮》單疏本，跋之。[二十九]

是年，為顧抱沖校刊宋余氏勤有堂刊本《古列女傳》，開始撰《列女傳考證》。時多就正於段玉裁。[三十]

鮑廷博將千里所校《文苑英華辨證》刻入《知不足齋叢書》第十九集。[三十一]

千里借瞿木夫所得舊鈔衢州本《郡齋讀書志》，傳錄其副藏之。[三十二]

又影抄華氏活字本《鹽鐵論》，將去年以太玄書室本所校之校語，錄其上。[三十三]

將校本《老學庵筆記》借黃丕烈。[三十四]

是年，焦循[三十五]於秦淮遇顧抱沖。[三十六]

千里作〈題戈小蓮紅袖添香夜讀書卷子二十六韻〉。[三十七]

千里殆於是年識彭兆蓀。[三十八]

注釋：

[一] 顧大有，名元慶，大有係其字。江蘇長洲人。光緒刊《蘇州府志》卷八十六云：「學者稱大石先生。明長洲人。兄弟多纖嗇治產，元慶獨以書史自娛。自經史以至叢說多所纂述。所居顧家青山在大右山左麓，山中有勝蹟八，自為之記。名其堂曰『夷白』。藏書萬卷，擇其善本刻之，署曰『陽山顧氏文房』。」

[二] 見《書跋》卷三「《新序》十卷校宋本」條。

[三] 見《書跋》卷三「《老學菴筆記》十卷校景宋本」條。

[四] 見《書跋》卷三「《墨子》十五卷經訓堂刻本」，又見孫詒讓家原藏傳錄顧千里校本《墨子》卷十五末朱筆題識。

[五] 見《書跋》卷一「《廣韻》五卷校本」條。

[六] 《蕘圃藏書題識》卷四「《鹽鐵論》十卷明鈔本」條下云：「乾隆乙卯閏月下澣三日，訪友於醋坊橋，路過崇善堂書坊，偶憩息焉。」因得是書。考是年閏二月，故次於是。

[七] 《蕘圃藏書題識》卷四「《新序》十卷校宋本」條下云：「此本間有與宋本合者，以雙圈識之，視顧澗蘋所校《漢魏叢書》本勝之遠矣。」則千里是時已校過此書，其本黃丕烈嘗見之。

[八] 嚴榮《述庵先生年譜》：是年「三月，赴蘇州。謁曾祖光祿公墓。墓右丙舍荒圮，因其舊而修之。修築竣，艤舟閶門。諸名流來謁者如李尚之秀才銳、顧千里秀才廣圻、徐澹如秀才葵、袁又愷上舍廷檮輩，朋簪雜遝，樽酒飛勝。而與王光祿、錢少詹，同學同年同歸老，得數晨夕，尤快事也。」

[九] 同注[三]。

[十] 《蕘圃藏書題識》卷四「《新序》十卷校宋本」條下曰：「四月望日，往訪抱沖，索觀何校本」，云云。

[十一] 同注[九]。

[十二] 見《非石日記鈔》，文略同上。

[十三]《蕘圃藏書題識》卷二「《國語》二十一卷校宋本」條下云：「此書首借朱秋崖所臨惠松崖校閱本對勘，而參以傳錄陸敕先校本，亦可自信為善本矣。繼得影寫明道本，屬余友顧澗薲正之。」時在「乾隆乙卯八月」。而錄顧千里跋云：「乙卯夏日用影宋本覆校一過。」

又，顧千里另有一過錄段玉裁校本《國語》，其有題識云：「乙卯六月，影宋本重勘。」據《書跋》卷二「《國語》二十一卷明刻本」條下所記，當在六月二十一日校畢。

由上可知，顧千里當時參校者至少有三本：一為影宋鈔本，一為黃丕烈傳錄校本，另一則為過錄段玉裁本。其校勘的時間，當在是年四月至六月間。上引顧千里跋云「乙卯夏日」可證所校時間不在八月。《書跋》卷二「《國語》校宋本」條下有千里是年六月四日跋，云：「悉心讎勘，兩逾月始克歸之」亦明為校畢時所云。趙氏《顧千里先生年譜》云千里校《國語》「八月畢」，似誤。又《書跋》稱千里「六月四日」所跋本為「校宋本」，似當為「影鈔宋本」。

[十四] 見《非石日記鈔》。

[十五] 見趙詒琛《顧千里先生年譜》是年所載。

[十六] 見《書跋》卷一「《廣韻》五卷校本」條。

[十七]《書跋》卷二著錄有兩個「校宋本」《國語》。考其原委，「乙卯六月四日」跋者，當為影宋鈔本，此跋乃從《思適齋集》中錄出。而「乙卯夏日」跋者，乃黃丕烈過錄陸、惠校本。千里分別跋於兩本上。

[十八] 見《書跋》卷二「《國語》二十一卷明刻本」條。

[十九] 顧千里校本《焦氏易林》（底本為汲古閣本），其卷二「大過」之「蟲」下，有顧千里批注的「乙卯六月」字樣，殆是時千里嘗校是書。

[二十] 見《書跋》卷三「《易林》十六卷校本」條。

[二十一] 見顧千里跋《蘇學士集》所記。

[二十二] 見《書跋》卷一「《詩外傳》十卷元刻本」條。

[二十三] 見汪宗衍作《顧千里年譜》。所據為《清學部圖書館善本書目》。然考千里校勘《國語》之狀況（參見注釋[六]），此「十一月」似不妥。疑「十一」為「六」字之誤。

[二十四] 見《非石日記鈔》。

[二十五]《蕘圃藏書題識》卷八「《鉅鹿東觀集》十卷鈔本」條下云：「今茲冬仲晦日，偶至郡廟前五柳書居，案頭有鈔本《鉅鹿東觀集》」，「因得之」，「命工重裝而假抱沖宋刻本對勘一過。」黃丕烈之跋作於「乾隆乙卯十二月中澣三日」。

[二十六]《蕘圃藏書題識》卷六「《沖虛至德真經》八卷宋刻本」條下曰：「乾隆乙卯季冬書船鄭輔義攜宋刻《列子》二冊求售」，「因固留之。」時在「嘉慶元年元旦」。

又，《非石日記鈔》是年十二月二十五日下記有匪石訪黃丕烈觀宋本《列子》事。則是時黃丕烈已得此書。

葉景葵《卷庵書跋》「《沖虛至德真經》」條下云：「蕘圃得北宋本在乾隆末年乙卯季冬，

作北宋本跋在嘉慶元年丙辰元旦，其屬澗蘋代校，當亦在丙辰。」然考《蕘圃藏書題識》卷六「《沖虛至德真經》八卷宋刻本」條下載：「抱沖從弟澗蘋為余校是書」云云，則作跋時，千里已校是書。而跋作於「嘉慶元旦」，則是年末，千里已着手為黃丕烈校《列子》。

［二十七］見《非石日記鈔》。

［二十八］劉盼遂《段玉裁先生年譜》是年，「初冬，作（與劉端臨）第一十書」。此書載《經韻樓文集補編》卷下。書中關於顧千里之文字，如正文所引。

［二十九］見《集》卷一〈百宋一廛賦注〉。

［三十］小讀書堆刊《列女傳考證後序》云：「乾隆癸丑，家兄抱沖得宋槧本《列女傳》於郡故藏書家。至乙卯付之梓。其明年，嘉慶丙辰梓成。廣圻董校讎之役焉。乃參驗他書，綜覈同異，於劉氏義例竊有證明。其傳寫訛脫亦略為補正，不敢專輒改其故書，兼不欲著於當句之下橫隔字句，故別為此《考證》附於後。」殆付梓之時，已作《考證》。又云：「金壇段君玉裁，向曾借鈔是書，手疏數十條於上下方，知將付梓，悉以見畀。及《考證》就，復從請正。」殆千里時多就教於段玉裁。

［三十一］見《知不足齋叢書》第十九原書所記時間。

［三十二］見《集》卷十五《衢本郡齋讀書志考辨跋》。

［三十三］顧千里影鈔華氏活字本《鹽鐵論》有千里題識云：「活字本。乾隆乙卯傳錄。」又，參見王利器先生《鹽鐵論校注》所引。

［三十四］同注［三］。

［三十五］焦循，字里堂。江蘇甘泉人。阮元作〈傳〉，載《揅經室集》。《清史稿》卷四百八十二有傳。

［三十六］焦循《雕菰集》卷二《四哀詩》，〈哀顧之逵詩序〉云：「吳中諸生。乙卯秋，遇於秦淮水榭中。明年，自浙至吳，至其書室，得觀藏書。時校刊《列女傳》，值君病死，死數月書方刊成。」

［三十七］詩見《集》卷二所載，未注時日。考詩中所述，乃戈小蓮向以儒生學問聞，「忽為添香圖，紅袖盈前後」。人多哧異。千里因作長調，以辨「腐儒」之哧。故千里此詩，當作於戈氏為此圖後不久之時。因此類傳言，時日曠久，無獵奇之趣味，自然平息，亦無須辨矣。又郭麐《蘅夢詞》卷一有《清平樂——紅袖添香夜讀書圖》，也為戈氏所作。據郭氏自序云：「爰鈔丙辰以前為《蘅夢詞》」，可知郭氏之詞作於「丙辰」（嘉慶元年）以前，而戈氏之圖亦必在此前已成。疑千里之詩與郭氏之詞為相近時所作。又，是年前後，千里與戈氏交從頗密。故暫次於是。

［三十八］顧千里〈彭甘亭全集序〉云：「予自識君卅載。」考〈序〉作於「甲申九月」。以此上溯三十載，當在是年前後。趙氏《顧千里先生年譜》亦次於是年。汪宗衍《顧千里年譜》以「嘉慶九年」千里識甘亭，疑有誤。

嘉慶元年（1796年）丙辰，三十一歲。

元旦，黃丕烈跋於顧千里據校的宋本《列子》上。千里嘗語丕烈云：「殷敬順乃宋人而託名唐人者。」[一]

正月九日，段玉裁致函邵晉涵云：「蘇州有博而且精之顧廣圻，字千里。欲得尊著《爾雅疏》一部，望乞之為禱。即交小壻郵寄可也。」[二]

十一日，黃丕烈借千里所校《老學庵筆記》過錄畢，跋之。[三]

上元日，黃丕烈借顧抱沖宋刊本《孫可之文集》校毛氏汲古閣刻本。[四]

三月，黃丕烈從顧千里借鈔本《墨子》傳錄一過，以備誦讀。七日，跋於傳鈔本上。[五]

五月十三日，鈕匪石訪顧抱沖，見宋本魏武帝注《孫子》、《吳子》、《司馬法》。此殆後來千里為孫星衍校刊之祖本。[六]

八月，黃丕烈借得周錫瓚所藏影寫宋呂夏卿大字本《荀子》，屬千里校謝氏所刻盧文弨校本，正其誤訛。千里跋之。時千里又見宋刻本《荀子》，然未能校。[七]是時·殆已館於黃丕烈家。與黃丕烈析疑賞奇，最為相得。[八]

是月，黃丕烈以重價購得馮寶伯[九]、陸敕先手校《文選》六十卷，千里借周錫瓚藏宋尤袤刊本校補之。[十]

九月十一日，千里校畢《博雅》，作《書正德乙亥抄本博雅後》。[十一]

十一日，與鈕匪石用宋呂夏卿刻本《荀子》校世行本，二十四日，鈕匪石跋於卷六末。[十二]二十六日，校至第十二卷，二十七日，校至第十六卷，二十八日，校至第十七卷，二十九日校畢。[十三]

十二月二十日，跋於黃丕烈所得陸敕先校《文選》上。[十四]是時已有撰《文選考異》之初步設想。[十五]

二十三日，代顧抱沖撰〈重刻列女傳序〉，又自撰〈列女傳考證序〉。是時，殆《考證》已竣。撰《考證》時參校者，有一明刻《新編古列女傳》。[十六]

是年，為袁綏階校畢明世德堂刻本《列子》，跋於書後。[十七]

是年歲試，千里以第三名入元和縣學。其試題：「『夫微之顯』，『一朝而獲』至『其馳』」。詩，「『玉水方流』得『流』字。」古學試題：「〈養之如春賦〉。以『春如養物，道復如之』為韻。」[十八]其主試為劉權之。[十九]

冬,千里嘗謁王昶,王昶贈詩稱其曰:「衣冠必中動作慎,氣象頗有前賢風。」
又曰:「惠、施既往沈(原注:果堂)戴(原注:東原)逝,賴有君家好兄弟。應
作金華獨角麟,剖析微言疏大義。」並為其題小讀書堆圖詩。[二十]可見頗為贊許,
寄以厚望。

千里嘗用馮知十[二十一]家藏《五代史補》、《五代史闕文》校鈔本,小除日跋之,
並贈抱沖。[二十二]

千里與諸人論學,云:漢人治經,最重師法。古文今文,其說各異。混而一之,
則輵輷不勝矣。又論小學曰:《說文》一書,不過為六書發凡,原非字義盡於此。[二
十三]

是年,千里始識吳鼐[二十四]於吳下。[二十五]

是年,館於黃丕烈家。[二十六]

此數年間,千里就讀吳中,謁師交友,切磋學問。得先輩指點提攜,於學界嶄
露頭角。

注釋:

[一]《蕘圃藏書題識》卷六「《沖虛至德真經》八卷宋本」下,有黃丕烈是年元旦跋。其下
又有跋曰「《列子》行世本,以世德堂六子本為最。余舊藏景宋鈔本,抱沖曾取與世德堂本較之,
多所歧異,幾自矜為善本矣。近得此本,佳處更多,鈔本遂遜而居乙。抱沖從弟潤蘋為余校是書,
見其中所坿音,始猶疑為殷敬順《釋文》,後細審之,乃知非《釋文》,蓋作注者之舊音也。且
為余言,殷敬順乃宋人而託名唐人者。如此本字句,《釋文》所云一本作某某,皆與此本合,則
此本之在《釋文》未行以前可知。」「書前跋畢,並紀數語以傳信於後。」這裏所說「前跋」,
即黃丕烈是年元旦所作者,由此可見,此跋乃與前跋同時所作,係是年元旦所書。

[二] 段玉裁致邵晉涵札,見李慈銘《荀學齋日記》己集。其略云:「愚弟段玉裁頓首上二雲
大兄先生閣下:上年舍親史名璿者入都,曾奉書並《戴東原集》,曾否收到?邇來想新祉便蕃,
起居萬安。」「玉裁前年八月,跌壞右足,至今成廢疾,加之以瘡,學問荒落。去冬始悉力於《說
文解字》,刪繁就簡,正其訛字,通其例,搜轉注假借之微言,備故訓之大義。三年必有可成。
亦左氏失明、孫子臏足之意也。小婿龔麗正者,杞懷之子,考據之學,生而精通,大兄年家子也。
更得大兄教誨之,庶可成良玉。蘇州有博而且精之顧廣圻,字千里,欲得尊著《爾雅疏》一部,
望乞之為禱。即交小婿郵寄可。」此札僅注明「正月九日」。黃雲眉《邵二雲年譜》將此札次於
乾隆五十五年。劉盼遂《段玉裁先生年譜》則次於嘉慶元年。

考乾隆五十五年,段玉裁嘗未遷蘇州,未識千里。劉盼遂《段玉裁先生年譜》中考之甚詳。

因而必無稱許千里之語。此其一。臧在東《拜經堂文集》卷三附錄錢大昕撰〈問地字古音書〉，中云：「段懋堂傷足，至今未出。」其時為乾隆六十年。據《段玉裁先生年譜》，段氏在乾隆五十四年赴京，五十七年遷蘇州。若依黃氏說，則段氏傷足當在乾隆五十三年，與「至今未出」說牴牾。且乾隆五十三年至嘉慶元年凡八年，傷足未癒，似也不會如此長久。此其二。又據吳昌綬《定盦先生年譜》，龔麗正於乾隆乙卯（六十年）中鄉試第五名舉人。嘉慶元年為進士。故嘉慶元年正月其當在京中，與札中段玉裁請邵晉涵關照事恰可呼應。此其三。最後，《戴東原集》其初印在乾隆五十六年，刊布當在乾隆五十七年以後。若據黃氏說，則《戴東原集》在乾隆五十三年便刊行，與事實不符。此其四。據此，當以劉氏說為近是，故次於此。

　　[三] 《蕘圃藏書題識》卷五「《老學庵筆記》十卷校宋本」條下云：「客歲借余友顧澗蘋校本《老學庵筆記》，至今春始為傳錄。渠所校為明會稽商濬本，是《稗海》中所梓。」

　　[四] 同上書，卷七「《孫可之文集》十卷宋刻本」條下有黃丕烈「嘉慶元年正月上元日」跋語，其略云：「余友顧抱沖得宋刻本於華陽橋顧聽玉家。楮墨精良，首尾完好，真宋刻中上駟。爰從假歸，校於毛刻本上。」

　　[五] 同上書，卷五「《墨子》十五卷景寫舊鈔本」條下云：「《墨子》向無善本，往時顧抱沖訪書海鹽張氏，曾得明藍印本，歸其從弟千里，嘆為絕佳。自後卻無所遇。因從千里借吳匏菴鈔本傳錄一本，以備誦讀。」時在「丙辰春三月七日」。

　　[六] 見《非石日記鈔》。此係千里為孫星衍校刊之祖本。

　　[七] 見《書跋》卷三「《荀子》二十卷景宋呂夏卿本」條。

　　[八] 《蕘圃藏書題識》卷四「《韓非子》二十一卷影宋鈔本」條下云「余性喜讀未見書，而朋友中與余賞奇析疑者，惟顧子千里為最相得。歲丙辰，千里借窗讀書，兼任校讎，故余所好之書亦惟千里知之最深。」則千里當於是年館於黃家。又，《書跋》卷三「《荀子》二十卷景宋呂夏卿本」條下，有「蕘圃借得，命校一過」語，時為是年八月。然則此時當已為黃家西席。

　　趙氏《顧千里先生年譜》：是年千里「在蕘圃家借窗讀書，兼任校讎」。下小字注云：「甲寅先生已館蕘圃家，至今三年矣。」或別有據，錄以備考。

　　[九] 馮寶伯，名武，字寶伯，號簡緣。江蘇常熟人。《常昭合志稿》卷三十二有傳云：「家世多書籍，喜校繕。」有「『海虞馮氏』、『簡緣』、『馮氏藏本』諸朱印。隱湖毛氏刊書多經武校定。兼工書。」「著有《書法正傳》二卷，《遙擲稿》十卷。」

　　[十] 見《書跋》卷四「《文選》六十卷校宋本」條。

　　[十一] 見《集》卷十四載原文。又見《書跋》卷一「《博雅》十卷影宋鈔本」條。

　　[十二] 顧千里與鈕匪石合校《荀子》。書中卷六末有鈕匪石跋云：「丙辰十一月二十三日巳時冬至。是日還洞庭山。二十四日燈下錄畢。樹玉。」

　　[十三] 同上書，卷十二末，鈕匪石批識：「十一月廿六日燈下。」卷十六中有批識：「廿七日燈下校。」卷十七有批識云：「十一月廿八日校。」卷二十末則批識：「十一月二十九日，鈕

樹玉校畢。」可見匪石連續數日校此書。而書中卷十一「兩者孰足為之。」注：「兩者，勝人之道與勝人之勢。一則天下歸，一則天下笑。問何者可為也。」上，有顧千里批云：「『一』字起，印本缺頁。」（按：印本，當指宋呂夏卿刻本。）又在「歸」字下增「一」字。卷十二「藉靡舌繹」注「謂刑徒之人以鐵□。」顧千里校「□」云：「印本『鏁』。」注又云：「或曰莊子云，公孫龍口呿而不合，舉而不下。」顧千里在兩個「不」字下俱增一「能」字。可見千里嘗與鈕氏同校是書。

又，此書末有近人黃裳先生跋云：「癸巳芒種日，收此鈕樹玉校，顧千里復校本《荀子》於武林。書自越中來。」又云：「顧氏校筆，雜出卷中，顯然可辨。爰為指出，以示後之讀者。卷十五第一番，登仕郎守，第三行小注『者』字。第四番第四行小注『曰』字。第五番第三行小注『其』字。第八番反面第四行正文『壹』字。第九番反面第六行小注『紛』字。第一十番第一行正文『市』字。第十二番第三行小注『讀為』二字。如此甚多，未遑悉舉，聊示人以辨□□□手跡之途徑耳。」

[十四] 見《書跋》卷四「《文選》六十卷校宋本」條。

[十五] 上跋中，千里提出了「意欲準古今通假以指歸文字，參累代聲韻以區別句逗，經史互載者考其異，專集尚存者證其同。又旁綜四部，雜涉九流，援引者沿流而溯源，已佚者借彼以訂此」這樣的整理《文選》之規橅，實開後來顧氏作《文選考異》之先河。

[十六] 千里撰〈列女傳考證序〉及代抱沖撰〈重刻列女傳序〉，二文俱見載《集》卷九。未標時日。其時日見小讀書堆原刊本所載〈序〉。

又，日本河田羆《靜嘉堂秘籍志》卷十八著錄有「《新編古列女傳》八卷，顧千里校宋本。」河田氏案曰：「卷首有『顧千里手校』白文方印。卷末有周氏跋二則。」周氏者，周季貺也。其跋云：「右顧澗蘋先生手校明黃氏刻《列女傳》殘本五卷。黃氏駁亂次序，竄入贊語，與古文錯迕，錢虞山嘗深譏之。其書為世所輕，特以澗翁手跡所在，乃可貴耳。」顧氏所校，未注明時日，特因此時千里撰《考證》，殆用以參考者，暫次於是。

[十七] 見《書跋補遺》。又見葉景葵《卷庵書跋》「《沖虛至德真經》」條。參見上年注[二十六]。

[十八] 錢國祥《蘇州長元吳三邑諸生譜》卷五：「仁宗睿皇帝嘉慶元年丙辰，劉宗師歲試。恩廣，乾隆六十年，奉臨雍恩詔，廣長元共五名，吳縣及府學各五名。是年奉傳位登極，恩詔復廣七名。」元和縣中試名單如下：「徐煒、嚴憲曾、顧廣圻、張昆香、徐香祖（原注：丁卯廣州同知）、宋光蔚（原注：陸本作光爵）、沈摺、顧嘉祥、顧霖、吳廷珪。黃一桂、潘師臨、習椿、黃晉、林衍源、尹佶（原注：戊寅）、顧凌霄、陸元浩。府，汪浩春、吳潮、蔣宮藻、陶墉、吳肇基、盛紹宗、談孝曾。」試題：「古學，〈養之如春賦〉，以『春如養物，道復如之』為韻。」元和縣試題：「『夫微之顯』，『一朝而獲』至『其馳』，『玉水方流』得『流』字。」可略見顧千里入試之狀。

[十九] 劉權之，據上《三邑諸生譜》所載《歷任學政題名》：嘉慶朝元年，「劉權之，字德輿，號雲房。湖南長沙人。庚辰進士，禮部侍郎。」《清史稿》卷三百四十一卷有其傳。

[二十] 王昶《春融堂集·存養齋集》中有〈為顧秀才千里廣圻題其兄抱沖小讀書堆圖〉詩，云：「黃門侍郎讀書宅，近在淞南留舊蹟。曾聞古篆得春申，名動天人人孰識（原注：見《法苑珠林》）。千年遺澤蕃漢（原注：亭林先生小名）傳，生平私淑窮高堅。喜君鄂不繼絕業，勃窣禮訓兼詩箋。」此外又有詩曰：「桐橋日暖春融融，與君（原注，謂千里）相見樽酒間。衣冠必中動作慎，氣象頗有前賢風。」又曰：「惠施既往沈（原注：果堂）戴（原注：東原）逝，賴有君家好兄弟。應作金華獨角麟，剖析微言疏大義。」（按：以上二詩《集》中原作一首，觀其詩義，似當析為二。）還有詩曰：「小讀書堆小松作，上有飛泉千仞落。喬林灌莽護茆堂，玉友金昆同寄託。嗟我衰遲舊學荒，識途尚得馳康莊，他時一擢相過訪，自古在昔窮虞唐。」乃贈千里之作。

以上數詩，俱未注明時日。然考王氏詩集，乃按年代編次。所收為乾隆甲寅（五十九年）至嘉慶丁巳（二年）四年間所作。此數詩與記「千叟宴」詩次於一年之中，可知作於嘉慶元年。又其列於〈秋暮偶作並示書院諸生〉詩之後，嘉慶二年詩〈正月初九日鍾賈山〉之前，可知當作於是年冬季。又，詩中有「銅橋日暖」句，正可與去年春拜見王昶事相證。參見上年注[八]。

[二十一] 馮知十，字彥淵。江蘇常熟人。《常昭合志稿》卷三十二稱其為馮武之父，馮舒之兄。為藏書家。有「彥淵」、「知十讀書記」等藏書印記。

[二十二] 嘗見顧千里校鈔本《五代史補》、《五代史闕文》。前有題跋曰：「乾隆丁未，從程氏蓉江寓館抄得此二種。大約與汲古毛氏及近日伍子田所刊脫誤同耳。後從白華師借得馮知十家藏抄本校一過，遂多補正。家兄抱沖曾用以讎毛本，謂不啻如風庭掃葉也。讀未見書齋中插架略備，而此當未有宋刊名抄者，爰輟是冊為贈。源流所自，未失虞山宗派，姑以充數，或庶幾焉。嘉慶元年十二月小除夕，燈下閱並記。澗蘋顧廣圻。」

[二十三] 此語見李兆洛〈澗蘋顧君墓志銘〉，未標時日。趙詒琛《顧千里先生年譜》將其次於是年，今從之。

[二十四] 吳鼐，字山尊，安徽全椒人。夏寶晉作〈墓志銘〉，載《冬生草堂文錄》卷四。吳榮光撰有《吳山尊年譜》。《清史稿》卷四百八十五有傳。又據吳鼐〈重刻晏子春秋序〉，其乃是孫星衍之妹夫。

[二十五] 見《集》卷十三〈西園感舊圖序〉。

[二十六] 《蕘圃藏書題識》卷四「《韓非子》二十卷影宋鈔本」條下曰：「余性喜讀未見書，而朋友中與余賞奇析疑者，惟顧子千里為最相得。歲兩辰，千里借窗讀書，兼任讎校，故余所好之書亦惟千里知之最深。」趙詒琛《顧千里先生年譜》是年既云：「在蕘圃家借窗讀書，兼任校讎。」然又注云：「甲寅先生已館蕘圃家，至今三年矣。」不知何據。以上引黃氏跋觀之，似當以次於今年為是。

嘉慶二年（1797 年）丁巳，三十二歲。

二月十日，錢竹汀過黃丕烈舍。黃丕烈偕千里因錢竹汀而往謁程易疇瑤田。千里嘗勸丕烈求程氏書其學耕堂扁額，以為程氏書最善，黃氏因拜求程氏椽筆，易疇欣然允之。[一]

黃丕烈見鈔本龔璛《存悔齋詩》，題為俞楨鈔。以示千里。千里曰：「舊鈔無疑，記家兄抱沖有此，未知同否？」黃丕烈以白金六兩，從張秋塘[二]處易得。[三]

千里得陸敕先影宋鈔九卷本《古文苑》於顧抱沖家。[四]

三月十八日，覆校《五代史補》，並跋於書上。時，千里在念耕堂中。[五]

顧抱沖病亟，臨危之際，囑千里以新刊宋本劉向《列女傳》致吳騫。[六]吳氏遂跋之。[七]

四月一日，從兄顧抱沖卒。[八]

五月，為戈小蓮撰〈半樹齋文序〉。[九]

六月八日，借周香嚴原藏錢遵王[十]藏本《南部新書》補完黃丕烈所藏之明刻殘本。跋於明刻本上。[十一]

是月，千里從周香嚴處借得其所藏馮己蒼[十二]校張鼎文刻本《韓非子》，惠棟校《韓非子》，將此二本過錄於趙用賢刻本上。當時一共過錄兩本，一本歸黃丕烈，一本留於身邊。千里撰《韓非子識誤》，殆始於是時。[十三]

二十三日，千里又以周香嚴藏本復校過錄本，跋於歸黃丕烈所有之過錄本上。是時，當已錄畢。[十四]

與黃丕烈一起校手抄本陸時化《耕學齋集》。並檢葉文莊鈔本勘陸本誤字。[十五]

閏六月三日，黃丕烈從顧東京處借得顧抱沖原藏殘宋本《西湖林和靖先生詩集》。千里正館於黃家，謂黃氏曰：「此種書世不多有，當錄一副本存諸士禮居中，未始非為此書廣其傳也。且抱沖已故，其書不常寓目。今得副本展玩，不如見故人耶！」丕烈感其言，請千里為其影摹，共三十四葉。[十六]

八日，黃丕烈曝書。千里與夏方米[十七]、丕烈一起，同觀《北山小集》。[十八]

夏，千里得影宋鈔本《戰國策》，用以校雅雨堂刊高誘《戰國策注》。[十九]

七月十六日，借段玉裁校閱《玉篇》，過錄於張氏澤存堂刊本上。[二十]

十九日，校述古堂鈔本《虛齋樂府》，並跋之。[二十一]

是月，假影宋本《老學庵筆記》後五卷，校一過。並於二十八日跋之。[二十二]

八月，為黃丕烈影摹顧抱沖原藏殘宋本《林和靖先生詩集》畢。黃丕烈四曰跋於摹本上，以為「與抱沖本無纖毫之異，恐汲古精鈔無以過是矣。」[二十三]

黃丕烈屬千里以葉九來[二十四]影宋鈔本《隸釋》校汪氏樓松書屋刻本，參以明萬曆刻本及婁機《字源》等書。[二十五]

黃丕烈屬千里據汲古閣毛氏影宋鈔本校《隸續》第八卷至末。千里補卷十三〈鄧君闕畫像〉下一段無名氏墓闕畫像中的脫漏。[二十六]

九月一日，跋於葉九來鈔本《隸釋》上，時已校畢汪氏刻本，前後費時共三十天。[二十七]

十八日，從袁壽階處借正統十年刻《道藏》本《韓非子》，校過錄馮己蒼、惠棟校本，並分別跋於為黃丕烈所錄和自己留用之過錄本上。[二十八]

二十一日，為黃丕烈影寫毛斧季、陸敕先校本《松陵集》，並跋之，時在蘇州王洗馬巷士禮居中。[二十九]

二十三日，又跋於所據的毛斧季、陸敕先校《松陵集》上，此乃黃丕烈從小讀書堆借得顧抱沖舊藏者。[三十]

十月十九日，千里與黃丕烈同往閶門文秀堂書坊，見有吳岫[三十一]舊藏鈔本《抱朴子》。黃丕烈購歸，屬千里以此鈔本及明魯藩本校翻刻烏程盧舜咨本。千里參以《道藏》本等校之。千里嘗語丕烈云：《抱朴子》以「《道藏》本為最勝，此外無復有善本矣。」[三十二]

二十三日，袁廷檮招鈕匪石、費玉衡、臧在東、李尚之、瞿木夫及千里等六人會飲於漁隱小圃，仿「竹林七賢」故事。時千里「氣骨崚然」，人或視之為「畏友」。[三十三]

十一月二日，代黃丕烈撰〈汪本隸釋刊誤序〉。《刊誤》實千里之力焉。[三十四]

三日，黃丕烈借千里所藏《抱朴子》，與先日所得吳岫氏舊藏鈔本對校，跋之。[三十五]

二十一日，代黃丕烈撰〈汪本隸釋刊誤後序〉，又自撰〈後序〉。[三十六]

十二月，千里以殘宋本《管子》校趙用賢刻本。[三十七]

是年，李子仙[三十八]嘗手臨千里所錄惠松崖、段玉裁校定本《廣韻》。[三十九]

黃丕烈借顧抱沖舊藏鈔本《景定建康志》補宋鈔殘本，以卷中缺頁，屬千里補之。千里跋於鈔本上。[四十]

重閱《增補六臣注文選》六十卷，並寫題識。[四十一]

是年，嘗寄新刊《列女傳》，請段玉裁、劉端臨教正。[四十二]

戈小蓮作〈與友人書〉，千里閱後，稱道為：「第一等文字。」[四十三]

戈小蓮又有〈與范三喬第二書〉，千里閱後亦有批識，甚贊之。[四十四]

時，千里頗有濟世之志，嘗曰：「士不能學天文、地理、兵、農、禮、樂，而日夜渺思澂慮於訓詁校訂，亦其意思旁達，萬不得已而驅至於此。然而，豈所謂其實有用者哉！」又語小蓮曰：「予近日好為詩，然不敢顯然紀事，因好作無題之詩，子何不為之？」[四十五]可見千里抱負之狀，亦可見千里之為訓詁，自有其不得已之苦衷。

戈小蓮撰〈何若霞墓志銘〉，千里閱後，批曰：「請下一轉語曰，得一知己，死可不恨。」[四十六]

是時，吳中士子頗有欲重雕《十三經》之議。[四十七]

注釋：

[一] 江標輯《士禮居藏書題跋記續》卷下「《吳都文粹》十卷鈔本」條下云：「歙程易疇先生，今之老宿也。向為嘉定廣文，後即辭官去。平日著述甚富，其餘事所及，字體直逼唐人。往往於親友家見之。余去夏移居王洗馬巷，思以舊宅學耕堂扁其新廬，而難其人。而塾師顧澗蘋謂余曰：『儻得程易疇先生書此最善。』惜離此較遠，當遣人求之。後聞先生已應孝廉方正之舉，恐不在家，故計議未決。今茲二月十日，錢竹汀先生過舍，談及欲拜遠客，問何人，則曰易疇先生也。余欣喜欲狂，遂懇竹汀為之先客，而余即偕澗蘋往謁，拜求椽筆。先生應吾請，迅速揮之，並蒙下訪，以自製墨二梃為贈，余因即取案頭《吳都文粹》四冊報之。」

[二] 張秋塘，參見下注。又，《藏書紀事詩》卷三附張丑名下，乃張丑後人。

[三] 江標輯《士禮居藏書題跋記續》卷下「《存悔齋詩》鈔本」條下云：「此元人俞貞木手鈔龔璛子敬詩一冊。余得諸友人張秋塘。秋塘為青父後人，有得於先世《書畫舫》之學，故鑒別獨精。丁巳孟春月，攜是冊來，曰，此《存悔齋詩》載於真跡目錄。因君嗜古，特以相示。」「余雖未識貞木手跡，然為元時鈔本無疑。遂留示塾師顧澗蘋，亦云，舊鈔無疑，記家兄抱沖有此，未知同否？既因秋塘索直昂，姑還之。」「遂徧檢各家書目，其《浙江采輯遺書目錄》有云，龔

子敬《存悔齋詩》，有至正九年俞楨後序。今卷末有貞木跋，其可信者一。《國朝簡明書目》有云，《存悔齋詩》，龔𤩽撰；《補遺》一卷，明末朱存理輯。今原詩後有續鈔詩二葉，字跡與存理手錄《珊瑚木難》、《野航雜鈔》真跡合，且卷首有『信夫』圖記，其可信者二。因向抱沖索觀，蓋汲古閣毛氏從是本傳錄者。斧季跋語詳明，其可信者三。至是書之來，秋塘得諸蔣韻濤，韻濤得諸碧鳳坊顧氏。余閱《顧氏書目》，有兩部。一為抱沖所收，一為韻濤所得。今借彼證此，因委求源，其可信者四。則是冊為《存悔齋詩》之祖本，余得見之，誠為幸事矣。適秋塘來，告諸。故共加欣賞。以白金六兩易之。」

[四] 見《集》卷十〈重刻宋九卷本古文苑序〉。

[五] 見《書跋》卷二「《五代史補》五卷校本」條。

[六] 吳騫，字槎客，號兔牀。浙江海寧人。《清史列傳》卷七十二有其〈傳〉，云：「生負異稟，過目成誦。篤嗜典籍，遇善本傾囊購之。校勘精審，築拜經樓藏之。」「尤喜搜羅宋元刻本，如陶淵明、謝玄暉諸集，皆取而重梓之，學者珍為秘寶。」「兼好金石」，「少與陳鱣講訓詁之學。所為詩文，詩旨渾厚，氣韻蕭遠。晚益深造，不屑為流俗之作。」「有《國山碑考》一卷，《桃溪客語》五卷，《小桐溪吳氏家乘》八卷，《蘇祠從祀議》一卷，《拜經樓詩話》四卷，《論印絕句》二卷，又有《愚谷文存》、《拜經樓詩集》。嘉慶十八年卒，年八十一。」

[七] 吳騫《愚谷文存》卷五載有〈元和顧氏重刊宋本列女傳書後〉。云：「今年夏至，復至吳趨，則抱沖已染瘵病故。疾亟時，以新刊宋本劉向《列女傳》屬其從弟千里致予。千里亦博綜嗜古，撰《考證》一卷附刊卷末。」

[八] 江標輯《士禮居藏書題跋記續》卷下「《二百家名賢文粹》」條下云：「余友顧抱沖所贈也。」「君病於元年季冬，卒於二年四月。」又《非石日記鈔》附〈遺文〉中載〈題袁綬階感舊輯存冊頁後〉云：「抱沖於舊歲四月一日下世。予曾作輓章及追題小讀書堆圖以志痛。」

[九] 是文載《集》卷十二，未詳標日期，今據《半樹齋文》原書所記時日次之。

[十] 遵王，乃錢曾之字。號也是翁，貫花道人，述古主人。江蘇常熟人。錢大成有《錢遵王年譜稿》。其《述古堂藏書目・自序》云：「余二十年來，食不重味，衣不完采，摒當家資，悉藏典籍中。」「生平所嗜，宋槧本為最。」有《讀書敏求記》傳世。

[十一] 見《書跋》卷三「《南部新書》十卷明刻本」條。

[十二] 馮已蒼，名舒，號默菴，別號癸巳人，訒道人。又號孱守居士。江蘇常熟人。《海虞詩苑》卷二稱其為人悻悻負氣，觸忤縣令。會撰《懷舊集》成，遂坐以訕謗曲殺之，士林痛惜焉。又云，與弟定遠有「二馮」之名。並以藏書著稱於時。

[十三]《楹書隅錄續編》卷三「校本《韓非子》二十卷二冊」條下，錄有黃丕烈跋云：「《韓非子》別有顧千里為余手臨諸家校本在趙本上。然諸家所校宋刻及《藏》本，今取以勘余親見之宋刻與《藏》本皆不同。余故云，手校真本乃可信也。」可見顧千里為黃丕烈有一校本在。又《書跋》卷三著錄有「《韓非子》二十卷校本」（有王小梧跋語者），亦係趙氏刻本，且臨有馮、惠

等校語，可見千里當時又有自錄一備用之本。故云千里嘗過錄二本。此二本之流布狀況，可參見《顧千里校書考》中「《韓非子》」條。

〔十四〕見《書跋》卷三「《韓非子》二十卷校本」條。（無王小梧跋語者。）

〔十五〕《蕘圃藏書題識》卷九「《耕學齋詩集》十二卷舊鈔本」條云：曹潔躬藏是書，丁巳六月十一，得陸時化手鈔唐宋元明人集數種，有是集，因校對一過。「校陸本畢，後適憶及篋中有舊鈔殘本《耕學齋集》，係王蓮涇所藏，目為葉文莊鈔本，因取覆校此本。乃知此本實從葉本傳錄，惟行款未之遵循耳。復為校去陸本訛字幾處，即如卷十二〈直沽偶成〉次首『馬牛遺矢滿平川』，曹、陸二本俱誤為『失』，潤蘋云，此『矢』字。及檢葉本，信然。」

〔十六〕《蕘圃藏書題識》卷八「《西湖林和靖先生詩集》四卷校宋本」條下曰：「閏六月三日，東京以其仲氏遺書慨然見借，余於四日竭一日之力校畢，借宋本殘缺不全，已遭剜補。」又曰：「殘宋本余屬塾師顧澗蘋影摹一本，藏諸士禮居中，可與此本相參考云。」

又，同書「《和靖先生詩集》不分卷影宋精鈔本」條下曰：「故人顧抱沖有殘宋本，實希世珍也。今夏從抱沖弟東京借歸，手校其異同於明本上，覺宋刻之妙，雖殘缺而獲益滋多。適抱沖從弟澗蘋為余家塾師，謂余曰，此種書世不多有，當錄一副本存諸士禮居中，未始非為此書廣其傳也。且抱沖已故，其書不常寓目，今得副本展玩，不如見故人耶！余感其言，即倩澗蘋為舊紙手自影摹。自題籤至跋語共三十四葉，與抱沖本無纖毫之異，恐汲古精鈔無以過是矣。」時「嘉慶歲在丁巳季秋月四日。」

又，同書「《林和靖集》四卷宋刻本」條下曰：「此故人顧抱沖遺書也。」「屬伊從弟澗蘋影摹一本，留諸士禮居中，以為見書如見故人也。」

據此，則千里為黃丕烈影摹此書始末甚詳，殆始於閏六月間，而畢於季秋之月也。

〔十七〕夏方米，名文燾，字季慈。江蘇蘇州人。錢氏《國朝三邑諸生譜》載：其於乾隆五十五年入蘇州府學。「壬子，泰州學正。」光緒間《蘇州府志》卷八十三有傳，云：「少從錢宮詹大昕遊。通輿地之學，兼通曆算，年八十而卒。」

〔十八〕《蕘圃藏書題識》卷八「《北山小集》四十卷鈔本」條下曰：「嘉慶二年，歲在丁巳，閏六月八日，王晴曝書，展玩一過。時與西席顧澗蘋、夏方米同觀。」

〔十九〕嘗見袁廷檮過錄顧千里校《戰國策》，扉頁錄顧氏題跋曰：「此書曾晦於世，得雅雨刻之而後顯，好古之士咸重之。乃予取驗吳師道駁正所稱元（原）作某某者，頗有不合，而於改為某某者，反有合焉。深不解其故。丁巳夏，得影宋鈔本一校。今春得宋槧本再校，乃知與吳齟齬者，大率文不可讀，則參取以潤色之，出雅雨堂刻是書之所為也。夫傳古書而不傳古書之真，尚得謂之能傳古書乎？雖謂顯而仍晦可也。今悉復其舊，以為蕘圃所藏宋槧之副，期廣與好古之士共之。」此跋作於「嘉慶己未（四年）二月」，而袁氏於「九月借校並錄。」然千里始校是書，正在此時，故次於是。

〔二十〕嘗見王欣夫先生過錄顧千里校《玉篇》，其第三冊第七十八頁有題識云：「丁巳年七

月十六日，顧廣圻借段玉裁閱本過錄之。」王先生《蛾術軒善本書錄》清稿本第十四冊著錄此書，云：「茂堂校本用朱筆。嘉慶丁巳顧千里借錄並自加案語用墨筆。咸豐丁巳，潘豐侯又併錄之。」王先生此書乃從冒廣生得潘氏過錄本而渡錄者。

[二十一] 見《書跋》卷四「《虛齋樂府》二卷述古堂景宋本」條。

[二十二] 見《書跋》卷三「《老學庵筆記》十卷校景宋本」條。

[二十三] 參見注[十六]。

[二十四] 葉九來，名奕苞。江蘇崑山人。《藏書紀事詩》卷二稱其為葉盛裔孫。所居下學齋，蓄書甚富。

[二十五] 《書跋》卷二「《隸釋》二十七卷鈔本」條下，所跋時日脫落作「丁□□月初三日。」考嘉慶「丁□」之年凡三：丁巳（二年），丁卯（十二年），丁丑（二十二年）。千里於己未（四年）五月跋《隸韻》云：「昔洪文惠《漢隸五種》，唯韻書不成，婁彥發《字源》最行於世。余嘗舉之以正今本《釋》、《續》二書點畫之訛。」可見嘉慶四年前千里已校過此書。又參以千里校《隸續》時在「丁巳八月」，故次於是。

[二十六] 見《書跋》卷二「《隸續》十四卷校宋本」條。

關於千里補《隸釋》卷十三〈鄧君闕畫像〉之跋尾，據潘景鄭先生《隸續勘補》所載，其文字如下：

> 右鄧君闕畫像三段：一則兩褒衣溝相見禮，一奴僂而侍。一則一馬駕車，人坐蓋下，有御有驂乘，一騎先馳，皆左向。一則三馬駕車，人坐蓋下，有御四人前導，各執其物。一騎殿，皆右向。今在劍州，無字畫可考，父老相傳謂之鄧君墓。

潘先生乃「據顧澗蘋校毛氏影宋本補入。」

又，《愛日精廬藏書志》卷十二「《隸續》十四卷校影宋鈔本」條下曰：補〈鄧君闕畫像〉外，「又補無名人墓闕畫像一行。」云云。

[二十七] 見《書跋》卷二「《隸釋》二十七卷鈔本」條。

[二十八] 見《書跋》卷三兩種「《韓非子》二十卷校本」條。

[二十九] 見《書跋》卷四「《松陵集》十卷校本」條。

[三十] 同上，「《松陵集》十卷毛斧季陸敕先校汲古閣本」條。

[三十一] 吳岫，字方山，號濠南居士。江蘇吳縣人。《藏書紀事詩》卷三稱其有塵外軒，聚書踰萬卷。有《姑山吳氏書目》一卷。

[三十二] 《蕘圃藏書題識》卷六「《抱朴子內篇》二十卷、《外篇》五十卷」條下云：「十月十九日，聞閶門文秀堂書坊買得故家舊書一單，急同西席顧澗蘋往觀。主人邀澗蘋與余登樓觀之，皆無甚罕秘者。惟《抱朴子》一書，尚是舊鈔。且見卷末有『吳岫』小方印及『姑蘇吳岫塵外軒讀一過』小長方印，知卷中點閱亦係方山筆，洵舊本也。」得之後，「屬澗蘋校其翻刻明烏程盧氏本。澗蘋復借金閶袁氏所藏《道藏》本為之校勘。澗蘋嘗謂余曰，《道藏》本為最勝，此

外無復有善本矣。今因得之,遂從澗薲借魯藩本相對,雖行款不同,而大段無異。間有一二處與魯藩本異者,卻與《道藏》本合,則鈔先於刻明甚。」時「嘉慶丁巳十一月三日。」

[三十三] 臧庸《拜經堂文集》卷四〈漁隱小圃文飲記〉云:「丁巳冬,鏞堂過吳門,又慫招鈕、顧諸君會飲漁隱小圃。」時鈕樹玉三十八歲,袁廷檮三十六歲,費玉璣三十四歲。而「元和顧千里,年三十二,氣骨崚然,所覽靡不精研,余畏友也」。此外,臧在東三十一歲,李銳三十歲。瞿鏡濤二十九歲。「又慫以杯酒間集天下賢豪,較古人劉伶輩七友有過之無不及。」同飲者還有段懋堂。

這裏的「費玉璣」,疑係「費士璣」之誤。《漢學師承記》卷三「王鳴盛」條下有曰:「士璣,吳江人。嘉慶戊午科舉人,治漢《易》。」

[三十四] 《集》卷八載此〈序〉,然未詳注時日。士禮居刊《汪本隸釋刊誤》原書中,〈序〉注有時間,今據原書著錄。關於千里撰《刊誤》事,詳見筆者〈汪本隸釋刊誤作者辨證〉一文。

[三十五] 參見注[三十二]。

[三十六] 此二〈序〉俱收入《集》卷八,然俱未詳標時日,而士禮居刊原書有之。此據原書著錄。

[三十七] 見《書跋》卷三「《管子》二十四卷校宋本」條。

[三十八] 李子仙,名福。字備五,一字安浦。子仙乃其號。江蘇吳縣人。民國《吳縣志》卷六十六附〈江沅傳〉。其云:「為諸生,以科舉文教授里中,及門多登第。而福晚年始領鄉薦。屢上春官,不第。就職州同以卒。生平最工書法,在虞、褚間。」蔣寶齡《墨林今話》卷十二稱其:「嘉慶庚午舉人,擅詩詞及行楷書。」「所居蘭室,多藏古今妙蹟,故亦深明畫理。」「歿後,杭州王月鋤為梓其遺集,多題畫之什。」「女慧生,適同郡黃美鎬。」黃美鎬乃黃丕烈之子,可知李子仙乃黃丕烈之兒女姻家。

[三十九] 《蕘圃藏書題識》卷一「《廣韻》五卷」條下云:「道光壬午仲夏,坊友以李子仙手臨顧澗薲所錄惠松崖、段若膺兩先生校定本《廣韻》示余,謂新得諸子仙學徒蔣約人家。驗其字跡,果然臨本,在嘉慶丁巳。蓋在二十年前矣。」

[四十] 見《書跋》卷二「《景定建康志》五十卷舊鈔本」條。

[四十一] 王文晉《文祿堂訪書記》卷五「《增補六臣注文選》六十卷」條下,錄有千里跋云:「嘉慶丁巳,元和顧廣圻重閱一過。」

[四十二] 劉盼遂《經韻樓集補編》收有〈與劉端臨第十七書〉,其中曰:「又有顧抱沖、千里昆仲呈政新刊《列女傳》,希收明,作札寄弟處酬之。」

劉氏《段玉裁先生年譜》將此札次於嘉慶四年。然考信中所云,有「竹汀正月初七日七十壽」字樣,竹汀七十歲,當在嘉慶二年,其有《年譜》可按。此其一。信中又云:「抱沖、千里昆仲呈政。」則此信必寫於抱沖未亡或亡故不久之時,否則,斷無欲「酬之」之理。此其二。抱沖卒於是年四月,故繫此札於是年。

[四十三]《半樹齋文》卷四載〈與友人書〉，注明作於「丁巳」年。顧千里在信後有批識曰：「是第一等文字。嗟乎！古之遺議也。」

[四十四] 同上，亦注明為「丁巳」年作。此書中曰：「近乃知足下好佛愈甚，且食不茹鹹，夜不臥席。」「吾儒之所以貴者，先養其身，故與佛之不有其身而反欲度人之身者大相剌謬。足下其勿負此身可矣。」顧千里於書後批識曰：「文章有種交有道，斯兩得之。」由此亦可窺見千里是時之思想狀況，乃崇儒而不信佛也。

[四十五] 同上載有〈題吳韻皋無題詩後〉一文。亦注明為「丁巳」年所作。文中錄千里語曰：「經濟者，士之本，詩文者，士之末。然士生盛世，太平無事，舉凡天文、地理、兵、農、禮、樂，讀書人所宜急切講者，至此似一無所用，遂皆忽忽不為。即有幸為之者，世必羣相非笑，以為當世怪物，互相誹謗之。誹謗之不已，必且因事中傷之。是以世之有志者皆不敢為經濟之學，而磅礴鬱積之氣無所施於事業，遂因而發為詩文。」

譜中所引千里語，亦皆引自此文。由此可見當時社會之風尚及千里抱負之狀況。

[四十六] 同上書，載有〈何若霞墓志銘〉，注明為「丁巳」所作。時距何氏之卒亦有年矣。何若霞之事，可參見乾隆五十六年譜文及注釋[七]。千里之批識，書中載〈墓志銘〉之後。

[四十七]《拜經樓文集》卷二〈重雕宋本爾雅序〉云：「近日讀經之士，多思雕十三部《注》、《疏》，而未見有發軔者。蓋因資費浩繁，善本亦難一時具得。」這反映了嘉慶初年吳中士子之心情。後阮元主持雕《十三經注疏》，即在此基礎上發展而來。

嘉慶三年（1798 年）戊午，三十三歲。

正月三日，段玉裁為黃丕烈跋《汪本隸釋刊誤》。[一]

三月，千里從張秋塘處得何義門、陳少章[二]批校本《唐詩鼓吹》。[三]

七月，黃丕烈收得明弘治丙辰吳下張氏重刊本《僑吳集》。後，黃氏又向周錫瓚借得一較全之本，屬千里影寫抄補。[四]

八月二十四日，千里跋於為黃丕烈所抄補的明刻本《僑吳集》上。[五]

季秋既望，千里以所校《荀子》易袁廷檮所藏《說文解字》。乃是汲古閣初印之本。[六]

九月，千里跋黃丕烈所藏葉石君[七]抄本《大金國志》。[八]

秋，黃丕烈知有宋本《戰國策》等書在桐鄉金雲莊處。千里謂丕烈云，書原係毛榕坪購得，為雲莊豪奪而去。又云，己與雲莊友善。屬程念鞠向金氏借觀。然金氏因與黃丕烈有隙，未之許。擬往購之。[九]

冬，鮑廷博來蘇，黃丕烈由鮑氏從袁廷檮處得宋本《戰國策》，或云為梁溪高

氏刻本。後屬千里取影宋鈔本參校，以為勝於影宋本。[十]

　　是歲，千里嘗以景祐本《漢書》校時本一過。[十一]

　　千里作〈為瞿木夫題水闌訪刻圖冊〉、〈贈木夫仙臺通寶錢一枚〉等詩。[十二]

注釋：

　　[一] 見士禮居刊本原書前所載。

　　[二] 陳景雲，字少章。江蘇吳縣人。王峻作〈墓志銘〉，收入《王艮齋文集》。《清史稿》卷四百八十四有其傳。

　　[三] 王欣夫先生有《藏書紀事詩箋正》稿本（文字俱錄於《藏書紀事詩》上），其卷三第二十一頁上有云：三月，從張秋塘所得何義門、陳景雲批校《唐詩鼓吹》。張氏有致千里尺牘云：「何校《唐詩鼓吹》，係□本之物。其值前已面致。一切如已端正，幸為酌洽，以濟其用。」為是年之事。

　　[四]《蕘圃藏書題識》卷九「《僑吳集》十二卷」條下云：「右鄭元祐《僑吳集》十二卷，乃弘治中張習重刊本也。」書中脫去十一卷五、六兩頁。又云：「余於數年前觀書朱丈文游家，見此書張刊者，其時不喜購文集，因忽之，後往縱之，而已散去矣。」後丕烈復購得此書，補闕葉。此跋作於「嘉慶三年七月處暑後八日」。

　　又，《書跋》卷四載有千里〈僑吳集跋〉云：「朱三丈故物今在周香嚴家，較此本多十一卷之六葉，其第五葉仍闕如也。蕘圃借歸屬余景寫補入。」時在「八月廿四日。」未注年代。

　　由二者參而閱之，則千里為丕烈校補者，即丕烈所得者。其先後時間，亦正可吻合。

　　[五] 參見上注。又，見《書跋》卷四「《僑吳集》十二卷明弘治刻本」條。

　　[六]《涵芬樓燼餘書錄》「《說文解字》十五卷汲古閣刊」條下云：「依宋本校，六冊，袁綬階、顧千里、楊芸士舊藏」，並錄有袁廷檮跋云：「此《說文解字》，乃汲古閣初印本，同小讀書堆所藏者。較未修初印本已遜，然比時俗印本遠勝也。顧君千里知予重出，以所校《荀子》易去。時嘉慶戊午季秋既望，袁廷檮記。」

　　[七] 葉石君，名萬，一名樹廉。江蘇吳縣人。徐乾學《憺園集》卷三十四有其傳，稱其：「性嗜書，世居洞庭山中。嘗遊虞山，樂其山水，因家焉。」「所至必聚書，常捐衣食之需以購書，多至數千卷。」「石君所好書與世異，每遇宋元鈔本，雖零缺單卷，必重購之，世所常行者勿貴也。」「其所得書條別部居，精辨真贗，手識其所由來，識者皆以為當。」「年六十七，卒於家。」

　　[八] 見《書跋》卷二「《大金國志》四十卷葉石君鈔本」條。

　　[九]《蕘圃藏書題識》卷二「《新雕重校戰國策》三十三卷宋本」條下曰：「昔余赴禮部試入都，於收舊攤買得宋板《戰國策》牙籤二，未知誰氏物。書去而籤存，殊令人繫思也。攜歸棄置篋中久矣。今得此書，不啻籤為之兆？爰屬潤賓影摹於冊，俾得附麗長存云。」

　　此外，丕烈又有詩及自注，言得是書之始末原委頗詳，錄之以備考：「忽覩奇書至，來從五

硯樓。（自注：此書耳熟已久。雲莊有親程念鞠，於去秋曾以《書目》一紙，需直五百金，一併售去，此書與焉。冬間，鮑丈來蘇，云，獨買此書，須待歲暮。及季冬中浣，果由袁綏堦處攜來，始得見之。）歲闌驚客去，（自注：得書之日，綏堦先有札來，云，鮑丈急欲歸去，如不成議，即還之。余因出城面晤。）金盡動余愁；（自注：鮑丈前晤時曾說五十金，既綏堦札中有非百金斷不可之說。時余因往購宋本《咸淳臨安志》，摒擋殆盡，攜六十金而去，餘就非石處暫貸之。）秘冊誰先購，（自注：此書為郡中毛榕坪購得，雲莊其親也，豪奪而去。澗薲為余言。）餘函待續收。（自注：《書目》一紙，有元吳草廬《春秋纂言》、《高注戰國策》、大字元本《唐律疏議》廿四本。《王摩詰集》二本。宋板《孟浩然集》五本。宋本《韋驤集》。宋本《林之奇集》。《元秘史》。今《戰國策》既為余得，而韋、林兩集余亦見過，當訪其全。）所藏吾許借，（自注：余有影宋鈔孫之瑜《唐史論斷》。雲莊曾託念鞠來借校。余惜書癖復萌，拒之。後以鈔本託校，又因補錄文繁，未及竣事。雲莊遂有嫌。屬鮑丈，以此書來蘇，可歸袁，勿歸黃。）好作浙東遊。（自注：澗薲與雲莊友善。去秋，見《書目》，屬念鞠取示各樣本，未之許。擬買舟往訪之。）」由此亦可見千里、丕烈與諸人交往關係。

丕烈此跋作於「己未二月」，此云「去秋」，則當在戊午秋。故次於是。「歲暮」，當也是年之事。

［十］參見上注。又，同上書後，丕烈又有跋云：「既聞海內藏書家尚有兩宋本，一在桐鄉金雲莊家，一在歙汪秀峰家。余渴欲一見為幸。去冬，鮑淥飲來蘇，以全本介袁綏堦示余，訂觀於鈕匪石寓樓，遂議交易，以白鏹八十金得之。此本楮墨精好，殆所謂梁溪高氏本歟？屬澗薲取影宋鈔本參校，識是勝於鈔本，澗薲已詳跋之矣。」

丕烈此跋作於己未二月二十六日，云「去冬」，則當次於是。

［十一］見《書跋》卷二「《漢書》一百二十卷宋刻本」條。又，〈百宋一廛賦注〉云：「居士（指千里）曾為予細校汲古閣本而予以汪文盛本佐證之。凡於二本所削、所補，各千百字。推原其故，景文之是正已屬有失無得，烏論後此者。」可見千里校此書用力之勤。千里據校之宋本《漢書》仍存，惜其校語多未得見。顧廷龍先生說「此書藏常熟瞿氏」。

是年，千里校書可見者不多，或多致力於此書耶。

［十二］詩載《集》卷三。詩中有云：「摩挲三百舊虹梁」，「滿城恣訪期徧遍」，「廿種兼收詫獨詳，況有同舟仙侶在，倚舷相對讀琅琅。」等句。

考《瞿木夫先生自訂年譜》是年載有：「頻年在蘇搜訪金石刻，於城中得宋、元石井闌九，皆前人所未見，志乘所未收者。因以『九井』名齋。吳地多橋梁，白香山官太守時，已有『紅闌三百九十橋』之句」，「於六月八日，邀友人洞庭山布衣鈕匪石樹玉乘小舫徧訪城中橋梁，得宋、元石刻二十餘種，有詩唱和，繪圖紀事。」此與千里詩意正合。則千里之詩為是時所作。

又，《集》中又有〈贈木夫仙臺通寶錢一枚，並綴以詩〉。詩中有「送爾古泉山館去，附庸題跋張吾軍」句。據《瞿木夫年譜》，木夫以「古泉山館」顏其室在嘉慶二年十月，故千里詩必

在此後所作。「題跋」云云，當指木夫所搜得金石刻後所作者，疑千里詩亦是時前後所作，暫次於是。

嘉慶四年（1799年）己未，三十四歲。

二月，黃丕烈借顧抱沖舊藏《金石錄》校世行雅雨堂本。未果，屬千里為之補校。顧抱沖所藏，為葉文莊氏故物。千里嘗語丕烈云：《金石錄》之妙，無過此本者。千里校畢，跋之。丕烈亦跋之。[一]

春，為黃丕烈以宋本《戰國策》校影宋鈔本，並跋之。此宋本似即丕烈去年末購得者。[二]

黃丕烈跋於去歲所得宋刻本《戰國策》上。二十六日，丕烈作詩，又索鈕匪石、袁廷檮、夏方米及千里詩。諸人俱有題詩。千里詩云：

> 人間真本在，勝借目耕樓。我獲銘心賞，君擔交臂愁。
>
> 兼金誇未抵，雙璧擬都收。請撿桐鄉柁，相期換歡游。

諸人之題跋及詩，俱在此宋本上。[三]

千里又跋於所校的雅雨堂刻本《戰國策》上。[四]

三月，應袁廷檮之邀，又與鈕樹玉、黃丕烈、瞿中溶、夏文燾等會於漁隱小圃。是日微風初晴，六合生潤，眾人品茗言志，談藝論古，盡情而散。[五]

九日，黃丕烈從千里處易得舊鈔本《建康實錄》二十卷，跋之。千里嘗謂丕烈曰：「此書即從宋本寫出，特非影寫，故行款不同，復多脫誤爾。今得校勘，益臻美完善矣。知君欲之已久，曷歸插架。」[六]

春，千里歲試玉峯（崑山），於書攤得元刻本《朱鶴年集》四卷，明葉德榮手鈔《法帖刊誤》一冊及翻宋本《圖畫見聞志》等書，後俱歸黃丕烈。[七]

四月十二日，黃丕烈跋於從千里處所得明鈔本《法帖刊誤》上。[八]則是時千里已從崑山歸。

二十二日，黃丕烈自周香嚴處得殘本《圖畫聞見志》。原先認為是翻宋刻本，後細審之，認為宋刊無疑。乃請千里以淺墨描畫，補綴之。[九]

是月，千里於《丁鶴年集》上題詩曰：

> 西域詩人集，傳於至正年。諸兄咸附錄，高第各分編。

時下哀思淚，亦隨方外緣。須知海巢序，只說武昌前。

對此，黃丕烈、夏方米等俱有和作。[十]

後，千里再次題《丁鶴年集》曰：

搜來從架下，首葉已殘零。我自一知己，人殊不識丁。

收藏誠有數，呵護豈無靈。別具區區意，茲為魄始寧。

此詩，黃丕烈、夏方米等又有和作。[十一]由此可見千里與諸人摩挲善本，互相切磋之狀。

五月九日，黃丕烈跋於千里為之影摹的《圖畫聞見志》上。[十二]

千里從袁綬階借得校宋本陸游《南唐書》，以陸敕先校本校之，並跋。[十三]

中澣九日，黃丕烈以《野客叢書》易千里傳錄陸敕先校本《南唐書》，跋之。[十四]

五月，跋影宋鈔殘本劉球《隸韻》。[十五]

孫星衍借黃丕烈所藏校宋本《新序》，六月十三日，孫星衍校畢，跋之。[十六]

千里讀毛斧季手校明刻本《三輔黃圖》，跋之。[十七]

六月，千里借得過錄何義門校宋本《揚子法言》，讀而跋之，並臨於世德堂刊本上。[十八]

七月，黃丕烈以所得元刻本《稼軒長短句》屬千里檢補缺字。二十二日，千里檢補畢，跋之。[十九]

中秋，黃丕烈跋於千里為之校錄的《文心雕龍》校宋本上。[二十]

八月，黃丕烈從錢大昕處借得有何義門校語的鈔本《剡錄》，屬千里以紅筆影摹何義門校語。[二十一]

九月三日，江聲卒。千里檢點先師遺札十餘通，作〈題江艮庭先師遺札冊後〉。[二十二]

時在黃丕烈家，臨惠松崖校《荀子》於明刊《六子書》本上，錄至首三卷。[二十三]

是月，袁廷檮借千里所校《戰國策》，過錄於盧氏雅雨堂刻本上，並跋之。[二十四]

十月二十七日，代黃丕烈撰〈校刊明道本韋氏解國語札記序〉，將所撰《國語

札記》，題黃丕烈之名，並助其刊行，收入《士禮居叢書》中。[二十五]

十一月，黃丕烈得《齊乘》六卷、《釋音》一卷。千里據其中訂正者人名，考定是書當為明刊本。[二十六]

千里十年前曾藏有明刻《前》、《後漢紀》，時為黃丕烈所得。千里重閱一過，跋之。[二十七]

冬至前一日，千里跋黃丕烈所藏影宋鈔殘本《國語》。[二十八]

十二月，千里跋明朝時朝鮮刻本《蒼厓先生金石例》。[二十九]

除夕前三日，又跋盧雅雨刻本《墓銘舉例》。[三十]

是年，嘗校《道藏》本《墨子》，正錯簡數條。[三十一]

以周漪塘家藏宋刊本《建康實錄》校己所藏鈔本。宋本曾為汲古閣舊藏，而鈔本乃千里於乾隆戊申得之於朱氏滋蘭堂者。千里並跋鈔本，云，「今歸讀未見書齋。」[三十二]

是歲，孫星衍有蘇州之行，晤千里等，欲刊顧抱沖舊藏之《孫子》等書。千里撰〈孫武私印為淵如觀察作〉。[三十三]

黃丕烈請千里為之撰〈藏書賦〉，千里許之而未撰。[三十四]

段玉裁致書劉端臨，云：「意欲延一後生能讀書者，相助完《說文》稿子，而不可得。在東已赴廣東為芸臺刊《經籍纂詁》，千里亦無暇助我。」[三十五]

阮元調任浙江巡撫，建詁經精舍。延客校《十三經注疏》事自是始。[三十六]

注釋：

[一]《蕘圃藏書題識》卷三「《金石錄》三十卷校鈔本」條下，云：黃丕烈知吳郡東城騎龍巷顧肇聲家原藏有《金石錄》及《大金國志》，書散出。「久而知《金石錄》已歸吾友抱沖所存。《大金國志》余既歸之，儲諸讀未見書齋矣。既，抱沖弟澗濱為余言，《金石錄》之妙，無過此本者。有手校本示余。余病其行款尚未細傳，復向小讀書堆借得原本，自為對勘，中以他事作輟。澗薲為余補校，悉照原本傳錄。」時在「嘉慶己未中春月。」

千里跋見《書跋》卷二「《金石錄》三十卷校本」條。

[二] 見嘉慶二年注[十九]。

[三] 見《蕘圃藏書題識》卷二「《新雕重校戰國策》三十三卷宋本」條下所錄。千里詩中「請捐桐鄉柁，相期換歡游」句，乃是對丕烈詩中原欲作浙東遊之意而發。現金氏所藏宋本已得，則可往歙訪汪秀峰氏求其所藏另一宋本《戰國策》矣。此可參見上年注[九]、[十]。

眾人所作詩，文長不錄。

[四] 見嘉慶二年注[十九]。

[五] 潘奕雋《三松堂集》卷十二有詩記此日之事。其詩前有序，詳記曰：「嘉慶四年三月，值曲水觴詠之辰，為八音過密之歲，硼東朱子、壽階袁子招集漁隱小圃。洒屏嘉肴，淪苦茗。是日也，微風初晴，六合生潤。有樂不設，虛觴停流，談藝論古，列坐移晷。闊蹤既接，鬱情以宣。雖狂獧殊懷，而俯仰俱適。言志有作，繼聲並陳。同集者范來宗、方燮、鈕樹玉、黃丕烈、瞿中溶、顧廣圻、夏文燾、孫延、許鑑，既主人朱成、袁廷檮、兆棻與奕雋，期而未至者，李福也。」可略見是日風情。

[六] 《蕘圃藏書題識續錄》卷一「《建康實錄》二十卷舊鈔本」條云：「此舊鈔本《建康實錄》，吾友顧澗薲所藏書也。初，余於小讀書堆見抱沖用此本倩人影寫，詢是澗薲物，心欲之而未敢直陳也。既，余於周香嚴家見有宋本，澗薲屬余借校。澗薲謂余曰：此書即從宋本寫出，特非影寫，故行款不同，復多脫誤爾。今得校勘，益臻美善矣。知君欲之已久，曷歸插架。遂以遺余。其時，適有友需余鈔本《咸淳臨安志》者，余獲直三十金。澗薲戲曰：此書余亦欲獲半直。余重其割愛，意即易之。昔抱沖及袁君綏階皆不過借鈔，而今竟歸之，且視鈔本更多校語，澗薲之厚余可謂至矣。因記其實。」「時嘉慶己未暮春九日。」

[七] 《蕘圃藏書題識》卷五「《圖畫見聞志》六卷」條下云：「四月二十二日，余訪香嚴，香嚴詢余近日得書幾何。余以澗薲於玉峰所收元刻《丁鶴年集》、明人葉德榮手鈔《法帖刊誤》、翻宋版《圖畫見聞志》三種對」，時在是年。可知此數種書俱千里得自玉峰而後歸黃氏。關於千里赴玉峰歲試事，參見下注。

[八] 《蕘圃藏書題識續錄》卷一「《法帖刊誤》二卷明鈔本」條下曰：「今春友人顧澗薲歲試玉峰，從書攤購得德榮甫手鈔《法帖刊誤》一冊，因余素愛名鈔秘冊，遂以歸余。」時在「己未孟夏四月中澣二日。」

[九] 《蕘圃藏書題識》卷五「《圖畫見聞志》六卷」條下云：「此元人鈔本《圖畫見聞志》三卷，余向從東城故家收得者也。」「此殘宋刻本《圖畫見聞志》四、五、六共三卷，周香嚴所藏書也。」「四月二十二日，黃丕烈訪周氏，周氏以此殘本三卷見示，云係翻宋本。「及攜歸、與澗薲同觀，亦認為翻宋本。遂取前所收者勘之，行款雖同而楮墨俱饒古氣」，方定其為宋本。「命工裝池，與元鈔為合璧。」「補綴之處有白紙者，皆舊時誤寫字跡。其蠹餘之餘，悉以一色舊紙補綴。遇字畫爛格缺斷者，倩澗薲以淡墨描寫。至原刻原印之模糊缺失，悉仍其舊，誠慎之至也。」時「嘉慶歲在己未中夏九日。」

[十] 顧千里題詩，見《琳琅秘室叢書》本《丁鶴年集》原書，詩名〈題丁鶴年集呈蕘圃政〉，題目下有自注：「得『年』字，禁押本事。時嘉慶己未四月」。

黃丕烈、夏文燾和和詩，此刻本中亦收入。此不贅錄。

又，黃丕烈於書中有跋曰：「此集為澗薲歲試玉峰時收而後歸余者。」

[十一] 再賦之詩亦見載於上書。題為〈再賦丁鶴年集一首〉。黃丕烈、夏方米又和詩。黃丕烈詩有「我願希千頃，君交託九靈。訪書情正切，癙痺想難寧。」下注曰：「時玉峰書攤傳聞有舊刻《大戴禮》，澗薲欲與余買舟往訪也。」

此下又有黃丕烈跋云：「初，澗薲得此書，重為元刻，詩以紀事，擬用『丁』字，畏其難而改用『年』字。」「昨澗薲自家至書塾，袖出一詩，謂，向所難者，今反見巧矣。所押『丁』字，果稱巧絕。遂偕方米次和。」可知與前詩當為前後所作。

[十二] 見注[九]。

[十三] 見《書跋》卷二「陸游《南唐書》二十卷校本」條。

[十四] 《蕘圃藏書題識》卷三「陸游《南唐書》十八卷校本」條下云：「《南唐書》，馬、陸並稱。余家藏元本馬書，較時本頗善。陸書向無舊刻。頃從澗薲易得傳錄陸敕先校本，雖非舊刻，亦可與馬書並稱善本矣。」時「嘉慶己未夏五月中澣」。

[十五] 見《書跋》卷二「《隸韻》二卷景宋鈔殘本」條。

[十六] 《蕘圃藏書題識》卷四「《新序》十卷校宋本」條下曰：「嘉慶四年，太歲己未五月，孫星衍借歸金陵校於五松書屋。」

又，趙萬里《芸盦羣書題識》「劉向《新序》十卷明刻本」條下，錄有孫星衍跋云：「嘉慶四年六月十三日，孫星衍借校畢。」（按：此跋刊於《大公報》民國三十二年一月七日〈圖書副刊〉欄內。）

[十七] 見《書跋》卷二「《三輔黃圖》六卷明刻本」條。

[十八] 同上書，卷三「《揚子法言》十三卷校本」條。

[十九] 同上書，卷四「《稼軒長短句》十二卷元刻本」條。

[二十] 《蕘圃藏書題識》卷十「《文心雕龍》十卷校宋本」條下云：「此嘉靖庚子刻於新安，本郡中朱丈文游家藏書也。文翁故後，書籍散亡，此冊為其甥所取，售於五柳書居者。先是五柳主人來云，是校宋本，需直白金六兩。余重之，故允其請。而書來，其實校語無足重，舊刻差可貴爾。攜屬澗薲校錄一過，與向收弘治本並儲焉。己未中秋檢書及此，爰題數語，以著顛末。」可見千里嘗為其校是書。

[二十一] 王欣夫先生輯《蕘圃藏書題識再續錄》卷一「《剡錄》十一卷校影宋鈔本」條下有曰：「此八卷至十二卷，余從錢少詹藏本補錄者也。少詹本與周香嚴所藏影宋殘本行款悉同，而筆墨差少古致，大約國初人鈔本。前有『語古』小長方印，又一小方印，其文曰『驫』，皆何義門先生之章也。中多紅筆添改字。余傳錄時悉一以墨筆臨之，而注其上方。惟兩處曾屬澗薲以紅筆影摹之，重其為義門所校也。」其所跋時日，遽前後文考之，當在「己未中秋後八日」之前，故暫次於是。

[二十二] 《集》卷十五載〈題江艮庭先師遺札冊後〉文，中云：「今先師徂謝，廣圻又困頓荒落，竊自懼師法之失矣。惟揭此冊於座右，庶幾典型未遠，以勗勵於萬一云。」則當為江聲亡

故後不久所書。

考孫星衍《平津館文集·江聲傳》曰：「以嘉慶四年九月三日卒於里舍，得年七十有九。」而錢泳《履園叢話》卷六「江聲」條則稱其「嘉慶元年，舉孝廉方正。年八十餘而卒。似以孫氏說為確，今從之。故將千里此文繫於是。

［二十三］見《書跋》卷三「《荀子》二十卷校本」條。

［二十四］參見嘉慶二年注［十九］。

［二十五］此〈序〉《集》卷七收錄，未注時間，此據《士禮居叢書》本《國語》原書。

關於《札記》出於千里之手，前人亦有論及。神田喜一郎《顧千里年譜》是條下有按語曰：「《國語札記》題為黃丕烈撰。但讀先生《跋影宋本國語後》一文，知此書於乾隆六十年經先生細校，則《札記》自應成於先生之手。且其〈序〉又為先生代作，見《思適齋集》卷七，而謂《札記》不出於先生，夫誰信之？」趙詒琛《顧千里先生年譜》亦云：「先生為蕘圃撰影宋明道二年刊《國語札記》，並代為序文。」

［二十六］《蕘圃藏書題識》卷三「《齊乘》六卷《釋音》一卷明嘉靖刻本」條曰：「頃從肆中搜得，見其紙墨古雅，疑為元刻」，「及攜歸，澗蘋為余言曰，卷中薛子熙訂正，為明時人，曾刻《三輔黃圖》。則其為明刻無疑。近復有山東新刻本，澗蘋有之，暇日當取一勘云。己未冬十一月。」

［二十七］見《書跋》卷二「《前漢紀》三十卷《後漢紀》三十卷明刻本」條。

［二十八］同上，「《國語》八卷影宋鈔殘本」條。

［二十九］同上書，卷四「《蒼崖先生金石例》十卷明朝鮮刻本」條。

［三十］筆者嘗見顧千里過錄惠棟批校《墓銘舉例》四卷，底本為雅雨堂刻本，千里注明「己未除夕前前三日」批識之。

［三十一］見《書跋》卷三「《墨子》十五卷經訓堂刻本」。

［三十二］同上書，卷二「《建康實錄》二十卷鈔本」條。

［三十三］《蕘圃藏書題識續錄》卷二「《魏武帝注孫子》三卷《吳子》二卷《司馬法》三卷平津館刻本」條下云：「昔者我友顧抱沖訪華陽僑顧氏，購得宋板《孫》、《吳》、《司馬法》，余絕愛之。欲假歸而影寫之，未暇也。近孫淵如觀察過蘇，與抱沖從弟澗蘋談及是書，思以付梓。適余家命工翻雕影宋本《國語》畢，澗蘋即影摹一本，就蕘圃中開雕。工畢，澗蘋承淵如意轉取贈余，余愿大慰，不啻獲一宋本矣。與本書纖悉無二樣，所補〈序〉及缺葉，澗蘋俱已注明，惟每葉板心刻字大小數，為向時宋本所無。茲取易於查核，且亦古款，非妄改面目也。庚申四月八日。」

考《集》卷三《孫武私印為淵如觀察作》詩，標明為「己未」所作。詩中有小字注：「時方刊宋本《孫子》。」再考平津館刊《孫子》書後墨記，標明為「庚申三月」。據此，可見「己未」孫孫星衍過蘇，言及刊刻《孫子》事，即動工，而千里作詩。至庚申（五年）三月，書刊成，故

有丕烈之贈。而黃氏得書後跋之。先後次第，頗可辨明。

[三十四]〈百宋一廛賦注〉曰：「始，予請居士（千里）撰〈藏書賦〉，在己未、庚申間，許而未為也。」

[三十五]見劉盼遂《經韻樓集補遺》所載〈與劉端臨第十八書〉。劉氏《段玉裁先生年譜》將此書次於是年，今從之。

[三十六]《清代職官年表》載，阮元於嘉慶四年十月為浙江巡撫。又阮元《揅經室二集》卷七〈西湖詁經精舍記〉云：「於督學浙江時，聚生於西湖孤山之麓，成《經籍纂詁》百有八卷。及撫浙，遂以昔日修書之屋五十間，選兩浙諸生學古者讀書其中，題曰『詁經精舍』。」嚴元照《晦庵文存》卷六〈校汲古閣儀禮注疏後〉中云：「儀徵阮公巡撫浙江，延客校《十三經注疏》。」

嘉慶五年（1800年）庚申，三十五歲。

黃丕烈借千里《齊乘》，補錄明杜子睿〈序〉。[一]

三月，為黃丕烈刊影宋明道二年本《國語》及《國語札記》成。[二]

為孫星衍校刊宋本《孫子》、《吳子》、《司馬法》成。並奉孫氏意，贈黃丕烈。[三]

春，黃丕烈從吳騫借影宋鈔《咸淳臨安志》六十五、六十六兩卷，屬千里傳錄之。[四]

春杪，借袁綬階藏《道藏》本《淮南子》，校莊逵吉刊本，並跋之。[五]

三月晦，黃丕烈招吳玉松[六]、汪瀚雲[七]、蔣賓嵎[八]、李子仙、周香嚴及千里等觀賞牡丹，並分韻賦詩。[九]

四月八日，黃丕烈跋於千里所贈之《平津館叢書》本《孫子》、《吳子》、《司馬法》後。[十]

閏四月，為鮑淥飲用明姚舜咨家鈔本《履齋示兒編》校明潘方凱刻本，並跋之。鮑氏此本曾經盧文弨、孫怡谷、徐北溟校過，[十一]又請千里復校者。[十二]

五月，黃丕烈得一闊黑口板《新定續志》。千里定其為宋刻本。芒種後三日，丕烈跋之。[十三]

五月十六日，千里校《經典釋文》卷二《周易正義》，正若干字。[十四]

十七日，千里跋黃丕烈所得宋本《新定續志》。[十五]

是月，校閱段玉裁《說文訂》，糾正數條。撰〈跋周漪塘所藏毛斧季手校本說文解字〉。[十六]

七月，覆校《儀禮》經、注。十三日，跋《儀禮注疏》校宋本。[十七]

是月，又跋宋刻本《儀禮疏》。殆此時頗有刻《十三經》之議，故千里注目於是也。又自嘆財力困乏，而不荷斯任。[十八]

七月，借得宋刊本《淮南子》，細勘一過，跋之。[十九]

秋，千里嘗赴金陵鄉試，不中。曾與瞿木夫往骨董舖，觀宋本《甲乙集》，未得。歸告黃丕烈，甚怏怏。[二十]

九月，孫淵如來蘇州。十一日，千里聞孫淵如於京師嘗見宋本《韓非子》，便跋於己之過錄校本上。此宋本即李奕疇所收宋黃三八郎刻本。[二十一]

千里為黃丕烈補寫影宋鈔本《鮑氏集》缺葉，並跋。[二十二]

孫淵如家有宋本《顏氏家訓》，淵如歸蘇時，覆舟沉水，故多有水漬。千里見之，語淵如曰：何義門家藏書亦多浸水。[二十三]

十月七日，復校《淮南子》畢，跋之。[二十四]

九日，將宋本《淮南子》譌字亦添入校本中，記之。[二十五]

十一月，孫淵如欲返金陵，千里與段茂堂、鈕樹玉、黃丕烈等餞別淵如於虎丘一榭園。[二十六]

冬，千里與仁和孫邦冶氏共校刊宋九卷本《古文苑》，旋遭人攫去而未果。[二十七]

千里跋《翠微先生北征錄》十二卷。[二十八]

是年，孫淵如曾在浙中得鈔本《天文大象賦並注》，屬千里為之校正刊行。[二十九]

錢大昕有〈與顧千里論平宋錄書〉。[三十]

戈小蓮作〈靜蓀慧禪師塔銘〉，千里閱而批云：「讀之但覺其言之可痛。」[三十一]

是時，千里頗感不能抒其抱負，故家居鬱鬱。嘗謂戈小蓮云：「讀書貴經濟，經濟又貴用不貴言。今豈無奇士可用矣！」因名己之居所為「思適齋」，以〈思適軒圖〉示小蓮。小蓮因作〈思適軒記〉，稱千里為「天下才」。以為「其思非一家所能限，亦豈黃君所能私。」認為「顧子有思，顧子無軒」，「思適軒者，顧子之思不適也」。[三十二]頗能道出千里心胸。

是時，與千里、小蓮交者，還有沈狷鷗。[三十三]

千里作〈思適寓齋圖自記〉。[三十四]

年末，千里已決定赴杭州，從事《十三經》之校勘，戈小蓮作〈贈顧子游序〉，以為千里出遊，「則恐其識顧子者少，而遂至不能容也。況遊士之紛雜瑣碎，此推彼翼，互譽交進，舉世一趨。乃所異者，獨吾顧子爾。顧子於遊士之中下者，固奴畜之，其上者，亦非眉目間人，遇之當必有揮斥。不則亦談笑置之，不與之同也，決矣。人見顧子之獨異而妬且恨也，又決矣。顧子誠明哲，其不能暢達所懷，而或幾乎有所沮止也，又決矣。」[三十五]可謂深知千里之為人者也。

注釋：

[一]《蕘圃藏書題識》卷三「《齊乘》六卷明本」條下曰：「案，此是明刻，然未究其為何時所刻。頃從澗薲借得乾隆辛丑胡德琳序本，載有嘉靖甲子杜子睿〈序〉，乃補錄之。此刻殆所謂嘉靖本歟？嘉慶庚申立春前一日挑燈書此。」

[二] 參見黃氏《士禮居叢書》原刊本《國語》錢大昕、段玉裁〈序〉。

[三] 參見嘉慶四年注[三十三]。

又，《平津館叢書》本《孫子》、《吳子》、《司馬法》（合為一種）前，有孫星衍〈序〉云：「《孫子》三卷，魏武帝注，《吳起》二卷、《司馬法》二卷，皆宋雕本。嘉慶五年三月，屬顧茂才廣圻影寫刊版行世。」「此本既影寫上版，宋人缺筆字及不合六書字體，皆仍其舊。」「板心注明補葉，不惑後人。當與顧茂才商榷作《音義》附後云。」據上年譜文及注中所言此書刊板過程，孫星衍這裏所記「嘉慶五年三月」當為書刻成之時日，孫氏泛言之也。

[四]《蕘圃藏書題識》卷三「《咸淳臨安志》九十三卷宋刻本」條下曰：「歲庚申春，從吳兔牀處借得六十五、六十六卷，仍係鈔本。旁有『知不足齋影宋鈔』字樣，當非無據也。爰屬西席顧澗薲傳錄。」

[五] 見《書跋》卷三「《淮南子》二十一卷校本」條。

[六] 吳玉松，名雲。又字潤之。江蘇長洲人。光緒《蘇州府志》卷八十九有傳，云：「乾隆庚戌（五十五年）進士，選庶吉士，授編修。歷官山東道監察御史，河南新德府知府。致仕里居二十有二年，九十一卒。」「里居不與外事，篤於友誼。」「己之詩文無專集，所傳《醉石山房詩文鈔》六卷，其後人所搜輯也。」而《歷科進士題名錄》載其為乾隆五十八年二甲八名進士。《府志》或誤。

[七] 汪瀚雲，名梅鼎，字映雪，一作映琴，號畹雲，一號瀚雲，又號蓼塘。安徽休寧人。《墨林今話》卷七載其事云：「乾隆庚戌進士，初宰臨安，到官九十日移疾歸。後入貲為郎，銓職禮部，轉御史，卒於官。為人恬澹真率，好飲酒，能詩工畫，尤善鼓琴。」「有《瀚雲詩鈔》」。

《歷科進士題名錄》載其為乾隆五十八年二甲二十七名進士。或《墨林今話》有誤。

　　[八] 蔣東暘，字賓嵋，晚號悔庵。江蘇嘉定人，居吳縣，與諸人友善。

　　[九] 汪梅鼎《澣雲詩鈔》卷三載〈庚申三月晦，黃蕘圃招賞牡丹分韻得「以」字〉詩。其中云：「片帆來吳中，看花半月耳。只剩一日春，春光疾如此。」又云：「主人住深巷」，「飛東喜見招」，「四座多鉅公，高談正矗矗。」可見時汪氏正路過吳中。

　　又，潘奕雋《三松堂集》卷十三有詩〈黃蕘圃孝廉招吳玉松、汪澣雲、蔣賓嵋、夏方米、沈書三、周香嚴、李子仙、顧澗蘋、袁壽階共飲牡丹花下分韻得「青」字〉。此卷中之詩為「始己未冬至庚申秋」作。由「共飲牡丹花下」，知作於庚申春，與汪氏詩所記為同日之事，由此可見是日與會者之人。

　　[十] 見嘉慶四年注[二十三]。

　　[十一] 徐北溟，名鯤。一字白民，浙江蕭山人。民國《蕭山縣志稿》卷十八載其傳云：「為人質樸，拙於言。少工文，稱名諸生。家酷貧，為盧文弨，孫志祖所知。從遊既久，遂湛深經術，通訓詁之學。」嘉慶中，阮元「招集諸生編《經籍纂詁》，鯤與焉。」「其論全載王端殿《重論文齋筆錄》。惜文辭散佚，無專集行世。鯤屢應秋試，卒不售。卒年四十二。孫志祖《讀書脞錄》頗采鯤說。」

　　[十二] 鮑廷博《履齋示兒編跋》云：「予嘗請之盧學士文弨、孫侍御志祖，互相讎勘。不特盡掃烏焉之誤，於履齋千慮之失亦時時有所糾正焉。蕭山徐北溟鯤，熟精《選》理，海昌錢君廣伯馥，精於音韻之學，又各出所長以資參考。繼而元和顧君澗蘋復得茶夢散人手抄本反復勘定，不使少有遺憾。於是，是編精神煥發，頓還舊觀矣。」

　　顧千里跋此書云：「鮑丈淥飲以盧抱經、孫怡谷、徐北溟三君校正潘刻，屬用姚鈔覆勘，爰細讎一過。」時在「嘉慶庚申閏四月。」

　　以上兩跋俱見《知不足齋叢書》本原書後。

　　[十三] 《蕘圃藏書題識》卷三「《新定續志》十卷宋本」條下曰：庚申，黃丕烈從浙省得一板口闊而黑的《新定續志》。「心疑非宋刻，即持示同人。賣書人如錢聽默、藏書家如周香嚴，雖皆素稱識書者，然但詫為未見書，而宋刻與否，初不敢以意定也。惟西賓顧澗薲與余賞析，謂非宋刻而何？」時「嘉慶五年閏四月芒種後三日。」

　　[十四] 王欣夫先生過錄顧千里、段玉裁、臧在東等人校《經典釋文》卷二末（此卷為《易》），錄千里題識，標明：「嘉慶庚申五月十六日」，則是時千里校過此書。

　　又，趙氏《顧千里先生年譜》載有此事，下錄王欣夫先生按語曰：「先生校本今藏余齋中。余藏乾嘉經師校《釋文》凡十部，如惠松崖、段懋堂、鈕匪石、袁壽階、顧抱沖、臧庸堂、江鐵君、陳碩甫、管吉雲，而以先生所校為最多且詳。且全書朱墨爛然，計自是起至嘉慶二十五年庚辰止，前後經二十一年，蓋先生自三十五歲至五十歲，中年精力盡萃此書。暇當精心條錄以為先生遺著之一。今先以有年月可稽者分條按年錄入焉。」後凡引趙氏《顧千里先生年譜》中千里校

《經典釋文》條目,多本於是,不另詳注。

[十五] 見《書跋》卷二「《新定續志》十卷宋刻本」條。

[十六] 見《書跋》卷一「《說文解字》十五卷毛斧季校本」條及《集》卷十四〈跋周漪塘所藏毛斧季手校本說文解字〉,此二篇文字實同,俱未標時日,今據王欣夫先生校本《思適齋集》標明此跋作於「庚申五月」,「時在王洗馬巷黃氏寓齋。」

[十七] 見《書跋》卷一「《儀禮注疏》十七卷校宋本」條。

[十八] 同上,見「《儀禮注疏》五十卷宋刻本」條。

[十九] 同上書,卷三「《淮南子》二十一卷校本」條。

[二十] 《蕘圃藏書題識》卷七「《甲乙集》十卷宋本」條下曰:「去歲顧澗薲秋試歸,言余有宋版羅昭諫《甲乙集》,惜去遲為他人得去,心甚怏怏。既而,坊間人自金陵歸者,告余顛末。蓋是書在委巷骨董舖,嘉定瞿木夫往觀之,需四兩銀,未能決其為宋刻,且欲俟澗薲去一決之,故遲之未得也。」此跋作於辛酉(嘉慶六年),云「去秋」,則當在今年無疑。

[二十一] 張紹南《孫淵如年譜》云,是年九月,淵如往蘇州。

千里之跋,見《書跋》卷三「《韓非子》二十卷校本(有王小梧跋者)」條。關於所見為宋黃三八郎本,參見《四部叢刊》影印景宋鈔本《韓非子》後黃丕烈之跋語。

李奕疇,據黃丕烈跋云:字書年,河南夏邑人。嘗為江蘇糧儲道,又嘗督漕淮上。

[二十二] 見《書跋》卷四「《鮑氏集》十卷景宋鈔本」條。

[二十三] 《蕘圃藏書題識》卷五「《顏氏家訓》七卷《考證》一卷宋本」條下,錄有孫星衍跋云:「過南陽湖,舟覆,載書十簏俱沈濕。但如此本,顧千里告予,何義門家藏書亦皆沈水者。此有義門跋,蓋兩經水厄矣。」此跋乃「庚申年八月」所作。

[二十四] 見《書跋》卷三「《淮南子》二十一卷校本」條。

[二十五] 同上。

[二十六] 孫星衍《芳茂山人詩錄》卷五載〈庚申冬日,同人集一樹園,閱十年矣。偶屬吳山尊學士肅題冊,有感舊遊,率賦二律,即有唐陶山刺史仲冕元韻,並寄之。時己巳年七月五日〉詩。詩中有曰:「重到山塘舊遊處,幾人惆悵話斜曛。」下注:「戊辰年假歸燕集一樹園,所遇毛君用吉、鈕君樹玉、袁君廷檮、陶君珠琳、黃君丕烈、顧君廣圻、何君元錫、陶君梁、吳生毓汾、戴生延祐,俱題冊中人。」

又,張紹南《孫淵如年譜》載,是年「九月,除母喪,歸常州省墓,至吳門主吳縣唐令仲冕署。」「十一月,諸名士餞別於虎邱一樹園。坐中蔣丈業晉、段君玉裁、鈕君樹玉、袁君廷檮、黃孝廉丕烈、顧君蒓、顧君廣圻、何君元錫、李君銳、瞿君中容、夏君文燾、陶君梁、沈君培、徐明經頤、唐公子鑑、李君福、戴生延祐,各自題名於冊,吳君履寫〈山塘話別圖〉。」

[二十七] 見《集》卷十〈重刊九卷本古文苑序〉。

[二十八] 見《書跋》卷四「《翠微先生北征錄》十二卷舊鈔本」條。

[二十九] 見《集》卷十。

[三十] 錢慶曾《竹汀居士年譜續編》云，是年，錢大昕有〈與顧千里論平宋錄書〉。

[三十一] 戈小蓮所作銘見《半樹齋文》卷七。中云：「嘉慶四年月日終於寺，五年月日葬於賀九嶺之南呂律字圩。」時戈氏為之撰〈銘〉。知此〈銘〉當作於嘉慶五年。

《半樹齋文》此〈銘〉後，載顧千里批識云：「末流之弊，必由於作法者。故咎佛者，為正解也。佛則是之。失於佛而後非之，下一層解也。讀之但覺其言之可痛。」

[三十二] 見《半樹齋文》卷七〈思適軒記〉。此記敘千里之狀況頗詳，云：「思適軒者，顧子之思不適也。因不適而思其適，軒於是名。或曰，何謂也？夫顧子，天下才也。窮而在下，不得一試其道。家居鬱鬱，寧獨無思乎？思矣，而又不得，遂寧獨適乎？思俞（愈）甚，不適俞甚。日取古人書縱觀之，期自適。思於古，治亂得失孰譜之？又於古人豪窮放廢，英特發露，際會奮興之處，又深究之。出以告人無所關，默以藏己無所洩。煢獨一身，倚書而俞拙。於是乃喟然嘆曰，乃今知書不適我甚矣。而其思不輟。間嘗謂余曰，讀書貴經濟，經濟又貴用。今豈無奇士可用矣！並恐嗫不得言，奈何言己！坐中有沈狃鷗與余皆嘆息。狃鷗者，顧子所謂奇士也。有經濟才，恆默默，遇知己則說古今成敗不住口。是日，聞顧子言，心不憚，罷酒去。翌日，顧子乃持〈思適軒圖〉示余曰，予志在是，惟君其識！吁！顧子，天下才也。才成而無所用，徒苦其思於片詞隻義以自晦匿，而其思俞不能適，乃為此圖以寄其欣愉於萬一。顧子果適乎哉？！然而，嘲之者又曰，顧子居愀隘，有書無地，所謂思適軒安在耶？在今黃君蕘圃家耶？抑別有寄耶？吁！顧子，天下才也。其思非一家所能限，亦豈黃君所能私？顧子有思，顧子無軒。顧子有思，顧子又奚必以他人之軒為軒？不特此也。設使顧子家不貧，有廣廈大室以藏書，顧子豈遂無思耶？設使顧子不師而官，或得一第，或宰一邑，其身已顯榮，其志未攄出，顧子亦豈侈然厚自奉養以為吾思既適耶？思適軒者，顧子之思不適也。顧子何思乎？知其思者，狃鷗也。知其不適者，予也。」

千里鬱鬱不得抒展抱負之情，委屈寄居他人籬下之狀，於此畢顯。

此文載《半樹齋文》卷七。考此集中文字，以時間為序。卷六中載有庚申年所作〈讀春秋左傳札記〉。在此〈記〉後又載有庚申年所撰〈靜蓀慧禪師塔銘〉，故此〈記〉當為庚申年所撰。又，此文中有曰：「在今黃君蕘圃家」云，考嘉慶六年，千里已辭黃氏館事，離士禮居。亦可為此〈記〉作於是年之證。

[三十三] 參見上注。

[三十四] 是文現載《集》卷五。其中文字又見於李兆洛〈澗薲顧君墓志銘〉。俱未標所撰時日。千里是時以〈思適齋（軒）圖〉示戈小蓮，小蓮有〈記〉，疑千里之〈自記〉亦作於是年前後，暫繫於此。

[三十五] 此〈序〉見《半樹齋文》卷十。其中敘千里性格、抱負、言行頗詳，節錄如下：「予常曰，古欲為君子不可不好名。今欲為小人亦不可不好名。」「吾故於顧子之遊而甚疑矣。雖然，顧子亦何可不遊哉？末俗凋敝，儒風頹喪，上不恤民，下不愛學。」「非得一學聖賢之學者出而

振治之。」「顧子學成篤，拔今含古，上不能為文學侍從之臣，一鳴國家之盛，下又不能出宰百里佐教化，屈而為賓。當必有勸掖之道，規箴之方，視乎時事所急者以相聞，得使賢公卿大夫有所慕而畏。若是，則顧子之遊視不遊者勝矣。況以其全力佐在上者，徐治國與民；而又以其餘，表正學術；即以靡遊之士風而使之靖，則顧子之宜遊者久矣，乃今晚爾。雖然，吾又為顧子慮矣。顧子行端潔，性剛果，故出語恆觸人。醉後議事，尤中時要，而慢易人尤甚。即不慢人，習見者多徙席以辟。余之交顧子以此，而顧子之不合於世亦以此。今使顧子遊而遂降其操，易其貞，非吾顧子矣。不降且易，則恐其識顧子者少，而遂至不能容也。況遊士之紛雜瑣碎，此推彼翼，互譽交進，舉世一趨。乃所異者，獨吾顧子爾。顧子於遊士之中下者，固奴畜之，其上者，亦非眉目間人，遇之當必有揮斥。不則，亦談笑置之，不與之同也，決矣。人見顧子之獨異而妬且恨也，又決矣。顧子誠明哲，其不能暢達所懷，而或幾乎有所沮止也，又決矣。然則，顧子又何為遊也哉？嗟乎，吾少與顧子同學，同行，志又不異。年少氣銳，視天下事無不可為。握手相見，恆以濟世利民相期許。時又有范子三喬，有經濟才，豪邁不羈，與余二人合。以是三人為至交。苟相遇，無言他，或縱橫論古今成敗，或慷慨談天下事，各抒所學，不異不同。顧子嘗相約曰，他日儻出仕，當上不負國，下不負民，終於不負所學而後止。若肥身家，保妻子，從時自媚，不危言危行者，共絕之！三人約誓歡甚。而非笑之者已紛然起，三人厭聞其語。小不如意，亦嘗以詩酒凌藉人。甚則狂歌痛哭，傾駭一座。以是人皆目為狂。三喬忽痛罵曰，若等飲食人皆尸鬼耳。吾輩窮天人之學，當佐明時，利萬姓，何狂為？！言已，與顧子持而泣。余亦泣。今思之，言猶在耳。顧子並時談及，意氣軒揚，若有勃勃而不能發者。當時之顧子，豈至念及於遊乎？乃不六七年，三喬先以饑而驅於四方。又十年，余以病廢在家，而顧子又不得已而遊。遊且必抑扼沮伏，不能有所建，以得如吾三人十五年前之所言可知也。」

此所言千里出遊，當指赴杭州校勘《十三經》之事。考嘉慶六年元月，千里已抵杭州，則此送其出游之〈序〉，當作於此之前。

再以文中所及千里、戈小蓮生平事蹟考之：若將作〈序〉次於今年，千里等十五年前約誓之事，則當在乾隆五十一年（本譜載於乾隆五十一年）。據董國華撰戈小蓮〈傳〉，其卒於道光丙戌（六年），時「去刲股刺臂時（按：指其作孝子，為母刲股刺臂事）已三十餘年。」則其「刲股刺臂」當在嘉慶元年前後。距「約誓」正約十年。此與〈序〉中言，約誓後「又十年，余以病廢在家」相合。以此推算之，此〈序〉作於是年不誤。

嘉慶六年（1801年）辛酉，三十六歲。

元旦，千里與焦循、李銳等同遊吳山第一峰，時春早意濃，諸人俱有倡和之作。[一]

年初，黃丕烈北上會試，千里則南往杭州，遂解館事。[二]

正月，在杭州，與臧在東等共謁阮元。[三]

千里赴杭州校《十三經》，殆得力於孫星衍、段玉裁等人之推薦。由此，得與諸學者名流相遇。[四]

三月，與戈小蓮有書札往復，小蓮有〈與顧澗薲書〉。[五]

跋〈武始公石闕〉。稱之曰：「漢碑中小而完善，以此為最。」[六]

四月，為孫淵如校元陶宗儀景宋鈔本《北堂書鈔》。[七]

五月，段玉裁已抵杭州，主《十三經》校勘之役。[八]

千里在杭州，任《毛詩》校勘。[九]

冬日，千里於杭郡城隍山書肆買得明刻本《雲溪友議》，取歸與小讀書堆藏惠棟校本對勘，發現二者字句吻合，而惠氏尚略有疏漏，遂跋之。[十]

十二月，阮元訪千里於杭州詁經精舍，有詩記之。[十一]

是年，千里借袁壽階手鈔錢竹汀《唐石經考異》，傳錄一部，跋之。[十二]

嘗與段玉裁同校《一切經音義》。[十三]

是年，段玉裁嘗薦千里及徐新田[十四]代己為阮元撰《十三經考證》。[十五]

在校書局中，千里持論多與眾人不同，與段玉裁之隙始生，後遂釀成軒然大波。[十六]

注釋：

[一] 千里之詩原刊焦循《雕菰集》卷四，〈辛酉元旦登吳山第一峰〉詩後。王欣夫先生收入《思適齋集補遺》卷上。同遊者還有陳鴻壽、羅永符、許玨、阮亨等，俱有倡和之作，亦見《雕菰集》卷四。

[二] 《蕘圃藏書題識》卷四「《韓非子》二十卷影宋鈔本」條云，辛酉年，與千里「賓主之歡遂散」。又，王欣夫先生《黃蕘圃先生年譜補》云：是年二月中，黃丕烈已經「抵燕臺，得宋本《梅花喜神譜》於琉璃廠文粹堂書肆。」則其起程當在年初。殆是時，黃丕烈北上會試，（見《黃蕘圃先生年譜》）而千里則應阮元之招南行，故解館事。

[三] 《拜經堂文集》卷六〈亡弟和貴割肱記〉云：「嘉慶六年春正月，庸往杭州就阮侍郎校經之聘。弟再拜送之曰：兄弟皆侍膝下，誰為負米者？客皆遊，誰為視膳者？兄與禮堂當一人出，一人留，可乎？侍郎招幸以此辭。庸偕仁和何君元錫、元和顧廣圻同謁侍郎，侍郎詢弟能來杭否？庸以弟話辭，侍郎默然，遂延他客。」可見是時千里已抵杭州。

[四] 阮元與孫星衍同出朱珪門下。阮元《揅經室二集》卷三〈山東糧道淵如孫君傳〉曰：「元與君丙午同出朱文正公之門，學問相長，交最密。」而千里與孫氏頗有交往，如前所述。且是時，千里頗有志於校勘經籍，《書跋》卷一載「《儀禮疏》五十卷宋刻本」跋曰，「儻掇其精英，句

排字比，勘成一書，流傳宇內」，則甚佳，時在嘉慶五年。故淵如將其推薦給阮元，則是可想之事。

再，段懋堂曾多次贊許千里，前面已言之。其中多有給劉端臨之書札，劉端臨與阮元為「姻家」（見《揅經室二集》載〈劉端臨先生墓表〉），且段氏又主校勘之役。故將千里推薦給阮元，也在情理之中。故云，千里之赴杭州，頗得力於孫淵如、段懋堂。

千里至杭後，得與諸學者名士交。趙氏《顧千里先生年譜》是年下載：「阮雲臺撫浙，延先生及武進臧拜經、錢塘何夢華同輯《十三經校勘記》，寓武林之紫陽別墅，海寧楊芸士始與先生訂交。」「阮雲臺建詁經精舍於西湖，大集天下學者，故先生得與諸名流相遇。」

[五]《半樹齋文》卷八載〈顧澗薲書〉中云：「足下在外，雖幽暢，胸中必自有滯悶處。前作足下遊〈序〉，備道之，固不無所詆。足下云，勿寄來此，懼僕為人忌恨。」「故遵命竟不書上。」「至足下書中云，詞章考訂皆無足取。此足下獨到之語，即吾三人十五年前相聚之意。茫茫天下，誰復知其故耶？」又，〈書〉中曰「足下在外」，又曰：「別足下三月矣。」則是書當作於千里抵杭州後三月，當在是年三、四月間。

[六] 見王欣夫先生輯《思適齋集補遺》卷下。

[七] 汪宗衍《顧千里年譜》云：是時，千里為孫淵如校《北堂書鈔》，所據為孔廣陶《校本北堂書鈔敍例》。

胡道靜先生《中國古代的類書》言及《北堂書鈔》時云：「嘉慶六年（1801）蘭陵孫星衍得陶宗儀鈔原本《北堂書鈔》。」「嘉慶七年（1802）孫星衍在金陵五松書屋開館校《北堂書鈔》，先後參加者有王石華、嚴可均、王引之、錢東垣、洪頤煊、顧廣圻等，以嚴為主。」考嘉慶七年千里不在金陵。或如汪氏所云，千里曾先校之耶？又，是時孫淵如亦在杭州（說見下注），千里可得以見之。

[八] 孫星衍《芳茂山人詩錄·濟上停雲集》中，載有〈阮中丞五月十二日招同程易疇瑤田、段茂堂玉裁第一樓雅集〉詩，則可知段氏已抵杭州，且淵如等亦在杭矣。

關於《十三經校勘記》，實由段氏主之，見汪紹楹先生〈阮氏重刻宋本十三經注疏考〉：「段氏主其事，紀載無明文，然據段〈與劉端臨書〉云，『雖阮公盛意，而辭不敷文。初心欲看完《注疏考證》，自顧精力萬不能，近日亦薦顧千里，徐心田兩君而辭之』（嘉慶七年）。又，〈與王懷祖書〉，『唯恨前此三年，為人作嫁衣而不自作，致此時拙作不能成矣』（嘉慶九年）。〈跋黃蕘圃蜀石經毛詩殘本〉，『余為阮梁伯定《十三經校勘記》』，又〈與孫淵如書〉，『昔年余為阮梁伯修《十三經校勘記》，據《文苑英華》，補之。』又，黃丕烈〈士禮居重雕嚴州本儀禮經注緣起〉云，『段若膺先生定《校勘記》，既臚陳之』，則段氏主其事無疑。」

[九]《十三經注疏》載阮元〈毛詩注疏校勘記序〉。其云：「以元舊校本授元和生員顧廣圻取各本校之。」

又錢泰吉《曝書雜記》卷上「南昌學刻《十三經注》」條云：「儀徵舊有各經校本，撫浙時，

屬詁經精舍諸君分撰成書也。」「《詩》則屬之元和顧廣圻。」

[十] 見《書跋》卷三「《雲溪友議》三卷明刻本」條。

[十一]《揅經室四集》卷五載有〈辛酉臘月朔，入山祈雪，即日得雪。出山，過詁經精舍，訪顧千里廣圻、臧在東鏞堂，用去年得雪詩韻〉詩：「殘歲山崢嶸，陳跡兩年合。峰巒洩春氣，一雪復成臘。空谷無行人，白光凍千衲。出山入精舍，拂衣花滿榻。延賓有陳蕃，下車愧衛颯。煮茶說羣經，鄭志互問答，登樓對南屏，還見去年塔。頹雪潑墨濃，圖中認王洽。撫景觸愁懷，鄉園戶空闐。慈竹壓墓門，風雪定紛雜。」可見對顧、臧頗為器重。

[十二] 筆者嘗見鈔本《唐石經考異》一冊，乃錢大昕所撰，扉頁上有一貼籤云：「《唐石經考異》，竹汀先生定本，未刻。此五硯樓袁氏傳鈔，臧庸堂、顧澗薲、瞿木夫諸先生參校夾籤。」封面有千里跋云：「嘉慶辛酉，元和顧廣圻借錄一部訖，時寓西湖孤山之蘇公祠中。」

[十三] 鄭文焯《國朝未刊書目》載有段玉裁、顧廣圻同校《一切經音義》。又，《書跋》卷三錄有「《一切經音義》二十六卷校本」，及「鈔本」兩條跋語，中頗有指臧在東誤者。考段、顧自入杭州《十三經》局以後，即生嫌隙，故疑此書二人同校必在此之前。又，是時段、顧、臧三人俱在武林，有可能共閱此書，疑是時所校。

[十四] 徐新田，名養原，號飴菴。民國《德清縣志》卷二載其傳曰：「清嘉慶六年副貢。幼承家學，讀書有識。年十三，隨父宦京師，從一時名宿問業，於學術源流派別靡不曉貫。儀徵阮元撫浙，集羣儒校勘諸經注疏，養原任《尚書》、《儀禮》。」「兼通六書古音，曆算輿地及氏族之學。」「親歿後，絕意仕進，屏居一室，時讀性理書」，「卒年六十八。」所著「悉數十萬言」。

[十五] 劉盼遂先生《經韻樓集補編》卷下載有段玉裁〈與劉端臨第二十九書〉，書中云：「今年一年，《說文》僅成三頁。故雖阮公盛意而辭不敷文。初心欲看完《注疏考證》，自顧精力萬萬不能。近日亦薦顧千里、徐心田養原兩君而辭之。」劉氏定其為嘉慶七年所作。然考七年，千里已與經局中人爭紛不已，且與段氏亦已生嫌隙，段玉裁似未必會再薦其。故疑札當作於此之前，即玉裁已在經局，然千里與諸人尚未牴牾之時，故次於是年。

[十六] 關於段、顧之爭，隙起何時，論者多以起於嘉慶十年後。即顧千里代張敦仁撰《禮記考異》，指〈祭義〉中「四郊」當如〈王制〉為「西郊」，段氏又駁其為非時。

汪紹楹先生則以為於杭州《十三經》局時，其隙已生。其〈阮氏重刻宋本十三經注疏考〉中云：段、顧「其未遂至讎隙者，則輯《校勘記》為之也。」其爭議則是關於《注》、《疏》萃刻始於何時的問題。「或以『《注》、《疏》合刻』起於南、北宋之間，而《易》、《書》、《周禮》先刻，在北宋之末者，徐養原也。或以為起於南渡後者，顧千里，嚴厚民，洪樹堂也。（原注：顧氏於《十三經》局立議曰：『北宋本必經注自經注，疏自疏。南宋初始有注疏，其後始有附釋音注疏。』見〈百宋一廛賦注〉。嚴氏、洪氏說見〈禮記左傳校勘記序錄〉）而段氏獨謂『合刻注疏』在於北宋。初謂『注疏彙刻』始於淳化。於〈臨陳芳林校左傳正義跋〉曰，『此淳化庚

寅官本，慶元庚申摹刻者也。」（原注：指沈中賓本。此本係「注疏彙刻」，見第八篇，時嘉慶
八年。此跋見《愛日精廬藏書志》。劉盼遂先生《經韻樓集補》失收。）又，《錢竹汀日記鈔》
云：『晤段茂堂，云曾見《春秋正義》淳化本於朱文游家。』錢氏卒於嘉慶九年，此必九年前議
論也。」

「顧氏為黃丕烈作〈百宋一廛賦〉，稿成於甲子（嘉慶九年）冬杪，刊定於乙丑（嘉慶十年），
更昌言於注曰，『北宋本必經注自經注，疏自疏，南宋初始有注疏，其後始有附釋音注疏。晁公
武、趙希弁、陳振孫、岳珂、王應麟、馬端臨諸君，以宋人言宋事，條理脈絡，粲然可尋。而日
本山井鼎《左傳考文》所載〈紹興辛亥黃唐跋禮記〉語，尤為確證。安得有北宋初刻《禮記注疏》
及淳化刻《左傳注疏》事乎？』此說出，段氏大怒。適顧氏以前左『經局』己議不行，遂於丙寅
（嘉慶十一年）為張古餘重刻《儀禮注疏》，取宋景德官本『單疏』及宋嚴州『單疏本』合編之，
及撫州公使庫本《禮記鄭注》以成己志。於是段氏假其《禮記考異》中〈祭義〉、〈王制〉『西
郊』、『四郊』之辯，而『學制備忘』之說起矣。」

此說敘述段、顧嫌隙起因頗詳而有據。

嘉慶七年（1802年）壬戌，三十七歲。

正月，千里以臧庸用葉林宗影宋本所校的《經典釋文》臨於通志堂刻本上。臨
畢，跋之。以為臧氏好變亂黑白，其校本不足道。[一]

春，得述古堂鈔本《韓非子》於杭郡，以其校自己過錄的馮氏、惠棟校本。僅
校得〈初見秦〉一篇。[二]

六月七日，跋嚴九能[三]所得宋本《儀禮要義》，以為「真天地間第一等至寶，
不徒因宋槧而珍重者也。」[四]

徐新田從千里借其舊校景德本《儀禮注》，臨出一部，供校《儀禮注疏》參考。
[五]

是月，千里自杭州返蘇州。語黃丕烈曰：「杭州講古書之人，遠不如蘇州之多。」
黃丕烈從千里處以白金十二兩得元刻本《呂氏春秋》、舊鈔《嚴氏詩輯》、明刻《三
史》及《會要》。[六]

中元前三日，遇黃丕烈於金閶書肆，聚談半日。因囊空，以白金卅金，將杭郡
所得述古堂鈔本《韓非子》易歸黃丕烈。心甚有不捨之意，跋於書後。[七]

是月，又以錢氏述古堂鈔本《韓非子》重校自己的過錄本，跋之。[八]

此後，千里即由蘇州再赴杭州。

既望，黃丕烈跋述古堂影宋鈔本《韓非子》末。[九]

千里在杭州與嚴九能、李銳等同寓西湖，並與徐頲[十]有文酒之會，湖山之遊。[十一]

七月，千里在杭州《十三經》局，因與諸人對如何校書意見相左，作〈有感〉詩一首。[十二]

以《經典釋文》中的《毛詩》部分與《毛詩正義》互校，跋於《經典釋文》上。[十三]

是月，焦循應阮元之請往杭州，至冬方歸。[十四]

八月六日，黃丕烈又跋於述古堂影宋鈔本《韓非子》卷末。[十五]

八月，續校《毛詩》，時在西湖孤山。[十六]

又作〈重有感〉詩一首，將妄改原文與秦皇焚書等而視之。[十七]

九月二十日，重觀黃丕烈校過的錢氏述古堂鈔本《韓非子》於讀未見書齋，跋於書後。時殆又從杭州返回蘇州也。[十八]

二十九日，從黃丕烈借校宋本《嘉祐集》，轉錄於明鄭端簡[十九]家原藏的明弘治刻本上，並跋之。[二十]

是月，校舊鈔本《班馬字類》，並跋之。[二十一]

十一月初九，校畢《經典釋文》中的卷六，卷七《毛詩音義》部分，跋之，時在黎川湛華堂。[二十二]

千里瘧病大發，屢作屢輟。[二十三]

十二月二十四日，跋宋刻殘本《唐歌詩》。[二十四]

是月，以宋刊本《毛詩》校世行本。[二十五]

時，千里殆因與經局中諸人不諧，且又病瘧，於冬返蘇州。

是歲在西湖孤山時，嘗以己所藏校影宋本《廣雅》十卷贈徐北溟。徐北溟則贈千里野竹齋校刊本《韓詩外傳》。[二十六]

千里嘗以《孫吳兵書》贈焦循。焦氏有絕句一首記其事。[二十七]

歲杪，黃丕烈遷居縣橋巷，構專室藏所有宋刊本書，名之曰「百宋一廛」，請千里撰〈百宋一廛賦〉。[二十八]

千里又作詞一首〈大江東去‧用東坡韻賦黃丕烈移居圖〉。[二十九]

注釋：

　　[一] 見《書跋》卷一「《經典釋文》三十卷校本」條。其中對臧氏不滿已溢於言表。

　　[二] 同上書，卷三「《韓非子》二十卷校本（有王小梧跋語者）」條。

　　[三] 嚴元照，字九能，或云修能。浙江歸安人。許宗彥作〈傳〉，載《鑑止水齋集》卷十七，《清史稿》卷四百八十二有其傳。

　　[四] 見《書跋》卷一「《儀禮要義》五十卷宋刻本」條。

　　[五] 同上，此跋中有曰：「中丞阮公將為《十三經》作《考證》一書。任《儀禮》者為德清徐君新田。新田與九能有姻親，曾傳鈔是書。近日復從余所持舊校景德本臨出一部。」

　　又《十三經注疏》中《儀禮引據各本目錄》「宋嚴州單注本」條下曰：「宋本之最佳者。張淳所據，即此本也。元和顧廣圻用鍾本（指鍾人傑刻本）校其異者書於卷端，今據以採入。」

　　[六]《蕘圃藏書題識》卷四「《韓非子》二十卷影宋鈔本」條下云：「千里就浙撫阮芸臺聘，入校經之局，每歸為余言，『近日喜講古書者竟無其人，蘇杭兩處古書之多與講古書人之多，杭遠不如蘇。此種話可為知者道，難與俗人言也。』今夏六月，千里自杭歸，於余面前略言近所得書。如元刊《呂氏春秋》，舊鈔《嚴氏詩輯》，明刻書《三史》，及《會要》。余亦以為書皆好。明日遂以歸余，易白金十二兩而去。問此外可有好者，千里曰，無矣。余亦信杭之果無好書。越一日，遇千里於金閶書肆，聚談半日而別。將別去，復佇立於道，密語余曰，有一書銘心絕品，此書必當歸子，亦惟子乃能識此書，然鈔本須得刻本價。問其名，始云為影宋鈔《韓非子》，藏為錢遵王、季滄葦兩家。需直白金四十兩。余急欲觀其書，千里曰，此書為汪啟淑家所散而他姓得之，託余求售於子，故索重值。余聞之喜甚。蓋子書中，惟《管》、《韓》為最少。余所收子書皆宋刻為多，惟《管》、《韓》尚缺。《管子》猶見殘宋本，若《韓非子》並未聞世有宋本，今得影鈔者，豈不大快乎！牀頭買書金盡措諸友人所，始以卅金購之。全書之得見，遷延至數日，蓋千里亦愛不忍釋手矣。」「收書之日為中元日。以黃三八郎刻者仍為江夏所儲，天壤間翰墨因緣巧合如是，伊何巧之奇邪？」「時嘉慶壬戌之秋七月既望。」

　　又，《書跋》卷三「《韓非子》二十卷景宋鈔本」條下云：「余手緣力不能蓄，復為蕘圃黃君捐三十白金取去。豈物固各有主耶？」時為「嘉慶壬戌中元前三日。」

　　由是可知，千里遇黃丕烈在中元前三日，交易成，跋於書後。中元日方將書給丕烈。而丕烈跋是書，已是七月既望矣。

　　[七] 見《書跋》卷三《韓非子》條。

　　[八] 見《書跋》卷三「《韓非子》二十卷校本（有王小梧跋者）」條下。

　　[九] 見上注[七]條。

　　[十] 徐頲，字直卿，一字述卿。號少鶴。江蘇長洲人。錢氏《三邑諸生譜》載其：乾隆五十八年入縣學。「乙丑榜眼。內閣學士，贈侍郎。諭祭葬。」朱汝珍《詞林輯略》卷四稱其：「授編修，官至內閣學士，贈侍郎。」

　　〔十一〕嚴元照《柯家山館遺詩》卷四載有〈閱邸報，知長洲徐編修頤晉秩學士，旋奉督學安徽之命〉詩二首。其一有：「西泠西畔路，書劍憶飄蓬。畫舫三生約，黃罏一醉同。（原注：此壬戌年事）清文竟華國，逌翩解摩空。」句。其二有：「顧（原注：廣圻）李（原注：銳）今何許，因之思不勝。（原注：兩君昔與學士同寓西湖。）鴛花一杯酒，風雨十年燈。」句。當時此數人文酒相會情狀，可見一斑。

　　〔十二〕詩見《集》卷三。

　　〔十三〕見《書跋》卷一「《經典釋文》三十卷校本」條。

　　〔十四〕《雕菰集》卷五〈杭州雜詩〉有序云：「壬戌七月，以阮撫軍之招，復客武林，至冬而歸。理所作詩得二十二首。」時與千里有交往。說見下。

　　〔十五〕《蕘圃藏書題識》卷四「《韓非子》二十卷影宋鈔本」條下曰：「余既收得影宋鈔本《韓非子》，自謂所遇之厚，無過於是，方擬手校趙本以備徵信之用。適錢塘何夢華過訪士禮居，見案頭有此書，亦詫為奇絕。越一日，作札告余曰，頃與張古餘司馬談及，知《韓非子》宋刻乃在渠處。」「余即屬夏方米往假，果以是書來。一見稱快，始信余本之真從宋本出也。然非一本。張本缺第十四卷第二葉，余本卻有。余本缺第十卷第七葉，張本有之。則余本非從張本出矣。」「今悉以手校於上」。「張本為李書年觀察物，古餘借校，故在郡中」。「他日千里歸，索觀此本，定詫余喜未見書之性，又出渠上矣。」時在八月六日。

　　〔十六〕王欣夫先生過錄顧千里校本《經典釋文》卷五，有千里跋云：「壬戌八月，西湖孤山寓中續校此《毛詩》三卷。因何夢華臨段本校語，仍以墨筆為識，袁氏本所不全也。」可知是時千里又赴武林。

　　〔十七〕見《集》卷三。

　　〔十八〕見《書跋》卷三「《韓非子》二十卷景宋鈔本」條。

　　〔十九〕鄭端簡，名曉，字窒甫，浙江海鹽人。明嘉靖二年進士，因忤嚴嵩而落職。後復職。隆慶初，贈太子少保，諡端簡。《明史》卷一百九十九有傳。

　　〔二十〕見《書跋》卷四「《嘉祐集》十五卷明嘉靖刻本」條。

　　〔二十一〕《靜嘉堂秘籍志》卷十六「《班馬字類》五卷《補遺》附，顧千里手校」條下，有河田氏按語曰：「卷中有『馬玉堂印』（白文），『笏齋』（朱文）二方印。卷末有嘉慶壬戌九月顧廣圻手跋。」

　　〔二十二〕顧千里跋，見《書跋》卷一「《經典釋文》三十卷校本」條下。又，王欣夫先生過錄顧千里校《經典釋文》卷六、卷七中，俱有千里批識，注明「壬戌十一月」。

　　又，徐達源纂《嘉慶黎里志》卷三，載有丁元正撰〈黎川學舍記〉云：「黎川，吳江巨鎮之一。」殆是時，千里往返於蘇、杭之間，途經黎川。

　　〔二十三〕見《書跋》卷一「《經典釋文》三十卷校本」條。

　　〔二十四〕同上書，卷四「《唐歌詩》十二冊宋刻殘本」條。

〔二十五〕見王欣夫先生過錄顧千里校《經典釋文》卷七，標有「壬戌十二月」，殆是時校過是書。

〔二十六〕見《書跋》卷一「《廣雅》十卷明刻校景宋本」條。

〔二十七〕《雕菰集》卷五〈杭州雜詩〉之四〈顧千里贈孫吳兵書〉。其詩云：「摘句尋章苦未休，諸生若干覓封侯。軍書海上新來報，又斬妖狼四十頭。」此詩作於是年七月至冬日間，說見上注〔十四〕。

〔二十八〕見《集》卷一〈百宋一廛賦〉題注。

〔二十九〕此詞見《集》卷四，未署時日。考瞿木夫《古泉山館詩集》有云：「是年嘉平廿有三日，黃蕘圃移居縣橋巷。出新詩與圖見示，因題四首。」可知黃丕烈移居在是年冬。又，瞿木夫是時為黃氏題詩，千里之詞，似亦在此前後所作，故次於是。

嘉慶八年（1803年）癸亥，三十八歲。

春正月，以《經典釋文》中的《毛詩音義》與宋本《毛詩》互校，跋於《經典釋文》卷五末。云宋本「一字抵千金矣。」〔一〕

千里為黃丕烈校明鈔本《鹽鐵論》一過，校畢跋之。〔二〕

是月，於張敦仁處得見宋刻本（即黃三八郎本）《韓非子》，即跋於己之校本上。〔三〕

小晦，黃丕烈跋於原從千里處借嚴氏芳椒堂所藏影寫吳匏庵手鈔本《墨子》十五卷。〔四〕

二月，覆校錢大昕所校叢書樓刊本《困學紀聞》。〔五〕

三月，重臨惠棟校《荀子》四至六卷於校本上。〔六〕

五月，跋於顧抱沖舊藏景宋鈔剡川姚氏刊《戰國策》上，以為「世鮮蓄之者」，囑其侄阿和、阿道善守之。〔七〕

黃丕烈囑千里以攪寧齋鈔本《鹽鐵論》和傳錄華氏活字本對校，將所見異同記於傳錄活字本上。校畢，千里跋於傳錄華氏本上，黃丕烈則跋於攪寧齋本之末。〔八〕

六月，千里再校錢大昕校本《困學紀聞》。〔九〕

伏日，黃丕烈以番銀二枚，易得千里藏明刻原馮氏藏本《中論》，跋之。同時所得還有《越絕書》、《賈子新書》等。〔十〕

秋七月，千里自黎川歸，以新刻《說文繫傳》與舊鈔本對校，於二十三日跋之。〔十一〕是時千里又往復於黎川。

黃丕烈於千里處得宋刻本《唐求詩集》一卷，跋之。時在白露後一日。[十二]

八月八日，千里為黃丕烈刻宋剡川姚氏本《戰國策》成，收入《士禮居叢書》。代黃氏作〈序〉。[十三]殆是時，千里因與經局諸人不和，已離局而歸吳。自此以後，遂以校書為業。

八月二十七日，千里以舊鈔本《程氏演繁露》易得鈔本《吳郡圖記續記》，跋之。[十四]

是月，黃丕烈以白金十八兩從千里處易得宋刊本《茅亭客話》，此書乃客歲得自杭州者。[十五]

八月，千里重閱《鹽鐵論》一過，跋於己之傳錄本上。[十六]

十月，校閱《華陽國志》，欲以《史記》以下各史重加刊定之，未果。二十一日，跋於書上。[十七]

十一月，代黃丕烈作〈戰國策札記後序〉，己又撰〈後序〉。《戰國策札記》一書，千里之力甚大。[十八]

校《經典釋文》卷二十九《爾雅音義》。[十九]

以《道藏》本《墨子》校畢沅靈岩山館刻本。[二十]

季冬六日，黃丕烈以二十四金及日本刻《簡齋集》從千里處易得元刊《東坡樂府》跋之。[二十一]時，千里屢以書易金，殆離經局後，生計頗窘也。

是年，秦恩復刊《列子》，千里為校刻者。[二十二]

是年，作〈與段大令論椒聊經傳書〉。[二十三]

注釋：

[一] 見《書跋》卷一「《經典釋文》三十卷校本」條。

[二] 《書跋》卷三「《鹽鐵論》十卷校明鈔本」條下云，校於「嘉慶癸亥」。江標《黃蕘圃年譜》亦將此事次於是。趙氏《顧千里先生年譜》次於嘉慶七年，云「是年，先生為蕘圃校明鈔《鹽鐵論》，至明年畢。」殆校書為壬戌、癸亥間事，故次於是。

[三] 見《書跋》卷三「《韓非子》二十卷校本（有王小梧跋者）條。

[四] 《蕘圃藏書題識》卷五「《墨子》十五卷影寫本」條下有曰：「此影寫吳匏菴手鈔本《墨子》十五卷。余從顧千里所借嚴氏芳椒堂藏本錄出。」又，癸亥正月小晦日跋云：「初，余以此本為吳文定手鈔，憑張青父跋信之，千里尚猶豫未決。既檢陸其清《佳趣堂書目》有云，『《墨子》十五卷，吳匏菴手錄張青父舊藏。』此更信而有徵矣。」

[五] 筆者嘗見顧千里校本《困學紀聞》，乃錢大昕曾校過者。其卷十「《太平御覽》引《戰國策》曰，吳子問孫子曰」條下，顧千里有題識曰：「廣圻案，此必《吳子‧魏武侯問》，今本佚去者。《御覽》誤作《戰國策》耳。吳子無問孫武事。癸亥二月。」

[六] 見《書跋》卷三「《荀子》二十卷校本」條。

[七] 見《書跋》卷二「《戰國策》三十三卷景宋鈔本」條。

[八] 《蕘圃藏書題識》卷四「《鹽鐵論》十卷明鈔本」條下曰：「此攖寧齋鈔本《鹽鐵論》十卷，據序文，是從江陰令涂賓賢刻於弘治十四年之本出者。乃余先鈔得一活字本，其板心亦題『弘治歲在重光作噩』，似與涂刻同歲，而活字本既無都穆序，又多脫落訛謬，不及此本殊甚。且余嘗以太玄書室刊本校活字本，補其脫落，正其訛謬，今與此本參勘，又多合，是此本實善本矣。」「余所校異同在影寫活字本上，可覆按也。嘉慶癸亥五月二日，書於百宋一廛。」

同書「《鹽鐵論》十卷校明鈔本」條下，錄有千里跋曰：「嘉慶癸亥蕘翁屬閱一過，就所見標於上方。」而《書跋》卷三「《鹽鐵論》十卷校明鈔本」條下亦收此跋。此「校明鈔本」，當即黃丕烈借顧澗蘋影寫活字本傳錄者。

[九] 顧千里校《困學紀聞》卷十七「宋玉〈釣賦〉『宋玉與登徒子偕，爰釣於系淵』（注：《淮南子》作蜎蠉，〈七略〉，蜎子名淵，楚人。）」條，顧千里有批識曰：「《漢書‧藝文志》，《蜎子》十三篇，在道家。《史記》『楚王問於范蜎』，徐廣曰，『一作蠉。《戰國策》云作蠉也。』今《戰國策》作環，非。即此蜎子。《淮南》『蜎』、『蠉』複，當有誤衍。癸亥六月，千里校。」

[十] 《蕘圃藏書題識》卷四「《中論》二卷明刻本」條下云：「此明刻《中論》二冊，余友顧千里藏書也。重其明初刻，且為馮氏藏本，故以售余。」「遂以番錢二枚易之。同時有《越絕》、《賈子新書》等皆明初刻，而價各與此同。」時在「癸亥伏日」。

[十一] 見《書跋》卷一「《說文繫傳》四十卷校本」條。

[十二] 《蕘圃藏書題識》卷七「《唐求詩集》一卷宋本」條下，曰：「此宋刻《唐求詩集》，與宋刻《茅亭客話》，同得於友人顧千里所，云是桐鄉金諤嚴家物而散入他人手者也。」時「嘉慶癸亥七月白露後一日」。

[十三] 此〈序〉載《集》卷七，然未標明時日。今據《士禮居叢書》本《戰國策》原書所記時間次之。

[十四] 見《書跋》卷二「《吳郡圖記續記》三卷鈔本」條。

[十五] 《蕘圃藏書題識續錄》卷二「《茅亭客話》十卷宋刻本」條下曰：「客歲，友人顧千里遊杭州歸，為余言有宋刻《茅亭客話》，係攴姓物，索值五十金，且其書不輕示人也。余亦以一笑置之。今年，千里既不為杭州之遊，余亦未與問及是書。秋，忽以是書來畀易白金十八兩去。卷端鈐有顧澗蘋藏書印，知千里已藏之久矣。」時「癸亥仲秋日」可證是時千里已離《十三經》局。

[十六] 見《書跋》卷三「《鹽鐵論》十卷校明鈔本」條。

[十七] 同上書，卷二「《華陽國志》十二卷校鈔本」條。

[十八] 見《集》卷七。關於《戰國策札記》之作者，神田喜一郎及趙詒琛《顧千里年譜》，俱以為千里作「《札記》三卷」，附刻於後。李兆洛〈澗薲顧君墓誌銘〉、陳康祺《郎潛紀聞》亦云為千里作。梁任公《三百年學術史》則以為係千里、丕烈所共撰。要之，《札記》，千里之力大焉。

[十九] 王欣夫先生過錄顧千里校《經典釋文》卷二十九，有千里「癸亥十一月」識語。又，趙氏《顧千里年譜》載，是年一十月「校《經典釋文》卷二十九《爾雅音義》」。

[二十] 筆者見孫詒讓舊藏過錄顧千里校本，其卷四第一頁上，有顧氏題識，注明是時校過此書。

[二十一] 《蕘圃藏書題識》卷十「《東坡樂府》二卷元本」條下云：「今秋顧千里自黎川歸，余訪之城南思適齋。千里曰，聞子欲賣詞，余反有一詞，欲子買之。余曰，此必宋刻矣。千里曰，非宋刻，卻勝於宋刻。昔錢遵王已云，宋刻殊不足觀，則元本信亦可寶。請觀之，則延祐庚申刻《東坡樂府》也。其時需值卅金，余以橐澀未及購取。」「因檢書一二種，售之友人，得銀廿四金，千里猶不足。余力實無餘，復益以日本刻《簡齋集》，如前需數，而交易始成。」時在「癸亥季冬六日」。

[二十二] 秦氏《石研齋四種》本《列子》刊刻於是年，見原書標識。錢泰吉《曝書雜記》卷下曰：「秦氏刻《揚子法言》、《駱賓王集》、《呂衡州集》，皆元和顧澗薲校勘，李申耆撰〈澗薲墓銘〉言之。《列子》則不知何人所校，又所刻《李元賓集》，澗薲為之序，疑亦校定。〈墓志〉不列其目，則所舉未全也。」

又，陳康祺《郎潛紀聞》卷八云：「千里嘗為秦敦夫校《鬼谷子》、《列子》、《揚子法言》、《奉天錄》、《隸韻考證》、《碑目考證》諸書，《駱賓王》、《李元賓》、《呂衡州》諸集。」

然考是時，千里未曾赴揚州，抑或仍由孫星衍等人紹介而為秦氏校刻者耶？

[二十三] 是〈書〉見載《集》卷六，未注明時日。然考〈書〉中有曰：「此前為阮中丞撰《考證》時所以不載尊定而別作云云者也。今見尊定稿中頗有《考證》者，而此經未改，故敢引伸前說附呈左右，幸覽而采之。」此所謂《考證》，當指千里為阮元所作《毛詩校勘記》之初稿，因其主此事也。其成當在嘉慶七、八年間。「定稿」當指段氏總諸家之初稿，筆削整比之稿。蓋因《毛詩》校勘初出千里之手，故將筆削後之稿寄千里復閱。千里固持己見，作是書復之。後略有采千里之說入《十三經校勘記》定本中者。段氏之定稿，當在嘉慶八至九年間（參見嘉慶六年注[八]）。又，千里於嘉慶八年撰《鹽鐵論考證》中，已采用《毛詩正義校勘記》中內容，此時《校勘記》尚未刊布，必千里已見其定稿。故此〈書〉當作於嘉慶八年。

嘉慶九年（1804 年）甲子，三十九歲。

正月七日，秦恩復序《列子注》，殆石研齋刻本是時已基本竣工。[一]

二十五日，千里跋黃丕烈所得宋本《鑑戒錄》。此書乃黃丕烈得諸程念鞠之親屬毛榕坪處。而程氏乃從千里處「豪奪」以去，時已二十年矣。千里見之，感慨不已。[二]

二、三月間，千里離家赴揚州。

三月，千里與袁綬階同遊焦山，拓焦山無專鼎以歸。[三]

時，過姚惜抱，姚氏有〈顧澗薲焦山拓銘圖〉詩。[四]

五月，又校《經典釋文》中《毛詩音義》，九日，跋於五、六、七卷之後。[五]

十九日，跋於袁廷檮藏本《經典釋文》後。云此書有三厄：「盧抱經新刻本多誤改，一厄也。段先生借葉鈔重校，而其役屬諸庸妄人之手，未得其真本，即此二也。阮中丞辨《考證》，差一字不識之某人臨段本為據，又增出無數錯誤，三也。」對諸人之不滿，見諸筆端。[六]

是月，校《經典釋文》，並記於卷九、卷二十二、卷二十三之末。[七]

跋景宋鈔本《儀禮要義》，此乃鈔自嚴九能者。[八]

六月，重閱錢遵王舊藏《史通》，略加圈點。[九]

千里攜惠松崖校《荀子》客無為州，臨其第七卷以下畢。並勘正盧抱經本，跋之。[十]

七月朔，以盧氏《羣書拾補》所收《史通》校語錄於嘉靖刻本上。三日，又重閱之。[十一]

是月，又校《經典釋文》中的《毛詩音義》部分。[十二]

是月，撰〈對牀風雨圖賦〉。[十三]

八月三日，照臨孫潛夫手校本《史通》一過。時在揚州秦淮寓中。[十四]

八月，請陳曼生[十五]畫〈無專鼎圖〉，與拓本共裝一冊。[十六]

九月，又校嘉靖本《史通》，於卷四〈論贊〉篇「子長淡泊無味」條下批云：「當云淡泊有味。」[十七]

十四日，借黃丕烈所藏沈寶硯家本《史通》校嘉靖刻本。沈氏本係臨馮己蒼、何義門校。[十八]

十五日，跋明嘉靖喬世寧刻本《蔡中郎集》六卷。[十九]

是月，續校《史通》。二十五日，校至卷十。二十六日，校至第十五卷。二十七日，讀畢全書，抄補缺頁，並跋之。[二十]

十月，為袁綬階作〈五硯樓賦〉。[二十一]

在揚州，彭甘亭與之同寓郡齋，有詩贈千里曰：「太阿秋水要藏鋒。」殆規勸千里也。[二十二]

冬十一月，應安徽廬州知府張祥雲之請往廬州授徒。[二十三]

在往廬州之舟次，粗閱讀畫齋刻本孫志祖《文選考異》，跋之。[二十四]

冬，為黃丕烈撰〈百宋一廛賦〉就，時在廬州。[二十五]

是年，梅曾亮由王渭[二十六]識得千里。千里語其六書訓詁之學，教其校書之法。[二十七]

千里重閱明萬曆刻本《國語韋昭注》，跋之。[二十八]

為張古餘獲大半部《外臺秘要方》。[二十九]

孫淵如始刊刻小字本《說文解字》，千里預其役。[三十]

注釋：

[一] 見《石研齋四種》本《列子》。

[二] 見《書跋》卷三「《鑑誡錄》十卷宋刻本」條。

[三] 見《集》卷十六〈跋焦山鼎銘〉。

[四] 姚鼐《惜抱軒集·詩後集》載有〈顧澗薲焦山拓銘圖〉詩，云：「焦山寺里隨僧粥，枯木堂中看古文。三客兩亡餘有僕，百年幾盡忽逢君。按銘欣得聞京兆，載酒常當同子雲。卻使臥遊生遠想，海門東眺碧天分。」

[五] 見王欣夫先生過錄顧千里校《經典釋文》原書。

[六] 見《書跋》卷一「《經典釋文》三十卷校本」條。

又，汪紹楹先生《阮氏重刻宋本十三經注疏考》云：「千里所謂『庸妄人』者，臧鏞堂也。『不識一字之某人』，何夢華也。」錄以備考。

[七] 見《書跋》卷一「《經典釋文》三十卷校本」條，又見王欣夫先生過錄顧千里校本原書。

[八] 同上，「《儀禮要義》五十卷景宋鈔本」條。

[九] 同上書，卷二「《史通》二十卷校本」條。

[十] 同上書，卷三「《荀子》二十卷校本」條。

[十一] 同上書，卷二「《史通》二十卷校本」條。

[十二] 見王欣夫先生過錄顧千里校本原書。又見趙氏《顧千里年譜》是年所載。

　　[十三] 此〈賦〉載《集》卷四，未注時日。王欣夫先生校《思適齋集》於此〈賦〉下注云「嘉慶甲子七月」撰，今據以次之。

　　[十四] 見《書跋》卷二「《史通》二十卷孫潛夫校本」條。

　　[十五] 陳曼生，名鴻壽，字子恭。浙江錢塘人。民國刊《杭州府志》卷一百四十六有其傳曰：「嘉慶六年拔貢，官江南海防河務同知。性好交遊，於學多通解，自以為無過人者。遂壹志篆、隸、行、草書。為詩不事苦吟，自然朗暢。阮元撫浙時，方籌海防。鴻壽隨元輕車往返，走檄飛章，百函立就。暇與諸名士刻燭賦詩，羣以為不可及。官溧陽知縣。」「為茗器，撰銘詞，手鐫之，一時有『曼生壺』之稱。」

　　又，《墨林今話》卷十載其事云：「尚書（阮元）撫浙時，與從弟雲伯（陳文述）同在幕府，有『二陳』之稱。」「生平於詩文篆刻外，兼好六法，意興所到，生趣盎然。」「卒於海防同知任，年五十有五。」

　　[十六] 見《集》卷十六〈跋焦山鼎銘〉。

　　[十七] 見顧千里校《史通》原書。其卷末注有「甲子九月」字樣，則是時千里嘗校是書。

　　[十八] 見《書跋》卷二「《史通》二十卷校本」條。又，見顧千里校本原書卷五後所注時間。

　　[十九] 同上書，卷四「《蔡中郎集》六卷明刻本」條。

　　[二十] 顧千里校《史通》原書，其卷七〈鑒識〉篇「夫史之曲筆，誣書，不過一二」上批云：「此一百九十九字不當入〈曲筆〉。李百藥以魏收為實錄，魏徵以王劭為有慚正直，皆子玄所摭鑒識之謬者耳。〈曲筆〉者，載事而失，〈鑒識〉者，評史乖理，二篇之別在此。」又於「魏收持論激揚」上校云：「『收』字誤，當謂魏徵《隋書》。甲子九月記。各本盡誤也。」

　　又於卷十末批識：「二十五日讀至此。」於卷十五末批識曰：「廿六日讀此本五卷。」再於卷二十末批識曰：「九月二十七日讀完日，補寫失葉。」據此前後順序考之，俱為是年之事。

　　[二十一] 見《集》卷二所載。

　　[二十二] 彭兆蓀《小謨觴館詩集》卷八《觀濤集》中，載有甲子年作《揚州郡齋雜詩》二十五首，其中贈千里詩云：「異書讎盡宿羅胸，奇士端應讓顧雍。亦是諸侯門下客，太阿秋水要藏鋒。》注云：「顧澗薲廣圻同客郡齋。」則詩當作於顧千里赴廬州之前。

　　[二十三]〈百宋一廛賦注〉云：「甲子冬杪，此賦方就，時居士（千里）教讀於廬州府晉江張太守所。」又，千里跋《元朝秘史》曰：「去年授徒廬州府晉江張太守許」云云（見《書跋》卷二）。再，千里跋孫志祖《文選考異》中有「甲子十一月粗閱一過。」「時在巢湖舟次」語。可知千里是年冬十一月，乘舟赴廬州授徒也。

　　[二十四] 參見上注。又，承揚州市圖書館函告，千里校孫氏此書現存江蘇某處。為千里嘉慶甲子年所校。再，王欣夫先生《蛾術軒善本書錄》清稿本第二十四著錄有：「《文選考異》四卷、三冊。清仁和孫志祖撰，漢州張祥齡《受經堂叢書》本。吳縣王欣夫臨元和顧廣圻評校，並跋。」下云：「觀千里朱墨二筆，於怡谷盡情譏彈，咄咄逼人。」如〈吳都賦〉「『長殳短兵』條云，

『《廣韻箋》何書也？大奇！好鈔《音義》而不知其不可據也』」「〈張景陽雜詩〉『有濟與南岑』條，云，『全勦襲陳少章，欺無知者耳。』〈東皇太一〉『吉日兮辰良』條，云《李注》例，但取義同，不拘語倒。如引『子孫』注『孫子』；引『蠻荊』注『荊蠻』；引『瑟琴』注『琴瑟』；隨舉可證。引『辰良』注『良辰』亦其例。〈蜀都賦〉等自作良辰，〈九歌〉自作辰良。侍御讀《李注》不熟，遂據誤本矜獨得之秘耳。如此著書，恐《夢溪筆談》笑人。」「千里跋此書於嘉慶九年甲子，距怡谷卒於六年辛酉不久。雖未知兆蘷所由，而橫肆毒詈於身後，豈非厚德之累！嗟乎，千里校勘之業卓然千秋，而其褊衷利口，猶為人憎惡，況學問不如千里者乎？」

　　[二十五] 見〈百宋一廛賦注〉。又，參見注[二十三]。

　　[二十六] 王渭，字小梧。江蘇吳縣人。《半樹齋文》卷十一載〈贈王小梧序〉，稱其：「學甚淹博，人甚古樸。」「上下二千餘年事，靡不貫串。其歷代治亂興衰，得失存亡之道，靡不瞭如指掌。典章事物之盛，禮樂刑政兵農之要，靡不一一數之如家珍」，「惟酒酣耳熱，高談驚座，則淳茂之中，矯然時露其銳氣。」「試屢不售，亦奔走四方，為人校改文字。」

　　[二十七] 梅曾亮《柏梘山房詩集》卷七載有〈書示張生端甫〉詩。中略云：「十九始出遊，雜覽亂如絲。攬取得尺寸，首尾終迷離。吳門遇王渭，交我顧廣圻。語我六書學，訓詁宜兼之。凡校古人書，不以他書資。古書各義例，熟玩窺其巇。慚非性所好，負此良友規。」據吳常燾撰《梅郎中年譜》云，梅曾亮生於乾隆五十一年。則於是年，年十九，殆於是年識得顧千里。

　　[二十八] 顧千里校明萬曆間刻本《國語韋昭注》跋云：「右惠松崖先生校本，真跡在周漪塘家。近黃蕘圃翻刻明道二年本，予悉取入《札記》之中，足以表其微矣。嘉慶甲子重閱記。」

　　[二十九] 〈百宋一廛賦注〉：「殘本《外臺秘要方》每半葉十三行，每行二十四字，所存但目錄及第廿二卷耳。近聞居士為陽城張古餘先生敦仁以廉值獲泰半部，心馳神往於一見矣。」黃氏此注作於嘉慶甲子、乙丑間，則「近聞」之事當在是年。

　　[三十] 汪宗衍《顧千里年譜》云：是歲，千里為孫淵如校刻《說文》，與嚴鐵橋不協。考《平津館叢書》本《說文解字》，書中有墨記云：「嘉慶甲子歲，仿宋刊本」，則此書殆始刊於是年。又，見顧千里《說文辨疑》。可知千里預其役，與嚴鐵橋不協。

嘉慶十年（1805 年）乙丑，四十歲。

　　春，自廬州張祥雲處，將〈百宋一廛賦〉手書寄黃丕烈。[一]

　　二月，臨段玉裁校本《集韻》，「頗疑以意改，有錯入依宋處」，認為「尚須用漪塘景鈔本細意覆勘。」時在「秦淮河上」。[二]則是時，千里已從廬州歸矣。

　　三月，以《廣韻》與《集韻》對讀。二十四日，所寓邗江郡齋所居藝學軒倒塌，從瓦礫中取出《廣韻》跋之。[三]

　　二十七日，千里跋於《集韻》卷末，云：「此書全與《類篇》相副，不得宋刊，

惟當據彼定此，則凡屬意改者差可別識矣。」[四] 時，千里知宋刊《集韻》在揚州汪某家，啟張古餘從之借觀，未得。[五]

是月，千里始獲識秦恩復。[六]

於揚州書坊間得臨何義門校《碧雲集》二卷，旋晤秦恩復，談次及之，即以為贈。千里記於書上。[七]

時，千里閱《淮南子》。[八]

六月八日，嚴九能跋於景鈔宋刊本《儀禮要義》上，云，此書顧千里借去三年矣。並云，千里曾掎摭盧抱經校此經之失。嚴氏曰，以篤老之年，校難讀之經，欲求一無可議，難矣。[九]

千里在廬州時，於張祥雲所見有元刊本《元朝秘史》。歸揚州，即勸張古餘向張祥雲借得。張古餘乃屬千里為之校刻是書。是月十九日，千里跋於景元刻本《元朝秘史》上。[十]

二十六日，為張古餘校畢《元朝秘史》。[十一]

閏六月，張古餘撰《開方補記》，千里為之作〈後序〉。[十二]

七月，跋宋元鈔本《元朝秘史》十卷，《續集》二卷，時在揚州郡齋六一堂。[十三]

在揚州郡齋，以宋黃三八郎刊本《韓非子》復勘自己的過錄校本，跋之。宋本即原李奕疇所藏，張古餘向李氏借觀，千里又從張古餘借觀者。[十四]

是時，張古餘向千里問及諸經刊刻源流，千里以所見對。為張古餘校刊宋本《儀禮》、《禮記》等書，殆決於是時，千里乃因於杭州經局未得實現己見，於此發抒之。[十五]

時，彭甘亭亦在揚州郡齋，有〈古詩贈顧澗蘋〉。千里則作〈和彭甘亭贈句〉。[十六]

是年，孫星衍官發山東，招千里往。彭甘亭有〈題澗蘋焦山拓鼎圖，即送之山左〉。[十七]

八月，千里歸吳中省母，山東之行遂不果。[十八]

自揚州歸里，攜得《學齋佔畢》二卷舊鈔足本。黃丕烈以叢書堂鈔本互勘之。[十九]

二十七日，千里跋於汲古閣刻本《易林》上。二十九日，續校跋之。^[二十]

跋士禮居藏宋刻本《洪氏集驗方》五卷，認為在揚州郡齋借到的《太醫集業》，即是《三因極一病證方論》之一部分。^[二十一]

九月六日，王渭為千里校《韓非子》畢，跋於千里的過錄校本上。^[二十二]

七日，王渭表示「他日擬注成此書。」千里則以為此事「談何容易！」^[二十三]

是月，借袁廷檮所得衢州刻《昭德先生郡齋讀書志》鈔本。自己鈔之，正其錯簡，並跋於己鈔本上，云「別集類下《劉筠集》以後闕者約二、三十葉，無從補全也。」^[二十四]

十三日，跋於己所校《韓非子》上。^[二十五]

為黃丕烈補足《學齋佔畢》缺葉。時小病，越十日，裝訂成，跋於書後。^[二十六]

陳仲魚過訪，寓於千里家。見殘本《中菴詩》，屬千里為其錄副，並志於書後。^[二十七]

千里續校汲古閣刻本《易林》。^[二十八]

是月，黃丕烈手書〈百宋一廛賦注〉刊成。^[二十九]此乃與千里商榷而定者。

十月九日，千里跋《韓非子》校本上。^[三十]

十日，在里中，續校《易林》，借黃丕烈所得陸敕先校本《易林》與己之過錄本對勘。跋於陸氏校本上，此書原係先生之師張白華所有者。^[三十一]

十三日，校至「賁」。

二十二日，續起「剝」。

二十九日，臨校此過錄本畢，跋之。^[三十二]

千里校《易林》，又以汲古閣刻本參覈校訂，於汲古閣本上亦有跋。^[三十三]

十月，黃丕烈得陸敕先手校陸氏《南唐書》，並借千里傳錄本參校一過。^[三十四]

十一月，千里批校張氏澤存堂刊《玉篇》。^[三十五]

千里應張古餘之招，為其校書，離家赴江寧。舟次，再校《易林》，標識於書上。^[三十六]

為張古餘復閱影宋鈔本《韓非子》，則已抵江寧矣。

十二月，於江寧，再借朝天宮藏《道藏》本《韓非子》復校。^[三十七]

十七日，跋於影宋鈔本《韓非子》卷五。是月，又跋是書卷末，以為欲合宋本、

《道藏》本、趙用賢刻本，撰《識誤》三卷，以使後來讀者能考其得失。則是時，《韓非子識誤》已有大略也。[三十八]

　　為張古餘影摹宋撫州公使庫本《禮記》第一、二卷；上版刊刻。[三十九]

　　冬，黃丕烈有札與千里云，欲刊布《易林》，並索千里之校本，千里奉之。[四十]

　　是歲，為張古餘審定所藏南宋刊本《孫子算經》，《張丘建算經》，殘本《九章算經》，並跋之。[四十一]

　　秦恩復石研齋本《鬼谷子》刊行，也係千里為之校勘刊行者。[四十二]

　　是時，千里輯朱子語為《邇翁苦口》。稿成，置張古餘所。[四十三]

　　除夕，黃丕烈有祭書之會，陳仲魚等預焉。黃丕烈以所藏千里手校明嘉靖二十二年章氏刻本《逸周書》贈陳仲魚。[四十四]

注釋：

[一]　〈百宋一廛賦注〉曰：乙丑春，千里「手書其稿見寄。」是時，千里當在廬州。

[二]　見《書跋》卷一「《集韻》十卷校本」條。

[三]　同上，「《廣韻》五卷校本」條。

[四]　[五]　同上，「《集韻》十卷校本」條。

[六]　《集》卷十二，《石研齋書目跋》曰：「廣圻今年獲識敦夫先生。」時在乙丑。

[七]　見《書跋》卷四「《碧雲集》二卷校本」條。

[八]　王欣夫先生有過錄顧千里校本《淮南子》。其卷九注明校閱時間：「乙丑三月。」

[九]　趙氏《顧千里年譜》云，是年，嚴九能有跋鈔宋本《儀禮要義》云：「元和顧千里借去三年矣。年來資用日絀，度此書不能長為我有，故又寫此本校而藏之。」殆於杭州經局時，千里向嚴氏借得，近日方還。故嚴氏寫一本而跋之。

　　嚴氏又跋：「遇元和顧君廣圻，為予道卷第之妙，始稍知此書於經注刪十之九，於疏存其半。所錄之疏，悉據景德本，無所回換。非若朱子《通解》，多所刪潤也。」

　　「盧抱經所校《儀禮》，往時顧君廣圻頗掎摭此書之失。予告以篤老之年，校難讀之經，欲求一無可議，難矣。顧君乃不言。」

[十]　[十一]　汪宗衍《顧千里年譜》載，是年六月十九日，千里為張古餘校《元朝秘史》，至二十六日校畢。跋之。其所據為涵芬樓所藏顧校原書，今據以次之。

[十二]　〈後序〉見載《集》卷十一。注明為「乙丑閏月」，考《清代中西曆表》，是年閏六月，故次於此。

[十三]　見《書跋》卷二「《元朝秘史》十卷，《續集》二卷景元鈔本」條。

[十四] 千里之跋見《書跋》卷三「《韓非子》二十卷校本（有王小梧跋者）」條。考當時宋刊《韓非子》，李奕疇藏有一本，張敦仁借觀（見《四部叢刊》影印本原書後跋語），千里殆從張古餘處得見宋刻（參見周勛初《韓非子札記》）。

[十五] 千里〈撫本禮記鄭注考異後序〉云：「去年廣圻道過揚州，時陽城張古餘先生在郡，見詢羣經轉寫源流，廣圻因歷舉凡先後所見以對。此《撫州禮記鄭注》其一也。此文所作時間為「嘉慶十一年十月」。故「去年」當在嘉慶十年。又考千里是年行跡，春，自廬州返揚州，八月由揚州返里中。冬，又赴江寧為張古餘刻《撫州本禮記》，所以張古餘詢問之時間當在八月前寓揚州時。

[十六] 《小謨觴館詩集》卷八《觀濤集》載有〈古詩贈顧澗蘋〉，作於乙丑年。此詩《集》卷一附於千里〈和彭甘亭贈句〉詩後，故不錄。

又，此詩《小謨觴館詩集》次於〈題澗蘋焦山拓鼎圖即送其之山左〉之前，其詩作以時間順序排列，故可知此詩必在千里八月由江寧返里之前所作。而千里之〈和彭甘亭贈句〉殆亦作於是時前後。

[十七] 參見上注。《小謨觴館詩集》卷八載此詩，有〈序〉云：「顧文學將往齊魯，屬作拓鼎焦山詩。焦山我遊已十稔，鼎亦手自摩挲之。」詩云：「雲雷形繞耳與足，九十三字形摹奇。蠻旂縞韠錫世惠，同享列祖同尊彝。嬰卣何減召公虎，祗少吉甫旬宣詞。繄予區瞀昧莩乳，以手畫肚空嗟咨。回頭卻顧海濤湧，難忘金景歊雲時。文學今之呂與叔，精博遠過黃伯思。雠書餘力校金石，枯木堂下煩旒椎。推詳跟肘求證佐，如劉沓辨犧尊犧。饕奇嗜古世無匹，所笑不救南山饑。韓江小住去匆匆，待泛汶濟遊臨淄，泗鼎雖淪嶧山火，應臟玉檢明堂基。搜牢或復歊得寶，兼借東閣商奇疑（謂孫淵如觀察星衍）。頗聞讀書憂患始，何況文字爭毫釐。願君勿更學古訓，發秘神鬼防相欺。一丁不識乃真樂，光顏阿盩夫何辭。焦巖已登偭登岱，但訪沒字秦時碑。」可知千里時欲往山東而彭氏作此送之也。

[十八] 〈百宋一廛賦〉末黃丕烈注曰：乙丑，「及秋，居士以將往山東應孫淵如先生之招，而歸家省母」。可見是時歸家，乃為省母。然後來並未成山東之行。

[十九] 《蕘圃藏書題識》卷五「《學齋佔畢》二卷校宋舊鈔本」條曰：「余收此叢書堂鈔本《學齋佔畢》殘本二卷，藏諸篋中久矣；苦無善本鈔足。頃，友人顧子千里從揚州歸，攜得古書幾種，相質，有舊鈔足本。取而互勘，行款已不同，知非同出一源。惜渠本缺〈序〉，並首卷首葉之前半幅，賴此補全，可為忻喜。翌日，往訪周丈香巖，云有不全宋刻。假歸手校，知千里本實從宋刻錄出，故行款多合。」時「乙丑八月二十有六日」。此時，千里已經由揚州歸里。

[二十] 嘗見顧千里校汲古閣刊本《易林》。其卷一末有顧氏題識「廿七日校」。又，書中卷一「噬嗑」條上，有「乙丑八月廿九日燈下記」字樣。千里是時當校是書。

[二十一] 見《書跋》卷三「《洪氏集驗方》五卷宋刻本」條。

[二十二][二十三] 同上，「《韓非子》二十卷校本（有王小梧跋者）」條。

　　[二十四] 同上書，卷二「《昭德先生郡齋讀書志》二十卷鈔本」條。

　　[二十五]《書跋》卷三「《韓非子》二十卷校本（有王小梧跋者）」條下，有「十三日」，「拾片九日」的跋語，稱十二卷中「使之衣歸」的「衣」，當作「夜」云云。未標年代。

此跋中有「僅能強步」之語，知為千里病中所作。此與《書跋》卷三「《學齋佔畢》四卷舊鈔本」條云乙丑九月「時方小病」語正可參合。再考跋中有「小梧仁兄台覽」云云，而乙丑九月王小梧正在為重校《韓非子》，故此「十三日」，跋似當為乙丑九月十三日。月也有言「片」者，如「片月」之類，此當借用。「拾片九日」即「拾月九日」。

　　[二十六] 見《書跋》卷三「《學齋佔畢》四卷舊鈔本」條。

　　[二十七]《蕘圃藏書題識》卷九「《中菴詩》殘本十一卷鈔本」條下，錄有陳鱣跋語，曰：「己丑九月，寓吳門顧澗蘋家。案頭適有殘本《中菴集》，為容夫先生家鈔本。鱣昔見先生家藏宋元別集，多人間未見之書，皆從掌理閣書時所鈔藏，此其一也。既屬澗蘋為我錄副，復志於後，以徵奇遇。」

然考陳仲魚卒於嘉慶二十三年，而「己丑」係道光九年，故疑「己丑」乃「乙丑」之誤。且是年陳仲魚與黃丕烈等有交往，暫次於是。

　　[二十八] 顧千里校汲古閣刊本《易林》卷一批識曰：「《延令宋版書目》『《焦氏易林》十六卷八本。』」「乙丑九月重校記」。

　　[二十九] 見〈百宋一廛賦〉單刻本書後木記。

　　[三十] 參見上注[二十五]。

　　[三十一] 見《書跋》卷三「《易林》十六卷校本」條。

　　[三十二] 同上，「《易林》十六卷明刻本」條。

　　[三十三] 顧千里校汲古閣刊本《易林》卷一「蠱」之「蹇」「執箕炤犧」條，千里校「簧」作「簣」，云：「簣，大燭也，乙丑十月。」卷三「蹇」之「泰」「去家自歸」條，顧千里校曰：「當云『玄豕白蹢』。乙丑十月。」「解」之「晉」「異國他土」條，千里校曰：「當云『冀國北土』。乙丑十月。」卷四「井」之「損」「鄭澮有聲」條，或校作「鄭會細□」，千里曰：「細下當是『甚』字。乙丑十月。」「巽」之「兌」「鄭被其咎」條，千里批識曰：「鄭，慶鄭也。乙丑十月。」

　　[三十四]《蕘圃藏書題識》卷三「陸游《南唐書》十八卷校本」條下曰：「陸游《南唐書》，向藏顧澗蘋臨陸敕先校本，其所據者，蓋錢磬室鈔本也。」此跋作於「嘉慶乙丑冬十月」。又云：「顧澗蘋云，（小字注：在臨陸敕先校錢磬室本上）汲古閣初刻《南唐書》，舛誤特甚，此再刻者，已多所改正。然如《讀書敏求記》所云，卷例俱遵《史》、《漢》體，首行書某紀、某傳、卷第幾，而注『《南唐書》』於下。今流俗鈔本竟稱《南唐書》本紀第一、卷第二、卷第三，列傳亦如是，開卷便見其謬者，尚未改去。其他沿襲舊訛，可知其不少矣。予按，陸校錢磬室鈔本，以上所云訛謬俱在，是磬室所鈔又一本矣。今得陸校錢遵王鈔本，《目錄》悉如記中語，可知其

佳。裝成略取罄室本一勘，以較勝之。惟是潤蒼所云汲古閣有初刻再刻之別，今合兩本觀之，蓋同是一板，初刻者未修，再刻者已修也。特初刻中反有一二佳字合於鈔本，再刻反改去，或以修致誤耳。同日燈下參一過並記。」

[三十五] 嘗見王欣夫先生過錄顧千里校《玉篇》卷上第三十八葉上，注明為千里是時所校。據以載之。

[三十六] 《書跋》卷三「《易林》十六卷校本」條下曰：「此書去年（注：此乙丑也）出門舟次粗加再讀，上方標記硃筆者是也。用功未深，但偶有說著處耳。今承索觀（注：此丙寅也），不敢以樸辭，惟高明有以審正之。校勘畢工後，元本仍望留還，俟還里面領。此奉蕘圃先生。」

又，《集》卷九〈刻易林序〉云：「乙丑冬，客江寧，蕘圃以札來告，將謀付刊。」可知此書千里於乙丑冬從吳中往江寧時，曾於舟中粗讀。後蕘圃以札索之，欲刊行，故千里於次年將己之校本奉寄黃氏，供其校勘刊印。再考千里十二月已抵江寧，故千里離家或當在十一月間。

[三十七] [三十八] 見《書跋》卷三：「《韓非子》二十卷景宋鈔本」條下。又見同書「《韓非子》二十卷校本」條。

[三十九] 見張敦仁省訓堂刊原本影宋撫州本《禮記》第一、第二卷後墨記。其注明為乙丑十二月。

[四十] 見《集》卷九《刻易林·序》。參見上注[三十六]。

[四十一] 見《書跋》卷三「《孫子算經》三卷、《張邱建算經》三卷、殘本《九章算經》五卷宋刻本」條。

[四十二] 石研齋本《鬼谷子》原書標明刊於是年。據《郎潛紀聞》卷八云，此書由千里所校。

[四十三] 道光四年張敦仁刊此書，跋云：「偶檢敝簏，得《遯翁苦口》一冊，蓋取《朱子語類》摘抄之者，亦不記為誰氏所錄也」書前有署名「無悶子」所作的〈遯翁苦口引〉一篇。此文收入《集》卷十一。又，筆者嘗見顧千里親筆所校《唐文粹》其卷尾有跋，自署為「無悶子」，可知《遯翁苦口》為千里所作。葉廷琯《吹網錄》也載《遯翁苦口》出自顧千里手。

又，據張敦仁跋，知此書存張氏處有年。考千里與張氏之交往是時最密，殆是時為張氏所得者。

[四十四] 《拜經樓藏書題跋記》卷一「《逸周書》盧抱經舊校本」條下，有陳鱣跋云：「去歲除夕，吳中度歲。往縣橋巷黃蕘翁家作祭書之會，因得明嘉靖廿二年四明章檗刻本《逸周書》，係顧君千里依元刻手校本。余既跋而藏之。新歲，攜示同里吳槎翁，嘖嘖稱善，遂取其舊藏章刻本錄顧校文於上，且以明鍾人傑校本及汪士漢刻入《秘書》本重加參閱。」時「嘉慶十一年丙寅三月」。文中所云：「去歲除夕」，當為本年。

嘉慶十一年（1806年）丙寅，四十一歲。

正月，孫星衍以所校《魏三體石經考》由山東寄千里，時千里在江寧。[一]

千里為張敦仁影摹重雕宋撫州本《禮記》第三卷成。[二]

二月,重為張氏影摹校刻《禮記》第七卷成。[三]

是月,重勘《儀禮要義》,起第十九卷。二十六日,跋於是書第十九卷末,時在江寧寓所。[四]

三月,為張敦仁影摹重雕宋撫州刻本《禮記》第四、五、六卷成。[五]

千里以宋嚴州本《儀禮注》校明代徐氏刻本。是月十六日,跋於明刻本《儀禮鄭注》卷四、卷十上。[六]

是月,陳鱣以千里所校《逸周書》示吳槎客,吳氏過錄千里校語於明代章檗刻本上。[七]

春,程念鞠從江西解餉至江寧,感疾病故。千里為其料理喪事,並令其孤扶柩歸里。[八]

清明節,吳槎客跋於過錄顧校《逸周書》。[九]

四月十六日,千里跋於影宋鈔本《儀禮要義》卷三十四後。[十]

二十二日,又跋於《儀禮要義》卷三十七卷後。云,自三十二卷以下,宋景德單疏本缺六卷,以魏了翁《儀禮要義》補之。[十一]

五月十一日,續校《儀禮要義》第三十八卷。時為張敦仁新合刻《儀禮注疏》,始成〈鄉射〉、〈大射〉二篇。[十二]

校《經典釋文》中卷十《儀禮音義》部分。[十三]

是月,胡克家調任江蘇布政使。[十四]

為張敦仁影摹校刊宋撫州本《禮記》第十三、十四、十五、十六卷成。將通志堂刊本《禮記釋文》卷一至卷十七並刊之,與此影刊《禮記注疏》合刊並行。[十五]

六月,以宋刻景德單疏本《儀禮疏》與《儀禮要義》互勘一過,二十五日跋於《儀禮要義》景宋鈔本後。[十六]

是月,為張敦仁影摹校刊宋撫州本《禮記》第十七、十八、十九卷成,《禮記釋文》並刊行之。[十七]

七月朔,張敦仁依嚴九能所鈔《儀禮要義》元本校畢《儀禮注疏》,跋於影宋鈔本《儀禮要義》後。[十八]

千里撰〈合刻儀禮注疏跋〉,云,此書乃取宋景德官刊單疏本及宋嚴州刊單注

本合而刻之。《疏》中文有缺漏者，補以魏了翁《儀禮要義》。並代張古餘撰〈重刻儀禮注疏序〉。[十九]

八月，為孫淵如校刊《魏三體石經考》於江寧。[二十]

千里校《經典釋文》第十二卷《禮記音義》，殆為張古餘撰《禮記考異》時參證。[二十一]

代張古餘撰《撫州本禮記鄭注考異·序》。[二十二]

十月，校《經典釋文》第十三卷。[二十三]

撰〈禮記考異後序〉，是時，為張古餘刻宋撫州本《禮記考異》成。[二十四]這一時期，千里主要在為張敦仁刊布宋本《禮記》及《儀禮注疏》，亦為表達自己的學術見解。

十二月，跋於明徐子器刻十卷本《蔡中郎文集》上，以為徐氏多妄改。「書此以質蕘圃。」殆徐氏刻本係黃丕烈所得者。千里跋中斥黃氏門下士所謂讀書可不講本子之說。[二十五]

是歲，重刻吳元恭本《爾雅》於江寧，作〈重刻吳元恭本爾雅跋〉。[二十六]

冬，黃丕烈大病，愈後更號曰「復翁」。[二十七]

彭甘亭《小謨觴山館初集》刊成，請千里作〈序〉，千里辭而不為。[二十八]

千里作〈與吳春齋〉書。[二十九]

阮元跋《增補六臣注文選》錄千里校語。是時阮元仍頗重千里，且千里校《文選》已頗有功力矣。[三十]

小除，黃丕烈以千里影鈔《道藏》本《穆天子傳》六卷校世行本，並跋之。[三十一]

注釋：

[一]《平津館叢書》本《魏三體石經考》孫星衍〈敘〉云：「《隸續》所載《三體石經》，蓋魏正始中立石。宋皇祐時蘇望得搨本，摹刻於洛陽。」「蒙雖不敏，夙究篆籀之學，就《隸釋》所載理而董之，證以經典字書，為之《音釋》。又得嚴孝廉可均、洪明經頤煊，互相是正。既成，寄顧茂才廣圻於江寧刊刻傳遠。」時「嘉慶十一年正月四日，山東督糧道孫星衍書於安德使署之平津館。」

[二] 見張氏省訓堂刊景宋撫州本《禮記》卷三後所標墨記。

[三] 同上書，卷七後墨記。

[四] 見《書跋》卷一「《儀禮要義》五十卷景宋鈔本」條下。

[五] 見張氏省訓堂刊景宋撫州本《禮記》卷四、五、六卷後墨記。

[六] 見《書跋補遺》「《儀禮鄭注》十七卷明徐刻校本」條。

[七] 參見上年注[四十四]。

[八] 見趙氏《顧千里年譜》是年所載。又參見本譜乾隆四十六年注[二]。

[九] 《拜經樓藏書題跋記》卷一「《逸周書》明章檗刻本」條下曰：「先君子手錄吳中顧澗蘋茂才所校於上，復取明鍾氏、國朝汪氏二本重勘，記簡首云，長洲顧廣圻校，用硃筆。海寧吳某校，用墨筆。書後云，仲魚孝廉以《逸周書》見眎，乃吳中顧千里茂才手校本。較世行本多所是正。予復取明鍾人傑本及國朝汪士漢刻入《秘書》本重加參校，亦尚有裨益處。惜抱經學士新刊本案頭適乏，更俟異日取而重勘之。嘉慶丙寅清明日吳某識。」此處「吳某」，乃指吳槎客。

[十] 見《書跋》卷一「《儀禮要義》五十卷景宋鈔本」條。然《書跋》中未標明時日。考楊氏《楹書隅錄》卷一「影宋鈔校本《儀禮要義》五十卷十冊」條下錄千里此跋，有「四有十六日江寧寓中燈下讀，並記。澗蘋。」楊氏注曰「在卷第三十四後。」今據以次之。

[十一] 此跋《書跋》卷一「《儀禮要義》五十卷景宋鈔本」條下收錄，作「卅日覆校」。而《楹書偶錄》卷一所收此跋語則作「廿二日」，今據《楹書隅錄》次之。

[十二] 見《書跋》卷一「《儀禮要義》五十卷景宋鈔本」條。然此條中僅云「五月十一日」，未記年代。

考〈跋〉中云：在「江寧寓館」。又，此跋在第三十八卷後，與前校至三十七卷之時間先後正可銜接。再，千里又云：〈鄉射〉、〈大射〉二篇始成。而千里於是時又校《經典釋文》卷十《儀禮音義》。〈鄉射〉、〈大射〉二篇正在卷十，殆千里取以互勘者，故此「五月」必是年之事。

[十三] 趙氏《顧千里年譜》云，是年「五月，校《經典釋文》卷十《儀禮音義》。八月，校卷十二《禮記音義》。十月，校卷十三《禮記音義》。」今據以次之。

[十四] 見《清代職官表》「布政使」欄。

[十五] 見張氏省訓堂景宋刊撫州本《禮記》各卷後墨記及原書。

[十六] 見《書跋》卷一「《儀禮要義》五十卷景宋鈔本」條。

[十七] 見張氏省訓堂景宋刊撫州本《禮記》各卷後墨記。

[十八] 《楹書偶錄》卷一「影本鈔校本《儀禮要義》五十卷十冊」條下，錄有張古餘跋云：「吳興嚴九能所鈔《儀禮要義》，嘉慶丙寅顧千里攜來江寧，丞命胥照錄一本。時余方槧《儀禮注疏》，以補宋景德單疏〈喪服傳〉內缺卷，真快事也。七月朔日，依元本校畢謹識。」

[十九] 〈合刻儀禮注疏跋〉載《集》卷十四。代張氏撰〈重刻儀禮注疏序〉，載《集》卷七。

[二十] 《平津館叢書》本《魏三體石經考》書前扉頁標明「嘉慶十一年」，書後墨記云：「丙

寅八月刊於江寧。」此乃千里為之校刊者。參見注[一]。

[二十一] 參見注[十三]。關於《禮記考異》實出自千里之手，神田喜一郎《顧千里年譜》曰：「《考異》名為張敦仁撰，實出先生手。代敦仁所撰〈考異序〉，見《思適齋集》卷七，自作之〈後序〉及〈跋〉見《思適齋集》卷七及卷十四。」

[二十二] 見《集》卷七。

[二十三] 參見注[十三]。

[二十四] 〈禮記考異後序〉見《集》卷七。又，張氏省訓堂刻本原書後墨記標明丙寅十月，殆是時刻成。

[二十五] 見《書跋》卷四「《蔡中郎集》十卷《外傳》一卷校本」條。

[二十六] 見《集》卷十四。

[二十七] 江標《黃蕘圃先生年譜》是年中云：「先生是年更號復翁。」「標案：嘉慶丁卯正月七日燈下，顧澗薲跋十卷本《蔡中郎集》曰，時惟蕘翁更號復翁之明年也。」又，王欣夫先生《黃蕘圃先生年譜補》是年中云：「冬，病五旬，瀕死者二次。」注云：「據鈔本《遊志續編》跋。」

[二十八] 《集》卷十二〈彭甘亭全集序〉云：「嘉慶丙寅，在邗江刊《初集》，曾命作〈序〉，予以君年猶未艾，學方日進，不欲遽為論定，辭而弗為。」

[二十九] 是書載《集》卷六。書中云：「昨在省時，承教拙刻《爾雅‧釋水》」云云。可知此《書》必作於千里刊吳元恭本《爾雅》以後。又云：「綏階、復翁皆在邇，即煩就所藏一檢而更以示我。」由此可說明如下三點：其一，此時吳氏當在吳中，而千里當在外。否則，決無「綏階、復翁皆在邇」之說。其二，是時丕烈已更號「復翁」。故在是年冬日以後。其三，袁綏階尚建在。考袁氏卒於嘉慶十四年秋。故可定此札必定作於是年冬至十四年秋之間。又考千里行跡，其自江寧於嘉慶丁卯（十二年）冬還里後，一直至十五年，俱在里中。故可進一步斷定此《書》必作於丁卯年千里返里中之前。暫次於是。

[三十] 《文祿堂訪書記》卷五「《增補六臣注文選》六十卷」條下，錄有阮元的跋語云：「顧澗薲校周氏藏末尤袤刊本，校本。」時在嘉慶十一年。並錄有千里校語。

[三十一] 王欣夫先生輯《蕘圃藏書題識再續錄》卷二「《穆天子傳》六卷校本」條云：「丙寅小除，以顧千里影鈔《道藏》本校其與此刻異者，旁行加△，或下方旁行注出，標以『道』字，與此刻同者不贅注出矣。」

嘉慶十二年（1807 年）丁卯，四十二歲。

正月七日，以明蘭雪堂活字刻本與徐子器十卷本《蔡中郎文集》對勘，跋於十卷本上。[一]

九日，又跋徐子器刻本，曰：「當以鈔本為最佳，活字板次之」云云。[二]

正月望前，將徐子器刻本《蔡中郎文集》還歸黃丕烈。丕烈見有千里校語，遂錄於影寫明活字本而跋之。[三]

是月，又跋於景鈔明活字本上，認為「中有絕精處」。[四]

千里跋《魏三體石經考》，手書上板。[五]

二月，孫星衍序《續古文苑》云，千里嘗與之相互討論。[六]

千里為孫星衍以《道藏》本《廣黃帝本行記》與壹是堂鈔本對勘，並作〈序〉。[七]

三月，又為孫星衍序《軒轅皇帝傳》，並以《雲笈七籤》中所載文字勘之。[八]

是月，於江寧買得舊鈔本《鐵圍山叢談》殘本二卷，十三日跋之。[九]

四月二十八日，黃丕烈跋於千里自江寧寄歸吳中的《鐵圍山叢談》殘本上。[十]

是月，校《經典釋文》卷二十九《爾雅音義》。[十一]

作〈書尚書撰異君奭後〉於江寧寓館。[十二]

五月，校明活字本《蔡中郎集》，復用《後漢書》參訂，又添若干條，九日跋之。[十三]

為張敦仁刻印明弘治涂禎本《鹽鐵論》，以過錄華氏活字本、明張之象本等互相參校。撰《鹽鐵論考證》，假名張敦仁作，並代作〈序〉。[十四]

跋於自己的影鈔華氏活字本《鹽鐵論》上。[十五]

為孫星衍校刊《黃帝本行記》、《軒轅皇帝傳》於江寧。《平津館叢書》本《黃帝五書》，係顧千里校勘行世者。[十六]

六月，自作〈鹽鐵論考證後序〉。[十七]

七月，瞿木夫赴湘出仕，八月途經江寧，千里作〈送瞿鏡濤〉詩送之。[十八]

八月，為孫淵如手摹元至正辛卯余志安刻本《唐律疏議》及元刊本《洗冤集錄》等書，收入《岱南閣叢書》。[十九]

旋，又得無名氏《平冤錄》、《無冤錄》舊鈔本，於是將其與《洗冤錄》合成一編，以俟來日再刻之。[二十]

九月，從小讀書堆假得北宋蜀刻本《駱賓王集》，影寫之，並跋於宋刻本上。[二十一]

秋，千里鄉試，主司劉金門侍郎[二十二]欲取千里，然未果。[二十三]

千里自刻段懋堂〈釋拜〉一篇於江寧，並序之。[二十四]

冬，千里自江寧歸里。

十一月五日，黃丕烈候千里。是時，黃氏刊《易林》已成，屬千里序之。[二十五]

望日，黃丕烈臨顧千里《駱賓王集》跋語於影宋鈔本上。[二十六]

二十五日，鈕匪石會千里，觀其所校《隸釋》共八十五葉，以宋刊本校汪氏樓松書室刊本，參以《字源》等書，無不吻合。[二十七]

是年，段玉裁作〈與顧千里書〉，又作〈二名不偏諱〉、〈曲禮君天下曰天子〉、〈周人卒哭而致事〉、〈禮器先王之立禮也有本有文〉、〈禮器注尸行節至無方〉、〈雜記公視大斂〉、〈享饗二字釋例〉等文，俱是駁顧千里為張敦仁撰《撫本禮記考異》。殆千里於江寧自主己說，與玉裁所主《十三經》局諸人迥異，故起而駁之。段、顧之爭至是遂趨於激烈。[二十八]

千里作〈與段玉裁第一書〉。[二十九]

十一月，段玉裁作〈禮記四郊小學疏證〉一文，針對千里《撫本禮記考異》中「《禮記·祭義鄭注》，四學謂『周四郊之虞庠也』。」一條考異，進行批駁。千里以為此「四郊」乃「西郊」之誤，而玉裁則以為「四郊」不誤。此即有名的「西郊」、「四郊」之爭。[三十]

十二月一日，千里作〈與段懋堂太令第二書〉，對段說進行反駁。認為段氏「於《經》之明文鑿鑿者，抹殺之曰『譌』，不計其為一見再見，若合符節也。於《注》之明文鑿鑿，一見再見亦若合符節者，又悉抹殺之曰『譌』。於《正義》之累累見，賈也，孔也，無不若合符節者，不能謂之譌者，則又換一法悉抹殺之曰『誤』。然後煩稱博引他經他注之非有明文者為之自立一說以就所欲說。然細案所立之說，絕非其經其注之本旨。又假借於他家之異義者，以斷章取證而不計其為牽合。」[三十一]

十二月，為孫淵如校《漢官儀》、《漢舊儀》、《漢官解詁》、《漢官》、《漢官曲職儀式選用》、《漢禮器制度》、《漢舊儀補遺》、《漢儀》等書，標識於清樣上。此數種書後俱收入於《平津館叢書》之中。[三十二]

季冬，望後一日，黃丕烈從千里手中得殘宋本《中興羣公吟稿戊集》七卷，跋之。[三十三]

千里自江寧歸吳中後，見黃丕烈所得宋尤袤貴池刻本《文選》，因語胡克家[三

十四]。時胡氏為江蘇布政使，因屬千里為之校訂刊布。千里遂始撰《文選考異》。預其役者，有彭甘亭。[三十五]

是年，千里作〈復翁詩一首卅六韻〉。[三十六]

千里跋於袁廷檮所寄示的《六書統溯源》元刻本上。[三十七]

作〈士禮居祭書分賦得書字〉。[三十八]

注釋：

[一] 見《書跋》卷四「《蔡中郎文集》十卷《外傳》一卷校本」條。

[二] 同上，「《蔡中郎集》十卷明活字本」條。

[三] 《蕘圃藏書題識》卷七「《蔡中郎集》十卷明活字本」條下曰：「嘉慶丁卯正月望前，千里以前假余手校本檢還。其中有千里校語，頗精當。因錄於此，以備觀覽。復翁。」

此書乃以前被千里攜往江寧者。同書此條跋語後，又有黃丕烈另一跋曰：「此活字本《蔡中郎文集》十卷，藏錢塘何夢華家。夢華過吳門行篋攜之，因句歸，校明神廟時徐子器刻本，殊多是正。後為余友顧千里、袁綬階轉假去，各影寫一部，而余所校者適為千里攜往江寧。案頭竟乏展閱本，遂命門僕用舊紙影鈔全佚。其卷首碑牌空二格，係俗子剗去年號，以『至正』偽之，故不之補。至於活板刊刻時代，以他書證之，當在成、弘間。鈔畢並記。」可以證之。

[四] 見《書跋》卷四「《蔡中郎集》十卷明活字本」條。

[五] 《平津館叢書》本《魏三體石經考》有顧千里之跋語，乃千里親筆所書上板者。其標明為「丁卯正月元和顧廣圻跋」。殆是時，此書刻印已竣工，距孫淵如以稿寄千里時，已一年矣。

[六] 《平津館叢書》本《續古文苑》中有孫星衍於「丁卯二月」所作之〈序〉，略云：「為余討論，有顧君千里。凡得書二十卷，作者若干家，付之剞劂。」

[七] 此〈序〉見《集》卷九，然未標明時間。《平津館叢書》本此書〈序〉下，標明「丁卯二月」。又，以《道藏》本校鈔本，見〈序〉中所云。

[八] 此〈序〉亦載《集》卷九，然無寫作時間。《平津館叢書》本《軒轅皇帝傳》顧千里〈序〉注明為「丁卯三月」所撰。以《雲笈七籤》勘之，見〈序〉中所云。

[九] 見《書跋》卷三「《鐵圍山叢談》殘本二卷舊鈔本」條。

[十] 《蕘圃藏書題識》卷六「《鐵圍山叢談》殘本二卷舊鈔本」條下曰：「此冊係顧子千里從江寧買得寄贈予者。書止三卷，佚其半矣。余取雁里草堂鈔本勘之，似即從是本出，而原鈔訛脫及校正者已略改之。至云知不足物，恐非也。丁卯夏四月二十八日復翁。」此書即千里三月於江寧購得又跋之者。

[十一] 見趙氏《顧千里年譜》。

[十二] 見《集》卷十五收錄。僅標「丁卯」作。王欣夫先生校《思適齋集》，在此文最後，用朱文注明：「丁卯四月書於江寧寓館。」今據以次之。

　　［十三］見《書跋》卷四「《蔡中郎集》十卷明活字本」條。

　　［十四］見《書跋》卷三「《鹽鐵論》十卷鈔本」條。

　　《鹽鐵論考證》為顧千里所撰，神田喜一郎《顧千里年譜》曰：「《考證》名為敦仁撰，但先生〈後序〉中謂間與廣圻往復講論，援引載籍，旁推交通，多得要領。然則《考證》殆成於先生手也。」趙氏《顧千里年譜》亦云：千里「著《考證》一卷。」關於其為千里所撰，筆者有考。

　　［十五］見《書跋》卷二「《鹽鐵論》十卷鈔本」條。

　　［十六］《平津館叢書》本《黃帝五書》中，《黃帝本行記》，《軒轅皇帝傳》之書末，標明「山東督糧道孫星衍校，元和縣學生員顧廣圻復校，嘉慶丁卯五月刊行」。

　　《黃帝五書》餘下三書：《龍首經》、《金匱玉衡經》、《黃帝授三子玄女經》，俱係丁卯年刊，並由江寧劉文楷、劉文模鐫刻，似俱為千里復校刊刻。

　　［十七］見張敦仁刊本原書。

　　［十八］千里作〈送瞿鏡濤〉詩三首，俱載《集》卷三，未標所作時間。考一詩中有云：「古泉館主出山初，強仕春秋富有餘。」可知當為瞿木夫初出仕時所作。《瞿木夫先生自訂年譜》曰，瞿木夫初出仕在嘉慶十二年，時三十九歲。《禮記·曲禮上》曰：「四十曰強而仕」，與詩中所云「強仕春秋」句正合，則詩作於是年無疑。

　　又據《瞿木夫自訂年譜》載，瞿氏是年六月入京受命，七月歸江南，七月二十八日，自嘉定出發赴任。八月十六日抵鎮江，後溯江經江寧往當塗。千里詩中有自云「漫浪身」，「轉流頻」，「相逢未卜當何地」等句，似在外出遊時所作。而瞿氏途經江寧時，千里正在該地。故此詩係迎送之際贈別之詩。

　　［十九］千里撰〈故唐律疏議後序〉載《集》卷八，僅注明「丁卯」，未標月份。《岱南閣叢書》本《故唐律疏議》原書中，注明為「丁卯八月」。

　　又，《岱南閣叢書》中《洗冤集錄》，亦是千里為之校刊。

　　［二十］見《集》卷八〈重刻宋元檢驗三錄後序〉。

　　［二十一］見《書跋》卷四「《駱賓王文集》十卷北宋刻本」。

　　［二十二］劉鳳誥，號金門，江西萍鄉人。趙詒琛《顧千里年譜》稱其為：「乾隆五十四年己酉廷試一甲第三人」著有《存悔齋集》二十八卷。為彭元瑞弟子。

　　［二十三］張星鑑《仰蕭樓文集》卷一〈贈顧澗之序〉云：「嘉慶丁卯鄉試，主司劉金門侍郎欲得先生（按：指千里）而未果，竟以諸生老矣。」

　　［二十四］此〈序〉見《集》卷十一。中云：「今以嘉慶丁卯刻之於江寧，非欲用是酬知己也。為後世求段氏學者將有涉於此也。」是時，千里殆尚在江寧，雖與杭州經局諸人見解不同，似對段氏並未有與之翻目之想。故此必作於今年返里之前。

　　［二十五］江標《黃蕘圃先生年譜》云，十一月五日，黃丕烈候千里。則此時千里必已從江寧歸里矣。

又，千里〈刻易林序〉云：「乙丑冬，客江寧。蕘圃以札來告將謀付刊。去冬返及里門，則釐然在目焉。而屬予序其簡首。」此〈序〉作於「戊辰春正月下旬」，「去冬」當即丁卯冬。

[二十六]《蕘圃藏書再續錄》卷三「《駱賓王文集》十卷影宋鈔本」條下，錄有千里「丁卯九月」的跋語，云此為「蜀本《駱集》」。下有黃丕烈跋，乃「十一月望日，復翁臨顧千里跋」。殆千里自江寧歸里後，將自己在江寧跋於影宋鈔本《駱賓王集》上的跋語示黃丕烈，黃氏於十一月臨之。

[二十七] 見《匪石日記鈔》是年所載。

[二十八] 以上諸文，俱載於《經韻樓集》，其文字俱是針對《撫州本禮記考異》而發，故其必在嘉慶十一年張敦仁刊布是書以後。

又，據《經韻樓集》所列次序，諸文當在嘉慶十二年底，即「學制之爭」以前所作。殆段玉裁在杭州，與千里在經注合刊等問題上發生爭執。千里固執己見，遂離局北上，至江寧，為張敦仁刊宋本《儀禮》、《禮記》。段氏於此頗為不滿，視千里為唐突，故針對千里所作《禮記考異》，加以批駁，並斥千里為「莽人」。於是，二人之爭紛趨於激烈，千里歸吳後，學制之爭起焉。而千里致段氏信札中，措辭亦頗有不遜者矣。

[二十九] 千里此札現未見，然考千里與段玉裁〈第二書〉作於是年十二月一日，故〈第一書〉必當在此之前。又，千里在江寧時，尚欲刊段氏〈釋拜〉，並未想要與段玉裁反目，故當作於此後，疑回吳中後所為。又，〈第二書〉中有「前得來札，知翻然採納」之語，似段玉裁對千里的意見並未全部否定。

[三十] 段玉裁《經韻樓集》卷十一載有〈禮記四郊小學疏證〉一文，未注所撰時日。但從顧千里〈與段茂堂大令第二書〉中有云：「不意又著大說一冊，變本加厲。」可以推知，此〈第二書〉必作於段氏「大說」之後。而從〈第二書〉中所述內容可知，「大說」當指段玉裁〈禮記四郊小學疏證〉一文，故其必著在〈第二書〉之前。

[三十一] 此〈第二書〉，《經韻樓集》卷十一收錄，然僅注明「十二月一日」，而無年份。考〈書〉中所述，在於論述自己與段玉裁在解經及校勘方法上的分歧，在於論述《禮記・王制》中「周之虞庠在西郊」之「西」字，不當依《北史・劉芳傳》所引而改作「四」。這都是在回答段玉裁〈四郊小學疏證〉所作的論述。

再考「戊辰正月初十日」所作的〈學制備忘之記〉中有「先詳《思適齋筆記》及答段書兩通中，惟天下之志在明經者，儻值互相剖析，則必發篋陳書，手畫口講，逐一無隱矣」之句，可見〈學制備忘之記〉當作於〈第二書〉之後。而〈學制備忘之記〉作於「戊辰正月」（嘉慶十三年正月），故此「十二月」當為丁卯年之事。趙氏《顧千里年譜》將此書次於戊辰十二月，似誤。

[三十二]《平津館叢書》中此數種著作，俱未注明刊布時間。考張紹南《孫淵如年譜》云：是年四月，「君自通州回署，與洪君頤煊校刊唐《王無功集》、《琴操》，輯《漢官舊儀》、《漢官儀》，屬王君保訓集《京房易傳》。」

又，筆者嘗見顧千里校《漢官》、《漢官解詁》、《漢官曲職儀式選用》、《漢儀》、《漢舊儀》、《漢禮器制度》、《漢舊儀補遺》等書的清樣本。《漢官儀》「大將軍妻參乘，太僕御女騎夾轂」的「太僕」後，顧千里加一「△」，上批曰：「當有『妻』字。十二月後定。」又，《漢官》「古都侯員吏二十二人」上亦批「十二月」。在《漢舊儀》等書的封面上批有：「底稿上續添，按各條另清本寫刻。」《漢舊儀補遺》後則有批識曰：「刻在《漢禮器制度》前。刻完時印寄十餘張。」從以上批識可知：一，其批識俱作於十二月。二，所見者當為付刻之清樣本。三，從「刻完時印寄十餘張」，可知是時千里當不在刻書地。聯繫上所引《孫淵如年譜》之時間，則此十二月似當為今年之事。此時千里已歸吳中，《平津館叢書》則多刻於江寧，與「刻完印寄」云云亦相合，故繫於是。

[三十三] 江標《黃蕘圃先生年譜》云，嘉慶十二年，「季冬望後一日，從顧澗蘋手得殘宋本《中興羣公吟稿》戊集，跋之。」江氏有按語曰：「跋後有云，辛楣少詹事贈小蓮。丁卯冬日，思適居士估值，每冊三金，並記。是書從戈小蓮處轉得之也。戈亦吾郡藏書家，名半樹齋，見《思適齋集》中。」

[三十四] 胡克家，字占蒙，號果亭。又號果泉。江西鄱陽人。馮登府撰〈神道碑〉，載《石經閣文集》卷四。《清史列傳》卷三十三有傳。

[三十五] 千里代胡克家撰的〈文選序〉云：「往歲，顧千里、彭甘亭見語，以吳下有尤刊者，因屬兩君遴手影摹，校刊行世。踰年工成。」此〈序〉作於嘉慶十四年二月，云「踰年工成」，可知胡氏由千里、甘亭處知有尤刊，當在嘉慶十二年底或十三年初。

又，黃丕烈〈重雕曝書亭藏宋刻本輿地廣記緣起〉中云：「會鄱陽胡果泉先生典藩吳郡，敷政之餘，留心《選》學，聞吳下有藏尤刊者，有人以余對，遂向寒齋以百金借鈔。」可知胡刻《文選》之祖本，乃從黃丕烈處所得。胡克家「典藩吳郡」，乃指胡氏為江蘇布政使事。據《清代職官表》所載，胡氏為布政使在嘉慶十一月五日，然千里在「吳下」遇到胡克家，只可能在十二年冬由江寧歸故里之後。故將此事繫於是。

又，關於胡刻《文選考異》實出顧千里之手，筆者有〈胡刻文選考異為顧千里所作考證〉一文可參閱。

[三十六] 此詩見《集》卷二，然未注明寫作時間。考詩中有，「復翁復生書不死，遠信初聞雜驚喜，歸來見面為我泣，益信於翁是知己」句，可知詩必作於黃丕烈大病痊癒，而更號為「復翁」之後。考黃氏大病，更號，在嘉慶十一年冬，（見上譜所述，又見王欣夫先生《黃蕘圃先生年譜補》。）時千里正在江寧，與詩中「遠信初聞」正相契合。由「歸來見面為我泣，益信於翁是知己」，可知是詩必作於千里歸里，未與黃丕烈牴牾之前。又，詩中有「嗟我宿昔發奢願，扶真抑偽思料理，哀傷吾道多榛蕪，誰解懇闕思覃耜。遂乃憂心慍羣小，幾欲見殺累切齒」句，所指殆千里於江寧為張敦仁刊宋本《禮記》、《儀禮》，而為眾人不滿，斥其為非事。甚至還包括對段玉裁之不滿。故此詩當作於嘉慶十二、十三年間。

又，黃丕烈與千里之交惡，與段、顧爭執頗有干係。因為黃氏在爭論中祖段而左顧，引起千里反感，其時當在嘉慶十三年，故疑此詩作於嘉慶十二年千里自江寧歸里後不久之時。

[三十七] 跋見《書跋》卷一。未標明時日，考跋中云：「壽階吾兄先生閣下奉到手示並各冊」，可知袁氏尚健在。袁廷檮卒於嘉慶十四年，故此跋必在此之前所作。

又，跋中云：「惜不為佞宋主人所見刻入士禮居內。」「佞宋主人」，乃千里在〈百宋一廛賦〉中稱黃丕烈之號，黃氏於「佞宋主人」下注曰：「『佞宋』出〈述古堂書目序〉，予恆引為竊比，故居士設此名也。」〈百宋一廛賦〉作於嘉慶十年，故此跋必作於嘉慶十年後。

再考跋中云：「奉到手示」，「留案頭十日，遲遲奉繳」，「此復即問箸安不一」。當非二人共居里中時語氣，而應是千里在外地時所書。自嘉慶十年至十四年間，千里於十年冬至十二年冬在江寧，故疑係此期間所作。暫次於是。

[三十八] 詩載《集》卷三。趙氏《顧千里年譜》將其次於嘉慶二十一年，似可商榷。

考千里與黃丕烈自嘉慶十三年後即交惡，漸至交絕。而此詩中有「君作主人真不忝，我稱同志幸非虛」句，情辭俱切，誠非客套虛語。以千里之性格言，斷非其交惡以後之所作，此外，嘉慶二十一年歲除之時，正在千里為母服喪期間，安能身披孝服，而又有酹酒饌蔬之雅致？即使有之，似眾人亦自迴避。故知趙氏誤。

再據王欣夫先生《黃蕘圃先生年譜補》，黃丕烈之祭書，當始於嘉慶六年，「歲常祭書於讀未見書齋」，而終於「辛未」（十六年。見張士元《嘉樹山房集·祭書圖說》）而嘉慶七、八兩年歲除，千里在里中，然詩中有「故事還應永率初」句，時黃丕烈祭書之會方始不久，與此似不合。十三年後，與黃丕烈交惡，也不會為此。餘下數年，唯此「丁卯」，千里十一月自江寧歸里，與黃氏未交惡，與詩中所述多可契合，故繫之於此。

嘉慶十三年（1808年）戊辰，四十三歲。

正月初十日，千里作〈學制備忘之記〉，對段玉裁在上年所作〈四郊小學疏證〉一文中所涉及「大學、小學」與「鄉學、黨序、遂學」的關係等周代學制問題，進行了論述。千里以為：「大學、小學者，學之一類也。天子諸侯主之者也。鄉學、州序、黨序、遂學者，學之又一類也，鄉大夫、州長、黨正、遂大夫主之者也。凡此二類，劃然分別，非可雜糅也。」而「合《儀禮》、《周禮》、《禮記》觀之，鄉射在州序，鄉飲酒之正齒位在黨序，而二者亦可就鄉學行之而已，從未嘗有鄉射、鄉飲酒而行之於虞庠小學者也。」這實際上是為了進一步論證周代虞庠在西郊而不在「西郊」之說。[一]

後，段玉裁於旬日之間，作書四通於千里。[二]

下旬，千里作〈刻易林序〉，殆為黃丕烈所刻本撰也。[三]

二月，千里又校汲古閣刻本《易林》。[四]

三月七日，千里草書四千餘言，作〈與段懋堂大令第三書〉，乃是回答段玉裁之四通書。其中論及「鄉飲酒」、「鄉射」等問題，措辭已頗為激烈，自此，與段玉裁之交遂絕。[五]

此後，段玉裁又作書三通，千里概不作復。[六]

是月，千里校黃丕烈新刊《易林》樣本，並跋之。[七]

又校汲古閣刻本《易林》，殆與黃氏新刻本互相參校者也。[八]

四月，又校汲古閣刻本《易林》。[九]

五月十日，代黃丕烈作〈刻陸敕先校宋本焦氏易林序〉。[十]

十九日，又校汲古閣本《易林》，並跋之。[十一]

二十四日，代黃丕烈作〈焦氏易林後序〉。[十二]

是月，為黃丕烈校勘新刻本《易林》一過，參校者，有汲古閣本。殆是書，自千里歸吳後，黃丕烈即請千里主其事也。[十三]

七月，校《文選》，以孫志祖《文選李注補正》參校之，多糾孫氏之誤。[十四]

十一月，再校讀《文選李注補正》。此期間，殆一直在為胡克家校刻尤氏刊本《文選》也。[十五]

彭甘亭有〈與劉芙初書〉，曰，是時與千里共校《文選》，商榷《文選考異》，而《文選考異》實主要出自顧千里之手。[十六]

十二月，千里跋黃丕烈所得《蔡中郎文集》十卷鈔本，以為諸本之中，此為最佳。[十七]

是歲，段玉裁有〈與黃蕘圃論孟子音義書〉，其中指責千里所校《易林》中，改「子商」為「于商」乃誤。[十八]

黃丕烈有札寄段玉裁，以為千里「以後起之雋」與段玉裁「抗衡」，「同輩實所竊議。」又云：「先生以年高手硬，心意閑澹之老人，不應與腦滿腸肥，初學把筆者齗齗相爭。」明確地表示了在段、顧爭執中，祖段的態度。而此後，千里與黃丕烈的關係便驟然冷漠，最後交絕，其源實始於此時。[十九]

是歲，孫淵如嘗歸吳中，與千里等讌集於一樹園。[二十]

　　千里嘗跋《洛陽伽藍記》，云，「此書原用大小字分別書之，今一概連寫，是混入注文也。意欲如全謝山治《水經注》之例，改定一本，旋因袁壽階取手校者去，未得施功」云云，殆有志於校理是書矣。[二十一]

注釋：

　　[一] 文見《經韻樓集》卷十一所附。王欣夫先生《思適齋集補遺》卷上中亦收之。

　　[二]《經韻樓集》卷十一〈與段懋堂大令第三書〉云：「懋堂大令閣下，旬日中作書四通，數千餘言，得無勞乎？」又云：「去冬答閣下兩書。」故可知，顧千里〈第二書〉與〈第三書〉之間，段玉裁曾致書四通於千里。又，同上書中有云：「於四通中，有閣下代〈學制備忘之記〉作解，以貶孔，（按：指孔穎達）貶僕，而其實並非孔之解，僕之解者，不復詳答。」可知此「四通書」必作於千里〈答學制備忘之記〉以後，其必作於嘉慶十三年正月至三月之間，故次於是。

　　[三] 千里此〈序〉作於正月下旬。見黃丕烈士禮居原刻本。《集》九收錄時，漏脫「嘉慶十三年歲在戊辰春正月下旬」數字。

　　趙氏《顧千里年譜》云：「正月下旬代黃蕘圃序新刻《焦氏易林》及〈後序〉。」殆未細核。千里代黃丕烈作〈序〉及〈後序〉，乃是年閏五月十日及廿四日，與作此〈序〉並非一事。

　　[四] 顧千里手校汲古閣本《易林》，其卷一「泰」之「萃」「羔衣豹裘」條，千里有題識曰：「『裘』當作『裒』，戊辰二月。」

　　[五] 此書見《經韻樓集》卷十一，又見《思適齋集補遺》。俱未注明時日。趙氏《顧千里年譜》將此書次於嘉慶十四年。而劉盼遂《段玉裁年譜》則將此書次於是年（參見下注）。

　　今考之，其中有云：「去冬答閣下之兩書」，又云段氏四通書中係誤解〈學制備忘之記〉（參見注[二]），則其必作於是年。因如前所述，〈學制備忘之記〉明確為今年所作，故「答閣下之兩書」亦可確定為嘉慶丁卯冬所作。如此〈第三書〉次於嘉慶十四年，則不當云「去冬答閣下之兩書」，而應為「前冬」。可見趙氏誤。當同劉氏，次於是年。

　　[六] 劉盼遂《段玉裁年譜》曰：「千里於三月初七日來〈第三札〉，長四千餘言，相辨詰。先生又作〈札〉三通致之，千里不再作復。」

　　[七] 見《書跋》卷三「《易林》十六卷校本」條。

　　[八] 顧千里校汲古閣刻本《易林》，其中多有批識。如：卷一「隨」之『中孚』「太宰譏言」條，或校「譏」作「機」，千里校云：「『機』當是『譏』，戊辰三月。」卷一末批曰「今陸本歸黃蕘圃矣。嘉慶乙丑，澗蘋又記。」「戊辰三月，為校新刻樣本，又記。」卷二「無妄」之「師」「火起上門」條，顧千里校曰：「『上』疑『士』，戊辰三月。」卷四「姤」之「晉」「販鼠賣蠱」條，或校「蠱」為「卜」，千里批曰：「『卜』當作『朴』，見《戰國策》。戊辰三月。」可見是時千里屢校此書。殆為黃丕烈校刻《易林》，而以此本參校。

　　[九] 同上書，卷三「晉」之「漸」「神君之精」條，顧千里校曰：「必是乏祀。戊辰四月。」

「益」之「小畜」「雖有鋒門」條，千里校曰：「『鋒門』即『逢蒙』也。戊辰四月。」則四月千里仍在校閱此書。

[十] 見黃丕烈士禮居刊《易林》原書。

[十一] 顧千里手校汲古閣本《易林》卷四「中孚」之「大有」「為我開基」條，有批識曰：「『我』當作『威』，戊辰五月十九。」可知直至是時，千里仍在校核此書。

[十二] 見黃氏士禮居刻《易林》原書。

[十三] 見《書跋》卷三「《易林》十六卷校本」條。

又，顧千里校汲古閣刻本《易林》卷四「升」之「艮」「扶陽之正」條，或有校作「扶陝之岐」。千里批識曰：「『扶』當作『杖』，『陝』當作『筴』。戊辰五月」「震」之「震」「枯瓠不朽」條，千里批曰：「『朽』當作『材』。見《魯語》。戊辰五月。」可知千里校新刻《易林》，乃以汲古閣本互參也。

[十四] 顧千里手校孫志祖《文選李注補正》卷一〈上林賦〉「留落胥邪。注，郭璞曰，留，未詳」條，《補》曰：「許云，留落，即〈吳都賦〉扶留也。藤每絡石而生，故扶留亦名留落耳。落即『絡』字。下胥邪、仁頻、并閭，皆一物，不應留落獨分為二。或以《爾雅》劉杙當之，亦非。留落、胥邪、仁頻、并櫚皆南方草木，以類相次。」千里於上有墨筆校曰：「廣圻謂『留落』即〈南都賦〉『南樐之木也』。張載注，『南樐木之盤結者。其盤結文尤好，可以作器。建安所出最大長也』。扶留，列於艸，不得當此。戊辰七月。」千里此時正為胡克家校刊宋尤袤刻本《文選》，殆以此《補注》參核之。

[十五] 同上書，卷一〈西征賦〉「明三敗而不黜。注言三未詳」條，《補注》曰，「許云，案彭衙之敗在文二年春。是年冬，晉及宋、鄭、陳伐秦，取汪，及彭衙而還。是亦晉勝秦敗。並前殽之役，為三敗。」千里朱筆批識曰：「考此役，秦未嘗及晉師戰，其非孟明將而敗不待言。何得強取以足『三敗』邪？戊辰十一月。」又有墨筆題識曰：「古人讀書自有義例，末策乃侈口妄議，切戒之。」

[十六] 彭甘亭《小謨觴館文續集》卷一載〈與劉芙初書〉云：「淳熙《文選》全帙已刊。近與澗薲商榷《考異》。渠精力學識，十倍於蒙。探索研求，匪朝伊夕。凡諸義例，半出剸裁。」此〈書〉未注所時日，然以〈書〉中有「淳熙《文選》全帙已刊」句推之，當在戊辰、己巳之間。今繫於是。劉芙初，名嗣綰，陽湖人。乃彭氏之友。

[十七] 見《書跋》卷四「《蔡中郎文集》十卷鈔本」條。

[十八] 此書載《經韻樓集》，其略云：「凡宋版古書，信其是處必從之，信其非處則改之。其疑而不定者，則姑存以俟之。不得勿論其是非，不敢改易一字。意欲存其真，適滋後來之惑。又不得少見多怪，疑所不當疑。如建屏不讀《左傳》，而欲改《易林》之『子商』為『于商』。」

考千里校刊《易林》，改《易林》「既濟」之「鼎」「禍起子商」之「子商」為「于商」，見於〈焦氏易林後序〉。可知段玉裁此信，必作於千里為黃氏刊刻《易林》完工以後。士禮居《易

林》刊布於是年,故此書似亦當作於是年前後。

[十九] 黃丕烈致段玉裁此書,見《經韻樓集》卷十二。劉盼遂《段玉裁先生年譜》將此書次於嘉慶十三年。今從之。

千里與黃丕烈之交誼,先甚篤契,後致交絕,其中原委是非,前人多有論及,然紛紜不一。關於二人絕交之原因,江標《黃蕘圃先生年譜》以為二人之交絕,主要出於千里之「輕詆」。其於道光二年下論曰「見〈百宋一廛賦〉初印樣本,有顧校字,今俱刻正矣。末有顧題云,蕘翁手寫有別趣。但此君不曉楷法,美哉猶有憾。」「是亦輕詆之證」。關於黃顧交絕之時間,江氏以為「先生跋語中(按:指黃丕烈跋李子仙手臨顧澗蘋所錄惠松崖、段若膺兩先生校定本《廣韻》)有云,段、李皆作古人,澗蘋又交絕。是先生於六十歲後不與澗蘋往還矣。」「又案,聊城楊氏海源閣所藏宋本《輿地廣記》,即先生(按:指黃丕烈)舊藏者也。有顧澗蘋跋,力揹先生新刊《札記》之譌,每稱彼而不名字。且云,吾願汪君(按,汪閬源。)據此之真,顯彼之偽云云。末題庚辰立秋前一日。是早與先生絕交矣。」

又,神田喜一郎的、趙氏的《顧千里年譜》都將黃、顧交絕次於嘉慶二十五年。

以上諸種說法,似可進一步商榷。

若以江氏說,黃、顧二人交絕,乃是由於刻〈百宋一廛賦注〉時,千里對黃丕烈「輕詆」。然千里與黃氏合注〈百宋一廛賦〉在嘉慶十、十一年,二年當於那時便有牴牾。而事實上,至嘉慶十二年,千里從江寧歸里時,二人感情尚密,如前譜所述。故江氏之論不切。

若以二人於嘉慶二十五年方交絕。事實上,自嘉慶十四年以後,千里與黃丕烈交往便驟減,互相校跋之書,幾乎絕跡,這當然不是偶然的。

筆者以為,千里與黃丕烈之交惡,其起因實與千里與段玉裁之爭執有密切關係。直至嘉慶十二年冬,段玉裁與顧千里爭論激化以前,黃、顧二人交情至篤,千里所作〈復翁詩一首卅六韻〉可證。而黃丕烈與段玉裁之交往亦頗密,乃係師友門人。故段、顧之爭起時,黃丕烈實處於一中間之地位。然其並未持平調和,予以斡旋,而是採取了一種偏段非顧的立場。這可以從如下兩點看出:一,《經韻樓集》中,載段玉裁與黃丕烈之書札,多係與顧千里爭論前後所作,中頗有指摘千里之語,如前所引〈論孟子音義書〉,即是一例。反之,在《思適齋集》及現所考見的千里有關文字中,並未見黃、顧二人就段、顧之爭而來往的文字,此殆非偶然。其二,上所引黃丕烈致段玉裁書中稱千里為「腦滿腸肥,初學把筆」,表示「同輩實所竊議」,最為明白。此外,在段、顧爭執中,後來陳仲魚欲居中調停。若以與段、顧之交情言,黃丕烈本當在陳仲魚之上,若其不偏於一方,自不會失去居中調解之位置,此亦可以為旁證。黃氏的這種立場,顧千里當然不會不覺察。此乃是黃、顧二人交惡的原因所在。

這樣,從顧千里的立場看來,與段氏之爭,本非出於己所本願,自己與黃丕烈交情一向不錯。且直至近時,黃丕烈在面上對自己亦以「知己」視之,而現在爭執中,祖於段氏,故認為黃氏背友,有負於己。認為黃氏對自己面上一套,俱為偽情。所以在以後的題跋等文字中,多加指責。

嘉慶二十五年，在跋《輿地廣記》時，稱黃丕烈為「偽」，便是一例。

而從黃丕烈立場來看，黃氏為人孝謹，《吳縣志》列入〈孝義傳〉。故段、顧之爭起，在蘇州的李銳、夏方米等人俱非顧氏，而黃丕烈視千里為唐突前輩，也是情理之中，合乎其本人性格之事。

所以，自嘉慶十三年以後，二人交往驟減。此後，又由於其他一些事情，使二人矛盾進一步加深，最終絕無交往。比如，千里借書未還（見嘉慶十八年），刊布《隸釋刊誤》（見《書跋》卷二《隸韻》，《隸釋》等書跋語），刊行《輿地廣記》（見嘉慶二十五年），《衢州本郡齋讀書志》（見《書跋》卷三）等齟齬，俱是其例。可見，二人交絕，有一個過程，其發軔，當在嘉慶十二、三年間。至於將其原因完全歸於千里之輕詆唐突，似也未必為公正之論。

[二十] 參見嘉慶庚申（五年）注釋[二十二]。

關於一樹園，孫淵如《冶城縶養集》卷上載〈郭文學麐以神廬圖屬題〉詩，小字注云：「予買虎邱一樹園，建吳將孫子祠。」則此為孫氏園也。

[二十一] 此跋見《書跋》卷二，然未注明所作時日。考跋中有曰：「袁壽階取去」句，可知千里跋此書，必在嘉慶十四年秋，袁氏亡故以前。其跋又云嘗讀《史通補注》，則必跋於校閱《史通》之後。千里校《史通》在嘉慶九年，故其必在此數年間。

又，范祥雍先生《洛陽伽藍記校注》錄千里跋，有「嘉慶十三年正月思適居士顧廣圻記」字樣。然跋語與《書跋》所載者稍有出入，未知是非一本。然千里於是年嘗閱此書，則可謂有證矣。

嘉慶十四年（1809年）己巳，四十四歲。

二月既望，為胡克家重刻宋淳熙本《文選》，代胡氏作〈重刻宋淳熙本文選序〉。[一]

二月下旬，又代胡氏撰〈文選考異序〉。此《考異》十卷，乃千里與彭甘亭共同討論，主要成於千里之手。乃假胡氏之名，附胡刻《文選》以行。[二]

校《文選》將畢之祭，彭甘亭作〈校刊淳熙本文選將畢，戲占二絕句示顧澗薲〉詩。[三]

三月十八日，校汪師韓所作《文選理學權輿》。也是校刊《文選》時參考之書也。[四]

五月，千里又校明刻本《國語韋昭注》。[五]

七月，王小梧以其親戚所得陸紹曾[六]舊藏《詳注片玉集》示千里，千里定為宋本。王小梧以此而示黃丕烈。[七]

秋，袁廷檮病故。[八]

千里作〈題袁君壽階味書圖小像〉。[九]

又作〈題袁綬階竹柏樓居圖〉詩。[十]

十月，為孫淵如校九卷本《古文苑》於吳下玉清道院。[十一]

千里作〈重刊宋九卷本古文苑序〉。[十二]

是年，以景宋鈔本《古文苑》影寫付刊。訖，校樣一過。[十三]則九卷本《古文苑》當刊行於是年。

段玉裁作〈與陳仲魚書〉，對顧千里所撰《文選考異》提出指摘。[十四]

千里則作〈與陳仲魚孝廉書〉，對段玉裁的指摘不作答復，表示不欲與段玉裁糾纏爭論下去。殆是時，二人交惡，陳仲魚欲作解人，故將段玉裁之意轉告千里，而千里亦復信於仲魚。[十五]

是年，孫淵如得宋小字本《說文解字》，屬顧千里手摹篆文，辨白然否，校勘付梓。[十六]

千里以為宋本《說文》，「祇當影刊，不可改字」，遂依許書之〈序〉，撰《考異》五卷。然其議與嚴可均等不諧，輟而弗為。手稿藏於家中。[十七]

是年，段玉裁又作〈詩·執熱解〉、〈說文饗字解〉、〈鄉飲酒禮與養老之禮名實同異考〉等文，「皆為千里發也。」[十八]

千里是年在故里，王小梧從其遊。間過訪戈小蓮，痛談竟日夜。千里嘗語小蓮曰：「小梧年尚少，詩文裒然成集，不自慊，日讀書以自益。」甚加贊許。[十九]

注釋：

[一] 見胡刻本《文選》原書。

[二] 千里代胡氏所撰〈序〉，見胡刻本《文選》原書。關於十卷《文選考異》出自千里之手，詳見筆者〈胡刻文選考異作者論證〉一文。汪宗衍《顧千里年譜》以為「假名甘亭作」。此「甘亭」似「果泉」之誤。

[三] 《小謨觴館詩續集》卷一，己巳年下，載有彭氏所作〈校刊淳熙本文選將畢，戲占二絕句示顧澗賓〉詩。注明「時寓吳門玉清道院」。其詩云：「落葉風前掃百回，江都絕學此重開。白雲洗出廬山面，祇問何人展齒來。」又云：「爛熟空誇選理精，淒風蕭寺剔寒檠。防他太學諸生笑，相對依然喫菜羹。」當時校書之狀，略可見之。

[四] 顧千里手校《文選理學權輿》，其底本為讀畫齋刊本。其卷二，有墨筆書「廣圻案」一條。下注「己巳三月十八日燈下得此」。係為胡氏校刊《文選》、撰《考異》時參考者也。

〔五〕筆者嘗見顧千里手校明嘉靖刻本《國語韋昭注》，其卷十「《晉語》四」，「姬、酉、祁、己、滕、葳、任、苟、僖、姞、儇、依是也」條下，千里有批識，注明為「己巳五月」，則是時千里嘗校此書。

〔六〕陸紹曾，字貫夫，號白齋。錢泳《履園叢話》卷六稱其：「工篆隸書，精於賞鑒。余幼時喜八分，嘗師事之。先生平生所見碑帖字畫皆為抄錄成編，凡二十四函。曰《續鐵網珊瑚》，曰《吉光片羽》。又有《不惑編》、《名扇錄》、《遊杭書畫錄》、《刻碑姓名錄》及《捧雲籠煙記》之類，皆作小楷書，其精勤於翰墨如此。畢秋帆尚書以千金購得之。」

〔七〕《蕘圃藏書題跋》卷十「《詳注周美成詞片玉集》十卷」條下曰：「己巳秋，七月，余友王小梧以此《詳注周美成詞片玉集》三冊示余。謂是伊戚顧姓物。顧住吳趨坊周五郎巷，而與白齋陸紹曾為鄰。此乃白齋故物，顧偶得之，託小梧指名售余者。小梧初不識為何代刻本，質諸顧千里，始定為宋刻。且云精妙絕倫。小梧始持示余。」時，千里與丕烈俱在吳中，一書而由小梧於中轉達，全不似嘉慶十二年前得一書，互相傳閱、題跋之狀。則此時二人之不諧，亦已明矣。

〔八〕貝墉《重刻履齋示兒編序》云：「墉因外舅袁綬階先生獲識長塘鮑丈淥飲於楓江草堂。辱其不棄，出行篋所携《履齋示兒編》兩巨冊，丹黃燦然，為元和顧君澗薲用姚舜咨家鈔本校正，而浙中先輩盧學士弨弓及諸君評註也。」「久欲刊於《知不足齋叢書》，而附載詳評，今定入廿五集，子以為何如？」「爰欣然捐資成之。踰年，鮑丈以刊成見告，而命為之序。積顧竟償，良快事矣。惟先舅於去秋驟病溘化，手聚數萬卷，一旦烏有。」時在「嘉慶庚午四月下旬」，則「去秋」，當在己巳。

〔九〕袁廷檮《紅蕙山房吟稿》載有顧千里〈題袁君壽階味書圖小像〉云：「自經死矣山樞痛，掃地曾無長物餘。不及生前圖像好，手中猶抱一編書。」此詩乃題於〈壽階袁君遺像並手書尺牘〉冊後者。冊後尚有孫星衍等多人題詞。觀其詞義，當在袁氏亡故後不久所作。

〔十〕《思適齋集補遺》收有〈題袁綬階竹柏樓居圖〉詩，詩未注明所作時間。品其詩中意味，似當在袁氏亡故後所作，姑繫於是。

〔十一〕見《書跋》卷四「《古文苑》九卷景宋鈔本」條。

〔十二〕此〈序〉載《集》卷十。其時間，又見原書。

〔十三〕見《書跋》卷四「《古文苑》九卷景宋鈔本」條。

〔十四〕此信見載《經韻樓集》卷十二，未注明寫作時間。考《經韻樓集》各篇大致按時間順序為次。此信次於〈答紹武書〉之後，〈吳都賦「蕉葛竹越」解〉之前。〈答紹武書〉中云：「愚為年高，誠七十有四矣。」段氏生於一七三五年，「七十有四」，當為一八〇八年，即嘉慶十三年。而〈吳都賦「蕉葛竹越」解〉則注明作於「庚午中秋日」。據此，可知〈與陳仲魯書〉必作於嘉慶十三年至十五年間。

又，此信中，多指責顧千里為胡果泉所作《文選考異》之誤，故其必作於《文選考異》刊布之後。《考異》刊布於嘉慶十四年二月，則書當在嘉慶十四、十五年所作。

[十五] 千里之書，見《思適齋集補遺》。此乃是對段玉裁的答復，表示不願再與段氏爭論。殆陳氏欲作段、顧解人，傳遞二人間信息，而千里有是作。此書未標時間，現據其內容，次於段氏書之後。

[十六]《平津館叢書》本《說文解字》，前有孫星衍〈重刊宋本說文序〉，云：「今刊宋本，依其舊式。即有譌字，不敢妄改，庶存闕疑之意。」「又屬顧文學廣圻手摹篆文，辨白然否，校勘付梓。」時「嘉慶十四年，太歲己巳」。趙氏《顧千里年譜》將此次於嘉慶十六年。或是書刊行於嘉慶十六年。今據孫氏〈序〉，次於是。

[十七] 嘗見千里《說文兩種》抄本，前有潘錫爵所作之〈跋〉，引敘千里之孫顧河之語曰：「觀察（按，指孫星衍）刊此書時，同校者尚有烏程嚴鐵橋孝廉。孝廉擬將宋本酌改付刊，曾著《校議》一書。觀察頗采其說。先祖則學尚持慎，謂宋槧衹當影刊，不可改字。宜別著《考異》附後。觀察從之。先祖遂依許書之序，著有《考異》五卷。嗣與孝廉議不合，遂輟而弗為。手稿藏家塾。」此鈔本即潘錫爵從黃省齋處，據手稿鈔錄者。考千里撰《考異》之時，當在校勘是書之前後，暫次於是。

[十八] 見劉盼遂《段玉裁先生年譜》是年條下所載。此數文，仍是在議論諸禮制度。

[十九]《半樹齋文》卷十一載〈贈王小梧序〉云：「吾之識小梧也，後余兒孟博二年。而予知小梧獨深。方吾未晤小梧時，兒常為予言，小梧之才學甚淹博，人甚古樸。因曰，試以其文來。讀之，不類今人之時文。」「久之，而予友顧子澗蘋同小梧過訪，痛談竟日夜。自謂已知其學力所至，訂交而去。後澗蘋謂予曰，『子知小梧猶淺也。小梧年尚少，詩文裒然成集，不自慊，日讀書以自益。性尤喜史。自《春秋》、《國語》、《戰國策》、《史記》、《前》、《後漢》外，繁至二十史，皆習熟。而尤喜讀司馬溫公《通鑑》。此書昔人讀未終卷即思睡者，小梧讀五、六過尚不置。子試叩之，驗予言不妄。』他日，小梧每來，予必與商榷史學。論及《通鑑》，則上下二千餘年事，靡不貫串」。「予大服，始嘆予兒之未能知小梧，而澗蘋先知小梧之深也。」

此〈序〉中諸事，俱未注明時日，然據其所敘，略可考得。文中云：「兒常為予言」之語，決非孩童時所能言。要之，當在弱冠前後之事。而戈小蓮之子戈載，據吳嘉淦《儀宋堂文二集》卷七〈傳〉云，其咸豐初年尚在，而「卒年七十有一」。以此推之，其生當在乾隆五十年左右，其弱冠則在嘉慶十年前後。文中又云「予之識小梧也，後於余兒孟博二年」，則戈小蓮識王小梧，當在嘉慶十二、三年。千里與小梧訪戈氏，必在此之後，且千里當在里中。千里自嘉慶丁卯歸里，直至辛未方又出遊，時間正合。再則，此〈序〉中還云，王小梧「酒酣耳熱，高談驚座」，「矯然之中，時露其銳氣。以此與澗蘋意尤合，而時人之忌疾之亦同於澗蘋」，可見，此〈序〉當作於嘉慶十二、三年，千里與段氏爭執，鄉里眾人對其有非議之後。故可定戈氏〈序〉中所云之事，皆在嘉慶十四、五年間。繫之於此。

嘉慶十五年（1810年）庚午，四十五歲。

正月，千里再校景宋鈔本《古文苑》。[一]

二月，續校此書。[二]

夏，謁吳山尊於紫陽書院，因勸其校刻《宋元檢驗三錄》。[三]

夏仲，跋〈石鼓文〉拓片。[四]

六月，為鮑廷博作〈知不足齋叢書序〉。[五]

七月，以宋本《說文解字》復校孫淵如校本。孫氏所校底本乃汲古閣刻本。[六]
是時，千里正致力於治《說文解字》。

十月，張古餘之子子絜、子實[七]至吳中，千里送其回南昌，作詩一首以贈之。
[八]十一月，作〈宋元檢驗三錄後序〉。[九]

是月，千里校《墨子·經說上》。[十]

冬，孫星衍歸里祭掃，直至吳門，邀千里為其校訂古籍。[十一]

是歲，千里在里中，《韓非子識誤》大致已成，王小梧為千里寫之。[十二]

又跋校本《五代史補》，《五代史闕文》。[十三]

為秦恩復校刊《隸韻考證》。[十四]畢時，千里寄札於吳春生[十五]氏。[十六]

歲末，鮑淥飲將《履齋示兒編》的刷印稿樣寄千里，屬其復校。[十七]

除夕，鈕匪石訪千里，寓於思適齋，有詩紀之。[十八]

注釋：

[一] 千里校陸貽典家鈔本《古文苑》卷一〈石鼓文〉有批識曰：「庚午正月。」卷二末批識，曰：「庚午正月再校。」

[二] 同上書，卷一〈士不遇賦〉，千里批識標明為「庚午二月再讀」，〈塚賦〉標明：「庚午二月。」卷三末注明「庚午二月再校此卷，注其所自出於題下。」卷九〈北海王誄〉批識「庚午二月」。可知千里是時校閱此書。

[三] 《集》卷八〈重刻宋元檢驗三錄後序〉云：「今年夏，謁山尊學士於紫陽書院，語以索觀，曰，是不可使無傳。遂付刻焉。」〈序〉作於「庚午十一月」，「今年夏」，當次於是。

[四] 王欣夫先生校《思適齋集》卷十六〈跋石鼓文〉後，朱筆標識：「庚午夏仲。」或當時校《古文苑》而參核者也。

[五] 見《集》卷十二。

[六] 汪宗衍《顧千里年譜》云：嘉慶十五年七月，顧千里以宋本《說文解字》復校孫淵如校汲古閣本。又《知不足齋》本《古刻叢鈔》千里跋曰：「頃因專力治《說文》，未遑卒事。」此跋作於嘉慶十六年秋。

　〔七〕子絜、子實，神田喜一郎撰《顧千里年譜》以為係千里之子。趙氏《顧千里年譜》辨之甚詳，且略及二人生平，現錄之於下：

　「子絜、子實，張古餘之子。子實，某科舉人。先生集中有〈答張子絜問讀毛詩注疏書〉。蓋是時古餘調任南昌府知府，故有『送其回南昌』一語。日本人所撰先生年譜，以子絜、子實為先生之子，大誤。又考古餘所校《通鑑刊本識誤》，其門人三山陳雪峯宗彝募資付梓，其跋云，忝隨子絜、子實兩公子問經學禮堂云云，更為確證。陽湖周伯恬儀暐夫〈椒山館詩集・嘉慶九年甲子，即席賦贈張公子絜薦菜、子實葆采詩〉，第一首云，『代郡多奇士，論交有大張。古風承朴學，清氣擢春陽。放棹尋邗水，探幽上蜀岡。歸來酌醇酹，醉我億千觴。』第二首云，『仲子才逾妙，清名滿曲江。終童年十五，賈誼策無雙。玉貌雲成采，高吟月到窗。談深惜良夜，為我剔殘釭。』則子絜名薦菜，惟『潔』字加『水』旁，或傳寫不同。子實名葆采，二公子之名考得矣。江寧鄧孝先邦述《寒瘦山房鬻存善本書目》有『《鼓吹續音》二十卷，十二冊。張中安編，稿本』。其兄悫作〈序〉。正闇居士云，仲安為古餘先生之孫。古餘罷官，僑寓金陵，仲安兄弟遂占籍焉。其兄悫，字伯純，以江寧諸生為南昌典史。鐘鼎篆隸各體書俱擅長。仲安以字行。原題曰『陽城張功麟』，則用其本貫及原名也。古餘之孫又考得矣。但未知是長子之子，抑次子之子也。」

　此外，《龔自珍全集》第四輯中，有〈書張子絜大令薦菜所藏玲瓏山館本華山碑跋後〉曰：「此本由玲瓏山館馬氏，洞庭鈕匪石介紹，歸我同年陽城張子絜大令。此子絜戊子歲在京師胭脂胡同寓齋手跋也。」

　〔八〕詩見《集》卷三。注明為「庚午十月」作。中有「索居門徑深蓬蒿，四壁臥聽風蕭騷」句亦可見千里鄉居時之狀況。

　〔九〕見《集》卷八。

　〔十〕嘗見孫詒讓舊藏過錄顧千里校《道藏》本《墨子》，其卷十《經說上》第四十二，錄有顧千里朱筆批語，注明：「庚午十一月」，則此時千里嘗校是書。

　〔十一〕張紹南《孫淵如年譜》：是年十一月，孫淵如偕弟星衡歸里祭掃，邀顧君廣圻至寓校訂古籍。

　然趙氏《顧千里年譜》將「孫淵如告病南歸」，邀千里「至寓校訂古籍」次於嘉慶十六年臘月。

　考顧千里〈廣復古篇序〉言，「辛未冬洎甲戌」，在孫淵如冶城山館。則顧千里赴金陵，當在嘉慶辛未冬（十六年冬）。或孫淵如邀千里於是年，而千里赴金陵則在明年也。

　〔十二〕見千里〈韓非子識誤序〉。

　〔十三〕見《書跋》卷二「《五代史補》五卷校本」條。

　〔十四〕陳康祺《郎潛紀聞》卷八載，千里嘗為秦敦夫校刊《隸韻考證》。又據《隸韻考證》原書，其刊於是年，故次於是。

　　[十五] 吳春生，名嘉泰。光緒間刊《蘇州府志》卷八十九有傳曰：「字東屏，諸生。與同郡顧蒓、李福、陶賡等相友善，詩札往來，殆無虛日。尤精鉛黃。少從錢宮詹大昕遊。」又，《儀宋堂文二集》卷七〈斗室記〉云：「予少居通和里老屋，時伯兄春生明經喜讀書，生當吾家盛時，資產饒裕」，「伯兄以其私蓄，歲從書賈購得之，盈箱累簏，燦然具備。」「後仲兄以逋負山積，賣屋以償，兩兄弟遂各徙他所。」「伯兄之書為侄手自散去。」則其生平狀況可略見。

　　[十六] 筆者嘗見千里手札，其一札云：「日前承枉過，未及謝步為歉。所懇《隸韻》，捃鼎力已成之。陶三兄處，弟擬窺清秘，曾代道意否？祈均示知。即此佈請春生仁兄大人台安。附繳《南北朝文鈔》並謝。」札云《隸韻》已成，似為今年所作，暫次於是。

　　[十七] 《書跋》卷三「《履齋示兒編》二十三卷校本」條下有曰：「庚申首夏，為鮑丈淥飲用姚舜咨鈔校橻方凱刻。去歲庚午，甫墨於板。回溯疇昔，閱星終矣。刷印棗樣，屬事覆勘。」此跋乃嘉慶十六年閏三月三日所作。

　　[十八] 《匡石山人詩》中，載有〈庚午除夕，時寓思適齋〉詩。詩云：「冰霜增凜栗，一歲又將休。賴有知交厚，都忘羈旅愁。浮蹤豈有定，守拙更何求。取次梅花放，西山正可遊。」

嘉慶十六年（1811年）辛未，四十六歲。

　　三月，千里於篋中檢得影鈔本《列子考異》一卷，跋之，贈戈小蓮氏。[一]

　　千里根據自己的姚舜咨家鈔本，為鮑廷博復校《履齋示兒編》。撰《辛未年重校補》，後與《示兒編》一併刊行。[二]

　　閏三月三日，跋於《重校補》稿本上。[三]

　　立夏前一日，又跋《重校補》稿本。[四]

　　是月，校《經典釋文》卷二十一《公羊音義》、卷三十《爾雅音義》。[五]

　　閏月至六月間，千里屢次校閱《說文繫傳》，對嚴可均《說文校議》頗持異議。[六]

　　是年，為孫淵如校勘按時代先後重編的《古刻叢鈔》。鮑淥飲過蘇州千里之楓江儆舍，談及亦欲校刻《古刻叢鈔》，於是以家藏本、戈襄藏本及其他諸本互校。孟秋十日，校畢，分別跋於鮑氏本、孫氏本和家藏本上。[七]

　　十月五日，孫星衍作《抱朴子內篇目錄》，又屬顧千里、方維甸[八]各以家藏之本校之。千里所藏，為葉林宗家鈔本及潘藩本。[九]殆此時，千里已由故里赴江寧矣。

　　十月，千里以宋刊《通鑑外紀詳節》校《國語》，並跋於影宋本《國語》後。[十]

　　季冬，於江寧寓齋讀《抱朴子》。[十一]

十二月二十三日，千里讀《抱朴子內篇》畢，跋之。[十二]

歲除，以《道藏》本《抱朴子》校傳鈔《道藏》本。時在江寧皇甫巷之思古人齋。[十三]是年，千里應孫淵如之請赴江寧為之校理古書，一時從淵如遊者，千里得與之交焉。

是歲，千里校閱張氏澤存堂刊印之《玉篇》，並批識於簡端。[十四]

是歲，張聰咸[十五]在京師，有〈與顧千里明經議左氏四事〉書寄千里。[十六]

注釋：

[一] 見《思適齋集補遺》「《列子考異》一卷影鈔本」條。

[二] [三] [四] 千里為鮑氏校理此書，此係第二回。嘉慶庚申，曾為其覆校盧文弨等所校明潘方凱刻本，嘉慶十五年，鮑氏將顧氏所校上版刊布，以清樣寄千里覆閱。說俱見前。千里撰《辛未重校補》，並於閏三月三日及立夏前一日，兩次跋於《重校補》稿本上，寄鮑氏，鮑氏俱刻入《履齋示兒編》中。《書跋》卷三亦收錄。

[五] 趙氏《顧千里年譜》曰，是年閏月千里校《經典釋文》卷二十一、卷三十。

又，筆者嘗見王欣夫先生過錄顧千里校《經典釋文》，其中亦注明「辛未閏月」校是書。

[六] 王獻唐先生作〈說文繫傳三家校語抉錄〉一文中，錄有顧千里手校汪氏刻本《說文繫傳》之狀況。王氏云：「顧氏此本，即依汲古閣影宋鈔本校於汪氏刻本上。書中間稱殘宋本云云，殆又借蕘翁所藏之本比合參校者。」「間注校時歲月，有書『辛未六月』者，有書『辛未閏月』者，有書『癸辛再讀者』。（按：「癸辛」似有誤。）合前朱墨二筆，是顧氏此書，已校閱四次矣。」

又，趙氏《顧千里年譜》曰，孫淵如欲重刻宋小字本《說文解字》，因千里與嚴鐵橋議不協，「久未勒成」。「於是鐵橋頗與先生不平。其〈校議序〉有『或乃挾持成見，請與往復必得當』，乃已指先生也。先生於《校議》中尤不可從者三十四條，欲加辯正，至二十條而病卒。」「此即今所行《說文辨疑》，是先生未成之書也。先生身後，其孫河之曾錄副本流傳於外，崇文書局據以校刻，題曰《說文辨疑》，此四字不完不醒，應題曰「《說文校議辨疑》。」

再則，據筆者所見，千里撰有《說文考異》，《辨疑》僅其中之一部分內容（參見嘉慶十四年注釋[十七]）。千里治《說文》，非一日之事，而《說文考異》等，亦非一日可成之功也。

[七] 鮑氏本後刊入《知不足齋叢書》，孫氏本刊入《平津館叢書》。其跋語分別見各刊本，又見《書跋》卷三《履齋示兒編》諸條下。

[八] 方維旬，字南耜，安徽桐城人。乃總督方觀承之子，乾隆四十六年進士。《清史稿》卷三百五十七有傳。

[九] 孫星衍於「嘉慶十六年十月五日」作〈抱朴子內篇目錄〉云：「今校刊《內篇》二十卷，不連《外篇》，以復葛氏之舊，兼正明人之誤。」可見是時正在校刊此書。

又在〈新校正抱朴子內篇序〉中云：「嘉慶壬申，繼觀察昌司漕江安，駐節石城，與方制府

維甸時相過從。觀察敦素好古，兼通道、釋二典，思搜羅放佚，嘉惠後學。」「適予及方制府、顧茂才校定是書，因先以《內篇》付梓人。今年觀察擢皋關中，印本就正，庶其始終商榷焉。」又云：「顧茂才廣圻有葉林宗家鈔本及明嘉靖時潘藩刊本，大略皆與《藏》本相同，爰合以校訂，釐其錯簡，改其誤字，而此書始可省讀。」

此〈序〉作於「癸酉十月」。可知《抱朴子內篇》校於辛未，付印於壬申，刻成於癸酉，其始末頗清晰。

此外，方維甸〈校刊抱朴子內篇序〉曰：「孫伯淵漕司，篤好古義，兼綜九流，以明刻《抱朴子》及天一閣鈔本錯亂脫誤，手自校讎，復屬余與顧澗薲各以家藏諸本，參證他書，覆校數過。伯淵敘錄篇目，將以刊行。」此可進一步窺見孫淵如參校諸本之狀況。

[十]《書跋》卷二「《國語》二十一卷校宋本」條下，跋語中有千里小字注文曰：「宋槧《通鑑外紀詳節》『魯夫人辭而復之』。與明道本合，明板改『大夫』，失道原之舊矣。辛未十月。」

[十一][十二][十三]見《書跋》卷三「《抱朴子內篇》二十篇《外篇》五十卷傳鈔道藏本」條下。

[十四]嘗見王欣夫先生迻錄顧千里校《玉篇》，其中注明有「辛未」年所校者。且校語中，多以此書與《說文》對勘，殆千里治《說文》參閱者也。

[十五]張聰咸，字阮林，又字小林，號傳巖。安徽桐城人。馬其昶《桐城耆舊傳》卷一百二有其傳曰：「貴西兵備道諱曾敫孫也。少自矜喜為儷辭，年十六，交同里姚按察，更舍去。有睎古之志。姚郎中見其詩，嘆為奇才。」「嘉慶十五年，舉於鄉，得覺羅官學教習，留京師。」「及留京師，益以其暇蒐輯漢、魏、晉、宋二十四家逸史，兼治諸經，鈔錄薈萃，以勞咯血卒，年三十二。著有《左傳杜注辨證》十二卷、《經史質疑錄》二卷、《傳巖詩集》四卷，《漢晉逸史》未成。」

[十六]張聰咸〈經史質疑錄自序〉云：「歲辛未，至京師，入與賢士大夫講習經史，退而尋繹其義，有論難而後得進者，有商榷而不敢附者，偏蔽之識存以就正於通儒。」此序作於嘉慶十七年五月，而書中有〈與顧千里明經議左氏四事〉，可知其作於辛未、壬申間。今次於是。

嘉慶十七年（1812年）壬申，四十七歲。

元旦，借朝天宮藏《道藏》本《抱朴子》校世行本。七日，再校之。殆為孫淵如校刊是書也。[一]

春，胡克家於江寧獲元刻《通鑑》，集資鳩匠，設局翻雕，千里預其役。[二]

五月，端午後十日，千里以小讀書堆所藏轉錄錢黻鈔本校補《重編古刻叢鈔》。校畢，作〈再跋古刻叢鈔〉。乃為孫淵如所作也。[三]

是月，為孫淵如校畢隋李播《天文大象賦》，刊入《續古文苑》卷三。二十八

日，跋鈔本《天文大象賦》。[四]

晦日，復校《天文大象賦》畢，又跋於孫淵如的鈔本上。[五]

七月，為孫淵如校刊《抱朴子內篇》付印。[六]

八月中秋日後，孫淵如招方維甸、胡克家及千里等集飲於隨園，彭甘亭有詩記之。[七]

下旬，胡克家由江寧調皖任按察使。而千里等仍在江寧為其刊刻《通鑑》。[八]

是月，千里跋《說玄五篇》，《太玄經釋文》。[九]

十月，千里以明鈔本《尚書譜》校世行本，並跋於明鈔本上。[十]

是月，千里借平津館藏鈔本《淮南天文訓補注》抄之，並跋。[十一]

千里得〈萬年宮銘〉拓片，孫淵如據以補其所輯《古文苑》中闕文。淵如喜而署其首。[十二]

千里於江寧市上買得〈峿臺銘〉拓片，即用以勘《續古文苑》一過。[十三]

鮑廷博將千里所校《古刻叢鈔》刊入《知不足齋叢書》。顧蒓崖又刻入《讀畫齋叢書》，是年刻竟。千里從兄東京取小讀書堆藏本付校，千里跋之。[十四]

是年，千里為吳山尊校刻的《宋元檢驗三錄》刊行。[十五]

千里為方維甸題詩〈青溪放棹圖〉。[十六]

作題〈小維摩詩稿〉詩。[十七]

除夕前一日，千里跋於影鈔本《唐律疏議》上。原有人誤以此書為《宋律》，千里以為，趙宋一代，祇有《刑統》，無《宋律》，今年獲此鈔本，方知他人傳訛之誤。[十八]

注釋：

[一] 見《書跋》卷三「《抱朴子內篇》二十卷《外篇》五十卷傳鈔道藏本」條。

[二] 胡克家〈重刊元本資治通鑑後序〉曰：「壬申之春，予承乏江寧藩使，適獲元初舊刻」，「於是齮使阿公厚菴暨諸相知，佐資鳩匠，設局於孫伯淵觀察之家祠，延文學顧君廣圻、彭君兆蓀及族弟樞為校勘翻雕之，視元本無異，加精美焉。」

[三] 見《平津館叢書》本《古刻叢鈔》。又，此跋語亦收入《書跋》卷二。

[四] 見《書跋》卷三「《天文大象賦》一卷鈔本」條。

[五] 同上書，「《天文大象賦》一卷孫淵如鈔本」條。

[六] 方維甸〈校刊抱朴子內篇序〉云：「參證他書，覆校數過。」「將以刊行。」其跋作於

「嘉慶十七年七月。」殆是時校勘已畢，將以付刊也。

[七]《小謨觴館詩續集》卷二，有〈孫淵如觀察招同方葆巖尚書維甸、胡果泉方伯、顧千里文學集飲隨園二首〉詩。詩次於壬申年〈中秋夜公讌後，月色愈皎，復飲瞻園〉詩之後。殆是時前後所撰。

又，據《清代職官表》載，胡克家是年八月二十五日由江寧調任安徽按察史。故此詩當作於胡氏調皖之前。

[八] 見上注。又據下譜可知，千里此時並未離江寧，繼續為胡氏校《通鑑》。

[九] 見《書跋》卷三「《說玄五篇》、《太玄經釋文》十卷鈔本」條。

[十] 同上書，卷一「《尚書譜》不分卷明鈔本」條。

[十一] 同上書，卷三「《淮南天文訓補注》二卷鈔本」條。

[十二] 見《集》卷十六〈跋萬年宮銘〉條。

[十三] 王欣夫先生校《思適齋集》卷十六〈跋峿臺銘〉上，有朱筆批云：「嘉慶壬申在江寧市上買得，即勘《續古文苑》一過。」

[十四]《古刻叢鈔》一書，先是孫淵如以重編本請千里校刊，未遑卒事。鮑淥飲過吳中，談及《讀畫齋叢書》已將此書新刻入辛集。並以《知不足齋》本的印樣付千里校之。辛未秋日，千里校畢跋於諸本上。至是時，諸本刻竟，千里之從兄東京又取小讀書堆所藏本付千里校之。千里校畢又跋之。此事之始末，見《集》卷十五所收千里所作諸本跋語。

[十五] 吳山尊刻本《宋元檢驗三錄》刊行於是年，見原書。又見《四庫全書簡明目錄標注》。其所據乃顧千里所藏之鈔本。

關於此書刊布始末，近人孫祖基云：「元和顧廣圻既為孫淵如摹刻元刊《洗冤錄》，後又得《平冤》、《無冤》二錄舊鈔本，以語吳山尊學士。吳為之付刻，與《洗冤錄》合為一編。」「清季沈家本《枕碧樓叢書》本《無冤錄》，係據日本東京上野圖書館所載朝鮮鈔本復刻，書內有王與〈自序〉，謂《平冤錄》係趙逸齋所訂。逸齋不知何許人。又，吳刻《無冤錄》無王〈序〉，僅有臨川羊角山叟〈序〉文。上卷十三條，下卷十七條，均係官吏章程，以與沈刻本相校，缺屍傷辨別四十三條。余嘗見明本《無冤錄》亦與此同。」「吳刻所據之顧藏鈔本，當亦出自明本，故如此。」此見載民國二十五年七月《青鶴雜誌》第四卷第十六期〈宋元檢驗三錄跋〉一文。因敘千里鈔本之來源及狀況，故錄以備考。

[十六] 千里所題詩，載《集》卷三。未注明所撰時間。考《清史稿》卷三百五十七〈方維甸傳〉，方氏嘉慶十四年為閩浙總督。十五年以母老乞終養。至十八年署直隸總督。此後，似未與千里相晤。而千里詩中又有「乞養新辟五尺天」句，故知此詩當作於嘉慶十五年方氏以母老乞終養之後，十八年方氏為直隸總督之前。

又，孫星衍《芳茂山人詩錄》卷六《冶城絜養集》中有〈題方閫督維甸青溪放櫂圖次朱文正師韻〉詩，次於〈辛未歲臘八前一日遊焦山〉等詩之後。千里之詩與孫星衍詩似為同時所作。且

此時千里、維甸同在為孫淵如校刊《抱朴子》，多有交往，益可證此說不誣。

又，據張問陶《船山詩鈔》卷二十〈方葆巖制軍青溪放櫂圖〉詩注曰，此圖乃方氏「廿七歲，使粵時寫照。」可知當時題此圖之人亦多矣。

〔十七〕 此詩載《集》卷二。

《小維摩詩稿》，乃江珠所撰。珠乃江藩之妹。唐仲冕《露蟬吟詞鈔》中載有〈鳳凰臺上憶吹簫——題小維摩詩卷，半客室江珠之遺集〉，小字注曰：「其兄鄭堂。」而此詩集刊於嘉慶十六年。千里之詩，殆其刊行後所作，暫次於是。

〔十八〕 見《書跋》卷二「《律》十二卷《音義》一卷景宋鈔本」條。

嘉慶十八年（1813 年）癸酉，四十七歲。

三月，千里題汪紫珊[一]〈碧梧山館圖〉。[二]是時，千里在江寧，多從文人名士交遊也。

是月，《抱朴子內篇》將刊入《平津館叢書》，千里為孫淵如再校正之。[三]

千里見孫星衍有季滄葦舊藏影鈔本《華陽國志》，遂以影馮氏鈔本為孫氏校之。時在江寧。[四]

四月，校讀《華陽國志》。[五]

五月，續校《華陽國志》。[六]

是時，廖寅[七]為轉運使，欲出資刊《華陽國志》，孫星衍乃將此書讓於廖氏刊行。仍請千里校刊督印。[八]

二十六日，黃丕烈跋舊鈔本《嵇康集》，云此書原有一本，於丁卯歲為西席借去未歸。二人之關係之不諧，可見一斑。且可知丁卯、戊辰後，千里與黃丕烈即不甚交往矣。[九]

七月之望，千里跋於〈李苞通閣道題名〉拓片。[十]

是月，千里又曾以宋本《說文解字》校汲古閣本。[十一]

千里校刊《抱朴子內篇》於金陵，收入《平津館叢書》之中。[十二]

八月下旬，千里書元版《胡三省注資治通鑑》八十卷後。是時仍為胡克家校《通鑑》。[十三]

時，千里跋余懷稿本《玉琴齋詞》。[十四]

九月重九，千里以傳鈔《道藏》本《抱朴子內篇》校孫氏新刊本。殆是書刻成，

千里在校訂校樣也。二十九日，跋傳鈔本。[十五]

是月，續校《華陽國志》。[十六]

十月三日，又校《抱朴子》，得三條，非跋語不能明。但由於已刊，無法補入，乃跋於己之鈔本上。[十七]此可見千里校訂一書，必考訂再三之狀。

是月，為孫淵如校刊《抱朴子內篇》畢。[十八]

時，續校《華陽國志》。[十九]

十五日，黃丕烈得《華陽國志》明刻本，書友以千里所云此較諸明刻本為佳告丕烈，丕烈因跋於明刻本上。其時二人已不直接通音息。[二十]

十一月，續校《華陽國志》，是月校畢。[二十一]是年，千里為廖氏刊《華陽國志》於江寧，底本為季振宜藏本。[二十二]

千里客於冶城山館，遊骨董舖，獲〈天祿辟邪字〉拓本數通，分一與孫淵如，並作〈跋重鐫天祿辟邪字〉。[二十三]

未幾，千里又得嘉靖七年南陽知府楊應奎重鐫〈漢汝南太守宗資墓前石獸記〉一紙。[二十四]

是年，千里在秣陵，與李福、吳嘉泰等人共祭洪稚存亮吉[二十五]，李福有詩記其事。[二十六]

千里作〈得子實書卻寄〉詩。[二十七]

作〈題千墨庵重摹七姬志石刻〉。[二十八]

注釋：

[一] 汪紫珊，名世泰，字履清。紫珊為其號。光緒間刊《重修六合縣志》卷五載其傳云：「河南侯補同知，侯選知府。父修鏞，字在東」，「姚鼐為之傳。」「世泰性好施。」「家居築綠淨園，當代名流如洪稚存、孫淵如、張船山諸公暨世泰婦翁袁簡齋太史，常讌集其家。文酒之盛，稱於一時。著有《碧梧山館詞鈔》。」

[二] 詩見《集》卷二所載。

[三] 見《書跋》卷三「《抱朴子內篇》二十卷《外篇》五十卷傳鈔道藏本」條。

[四] 《集》卷八載千里代廖寅所撰〈校刊華陽國志序〉曰：「前十餘年，由中州葉令擢守京江，唐刺史仲冕告予謂，陽湖孫觀察星衍有季氏振宜家所錄宋嘉泰四年李䕫刻本。」可見孫星衍藏有季氏鈔本。

又，千里是時以馮氏空居閣鈔本為孫淵如校此書，見《書跋》卷二「《華陽國志》十二卷校

鈔本」條。

再，嘗見王欣夫先生過錄顧千里校《華陽國志》，卷八，有千里批識云：「癸酉三月，再讀於江寧寓中。」可見此時千里已在校是書。

[五] 王欣夫先生過錄顧千里校《華陽國志》，其卷五末，千里批識曰：「癸酉四月重讀。」卷九末批識「癸酉四月，再讀於江寧。」

[六] 同上書，卷五，有千里校「秦孝文王」條曰：「〈六國表〉云，『蜀反，司馬錯往誅蜀守煇，定蜀』。〈秦本紀〉昭襄王六年，『蜀侯輝反，司馬錯定蜀』。《索隱》引《華陽國志》，但云『歸胙於王』。又云『王大怒』，不著何王。小司馬亦不言其有異同，疑今本非唐人所見之舊矣。癸酉五月校。」

又，卷四末，有批識曰：「癸酉五月，江寧寓中再讀又記。」卷七末云：「癸酉五月，再讀於江寧寓中。」卷十末，卷十一中，俱有注明「癸酉五月」之校語，可見此時千里正校是書。

[七] 廖寅，字亮工，號復堂。四川鄰水人。方東樹《考槃集文錄》卷十有〈墓誌銘〉，姚文田《邃雅堂集續編》亦有〈墓志銘〉。《清史稿》卷三百六十八有傳。

[八] 鄧邦述《寒瘦山房鬻存善本書目》卷六「顧千里手校《華陽國志》十二卷」條下，有曰：「澗薲校此書，本為淵如刻板之用。後題襟館乃借刊耳。鄰水廖氏為吾之祖母家」，「廖氏以蜀人摹刻是書，故淵如讓之。直取澗薲已校成者，付諸廖氏，故冊尾跋語云云，猶認孫為刻書之人，無一字及廖也。」「甚或刻將成而廖氏出資加一跋語，亦未可定也。」

又，千里代廖寅作〈校刊華陽國志序〉曰：「元和顧茂才廣圻，是正諸書最稱審密，竭半歲之力，為予督工開雕。」

[九] 《蕘圃藏書題識》卷七「《嵇康集》十卷舊鈔本」條下有曰：「是書余用別本手校副本備閱，於丁卯歲，為舊時西賓顧某借去。久假不歸，遂致案頭無副，殊為可惜。頃因啟廚見此，復跋數語，俾知此本外尚有餘校本留於他所也。癸酉五月廿有六日，復翁記。其去得書之日，已閱八歲矣。」此處所云：「舊時西賓顧某」，乃指千里無疑。黃丕烈稱其為「顧某」，與往日視為知交時口氣迥異。且語中多有不滿之意，二人關係之冷漠，可想而知。二人交絕，決非在嘉慶二十五年，又為一證。

[十] 此跋載《集》卷十六，然未標月日。王欣夫先生手校《思適齋集》，於跋後補「七月之望」四字，今據以次之。

[十一] 汪宗衍《顧千里年譜》曰，是時千里又以宋本《說文》校汲古閣本。所據為千里校本。

[十二] 《平津館叢書》本《抱朴子內篇》，書中有墨記曰：「癸酉年七月，校刊於金陵道署。」或於是時，方刻畢此書也。

[十三] 見《書跋》卷二「《資治通鑑》二百九十四卷元刻本」條。中曰：「時方為鄱陽中丞開雕是書也。」可見胡氏雖調皖，但千里等仍在江寧為其校刊。

[十四] 同上書，卷四「《玉琴齋詞》不分卷稿本」條。

[十五][十七]《書跋》卷三「《抱朴子內篇》二十卷《外篇》五十卷傳鈔道藏本」條下，有「重九」所作跋。又有「十月三日」跋，跋中言及「校新刊本」。考《平津館叢書》本《抱朴子內篇》刊於是年，此必千里見新刻本後，以其與己之底本對勘時所跋。

[十六]王欣夫先生過錄顧千里校《華陽國志》卷七「後主西巡至湔山」下，千里批識曰：「湔，縣也。《裴注》可證『山』字衍。」「癸酉九月。」

[十八]孫星衍〈新校正抱朴子內篇序〉作於「癸酉歲十月。」中有「始終商榷」云云，殆此時已竣工。

[十九]王欣夫先生過錄顧千里手校本《華陽國志》卷十「太栽唯，霸白，宜往。」句下，千里有批識曰「『太守』二字，疑當在『白』字下。癸酉十月。」又，此卷他頁中，千里亦有批「癸酉十月校」字樣。再，卷十二「武陵太守楊崇」，千里校「崇」字曰：「當作宗。癸酉十月。」

[二十]《蕘圃藏書題識續錄》卷一「《華陽國志》十二卷明刻本」條下曰：「《華陽國志》，向無宋刻傳世，余所藏為錢馨室藏鈔本」，「癸酉秋，書友自金陵歸，携示此本，謂較諸本為勝。余曰，爾何足以知此，是必有所受之也。因舉澗薲所屬為對。爰取錢本較之，果不大差，遂收而重裝之。」時在「十月十五日。」

[二十一]王欣夫先生過錄顧千里校《華陽國志》卷三，有千里批識：「癸酉十一月」，「癸酉十一月得此。」卷十中亦曰：「癸酉十一月。」卷十二末，批識曰：「十一月朔校。」可知至十一月朔，千里已校閱此書一過。千里自是年三月至今，一直在校訂《華陽國志》，此與〈校刊華陽國志序〉中所云「竭半歲之力」相合。

[二十二]千里為廖氏刊布《華陽國志》，見前所述。然關於千里所據刊的底本為何，後人頗有論之者。

《寒瘦山房鬻存善本書目》卷六「《華陽國志》十二卷」條下，鄧邦述曰：「澗薲借常熟馮氏空居閣本並摹其印記，余藏《王建集》，正馮氏物，其印記亦復相同。」殆以千里所據為馮氏空居閣本。

然顧起潛先生輯《章氏四當齋藏書目》卷上「《華陽國志》十二卷」條下，錄有吳慈培（偶能）經借鄧邦述藏顧千里手校本與題襟館刊本對勘後的跋語，曰：「凡原本暨校語，與此本不同，一一標出，以見李㙞本之面目及澗薲校讎之審，並錄澗薲兩跋。原本無校而此本有者，當是後來增訂，然亦有似出廖氏手者。」「澗薲校此書歷四五過，而書刊成後補校不及追入者又若干條，可見天下至難之事，未有過於校書者也。」章鈺於此後有跋曰：「校錄繙廖本後，復取舊藏葉石君手校明天啟本對讀。葉跋云出馮己蒼本，與顧跋云據空居閣本景鈔者，當出一源。詳加比勘，明本雖多謬誤，然有勝處。出顧校之外，足當一字千金之目。知千里固未見天啟本也。惟廖本校勘既出千里手，何以與顧校舊鈔多不相應？如《士女目錄》所脫九條之類，究據何本？詳讀廖〈序〉，知廖刻實用季滄葦鈔藏嘉泰舊刻作為底本，顧氏復取平時校語列入卷中，因以刊行。偶能所謂原本無校而此有者，當是後來增訂，尚言之未盡也。」

對於章氏此論，葉景葵先生在《卷庵書跋》「《華陽國志》」條中曰：「洵屬讀書得間。」

[二十三] [二十四] 見《集》卷十六〈跋重鐫天祿辟邪字〉。

[二十五] 洪亮吉，字君直，一字稚存，號北江。江蘇陽湖人。清呂培等有《洪北江先生年譜》一卷，《附錄》一卷。趙懷玉《亦有生齋文集》卷十八有傳。《清史稿》卷三百五十六有傳。

[二十六] 李福《花嶼讀書堂詩文詞鈔》卷五有〈秣陵旅館同顧澗蘋（廣圻）、吳春生（嘉泰）、高遠香（錫麒）、朱酉生（綬）、蔣約人（承志）、吳清如（嘉洤）、王景甫（景康）、費淡人（榮）祭洪稚存先生〉詩。詩云：「毘陵舊史是奇男，氣盛才雄萬象涵。天與狂名傳塞北，老餘健骨走江南。（先生以狂語讁塞外，後奉恩旨放還，不許出境。）三秋冷夢人千古，六代騷壇主一函。（祭時，設先生集作主。）客里不嫌蘋藻薄，半空髣髴醉顏酣。」其詩所記為是年事。

[二十七] 此詩載《集》卷三，未署時日。考詩中有云：「猥蒙尊公賞，駕蹇遭良樂」，當指張子實之父張敦仁招千里為其刊《儀禮》、《禮記》事。又詩中曰：「睽違歲再改，款洽俄如昨」，「感此三年間，時出未得酢。」千里與張子實分別在庚午年，越三載，當為是年。

[二十八] 此詩載《集》卷二，未署時日。考「千墨庵」，乃貝墉之齋名。貝墉，光緒間刊《蘇州府志》卷八十三附〈袁廷檮傳〉曰：「婿貝墉，刻其遺著。墉學既勤，亦好藏書，好金石書畫，好結交天下名士，略與廷檮相似。亦嗜古不事生產，貧其家，歿於道光中。」

關於此詩寫作時間，陳文述《頤道堂詩選》卷十一有〈吳門貝簡香上舍墉重刊張吳七姬權厝志書來索詩〉，詩作於嘉慶十八年。疑千里與陳氏所作，相去不遠。殆貝氏重摹七姬石刻，請諸人題詩，千里與焉。

嘉慶十九年（1814 年）甲戌，四十九歲。

正月，又校《華陽國志》。[一]

二月，間校閱《華陽國志》。此書雖已刊，然千里並未即棄之不理。[二]

是月，千里跋〈北平王重修文宣王廟院記〉。[三]

閏二月，千里作〈萬年宮銘跋〉。[四]

千里續校《華陽國志》。直至四月，此書初樣印成，千里又校訂之。[五]

清明節，代廖寅作〈華陽國志後序〉。[六]

五月，又校《華陽國志》。[七]

是月，千里作〈雲間志跋〉，為孫淵如刊行之。[八]

夏日，跋於《韓非子》校本後，中頗有與李銳等人不諧之語。[九]

六月，為孫淵如校鈔本明梅鷟所撰《尚書譜》。十一日讀畢全書。[十]是月，將其寫樣刊行，收入《平津館叢書》之中。[十一]

七月朔，作〈國初十六家文鈔序〉。[十二]

二十一日，千里之師張白華卒。千里與李子仙等人公祭之，李氏撰祭文，敘張白華生平行狀。[十三]

是月，《尚書考異》刊行。[十四]

是時，孫星衍應鹽政阿克當阿之聘，至揚州校刻《全唐文》。[十五]千里前往揚州，乃由孫氏邀之也。[十六]

千里將離白下之際，將所得〈元林禪師碑〉寄家中。[十七]

八月，望後一日，千里跋〈嶽麓寺碑陰〉拓片。[十八]

九月十日，吳鼐六十壽辰，孫星衍以鈔本《晏子春秋》贈之。吳氏屬千里重刻於揚州。後，千里為之刊刻，並作〈後序〉。[十九]或云，此鈔本為鈔明刻本。[二十]

千里集資重刊曹楝亭[二十一]藏版《集韻》。有札寄吳春生。以為可將資金分為十分，每分三十兩銀，書刊成後，以書六部作報。[二十二]

未幾，吳春生復信千里允其請。千里又有一札寄吳氏，希望吳氏能將應允之銀付家中，以俾「節前之需。」[二十三]

十二月，千里作〈集韻序〉。[二十四]

是年，千里入揚州《全唐文》館，多與梅曾亮等人交往唱和。[二十五]

是時，汪喜孫[二十六]刻其先人汪中[二十七]所著《述學》於江都，原由劉端臨主其事，劉氏謝世，即由千里繼劉氏軌轍行之。與汪喜孫多有書札往覆。[二十八]

此數年間，千里殆以為人校刊書籍為業也。

注釋：

[一] 王欣夫先生過錄顧千里校《華陽國志》卷十，有批識曰「甲戌正月再讀。」

[二] 同上書，卷三，千里批識：「甲戌二月。」則千里仍在校是書也。

[三] 見《思適齋集補遺》卷下。

[四] 趙氏《顧千里年譜》，是年錄有千里〈萬年宮銘跋〉曰「此碑陰宋人題名顒帖顛倒，因其本左行書之故也。甲戌閏月。」又云：「觀為附正如後，其開卷倪闇公跋，乃錄《石墨鐫華》一則耳。元和顧廣圻記。」下錄有趙氏案語曰：「案，碑空處有宋王竦題名。左行書之，云，上蔡王竦作邑明年三月之望日遊因題醴泉碑側宋六聖改元熙寧戊申歲也。共五行。」由是觀之，殆趙氏據此〈銘〉拓本原件照錄者，今錄於此。

[五] 王欣夫先生過錄顧千里校《華陽國志》卷六，有千里批識：「甲戌閏月，得此。時已刊

成，不能追入矣。」卷十二「巴郡太守龔楊字闕」條，千里校「巴郡」曰，「當作『犍為』，見〈士女贊〉『韓姜自財後族其冤』注。甲戌三月得此條。」

又，卷一「宕渠郡」「桂陽太守李溫等」條，千里校「李」字云，「依《目錄》訂之，當作『然』。《水經・潛水注》作『李』，疑李�用《水經注》改『然』為『李』也。甲戌四月再讀得此條。」又曰：「《目錄》，桂陽太守然溫，江州人。又有桂陽太守李溫宕渠人。然則別是一人，但皆為桂陽太守耳。同日再記。」「《目錄》有然溫，無李溫，似脫落不完也。丁小雅校《目錄》。『然溫』，以為巴志作『李』。向輕信之，遂致大繆。近時人考訂，真貽誤不淺也。昨刊此書已成，始借到丁校，大幸，大幸。初四日燈下記。」

千里這一階段，一直在校《華陽國志》。反覆推敲，非一過矣。且《華陽國志》初刊成於是年四月，千里又校其初樣。

[六] 此〈序〉，《集》卷八收錄，然未標明時日。題襟館刊本《華陽國志》〈廖序〉後有：「嘉慶十九年，歲在甲戌清明節」之句，今據以次之。

[七] 王欣夫先生過錄顧千里校《華陽國志》卷十，有批識曰：「五月再校。」殆千里時又校此書。

[八] 王欣夫先生校《思適齋集》卷十四〈雲間志跋〉後，王先生標時「甲戌五月」。

又，關於此書，民國三十三年八月號《學海》雜誌上刊有「湖外小山」氏所作〈紹熙雲間志考證〉，一文，云：「是書自宋槧後，無復刊者。乾隆間，錢竹汀從王鶴溪借鈔得之。袁綬階又從竹汀傳其副。綬階既歾，為華亭沈㞕雲所收，屬孫淵如刻之金陵，其校訛補缺，則顧千里也。故今本有淵如〈序〉、千里〈跋〉，並載竹汀舊〈跋〉。」並認為千里校此書「漫不經心。」錄以備考。

[九] 見《書跋》卷三「《韓非子》二十卷校本」條。

[十] 見《書跋》卷一「《尚書譜》不分卷明鈔本」。又，趙氏《顧千里年譜》敘之頗詳，曰：「上冊書面，先生用墨筆題記云：『嘉慶甲戌六月元和顧廣圻校定，時寓江寧。』下冊末葉硃筆題記云：『十一日燈下讀畢，顧廣圻記』。」則此「十一日」即是年六月十一日也。

[十一] 見《書跋》卷一「《尚書譜》不分卷明鈔本」條。又見《平津館叢書》。

[十二] 見《思適齋集補遺》卷下。

[十三] 趙氏《顧千里年譜》曰：是年「七月二十一日，先生之師張白華卒。」

又李福《花嶼讀書堂集》卷二載有李氏所作〈公祭張白華師文〉曰：「維年月日謹奉清酌庶羞之奠致祭於白華先生之靈」「緬維夫子，世德堪銘，孝友著族，弓冶傳經。華簪顯葉，潛學流馨。挺生碩彥，不愧門庭。」「與今人居，作古人友，為謝浮名，期於不朽。」「在眾自寡，處喧逾寂。夫子之神，淵乎莫測。身後蕭然，長物何有。破屋數椽，秫田幾畝。一編遺詩，訂自老友（謂牧庵先生）。急付棗梨，俾傳永久。夫子哲嗣，沒於壯歲，夫子長孫，天性不慧。所望仲孫，頭角英異，家聲弗替。」略可見張氏生平為人及家世。

[十四] 《平津館叢書》本《尚書考異》，注明：「嘉慶甲戌孟秋刊行。」

[十五] 張紹南《孫淵如年譜》曰：嘉慶十九年，「七月，至揚州，鹽政阿公聘校《全唐文》。」

[十六] 《集》卷十三〈西園感舊圖序〉曰「甲戌、丙子際，同孫觀察伯淵先生在揚」，可知千里之赴揚州，殆因孫星衍之招。

[十七] 《集》卷十六，〈跋元林禪師碑〉中曰：「憶予初收此，嘉慶甲戌秋，將離白下，匆匆寄家。」

[十八] 見《思適齋集補遺》卷下。

[十九] 吳鼐〈晏子春秋序〉云：「嘉慶甲戌九月十日，鼐犬馬之辰春秋六十矣。」「妻兄孫淵如先生遣人以宋錦一端，影寫元刻《晏子春秋》八卷為壽。」

又，千里作〈重刻晏子春秋後序〉云：「觀察（孫淵如）亦得從元刻影鈔一部，手自覆勘，嘉慶甲戌九月以贈吳山尊學士。於是學士屬廣圻重刻於揚州。」

二〈序〉俱見吳氏刻本《晏子春秋》原書。

[二十] 千里為吳氏刊刻之本，所據者其云為影鈔元刻。潘景鄭先生則以為當係影鈔明本。《著硯樓書跋》「明本《晏子春秋》」條下曰：「宋本既不復覿，百年前藏家著錄，惟元刻九行十八字之八卷本為最善。孫淵如影寫以贈吳山尊，山尊屬顧澗薲覆校付梓。」「由是九行十八字之為元刊，已成千古不易之定論。拜經藏本，後歸吾家滂喜齋。余取勘吳刻，其誤處悉經澗薲改正，間有未當者，如第四卷『苟得不知所亞』，『亞』，古『惡』字，吳刻竟改作『惡』，誤矣。諸如此類，瑕不掩瑜。固未足以訾議前賢耳。竊謂拜經元刻，字法結構，全無蒙古遺意。細審尚是正、嘉以前雕槧，蓄疑未敢臆定。旋閱雙鑑樓所藏明刻本，行款與此相同，馳書藏園先生，悉其源流與此相合。」「頃吾友黃君永年，閱肆得此明刻本，携示商榷，審與拜經藏本字體行款，一一脗合，其為明刻之上駟，可無疑義。固不必沿襲前人之失，徒以元本取重耳。」

[二十一] 曹棟亭，名寅，正白旗人。《清史稿》卷四百八十五有傳。

[二十二] 趙氏《顧千里年譜》云，曹氏刊本《集韻》，係千里慫恿方葆嚴刻之。

筆者嘗見顧千里致吳春生氏的手札真跡，其一有云：「碌碌久未奉書為歉。伏惟侍萬福」，「茲有懇者，寶元《集韻》，實為海內寶書，行世頗罕。其曹氏刊板尚存，但殘損小半，弟意欲為之補全。擬募資十分，每分各出銀三十兩，為數尚屬無多，想大雅必樂奮此善舉，慨助一分。」「年內成工印行，當以書六部作報也。」方維甸當為認募者之一。

[二十三] 同上千里手札中，又有一致「春生一兄」之書。其云：「前後來函，深感注存。旅次多冗，未即復候。」「補刊《集韻》，承許售書貼補刊工，銘淚之至。匠人處，此間業經料理，其項令付舍下。倘能於早晚便中擲去，俾應節前之需。」「萬勿遠寄，諸多不便也。」時為「廿五日。」

考此札中之意，當是吳氏回覆千里上一封信，允其請，故千里請將所許銀項交付家中。此外，從「應節前之需」及「廿五日」觀之，其寫作時間當在十一月或十二月，將近年底之際。此時，

千里由江寧赴揚州未幾，與札中「旅次多冗，未即復候」云云亦相合。故此札似千里於揚州寄吳中春生氏者。

[二十四] 此〈序〉見《集》卷七。然未標時日。今據千里所補刊之《集韻》原書〈序〉中所標時間次之。

[二十五] 吳常燾《梅郎中年譜》曰：「嘉慶十九年甲戌，「在揚州唐文館，吳山尊（鼐）所延也。與山尊及秦敦夫、顧千里、陳小松等相從於文酒間，考證文字金石及唱和吟咏。」

梅曾亮《柏梘山房駢體文》卷上，有〈題陳小松綠揚城郭是揚州圖〉，文中云：「甲戌之秋，小松與曾亮同客揚州。」又《柏梘山房文集》卷四〈費崋來西園感舊圖敍書後〉曰：「余之交崋來也，自西園始。余館學士（吳鼐）之西園也，自校《全唐文》始。其時名公卿而倦遊者，多雄長其事，分曹立隅，馳騖往來。冠蓋車馬之盛，萃於西園者，管弦鏗鏘，連日不絕。」再則，《柏梘山房詩集》卷九載〈題王夢蘭校書圖〉云：「唐文開館昔揚州，簪筆西園憶舊遊。幾輩名公天祿閣，良宵高會月燈毯。」可見當年《全唐文》館之狀。

[二十六] 汪喜孫，字孟慈。江蘇江都人。有《自訂年譜》一卷。劉文淇《青溪舊屋文集》卷九有其〈墓志銘〉，《清史列傳》卷六十八有傳。

[二十七] 汪中，字容甫，江蘇江都人。其子汪喜孫編有《容甫先生年譜》一卷，《先君年表》一卷。《清史稿》卷四百八十一有傳。

[二十八]《江都汪氏叢書》本《汪氏學行記》卷四，收有千里與汪喜孫關於刊刻汪中所撰《述學》的若干書札。其中略曰：「先棄陸續校寫。其正編大率依劉端翁本，亦有仍元刻及添校處，但無多耳。」又有曰：「委刊《述學》茲已竣工，奉上清樣全部。」云云。俱未標明所撰時間。然據書札中所云，可大致考得。

汪喜孫《孤兒編》卷二有〈先君遺文書後〉一文，中曰：「乾隆五十九年，先君厭世。劉先生端臨校理遺書，於舊刻《述學》外得二十篇。未及梓而先生遽歿。喜孫檢閱彙本，復得數十篇，並先君手寫〈述學目錄〉，有〈釋冕服之用〉、〈江都縣榜駁議〉、〈漢雁足鐙釋文〉、〈江淹墓辨〉、〈馮家妻三李氏不合葬議〉，為《述學》初刻本所未載。尋繹原書，首尾完具，或先君初欲寫存，後更刊定。喜孫不獲奉手受教，不敢以意更正。謹據手寫〈目錄〉所載之文，次為《述學補遺》。凡劉先生所撰暨喜孫續編者，次為《別錄》一卷，附《述學》後。」「自庚午、辛未以後，更歷五年之久，三寫草稿始克成書。」時「嘉慶十九年十一月二十日。」據此，聯繫千里〈札〉中有曰：「茲已竣工」云云，則其往復書信，當在是年。

嘉慶二十年（1815 年）乙亥，五十歲。

是歲，千里在揚州《全唐文》館。[一]

六月朔，於趙晉齋[二]處見宋刊本《金石錄》，並跋於此宋刻殘本上。[三]此宋本原係馮硯祥[四]之物，曾為丁杰[五]所得者。[六]

中秋後五日，為江藩作〈扁舟載酒詞序〉。時江氏亦在揚州。[七]

十二月，校畢鈔本《唐大詔令集》。[八]

是歲，曾為孫淵如董理增訂《孔子集語》。[九]

千里跋《六書說》。[十]

千里為吳山尊刊《晏子春秋》。[十一]

秦恩復校《李元賓文集》取《文苑英華》、《唐文粹》等，增補《續集》一卷。上版時，請千里復校之。[十二]

蔣伯生[十三]氏訪於泰山玉女池，得秦始皇刻殘石兩方，凡四行，十字，千里跋其所得之拓本。[十四]

是年，千里與諸文人多有酬唱之作，〈齊天樂——題汪紫珊太守西園話別圖卷〉殆作於是年。[十五]

注釋：

[一]《書跋》卷二「《金石錄》十卷殘宋刻本」條下，顧千里曰：「題時同在《全唐文》館」，時在嘉慶乙亥六月。又考千里是年行跡，未曾離《全唐文》館也。

[二] 趙晉齋，名魏，字洛生。晉齋其號。浙江錢塘人。清《杭州府志》卷一百四十六有傳云：「仁和人。恩貢生。書法精妙，尤擅篆隸。時譽隆起而魏自謙不自是。考據金石文字，別具特識。其《竹崦庵金石目》，搜采精博，允推大家。」《履園叢話》卷六稱其「屢試不中，家貧無以為食，嘗手抄秘書數千卷，以之換米。」輯有《郎官石柱題名》等書。

[三] 見《書跋》卷二「《金石錄》十卷殘宋刻本」條。

[四] 馮硯祥，名文昌。浙江杭州人。《滂喜齋藏書志》卷一「《宋刻金石錄》十卷一函四冊」條下，錄有江藩識曰：「馮硯祥，祭酒夢禎之子。幾社黨人。開先收藏甚富，得右軍〈快雪時晴〉真跡。因築快雪堂於西湖之孤山，自嘉禾移居武林，遂為杭人焉。」

[五] 丁杰，原名錦鴻，字升衢，號小山。浙江歸安人。《清史稿》四百八十一有傳。

[六] 關於此書的流布，《書跋》卷二「《金石錄》十卷宋刻殘本」條下有所論及。又，《滂喜齋藏書志》卷一「宋刻《金石錄》十卷一函四冊」條下曰，此書「乾隆間歸儀徵江玉屏，趙晉齋魏得自江氏，又自趙氏轉入芸臺相國家，繼入玉雨堂韓氏，同治十年遂歸滂喜齋。」「翁覃溪、江鄭堂、洪筠軒、顧澗蘋、姚子章、汪孟慈、沈匏廬皆有題詞。」

[七] 見《思適齋集補遺》卷下。

[八] 顧千里校鈔本《唐大詔令集》殘本卷九十九的〈目錄〉上，有千里批識曰：「乙亥十二月校」，「丙子正月再校。」則此時千里以是書參校。

[九] 汪宗衍《顧千里年譜》曰：千里是年為孫淵如校訂《孔子集語》。所據為〈孔子集語篇

目跋〉。

〔十〕見《書跋》卷一「《六書說》一卷刻本」條。

〔十一〕吳鼐〈晏子春秋序〉曰：「嘉慶甲戌九月，孫淵如以鈔本《晏子春秋》贈吳氏」，「明年，余與元和顧君千里同有文字之役在揚州，因請顧君督梓之。」「又明年，書成，略敘緣起。」可見是年千里為吳氏督刊此書，而刊成則在明年。

〔十二〕石研齋刊本《李元賓文集》有秦恩復〈序〉曰：「嘉慶歲次乙亥，膺校勘《唐文》之役，分得《李元賓集》。爰取《唐文粹》、《文苑英華》諸書是正文字，於五卷之外，又得六篇及趙昂所闕二篇，合之為卷凡六，共得文四十九篇。」後交千里為之刊布。參見《書跋》卷四「《李元賓集》五卷鈔本」條。

〔十三〕蔣伯生，名因培，伯生其字。江蘇常熟人。其父瞻岵。《山東通志・職官志》中，略敘其出仕狀況。嘉慶初年，因培以陽谷丞攝汶上事。曾為泰安府東平州令、曲阜縣令、萊州高密縣令、兗州滋陽縣令、泰安府泰安縣令等。

蔣氏在揚州時，曾與多人倡和，如劉鳳誥《存悔齋集》卷十八載有〈蔣伯生於吳方伯署中及其公子編銷寒倡和詩用尖義韻，屬賦即請續之〉，時，曾燠《邗上題襟續集》有〈酬蔣伯生〉詩。郭麐《靈芬館雜著》中有〈蘀莊圖記〉，俱係與蔣氏交往之作。其生平交往可略見之。

〔十四〕據北京圖書館金石組《顧廣圻石刻題跋選錄》載千里藏有〈泰山刻石〉拓片，有跋曰：「蔣伯生所得秦篆殘字。」無所跋時間。考此刻石乃蔣氏是年訪得（按：此據泰山下岱廟所存刻石之說明。嚴可均《鐵橋漫稿》卷八〈書秦泰山刻石殘碑後〉則云蔣氏得之於嘉慶廿一年。）殆蔣氏即以拓片贈千里，千里跋之也。

〔十五〕是詞見《集》卷四，未注明寫作時間。考詞中有：「秦淮三月相逢乍」，「孫楚高樓（原注：伯淵觀察）」，「且消飲名園（原注：小倉山房）」所指當是嘉慶十八年三月與汪紫珊相會於江寧，有文酒之會事。又云：「西園應更小駐，二分明月影，勝那回否？」「西園」乃吳鼐所居，在揚州。則可知此詞必作於嘉慶十八年三月後，且地在揚州。

再考詞中舉孫星衍之名，且有「勝那回否」之問，可知孫淵如當時仍在。孫氏卒於嘉慶二十三年。則詞必作於此之前。

此數年間，千里於嘉慶十九年秋至二十一年秋在揚州。而詞中曰：「水驛淮南，山程濟北，幾作江天。翹首鷗傾鷺候。」殆是時江氏欲出行。從「鷗傾鷺候」句，可知此當為春夏間景象。劉禹錫〈三月三日與樂天及河南李尹奉陪裴令公泛洛禊飲〉詩有「水嬉如鷺振」句，張九齡〈城南隅山池春中田袁二公盛稱其美，夏首獲賞會夙言，故有此咏〉詩有「樂處將鷗狎」句可證。由此可考定此詞必作於嘉慶二十、二十一年間。今繫於是。

嘉慶二十一年（1816 年）丙子，五十一歲。

正月，千里再校鈔本《唐大詔令集》。[一]

立春日（正月初八），作〈題吳餘山小梅花菴圖〉詩二首。[二]

二月，續校《唐大詔令集》。[三]

三月，又校《唐大詔令集》。[四]殆以此與所收入《全唐文》中文字對勘也。

四月，胡克家撰〈重刻資治通鑑序〉。由皖遷為江蘇巡撫。《通鑑》之刊布，千里之力大焉。[五]

五月，校《唐大詔令集》。時，與《全唐文》館中劉鳳誥為校書發生爭論。主要是〈謁五陵赦〉中有無錯簡的問題。[六]

千里執於己見，於是月十日，作〈與劉金門宮保書〉。[七]

六月，吳鼒在揚州，由李奕疇處得宋黃三八郎刻本《韓非子》，吳氏乃命人影寫一部，欲刊行之。[八]

六月，千里再讀《儀禮要義》，並跋於景宋鈔本上。[九]

閏六月十六日（立秋後一日），千里作〈四春詞序〉。[十]

七月十三日，千里作〈與吳山尊書〉。[十一]

七月既望，跋《唐文粹》卷五十八。則此時千里又始校閱《唐文粹》矣。[十二]

八月既望，千里為孫淵如從弟邍堂序其所作《廣復古篇》，其時，為淵如分校《全唐文》事畢，擬返回吳門故里。[十三]

是月，為秦恩復刻北宋本《駱賓王集》，撰《考異》一卷，並代秦恩復作〈序〉。[十四]

千里跋北宋本《駱賓王集》。[十五]

八月，千里作〈韓非子識誤序〉[十六]。殆此時，欲為吳山尊刻宋本《韓非子》，以《識誤》三卷附後以行也。

是月，阮元在江西刊《十三經注疏》，殆因段玉裁與千里之爭，《校勘記》難以定，延冗至今。[十七]

為吳山尊督刊《晏子春秋》書成，作〈後序〉。[十八]

秋，江鄭堂持畫蟬柳扇索題，千里即景賦之，調寄〈小重山〉。[十九]

與江鄭堂唱和，作〈唐多令·和江鄭堂韻〉。[二十]

時，嚴元照聞千里在揚州，有札寄之。千里原以為嚴氏已亡故，得嚴氏札，覆之。嚴氏有詩記其事。[二十一]

九月二十九日，千里之母鄭太孺人卒。千里聞訊，奔喪歸里。[二十二]

冬，鮑志祖以其父淥飲遺言，將雍正丙午蔣西圃鈔本《梧溪集》屬千里校勘付梓。千里因借小讀書堆藏景泰刻本細校一過，校畢還之。[二十三]

是歲，千里初閱《抱朴子外篇》一過，中多舛誤，未及審正。[二十四]

千里校《通鑑釋文》。殆為胡克家校《資治通鑑》時互相參核者也。[二十五]

黃丕烈將多年前從千里處索去的《汪本隸釋刊誤》刊行。[二十六]

趙晉齋贈千里〈龍龕道場銘〉、〈帝子碑〉以及〈李使君墓碑〉等拓本，千里多有題跋。[二十七]

千里作〈陳仲魚孝廉索賦經函詩，率成廿二韻〉。[二十八]

是歲，趙曾[二十九]卒，千里有〈輓趙大令北嵐〉詩。[三十]

千里作〈虎邱蒼頡廟詩〉。[三十一]

是年，千里之孫顧瑞清生。後收羅千里手澤，刊布千里遺著，多賴其力。[三十二]

注釋：

[一] 見顧千里手校鈔本《唐大詔令集》卷九十九。參見上年注[八]。

[二] 見《集》卷三。

[三] 顧千里手校鈔本《唐大詔令集》卷七十七〈景陵優勞德音〉中，有千里批識曰：「丙子二月。」知是時，嘗校閱過此書。

[四] 同上書，卷六十一〈郭子儀號尚父制〉中，原有「凡所詢謀，必竭寅亮。敬加從話，則率士歡心」句，千里在「加從」二字下畫一標識，改作「從嘉」，注明「丙子三月。」商務印書館排印本《唐大詔令集》已從千里所校改正。

[五] 《清代職官年表》「巡撫」類載，胡克家嘉慶二十一年四月乙亥「皖撫改」任江蘇巡撫。「乙亥」乃二十六日。

又，胡氏〈重刊元本資治通鑑後序〉標明作於「嘉慶二十一年四月上旬」，云由「文學顧君廣圻、彭君兆蓀及族弟樞為校勘翻雕之。」然據《小謨觴館詩續集》卷二載〈書義山集後〉詩注云：「時果泉方伯擢撫皖江，予近為校刊元本《通鑑》，書來，屬兼箋奏。」又，〈讀義山集有感再題〉詩注云：「時又將之皖，而張蘭渚中丞疊函招致，堅以皖約辭之。」俱為嘉慶癸酉（十八年）所作。可知彭氏未幾即赴皖為胡氏幕僚。故可知《通鑑》校勘之役，實千里出力為多。陳垣先生〈通鑑胡注表微〉中，亦以是書之校勘出千里手。

[六] 千里手校《唐大詔令集》鈔本卷七十〈寶曆元年正月南郊赦〉中，有千里朱筆批識：「丙子五月。」又，卷七十七〈謁五陵赦〉「忠王浚、棣王治、鄂王滉、光王涽等各賜七百疋」句中，

千里在「鄂王」後，補三字，曰：「涓，榮王，丙子五月校補此三字。」今鉛字排印本，亦已據顧校改正。

此外，千里還在此書〈謁五陵赦〉「來月五日於太清宮聖前恭」一葉上標明曰：「此葉在下卷第二葉後。」此「下卷第二葉」，乃指卷七十八〈上聖祖大道玄宗皇帝號並五聖加謚制〉。千里在〈謁五陵赦〉的題目下批：「《本紀》在開元十七年。」於〈上聖祖大道玄宗皇帝號並五聖加謚制〉題目下批：「〈本紀〉，天寶八載閏月丙寅。」此俱可與《集》卷六〈與劉金門宮保書〉中所述：「此文自『更以來月五日於太清宮聖前恭』以上是〈上尊號制〉之文。《唐大詔令》七十八卷第三葉此文止於『恭』字。其第四葉云，『申冊禮，宜令所司即詳定儀注聞奏』而〈上尊號制〉畢矣，本明白無疑也。自『禮寧王憲』以下是〈五陵赦〉之文，《唐大詔令》七十七卷第十葉，此文起於『禮』字，上接第九葉，即〈謁五陵赦〉之上半篇末行之末。」「嘗考舊、新兩《唐書》，謁五陵在開元十七年己巳歲」，「上尊號在天寶八載己丑歲，〈本紀〉亦具有明文。相互對照。可知此顧氏校《唐大詔令集》即為校《全唐文》時所參考，而在〈五陵赦〉是否錯簡，與劉鳳誥等人有爭執。

[七] 此〈書〉見載《集》卷六，未注明寫作年代。王欣夫先生校《思適齋集》在此文末補「五月十日」。

考〈書〉中所云，有「宮保大人閣下，頃奉面諭，廿五卷改回拙校一條」云云，〈書〉中所述之事，俱見上注所云，為「丙子五月」所校。故此「五月十日」當為是年。殆千里校書見有問題，而致函劉氏申訴己見。

[八] 吳鼒〈重刻韓非子序〉曰：嘉慶辛未，李奕疇「方為吾省布政使」，吳鼒「求借是書，先生辭以在里中。又六年，丙子六月，余在揚州，先生督漕淮上，專使送是冊來，迺屬好手影鈔一本，以原本還先生。」則是時其已欲刊行此書矣。

[九] 見《書跋》卷一「《儀禮要義》五十卷景宋鈔本」條。

[十] 見《集》卷十三。王欣夫校本中，把此文題名改作〈四春詞引首〉，又在題下注：「為董竹卿、蔣淡懷、沈雲門、沈菊如、朱環之、沈德之、陳小松、吳伊人、戈寶士諸君作。」又於文末補：「嘉慶丙子歲立秋後一日，元和顧廣圻書於揚州旅次。」

[十一] 此〈書〉載《集》卷六。未標明時日。王欣夫先生校《思適齋集》，於此文末注：「七月十三日。」

考此〈書〉中曰：「頃偶思〈謁五陵赦〉尾不容誤承〈上尊號制〉下者，又有明白無誤之處，不止前與劉宮保書內數端。」可知此〈書〉作於〈與劉金門宮保書〉之後，且二者前後必相去不遠。又，是年八月，千里校《全唐文》事已畢，「七月十三日」，必今年之事無疑。

[十二] 嘗見顧千里校明徐焞刻本《唐文粹》，其卷五十八中有千里批識曰：「嘉慶丙子七月既望。」可知千里此時校閱此書。

[十三] 見《集》卷十一〈廣復古篇序〉。

[十四] 見石研齋刻《唐人三家集》本《駱賓王集》。

[十五]《書跋》卷四「《駱賓王文集》十卷北宋刻本」條下，錄有千里的兩條題跋。一則為「嘉慶丁卯九月」所作，另一則未標明時日，云：「丙子秦敦夫太史開雕於揚州文局覆勘印行，為記帙首，使閱此者知其是祖本也。」可知當在秦氏刊行《駱集》後不久所書。

趙氏《顧千里年譜》將此跋次於是年，今據以次之。

[十六] 此〈序〉載《集》卷九。未注明時間。吳氏所刻原書中，注明「嘉慶廿一年歲在丙子秋八月。」

[十七] 阮元〈重刻宋板注疏總目錄〉中云：「嘉慶二十年，元至江西，武寧盧氏宣旬讀余《校勘記》，而有慕於宋本，南昌給事中黃氏中傑亦苦毛板之朽，因以元所藏十一經至南昌學堂重刻之。且借校蘇州黃丕烈所藏單疏二經重刻之。近鹽巡道胡氏稷亦從吳中購得十一經，其中有可補元藏本中所殘缺者。於是宋本注疏可復行於世。」「二十一年秋，刻板初成，藏其板於南昌學，使士林書坊皆可就而印之。」

關於阮氏何以遲遲至是時方刊行《十三經注疏》，汪紹楹先生於〈阮氏重刻宋本十三經注疏考〉一文中云：「阮氏之重刊宋本《注疏》，始因顧、段之爭，軒然大波，從顧則茂堂實為前輩，祖段則義有未安，是以遲至二十年段氏歿後，始行肇工。」

[十八] 此〈序〉載《集》卷九，然未注明時日。據吳鼎〈序〉云，吳氏刻本《晏子春秋》刻成於是年，則此〈後序〉當在此之前所作，暫次於是。

[十九] 見《集》卷四。

[二十] 此詞見載《集》卷四，未注明所作時間。然同卷中載有〈小重山〉為江鄭堂題扇詞，作於「丙子」夏秋。此〈唐多令〉中有「秋色怯修蛾，新涼惹袖羅」句，可知作於秋季。又曰：「振觸奈儂何，匆匆又暫過」句，疑係江氏離別之際，互相唱和之作。似與〈小重山〉同時在揚州所作，暫次於是。

[二十一] 嚴元照《柯家山館遺詩》卷六載〈久不得元和顧秀才廣圻息耗，近聞其作客揚州，貽書問訊，頃得報章。知其以僕為死久矣，感而有作〉詩。其云：「顧子十年別，鏡中霜鬢新。狂奴窮有態，經術老能神。葉下楓江冷，書回黍穀春。祇嫌長不死，佳傳付因循。」詩後有小字注曰：「來書有『正擬少有心情作佳傳以報良友』之語。」

嚴氏自杭州《十三經》局一別，至今已十餘年。考嚴氏詩集以時間為次編撰，其卷六為丙子、丁丑年間所作。是詩次於丙子年〈臘月十九日〉詩之前，當為丙子年所作。

[二十二] 見《集》卷十八〈先考碣陰記〉。

[二十三] 見《思適齋集補遺》卷下〈重刊梧溪集序〉。

[二十四] 見《書跋》卷三「《抱朴子內篇》二十卷《外篇》五十卷傳鈔道藏本」條下。

[二十五] 王欣夫先生過錄顧千里校《資治通鑑釋文》卷二十六，有千里題識曰：「丙子校」，殆此亦千里為胡克家校刊《通鑑》時參用之本也。

　　［二十六］黃丕烈刊行《汪本隸釋刊誤》在是年，見士禮居刊本原書。

　　此書實為千里所撰，嘉慶二年，被黃丕烈索去，然遲未予刊行。黃氏不刊此書之原因，似與段玉裁、顧千里之爭有關。此書與《十三經注》俱在段氏死後即刊行，恐非偶然。

　　千里對黃丕烈不刊此書，頗有不滿之辭，見《書跋》卷二《隸釋》、《隸韻》諸跋語。恐亦是黃、顧交惡的一個因素。

　　［二十七］千里是年從趙魏處得〈龍龕道場銘〉、〈帝子碑〉。所作之跋語，見《思適齋集補遺》卷下。

　　〈李使君墓碑〉之跋語，見北京圖書館《顧廣圻石刻題跋選錄》，有曰：「嘉慶丙子趙晉翁處得此本，今年始用《萃編》對讀補正，彼脫誤甚多，益信石刻非目驗親釋不可。道光癸未，一雲老人記。」

　　［二十八］此詩載《集》卷二。未注明寫作時間。考詩中有「冉冉吾其老」句。《論語·季氏》「及其老也」，《疏》云：「老，謂五十以上。」千里嘉慶二十年為五十歲，方可稱老。詩似當在其後所作。

　　又，陳仲魚卒於嘉慶二十二年。詩中有「善頌子孫保」句。似當在仲魚晚年所作。據此，詩當作於丙子年前後。

　　［二十九］趙曾，字慶孫，一字慶之。號北嵐。山東萊陽人。民國年間刊《萊陽縣志》卷三，載陳文述〈趙明府曾墓志銘〉曰：「君少穎異，中乾隆乙酉舉人。試禮部不第。嘉慶辛酉，挑發江南候補知縣。歷攝嘉定、青浦、吳江、荊溪、寶山縣事。一攝鎮江通判。」「君嗜詩書，通小學，工隸書。尤酷嗜金石。所得漢人碑板拓本甚富，自署為『百漢碑齋』，紀實也。」「君生於乾隆庚辰正月二十三日，卒於嘉慶丙子七月十一日，年五十有七。」

　　［三十］此詩載《集》卷四，當作於趙氏亡故之後。趙曾卒於丙子七月十一日，則此詩為是年所作。

　　［三十一］此詩載《集》卷三。未注寫作時間。考詩注中有曰「辛未，予校刊《說文》」云云，則此詩必作於嘉慶辛未（十六年）之後。又，此詩為孫淵如所題，故其必寫於嘉慶二十三年孫氏亡故前。考郭麐《靈芬館詩四集》卷九，《蘧庵集》中，有〈題虎邱倉頡祠圖〉詩。詩云：「笙歌金粉劇喧闐，忽有叢祠肇古先。我奉瓣香神聽否，不須識字隻耕田。」係嘉慶丙子所作。疑千里之詩為同時所題，暫次於是。

　　［三十二］張瑛《知退齋稿》卷五〈河之顧君傳〉曰：「吾郡乾嘉間宿儒澗蘋先生有孫曰瑞清，字河之。」「同治癸亥夏五月，感冒疾七日而歿。」「卒年四十八歲。」以是推之，則其生當在是年。

　　趙氏《顧千里年譜》將河之生年次於明年，曰：瑞清「道光十八年戊戌，祁宗師歲試入府學。咸豐二年壬子舉人，會試屢薦不售，名心遂淡。性好聚書。先生零星手澤，珍重藏之，不輕示人。《思適齋集》之刻，君之力也。（注：《思適齋集》十八卷，上海徐渭仁刻入《春暉堂叢書》。）

同治癸亥夏，沒於上海。年四十七歲。著作甚富，惜多未成書。」汪氏《顧千里年譜》，亦將河之生年次於嘉慶二十二年。殆其俱以河之生四十七歲計。今依張氏作「四十八歲」，故次於是。

嘉慶二十二年（1817年）丁丑，五十二歲。

正月，千里跋明刻本《梧溪集》。[一]

十一月二日，將母之靈柩合祔於父墓。[二]

冬，因營葬母，多留宿山中。辨「顧氏墓道」四字，為徐枋[三]所書。[四]

是年，胡克家翻刻元本《資治通鑑》刊成。[五]

李銳卒，千里輓其曰：「人有千算。」殆因李氏精於算學，同時亦含有譏諷之意。[六]

大除日，黃丕烈始得見千里為秦恩復校刊《駱賓王集》，跋之，認為已有所改易。[七]

是年，千里似在里中，忙於喪葬事。

注釋：

[一] 此〈跋〉見《書跋》卷四「《梧溪集》七卷明刻本」條。此跋注明為「嘉慶丁丑」作。趙氏《顧千里年譜》有案語曰：「此書始校於丙子冬，今跋云『竭三旬力』，蓋畢於丁丑正月也。」

[二] 《集》卷十八〈先考碣陰記〉云：太孺人「歿於嘉慶二十一年九月廿九日。以明年十一月二日合祔。」千里父之墓在蘇州一雲山中。

[三] 徐枋，字昭發，號俟齋。別號秦餘人。江蘇長洲人。葉燮撰〈墓志銘〉，載《己畦文集》卷十六。羅振玉撰《徐俟齋先生年譜》。《清史稿》卷五百五有傳。

[四] 《集》卷十五〈跋徐俟齋與楊潛夫札子〉曰，「予家一雲先隴門上刻『顧氏墓道』四大字，渾厚淳古，直逼漢魏。」「旁題款圖印，皆石久苔繡。丁丑冬，營葬先節母時，多留宿山中，親梯升洗出，始知是先生手筆。」

[五] 見胡刻《資治通鑑》原書。

又，趙氏《顧千里年譜》曰，是年，「胡果泉屬先生校刻元刊本《資治通鑑》成。」趙氏注曰：「胡刻《通鑑》，板片於同治己巳歸蘇州官書局，修刻若干板，印行流傳。湖北崇文書局亦用胡刻本翻刻。」

[六] 張穆《閻潛邱年譜》卷四曰：千里「於總卝至交之李尚之，其沒也，又造作文字，重相詆毀。顧吳羡通政述其事而太息曰，不意千里之待亡友也如此。」江標《黃蕘圃先生年譜》，於道光二年文中注：「所謂『造作文字』相詆毀者，聞尚之故後，千里輓以『人有千算』四字。」李銳卒於是年，殆為是年事。

[七]《蕘圃藏書題識再續錄》卷三「《駱賓王文集》十卷影宋鈔本」條下曰：「小讀書堆本潤葊影鈔之以貽秦敦夫太史，於嘉慶丙子開雕。昨歲大除始得寓目。刻板雖精，字句已有移易矣。復翁戊寅元旦。」考是時千里、丕烈俱在吳中，千里校刻之書，丕烈逾年方得寓目，與往昔千里得一善本佳刻。歸即告之丕烈；丕烈得一宋本，亦必與千里共加賞析摩挲之情迥異，可見二人齟齬間隙已深，不復有所交往矣。

嘉慶二十三年（1818 年）戊寅，五十三歲。

正月十二日，孫淵如病故。吳山尊招千里赴揚州為淵如料理遺書殘稿。[一]

首春，秦恩復購得宋治平本《揚子法言》，千里以臨何義門校本對勘之，勸秦氏刊行。二月十日，千里跋於宋本上。[二]則是時，千里已在揚州矣。

二月十五日，秦恩復撰〈李元賓文集序〉，並將此書交千里覆勘。[三]

五月，千里為吳鼒校刻宋乾道本《韓非子》及己所撰《識誤》竣工。[四]

夏，千里與鈕匪石、梅曾亮多有交往。時或與之夏夜聚談，言人生之速「有如朝露晞」。故須「珍重尚我違」。頗可見其當時之心情。[五]

立秋日，千里作〈立秋日白公祠為山尊學士作〉詩。[六]

秋仲，為秦恩復開雕《李元賓文集》，撰〈書新刊李元賓集後〉。[七]

是年，秦敦夫得手寫本《清河書畫舫》，乃席玉照[八]客曹炎[九]所手寫者，命千里題於後。[十]

千里為父母立碑，撰〈先考碣陰記〉署己為「奎文閣典籍」。[十一]

是年作〈題葛蓮青[十二]小照〉詩。[十三]

注釋：

[一]《集》卷十三載〈嚴小秋詞序〉，中云：「戊寅之春，先生（孫淵如）驟歸道山。」又，《孫淵如年譜》曰：「二十三年戊寅，六十三歲，正月十二日卒。」又，《集》卷十三載千里所作〈西園感舊圖序〉云：「泊甲戌、丙子際，同孫觀察伯淵先生在揚」，「戊寅之春，山翁遂見招料理觀察遺書殘稿。」「累數晨夕，明年秋中，事竣而還。」

[二]見《書跋》卷三「《揚子法言》十三卷北宋刻本」條。

[三]見石研齋刻本《李元賓文集》中秦恩復〈序〉。此〈序〉中注明作於是年「二月十五日。」

[四]吳鼒〈重刻韓非子序〉曰：嘉慶丙子，從李奕疇處借得宋刻《韓非子》，影鈔一過。「明年丁丑五月，攜至江寧，孫淵如前輩慫恿付梓，又明年，戊寅五月刻成。」「元和顧君千里實為余校刊。」

〔五〕梅曾亮《柏梘山房詩集》卷三，有〈暑甚與鈕匪石、顧千里夜坐〉詩，曰，「末光積厚地，晚涼不能歸。空庭坐談久，尚未思羅衣。孤燈發光怪，暗室生炎威。羽蟲不知名，觸熱向人飛。側想雨聲壯，狂弩發萬機。八垓伏塵土，四壁跳珠璣。蠅蟲悉逃竄，快如馬脫羈。輕雷不成聲，眼穿雲復稀。何時見高秋，萬瓦霜澄澄。客言死生速，有如朝露晞。寒暑有幾何，珍重尚我違。況欲逃之生，甚於黃金揮。斯言實為達，卻暑良庶幾。回房甘我寢，習習風生幃。」此詩注明為「戊寅」所作。是時千里交往、生活之狀況，略可見之。

〔六〕此詩見載《集》卷三，未注明寫作時間。然考千里與吳焯之交往，自孫淵如死後方較密。故此詩似當作於嘉慶二十三年元月以後。又考詩中有「高飀來天際，乍卻炎歊半」，可見是年夏季炎熱，此與上引梅曾亮詩中所述夏日情況可互參見。又，詩中曰：「物變自浮雲，奚取巧歷算，惟惜良會難，兼軫流光轉。」與梅氏詩中「寒暑有幾何，珍重尚我違」等語可互相印證，見千里是時之思想狀況。再則，此詩為「立秋」所作，考千里行跡，嘉慶二十四年秋，千里已欲歸里，嘉慶二十五年秋其在里中，道光元年，山尊已卒。故可定此詩必作於此時。

〔七〕石研齋刻《唐人三家集》本《李元賓文集》扉頁標明：「嘉慶戊寅秋仲開雕。」千里所撰〈書新刊李元賓集後〉，亦見石研齋刻原書。此書秦氏校於嘉慶乙亥，後顧千里覆校，至是時方開雕，殆由千里母病故而延宕也。

〔八〕席玉照，名鑑，號荣萌山人。江蘇常熟人。趙氏《顧千里年譜》稱其「藏書極富，所刻古今書籍，板心均有『掃葉山房』字。」又《藏書紀事詩》卷四記其事。

〔九〕曹炎，字彬侯，江蘇常熟人。千里稱：「常熟嗜手鈔者，陸敕先、馮定遠為極盛，至彬侯殿之。」（《書跋》卷三「《清河書畫舫》十二卷」條）《藏書紀事詩》卷四亦記其事。

〔十〕見《書跋》卷三「《清河書畫舫》十二卷曹彬侯鈔本」條。

〔十一〕《集》卷十八〈先考碣陰記〉中云：將其母合祔祖塋後，「又明年」立碣，則碑當立於是年，且〈碣陰記〉似亦為此時所撰。在〈碣陰記〉中自署「奎文閣典籍」。

據夏寶晉《冬生草堂文錄》卷四載〈奎文閣典籍顧君墓志銘〉曰：「君以屢應鄉試不利，孫兵備舉為衍聖公典籍，得封其親。以學官弟子為素王家臣，數百年來，惟君為克稱其官。」可知此銜乃孫星衍為之所舉。清乾嘉時，督糧道員多兼兵備銜，孫氏為山東督糧道，故稱兵備。衍聖公乃曲阜孔氏世襲之職，殆千里試不售，於嘉慶十六年至十九年間為孫氏校書，孫氏舉之也。

〔十二〕葛蓮青，名一龍，字震甫，蓮青其號。江蘇吳縣人。善寫生。

〔十三〕此詩見載《集》卷三，未署所撰時日。考詩中有曰：「我亦平山堂下住。」平山堂在揚州，《嘉慶揚州府志》卷三曰：「平山堂在郡城西北五里蜀岡上。」可知此時千里亦在揚州，且居平山堂下。而吳氏西園正在平山堂下，故疑此詩係千里居吳氏西園為其董理典籍時所作，為是年前後事。

嘉慶二十四年（1819 年）己卯，五十四歲。

正月，千里又得《韓非子》刻本之誤訛兩條，因刻本已成，無法補入，因作〈韓非子識誤後序〉。[一]

五月，《平津館叢書》本《抱朴子外篇》刊行於冶城山館。[二]

夏五月，見陳穆堂[三]所得惠松崖家寫本《後漢書補注》，千里跋於惠氏家鈔本上。[四]

千里於江都識得李練江[五]，又由李氏而識得安東程湘舟[六]，遂互相交往。[七]

是歲，千里在揚州，借天寧寺所藏《宏明集》粗校明萬曆刻本一過，跋於書後。[八]

秋，千里整理孫淵如遺稿畢，歸里。時，多有與吳鼐意見相左處，吳鼐仍禮遇之，曰：「顧千翁從不欺人。」[九]

十月，汪閬源[十]以宋劉氏學禮堂刊本《示兒編》見示，千里跋之。[十一]

時，千里用宋刻本刊正自己家藏鈔本《履齋示兒編》。此鈔本即為鮑廷博氏作《重校補》之稿本。[十二]

是年，千里為秦敦夫刊宋治平本《揚子法言》，十二月乙丑朔，千里代秦氏撰〈序〉。[十三]

黃丕烈、李富孫為汪閬源校《衢州本郡齋讀書志》，李富孫撰〈衢州本郡齋讀書志跋〉，以為前顧千里所鈔者，「錯脫處至不可讀」。[十四]

是歲，千里再校經訓堂本《釋名疏證》，並跋之。[十五]

為龔自珍[十六]賦〈浪淘沙・葉小鸞[十七]眉子研詞〉。[十八]

是年，千里嘗通過顧蒓[十九]向王引之索取《讀書雜志》，王氏乃以《淮南子》一種見寄，並詢千里此與宋本之異同狀況。[二十]

千里作〈與鄧溥泉[二十一]書〉。[二十二]

注釋：

[一] 此〈後序〉收入《集》卷九，未注明時日。吳鼐刻《韓非子》原書，〈序〉中注明「己卯孟輒」，今據以次之。

[二]《平津館叢書》本《抱朴子外篇》標明：「己卯五月校刊於冶城山館。」千里亦曾校過此書，見《書跋》卷三「《抱朴子內篇》二十卷《外篇》五十卷傳鈔道藏本」條。

[三] 陳穆堂，名逢衡，穆堂其字。江蘇揚州人。《同治續修揚州府志》卷十三〈陳本禮傳〉

云:「子逢衡,字穆堂。諸生。邃於經學。值家中落,藏書亦多散失。已而奔走衣食,應萬全令施彥士之招,北出居庸關,越飛狐嶺,覽昔年瀋陽戰場處。謂生平壯遊第一。性躭著述,稿本輒自隨。如《竹書紀年集證》、《逸周書補注》、《穆天子傳注》、《山海經錄纂》、《讀騷樓文集》、《詩集》,皆能參考異同,引伸典要。每謂讀書以治經為要。」「卒年七十有八。」

[四] 嘗見惠棟撰《後漢書補注》,乃惠氏紅豆齋鈔本。卷首有一帖籤,乃木齋李盛鐸所書。乃木齋購於揚州市上者。書後有顧千里之跋語,曰:「右惠松崖先生家寫本,今為揚州陳君穆堂得之。己卯夏五借閱一過,中多鈔胥譌字,不敢輒改。予家有浙人新刻,亦未携行篋,相勘顧俟他年卒業云。小門生同縣顧廣圻識。」從千里跋中「未携行篋」云云,可知為旅中所見,與其時在揚州正合。

[五] 李練江,名澄。號夢花。江蘇揚州人。《同治續纂揚州府志》卷十三有其傳曰:「貢生。書法魏晉文,精唐宋人格律。著有《春秋左氏全書》、《人鑑》、《淮齼備要》、《夢花雜志》,詩集,文集若干卷。」

[六] 程湘舟,名得齡。江蘇安東人。嘉慶二十五年刊《人壽金鑑》有鄧立誠撰〈後序〉曰:「湘舟力學嗜古,篤好乙部,以為人之模範莫備於史。」又其〈自序〉云,是年「行年近四十矣。」再,趙氏《顧千里年譜》是年內,稱其為「名家子,多藏書。」

[七] 見顧千里〈人壽金鑑序〉。又,程氏〈自序〉曰:「會己卯春,客遊韓江,因緣接晤元和顧澗薲、江都鄧溥泉兩先生。」

[八] 《靜嘉堂秘籍志》卷十三「顧千里校本《宏明集》十四卷」下,錄有千里跋曰:「嘉慶己卯,借天寧寺藏,粗正明人妄改之處,於北門外寓次。曩者伯淵先生多用此書,惜其已逝,未及知此也。思適居士記。《廣集》覓明刻印本未到,當另校。」

天寧寺,據民國《甘泉縣續志》卷十二曰:「在拱宸門外,相傳為晉太傅謝安別墅」,「為江淮諸寺之冠」。

[九] 見《集》卷十三〈嚴小秋詞序〉及〈西園感舊圖序〉。

[十] 汪閬源,名士鐘,江蘇長洲人。光緒間刊《蘇州府志》卷八十三稱其摹刻宋本《孝經義疏》、《儀禮》單疏、劉氏《詩說》、《郡齋讀書志》諸書,舉世珍若球璧。趙氏《顧千里年譜》是年注曰:「其藏書室曰『藝芸書舍』。閬源父厚齋,名文琛,開益美布號,饒於貲。」

[十一] 見《書跋》卷三「《新刊履齋示兒編》二十三卷宋刻本」條。

[十二] 同上,「《履齋示兒編》二十三卷鈔本」條。

[十三] 此〈序〉見載《集》卷九,然未注明時日。其原刊本〈序〉後有曰:「嘉慶廿有四年,歲在己卯,十有二月己丑朔。」今據以次之。

[十四] 李富孫〈衢州本郡齋讀書志跋〉云:「頃寓吳門,獲與汪閬源觀察交。觀察好古嗜書,儲藏日富,茲以顧君澗薲所鈔衢本屬校,烏馬陶陰,錯脫處至不可讀。兼「書目」、「別集」兩類,奪去一百餘種。錢詹事《養新錄》言瞿君中溶購得鈔自衢本,以惜無好事者刊行之。此書近

存黃蕘圃主事處，復叚得讎勘。其書目類無缺葉，別集類劉中山《刀筆集》以下所闕正同。」「富孫愛參考互證，其所譌脫，皆為諟正沾益之。竝取袁本洎《經籍考》以增補其闕失，始得成為完書。是書世尟足本，顧君以為無從補全，翟君欲據袁本補足，盧抱經學士鈔本亦厪摘《趙志》補於後，而今迺復還晁氏之舊。」時在「嘉慶己卯春二月。」

[十五] 此跋見《書跋》卷一。其未標明所撰時日，考其中有曰：「時距先師徵君之沒幾二十年矣。」據孫星衍《平津館文稿》卷下〈江聲傳〉，聲卒於嘉慶四年。則此跋當作於嘉慶二十四年左右。今次於是。

[十六] 龔自珍，字璱人，號定盦，一名易簡，字伯定。更名鞏祚。浙江仁和人。吳昌綬有《定盦先生年譜》。《清史稿》卷四百八十六有傳。

[十七] 葉小鸞，字瓊章，一字瑤期。江蘇吳縣人。趙氏《顧千里年譜》是年，有注曰：葉小鸞，「葉天寥紹袁第三女，年十二即工詩詞，崇禎五年壬申十月十一日以疾卒，十七歲。」

又，龔自珍有〈天仙子·自賦所藏葉小鸞眉紋詩硯〉詞，曰：「天仙偶厭住瓊樓，乞得人間一度遊，被誰傳下小銀鉤？煙淡淡，月柔柔，伴我薰香伴我修。」

[十八] 此詞收入《集》卷四，注明「己卯」作。

[十九] 顧蒓，字吳羹。江蘇吳縣人。《吳縣志》卷六十六有傳曰：「先世江寧人，前明有諱鵬者徙居吳之碧鳳坊。蒓以嘉慶七年進士選庶吉士，授編修，擢侍讀，督學雲南道。「道光十二年五月，「卒於京邸，年六十有八。」

[二十] 趙氏《顧千里年譜》及劉盼遂《王石渠先生年譜》俱將顧千里通過顧蒓向王引之索《讀書雜志》事次於嘉慶二十五年。然考《書跋》卷三「《淮南子》二十一卷校本」條下有曰：「王懷祖先生以所著《讀書雜志》內《淮南子》一種見贈，於《藏》本，劉績本及此本是非，洞若觀火矣。己卯小除記。」再考嘉慶二十五年初，千里即校《淮南子》，與王氏問千里宋本異同事正可契合。故可知千里向王引之索《讀書雜志》，當在是年末。

又，關於千里索書及王氏請其「詳識宋本與《道藏》本不同之字及平日校訂是書之譌者，以便補刻」事，見王引之《讀書雜志·淮南內篇補序》。

[二十一] 鄧溥泉，名立誠，江蘇揚州人。《同治續纂揚州府志》卷十三載其傳曰：「嘉慶二十四年舉人，倜儻有才思，善屬文，精《文選》理，博覽經史，於兩漢地志尤詳。性高曠，不喜偶俗。五十餘，以貧病終。所著書及詩文皆散失。」

[二十二] 此〈書〉載《集》卷六，未注明寫作時間。考〈書〉中曰：「昨坐間言」「遂承虛懷下詢」，知此〈書〉必在二人相聚談論以後所作。其中又有「鄙意景參《通鑑注》於地理不能無失」語，似當千里為胡氏刊畢《通鑑》後所言。再則，程湘舟〈人壽金鑑自序〉曰：「會己卯春，客遊韓江，因緣接晤元和顧澗蘋、江都鄧溥泉兩先生」，可知顧、鄧二人是年在揚州時頗有交往，故暫將此札次於是。

嘉慶二十五年（1820 年）庚辰，五十五歲。

春，千里閱《淮南子》一過，殆應王引之之請也。[一]

春杪，重讀《抱朴子外篇》於楓江僦舍。刪併重出，改定篇第，又校定文句幾及千條。[二]是時，千里在吳中。

四月望後三日，千里為程湘舟作〈人壽金鑑序〉，時在毗陵舟次。此時，又由吳中赴揚州一帶。[三]

四月，又校《抱朴子外篇》。[四]

時，千里得一據馮己蒼校本鈔錄的《李元賓集》五卷，跋之。[五]

夏，千里得暑病。

因促其侄望山等將小讀書堆舊藏宋本《禮記釋文》尋出，細勘一過。[六]是時，殆因病，又返歸故里矣。

六月望後一日，千里跋於季滄葦原藏宋本《輿地廣記》殘本上，時在蘇州之楓江僦舍。[七]

立秋後一日（二十九日），千里病暑，以小讀書堆所收原季滄葦藏本《輿地廣記》以及汪閬源所得朱竹垞舊藏宋本《輿地廣記》校黃丕烈的士禮居刊本，分別跋於朱氏藏本和士禮居刊本上。千里乃針對黃丕烈《輿地廣記札記》，指其誤謬，語甚激烈，曰：要「顯彼之偽」。[八]

七月二日，千里又跋於士禮居刊本《輿地廣記》書後。[九]

七月望後一日，千里作〈又與吳山尊學士書〉。[十]

是月，千里以宋淳熙四年刊撫州公使庫本《禮記釋文》校通志堂本《經典釋文》中的《禮記音義》部分。分別跋於卷十一首末及十四卷末。[十一]此時千里雖在病中，仍校書不已，真以此為性命矣！

孟秋處暑後五日，千里跋於小讀書堆藏宋撫州本《禮記釋文》上。[十二]

千里改定其所著《禮記考異》中數字，殆因此時此書欲修版再刊，故千里有此舉。[十三]

七月，千里從汪閬源處借得其所藏北宋刻本《淮南子》，覆校自己的校《道藏》本，以為遠勝於《道藏》本。[十四]

八月，續校讀《淮南子》。[十五]

中秋前十日，千里跋於汪閬源所藏宋本《淮南子》後。[十六]

九月，病中再校讀《淮南子》。[十七]

秋，千里覆校《輿地廣記》。[十八]

時，千里嘗與龔自珍、趙魏、鈕匪石等同讌集於虎邱，龔自珍有詩記之。[十九]

十月七日，千里校《淮南子》畢，跋於自己的校本上。九日，又將宋刻本的訛字記於自己的校本後。[二十]

是時，千里將自己所校的《淮南子》有關內容寄王引之，乃是應去年王氏之請。[二十一]

十一月，再校閱士禮居刻本《輿地廣記》。[二十二]

是歲，千里跋《太常因革禮》。[二十三]

千里借新刊本《履齋示兒編》一觀，並跋之。[二十四]

千里校跋錢大昕所著《金石後錄》。[二十五]

是年，千里作〈與琴南[二十六]大兄見寄七言一首，久病未和，今次韻奉呈〉。[二十七]

作〈陳小雲[二十八]蕪城餞別圖〉詩。[二十九]

注釋：

[一] 王欣夫先生過錄顧千里校《淮南子》，書後有千里批識曰：「庚辰春杪，再閱一過。思適居士記。」

[二] 見《書跋》卷三「《抱朴子內篇》二十卷《外篇》五十卷傳鈔道藏本」條。

[三] 〈序〉見載《集》卷十一，未注明時間。此據《人壽金鑑》原書次之。〈序〉中曰：「時在毗陵舟次」，殆是時千里又由吳中赴揚州一帶。《思適齋集補遺》卷上〈又與吳山尊學士書〉中云：「明年冬，葬事甫畢（指其母喪事），復碌碌奔馳。」可知嘉慶二十四年後，千里又多奔波在外也。

[四] 見《書跋》卷三「《抱朴子內篇》二十卷《外篇》五十卷傳鈔道藏本」條。

[五] 同上書，卷四「《李元賓文集》五卷鈔本」條。

[六] 同上書，卷一「《禮記釋文》四卷宋刻本」條。望山，見乾隆三十一年注釋。

[七] 同上，「《輿地廣記》殘本二十卷宋刻本」條。

[八] 同上書卷二「《輿地廣記》三十八卷宋本」條。其中「吾願汪君據此之真，顯彼之偽」乃跋於朱氏舊藏本上。

趙氏《顧千里年譜》曰：「元和江建霞標《黃蕘圃先生年譜》注云，『聊城楊氏海源閣所藏

宋本《輿地廣記》即先生舊藏者也。有顧澗蘋跋，力掊先生新刊《札記》之譌。』」「且云，吾願汪君據此之真，顯彼之偽。」「案，力詆蕘圃之語是跋抱沖所藏季滄葦藏宋本，後或歸於士禮居，故建霞以為蕘圃舊藏。」趙氏這裏敍《輿地廣記》版本流布有誤。千里掊擊黃丕烈「顯彼之偽」語，並非跋於季氏藏宋本上，而是跋於朱竹垞原藏宋本上。《書跋》卷二，兩書分別著錄，可以覆按。朱氏藏宋本原由士禮居所得，後入汪閬源藝芸精舍之中，千里乃從汪氏處見之。此書後又入海源閣，至今尚存。

又，此時，千里以宋本與士禮居刻本對校後，又跋於士禮居刻《輿地廣記》上。其中跋語，《書跋》未收錄。筆者嘗見王欣夫先生過錄千里校士禮居本。其於《札記》卷上有曰：「宋本皆極清楚，無朱校。不知與朱校何仇，必欲如此冤屈之。」「所稱朱校，大率子虛，今見真本，始知其誕罔乃爾。」「有宋本者無朱校也，有朱校者，必宋本模糊闕損處也。凡既稱宋本，又稱朱校者，全謬。」於卷下批曰：「此後有宋本全無，亦無所謂朱校。細按之，蓋必用別本嫁名耳。作偽心勞日拙，其斯之謂歟？」凡此等等，不一一迻錄，殆為以宋本校此書時所跋。這裏所謂的「朱校」，乃指黃丕烈《札記》中所引無名氏以朱筆校於原朱竹垞藏宋本上者。

千里斥黃氏之偽，主要是因為其所見朱竹垞原藏本，與黃丕烈引自此藏本上「朱校」出入甚大。何以致此呢？楊紹和在《楹書隅錄》卷二「宋本《輿地廣記》三十八卷十二冊」條曰，或因「援引混淆」所致。暫存此說備考。

[九] 王欣夫先生過錄顧千里校士禮居本《輿地廣記》，於黃氏《札記》之卷首有批識曰：「此夏方米手筆，故末有荒謬可笑之語。但抑抱沖所藏季滄葦本而揚朱竹垞本，則妄人憑臆定此意見，夏不免隨之作計耳。」又曰：「單看不覺其荒謬，借到底本一覆，其病萬端。甚矣，下筆之難也。初二日燈下又書。」

此「初二日」不知何時，然據千里校閱《輿地廣記》前後時間推之，當係是年七月事也。暫次於此。

[十] 《思適齋集補遺》卷上載〈又與吳山尊學士書〉，注明為「七月望後一日」所作，然未標年代。考此《書》中曰：「前離文局後，荷直指寄以印本一份，其時適值遭先節母大故，明年冬葬事甫畢，復碌碌奔馳，首末四周，總無暇一觀也。」千里之母亡故於嘉慶二十一年秋，至二十五年，正值「四周」。且千里二十二年葬事畢後，二十三年、二十四年之七月，似俱在揚州，與吳氏相從，無須作書。故此「七月」當為是年事。

[十一] 見《書跋》卷一「《經典釋文》三十卷校本」條下。

[十二] 同上書，卷一「《禮記釋文》四卷宋刻本」條。

[十三] 繆荃蓀《藝風堂藏書續記》卷一「重校《禮記釋文》」條下曰，覆刻本《禮記釋文》「後有『嘉慶廿五年庚辰，宋本《釋文》再校修改訖印行』十七字。《考異》復有改動。是《釋文》以後印為佳，而紙墨迥不如前矣。」殆是時，千里又校此書，乃為修版重印故也。

[十四] 見《書跋》卷三「《淮南鴻烈解》二十一卷北宋刻本」條。

[十五] 王欣夫先生過錄顧千里校本《淮南子》卷二有千里批識曰：「庚辰八月讀。」

[十六] 見《書跋》卷三「《淮南子》二十一卷」條下。

[十七] 王欣夫先生過錄顧千里校本《淮南子》卷十一，顧千里有批識曰：「庚辰九月再校得此。」卷十四批識曰：「庚辰九月病中再讀得此。」「庚辰九月。」卷十九亦有批識曰：「庚辰九月再讀得此。」

[十八] 王欣夫先生過錄顧千里校《輿地廣記》卷三，千里有批識曰：「別本覆校，即此刻之底本也。庚辰秋日，千里記。」此所謂「別本」，似即前所指朱竹垞舊藏本。

[十九]《龔自珍全集》第九輯《定盦集外未刻詩》，其庚辰年內有〈趙晉齋魏、顧千里廣圻，鈕匪石樹玉、吳南薌文徵、江鐵君沅同集虎邱秋讌作〉詩。曰：「盡道相逢日苦短，山南山北秋方腴。兒童敢笑詩名賤，元氣終須老輩扶。四海典彝既旁達，兩山金石誰先儲。（趙、鈕各有金石著錄之言。）影形各各照秋水，渣滓全無一世無。」

吳昌綬《定盦先生年譜》於道光元年內注曰：「似於上年秋冬間南旋，闕疑俟考。」殆由未見此詩故也。

[二十] 見《書跋》卷三「《淮南子》二十一卷校本」條。

[二十一] 是年，千里有札致王引之曰：「曼卿先生大人閣下，前蒙賜《淮南雜志》，曾肅寸械佈謝，定邀鑒及。」「宋刊《淮南子》，已歸此地汪氏，承命借到，校勘一過，實在《道藏》之上。摘其異同，各條彙錄，呈備采擇。又承詢及拙說，奔走之餘，荒落已甚，殊愧酬對。輒附數條，不敢虛垂問之雅而已，非有足觀也。若獲節取，如陳氏觀樓，則意外之榮幸矣。」此據趙氏《顧千里年譜》次之。當是回覆千里向王氏索《讀書雜志》，而王氏贈《淮南子》一種時所請也。

[二十二] 王欣夫先生過錄顧千里校《輿地廣記》卷三十五廣南東路，韶州「戰國屬楚」條，千里校曰：「按，卷一，七國，楚地不列韶。據此，似彼有脫，南雄州、英州同此。十一月再閱記。」考千里是年校《輿地廣記》甚勤，此「十一月」似仍為是年事。

[二十三] 見《書跋》卷二「《太常因革體》一百卷鈔本」條。

[二十四]《靜嘉堂秘籍志》卷二十八「《新刊履齋示兒編》二十三卷顧千里校本」條下，有注曰：「此本卷末，有『嘉慶庚辰顧千里借觀』九字。」

[二十五] 顧千里校鈔本《金石後錄》（又名《潛研金石目》），跋曰：「少詹此目隨得隨錄，故傳本多不同。予從袁壽皆（階）索其副，又用別本增改之。擬將有跋者分甲、乙、丙、丁標每題上，而碌碌未果也。千里漫記。」又曰：「袁綬堦鈔此書與今所刊者多異同。刊本意主增添而未嘗細為檢照。」「觀之便知，其斷不容改。此類尚夥，無暇悉數，甚矣，著述定本之不易也。庚辰年記。」

[二十六] 琴南，當係董琴南。曾燠《賞雨茅屋集》卷二十有〈送董琴南太守之仕昭通〉詩。張吉安《大滌山房詩錄》卷八有〈送董琴南太守赴闕補官〉詩。鈕樹玉《匪石山人詩》乙亥年〈端

午日醉後作三君詠〉詩，其中之一即詠董琴南。可證。

關於其生平，《民國昭通縣志稿》卷四有其傳曰：「董國華，字琴涵，江蘇吳縣人。嘉慶戊辰進士，改翰林院編修，道光八年知昭通府事」，「後擢廣東瓊南道。」《清代學者象傳》亦作「琴南」，《昭通縣志》作「琴涵」，誤。又，《吳縣志》卷六十六載其傳曰：「字榮若，嘉慶戊辰進士，選庶吉士，授編修。以御史出知山東萊州府，官至廣東雷瓊兵備道。」又嘗「知昭通府。」「歸田後，購得慕家花園，種花綴石，優游十年，道光庚戌，重游泮宮。卒年七十有八。」另參見乾隆五十四年注釋，知其乃千里紫陽書院時同窗也。

[二十七] 詩載《集》卷二，原未注明時日。考千里此詩題中注明「久病未和」，詩中又有「閉關臥病少左顧」句，與是年千里正大病在身事相符。又，據上引《吳縣志》董氏傳，其歸田後，「優游十年」，於「道光庚戌」卒，則是年其正歸田回里之時。或為是年所作。

[二十八] 陳小雲，名裴之，小雲係其字。浙江杭州人。《杭州府志》卷一百四十六〈陳文述傳〉中曰：「子裴之，字小雲。雲南府通判，倜儻權奇，明於世事。論水利河漕，指畫口陳，聞者動色。詩雄宕悱惻，不名一格。」關於其生平行跡，參見下注。

[二十九] 此詩載《集》卷三，未標時日。然考陳小雲行跡，略可知其所作之時。

陳文述《頤道堂詩選》卷二十三，有〈哭裴之二十一首〉詩，言小雲生平頗詳。其詩之十有曰：「庚年涖邗江，束裝隨我行。」「見汝才幹濟，知汝心忠誠。一再登薦剡，期汝成功名。英晛謂汝賢，更有阮琅環。」可知陳小雲之離家出仕，當在「庚年」前後，且多由阮琅環（阮元）之力。

又，陳小雲卒於道光丙戌十二月十六日，《頤道堂詩選》卷二十三有丁亥新正五日晚，〈梅叔以楚信告，則小雲已於十二月十六日逝矣，哀痛之餘，賦此以記〉詩可證。據〈哭裴之二十一首〉詩中「回首卅三年，長歌聊當哭」句，則是時為三十三歲。因此，「庚年涖邗江」之「庚年」，必當是「庚辰」，時小雲當二十七歲，（若「庚午」，則僅十七歲，似過早。）再，這時小雲當從「邗江」出發。此與千里詩中「重到蕪城思曷任」的地點相符。故千里此詩必當係是年送陳小雲赴任餞別時所題。

道光元年（1821 年）辛巳，五十六歲。

正月，千里在吳中，與龔自珍等作探梅之遊。後定庵有詩記之。[一]

二月既望，王引之將千里所寄其校《淮南子》諸條，附刊入《讀書雜志・淮南子》之後，並作〈敘〉，對千里所校，甚加贊許，曰：「所訂諸條，其心之細，識之精，實為近今所罕有，非熟於古書之體例而能以類推者，不能平允如是。」[二]

時，千里應歙縣洪賓華[三]之請，前往揚州，為其校刻《名臣言行錄》。代洪氏作〈序〉，又自為〈後序〉。[四]

四月三日，與吳嵩等聚集於桃花庵，作〈辛巳四月三日桃花庵送春分韻得三肴，呈吳山尊學士〉詩。[五]

於洪賓華家見原曹棟亭家藏宋刻小字本《廣韻》。長夏無事，讀一過，並校張氏澤存堂刊本，跋於張氏刻本後。[六]

夏，作〈汪月樵[七]集桃花庵觀荷，分韻得五微〉詩。[八]

七月，為戈順卿[九]作〈詞林正韻序〉。[十]

處暑後十日，千里作〈書宋刊廣韻後〉，乃書於原曹氏所藏小字本之後。[十一]時，千里在環翠山房。

後，千里又見元刊本《廣韻》，跋之。[十二]

秋，千里作〈汪月樵小詩龕看菊，分體二十韻得五古〉詩。[十三]

又作〈金近園[十四]餞秋得落字〉詩。[十五]

冬，千里作〈和程湘舟見寄次韻〉。[十六]

又作〈快雪時晴，消寒雅集。分得九青韻，即呈月樵先生正句〉詩。[十七]

是歲，夏寶晉[十八]、郭麐有詩贈千里。千里作〈次韻答夏孝廉詞沖〉，〈次韻答郭頻伽〉詩。[十九]

作〈夏紫仲竹巷舊居圖〉。[二十]

千里又作〈王蓬心[二十一]山水小幀為楊補凡[二十二]作〉詩。[二十三]

作〈侯青甫[二十四]畫竹及秋海棠各題二十八字〉詩。[二十五]

作〈走札索魚鬆於月樵三兄，承即見惠，率成廿八字為謝〉詩。[二十六]

以上諸詩，千里書之於冊，總稱為《邗水雜詩》。[二十七]殆是時，千里雖仍為人校書，然亦多與諸名士交往，互相吟詩題畫，酬答為樂也。

是年，千里撰〈重刻古今說海序〉。[二十八]

作〈虞美人（謝文節[二十九]遺琴今藏浙中吳氏）〉詞。[三十]

注釋：

[一] 吳昌綬《定盦先生年譜》曰，道光元年，「正月，在吳中，與顧澗薲（千里）作探梅之遊。」

又，《龔自珍全集》第十一輯《小奢摩詞選》中，載有〈清平樂·以北平石墨數種拓寄顧澗薲文〉，附以小詞，云：「黃塵扑面，寒了盟鷗願。問我名場誰數見，冷抱韓陵一片。　別來容

易經秋，吳天清夢悠悠，夢到一灣漁火，西山香雪歸舟。（謂辛巳正月探梅之遊。）」此詞殆作於道光二年後，所記為是年事。

〔二〕《讀書雜志》十五《淮南內篇補》載有王引之所作〈敘〉，曰：「歲在庚辰，元和顧澗蘋文學寓書於顧南雅學士，索家大人《讀書雜志》，乃先貽以《淮南雜志》一種，而求其詳識宋本與《道藏》本不同之字及平日校訂是書之譌，為家刻所無者，補刻以遺後學。數月書來，果錄宋本佳處以示，又示以所訂諸條。其心之細，識之精，實為近今所罕有，非熟於古書之體例而能類推者，不能平允如是。」「今年將補刻所校，爰揚搉之。以為讀書者法。」時在「道光元年二月既望。」

趙氏《顧千里年譜》將此次於道光二年。又，王引之此云千里索《讀書雜志》在「庚辰」似亦不確。如上譜所云，嘉慶二十四年末千里已得《讀書雜志》中《淮南子》部分，其寓書顧南雅當在己卯。王引之蓋統而言之，非確論也。

〔三〕洪賓華，名瑩，號鈐菴。安徽歙縣人。民國《歙縣志》卷七有其傳曰：「甲子舉人。己巳恩科第一人及第。授修纂。淹通經史，五經皆有撰述。」《漢學師承記》卷六附洪榜傳下。

〔四〕此二〈序〉見載《集》卷八，俱未注明時日。然據《增訂四庫簡明目錄標注》史部傳記類「《名臣言行錄》」條下曰，洪氏仿宋刻本乃刊於「道光元年」，則千里此二〈序〉似當為此前後所作。

〔五〕此詩載《思適齋集補遺》。

〔六〕嘗見過錄顧千里校《廣韻》，其中所錄千里校語，《書跋》卷一「《廣韻》五卷校本」條下俱收錄。然其「去聲、卷第四」後，有千里批識曰：「道光元年，歲在辛巳，用洪鈐庵殿撰所藏曹楝亭家小字本略校一過。千里記。」此跋似《書跋》失收，今據以知千里是時嘗校此書。

〔七〕汪月樵，名之選。郭麐《靈芬館詩四集》卷十，有丁丑年作〈題汪月樵之選夢萬松堂看月圖〉，此圖所畫為明月，峯壑，蒼髯之叟幽居其間。詩云：「君於此境似有緣，何時獨往窮幽之。」可見其胸襟。又，《吳學士詩集》卷一有〈題汪月樵萬松堂觀月圖次芸臺師韻〉，則略可見其師友之狀況。千里是年多與其倡和交遊。

〔八〕此詩載《集》卷三，未注明時間。原題無「汪月樵集」四字。王欣夫先生校《思適齋集》扉頁，有一帖籤，錄有：〈和程湘舟見寄次韻〉、〈金近園餞秋分得落字〉二詩，並錄有〈答夏慈仲次韻〉、〈再次韻答郭頻迦〉、〈汪月樵觀荷集桃花庵分得五微〉、〈汪月樵小詩龕看菊分體得五古〉、〈謝月樵魚鬆〉（即《集》卷三所載〈走札索魚鬆於月樵三兄承即見惠率成廿八字為謝〉）、〈楊補凡索題所藏王蓬心山水小幀〉、〈侯青甫畫竹並秋海棠為一幅各題二十八字〉等詩目錄，凡與《集》所錄文字有出入者，俱於各詩題目後出校語。此上諸詩，總稱之為《邗水雜詩》。

此帖籤之末，錄有千里題識曰：「道光辛巳歲，元和顧千里作。」「予所為詩牽率應酬而已。承西林先生非徒過譽之，又屬書此冊，愧何如也。千里並記。」

　　據上可知，此數詩俱為千里是年於揚州所作。此詩題曰「觀荷」，可知必作於夏日。又，此詩下，有校《集》卷三所載詩誤字如下：「『霽雨』作『雨過。』」（《集》中所載有「霽雨朝來綠滿磯」句）「『詩塵淡』作『詩塵斷。』」（集中所載有「禪移色去詩塵淡」句。）「『便忘歸』作『已忘歸』」（《集》中所載有「等閒談弄便忘歸」句。）（按：今北京中華書局王欣夫輯本《顧千里集》，業已校改。下列各注中校語同，不另出。）

　　以下所引《邗水雜詩》諸校語，俱出於此，不再一一詳注。

　　〔九〕戈順卿，名載，又字孟博。江蘇吳縣人。為戈襄（小蓮）之子。《吳縣志》卷六十六載其傳曰：「載能世其家學，以填詞名。著《詞林正韻》，填詞家宗之。」《墨林今話》曰：「顏其室曰『校詞讀畫之齋』。」「工隸書」，寫意花卉「得王冕法」。著有《翠微花館詞》。

　　〔十〕此〈序〉載《集》卷十三，然未注明寫作時日。今據原書〈序〉中標明作於「道光辛巳七月」，今據以次之。時千里在「邗江旅次」。

　　〔十一〕見《書跋》卷一「《廣韻》五卷宋刻本。」

　　〔十二〕同上，見「《廣韻》五卷元刊本」條下。此跋未注明時間。考〈跋〉中曰：「曹棟亭所藏宋槧第五卷配元槧者，局刻之祖也。」似當在見過曹氏藏本後方能言之。又，此〈跋〉中「今世之《廣韻》有三」云云，與跋於宋刻本語相類，似相近之時所作，暫次於是。

　　〔十三〕此詩為《邗水雜詩》之一，當為是年所作。此詩題為「看菊」，當為秋季所作。又，王欣夫先生校《思適齋集》前帖籤，此詩下有校語曰：「『遜其清』作『遜其縟』。」（《集》所載詩有「雲錦遜其清」句。）「『齒髮秋』作『齒髮衰』。」（《集》所載詩有「伊予齒髮秋」句。）

　　〔十四〕金近園，名勇，又名力仁，仁甫。近園係其字。湖北英山人。民國九年《英山縣志》卷十一有傳曰：「金力仁，原名勇，字近園。蘭畦尚書季子。鍛厲文字，根柢縈深，中嘉慶庚午順天鄉試。任雲南陸豐縣知縣。」此所謂「蘭畦尚書」者，指金光悌。字汝恭，《英山縣志》有傳，稱之曰：「乾隆戊子舉人，庚子恩科會試進士，由內閣中書洊升至刑部尚書。」

　　又，郭麐《靈芬館雜著》卷二載〈金仁甫字記〉曰：「近園年甚少，志又甚高。」可以參見其人。

　　〔十五〕此詩載《思適齋集補遺》，為《邗水雜詩》之一。因其係「餞秋」所作，故次於是。

　　〔十六〕此詩載《思適齋集補遺》，為《邗水雜詩》之一。考詩中有「寒意侵敝裘」句，可知當為冬天所作，故次於是。

　　〔十七〕此詩《集》卷三收錄，未注明寫作時間。考詩中有曰：「笑我凋年一客星，衝寒猶自愛林坰。」可知為晚年客旅中所作。又其題中云：「呈月樵先生」，或與《邗水雜詩》諸作為同時所作。暫次於是。

　　〔十八〕夏寶晉，名慈仲。江蘇揚州人。《光緒江都縣續志》卷三十有傳，曰：「早以詩見賞於洪桐生太守，命入梅花書院肄業，且為言於鹺使，捐貲入太學。」張應昌《清詩鐸・詩人名氏爵里著作目》曰：「高郵夏寶晉慈仲，嘉慶癸酉舉人。官山西絳州知州。有《仕國絃歌錄》。」

[十九] 此二詩以及夏氏、郭氏贈千里之原詩，《集》卷二俱收錄。此俱為《邗水雜詩》中所錄者，故作於是年無疑。又，考夏寶晉贈千里詩，有「傷往知愈稀（注：時山翁下世。）」句，山翁乃指吳鼏。吳氏卒於是年秋。故可知夏寶晉及郭麐詩當作於秋後。趙氏《顧千里年譜》將千里與夏、郭酬唱事次於嘉慶十年，曰：「郭頻伽在邗上遇先生，並示偕慈仲倡和之作，用和奉贈詩。」似未詳考而致誤。

又，王欣夫先生校《思適齋集》前貼籤校〈答夏慈仲次韻〉詩曰：「『驅逐』作『馳逐』。」（《集》載詩有「落落斷驅逐」句。）「『代釋譏』作『為釋譏』。」（《集》載詩有「殷勤代釋譏」句。）」「『凱佩』作『覿佩』。」（《集》載詩有「凱佩君絃韋」句）。又校〈再次韻答郭頻迦〉曰：「『五餐』作『五饗』。」（《集》所載詩有「五餐每先饋」句。）「『悲患』作『非患』。」（《集》所載詩有「悲患知交希」句。）

[二十] 此詩載《集》卷三。未注所作時間。此詩題中的「夏紫仲」，即夏慈仲，或作「詞仲」。郭麐《靈芬館詩四集》卷八，有〈題慈仲竹巷舊居圖〉，可知其為一人。

考千里是時與郭、夏多有過從唱和，疑此詞亦即是時為夏紫仲所題。暫次於是。

[二十一] 王蓬心，名宸，字子凝。江蘇太倉人。蓬心是其號。《清史稿》卷五百四，附〈王學浩傳〉後。

[二十二] 楊補凡，名昌恕，一名昌緒，補凡其字。江蘇吳縣人。《揚州畫苑錄》卷四稱其：「善山水，兼長仕女花卉。」「嘗入蜀佐福郡王戎幕，至苗疆，飽覽山川奇勝，畫益工。旋遊武陵，客媼環仙館，與諸文士習。自畫鳳凰山下讀書圖，題詠殆遍。又號鳳凰山樵。其畫山水於森秀中見渾厚。」「曩於子仙（李福）孝廉處見其水墨小冊。」「後僑寓揚州小秦淮。性喜揮霍，雖入千金，不敷所出。往來吳郡，未幾歿。」

[二十三] 此詩載《集》卷三。為《邗水雜詩》之一，可知作於是年。

[二十四] 侯青甫，名雲松，字觀白。江蘇上元人。《墨林今話》卷十二稱其為：「嘉慶戊午舉人。寫意花卉，專宗陳白揚。」「青甫故工文，高懷曠識，迴殊凡輩，間一作畫，安得不工。」

梅曾亮《柏梘山房文集》卷六有〈侯青甫舅氏詩序〉，曰：「其舉於鄉，年甚少也。為文持紙筆立就者數千言。工尺牘，得畫名四十年。所至履滿戶外。然僅一應禮部試，得校官遂不復出。」「至供養事畢始赴歙就官。」其生平為人可略見之。

[二十五] 此詩載《集》卷三。為《邗水雜詩》之一。王欣夫先生校《思適齋集》前貼籤校此詩曰：「『妙手』作『妙筆』。」（《集》載詩有「無端妙手掃檀欒」句。）「『淺紅』作『淺痕』。」（《集》載詩有「淺紅深暈太盈盈」句。）「『春風』作『春花』。」（《集》載詩有「秋花自較春風豔」句。）

[二十六] 詩載《集》卷三。為《邗水雜詩》之一。王欣夫先生校《思適齋集》前貼籤校此詩曰：「『病醒』作『病醒』。」（《集》載詩有「白粥徐嘗養病醒」句。）

[二十七] 參見上注[八]。

[二十八]〈序〉載《集》卷十，未注明時日。此〈序〉乃千里為酉山堂主人邵松巖所作。據《叢書綜錄》載，邵氏《古今說海》刊於是年，則千里之〈序〉當在是時所撰。

[二十九]謝疊山，名枋得，字君直，疊山為其號，信州弋陽人，《宋史》卷四百二十五有傳。

[三十]此詞載《集》卷四，未注明所作時間。考朱紫貴《楓江草堂詩集》卷一，有是年所作〈謝文節公號鐘琴歌〉詩。詩有〈序〉曰：「嘉慶初，有人於京師南；西門外荒圃中得古琴一。長三尺許，額鐫『號鐘』，下署『疊山』。背有銘云：『東山之桐，西山之梓，合而為一，垂千萬禩。』凡二十字。字皆分隸，蓋為文節公舊物無疑也。」「琴流轉至錢塘，為新安吳景潮所得，繪圖徵詩，作是篇寄之。」又，李兆洛《養一齋詩集》卷一有〈宋謝疊山先生遺琴武林吳氏得之，繪圖傳示為之作歌〉。殆是時，吳氏得琴，作圖徵詩，千里應其請而作也。

道光二年（1822 年）壬午，五十七歲。

穀雨節後四日（三月初四），千里有札寄龔自珍，勸其於京中搜求碑版。則是時定菴已由吳中赴京也。[一]

次日，千里跋於所校《河朔訪古記》上。[二]

是時，撰〈吳中七家詞序〉。[三]

三月望後一日，千里跋〈祀三公山碑〉拓片。[四]

閏三月朔，千里復往揚州之前一日，為汪閬源撰〈藝芸書舍宋元本書目序〉。[五]殆去冬千里自揚州曾歸里，現又復往揚州，從事校書之業。

是月，往揚州，為洪瑩校刊《說文繫傳》。[六]

是年於揚州洪瑩家，始識得李兆洛，遂與之交。[七]

是月，又始為汪喜孫刻其先人汪中所撰《廣陵通典》。有札與汪喜孫論校書之法曰：「凡校書之法，必將本書透底明白，然後可以下筆，必將本書所引用之書透底明白，然後可以下筆。否則望文生解，或尋覓出處，必致失其本而不自覺。」此可謂千里積數十年之經驗而得之者。此外，千里關於校《廣陵通典》，還有數札與喜孫往復。[八]

是時，千里作〈江容甫哀辭〉，寄書汪喜孫，云此文「上方屈、宋不足，下比崔、蔡有餘。」欲附刻於《廣陵通典》後以行。[九]

時，李兆洛有書寄汪喜孫，言及千里有影宋本《九章算術》，精校本《蔡中郎集》，欲刊而未果。又言及有多種書，欲延千里刊刻之。汪氏欲請李兆洛覆閱千里所校《廣陵通典》。[十]

七月三日，千里撰〈重葺五烈祠記〉，並親筆書之。[十一]

仲秋月下旬，千里撰《廣陵通典校例》，對校刊《廣陵通典》時涉及的問題，一一敘之。[十二]

又為汪氏校勘督印汪中所撰《春秋述義》、《汪氏學行記》等書。[十三]

十一月中旬，千里作〈題金陵瑣事〉。[十四]

是歲，作〈蝶戀花·題宋于庭[十五]揚州詞意圖〉。[十六]

千里於揚州市上，質錢買得《玉照新志》一書，跋之。[十七]

千里跋〈重鐫天祿辟邪字〉拓片。[十八]

作〈記題三壙〉。[十九]

是年，吳門文照堂刊行惠松崖撰《松崖筆記》，此書係經千里校訂。[二十]

千里批校張氏澤氏堂刊本《玉篇》。[二十一]

是年，黃丕烈得見李子仙手臨千里校本《廣韻》，跋曰：「段、李皆作古人，澗薲又交絕。」云云，頗有感慨之情。[二十二]

千里作〈九章算術序〉。[二十三]

千里與屠倬[二十四]同在揚州，頗有交往，嘗作〈錢塘屠孟昭太守同客邗江索贈〉詩。[二十五]

是年秋，王引之為浙中鄉試主考官，於客旅舟中，與千里相見，贈千里所刻《淮南子雜志》，已將千里所補，俱附之於後矣。又贈千里銀若干。[二十六]

千里為王簣山[二十七]作〈為王簣山觀察題畫〉詩。[二十八]

注釋：

[一] 吳昌綬《定盦先生年譜·後記》曰：「顧澗薲手校《河朔訪古記》：昨作札與仁和龔璱人中書自珍。勸其就近搜求京畿碑版，彙錄為一書，將摘此《記》常山郡卷內所列目寄之，亦不可少之事。一雲散人書於楓江僦舍。時道光二年穀雨節後五日也。由此可知，千里是時在里中。殆去年年終之際，返回故里也。

[二] 見上跋。其云「昨作札與」龔自珍，則其跋《河朔訪古志》當在今日。

[三] 見《集》卷十三所載。

[四] 此跋載《集》卷十六。原未標明時日。王欣夫先生校本，於跋後補有「壬午三月望後一日千翁記」數字，今據以次之。

[五] 此〈序〉見《集》卷十二。〈序〉末有曰：「壬午閏月朔書。時將復之揚州為洪賓華殿

撰校刊《說文繫傳》之前一日也。」考是年閏三月，故次於是。

〔六〕見上注。千里乃為洪氏校《說文繫傳》而赴揚州。趙氏《顧千里年譜》曰：「此書詒琛未見，不知刻成否？」

又，祁雋藻《䜱馤亭集》卷二十三有〈說文繫傳跋〉曰：「暨陽院長李申耆先生為余寓書顧千里之孫瑞清，假得宋鈔本校汪、馬兩本，字數增多，且有汪、馬本通部俱脫而顧本全者。又訪得汪氏士鐘所藏宋刻本三十二卷至四十卷，校鈔本，大略相符。知顧氏本實為影宋足本也。祁氏曾於道光十九年刊刻《說文繫傳》，可知，其所據，即為千里所校鈔本。故千里為洪氏刻者，不論成與未成，千里校此書之概貌，可得而存焉。

〔七〕《養一齋集》卷十一〈澗薲顧君墓志銘〉曰：「兆洛以道光二年客授揚州，君時館洪賓華殿撰家，為汪孟慈校刻其尊人《廣陵通典》，所居相近，故得朝夕握手焉。」千里為汪氏刻《廣陵通典》始於是年閏三月，說見下。故此時千里與申耆交焉。

〔八〕汪喜孫輯《汪氏學行記》卷四，載有千里與汪喜孫之書札，其中論及《廣陵通典》者有七札，其一曰：「《廣陵通典》自閏月至今，無日不看，僅校定大半。凡校書之法，必將本書透底明白，然後可以下筆，必將本書所引用之書透底明白，然後可以下筆。否則望文生解，或尋覓出處，必致失其本而不自覺。雖方今宇內頗少能知書之誤不誤者，然潦草塞責，豈見委之意耶。」可知：一，汪喜孫將校《廣陵通典》之事委千里。二，千里自是年閏月即為汪氏校閱此書矣。其餘諸札，不一一錄於此。

〔九〕同上書，千里致汪喜孫有札曰：「尊公大人〈哀詞〉茲具槀呈上。走之此文，上方屈、宋不足，下比崔、蔡有餘。走無文集，或姑刊諸《通典》後附以行世。」可知〈汪容甫哀辭〉乃作於千里為喜孫校《廣陵通典》尚未竣工之時也。

〔十〕《養一齋集》卷十八載有〈與汪孟慈農部〉札，其一曰：「澗薲一見如舊識，昕夕相往來（注：缺文）。《繫傳》賓華有意刻之。《淮南子》尚未之見。澗薲又有影宋本秦九韶《九章算書》，已屬其付梓，而籌工值尚有待。又有精校《蔡中郎集》，《算書》成亦當付梓。某有負郭田，僅給饘粥。刻書但節縮館糈為之，計費非鉅，亦甚易足。臧公《公羊注》本、《詩傳箋》本、《論語》、《莊子釋文》，決當陸續刊之。寫樣校讎，則一以屬澗薲，亦其所樂也。」其二曰：「澗薲時相見，亦甚慮足下之輕發。渠自有興致也。《公羊》本或交吾竹，或寄澗薲俱可。」此時，千里正在為汪氏校書，且與李兆洛過從，疑此二札俱是時所作。

又，時汪氏屢請李兆洛覆閱千里所校書。《汪氏學行記》卷四載千里致汪喜孫論《廣陵通典》札有曰：「《廣陵通典》校訖。尊意欲請李申翁再看。但此時業已寫刻將半，難於又有更改，竟於明年刊成後，印一部請申翁撰足下所言之《考異》，必萬妥萬當矣。」

〔十一〕此記現載《集》卷五。未注明時日。王欣夫先生校《思適齋集》於《記》末補：「惟大清道光橫艾敦牂相月三日乙亥元和顧千里撰並書。」今據以次之。

五烈祠，據《嘉慶重修揚州府志》卷二十五載：祠在甘泉縣「城西司徒廟左。祀池烈女、霍

九女、裔氏、程氏、周氏也。」龔鑑有〈五烈祠碑記〉。

[十二] 此記載《思適齋集補遺》卷下。原載《汪氏學行記》中，係千里致汪喜孫一札中所云也。

[十三]《春秋述義》現附於《述學》後。《汪氏學行記》現收入《江都汪氏叢書》。嘗見汪氏家刻初印之本，其字體與《廣陵通典》相類。似為同時所刊。

又，汪喜孫《孤兒編》卷二〈春秋述義跋〉，作於道光三年三月九日。時千里仍在為汪氏刻書，故疑諸書俱由千里為之校讎付刻。

[十四] 此文載《集》卷十五，注明為「壬申」所作。而《書跋》卷三「《金陵瑣事》四卷明刻本」條下，則作「道光歲在壬午十一月中旬。」二者牴牾。

此跋有「上元伍君詒堂至邗江示我明周吉父此書」語，考「壬申」係嘉慶十七年，時千里正在江寧，為孫淵如校書，並不在「邗江」。又，跋中又有「余向作冶城山館客」云云，冶城山館，即孫淵如處，如「壬申」時，千里正在其家，又安能稱「向作冶城山館客」？而「壬午」時，千里正在揚州。且《書跋》中明云作於「道光」，故當以「壬午」為是，《集》所載誤。趙氏《顧千里年譜》將其次於嘉慶十七年，殆據《集》而未詳考也。

[十五] 宋于庭，名翔鳳。江蘇長洲人。《清史稿》卷四百八十二有傳。

[十六] 見《集》卷四，此詞下題注。

[十七] 見《書跋》卷三「《玉照新志》五卷舊鈔本。」

[十八] 跋載《集》卷十六。王欣夫先生校《思適齋集》，在此跋後添補：「道光壬午，顧千里書於邗上寓齋。」今據以次之。趙氏《顧千里年譜》云是跋作於嘉慶癸酉（十八年）誤。癸酉時，千里乃得此拓本而未跋也。

[十九] 文載《集》卷十六。王欣夫校本於此文「未必非本來如此也」下以朱筆補「道光壬午書。」今據以次之。

[二十] 王欣夫先生《蛾術軒篋存善本書錄》清稿本第十一冊著錄：「《松崖筆記》三卷一冊。清東吳惠棟選。清道光二年吳門文照堂刊本。此刻為松崖再傳弟子朱秋崖從手稿鈔出，經徐葵、錢大昕、顧廣圻三人校訂，案語附刻書眉。」此書乃曾經千里校訂，具體時間不詳，今據其刊行之日次之。

[二十一] 王欣夫先生過錄顧千里校《玉篇》，其中注明有「壬午」所校字。此乃顧千里經常翻閱者。

[二十二]《蕘圃藏書題識》卷一「《廣韻》五卷校本」條下曰：「道光壬午仲夏，坊友以李子仙手臨顧澗薲所錄惠松崖、段若膺兩先生校定《廣韻》示余」，「驗其字跡，果然臨本」，「其中載顧澗薲說一條。」「段、李皆作古人，澗薲又交絕。」江標以為黃、顧交絕於是年，不確。前已辨之。

[二十三] 是〈序〉載《集》卷十。未標其所撰時間。然據前注[十]引李兆洛致汪喜孫札中曰：

「澗薲又有影宋本秦九韶《九章算書》，已屬其付梓。」則此〈序〉似亦作於是時，暫次於此。

[二十四] 屠倬，字琴隖。浙江錢塘人。《杭州府志》卷一百三十七有傳曰：「嘉慶十三年進士。由庶吉士改授江蘇儀徵縣知縣。」「道光元年，擢知江西袁州府，而倬以疾乞休，遂不復出。」又，郭麐《靈芬館雜著》卷二有〈屠蘭渚先生六十楊夫人五十壽序〉曰：「及孟昭弱冠，舉孝廉」，「夫人請於先生，遣入清平山讀書。」

[二十五] 此詩載《集》卷三，未標明所作時日。趙氏《顧千里年譜》次於嘉慶十年，考屠氏生於乾隆四十八年，嘉慶十年，僅二十二歲。又據上注引郭氏〈屠蘭渚壽序〉，則屠倬時當正在清平山讀書，決非「太守」，故可知其誤。

今據上注引《杭州府志》，知屠倬於道光元年以袁州知府乞休。千里之詩稱屠倬為「太守」，似當在屠氏為「知府」後所作。又，詩中有「頭銜漫士署來新」句，知詩當為屠倬乞休不久時所作，故繫於是。

[二十六] 趙氏《顧千里年譜》於道光三年內，載有千里於二月一日致王引之書札。其中曰：「晚生顧千里敬啟曼卿先生大人閣下，客冬得《淮南》續刊。」「唯大〈序〉獎飾踰分，當之滋恧。尚期刻勵，覬副垂賞於萬一也。」「前承在此間惠分清俸，愧感交並。兼悵舟次匆匆拜謁，未克將積年所蓄疑義，一一叩請發蒙。」這裏所謂「《淮南》續刊」，當指千里於前寄王引之自己所校《淮南子》之所得，「大〈序〉」，當指道光元年二月王引之所作〈淮南子內篇補敘〉，俱見《讀書雜志》中。可知千里得《淮南子》補刊者，乃在是年。且曾在舟中拜見王引之，而引之贈其銀若干。

[二十七] 王賛山，名廬言，山東諸城人。《道光諸城縣續志》卷十六〈王延年傳〉中云：「六弟廬言，賛虞，乾隆五十八年進士。授吏部考功司主事。」「嘉慶十四年，授廣信知府」，「凡五年，調南昌」，「遷江西督糧道，調江安督糧道，守江寧布政使」，「調江西督糧道，守江西布政使，按察使」，「調常鎮通海兵備道，守江蘇布政使，按察使。」道光四年卒。「廬言美鬚髯，偉軀幹，嚴毅有為。」「好學工詩，尤喜汲獎後進，江南士人傾心慕之。」其著有《賛山堂詩集》。

[二十八] 此詩載《集》卷三，未注時日。考其詩中有曰：「今又駐南天，重來早著鞭」句，似當為道光初王氏為常鎮通海兵備道時所作。且，稱王氏為「觀察」，亦與此職相稱，暫繫於是。

道光三年（1823年）癸，五十八歲。

二月一日，千里致書王引之，謝其所贈《淮南子》補刊之內容及餽贈銀項，並希望王氏將《讀書雜志》中其他內容再贈之。又將自己篋存一文，一併寄王引之。[一]

三月既望，鮑志祖承其父之志，刊《梧溪集》成，請千里覆校，千里為之〈序〉。時在楓江僦舍。殆年末，千里又自揚州歸里。[二]

是月，千里以其為吳鼐校刻的《晏子春秋》遠寄在北京的王念孫。[三]

春杪，作〈松陵四君圖象記〉[四]，是圖乃翁小海[五]所作。

四月一日，汪喜孫致函劉楚楨[六]云，汪氏遺稿多在顧澗翁處。時千里不在揚州。[七]

為汪喜孫校刻其父汪中所撰《廣陵通典》成，撰〈序〉。[八]

是時，與汪喜孫屢有書札往來，言及《知新記》刊刻之事。千里以年邁不支，辭去刊印之任。[九]

六月一日，千里跋何義門手校張鼎思本《史通》。時在揚州洪氏積學齋，則千里是時又赴揚州矣。[十]

夏至後十日，秦敦夫在都中得唐趙元一撰《奉天錄》，屬千里為之校刻。千里因為之撰〈序〉。[十一]

七月，程槀初[十二]出示宋嚴州小字刊本《通鑑紀事本末》，千里跋之。[十三]

仲秋上旬，應阮梅叔[十四]之請，為其撰〈珠湖漁隱圖記〉。[十五]

於揚州洪氏積學堂見從王士禎池北書庫本所出的舊鈔本《笠澤叢書》，以為遠勝舊藏本，跋於其上。[十六]

千里於揚州北門攤子上得〈漢故王君碑頌〉拓片，跋之。[十七]

時，千里與梅曾亮有書札往還。[十八]

千里作〈費昆來西園感舊圖序〉，憶與吳山尊之交情，不勝感慨。[十九]

小雪後三日，千里為柯溪居士跋所得夏疎《新集古文四聲韻》鈔本，以為與汪啟淑[二十]刻本不同。時在思適齋，則此時又歸吳中矣。[二十一]

是歲，千里重觀袁州本《郡齋讀書志》，跋之。[二十二]

千里題於鈔本《傳是樓書目》上。[二十三]

跋〈乙速孤行儼碑〉，曰可補《金石萃編》之闕字。[二十四]

又跋〈楊准表記〉。[二十五]

冬，鮑志祖以江陰葉雲樵廷甲[二十六]《梧溪集訂譌》一冊訪千里，千里撰《釋梧溪集訂譌》。[二十七]

是歲千里跋〈李使君墓碑〉拓片。[二十八]

歲杪，黃丕烈跋千里早先為之補空行的鈔本《絳雲樓書目》。[二十九]

注釋：

[一] 趙氏《顧千里年譜》是年，載有千里致引之書。上年注[二十六]已引，可參見。除上引外，尚曰：「先秦各書，想《讀書雜志》均有校本，現在刊成若干種，除已見賜外，仍望授讀，曷勝幸甚。」又曰：「昨檢行篋舊稿，謹錄文一篇，呈求誨正，務希直筆指南，是所翹盼。其餘尚有雜著小文，未經楷寫，改日統擬續上也。肅此謹請台安不盡。」時「二月一日。」

[二] 見《思適齋集補遺》卷下。

[三] 劉盼遂《段王學五種》本《高郵王氏父子年譜》曰：道光三年，「顧千里以所校刻《晏子春秋》遠寄先生。」時王念孫在北京。

[四] 是〈記〉載《集》卷五。未注明所作時日。王欣夫先生校《思適齋集》於此文後增補：「道光三年歲次癸未春杪書。」今據以次之。

[五] 翁小海，名雒，字穆仲，小海是其號。江蘇平望人。蔡炳炘《黎里續志》卷十一載其傳曰：「能詩善畫」，「凡寫花草蟲魚，纖悉具肖，皆臻絕品。跋小詩亦復簡約超雋。同時以畫名者，無以過焉。」「著有《小蓬海遺詩》。」

[六] 劉楚楨，字寶楠，江蘇寶應人。《清史稿》卷四百八十二有傳。

[七] 《重刊江都汪氏叢書》前，刊有高郵宣氏所藏汪喜孫與劉楚楨手札的影印件。其略曰：「近年來一病四月，內訌□潰，心酸神沮，誠恐朝露有期。君高誼，□寫《家傳》定本，《春秋述義》、《尚書考異》、《爾雅正譌》、《儀禮經注訂譌》、《舊學蓄疑》、《廣陵通典》、《汪先生遺詩》、《汪氏遺書跋》、《靈表》各篇奉上。記室藏之，名山傳之，其人幸甚。又有《年表》、《年譜》，在顧澗翁處。《問禮堂目》在澗翁處。又寫定《春秋述義》已附刻《述學》後。又寫定《爾雅正譌》、《儀禮經注訂譌》、《大戴禮記補注》，已呈阮尚書刊入《經解》，又寫定《遺詩》付刻。《文集》、各書跋、《靈表》、《家傳》、《年表》，各種為《孤兒編》，似以奉政。其在顧澗翁處各種，尚有《家譜》一本、《經師言行錄》四本。如澗翁不來揚，或即持此札會小兒往取，差一切實家人可也。四月一日，喜孫頓首。」

此札中，間多有小字自注。如在《春秋述義》下注曰：「已刻。」《尚書考異》下注：「書已刻，跋不覆。」於「又寫定《遺詩》付刻。」下注：「《經義志新》訂本經懷祖先生校過，寄粵刻板。懷祖先生校本在顧處。今將未訂本《知新記》、《舊學蓄疑》、《國語正譌》並寄上。」等等。

此札因頗涉千里是時為人校刊典籍之情況，故錄之，其未注明寫作年代，然據〈札〉中所云，可略考知。其云，《廣陵通典》已刻，且《春秋述義》已附刻《述學》後。因《廣陵通典》，附刻《春秋述義》之《述學》，俱刊刻於道光三年，則該札當作於此之後。其又云，諸書寄粵，請阮元刻入《皇清經解》。考阮元為兩廣督止於道光六年，則此札必作於此之前，再，其云，有稿本在千里處。則此時千里當尚未將汪氏諸稿退歸汪氏，即未辭去為汪氏刻書之任。千里於道光五年四月，已從事《唐文粹》之校勘，似已辭汪氏之聘。又，《孤兒編》卷二載汪喜孫撰《春秋述

義》、《爾雅正誤》、《知新記》等跋，俱作於道光三年三月九日，〈儀禮經注訂譌跋〉等跋語，作於三月十二日。可知此時汪氏諸書當尚未刻完。故此札當為是年所作。

又，《汪氏學行記》中所載千里與汪喜孫關於《知新記》諸札，亦係千里未辭任時所作，也當次於是年。

[八]〈廣陵通典序〉見載《集》卷十一，未注明所撰時間。據《廣陵通典》初刊原書及秦更年〈重印江都汪氏叢書序〉，其刊布於「道光癸未」，千里之〈序〉亦當為此時所作。

又，《汪氏學行記》卷四載千里與汪氏關於《廣陵通典》的信中有曰：「明年刊成後，印一部請申翁撰足下所言之《考異》」云云。又有一信曰：「今刷出已印清樣《廣陵通典》一卷，此書不能照某翁意改。」「今將某翁所改而不應改者一概改回，謹將此一卷粗舉為例。」可知《廣陵通典》係逾年方刻成。千里始校於道光二年三月，刻成於道光三年，正相吻合，亦可證此〈序〉當為是時前後所作。此外，從千里札中可見，其時，千里校書已與汪氏意見有不合矣。

[九]《汪氏學行記》卷四，還刊有千里與汪氏關於刊刻《知新記》的往復書札。其中有曰：「前後寄下草稿具在，並無遺失。若付刊，能如前札所呈，將各人祭文、行狀，彙附《述學》後，唐宋人集之成例也。一將各書散見條錄，彙成一種，略如《潛邱雜記》，大同小異，亦一成例也。未知於尊見有合否？」是時千里還在為汪氏校書。

此書札中又有曰：「前後寄來各種，雖曾再四躊躇，合為一書，收拾必以乾淨妥當為主。無如年來精力就衰，無能為役，謹總封徼還，幸能諒而恕之。」千里辭去為汪氏校刊之任。此數札與上汪喜孫與劉寶楠札，當為相近之時所為。千里辭去汪氏校書之任，當在是年春、夏之際，故繫於此。

[十]見《書跋》卷二「《史通》二十卷何義門校本」條。趙氏《顧千里年譜》曰，是時千里跋於「孫潛夫校本」上，實誤。可參見《顧千里校書考》「《史通》」條。

[十一]見《集》卷八。其注明為「癸未」作。秦氏刻本〈奉天錄序〉注明「道光三年，歲在癸未，夏至後十日。」據以次之。

[十二]程稟初，江蘇吳縣人。《藏書紀事詩》卷五「顧廣圻」條下云，其自稱為千里弟子。又，參見乾隆三十一年注釋[一]。

[十三]見《書跋》卷二「《通鑑紀事本末》四十二卷宋嚴州刻本」條。

[十四]阮梅叔，名亨。江蘇儀徵人。《光緒重修儀徵縣志》卷二十八〈選舉志〉曰，其為嘉慶二十三年貢舉「副榜第一」。又卷四十四〈藝文志〉載有其所撰《瀛洲筆談》、《廣陵詩事補》、《淮海英靈續集》、《珠湖草堂詩鈔》等書。其人乃阮元之族弟。

[十五]是〈記〉載《集》卷五。王欣夫先生校《思適齋集》，於此文下補「時道光三年，歲在癸未仲秋上旬」數字，今據以次之。

[十六]見《書跋》卷四「《笠澤叢書》四卷舊鈔本」條。

[十七]拓片現藏北京圖書館，千里跋曰：「此所謂中平二年王君碑額，載大興翁氏《兩漢金

石記》。道光癸未，偶得於揚州北門攤子上。其碑則黃小松、趙味辛皆有之，予未得寓目也。顧千里記。」此跋《思適齋集補遺》收錄，文字小有出入，錄之備考。

[十八]《柏梘山房文集》卷四〈費崑來西園感舊圖敘書後〉中曰：「千里與余相望於數百里內，治書矻矻，寂寞如曩時，亦可嘆也。」此文係「癸未」所作，則知千里與梅曾亮屢有書札往覆。

[十九] 此〈序〉載《集》卷十三，未標所撰時間。考〈序〉中有曰：「辛巳秋初，山翁一病驟逝，君留西園經紀喪事而去，閱二載作此《感舊》之圖，持示不佞，謂獨不佞宜知圖意，請為之序。」則可知此〈序〉當在吳鼐卒後兩年時所撰。

又，上注所引梅曾亮〈費崑來西園感舊圖敘書後〉中，注明為「顧君千里之序」後所作。梅氏之文作於「癸未」，殆與千里之文相去不遠。此俱可證此〈序〉乃是年所作。趙氏《顧千里年譜》次此文於「甲申」，誤。

[二十] 汪啟淑，字慎儀，安徽歙縣人。道光八年《歙縣志》卷八中有其傳曰：「官兵部郎中。工詩好古，與顧之珽、朱樟、杭世駿、厲鶚諸人相倡和，繼西泠諸子之軌。乾隆三十七年，應詔獻書五百餘種，極邀宸獎，賜《古今圖書集成》一部。」「所著有《水曹清暇錄》、《訒菴詩存》若干卷。又酷嗜金石文字，輯有《飛鴻堂印譜》、《漢銅印叢》諸書。」

[二十一] 見《書跋》卷一「《新集古文四聲韻》五卷鈔本」條。李宏信，山陰人，號柯溪居士。晚歲販書，往來吳越間。

[二十二] 同上書，卷二「《昭德先生郡齋讀書志》四卷《後志》二卷《考異》一卷《附志》一卷」條。

[二十三] 同上，「《傳是樓書目》不分卷鈔本」條。

[二十四] 載《集》卷十六。原未標明所跋時間，王欣夫先生校《思適齋集》，此跋後補「道光癸未記」數字，今據以次之。

[二十五] 見《思適齋集補遺》卷下所載。

[二十六] 葉廷甲，字保堂，號雲樵。江蘇江陰人。《光緒重修江陰縣志》卷十七有其傳，曰：「諸生，沈酣典籍。博聞強記，藏書五萬卷。築靜觀樓庋之。暇即兀兀披閱，遺老著述未傳者為之梓行之。鄉里有利益事率先為倡。年七十外，徧歷江浙名勝。」「卒年七十九。著書凡十數種及《保堂詩鈔》若干卷。」又《養一齋文集》卷十一有其〈墓志銘〉，曰：「王梧溪元季故老，詩稱詩史，傳稿散佚，君徧借遺本，次第彙集，精校而梓行焉。他如《徐霞客遊記》、繆思亭《東林同難錄》，皆版本腐敗刓弊，購而為之修輯，遂成完書。」

[二十七] 嘗見此書稿本，前有千里識語曰：「癸未之冬，鮑君志祖以江陰葉雲樵廷甲《梧溪集訂譌》一冊重過余商榷。予以為新刻寫工雕匠之譌，在所不免。」故無須為此《訂譌》，而改板可矣。又因之而撰《釋梧溪集訂譌》。

[二十八] 北京圖書館藏顧千里所跋〈李□□（使君）墓碑〉拓片曰：「嘉慶丙子，趙晉齋處

得此本。今年始見《萃編》，對讀，補彼脫誤甚多。蓋益信石刻非目驗親釋不可。道光癸未，一雲老人記。」《思適齋集補遺》卷下，載有千里跋〈帝子碑〉語，與此幾乎全部相同。故疑或傳鈔有訛，今錄之以備考。

　　[二十九]《蕘圃藏書題識》卷三曰：「頃五柳主人以此本見遺，手寫極工，雅知是何仲老鈔本。較昔長孫從坊間得者遠勝，爰手校一過，並屬澗薲補其空行，俾為完本云。癸未歲鈔（疑係「杪」之誤）老蕘記。」

　　趙氏《顧千里年譜》是條下曰：「是時，黃、顧已絕交，補空行當在前，至今年始跋之耳。」其說或有據。

道光四年（1824 年）甲申，五十九歲。

　　正月二日，千里跋〈峴山石柱題名〉拓片。[一]

　　既望，千里從葉紉之[二]處借得〈脩佛龕頌〉拓本，跋之。[三]

　　下旬，千里又跋〈乙速孤行儼碑〉拓本。[四]

　　二月，千里過訪夏玉甫胥門寓樓，跋夏氏所示〈唐殘碑〉。時在春分前一日。[五]

　　是月，以〈神寶寺碑〉拓片校正《山左金石志》數十處，並跋於拓本上。[六]

　　千里假汪閬源所藏宋本《爾雅》校閱一過，三月朔，跋於此本上。[七]

　　三月望前三日，千里校前歲張古餘留下的《宋名臣碑傳琬琰集》，跋之。[八]

　　春，千里從吳有堂[九]處得《蒼崖先生金石例》鈔本，粗讀一過，跋於其上。[十]

　　四月七日，又以所得鈔本《蒼崖先生金石例》校雅雨堂刊本。[十一]

　　望後，千里跋〈馮善廓浮圖銘〉。[十二]

　　是時，又跋馮鳳翼等造像題名拓片。[十三]殆千里自去冬由揚州返里後，頗悠游於金石碑版之間也。

　　夏，千里由吳中赴江寧。至冶城山館，見孫淵如少子，詢及淵如舊藏《漢石經》殘字拓片，其不自了了。千里不勝感慨。[十四]

　　夏，千里為陳宗彝[十五]跋其所刻〈漢熹平石經殘字〉。又和上元汪度溫、陽城張葆采同觀宋拓〈多寶塔〉。[十六]

　　立夏後三日，千里以明鈔本《程氏演繁露》與從汪閬源處所借宋本相勘對，跋之。[十七]

　　是時，又題所撰《釋梧溪集訂譌》稿本前。[十八]

六月，跋張古餘所藏舊鈔本《周益文忠公文集》。[十九]

是月，張敦仁刻《遜翁苦口》一書。此乃千里早年摘編《朱子語類》而成者，其稿一直存張古餘處。[二十]

閏七月七日，張敦仁因千里之言，輯嚴永思《通鑑補正》中條目，作成《通鑑補正略》。[二十一]

是月望前二日，千里跋〈徐俟齋與楊潛夫札子〉。[二十二]

閏七月，千里訪桐城汪均之[二十三]，見其插架有校本《水經注》，閱而跋之。[二十四]此原係孫淵如校本也。

是年，千里赴江寧，殆由張古餘之請也。時在江寧從千里遊者，有上元楊大堉等。[二十五]

〈金陵懷古詩〉似為千里此時所作。[二十六]

九月十日，千里借江閬源所收王昶原藏〈唐平百濟國碑〉拓片，與《金石萃編》校讀，並跋於此碑片上。時在蘇州楓江僦舍，殆夏秋之際，千里由江寧回故里也。[二十七]

十二日，千里為程廮堂[二十八]序其師蔡立青[二十九]校正的《蔡氏月令》。此書乃程氏屬江沅寫定，欲將以付刊者。[三十]

是月，孫古雲[三十一]同郭麐，取彭甘亭未刻之稿定為《遺集》，並將前纂輯詩文，合成《全集》，屬千里付雕。千里為之〈序〉。[三十二]

秋杪，千里跋〈左領軍將軍金仁問碑陰〉拓片。[三十三]

又跋〈漢永壽犍為李君摩崖刻字〉。是時，仍在蘇州楓江僦舍。[三十四]

十月朔日，千里為張古餘作〈興古樓記〉，興古樓，乃張氏藏書之地。[三十五]

冬杪，千里跋顧蒓自都中寄來的〈李□妻賈嬪墓志〉拓本。[三十六]

冬，千里又由里中赴揚州，與陳穆堂相見，獲見其所注《逸周書》二十二卷。[三十七]

是歲，千里作〈題陳小雲委畹樓憶語〉詩。[三十八]

是年十一月，陳宗彝拓並跋〈普惠寺井欄題字〉。千里曾向陳宗彝索之，又跋於後。[三十九]

又跋陳宗彝所得〈荀氏井欄題字〉拓片。[四十]

　　是年，千里作〈百字令——題吳思亭[四十一]太白樓詩卷〉，〈百字令——吳思亭索題竹垞圖，阮雲翁所贈也。幅中近日名公鉅作已多，遂專取此意賦而應之，並次原韻〉等詞。[四十二]

　　是年，千里殆因已離揚州洪賓華家，故四出奔波，為生計謀也。

注釋：

　　[一] 見《思適齋集補遺》卷下。此拓片現存北京圖書館，名《峴山石林題刻十一種》。跋中文字與《補遺》所載小有出入。

　　[二] 葉紉之，生平不詳。《瞿木夫自訂年譜》道光九年有云：「八月，顧澗薲偕葉紉之汝蘭來訪」，可知其名汝蘭。又，《集》卷十六有〈跋葉紉之金石拓本冊〉一條，中曰：「吾友紉之，篤好金石，最勤搜訪，計前後所獲之數與近來收藏諸名家約略相埒。」知此人為千里晚年好友，且喜藏金石者也。

　　[三] 此跋見《集》卷十六。原未標所跋時日，王欣夫先生校本《思適齋集》，在跋中「則更一快事矣」後，補「道光四年正月既望顧千里書」數字，今據以次之。

　　[四] 此跋見《集》卷十六。原未標時日。王欣夫先生校本《思適齋集》，於跋末補「甲申正月下旬」數字，今據以次之。

　　[五] 此跋見《集》卷十六。跋中曰：「甲申二月，過夏玉甫胥門寓樓。」此跋王欣夫先生校《思適齋集》本中，補有「春分前一日元和顧千里」數字。又補：「乙酉三月又見一本，存字較多，別錄出俟考。」一條跋。考其文意，「春分前一日」似當為「甲申」之事，此時千里在里中，故可有「胥門」之訪而後跋之（胥門在蘇州）。「乙酉三月」，乃明年又跋之者。

　　[六] 見《集》卷十六。

　　[七] 見《書跋》卷一「《爾雅》三卷宋刻本」條。

　　[八] 見《集》卷十四。原注明為「甲申三月」所撰，王欣夫先生校《思適齋集》於此跋後，添補「道光四年三月望前三日」數字。今據以次之。

　　[九] 吳有堂，名志忠，別號妙道人。江蘇長洲人。趙氏《顧千里年譜》曰：「有堂曾祖名銓，字容齋，為吉安太守。罷官築遂初園於本瀆，插架萬卷，皆秘笈也。孫，泰來，字企晉，號竹嶼，乾隆二十五年進士，官內閣中書。企晉從弟元潤，字澤均，號蘭汀，官衛輝知縣。均喜收藏古書。吳下藏書世澤之永，莫吳氏若也。其藏書處曰璜川書屋、樂意軒、香雨齋。」

　　又，吳氏嘗刊《四書章句集注》，吳英〈四書章句附考序〉曰：「慨自丁卯，英與兒志忠偕入省，未數日，母病信至，與兒偕返，已抱恨終天。自是每聞人言鄉試則心痛，盡棄所業，而就業名山。忠兒感予心之摧傷，亦不樂習帖括。」後志忠嘗撰《四書章句考證》。

　　[十] 見《書跋》卷四「《蒼崖先生金石例》十卷附鈔本《附錄》一卷元刻本」條。

　　[十一] 嘗見顧千里校雅雨堂刻本《蒼崖先生金石例》。其中頗有千里校語。其卷五有「四月

七日燈下勘至此卷」批識。卷中校語多署「千翁」。

考是年春，千里從吳志忠處得鈔本《蒼崖先生金石例》，繼而校之，時間正相吻合。此校本卷一有批語曰：「舊鈔本從第一刻出，所有異同，記之如右。千翁。」「舊鈔本行段全異。蓋從至正五年本出，盧板則從明年王思明本出也。」可見千里正以「舊鈔本」與之相校。又，「千翁」乃千里晚年所署之名，而是年千里所跋諸碑版拓本正署「千翁」，與之相合。疑此「四月七日」即為是年之事，故次於此。

[十二] 見《思適齋集補遺》卷下所載。

[十三] 見《集》卷十六。原未注明時間。王欣夫先生校《思適齋集》，在此跋後補有「道光甲申夏首」數字，今據以次之。

[十四] 千里於《嚴小秋詞序》中曰：「甲申乃重至白下」，「自夏徂秋，三過向所居停之冶城山館。」

又，其〈跋新刻漢石經殘字〉曰：「甲申夏，予重至冶城山館訪舊，見其兩少君，大者僅十七歲，偶詢之，（指《漢石經·尚書》殘字宋拓本），殊恍惚不自了了，但云今已無此而已。」

[十五] 陳宗彝，原名秋濤，字雪峰，號嗜古。江蘇江寧人。《光緒續修江寧府志》卷十四載其傳曰：「江寧縣學生。」「宗彝為學不屑屑制舉業，酷嗜金石。所手搨徧荒崖叢莽，氊椎無虛日。著有《漢蜀石經殘字考》、《鐘鼎古器錄》、《古塼文錄》、《續古篆》、《重編金石文跋》、《重編訪碑錄》。其校勘古籍甚富，而景泰本《爾雅郭注》、《章草急就篇》、《華嚴音義》為最精。性嚴峭。不諧時俗，故窮困逾恆人。」

[十六] 見《獨抱廬叢刻》本原書及汪稼門藏宋拓〈多寶塔〉。

[十七] 見《書跋》卷三「《程氏演繁露》十六卷《續》五卷校宋本」條。

[十八] 顧千里《釋梧溪集訂譌》前有千里識語曰：「癸未之冬，鮑君志祖以江陰葉雲樵廷甲《梧溪集訂譌》一冊重過余商榷。」千里以為「但當修板若景泰本，則頗少譌，恐無煩如此其訂。乃刪存什一，付之列為覆校矣。」「繼復念葉既謂景泰本為譌，或將謂其必當訂且不當刪也。遂仍取所刪各條，著所以刪之故而釋之。大抵申說本集互見，自具明證，及實有來歷□正非僻書，景泰本之無譌可訂者而已。雖然，人心若不同予，安能必其不謂今之釋又譌，而又當加之以訂耳？始錄一通，交鮑君，望轉就葉商榷焉。」時在「甲申立夏後。」殆千里之《釋梧溪集訂譌》始作於去冬，至此時已畢矣。

[十九] 見《書跋》卷四「《周益文忠公文集》一百二十五卷舊鈔本」條。

[二十] 張敦仁〈邂翁苦口跋〉曰：「偶檢敝簏，得《邂翁苦口》一冊，蓋取《朱子語類》摘抄之者。亦不記為誰氏所錄也。讀之切中近日學者隱微深痼之疾，亟壽諸梓，冀與學者共讀之。」時在「道光四年六月庚申中伏日。」是書刊於此時。

此書前有千里所作〈邂翁苦口引〉，署名「無悶子」，此文現載《集》卷十一。葉廷琯《吹網錄》亦云此書為千里所作。

　　[二十一]《峭帆樓叢書》本《通鑑補正略》前，有張敦仁〈序〉曰：「茲因顧澗蘋之言，先舉先生書中所為改正、移置、存疑、備考、補注等各條彙而錄之。即其中一字、兩字、或十餘字之改補者。雖未盡著其說，要皆從正史考證而來，實有功於《通鑑》。」

　　[二十二]此跋載《集》卷十五，注明作於「甲申」。王欣夫先生校《思適齋集》，在此文後補有「道光四年閏月望前一日。」考是年閏七月，故次於是。

　　[二十三]汪均之，名正鋆。安徽桐城人。《光緒續江寧府志》卷十四載其傳曰：「稼門尚書第四子也。善八分，魄力沈雄而別具流麗之氣。如不經意，而金石千聲，煙雲萬狀。八分中別一門徑也。居城北，有園曰集園。」「君不一言時事，蓋其慎也。有文集數十卷，未刊行。」

　　[二十四]見《書跋》卷二「《水經注》四十卷校本」條。

　　[二十五]楊大堉，字雅輪。江蘇上元人。《清史稿》卷四百八十二有傳。其《傳》中曰：「初從元和顧廣圻、吳縣鈕樹玉遊，備聞《蒼》、《雅》閫奧。」然其未言具體為何時。考《同治上元江寧兩縣志》卷四十二〈程廷祚傳〉下附其事曰：楊「最深小學，道光初獲從顧廣圻、鈕樹玉遊。」在道光初數年中，千里是時始在江寧，殆楊大堉從千里遊即在此時。

　　[二十六]此詩載《集》卷三。未標所作時間。考詩中有「江山原不繫興亡」，「剩有秦淮東去水，自隨天塹下歸塘」等句，頗有傷感之情，似非千里年輕氣盛時所作，聯繫千里是年重遊江寧，三過冶城山館感慨之情，或為近之，暫次於是。

　　[二十七]是跋見《集》卷十六，原未注明時間。王欣夫先生校本《思適齋集》，在跋後增補「道光四年九月十日，一雲散人顧千里記於楓江僦舍」數字，今據此次之。又，據此亦可知，千里已由江寧歸故里也。

　　[二十八]程賡堂，名嶺梅，江蘇吳縣人。《長、元、吳三縣諸生譜》曰，其為「嘉慶己卯舉人」。

　　[二十九]蔡立青，名雲，原名靖，立青其字。光緒間刊《蘇州府志》卷九十有其傳，曰：「嘉慶甲子優貢生，最工制義，歲科試及書院課，屢冠其曹，門下多知名士。」《清續文獻通考》卷二百六十一《經籍考》中，著錄其所著《漢書人表考校補》、《續考補》等書。

　　[三十]此〈序〉載《集》卷十一，未標明寫作時間。王欣夫先生校《思適齋集》，於此文末補「道光四年重九後三日書於楓江僦舍之思適齋。」今據以次之。

　　[三十一]孫古雲，名均。郭麐《靈芬館雜著續集》卷一有〈三等伯孫君夫人墓志銘〉，其中曰：「孫君古雲，故相國文靖公塚孫，評事府君長子也。」「嘉慶二年，古雲承襲伯爵，為散秩大臣，以選為前引大臣。」「以疾辭祿，得請歸田。」又，同上書卷二〈孫太夫六十壽序〉中曰：「吾友孫君古雲自京歸，僦宅於吳門之黃麗坊，奉太夫人入居。實嘉慶之十有六年四月也。」

　　徐康《前塵夢影錄》卷上曰：「咸豐間，孫氏橋居閶門。」「古雲一支止有孤寡。」

　　再則，陳文述《碧城仙館詩鈔》卷七〈秋夜懷都門友人〉詩中，有懷「孫古雲襲伯均」一首曰：「潛心學鈐韜，信手拈翰墨。結交重意氣，斯人不多得。家世國恩重，努力述祖德。」其身

世為人，可略見矣。

[三十二] 見《集》卷十二。

[三十三] 此跋見《集》卷十六，未標明時日。王欣夫先生校《思適齋集》，於此跋後補「道光甲申秋杪，一雲老人記」數字，今據以次之。

[三十四] 同上，王欣夫先生於此跋後補：「道光甲申獻歲，顧千里記於楓江儆舍。」今據以次之。

[三十五] 此〈記〉見《集》卷五，王欣夫先生校《思適齋集》於此文後補：「道光四年，歲在甲申十月庚申朔，元和顧千里撰」數字，今據以次之。

[三十六] 此拓片現存北京圖書館，顧千里跋曰：「家南雅編修自都中寄我，時道光四年冬杪，顧千里記。」

[三十七] 千里於〈逸周書補注序〉中曰：「予屢遊是土，交君頗稔，客冬，曾數晨夕獲見所注《逸周書》廿二卷，並屬為之序。」此〈序〉作於「道光乙酉嘉平月」，則「客冬」當為「甲申」年。可見此時，千里又赴揚州矣。

[三十八] 見《集》卷二。

[三十九] 此拓片現存北京圖書館，陳宗彝跋曰：「此井在城西門外普惠寺僧舍，曩未見方志。嘉慶二十五年寺遭火患後鋤地得之。井久堙塞，僧後濬開泉，清澈可汲。題泰和，當為唐太和，泰、太二字古本通耳。適澗蘋先生見索，分贈一本。匠人字體殊不足觀，姑贈吾郡唐刻一種。惟先生其鑒之。道光四年甲申冬十一月廿二日。」

千里於此後跋曰：「按，唐太宗有大和無太和，金章宗有泰和而無建康地。疑此是十國吳楊溥之太和，當再質諸嗜古也。」千里之跋未注時日，然據陳宗彝跋推之，當在是年冬日所作。

[四十] 此拓片亦見藏於北京圖書館。其跋曰：「荀氏捨義鄉泉，此寶慶井欄題字，從前未著錄，陳嗜古始得之。千翁記。」原未注明所跋時間。考跋中署名「千翁」，當係千里晚年所題。又此中言為陳耆古所得，疑與上注中所言井欄拓片同時由陳宗彝贈千里，故暫繫於是。

[四十一] 吳思亭，名修。浙江海鹽人。《杭州府志》卷一百七十有傳曰：「海鹽監生。」「性敏悟。年十四已梓所為詩問世。稍長，盡交當世知名士。鑒別古今字畫金石，尤具精識。嘗集國朝知名人五百十六十餘家手札七百通，刻石為《尺牘鑒真》十六卷，又以生平所得梁同書手蹟三百餘種，擇其尤精者刻石為六卷，名曰《青霞館梁帖》。」

光緒二年刊《海鹽縣志》卷十七有傳，曰：「著有《尺牘小傳》二十四卷、《續疑年錄》、《論畫絕句百首》、《思亭近稿》、《湖山吟嘯集》、《居易居小草》、《吉祥居稿》。」

《墨林今話》卷九稱其：「僑居嘉興，詩、古文皆沉雄清快」，「餘事作畫，工王洽潑墨法，惜不多作，世鮮知者。」

[四十二] 此二詞俱載《集》卷四，未注明所作時間。《太白樓詩》，未見其書。

考千里詞中有「幾時還吊孫楚」句，下注：「謂引首孫淵翁篆書。」可知千里作此詞時，淵

如已亡故。又，吳修卒於道光丁亥，則此二詞當為此段時間內所作。又，〈題竹垞圖詞〉乃為「阮雲翁所贈」，阮雲翁指阮元。稱其為「翁」，當指老年。考阮元生於乾隆二十九年，道光初年，年方六十。再考吳氏行跡。《瞿木夫自訂年譜》曰：道光四年，「九月，海鹽吳思亭來訪」，「留談竟日」，可知是年吳氏嘗出訪吳中一帶，而是時千里正在故里。疑此二詞俱在此時應吳氏之請而作。

道光五年（1825 年）乙酉，六十歲。

仲春，千里題鈔本《慈雲樓藏書志》。[一]

二月，千里自揚州還里。到家之翌日，從葉紹之處得泰山石刻拓本，跋之。[二]

二月底，千里赴嘉定訪瞿木夫。[三]

是時，千里遊上海，因段右白[四]而識陳璜，過其所居。陳氏請千里為《古甎錄》撰序。[五]

三月，千里見一唐殘碑，跋之。[六]

四月，千里至揚州，於是時，致力《唐文粹》之校勘，欲有《唐文粹辨證》之作。[七]

五月，於揚州，跋鄭新甫[八]所示戴清[九]撰《羣經釋地》稿本。[十]

夏，梅曾亮有詩贈千里，稱其「病猶思誤字，醒亦好微詞。潦倒依書卷，崢嶸仗酒巵」。[十一]

夏至日，校《唐文粹》至卷十九。[十二]

六月，校《唐文粹》二十卷。[十三]

大暑，校《唐文粹》至二十一卷。[十四]

七月六日，校《唐文粹》至三十七卷。[十五]

十五日，校至四十卷。[十六]

二十三日，校至五十卷。[十七]

二十六日，校至五十五卷。[十八]

二十八日，校至五十七卷。[十九]

二十九日，校至五十八卷。[二十]

是月下旬，跋於《唐文粹》卷首，知《文苑英華》屢引之「川《文粹》」乃指《唐三百家名賢文粹》。時在翠筠館。[二十一]

八月初二，校《唐文粹》至六十卷。[二十二]

初四，校《唐文粹》至六十七卷。[二十三]

初五、初六日，校《唐文粹》並跋於六十八卷上。[二十四]

初九日，校至七十二卷。[二十五]

十五日，跋於《唐文粹》後，曰：「果泉中丞得宋刻完全一部，未及重刊，今其家靳不示人，將求善價。」云云。[二十六]

十六日，校《唐文粹》至七十三卷，跋之。[二十七]

十七日晨起，跋於卷七十三〈同州韓城縣西尉廳壁記〉之上。[二十八]

十八日，校《唐文粹》至七十六卷。[二十九]

二十日，校至七十八卷。[三十]

二十一日，校至七十九卷。[三十一]

二十二日，校至八十一卷。[三十二]

二十三，覆校《唐文粹》卷八十一的若干篇章，又校至八十四卷。[三十三]

二十四日，校《唐文粹》至八十五卷。[三十四]

二十五日，校至八十七卷。[三十五]

二十六日，校至八十九卷。[三十六]

二十七日，校至九十一卷。[三十七]

二十八日，校至九十三卷。[三十八]

二十九日，校至九十四卷。[三十九]

三十日，校至九十七卷。[四十]

是月，諸同人集於華亭四兄（不詳其人）齋中為千里六十生辰置酒，時在揚州。[四十一]

九月一日，再校《唐文粹》九十七卷。是月初，校《唐文粹》一過畢。[四十二]可見是年夏秋，千里日日不斷，校《唐文粹》，用力可謂勤矣。千里校書之狀，可窺而見之。

重陽後三日，又校《唐文粹》。[四十三]

二十四日，覆校《唐文粹》直至深夜，識於卷三十。[四十四]

十二月，陳穆堂刻《逸周書補注》告竟，屬千里序之。時千里在揚州雙橋巷。[四

十五]

十二月二十四日，作〈陳寄礄古甎錄序〉。[四十六]

是月，千里又校讀《唐文粹》，跋之。[四十七]

是年，千里於揚州識得謝佩禾。[四十八]

〈蔣伯生入關圖〉詩，作於是年。[四十九]

注釋：

[一] 見《書跋》卷二「《慈雲樓藏書志》五十卷鈔本」條。

[二] 見《思適齋集補遺》卷下。

[三] 《瞿木夫先生自訂年譜》曰：是年二月，瞿木夫於廿六日由蘇州掃墓抵家。「蘇州顧澗薲舊友廣圻來訪。」木夫家居嘉定，殆是時，千里正欲往上海也。

[四] 段右白，名驤，段玉裁之子。江蘇金壇人。劉盼遂《段玉裁先生年譜》曰：「先生子二，女一。長名驤，字右白。國子監生。」又，《定盦全集》第十輯《己亥雜詩》中有詩曰：「少年哀豔雜雄奇，暮氣頹唐不自知。哭過支硎山下路，重抄梅冶一匲詩。」下注：「舅氏段右白，葬支硎山。平生詩，晚年自塗乙盡，予尚抱其《梅冶軒集》一卷。」

[五] 千里〈古甎錄序〉曰：「今年予薄遊上海，因右白段君識寄礄陳君。過其所居。」此〈序〉作於「乙酉」年，知是年千里嘗遊上海。

[六] 見《集》卷十六。又參見上年注[五]。

[七] 嘗見千里手校《重校正唐文粹》一百卷，底本為明嘉靖三年徐焴刻本，全書凡二十冊，批校幾徧。其中校語，多有外所未見，誠為可寶。考其校閱時間，自是年四月始，至道光丁亥止，非止一過，乃千里晚年用力之作。今據所標時日，次其校閱過程於下。此三年中，凡顧校《唐文粹》，未別具出處者，俱見是書，不另具。

此書卷末，千里有批識曰：「道光五年四月，校於揚州新城寓館。」此跋又載《書跋》卷四，千里欲撰《唐文粹辨證》，似發軔於此。

[八] 鄭新甫，名柏，後更名士傑。江蘇揚州人。據《嘉慶揚州府志・選舉志》載，其為乾隆五十三年舉人。又，據《明清歷科進士題名錄》載，其為嘉慶己巳進士。

[九] 戴清，字靜齋。江蘇儀徵人。《光緒重修儀徵縣志》卷四十四〈藝文志〉中，著錄戴氏撰《四書典故考辨》十二卷、《羣經釋地》十卷，下注其生平曰：「邑明經。其自序《考辨》略曰，我朝《四子書》考據者不下數十家，流覽之下，勤加採錄，垂二十載。是者仍之，非者正之，闕者補之，鱗次得千有餘條。」「〈羣經釋地自序〉略曰，取向所錄存者細心辨悉，間出己意參訂，均釋以今日地名，更八歲而三易其稿成書。」其生平可略見一斑。

[十] 嘗見千里所跋原書，凡一冊。前有范仕義，李周南〈序〉。千里跋曰：「道光五年五月，寓邗上翠筠館中，鄭新甫司馬持此書見示」云云，今據以著錄於此。

[十一]《柏梘山房詩集》卷四載〈夏日雜詠〉詩，曰：「吳郡顧千里，儒林得大師。病猶思誤字，醒亦好微詞。潦倒依書卷，崢嶸仗酒厄。最憐《文選》學，不解《說難》悲。」下有注曰：「君校刻書數十種，皆有考異，極精核。《文選》、《韓非子》，其二種也。」

此卷中之詩，為「壬午」至「丁亥」年所作，依所作時間為次，考其次第，此詩當為是時所作。

[十二] 千里校《唐文粹》，其卷十九末批識曰：「夏至日校至此。」

[十三] 同上書，卷二十有批識：「乙酉六月」。考千里校書次第，是月校此卷。

[十四] 同上書，卷二十一中，千里有批識：「乙酉大暑。」又，此卷〈唐衞尉卿洪州都督張公遺愛碑並序〉上有批識曰：「按，中有脫文，乙酉六月。」可知是月千里校至此卷。

[十五] 同上書，卷三十七卷末，千里批識曰：「七月六日，校至此卷。」此跋《書跋》卷四「《唐文粹》一百卷明刻本」條下收錄。

[十六] 同上書，卷四十末，千里批識曰：「七月十五日校至此卷。」又跋曰：「〈明堂議〉等篇，鼎臣從《舊唐書·儀體志》錄者，與《英華》多不同，他日當再細勘之，千翁記。」此跋《書跋》卷四收錄，然漏脫前一句。

[十七] 同上書，四十九卷末，千里批識：「廿三日再校。」五十卷末批識：「廿三日燈下校此。」殆是日重校四十九卷，又校五十卷。

[十八] 同上書，卷五十五末，千里批識：「廿六日校。」考此卷中，千里批有「丁亥再校」，「丙戌再校」，「丁亥」等語，由是可知，千里校《唐文粹》非一過矣。此「廿六日」，從千里校書順序言之，當為乙酉年事。此時千里校《文粹》，幾每日不斷，日校一卷矣。

[十九] 同上書，卷五十七中，千里批曰：「七月廿八日再校。」

[二十] 同上書，卷五十八末，千里有批識曰：「廿九日校。」以前後順序次之，亦當為此月之事。

[二十一] 見《書跋》卷四「《唐文粹》一百卷明刻本」條。

[二十二] 千里校《唐文粹》卷六十末，有批識曰：「初二日校。」此「初二日」，從上下校書順序觀之，當為是年八月之事。

[二十三] 同上書，卷六十五中有千里批識曰：「乙酉八月定」，卷末有批識「初四日燈下再校。」則千里此時校至是卷。

[二十四] 同上書，卷六十八末，千里有批識曰：「初五日校，初六日雨窗再校。」此跋語《書跋》卷四收錄。

又，此卷杜牧〈唐丞相故太子少師奇章郡開國公贈太尉牛公墓志銘並序〉一文「拜疏訖，就道除檢校司空」句下，千里校語曰：「《新書·傳》乃『檢校尚書』，《舊書·傳》加『檢校司空』。」云云，當俱為此日所校跋。

[二十五] 同上書，卷六十八，千里有批識曰：「乙酉八月得此。」此卷末，有批識曰：「初

九日燈下再校。」卷七十二末批曰：「初九日校至此。」可知千里八月九日曾覆校卷六十九，而校至卷七十二。

又，卷六十九，柳宗元〈唐監察御史周公墓碣銘〉中，千里有校語曰：「開元二十五年四月，子諒以監察御史彈牛仙客非才而死，此云天寶，誤也。」似當為此日所校。

[二十六] 見《書跋》卷四「《唐文粹》一百卷明刻本」條。

[二十七] 千里校《唐文粹》卷七十三末，千里批曰：「八月十六日燭下校此。」

[二十八] 同上書，卷七十三歐陽行周〈同州韓城縣西尉廳壁記〉上，千里有跋語，曰：「八月十七日晨起得此條。」其跋文《書跋》卷四「《歐陽行周集》十卷鈔本」條下錄之。據上下校書順序，當為是年之事。

[二十九] 千里校《唐文粹》卷七十六末，有識語曰：「十八日校此。」

[三十] 同上書，卷七十八中千里批識曰：「八月廿日記。」卷末批識曰：「廿日燭下校至此。千翁記。」

[三十一] 同上書，卷七十九末，千里批識：「廿一日校。」

[三十二] 同上書，卷八十一末，千里批識：「廿二日校。」

[三十三] 同上書，卷八十四末，千里批識曰：「廿三日校。」又，卷八十一中，批識曰：「乙酉八月廿三日記。」殆是日，千里校至八十四卷，而對八十一卷中之某些篇章，又覆校之也。

[三十四] 同上書，卷八十五末，有千里批識曰：「廿四日校。」

[三十五] 同上書，卷八十七末，有千里批識曰：「廿五日校。」又，卷八十六，田弘正〈與李教書〉，千里校「教」為「勃」，並有校語，當為是日之事。

[三十六] [三十七] [三十八] [三十九] 俱同上書，見各卷後千里所注明之時間。此兩月間，千里每日校書之進程，可謂逐日可考。

[四十] 同上書，千里於卷九十七末，有批識曰：「卅日校此，三鼓燭下記，一雲老人，時年六十。」

[四十一] 《集》卷四載〈詠春光——奉華亭四兄，即以為壽〉，此詞作於「丙戌」「嘉平初吉」。詞中有注曰：「去歲八月，集其齋，為予六十生辰置酒事。」則今年八月，眾人嘗為千里作壽。

關於「華亭四兄」，趙氏《顧千里年譜》以為「未詳何人」。又曰：「時先生或在江寧，或在揚州。」今考千里蹤跡，是時當在揚州，或「華亭四兄」為千里在揚州之友人也。

[四十二] 千里校《唐文粹》，卷九十七末，有批識曰：「九月一日再校。」又，據千里校此書之進程，或是日校畢全書，又覆校九十七卷也。要之，千里當在九月初校《唐文粹》一過。

[四十三] 見《書跋》卷四「《唐文粹》一百卷明刻本」條下。

[四十四] 千里校《唐文粹》卷三十下之卷末，有千里批識曰：「九月廿四日，燈下再校此卷。」云云。《書跋》卷四亦收錄。殆是年九月初，千里校畢《唐文粹》一過，又覆閱其中某些篇章。

[四十五] 此〈序〉載《集》卷十一，於題目下注「乙酉」撰。而王欣夫先生校《思適齋集》，此跋後補：「道光乙酉嘉平月，元和顧千里撰於新城雙橋巷中之思適齋。」今據以次之。

[四十六] 此〈序〉載《集》卷十二。王欣夫先生校《思適齋集》於此文末添補：「道光五年，歲次乙酉，醉司命日顧千里書於揚州新城雙橋巷口之思適齋，時年六十」數字。「醉司命日」，為十二月二十四日。《東京夢華錄》卷十曰：「二十四日交年，都人至夜請僧看經，備酒果送神。燒合家替代錢紙。帖竈馬於竈上，以酒糟塗抹竈門，謂之醉司命。」即「醉司命日」。

[四十七] 千里校本《唐文粹》卷三十一，侯喜〈唐德宗神武皇帝降誕節獻壽文〉上，千里批曰：「乙酉十二月再讀。」卷三十二，令狐楚〈唐憲宗章武皇帝哀冊文〉上，有批識曰：「乙酉再定。」此時千里又校。

[四十八] 謝佩禾，名塈。江蘇甘泉人。《續修甘泉縣志》卷二十四其傳曰：「國子監生。先世由江西遷揚州，居邵伯鎮，遂為甘泉人。塈工詩，家藏名書畫甚多。中年以後，橐筆遊四方，客山東曲阜最久。飽覽衍聖公府收藏，因著《書畫所見錄》三卷、《金玉瑣碎》二卷。所與交自名公巨卿乃及山人墨客，方外名流。篇什投贈，殆無虛日。」「輯有《蘭言集》十四卷。繪春草堂、青山別墅二圖，徧徵海內題咏。晚年裒所作詩得十卷，名為《日損益齋詩鈔》，又有《春草堂隨筆》並刊行世。」

千里於道光丙戌所作《春草堂題詞》中曰：「客歲識君」，則識謝佩禾當在是年。

[四十九] 此詩載《集》卷三，未標明所作時間。考陳文述《頤道堂詩選》卷十六，載有〈聞蔣伯申大令出塞〉詩，曰：「宦海浮沉等閒事，秋笳好自唱涼州。」此詩與同卷中所載〈西園吊吳山尊學士〉詩為同年所作。可知蔣氏出塞當在道光元年以後。

又郭麐《靈芬館詩續集》卷三，載有乙酉年所作〈題伯生入關圖〉詩，曰：「居然生入玉門關，握手相向涕當潸。雪鬐千山高馬骨，月明少婦唱刀環。」圖繪之狀可略見之。千里之詩與郭氏之詩當為相近時所作。殆亦作於是年。

道光六年（1826年）丙戌，六十一歲。

上元，千里以《劉賓客文集》與《唐文粹》對校。[一]

春分前五日（二月初八日），為謝佩禾作〈春草堂題詞〉文。[二]

二月，跋《笠澤叢書》四卷，時仍在揚城寓館。[三]

四月上旬，跋黃椒升[四]贈所撰《金石補編目錄》一卷。[五]

上旬，千里又撰〈戈順卿填詞圖序〉。[六]

夏，代陳寄礀作〈古甎錄序〉。[七]

千里跋於得自趙晉齋的〈右僕射裴遵慶神道碑〉。[八]

又跋於吳有堂所贈〈河陽張公□夫人殘碑〉。[九]

伏前一日,千里為盧葵生[十]撰〈漆沙硯記〉。[十一]

是年,千里從吳志忠處借得鈔本《呂衡州集》,將其與秦恩復所得馮氏舊藏的鈔本對勘。九月二十四曰,覆校畢,千里跋於馮氏鈔本上。是時,千里在為秦恩復校刊唐人別集也。[十二]

為秦恩復督刊《呂衡州集》,千里將自撰之《考異》附後刊行。是為石研齋刻《唐人三家集》中之一。[十三]

九月二十九日,秦恩復之姬人端木氏卒,千里為之撰〈墓志銘〉。[十四]

十月二日,千里以《王右丞集》與《唐文粹》校讀,跋於《唐文粹》上。[十五]

初冬,千里於揚州命工寫樣覆校《抱朴子外篇》五十卷,跋之。[十六]

作〈抱朴子外篇序〉。[十七]

十一月,千里再校《唐文粹》中文字。[十八]

嘉平初吉,千里作〈詠春光——奉華亭四兄,即以為壽〉詞。[十九]

是月,再校讀《唐文粹》。[二十]

是年,千里反覆校訂《唐文粹》中部分篇卷,多有題識。[二十一]

冬,嚴小秋自淮上路過邗江,見千里,請為其作〈詞序〉,千里序之。[二十二]

是歲,千里從汪閬源處借得宋麻沙本《王右丞集》,影鈔一過。徧取他本對勘,並跋於宋本上。[二十三]

又以繆氏刻本《李太白集》與他本互勘,並跋於繆氏刻本後。[二十四]

千里見秦恩復藏《張燕公集》,跋之。[二十五]殆是時,千里徧取多種唐人別集,與《唐文粹》參比對勘。

是歲,千里作〈張樂燕賓圖〉絕句一首。圖中所畫為孫淵如在畢沅幕中事。[二十六]

千里於揚州跋《文氏書札》。[二十七]

〈姜白石集跋〉寫於是年。[二十八]

是年,千里似一直在揚州,居雙橋巷。邊為秦恩復等校書,邊又致力於《唐文粹》之整理校訂。

注釋:

[一] 千里校《唐文粹》卷三十四,劉禹錫〈天論〉:「陽而藝樹,陰而揫斂,防害用濡,三

禁用光」句，千里批識曰：「防害用濡者，水也。禁焚用光者，火也。《英苑》、《集》是。丙戌上元得此。」可見千里嘗以《文苑英華》、《劉賓客文集》與《唐文粹》互校。

又張瑛《知退齋稿》卷五〈河之顧君傳〉曰：庚申吳中之變，「君深自痛惜失其先世手澤，重購篇籍，偶得澗蘋先生手校《劉賓客集（按：原文無集字。）》、《沈下賢集》，寶獲之。」千里校《劉賓客集》，或在此時前後。

〔二〕見《集》卷十二所載。

〔三〕見《書跋》卷四「《笠澤叢書》四卷校本」條。

〔四〕黃椒升，名錫蕃，浙江海鹽人。光緒二年刊《海鹽縣志》卷十七有其傳曰：「精鑒賞，工八分。少饒於資，購求金石文字，日事參考。家落，以布政司都事需次福建，上游器重之。署上杭縣典史，辭疾歸。日坐小樓從事丹鉛。好古之士，咸就質焉。與鄉老為詩酒之會，年九十一，以壽終。著有《金石考》、《海上竹枝詞》百首。」

〔五〕嘗見千里所跋《金石補編目錄》一冊，千里跋曰：「丙戌四月上旬」，「黃椒升贈，跋之。與黃別二十年矣。」然則千里與黃氏見於嘉慶十年左右。

〔六〕見《集》十三所載。

〔七〕〔八〕〔九〕見《思適齋集補遺》卷下所載。

〔十〕盧葵生，名棟。江蘇江都人。《同治續纂揚州府志》卷二十四載其事蹟曰：「江都監生。善製漆器砂硯，尤見重於時。自謂先世於南城市外市中，買得一硯，上有『宋宣和內府製』六字。其形質類澄泥而絕輕，入水不沉。甚異之。久知，乃知為漆砂所成。授工仿造，既竭心思，始克盡善。用之者咸謂得未曾有，今其法尚傳，而精巧不逮矣。」

又吳鼐《吳學士詩集》卷三有〈題盧葵生古榆書屋圖〉曰：「平泉木不盡，何況隱君家。天上星仍映，春來樹又花。移居書籍在，讀畫夕陽斜。俾我不終卷，方因嘆逝嗟。」其生平略可知。

〔十一〕此〈記〉載《集》卷五。原未注明時日。王欣夫先生校本《思適齋集》，於文後補：「道光丙戌伏前一日元和顧千里撰，時年六十有一。」今據以著錄。

〔十二〕千里校《呂衡州文集》跋，《書跋》卷四收錄，僅注明「九月二十四日」，未標年代。考跋中，千里自署為「千翁」，稱秦恩復為「澹翁」，可知此跋當為千里晚年所作。又有曰：候「他日勒成定本」，可知其必作於道光七年，石研齋本《呂衡州文集》刊行以前。再則，跋中認為馮氏雖以《英華》、《文粹》校過，但不足觀。似當在千里校過《文粹》以後方能言之。再則，千里代秦氏撰〈呂衡州文集序〉中曰：「頃見元和顧君澗蘋攜借來吳茂才有堂家藏足本」云云，則千里跋時，當距此集刊刻時不遠。故次為是年。而此時，千里正在為秦氏校刻書籍。千里校《唐文粹》卷二十七，呂溫《凌煙閣勛臣贊二十二首並序》之一〈秦胡公叔寶〉篇「洛汭之役，龍戰未決」下有小注：「我師與王世充陣於九曲。」千里標「世」字，曰：「《集》無，是。丙戌再定。」可見千里是年嘗校《呂衡州文集》。

〔十三〕見石研齋刊《唐人三家集》原書。

[十四] 此〈墓誌銘〉見載《集》卷十八。中曰：「道光六年，太歲丙戌」，「九月廿九日奄終於別寢。」可知端木氏卒於此時，〈墓銘〉當為此後不久所作。

[十五] 千里校《唐文粹》卷七王維〈白鸚鵡賦〉上，批識曰：「此題《文苑》載三首，第一即此篇。」下又有注。標明為「丙戌十月二日讀。」文中多有校語，乃係與《王右丞文集》互勘者。

[十六] 見《書跋》卷三「《抱朴子內篇》二十卷《外篇》五十卷傳鈔道藏本」條下。

[十七] 〈序〉載《集》卷九。未注明時日。因此時千里命工寫樣覆校此書，疑此〈序〉亦於此時所作。

[十八] 千里校《唐文粹》卷七，千里批識曰：「丙戌十一月再讀。」

[十九] 見《集》卷四所載。

[二十] 千里校《唐文粹》卷二十一劉禹錫〈高陵令劉君遺愛碑頌〉上，批識曰：「十二月再讀記。」以上下文所校時間推之，當為是年之事。

同上書，卷三十二褚遂良〈唐太宗文武皇帝哀冊文〉上，千里校語曰：「丙戌十二月再定。」

[二十一] 同上書，卷五十五下，千里有批識曰：「丙戌再校。」又，千里跋《李太白集》曰：「道光丙戌在揚州校刊姚鉉《唐文粹》。」是年千里屢校是書。

[二十二] 見《集》卷十五所載。

[二十三] 見《書跋》卷四「《王右丞文集》十卷宋刻本」條。

[二十四] 同上，見「《李太白集》三十卷繆武子刻本」條。

[二十五] 此跋載《書跋》卷四，未標明所作時間，考其中有曰：「其款每半葉十一行，每行二十字，宋槧唐集類如是計有多家，此及《李翰林》、《駱丞》，皆其一耳。」當係與諸唐集互相參證後所跋，似為是年前後所作。

此跋《集》卷十五亦載之，注明為「丙戌」所作。汪宗衍《顧千里年譜》據之，將其次於是年。趙氏《顧千里年譜》則將此跋次於道光四年，未詳何據。似誤。

[二十六] 此詩載《集》卷三，注明：「時淵翁沒已九年矣。」考孫星衍卒於嘉慶二十三年，至今年，正值九個春秋。故次於是。

[二十七] 趙氏《顧千里年譜》是年載千里跋《文氏書札》曰：「近數十年，賞鑒家尤重書札，予所見不少。如此冊彙自華氏，復得家雲美（趙注：雲美，顧苓之字也。有《塔影園集》）為之跋，洵屬上品，非尋常零星湊集者比也。道光丙戌顧千里觀於揚州新城之翠筠館並記。」今據趙譜次於是。翠筠館乃金近園氏宅邸。

[二十八] 此跋載《書跋》卷四。未標明所作時間。然其中曰：「今校姚鼎臣《文粹》，至李庾〈西都賦〉」云云，可知此跋當在千里校《唐文粹》以後方能為之。暫次於是。

道光七年（1827 年）丁亥，六十二歲。

　　五月，千里為秦恩復刻《呂衡州文集》，閏五月告成，初吉日，代秦恩復作〈序〉。是時，在秦家見有何義門校本《後山先生集》，臨而跋之。[一]

　　閏五月朔，千里作洞庭徐漱坡《孝行錄》之〈序〉。[二]

　　是月，借宋刻本《孫可之集》校明正德年間王濟之刻本，並跋於宋刻本上。[三]

　　望日，千里跋〈萬年宮銘〉拓片。[四]

　　是月，千里跋〈晤臺銘〉拓片。[五]

　　又作〈華仙元化畫像記〉。[六]

　　是月，千里於陶五柳家，見架上有鈔本《道藏目錄詳注》，記於秦恩復石研齋刊本上，並有跋。[七]

　　六月朔，千里跋宋本《孫可之集》「龍多山錄」一條。[八]

　　十日，千里再讀秦恩復抄本《歐陽行周集》十卷及《補遺》，並校之。[九]

　　望日，作〈呂衡州集跋〉，時在揚州新城雙橋巷。[十]

　　是日，張古餘賦詩贈千里，贊其：「考證萬端歸至是，辭華一字必精純。」「獨學遠追三惠業，精心近比二王看。」而感嘆「瀠洄帶水通音易，貧病衰年會面難。」而千里亦依其體回酬二首。殆是時張古餘在江寧，而不能與千里見面矣。[十一]

　　是月，千里覆校《唐文粹》，跋之。[十二]

　　立秋後三日，秦恩復以鈔本《沈下賢文集》贈千里，千里跋之。又假原本來臨何義門校語一過。[十三]

　　七月二十八日，千里借平山堂藏本《廣弘明集》校之，並跋於明刻本上。[十四]

　　九月九日，陳雪峰攜張敦仁所著吳勉學刻本《資治通鑑》的《刊誤》來請千里為之作序。另錄有明嘉定嚴氏《補正》，乃陳氏募資合刻者。千里作〈通鑑刊誤、補正序〉。[十五]時仍在揚州。

　　是月，為張月霄[十六]作〈愛日精廬書目序〉。[十七]

　　十月，郭麐六十歲，名其庵曰「老復丁」，畫圖索題，千里因作〈老復丁庵圖序〉。[十八]

　　十一月十七日，千里復信顧南雅，謝其所贈書籍及碑版拓片。稱己「失館困頓，時苦肝疾」，而請顧南雅「代謀位置」云云。[十九]生活狀況頗艱。

　　十一月朔，再讀是年顧南雅寄來的〈李秀殘石〉拓片，並跋之。[二十]

嘉平月，屠孟昭之母楊氏年七十，千里應屠氏之請，為其作〈壽序〉。[二十一]

是月，汪孟慈自都中寄〈魚臺馬氏漢殘碑〉拓片贈千里，千里跋之。[二十二]

二十日，毛叔美[二十三]以〈紅豆書樓圖〉囑千里篆於冊首，千里書罷，復繫絕句一首。[二十四]

冬，千里以自己所鈔衢州刻本《郡齋讀書志》與藝芸書舍刻本互校，斥黃丕烈、李富孫，並跋於汪氏刻本之上。[二十五]

是年，為甘泉李靜齋[二十六]作〈洗桐軒圖記〉。[二十七]

應沈光墭之請，代南匯知縣楊承湛[二十八]撰〈天后宮碑跋〉。[二十九]

千里見汪閬源藝芸書舍所藏宋蜀刻本《王摩詰文集》，以其與前所影鈔的《王右丞文集》對校，跋之。[三十]

是歲，千里在揚州，欲為《文粹辨證》，徧搜唐賢遺集，與《文粹》互校。《張曲江集》、《文藪》、《一鳴集》、《讒書》等集之跋語，俱為此時前後所作。[三十一]

是歲，千里為凌曙[三十二]作〈壞室讀書圖序〉。[三十三]

千里得唐睿宗書順陵碑拓本，寄在京中之龔自珍。龔自珍得而作詩二首，書於幀末。[三十四]

注釋：

[一] 此〈序〉見《集》卷十。石研齋刻《唐人三家集》本《呂衡州文集》中，此〈序〉中有「道光七年，歲次丁亥閏月初吉」數字，《集》中脫漏。今據以著錄。殆是時，此書刊刻告成也。又，臨跋《後山先生集》事，見《藏園羣書經眼錄》卷十三，「《後山先生集》三十卷」條下，曰：「偶見是集於玉笥仙館，借而臨之。道光七年之閏。」

[二] 此〈序〉載《集》卷十一，注明作於「丁亥閏月」。王欣夫先生校《思適齋集》，在此〈序〉後補：「道光七年，歲在丁亥閏月朔，郡人顧千里撰」數字。今據以次之。

[三] 見《書跋》卷四「《孫可之文集》十卷宋刻本」條。千里跋此書凡有三條（包括「龍多山錄」一條）。《集》卷十五錄其中兩條，且有脫誤。《士禮居藏書題跋續編》卷四「《孫可之文集》十卷宋刻本」條下，錄千里三條跋，糾《集》所載之誤，然仍有誤脫。

[四] 此跋載《集》卷十六。王欣夫先生校《思適齋集》，於此跋後補「道光丁亥閏月之望記」數字，今據以次之。

[五] 同上。王欣夫先生校本於跋後添「道光丁亥閏月再讀得此。」今據以次之。

[六] 同上書，載卷五。王欣夫先生校本於此文後補：「道光七年，歲在丁亥閏月，元和顧千

里」數字。今據以次之。

　　［七］見《書跋》卷三「《道藏目錄》不分卷校鈔本」條。

　　［八］見《書跋》卷四「《孫可之文集》十卷宋刻本」條。

　　［九］同上，「《歐陽行周集》十卷鈔本」條。

　　［十］此〈跋〉載《集》卷十。題為〈呂衡州集後序〉。標明為「丁亥九月」作。然《唐人三家集》之〈序〉末注明：「時道光丁亥六月之望，跋於揚州新城雙橋巷寓齋。」今據《唐人三家集》本原書次之。

　　［十一］詩俱載《集》卷三。

　　［十二］千里校《唐文粹》卷二十二，郤昂作〈岐邠涇寧四州八馬坊碑頌〉下，千里有校語曰：「《寶刻類編》：〈八馬坊碑〉，郤昂撰。開元二十五年立。鳳翊。按，此『郤』字誤，丁亥六月。」可知此時千里又曾覆校《唐文粹》。

　　［十三］見《書跋》卷四：「《沈下賢文集》十二卷校鈔本」條。

　　［十四］同上書，卷三「《廣弘明集》十卷校本」條。

　　［十五］是〈序〉載《集》卷十一。注明「丁亥九月」作。陳氏《獨抱廬叢刻》本張敦仁《通鑑刊本識誤、通鑑補正略》的千里〈序〉中，注明「道光丁亥之歲重九日撰於邗水寓次，時年六十有二。」今據以次之。

　　［十六］張月霄，名金吾。江蘇昭文人。《常昭合志稿》卷三十二附〈張仁濟傳〉，曰：「從季父海鵬校刊羣書，考據精當。」又，李兆洛《養一齋文集》卷十五有〈張月霄傳〉，稱其「愛書甚摯，讀書甚勤，校讎纂輯甚當」，而「為債家所窘，盡沒其書。」

　　［十七］是〈序〉載《集》卷十二。注明為「丁亥七月」。而《愛日精廬藏書志》原書〈序〉下曰：「道光七年，歲在丁亥秋九月，撰於邗江寓次。」今據以次之。

　　［十八］郭麐《靈芬館全集·爨餘叢話》卷四有曰：「余生於丁亥，六十之年，取《急就章》『長樂無極老復丁』之語，名所居曰『老復丁庵。』士薌為作圖，乞同人題之。余先所有圖，諸君題者已錄入《詩話》矣，此為最後之卷。」「圖中有顧澗薲一記。」

　　千里之〈序〉，載《集》卷十三，名〈老復丁庵圖序〉，注明作於「丁亥十月」。

　　［十九］《思適齋集外書跋輯存》書前，有潘博山先生原藏千里致顧蒓手札影印件。其中曰：「旋得惠書籍（又續接惠書並漳州經幢，係久訪未得者，謝甚，謝甚。）」，「弟頑健雖遜前，而自與舊居停洪殿撰分手後，久不飲酒矣。唯失館困頓，時苦肝疾，然尚不劇也。」「前有一札，布陳下情，欲求援手，代謀位置，交小婿鈕承之寄京，想荷覽及，唯企德音。」云云。所署時間為「十一月十七日」。

　　此札未注明年代。考其中曰：「與舊居停洪殿撰分手後」，可知必作於道光二年以後。此札中還有請顧氏轉達京中王引之、汪孟慈等書札語，考是年十二月，汪孟慈有碑片寄千里，顧南雅亦有碑片寄千里，或千里此札即為往返書札中之一件，暫次於是。

　　〔二十〕　見《思適齋集補遺》卷下。

　　〔二十一〕　此〈序〉載《集》卷十八。據〈序〉中曰：「今歲嘉平，值七十壽辰（指楊氏），太守（指屠倬）見示，奉爵稱觴。堂贈言則丁卯五十時所乞之言也。」「丁卯」為嘉慶十二年，時五十，則七十壽辰，當在丁亥。

　　又，據王欣夫先生校《思適齋集》，在此文後，千里有〈自記〉曰：「余從不為此，勉以應命。但體格尚在，非俗手所能矣。」

　　〔二十二〕　見《思適齋集補遺》卷下。

　　〔二十三〕　毛叔美，名慶善，江蘇吳縣人。《墨林今話》卷十六「顧蕙」條曰：「適同邑毛叔美茂材為繼室。叔美工韻語，精鑒賞，儲藏書畫極多。嘗得忘庵所寫〈東禪寺折枝紅豆花圖〉，珍貴尤甚，特顏其居曰『紅豆書樓』。為伉儷聯吟讀畫處。」又，潘奕雋《三松堂續集》卷六有〈題紅豆書樓圖為毛叔美顧畹芳夫婦〉詩。注曰：毛叔美為翟云屏「外孫壻也」。張吉安《大滌山房詩錄》卷八亦有〈毛叔美尚友齋圖次榕翁韻〉。可見其生平及交往。著有《黃仲則年譜》，現稿本尚存。

　　〔二十四〕　此詩載《集》卷三。注曰：「戊子立春日。」趙氏《顧千里年譜》初刊本以其次於「戊子年」，後對樹書屋刊本於此條下注曰：「立春在上年十二月二十日辛卯丑正一刻四分。此有誤。」其說是，當次於丁亥。

　　〔二十五〕　跋見《書跋》卷二：「《郡齋讀書志》二十卷藝芸書舍刻本」條。

　　〔二十六〕　李靜齋，名周南，字冠三。江蘇揚州人。《同治續纂揚州府志》卷十三有其傳曰：嘉慶六年拔貢，十二年舉人，十九年進士。以主事籤分刑部。到部方浹旬，以母老乞養歸。侍閱五載，丁母憂，哀毀盡禮，服闋，以子幼展墓無人，決計不出，居家教授生徒。一時推為文章宗匠。後寓居袁浦，以微疾卒。年七十一。著有《洗桐軒文集》、《詩集》。

　　〔二十七〕　見《集》卷五。

　　〔二十八〕　楊承湛，字闓仙，順天宛平人。光緒九年刊《松江府續志》卷二十一有傳曰：「進士。道光二年任南匯知縣，尤留意水利」，「十六年以海防同知署府事，亦著循聲。」

　　〔二十九〕　見《思適齋集補遺》卷下。

　　〔三十〕　《書跋》卷四：「《王摩詰文集》十卷北宋刻本」條下曰：「去歲以建昌本見借，得影鈔一部。茲承示蜀本，遂加對勘。」此跋作於「道光歲在戊子孟陬月人日」，其校讎事或在丁亥、戊子之交。

　　〔三十一〕　千里校本《唐文粹》卷五十五下，有批識曰：「丁亥再校」、「丁亥」等字樣。又，《書跋》卷四「《李太白集》三十卷繆武子刻本」條下曰：「道光丙戌，在揚州校刊姚鉉《文粹》，因徧搜唐集之存於今者互相勘訂。」「《孫可之文集》十卷宋刻本」條下曰：「道光丁亥，因有《文粹辨證》之役，徧搜唐賢遺集。」又，千里代秦恩復撰〈呂衡州文集序〉中曰：「顧君年來與英山金近園規橅同撰《文粹辨證》，鈔校罕覯唐集，尚餘若干種，均有待於好古者。」

參以千里校《唐文粹》之情況，可知千里丙戌、丁亥間致力於斯役，至丁亥，已抄校罕見唐集若干種矣。

現《書跋》卷四，收錄千里唐集跋語幾二十種，間有未注明時日者。略可考知者有：千里跋《一鳴集》十卷鈔本曰：「余前欲合刊唐集罕傳者十家，秦敦夫開雕《呂衡州》即其一也。此外如《歐陽四門》、《皮子文藪》、《張燕公》，俱初勘定。」《張燕公文集》，千里跋於丙戌，《呂衡州文集》，刊於丁亥。則《一鳴集》、《文藪》的跋，當作於丁亥年前後。《讒書》千里跋曰：「《唐文粹》所載亦未全」，可見亦當於校《文粹》時所參閱者。此外，《杜荀鶴文集》的跋語，似亦作於是年。

[三十二] 凌曙，字曉樓，江蘇江都人。《清史稿》卷四百八十二有傳。

[三十三] 此文載《集》卷十三，未注明所作時間。考文中有曰：「凌君曉樓自粵歸，出〈壞室讀書圖〉相示」，可知此圖乃凌氏自粵歸揚州時示千里者。據《清史稿·凌曙傳》曰「好學根性，家貧，讀《四子書》未畢，即去鄉雜作，保而續學不倦。年二十為童子師。」「阮元延曙入粵課諸子」，「道光九年，卒，年五十五。」由是可知，凌氏入粵，係阮元所聘，為其課子。而其自粵歸，則必在道光九年以前。而據《清代職官表》，阮元為兩廣總督，止於道光六年。則凌曉樓之離粵，當在此時。再考千里道光八年即已回吳中，故此〈序〉當作於丁亥。

[三十四] 《龔自珍全集》第九輯，錄有龔氏於道光丁亥年所作詩，題為〈顧丈千里得唐睿宗書順陵碑，遠自吳中見寄，余本以南北朝磨厓各一種懸齋中，得此而三，書於幀尾〉，其詩曰：「南書無過〈瘞鶴銘〉，北書無過《文殊經》；忽然二物相顧啞，排闥一丈蛟龍青。（原注：《文殊經》在山東水牛山）」「唐二十帝帝書聖，合南北手為唐型；會見三物皆卻走，召伯虎敦赫在庭。」（原注：召伯虎敦百有三名，余所獲器也。）

道光八年（1828 年）戊子，六十三歲。

正月七日，千里跋藝芸書舍藏宋本《王摩詰文集》。[一]

千里屬韋君繡[二]椎拓法螺寺〈趙崇雋壙志〉。[三]

二月望前五日，千里代汪閬源撰〈重刻宋本鷄峰普濟方序〉。[四]

仲春，千里從江秬香[五]處借得鈔本《寶刻叢編》，傳鈔而跋之。[六]

三月二十二日，千里與里中葉紓之等同遊虎邱，冒雨登山，尋訪石刻，興盡而返。千里抵家，作〈遊虎邱山記〉以記遊。[七]此時千里已自揚州歸里。

四月一日，同葉紓之觀江秬香所收碑版拓片於其家，江氏以重見者相贈。千里遂跋於〈開業寺碑〉拓片上。[八]

千里作〈題江秬香甫得碑圖次原韻〉詩。[九]

五月，千里撰〈重刻鷄峰普濟方序〉。[十]

是月，千里跋於〈韋端妻王氏墓志〉拓片上。[十一]

夏，千里得震澤王氏鈔本《沈下賢文集》，校舊鈔本一過，補宋元祐丙寅〈序〉及南卓昭嗣〈題劉薰蘭表後〉，並跋之。[十二]

九月二十四日，千里寄書王引之，答其所詢《荀子》版本事，並請引之為吳志忠校《釋名》作序。[十三]

是月，千里跋陸郎甫[十四]遺書稿本《大學合鈔》。[十五]

是月杪，千里跋於〈謙公安公構造殘碑〉上。[十六]

十月十日，千里跋方彥聞[十七]撰《金石萃編補正》上，以為「彥聞先生可謂真知篤好矣，惜不起少詹見之。」[十八]

十一月二十四日，程苣堂[十九]安葬，其孤來請千里撰墓志銘。[二十]

冬，葉紉之得李北海書〈任令則神道碑〉拓本，與千里共讀之。[二十一]

是歲，千里跋《笠澤叢書》。[二十二]

戈小蓮安葬，其子戈順卿來請千里為小蓮撰志文。[二十三]

千里作〈題吳靜軒[二十四]奚囊得句照〉。[二十五]

嘗與戈順卿過故人袁綬階舊居，不勝感慨，因作〈月下笛——過袁綬階舊居有感同戈順卿賦〉。[二十六]

除夕前一日，千里跋於景宋鈔本《班馬字類》上。[二十七]

是年，千里在里中搜羅金石拓本，與友人交遊。

注釋：

[一] 見《書跋》卷四「《王摩詰文集》十卷北宋刻本」條。

[二] 韋君繡，名光戭，字漣懷。江蘇蘇州人。光緒九年刊《蘇州府志》卷八十九載其傳曰：「諸生。少受業於顧太史元熙，為制舉文與書法，皆酷肖之。尤工於詩，始學李長吉怪偉奇特，錢塘陳大令文述亟賞之，一時名大起。嘗自刻其少作八卷，名《在山草堂詩草》。中舉後，出入盛唐名家，有詩六十餘卷。工畫，善鼓琴，兼通醫理。」

吳嘉淦《儀宋堂文二集》卷七載其傳曰：「居楓江，築室曰在山草堂。日吟嘯其中。」「予於癸丑避地山中，見樹石題曰：『詩人韋君繡之墓』，其達觀如此。不數年卒。」

又，《墨林今話》卷十七稱其：「性通敏，博覽羣書及岐、黃家言。幼時喜作畫，夏葤谷授以寫生法，未久棄去，以書名於鄉。」

　　[三] 見《思適齋集補遺》卷下。

　　[四] 此〈序〉載《集》卷十。注明為「代汪閬源」，作於「戊子二月。」王欣夫先生校本《思適齋集》於此文末補：「道光八年，歲在戊子二月望前五日」數字。

　　[五] 江秬香，名鳳彝。浙江錢塘人。《杭州府志》卷一百三十〈選舉志〉曰：「嘉慶三年舉人。」「錢塘人，景寧教諭。」西泠印社輯《金石家書畫集小傳》稱其：「晚號鹽道老人。」「平生工篆隸，嗜金石，搜羅考核既富且精。」趙氏《顧千里年譜》是年注中稱其：得《晉任城太守孫夫人碑》於新甫山下，一時名人為之援證史書，辨論字體，極為詳盡，有得碑圖一冊。」

　　[六] 見《書跋》卷二「《寶刻叢編》二十卷鈔本」條。

　　[七] 見《集》卷五所載原文。

　　[八] 見《思適齋集補遺》卷下。

　　[九] 此詩載《集》卷三。未注所作時日，考詩中有注曰：「予收〈任城孫夫人碑〉缺額，許分全通。」而此時，江秬香正有碑贈千里，殆千里於此前後所作，姑繫於是。

　　[十] 此〈序〉載《集》卷五。王欣夫先生校《思適齋集》於此文末添：「時道光八年，歲在戊子夏五月」數字，今據以次之。

　　[十一] 千里所藏拓本，現存北京圖書館，千里跋曰：「江寧友人吳伯英七兄買自碑估，蓋新出土也。戊子夏五寄我。顧千里記。」

　　[十二] 千里所題《沈下賢文集》跋語，載《書跋》卷四。跋語凡四條。其中一曰：「道光丁亥秦敦夫太史以家藏本雇手鈔成此部贈我。乃「丁亥立秋後三日」所作。又一條曰：「明年之夏，又得震澤王氏家藏鈔本一校，首補宋元祐丙寅〈序〉一首，十一卷末補南卓〈題劉薰蘭表後〉一首。」此跋未注明所題時間，以上下文推之，或當為戊子夏日所作，故次於是。

　　[十三] 千里致王引之書之原文曰：「敬啟者，前承覆示，藉稔起居，遠符慰頌。並荷垂詢宋本《荀子》。此書徧地收藏家曾見兩部，一呂夏卿本，盧校所據。曾為人校過一錢佃本，即王厚齋所謂監本。未及借得，容俟歲內返里時，代為蹤跡，當校出一通奉上也。頃，吳有堂兄屬以《釋名》呈正，其說單用本書比例為準，未識尚為有當否？若能不棄賜〈序〉，造就末學非淺矣。統此布請曼卿大人臺安。晚生顧千里頓首。九月廿四日啟。」

　　此札趙氏《顧千里年譜》次於道光四年。考王引之為吳有堂《釋名》作〈序〉，時在道光九年六月，說見下。若千里於道光四年為吳氏請〈序〉，而王引之直至九年方為之，似嫌間隔過久，此其一。又，千里跋藝芸書舍宋刻本《荀子》二十卷曰：「近者王石渠先生《讀書雜志》內有《荀子》一種，屬訪此兩本（指宋呂夏卿刻本和錢佃刻江西漕司本），將採擇焉。」此跋作於道光乙丑孟陬。若王氏在五年以前相詢，似不可稱為「近者」。且現所見千里所跋《荀子》，未見有作於道光四年前後者。此與「容俟歲內返里時，代為蹤跡」語不符，此其二。再，《書跋》卷三載千里題《荀子》跋語，分別作於道光己丑孟陬和立秋日，而千里為吳志忠所作《釋名略例》，亦在己丑年，故知千里之書札，當作於近己丑之時。疑趙氏有誤，今次於是。

〔十四〕 陸郎甫，名耀，郎甫或又作郎夫。江蘇吳江人。《清史稿》卷三百二十四有傳。

〔十五〕 見《書跋》卷一「《大學合鈔》六卷稿本」條。

〔十六〕 千里所跋此碑拓片，現存北京圖書館。其跋曰：「南唐治平寺殘碑，吳玉山拓贈，道光八年九月杪，顧千里記。」

〔十七〕 方彥聞，名履籛。江蘇陽湖人。李兆洛《養一齋文集》有其〈傳〉。《清史稿》卷四百八十六有傳。

〔十八〕 見《書跋》卷二「《金石萃編補正》四卷鈔本」條。

〔十九〕 程芑堂，名開豐，字羽文。祖上為新安篁墩望族，遷吳而居。事詳見《集》卷十八〈誥封朝議大夫即用訓導芑堂程君墓志銘〉。

〔二十〕 《集》十八，載千里所撰〈墓志銘〉。未注所撰時間。考程氏卒於道光七年八月三日，而「明年十一月廿四日」入葬，則此〈銘〉似當作於是年。

〔二十一〕 見《集》卷十六。千里跋中有「拓本為同里葉君紉之所得，戊子冬，出而共讀」語。

〔二十二〕 見《書跋》卷四「《笠澤叢書》四卷校本」條。

〔二十三〕 千里撰〈清故孝子戈君之銘〉載《集》卷十八。考文中有曰：戈小蓮卒於「道光七年二月朔」，「以明年」，葬於長洲。「先期，載請誌文於同邑顧千里。」則可知，此〈誌〉作於是年。

〔二十四〕 吳靜軒，名志恭。江蘇蘇州人。《瞿木夫自訂年譜》道光十七年，有曰：「五月，吳靜軒上舍志恭，招往虎邱別業聚觀其所藏古器，以永嘉二年甀見贈。為跋〈馬懷素墓志〉。」又，徐康《前塵夢影錄》卷上，記「仙壺」事曰：「道光初年，吳靜軒以三十金得之，裝潢高供，遂自號『仙壺』。靜軒家素封，酷嗜金石。所交老輩有趙晉齋、楊龍石、徐問渠、江秬香諸君。」「不十餘年，家遂中落。」「所購金石彝器，法書名畫，尚羅列可玩。性情曠達，絕不以貧富介懷。自遭大劫，收藏星散。」

〔二十五〕 此詩載《集》卷三。未注所作時間。據上注，吳氏似至咸豐年間尚在，又稱趙晉齋、江秬香等為前輩，則此詩必當作於千里晚年，因此時千里與趙、江等人交也。又，郭麐《靈芬館詩續集》卷六，載有是年所作〈奚囊拾句圖〉詩，千里之詩或為相近時所作。暫次於是。

〔二十六〕 此詞載《集》卷四。未標所作時間。考詞中之意味，乃感慨廷檮因無人繼其業，致使家園破落，頗有勸順卿要繼承家業之意。是年戈小蓮安葬，千里與戈順卿多有交往，或為此時為順卿作。

〔二十七〕 見《書跋》卷一「《班馬字類》五卷景宋鈔本」條。

道光九年（1829 年）己丑，六十四歲。

是月，千里於汪氏藝芸書舍見錢氏江西漕司刻本《荀子》，以為與呂夏卿所刊監本互有瑕瑜，遂作〈宋本荀子跋〉。千里尋訪宋本《荀子》，殆遵王念孫所囑也。

〔一〕

二月，千里跋〈任令則神道碑〉。[二]

三月二十六日，千里再次與葉紹之遊虎邱山，歸，作〈再遊虎邱山記〉。[三]

六月，王引之應千里之請，為吳志忠刊《釋名》作〈序〉。[四]

千里為吳氏撰《釋名略例》，附書刊行。[五]

七月既望，千里以顧氏讀畫齋本校黃省齋[六]所得鈔本《長短經》跋之。[七]

千里與戈載、韋光黻、朱紫貴[八]等集蘇州白公祠，朱紫貴有詩紀之。[九]

八月既望，儀克中[十]訪千里，千里為之以篆文書楹聯贈之。[十一]

八月二十九日，千里跋〈龍龕道場銘〉拓片。[十二]

是月，千里偕葉紹之訪瞿木夫，又同訪宋題名於後山。[十三]

八月，千里撰〈衢本郡齋讀書志考辨跋〉。[十四]

是月，跋邱泰[十五]所贈〈趙崇雋壙志〉凡二條。[十六]

九月三日，以〈趙崇雋壙志〉拓本示瞿木夫，屬其跋之。[十七]

九月七日，千里再跋〈龍龕道場銘〉，云，據儀克中所言，龍龕洞在羅定州。[十八]

八日，再跋〈龍龕道場銘〉。[十九]

九日，千里撰《校刻輿地碑記目序錄》。[二十]此書千里曾以孫淵如、趙晉齋兩鈔本，並參以他本校過。車秋舲[二十一]錄其副，為之刊行。

立秋日，千里跋宋刻本《荀子》，以為係修版刊印者，當印於宋淳熙年以後。此時，千里殆應王引之之請而校理《荀子》。[二十二]

是月，黃國珍以華陀像及千里所撰〈華仙元化畫像記〉刊布。[二十三]

十月十日，千里撰〈金湘溪[二十四]事略〉。[二十五]

為秦恩復撰〈詞學叢書序〉。[二十六]

是月，瞿木夫寄所撰《吳郡金石志目錄》、《洗冤錄辨證》二書，屬千里為之校正。[二十七]

十一月，千里跋〈魏玠壙志〉，此乃吳春生等拓來者。[二十八]

是年，千里應朱紫貴之請，為蔣繼勛撰〈墓志銘〉。[二十九]

龔定庵有書與千里，相約五年以後再相見。後，定庵爽約。[三十]

千里與儀克中唱和，作咏藥銚、紅蕙、萍、笛、蟬魚等五調。[三十一]

千里作〈惠松崖先生四世畫像記〉。[三十二]

注釋：

[一] 見《書跋》卷三「《荀子》二十卷宋刻本」條。

[二] 此跋見《集》十六。王欣夫先生校《思適齋集》，於跋後補：「己丑二月之望，時年六十四」數字，今據以次之。

[三] 見《集》卷五所載原文。

[四] 吳氏璜川書屋刊本《釋名》，前有王引之所作〈序〉，其曰：「顧明經潤蒼，以吳文學志忠所校《釋名》見示，且索數語為之序」，時「歲在己丑六月晦日。」此〈序〉又載《王文簡公遺集》卷五。

此〈序〉與列於去年的顧千里致王引之札，當為相近時所撰。

[五] 此文載《集》卷七。未注所作時間。考王引之〈序〉作於己丑六月晦，則千里此文亦當在是時前後所撰，暫次於此。

[六] 黃省齋，或云名國珍，安徽歙縣人。《瞿木夫自訂年譜》道光十三年條下曰：十二月，「歙人黃省齋國珍自吳門寓書，以姚明府德豫新刻《洗冤錄》未足稿見貽。」又，潘錫爵跋《顧氏說文兩種》曰，「詢其由來，知為黃君省齋家故物。省齋與先生為莫逆交，二書原稿俱在其家，併向假來校勘一過。」

然趙氏《顧千里年譜》是年內曰：「黃省齋請先生選〈華仙元化畫像記〉，刻石置於祠。九月，省齋子國珍思就像椎拓，殊非虔敬，爰易刊於木。」此將「國珍」稱為「省齋子」，與瞿氏所云牴牾。未詳孰是，錄以備考。

[七] 見《書跋》卷三「《長短經》九卷鈔本」條。

[八] 朱紫貴，號立齋，浙江吳興人。朱綬〈楓江草堂詩序〉曰：「立齋隸藉吳興，自其先翰林寓家於蘇。所居楓江草堂，圖史充牣，花竹秀發，優游俛仰，終年無門外之事，故得覃精讀書，畢意於撰述也。」

劉承幹〈楓江草堂集跋〉曰：其「以廩貢生為儒官，曾攝嘉興府學教授，瑞安縣學訓導。」

[九] 此詩載朱紫貴《楓江草堂詩集》卷四。題曰：「七月既望，借白公祠延秋小集，同顧丈千里、戈載、韋光黻、沈秉鈺、朱綬、沈傳桂、尤崧鎮、謝蘭生。」詩云：「湖山有分狎閒鷗，不負新涼是此游。曲榭平波先得月，晚風高樹早驚秋。恩恩琴酒酬佳約，澹澹鶯花寫冶愁。最是白公隄下水，年年無語自東流。」

[十] 儀克中，字協一，號墨農。廣東番禺人。《同治番禺縣志》卷四十八有其傳曰：「其先山西太平人。父埍以鹽運使知事分發廣東」，「遂為邑人。克中少有奇氣，讀書經目成誦。」「嘉慶三十三年（按：當為二十三年）與修《廣東志》，搜訪碑刻，多翁方綱學士《金石略》未著錄

者。學海堂課士，克中和方孚若〈南海百詠〉一夕就，總督阮元甚材之。海康陳昌齊，錢塘錢宜吉、仁和顧廣圻、甘泉江藩，皆折行輩與論交。高麗客卿李某遇之京師，傾倒甚至。後克中歸，萬里郵詩索和，名愈起。道光十二年，侍郎程恩澤來典鄉試」，「拔中舉人。倜儻尚俠，益讀書。有利濟志。」十四年「竟卒，年僅四十二。所著散佚，祁撫（祁墡）為收葺文集一卷，俾其子存於家。」

[十一]《思適齋集外題跋輯存》前有影印潘博山藏千里篆書楹聯真跡，其聯曰：「文發春華學收秋實，遠瞻劍氣近挹珠光。」題款曰：「墨農三兄先生屬篆楹帖，撰句應命，即求教正。時道光己丑之歲八月既望元和弟顧千里記。」據上引儀氏傳，其於道光十二年前，曾由京返里。或是即其途經吳中，造訪千里時所求千里書者。

[十二]見《思適齋集補遺》卷下。然據北京圖書館藏此原件與《補遺》所載小有出入。「嘉慶丙子歲，仁和趙晉翁贈我此銘」至「道光九年歲次己丑八月廿九日，時年六十有四」當為一段。今據以次之。

[十三]《瞿木夫自訂年譜》載，是年八月，「顧澗薲偕葉紉之汝蘭來訪，以《隸釋刊誤》、《新刻蜀石經》及外舅《四史朔閏考》見贈。同至後山訪宋曾處善題名於同善堂後庭中。又上千人石，於池旁搜訪題名。」

[十四]載《集》卷十五，標明作於「己丑」。王欣夫先生校本《思適齋集》，於文末補「道光己丑八月跋」數字，今據以次之。

[十五]邱泰，字安之，江蘇元和人。《墨林今話》卷十七載其事曰：「少孤貧，學畫蘭竹人物以自給。後工花鳥，得南田（惲南田）法，與周雲巖齋名。」又，戈小蓮《半樹齋文》原刊本扉頁有邱泰所題隸書「半樹齋文」書名，下有「安之」白文方章。

《思適齋補遺》卷下錄此跋，將「邱泰」誤為「鄧泰」，北圖金石組編輯《顧氏藏墨》則作「鄴泰」，殆俱因形近而誤。

[十六]千里跋此〈壙志〉凡兩條，《思適齋集補遺》卷下俱收錄。其一跋末注明：「己丑八月」所作，而另一未注時日。從跋中有曰：「安之又告余言」，可知與上跋當為同時或相近時所作，今一併次於是。

[十七]千里所跋〈趙崇雋壙志〉拓片，現存北京圖書館，此拓片上有瞿木夫、葉紉之跋語。瞿氏跋曰：「今秋僑居綠水橋邊，顧君澗薲過談」，「澗老慨然出拓本見贈。云，此係近時友人拓以見贈，石尚無恙也。」「九月初三日，澗老又出此拓本示余，屬書數語。」云云。

又，《瞿木夫自訂年譜》曰，道光九年，「七月往蘇州，抵綠水橋寓齋。」八月，千里訪之。與上瞿氏跋語正相吻合，可知此「九月三日」必為是年之事。

[十八]見《思適齋集補遺》卷下。

[十九]千里跋〈龍龕道場銘〉凡五條。《思適齋集補遺》卷下錄三條。《集》卷十六有兩條。此條載《集》卷十二。原未標明所跋時間。王欣夫先生校《思適齋集》於「此銘刻於聖曆年……

俟讀者詳之」條下，添補「千翁漫記」四字，於另一跋末，補「己丑九月八日」。今據以次之。

〔二十〕 此文載《集》卷八。注明作於「己丑九月」。王欣夫先生校《思適齋集》於文下補：「道光己丑，歲重九日，元和顧千里書於楓江儡舍，時年六十有四」一句，今從之。

〔二十一〕 車秋舲，名持謙，江蘇上元人。《光緒續江寧府志》卷十四有其傳曰：「上元庠生。博學好古，與楊輔仁、顧槐三結苔嶺詩社，常為諸侯上客。所著書已刊者：《古印譜》、《錢譜》、《紀元通考》、《顧亭林年譜》。後來著述之家，率以車書為權輿。今世傳《顧譜》成於張石舟，尤贊車書不容口。」

〔二十二〕 見《書跋》卷三「《荀子》二十卷宋刻本」條。

〔二十三〕 見《集》卷五〈華仙元化畫像記〉原文。

〔二十四〕 金湘溪，名德鵬，字萬雲。乃千里里人，黃省齋之姻丈。事見《集》卷十八〈金湘溪事略〉。

〔二十五〕 見《集》卷十八。注明為「己丑十月」作。王欣夫先生校《思適齋集》於此文末補「道光九年，歲在己丑十月十日」數字，今據以次之。

〔二十六〕 見《集》卷十三所載。

〔二十七〕 《瞿木夫先生自訂年譜》曰：道光九年十月，「寄顧澗薲《吳郡金石志目錄》、《洗冤錄辨證》二書，屬其校正。」

〔二十八〕 千里跋此拓片，現藏北京圖書館，跋曰：「今在南濠王家巷何氏，吳春生拓來。己丑十一月記。」

〔二十九〕 〈墓志銘〉載《集》卷十八。考〈銘〉中曰：「公生於乾隆十九年二月二十五日，歿於道光九年二月二十五日」，是年十二月二十四日入葬，先期介朱紫貴向千里請〈志〉，則當作於是年。

〔三十〕 《龔自珍全集》第十輯，《己亥雜詩》中詩曰：「萬卷書生颯爽來」，定盦自注曰：「夢顧千里有作。憶己丑歲與君書，訂五年相見，君報『敢不忍死以待』，予竟爽約。君以甲午春死矣。」定菴說千里死於「甲午春」，誤。

〔三十一〕 此數首詞俱載《集》卷四，注明為和儀墨農所作，未注明寫作時日。考是年千里與儀克中頗有交往。又見朱紫貴《清湘瑤瑟譜》中載有〈天香〉詞，其〈序〉曰：「顧丈澗薲以樂府補題五調，分詠藥銚、紅蕙、萍、笛、蟬魚」，考朱氏此詞作於己丑、庚寅之間，故千里之詞似亦當為此時所填。

〔三十二〕 此文載《集》卷五，乃為惠磐卿所作。文中有曰：惠氏「近由東渚移家楓江」，可知文當在其移居以後所作。考朱紫貴《楓江草堂文集》中有〈惠氏四世傳經圖題辭〉，亦係為惠氏所題。又有〈惠磐卿冷香別館圖記〉，曰：「移家澊墅，十宅楓江，地識三遷，澤縣五葉，雖青楊樹種已定新居，而紅豆花開不忘舊德，爰以冷香顏其別館。」可知，此文當為惠氏移居未久時作。考此二文，俱作於道光九年前後，故惠氏之移居，當為是年前後之事，以此推之，千里之

文，似亦當作於是年。

道光十年（1830 年）庚寅，六十五歲。

正月廿七日，千里致函王引之，賀其轉禮部尚書，答謝其去冬所贈《經義述聞》，並將己所校《荀子》諸條，命人錄出，以寄引之。[一]

千里再校孫志祖《文選李注補正》，以為有數條為前撰《文選考異》時漏脫。[二]

四月二十七日，程養廬葬其元配陸氏，千里為代撰〈墓志銘〉。[三]

葉紉之得趙晉齋《竹崦庵藏唐碑三種》，千里為之作跋。[四]

閏四月二十七日，千里中風癱瘓。[五]

五月二十九日，王念孫將千里所寄《荀子》校語附《讀書雜志·荀子》後刊行，作〈荀子雜志補遺序〉，敘其始末。[六]

六月九日，千里跋〈飛來峰題字〉拓片。[七]

六月二十二日，葉紉之訪千里，告以有〈元林禪師碑〉拓片。千里臥牀觀之。自感病眼昏花。[八]

二十三日，千里病中，力為紉之跋〈元林禪師碑〉拓片，乃命兒子書之。[九]

七月，為僧六舟[十]作〈次唐盧元輔天竺寺詩韻〉一詩。[十一]

九月，代汪閬源作〈重刊宋景德官本儀禮疏序〉，又自為〈後序〉。[十二]

是時，有函致汪氏，言校刊書籍改字事。[十三]

是年，上元車秋舲以傳錄先生校本《輿地碑記目》付刊。[十四]

時，千里欲校《孝經注疏》，無奈因病，遂不得完工。[十五]

注釋：

[一] 千里之函曰：「曼卿先生大人閣下，獻歲由南雅學士付下手書，伏稔侍奉多福。簡轉春官，深為忭慶。並承賜問賤體，曷勝銘荷。前呈《荀子》各條，係就舊時管窺，命人病中錄出，大抵淺近，恐無所當。若得老大人采擇附《補遺》以傳，榮且不朽，先此鳴悃為禱。去冬寄到惠頒《經義述聞》參拾貳冊，闡發淵源，懸之國門。洞究聲音文字之原，用祛自古相沿之蔽，使凡後學，既奉寶書，曉然指南，不獨得所遵循。一身私幸，雖委頓之餘，自力不前，轉形悵惘。惟教誨殷勤，始終不棄，倍增感激也。累月以來，末疾殊劇。右手恐廢，有覉仰答。彌懷惶悚，但祈願宥。」時在「正月廿七日」。

此函趙氏《顧千里年譜》次於道光四年。考此函中有曰：「前呈《荀子》各條」，可知千里作函時，已將校《荀子》各條寄王氏。千里道光八年九月二十四日致王引之札中曰：「容俟歲內

返里時，代為蹤跡，當校出一通奉上」，可知此函必在彼之後所作。趙氏將此次於彼前似誤。又，函中曰：「若得老大人采擇附《補遺》以傳」，可知此函當在《讀書雜志》中《荀子》一種已刊行，而《荀子補遺》尚未刊之時。考劉盼遂《王石渠先生年譜》，《荀子雜志》刊於道光八、九年。而王念孫〈荀子補遺序〉則作於道光十年，故此函必作於九、十年間。

再考此函中有曰：「去冬寄到惠頒《經義述聞》參拾貳冊。」考王引之於道光六年，刻《經義述聞》中《毛詩》部分成，而其餘則撰寫甫畢，至道光八年，《述聞通論》尚在刊刻中（見《王石渠年譜》及王引之〈與陳碩甫第四書〉），安能於道光三年，便以「參拾貳冊」見贈？此外，函中尚有稱王引之「簡轉春官」語，引之為禮部，乃是今年事，千里豈能於道光三年便已賀之？凡此，俱可證以此函作於道光三年為誤，而當次於是年。

[二] 千里校孫志祖撰《文選李注補正》，其卷一〈甘泉賦〉，「冠倫魁能」條，孫氏《補正》曰：「按，《漢書》以『魁』字絕句。故應劭曰，冠其羣倫。魁，桀也。李《注》止載應說，更無別解，屬讀亦當不異。然以『能』字上屬絕句，自勝。」千里校曰：「袁本『洒搜述』至『陽靈之宮』，卅二字為一節。茶陵本亦然。尤延之始割『函』字分節，乃用三劉說，遂有不同。前作《考異》遺失此。庚寅。」可見千里嘗校此書。亦可進一步說明，胡刻《文選考異》實出自千里之手。

[三] 此〈墓志銘〉載《集》卷十八。其中曰：「宜人生於乾隆三十九年六月十七日，歿於道光八年六月十九日。粵以十年四月二十七日葬於虎邱山西南。」則此〈墓志銘〉當作於是年。

[四] 《集》卷十六〈跋唐碑三種〉曰：「道光庚寅之歲，紉之得趙晉翁竹崦庵藏唐碑三，一為開元柏梯寺碑，二為貞元演塔銘及淨土寺西院和尚塔銘。」千里是時為之跋。

[五] 《集》卷十六〈跋元林禪師碑〉曰：「予僅六十五，經歲久疾。道光十年閏四月廿七日更嬰類中，手足口舌不由主張。」實千里病已久，是日，更加劇也。

[六] 《讀書雜志》載王念孫〈荀子補遺序〉曰：「去年陳碩甫文學以手錄宋錢佃校本異同，郵寄來都，余據以與盧本相校，已載入《荀子雜志》中矣。今年顧澗薲文學，又以手錄呂、錢二本異同見示，余乃知呂本有刻本、影鈔本之不同，錢本亦有不同。不但錢與呂字句多有不同，即同是呂本，同是錢本，而亦不能盡同。擇善而從，誠不可以已也。時《荀子雜志》已付梓，不及追改，乃因顧文學所錄而前此未見者，為〈補遺〉一篇，並以顧文學所考訂及余近日所校諸條，載於其中，以質於好古之士云。道光十年五月二十九日，高郵王念孫敍，時年八十有七。」

由此〈序〉亦可知，千里寄《荀子》各本異同於王氏，也在是年，益可證前所述顧千里函次於是年之不誤。

[七] 千里跋此拓片曰：「顧千翁垂死病中觀。道光十年六月九日記。」此拓片現藏北京圖書館。

[八] 見《集》卷十六〈跋元林禪師碑〉。

[九] 同上。王欣夫先生校《思適齋集》，於此文末補：「千翁垂盡日命兒子書。」又，跋中

有「翌晨，力為此跋，以塞紉之之意云爾。」可知跋於「六月二十二日」紉之來訪之次日。

　　[十] 僧六舟，即達受。《杭州府志》卷一百七十一有其傳曰：「達受，字六舟。海寧姚氏子。幼茹素祝髮白馬寺。六時梵行精進不怠，放參之暇，兼讀儒書。溯究六書章草，尤嗜金石。阮元招至文選樓，以『金石僧』稱之。歸主淨慈，適道州何紹基在浙，與論詩讀畫甚歡。藏懷素〈千文〉、海岳〈星賦〉，皆希世珍。磬衣鉢之資四十餘年，築磨甎作鏡室及墨王樓以儲所搜彝器、法物、碑版，幾與元句曲外史張雨黃篾樓相埒。身後僅存玉佛一尊，論者嘆之。世臘六十八。」

　　又《吳縣志》卷七十七載其事曰：「來吳主滄浪講席，能詩，尤善鑒金石。入其室者，鼎彝碑版，常羅列几案。」此外，《墨林今話》、《前塵夢影錄》俱載有其人之事蹟。

　　[十一] 此詩載《集》卷三，題曰：「紉之以釋六舟所寄唐盧元輔天竺寺詩韻屬次，時枕上有感，因走筆率成一首。」未注所撰時間。然考詩中有「可容老病臥雲霞」句，知當為千里晚年臥林時所作。又，《瞿木夫自訂年譜》曰，道光十年七月，「為六舟僧（注：達受）題唐咸通間〈扶風馬氏夫人墓志〉。及唐杭州刺史盧元弼《天竺寺詩刻》，為葉紉之題安陽縣唐陸長源撰〈靈泉寺元林禪師神道碑〉。」而是年千里亦為葉紉之題〈元林禪師碑〉，故此以盧元弼詩韻所作之詩，或亦為是年所為。暫次於此。

　　[十二] 見《集》卷七。王欣夫先生校《思適齋集》，於千里代汪氏所作〈序〉末，補：「道光十年歲次庚寅秋九月」數字。而〈後序〉中亦曰：「道光庚寅歲，閬源觀察重刻所藏宋景德官本五十卷」，可知二〈序〉俱在是年所作。

　　[十三] 《思適齋題跋集外輯存》卷首，有影印潘博山藏千里致汪閬源手札，曰：「頃承問刻書避諱，凡係本朝人撰者，無不敬謹改字，其前朝人書重寫樣者亦然。唯翻宋板則但鑿其或一二筆，或半個不等，向來如此。」此札僅注作於「廿三日」，未標年月。考千里晚年，嘗為汪氏校書，而此時，汪閬源又請千里代撰宋刻本〈儀禮疏序〉，或為此前後往覆之書札，暫次於是。

　　[十四] 車氏刊此書原本上，標明為「道光庚寅」所刊。

　　[十五] 王欣夫先生《蛾術軒篋存善本書錄》清稿本第二十六冊，著錄有「《孝經注疏》九卷附《音義》二冊」，乃嘉慶、道光年間，長洲汪士鐘藝芸書舍覆宋刻本。南陵徐乃昌手跋。《錄》中認為，此書乃顧千里晚年為汪士鐘校刻之書。自病風後，遂擱置不得傳刊行世。今暫次於是。

道光十一年（1831年）辛卯，六十六歲。

道光十二年（1832年）壬辰，六十七歲。

　　夏日，千里口占授孫金保書〈跋鄭仁愷碑補金石萃編六十八卷作〉。[一]

　　是年，劉喜海從陳宗彝處得千里手校《寶刻類編》，後為之刊行。[二]

注釋：

　　[一] 見《集》卷十六。王欣夫先生校《思適齋集》，於此跋後補：「壬辰夏日，一雲病中口

占授孫金保書。」可見是時，千里仍斷斷於碑版金石之事。

[二] 劉喜海〈寶刻類編序〉曰：「《寶刻類編》，宋無名氏著，與陳思《寶刻叢編》，俱經《四庫》著錄。而《類編》輯自《永樂大典》，流傳獨少，亥豕較多。壬辰夏，遇金陵陳雪峰宗彝於都門，假得是本，係顧千里廣圻手校。秋，出守臨汀，舟中錄副，藏諸篋中。」「道光戊戌五月」，為之刊行。

道光十三年（1833 年）癸巳，六十八歲。

是年，千里作〈江鄭堂詩序〉。[一]

時，千里在病中，朱紫貴有詩稱其：「傳世文章應手定，浮雲富貴豈心期。」[二]

注釋：

[一] 此文載《集》卷十二。未標所作時間。考其文中有曰：江氏「生平所作極富，散失幾盡。今子某始掇為二卷。」可知此〈序〉當為江藩卒後所作。關於江藩的卒年，現似有兩說。閔爾昌《江子屏先生年譜》以為其卒於道光十一年，姜亮夫先生《歷代人物年里碑傳綜表》亦持此說。周予同先生〈漢學師承記選注序言〉，以為「江氏或卒於道光十二年至十四年之間。」今暫取閔氏之說，參以周氏意見，將千里之〈序〉次於是。

又，關於江氏此詩集，殆其後人為之掇拾袞集，然未得見之。

[二] 朱氏《楓江草堂詩集》卷五，有是年所作〈江丈沅以小像索題賦呈二首〉詩，其二曰：「載酒元亭未問奇，平生低首兩經師。顧雍（注：謂澗薲丈）一病疏酬對，江泌三輪要總持。傳世文章應手定，浮雲富貴豈心期。憑誰更續《高僧傳》，終覺儒林位置宜。」

道光十四年（1834 年）甲午，六十九歲。

三月朔，朱紫貴跋於《洛陽伽藍記集證》上，曰，千里嘗勸其校訂是書，而未有所成，而其甥吳若準成《集證》一卷。惜千里久病不出，無以商榷義例。[一]

注釋：

[一] 吳若準《洛陽伽藍記集證》，有朱紫貴跋曰：「曩者，顧丈澗薲嘗病今世通行本《伽藍記》綱目混淆，子註屠雜，謂紫貴曰：『子多暇日，能重為分晰，一如劉氏知幾之所云乎？』從事經年，悉心推究。中間輟業，未有所成。吳甥次平，乞假南旋，娛親之暇，兼治此書。歲籥一周，定本遂出。大略所據者如隱堂本，所參考者何氏、毛氏本，復旁及於《御覽》、《廣記》、《法苑珠林》所引。隻字片言，咸為比較，疑文訛句，論斷獨伸，遂迺條舉件繫，成《集證》一卷。復繪圖一篇，列諸簡端。余既自悼無成，又惜顧丈病廢不出，無由商榷義例，而甚喜次平好學深思，有功於古人匪淺也。爰識數語，以為緣起云。道光甲午三月朔日，長興朱紫貴書於吳門楓江草堂。」

道光十五年（1835 年）七未，七十歲。

二月十九日，千里卒。[一]

八月十九日，配韓氏卒。[二]

注釋：

[一] 見李兆洛〈澗薲顧君墓志銘〉。按，關於千里亡故之時，說法頗異，汪宗衍《顧千里年譜》，作是年「一月十九日」卒。龔自珍《己亥雜詩》注中云：「君以甲午春死矣」，「甲午」乃道光十四年。吳昌綬《定庵先生年譜》道光十九年內則云：「途次夢顧澗薲，歿六年矣。」殆沿定庵之說。又，《清史稿》本傳則云「道光十九年卒，年七十。」今考之千里生平，「年七十」，則不當為「道光十九年」，《清史稿》之誤顯然。而道光十四年春，朱紫貴有千里久病未出語，且李兆洛〈墓志銘〉、夏寶晉〈墓志銘〉俱云千里卒於「道光十五年」，當以卒於十五年為是。至於「一月」「二月」，殆傳鈔之誤也。

又，關於千里之死因，李兆洛〈墓志銘〉云：「晚得類中症，臥牀笫者五年。」夏寶晉〈墓志銘〉亦云：「病風逾年」而歿。然汪喜孫《從政錄》卷一〈與朱蘭坡先生書〉中則云：「顧澗薲餓死。」亦可備一說。

千里亡故後，故友學人多哀悼之。瞿木夫云：「好學博洽之士日少，以後講求古學，更無可問途者。」（見《瞿木夫自訂年譜》）

江沅嘗有《懷友詩》三十二首，其中懷千里之詩云：「意匠襲化母，獨運先古初。跌蕩人間世，名海身羈孤。掉頭神不滅，心地涵真如，青眼每我向，溫伯言俱無。」（見《染香庵集》卷十八）

龔自珍詩曰：「萬卷書生颯爽來，夢中喜極故人回。湖山曠劫三吳地，何日重生此霸才。（夢顧千里有作。憶己丑歲與君書，訂五年相見，君報書云：「敢不忍死以待。」予竟爽約。君以甲午春死矣。）又曰：「故人有子尚饘粥，抱君等身大著作。劉向而後此大宗，豈同晁陳競目錄？」（千里著《思適齋筆記》，校定六籍、百家、諟其文字，且生陳、晁後七百載，目錄方駕陳晁，亦足豪矣。嗣君守父書，京師傳聞誤也。）（見《龔自珍全集·己亥雜詩》）

朱紫貴有〈四哀詩〉，其中哀千里者云：「顧雍頗兀傲，親炙乃坦然。書倉鄭樵仲，史筆劉子玄。不校石渠書，窮老歸重泉。撞鐘善待問，寸莛何冀焉。」（見《楓江草堂詩集》卷八。）

[二] 見李兆洛〈澗薲顧君墓誌銘〉。

附：

顧千里傳記及有關資料

一、墓誌銘

〈澗薲顧君墓誌銘〉　　　　　　　　　李兆洛

　　鄭漁仲輯《藝文略》，始附以校讎之名。然其所言校讎之事，惟編纂類例，搜求亡書，不啻灌灌，則尚是目錄家也，無與校讎事。〈劉向別傳〉曰：校讎者，一人持本，一人讀詞，若怨家相對，故曰「讎」。向於奉詔校理者，必補其缺脫，正其訛謬而條上之。如以「見」為「典」，以「陶」為「陰」，甚者「閏月」為「門五日」，「己亥」為「三豕」之類。以後相承，如穎客、向朗、鄭默、褚元量、顏師古，皆其選也。然皆校正其字形而已。繼乃有校者，荒陋不知守闕如之戒，妄緣疑而致誤，至剜肉而成瘡。至有謬稱皇考，妄易銀根者，本初無誤，校乃至誤。此自書有刊本，輕加雌黃，倘經三刻而古人之真書失矣。此亭林先生羅列改書之弊，以為後戒者也。自爾諸儒，如惠氏半農、戴氏東原，從而張之，故本朝讀書士共守此訓，不敢妄改，而讎校之事，確然有所守。故所刊書籍，賢於前代遠甚。乾隆中極盛矣。上自鉅卿名儒，下逮博士學究，無不通知此義，一時如抱經盧學士、懷祖王觀察父子、竹汀錢詹事，無不兼擅其長，而元和顧君澗薲，尤魁傑者也。

　　君名廣圻，字千里，號澗薲，陳黃門侍郎野王之三十五世孫。曾祖沛，祖松，父文煜，俱業醫，世為吳人。少孤多病，枕上未嘗廢書，人咸異之。年十二，隨舅氏鄭源濤侍御於京師，弱冠南回。從張白華先生遊，館於程氏。程富於藏書，君徧覽之，學者稱「萬卷書生」焉。不事科舉，業年三十，始補博士弟子員。縣府試皆冠其曹。繼從江艮庭先生遊，得惠氏遺學。因盡通經學小學之義。嘗論經學云，漢人治經，最重師法。古文今文，其說各異，混而一之，則轇轕不勝矣。論小學云，《說文》一書，不過為六書發凡，原非字義盡於此。欲取漢人經注，作假借長編，而未屬稿。君從兄之逵，字抱沖，亦邃於學，而多藏宋本、元本書。君一一訂正之，

刻《列女傳》以傳。當是時，孫淵如觀察、張古愚太守、黃蕘圃孝廉、胡果泉中丞、秦敦夫太史、吳山尊侍讀，皆深於校讎之學，無不推重君，延之刻書。為孫刻宋本《說文》、《古文苑》、《唐律疏議》。為黃刻《國語》、《國策》。為張刻撫州本《禮記》、嚴州本單疏本《儀禮》。為胡刻《文選》、元本《通鑑》。為秦刻《鹽鐵論》、《揚子法言》、《駱賓王集》，《呂衡州集》。為吳刻《晏子》、《韓非子》。每一書刻竟，綜其所正定者為考異，或為校勘記於後，學者讀之益欽。嚮為漢學者往往不平宋儒而訾謷之，君獨服膺焉。徧讀先儒語錄，摘其切近者，為《遯翁苦口》一卷，以教學者。胸中博綜而能識之無遺。每論議，滔滔不竭，而是非所在，持之甚力，無所瞻徇。家故貧，常以為人校刻博糈以食。雖往來皆名公卿，未嘗有以自潤。晚得類中症，臥牀第者五年，道光十九年二月十九日卒。年七十。

兆洛以道光二年客授揚州，君時館洪賓華殿撰家，為汪孟慈校刻其尊人《廣陵通典》。所居相近，故得朝夕握手焉。向聞君與金門學使、懋堂大令以言語牴牾，竊疑其盛氣難近。及見之，進退粥粥，詞色嫗煦，知君徒以愨愿自守，而狹中護，前者不能無所忤也。君嘗從容論古書舛誤處，細若毛髮，棼如亂絲，一經剖析，豁然心開而目明，歎君慧業，一時無匹。惜未及隨時鈔錄，取為學者導師。嗚呼，今則往矣。

配韓氏，卒於道光十五年八月十九日，年七十。子鎬。孫瑞清，從余遊。將以某年月日葬於一雲山祖塋之旁。瑞清請為之銘。

君所著多零星，瑞清能守護之者，予最愛君〈汪氏藏書目錄序〉及〈思適齋記〉，以為可以見君之志，故著之。〈序〉曰：

> 汪君閬原，藏書甚富。取宋本、元本別編其目，各成一冊。以予於此，向嘗究心，屬為序。夫宋元本之可貴，前人所論綦詳。收藏之家，囷不知寶。汪君宿具神解，凡於有板以來，官私刊刻，支流派別，心開目瞭。遇則能名，而又嗜好專壹，兼收並蓄。既精既博，希有大覬，海內好古敏求之士，未能或之先也。間嘗思久，天水蒙古兩朝，自秘閣興文，以暨家塾坊場，儒學書院，雕鏝印造，四部咸備，往往可考。固無書、無地、無人而非宋元本也。其距今日，遠者八百餘年，近者五百年，而天壤間乃已萬不存一。雖常熟之錢、毛，泰興之季，崑山之徐，著於錄者，亦十不存二三。然則物無不遷，

後乎今日之年何窮，而其為宋元本者，竟將同三代竹簡，六朝由素，名可得而聞，形不可得而見，豈非必然之數哉。然則為宋元本計者當奈何，曰，舉斷不可少之書，覆而墨之，勿失其真，是縮今日為宋元也，是緩千百年為今日也。幸其間更生同志焉，而所為宋元本者，或得以相尋而無窮計，無過於此者矣。汪君之於宋元本，知之深，愛之篤，其欲為之計者，當必有度越尋常之見。故詳述斯語，用為序而諗焉。

〈記〉曰：

以「思適」名齋者何？顧子有取於邢子才之語也。《史》稱子才不甚校讎，顧子役役校書而取之者何？顧子之於書，以不校校之也。子才誠僅曰不校乎哉！則烏由思其誤，又烏由而有所適也？故子才之校，乃其思也。不校之誤使人思，誤於校者使人不能思。去誤於校而存不校之誤於是，日思之，遂以與天下後世樂思者共思之，此不校校之者之所以有取於子才也。

顧子貧，齋非所能闢也，即身之所寓而思寓焉，而「思適」之名亦寓焉。當其坐齋中，陳書積几，居停氏之所藏，同志之所借，以及敝篋之所有，參互鈎稽以致其思，思其孰為不校之誤，孰為誤於校也。思而不得，困於心，衡於慮，皇皇然，如索其所失，而杳乎無覩。人恆笑其不自適，而非不適也，乃所以求其適也。思而得之，豁然如啟幽室而日月之，舉世之適，誠莫有適於此也。自反其思，不知於子才何若也。斯誠善思之至則，顧子每曰，天下有誤書而後天下無誤書。雖論似矯，要不病其過也。為之圖而記之，且求先生長者及諸交遊題詠焉。以為此亦天下後世樂思者之所願聞也。圖之者誰，某也。所圖者，今寓某也。時則某年也。寓齋中人，顧子名廣圻，字千里，號澗蘋也。

〈銘〉曰：

先生之學，惟無自欺，以誠而明。不為書欺，惟無自欺，亦無書欺，存其真面，以傳來茲。不為書欺，書無能欺。屏絕附會，定其然疑。書以益人，通知古今，暨之梨棗，以無沈淪。人以益書，古與古居，非今斯今，永無模糊。惟其不欺，是以不苟，安得古書，盡經若手。凡立言者，藉君不朽。書有朽時，先生不朽。

（載《養一齋集》卷十一）

〈奎文閣典籍顧君墓誌銘〉　　　　　　　夏寶晉

世之為漢學者，往往不讀唐以後書，或非毀程朱，厭薄詞賦。自處過高，好人之同己。雖所得有淺深，其習固如是也。元和顧君則不然。博極羣書而研窮義理，昌明絕學而留意文章。少以江處士聲為師，長與孫兵備星衍為友，晚而獨有所得，議論宏通，於亭林為近，世徒以其勤於考證，遂共目為章句之學，蓋末足以知君也。

君諱廣圻，字千里，一字澗薲。祖某，父諱文煜，篤行君子也。君以諸生屢應鄉試不利，孫兵備舉為衍聖公典籍，得封其親。以學官弟子為素王家臣，數百年來，惟君為克稱其官。云，明人讀書鹵莽，鏤板者絕無善本。傳布既久，譌脫滋多。君讎校最精，為當世所貴。鄱陽胡氏《通鑑》、《文選》，蘭陵孫氏《平津館叢書》，皆出君手。其他訂正復數十部，補亡糾繆，頓還舊觀，有功於古人甚鉅。然特以貧故，見役於人，一生心力，實耗於此。身通六藝，僅為謀食之資，學貫百家，窮於反古之世，終以不遇，豈不悲哉！

余初與相見於揚州，使酒難近。既通款洽，久乃益親。旅館連榻者半載，聞其緒論，獲益良多。及奉檄西征，數與書通政，勉以有用之學。後數年，不相聞。比東歸訪之，則病風逾年歿矣。時道光十五年月日也。年六十有九。著書若干卷，藏於家。夫人韓氏，子某，孫某，葬君於某阡。銘曰：

烏乎顧君，實能守先·源流相貫，門戶弗專。卓為通人，高乎世賢。漢儒說經，祿利使然。於今何用，矻矻窮年。志古人學，除孔氏官，迄無召貢，遂老邱園。抱書而逝，此其躅焉。

（載《冬生草堂文錄》卷四）

二、傳記

《清史稿·顧廣圻傳》

顧廣圻，字千里，元和人。諸生。吳中自惠氏父子後，江聲繼之，後進翕然多好古窮經之士。廣圻讀惠氏書，盡通其義。論經學云：「漢人治經，最重師法。古文今文，其說各異。若混而一之，則轇轕不勝矣。」論小學云：「《說文》一書，不過為六書發凡，原非字義盡於此。」

　廣圻天質過人，經、史、訓詁、天算、輿地靡不貫通，至於目錄之學，尤為專門，時人方之王仲寶、阮孝緒。兼工校讎，同時孫星衍、張敦仁、黃丕烈、胡克家延校宋本《說文》、《禮記》、《儀禮》、《國語》、《國策》、《文選》諸書，皆為之札記，考定文字，有益後學。乾、嘉間以校讎名家，文弨及廣圻為最著云。又時為漢學者多譏宋儒，廣圻獨取先儒語錄，摘其切近者，為《遜翁苦口》一卷，以教學者。著有《思適齋文集》十八卷。道光十九年卒。年七十。

（《清史稿》卷四百八一十）

三、其他有關資料

1.江藩論顧千里

　元和顧廣圻……，字千里，號澗薲，邑諸生。天資過人，無書不讀。經、史、小學、天文、曆算、輿地之學，靡不貫通。又能為詩古文詞，駢體文字。當今海內學者，莫之或先也。

（載《漢學師承記》卷二「江聲」條下）

2.思適軒記　　　　　　　　　　　　　戈　裏

　思適軒者，顧子之思不適也。因不適而思其適，軒於是名。或曰，何謂也？夫顧子，天下才也。窮而在下不得一試其道。家居鬱鬱，寧獨無思乎？！思矣而又不得遂，寧獨適乎？！思俞甚，不適俞甚。日取古人書縱觀之，期自適。思於古，治亂得失孰譜之？又於古人豪窮放廢、英特發露、際會奮興之處，深究之。出以告人無所關，默以藏己無所洩。煢獨一身，倚書而俞拙。於是乃喟然嘆曰，乃今知書不適我甚矣。而其思不輟，間嘗謂余曰，讀書貴經濟，經濟又貴用而不貴言，今豈無奇士可用矣！並恐喋不得言，奈何言己。坐中有沈狎鷗與余皆嘆息。狎鷗者，顧子所謂奇士也。有經濟才。恆默默，遇知己則說古今成敗不住口。是日，聞顧子言，心不懌，罷酒去。翌日，顧子乃持〈思適軒圖〉示余，曰，予志在是，惟君其識！

　吁！顧子，天下才也。才成而無所用，徒苦其思於片詞隻義，以自晦匿。而其思俞不能適，乃為此圖以寄其欣愉於萬一。顧子果適乎哉？！然而嘲之者又曰，顧子居愀隘，有書無地，所謂思適軒安在耶？在今黃君蕘圃家耶？抑別有寄耶？吁！

顧子天下才也。其思非一家所能限，亦豈黃君所能私？顧子有思，顧子無軒。顧子有思，顧子又奚必以他人之軒為軒？不特此也，設使顧子家不貧，有廣廈大室以藏書，顧子豈遂無思耶？設使顧子不師而官，或得一第，或宰一邑，其身已顯榮，其志未掀出，顧子亦豈侈然厚自奉養以為吾思既適耶？思適軒者，顧子之思不適也。顧子何思乎？知其思者，狎鷗也。知其不適者，予也。

（載《半樹齋文》卷七）

3.與顧澗蘋書　　戈　襄

別足下三月矣，念足下甚。知足下亦念僕甚。僕病近似已不似已，一日可得二三時讀書，行亦及百外步，飯善善，此似已也。寢不甚適，一月中恆有三四夜張目達旦，氣疾亦時時作，作則痞動，心力皆伏，此不似已也。蓋已者在外，不已者在內耳。歸震川云，胸中有淡故不快，不如意事，不如意人，勿置胸中可也。僕則謂，不如意事，不如意人，即胸中之淡。驅河北賊易，驅朝廷朋黨難，此無形之淡，豈易已耶。惟當多讀書以道理勝之而已。然道理塵埋已久，舉示人多不識者，彼又何從折服而可勝之耶？近有醫生云，能已我矣。試之，淡少減而生。淡之根未去，胸中仍不快。又一醫生曰，淡之根在氣，氣平則淡自清矣。此已知醫意不為庸，但藥迄無效。因告之曰，酒色財氣，人以生，佛氏妄欲去之，吾儒固不廢。今世人得酒色財，而吾得氣，不差愈耶！人得酒色財而病，吾得氣亦病，則氣病固吾輩所宜，奚欲去耶？孟子云，我善養吾浩然之氣，則孟子未必無此氣，特浩然耳。吾輩之氣離浩然不遠，能自養之，庶平而不張，奚事藥石！足下以為然不？足下少負氣，其然無疑。且足下在外，雖幽暢，胸中必自有滯悶處。前作足下遊〈序〉備道之，因不無所詆。足下云，勿寄來此·懼僕為人忌恨。固足下愛僕深也。然僕廢處久，於世事已澹然，忘凡人有榮辱得失之念者，恆慮人說毀，僕無之，故不懼也。但為不知己者所詬病，亦復無味，故尊命竟不書上，而自述近狀如此，想足下不厭聞也。至足下書中云，詞章考訂，皆無足取。此足下試到之語，即吾三人十五年前相聚之意。芒芒天下，誰復知其故耶！與僕與足下同心者，前有三喬，今有狎鷗，庶克知其故。惜三喬病甚而貧，狎鷗貧甚而病。僕本為不貧不病之人，而今亦似貧似病，天竟何如，命竟何如，僕不能自慰，又何以慰足下也。嗟嗟足下，何以教我。

4.贈顧子遊序　　　　　　　　戈　裏

……吾常曰，古欲為君子不可不好名，今欲為小人，亦不可不好名。為遊之上
焉者而設也。然則，欲遊者而無此譎詭動人之具，亦何為而遊也。吾故於顧子之遊
而甚疑矣。雖然，顧子亦何不遊哉?! 末俗彫弊，儒風頹喪，上不恤民，下不愛學，……
非得一學聖賢之學者出而振治之，風俗何以厚，民生何以安？顧子學成篤，拔今含
古，上不能為文學侍從之臣一鳴國家之盛，下又不能出宰百里優教化，屈而為賓，
當必有勸掖之道，規箴之方，規乎時事所急者以相聞，得使賢公卿大夫有所慕而畏。
若是，則顧子之遊視不遊者勝矣。況以其全力佐在上者，徐治國與民，而又以其餘，
表正學術，即以靡遊士之風而使之靖，則顧子之宜遊者久矣，乃今晚爾。

雖然，吾又為顧子慮矣。顧子行端潔，性剛果，故出語恆忤觸人，醉後議事，
尤中時要，而慢易人尤甚。即不慢人，習見者多徙席以避。余之交顧子於此，而顧
子之不合於世亦以此。今使顧子遊而遂降其操，易其貞，非吾顧子矣；不降且易，
則恐真識顧子者少，而遂至不能容也。況遊士之紛雜瑣碎，此推彼翼，互譽交進，
舉世一趨，乃所異者，獨吾顧子爾。顧子於遊士之中下者，固奴畜之，其上者，亦
非眉目間人。遇之當必有揮斥，不則，亦談笑置之，不與之同也，決矣。人見顧子
之獨異而妬且恨也，又決矣。顧子誠明哲，其不能暢達所懷，而或幾乎有所沮止也，
又決矣。然則，顧子又何為遊也哉？！

嗟乎，吾少與顧子同學，同行，志又不異，年少氣銳，視天下事無不可為。握
手相見，恆以濟世利民相期許。時又有范子三喬，有經濟才，豪邁不羈，與余二人
合，以是三人為至交。苟相遇，無他言，或縱橫論古今成敗，或慷慨談天下事，各
舒所學，不異不同。顧子嘗相約曰：「他日倘出仕，當上不負國，下不負民，終於
不負所學而後止。若肥身家，保妻子，從時自媚，不危言危行者，共絕之！」三人
約誓歡甚，而非笑之者已紛然起。三人厭聞其語，小不如意，亦嘗以詩酒凌藉人，
甚則狂歌痛哭，傾駭一座，以是人皆目為狂。三喬忽痛罵之曰：「若等飲食人，皆
尸鬼耳！吾等窮天人學，當佐明時，利萬姓，何狂為！」言已，與顧子持而泣，余
亦泣。今思之，言猶在耳。顧子並時時談及，意氣軒揚，若有勃勃而不能發者。當

時之顧子，豈至念及於遊乎？乃不六七年，三喬先以饑而驅於四方。又十年，余以病廢在家，而顧子又不得已而遊。遊且必抑扼沮伏，不能有所建以得如吾三人十五年前之所言，可知也。顧子遊乎，顧子悲矣。然吾又不獨為顧子悲也。

（同上書卷十）

5.《思適齋文集》序　　　　　　　　　　　馮桂芬

　　國朝右文稽古，鴻儒碩學，輩出相望，遂駕宋元明而上。而有開必先，實惟吾郡人為多。顧氏亭林，通博淹貫，一代儒宗，則郡之崑山人。嗣是以後，惠氏四世傳經，為講漢學之首。江氏艮庭，專治六書，著《尚書疏證》，為講小學者之首。近則李氏尚之，演天元，一正負開方諸說，得數百年失傳之秘，為講數學四元者之首。此數人者，雖學有精粗，說有詳略，後賢因端竟委，密益加密，容能以後掩前，而創始之功必歸焉。元和顧澗薲先生，潛心經學，博覽羣書，自先秦以來九流百家之書，無所不讀。時朝廷開四庫館，徵海內遺書，以是古籍之出尤多。先生名既重，海內藏書家得異本，必就先生相質。先生記識精力絕人，所見益廣，輒為之博綜羣本異同，折衷一是。尤不肯輕改，務存其真。遂以善校讎名。書經先生付刊者，藝林輒寶之。先後積三十餘種，校成未及刊者尚半，其多且勤如此，則又百餘年間未有之學，而創之先生，又於惠先生諸人後，別開戶牖者也。先生讀書之日多，著書之日少。治經有家法而無所論著。惟得力既深，且又微言大義，往往見於所為文。而文集未刊，學者憾之。文孫河之茂才，輯錄得二十卷，將授梓人，問序於余。余之讝劣，何足以窺先生之深。且自幼識先生，且讀先生所校書，瓣香鄉喆，意何能已。且嘉茂才之能承家學也，不辭而為之序。

（見趙詒琛《顧千里先生年譜》後所附）

5.書《思適齋集》後　　　　　　　　　　　張星鑑

　　《思適齋集》，顧千里先生著，其孫瑞清所編，上海徐某刻板行世。字跡錯誤不一而足。究其故，無善校者相助，故所刻如此。按瑞清所編原書定為二十卷，今為十八卷，刪去六、七二卷。六卷中有〈學制備忘記〉、〈立學古義考〉、〈祭義四學解〉。七卷中有〈與段太令書〉三首，今刪去〈與段君書〉一卷，存「書下」一卷，改為「第六」，「下」字未去，謬甚。又刪去〈再與吳山尊論唐文書〉、〈與

陳仲魚論文選書〉，亦所不解。又，〈天后宮碑〉一首，刪其文而存其目，原編於碑跋中有篆隸字樣未寫者，今竟空白。是書非瑞清所編原本，其謬不可勝言。庚申（咸豐十年）秋日，星鑑自蜀入都，瑞清復以此書見贈，故記之。

（同上）

7.贈顧河之序 張星鑑

咸豐壬子，顧君河之應江南鄉試，見其文者咸謂絕倫，及榜發，君果中式，其友人張星鑑為文以賀之曰：

國家沿明制以制藝取士，使聖經賢傳，家喻戶曉，意在尊經也。而世之銳意進取者，日從事於兔園冊子，無論其術之不足為世重，抑且昧於國家取士之意矣。是說也，余每與河之論之。夫文者，載道之器，非肆力於傳箋注疏者不能。乾隆丙午，大興朱文正公典試江南，所取之士則有阮文達、孫伯淵、李許齋諸人。既主己未會試，登進士者則有王伯申、郝蘭皋之小學，張皋文、陳恭甫之經學，許周生之算學，吳山尊之詞章，論者謂是科得人最盛，雖鴻博科開未能過也。而當世每謂科名不足以見人才，豈篤論哉！君千里先生文孫，世傳訓詁。曩者以經學受知於壽陽祁公，今經藝《易》用虞氏，《詩》主毛傳，至以「制彼裳衣」，謂即衰衣繡裳，「勿士行枚」，言周公密勿從事，行微不怠，此說得之於陳先生碩甫。宜乎文之咸謂絕倫也。東吳顧氏，自陳黃門侍郎著《篇》《韻》，其學傳而為陸元朗，遂有《經典釋文》之作。東南經學之盛，自君家開之。千里先生為黃門三十五世孫，遊江氏之門，傳惠徵君遺學，然先生年三十，始獲一衿，嘉慶丁卯鄉試，主司劉金門侍郎欲得先生而未果，竟以諸生老。甚矣，功名之不予其身而予其後也。

（同上）

8.題《思適齋集》十八卷 （附手補鈔遺文四卷，道光己酉刻本） 李慈銘

右《思適齋集》十八卷，元和顧千里澗薲撰。千里本名廣圻，以字行。嘉慶間諸生。其學精於考訂校讎，上自經史，下訖碑版稗官小說，無不研究以盡古義。於禮學、字學，尤所致意。詩詞皆膚率，備體而已。賦橅《選》學，亦僅面目。文以考訂傳，固一時絕學也。先生文孫孝廉瑞清輯錄為二十卷，上海徐渭仁刊為十八卷。蓋原編第六卷為〈學制備忘記〉、〈立學古義考〉、〈祭義四代之學解〉三篇，第

七卷為〈答段懋堂書〉三首，標之曰「書上」，第八卷標曰「書下」。徐渭仁妄謂諸作已刻段氏《經韻樓集》中，故盡刪去。其實《段集》僅刻〈學制備忘記〉及與段第二、第三書也。渭仁既刪去兩卷，而第六卷仍標以「書下」二字。又先生有〈與吳山尊兩書〉，今刪去其第二書。第十五卷〈古刻叢鈔跋〉、第十六卷〈祀三公碑跋〉，皆有空白，係篆文未及填寫。第十七卷〈天后宮碑〉，有題無文，可謂草率不檢之甚者矣。孝廉以楊文蓀靳不付校對，深以為憾。先生之學以矜慎為主，不敢據此失彼，輕斷是非，故頗不滿於金匱段氏，其爭端起於小學在國之「西郊」及「四郊」一事，蓋段學固博奧，頗喜立新義，盡翻古人，不及先生持詳矜重爾。會稽越縵學人識。

右文四首，以先生原稿本有，故為錄入。其〈祭義四代之學解〉及〈與第一書〉，則無從考補矣。先生與段氏爭此事，為議《禮》之一大端，而近儒無平其是非者，蓋兩家義據皆堅，解紛非易也。段氏《經韻樓集》後二卷，專為此事，往復論辯，其詆先生甚力，且牽及於先生之《禮記考異》、《文選考異》兩書。先生此四首中，〈學制備忘之記〉亦極訾段失，而此書之辭尤峻。余謂論學者求其是而已，無取忿爭。段氏著書，宏深博辯，其集中之文，亦皆考證卓絕，獨後二卷中，訾謷先生，惡謔毒罵，殊為全書之累。要其斷斷不少置者，自以先生強敵，不得不用全力以爭。先生綜覈羣書，實事求是，校勘之學，尤號專門。並世高郵王氏父子，通儒冠代，石渠先生，尤精考校，而極推先生，以為獨絕。此非金壇一時之忮所能掩也。是集皆平生自得之言，不逞意氣。故今錄此四首，於〈學制備忘之記〉及第二書中語氣失平者，稍從芟薙，而於第三書所汰尤多，幾及三之一。蓋先生此書已與段絕，不忍其橫詈之苦，故亦稱情以報。茲於枝辭側出，複沓詰問，無當經義者，悉翦落之。其涉於考辯者，則一字不略。先生主於墨守注疏，以「西學」還之本經，段氏雖引據縱橫，駿辯四溢，而〈王制〉「西郊」之不當作「四」，鄭之論周立四代之學非在四郊，《大戴禮》之言「五學」亦本一處，以及王肅紊古違鄭之非，皆依據謹嚴，足為定論。故阮氏《學海堂經解》中，取段氏《集》刻其諸辯論各書，於詆詞之文，概亦刊去。時先生之集未出，特錄其〈周立學古義考〉一首，所以寓折衷也。先生此書後，有附注與段數行，屬其刻集時，附刻此書，勿添改刪潤，以失本來。亦出

於一時憤激之辭，而段氏亦竟全載其書，以示其無足為損，皆非君子讓善之義。竊依阮例，去厥浮文，泯反脣之相稽，存儒者之氣象。所慨先生令孫河之孝廉殁已十餘載。聞有一子，久未得耗。曩言在耳，宿草久荒。補輯遺文，未由商定，聊志良友惓惓之意，以冀復於九原耳。是集近歲徐氏已入之《春暉堂叢書》，倘有能更刻者，當持以相質。其餘二首，後或訪得，俟補完焉。光緒四年，歲在著雍攝提格五月十日，慈銘識於京師保安寺街。

平定張誦風，為經制議論之學者，於經學甚疏，尤不解考據之事。其撰《閻百詩年譜》，因先生言嘗見顧亭林所刻《廣韻》初印本，閻氏列於受業之次，而閻氏著書不稱亭林為師，痛斥此言之無稽，橫詆先生天性輕薄，於平生事師之段茂堂，一旦論學不合，痛加詆毀，無復弟子之禮。余謂先生所言必有據，且未嘗以段氏為師。段氏集中與先生書及〈與黃紹武書〉，雖亦有師資受教之言，而未嘗執贄稱弟子。蓋段氏年輩已老，為經學大師，久居吳門，先生以輩行尊之。相從論學，固事之所有，要非奉手受教在門下者也。張氏不知而妄言，無足深論。河之嘗為余言之邑邑，故附記於此。慈銘又記。

今人侯官林惠常昌彝，著《三禮通釋》，其第十二卷〈釋辟雍校序〉，亦申段駁顧，謂《孔疏》誤據〈王制〉經注誤本，而顧氏過信之不當，以誣鄭也。其說甚長，中有取顧說而駁之者，曰：廣圻云，若四郊之西郊、東郊皆有學，則東郊在大學東之東，而大學在中。鄭云，或尚西，或尚東，無尚中之說也。竊謂周之大學東膠，在國中王宮之東，以王宮之東為上東耳。至於國外四圍有學，何乖於大學尚東哉！聖人因時立制，斷不如此拘泥。況上西、上東，乃注家之言，非經有明文也。廣圻又云，虞庠在國之西郊，與大學在郊互見發凡，一為周制小學，一為殷制大學，同在西郊。經文一言西，一不言西，故曰互見。竊謂凡發凡者，欲人知其例也。舉周制小學所在為殷制大學所在，發凡可令人知其例乎？且殷之大學即右學在西郊者，作《王制》者何不云右學虞庠，皆在國西郊為徑直乎？而乃為此不可解之發凡乎？廣圻又云，賈氏、孔氏云，虞、殷尚質貴西，夏、周上文貴東。若四郊皆有學，則亦西亦東，非文非質，未之前聞。竊謂，虞、殷尚質而貴西，夏、周上文而貴東，孔氏或有所本，然表記虞、夏之質，殷、周之文至矣。虞、夏之文不勝其質，殷、

周之質不勝其文。然則安見虞、殷必皆質，夏、周必皆文哉？鄭之分別上西、上東者，以地勢西高東下，故云上庠在西，下庠在東，王者南面，西為右，東為左，故云右學在西，左學在東。若東序、西序，東膠，本有「東」、「西」字，故其分別如此也。廣圻又云，此經之上文「祀先賢於西學」，注云，「西學，周小學也。」此非周立小學在西郊之明證耶？竊謂，「祀先賢於西學」，正與〈保博篇〉「帝入西學，尚賢而貴德，則聖智在位而功不遺」相符合，「西學」者，四郊學之一，而祀先賢必於此。故謂之西學，而注云，「西學，周小學也。」明其為小學在西郊者也，別辭也。若文下，「天子設四學」，注則云「四學，謂周四郊之虞庠也。」明其為周之小學在四郊，故稱四學也，都辭也。

慈銘案，林氏所駁，多意必之辭。鄭注〈王制〉，有「虞氏養國老於上庠」一節，云「皆學名也。異者四代相變耳。或上西，或上東，或貴在國，或貴在郊」，明指經文分別四代學名而言，安得謂經無明文？「虞庠在國之西郊」一句，緊接「養庶老於虞庠」，安得橫加「右學」二字乎？十一日慈銘又記。

庚申八月初二日，元和顧河之孝廉瑞清館吳縣潘侍郎家，介武進呂定子編修耀斗來訪，一見即投分甚摯。初七日，通州師敗，都人洶洶。初八日，車駕東狩。初九日，都城內外盡閉，朝官富民相率遠遁。河之復來，抵掌談禦變略，痛憤叱咤，盡日始去。初十日晡，復至，告即日將南返省親於洞庭山。蓋君家蘇之闔門，有老母妻子，遭亂無耗。其戚有居洞庭山者，故閒道往尋其母。因言家故貧，惟有書數萬卷，皆其祖澗蘋先生所藏善本，多有手校手寫者。秘籍及宋元槧亦不下百餘種。先生嘗為鄱陽胡氏校刻《通鑑》及《文選》。《文選》尤最所致意。其《考異》一書，皆出先生，故家有藏稿，又有初印紅字《通鑑》，真希世之寶也。今地為徐中丞所焚，又被寇掠，所藏殆不可問，言之哽咽。予亦不覺頓足歎惜。又言是集皆其掇拾而成，手寫為二十卷。楊文蓀芸士者，曾與先生交，老居吳中，負時名，而以諸侯上客自矜，鄙瑣特甚。有書賈攜是集示之，遂錄副本，屬上海徐渭仁刻之。河之慮其轉寫譌脫，屢詣楊請付校對，不許。洎刻成，乃止十八卷，又有空白未填者（詳見後跋）。至咸豐甲寅，劉麗川亂海上，徐以通賊繫獄死，此集板遂散失。孝廉家藏亦勦矣。此乃潘季玉舊購者也，因屬予識之如此。慈銘。

徐紫珊，吳中大猾。頗嗜名，好文學。其刻此集，則由楊芸士慫恿，校勘疏略，前跋已略言之。此〈記〉與卷首楊〈序〉，皆未嘗及河之守遺編輯之功，楊又攘以自伐。河之為予言，抱守勿失，子孫責也。顧以此事歸他人，則子孫不肖，將無以視息天壤矣！予謂，君所學所行如此，他日當更昌大其世業，如惠氏比者，鄭小同不足多也。何用此介介為？！河之笑而止。越縵又記。

河之少承祖訓，又從申耆先生遊，故其學極有原本。處貧守約，掇拾遺書，生長吳閶，不識冶遊事。為人淳樸謹信，衣冠古拙，類有道者。予居京城，河之館故太傅潘文恭家，介毘陵呂定子編修來訪，時年四十四矣。與予相識未及十日，來訪者五次。來輒論學，盡晷不去。臨行，出藏書數種為別，可感也已。庚申長至日又書。

（同上）

9.與顧河之孝廉書　　　　　　　　　李慈銘

河之尊兄有道足下，昔秋訂契，披帛見心。婁辱枉存，備窺旨趣。旅中得此，私幸實深。祇以爾時國事倉黃，復嬰末疾，蓄疑未罄，發論莫窮，酬答之間，每形淡漠，會促別遽，能不耿然。僊輿發日，沈惙在牀，不獲走送，伏几削牘，藉申契悰。書甫及門，清塵已遠，南望犖涕，神奪魂馳。嗣聞間行抵滬，遭罹大憂。以兄純孝，定知骨立，叩附登堂，得信悲泣。遠隔海外，生芻缺然。念足下雖歉視含之文，猶申負土之志。貧者竭力，足以仰慰，日月易逝，寒暑忽周。思子為勞，何時忘弭。比維伏日，蒸霖海上，煩熱動靜，多預高無虧攝。弟客況愈瘁，家耗罕通。銅臭一官，尚未到部。選期復阻，竟同棄疣。然以痼廢之餘，轉得留神經史，稍事學問。自悔少時頹惰失業，惟知雕鏤月露，綴合蟲魚，溺志殫精，以為能事。八九年來，粗知自返，而經義充塞，莫知所從。乃先事乙部，涉獵殆遍。鉤稽未能，復恥近世文章日衰，罔識塗軌，沿襲譌體，幾類盲聾。蒿目疾心，冀振其弊。性既好吟，時成篇什，鄉里傳播，謬竊時名，以致功課紛雜，愛博不專。比來京師，所見學士大夫，荒陋尤甚，益痛世運陵遲，斯文墜地。愈不自揆，欲以區區一蕢，障塞橫流。前修邈然，無從取質。日下儒素，惟壽陽、常熟兩相國，學有本原，足稱碩果。顧勢分隔絕，既恥自通，它若何刑部秋濤、沈兵部鎬，見其著述，頗具師承，

以一時言，庶幾淹貫。素乏投分，亦未造質。貴邑有張秀才星鑑者，傭書都中，專意漢學。近與之往復，亦一時之雋也。

兄樸實沈潛，遠有門緒。所願力貧尚志，繼述祖庭，扶絕學於已衰，纂遺書之未竟，不以亂雜輟業，世務經心。將見思適齋後，更成鉅集，與惠氏祖孫父子，並盛本朝，彌所勗耳，抑更有進者。說經之家，昭代為盛。乾嘉之際，碩儒輩興間，已前無古人，後無來者。然至劉申甫、臧在東、陳碩甫諸先生出，拾遺補闕，其學愈密。而尊奉西京，藉薄東漢，頗詆康成，以信其說。故孫伯淵氏謂，近來學者，好攻鄭氏，其患不細。蓋孫氏同時，若程易田氏、焦里堂氏，皆喜與鄭為難。而段茂堂承其師傳之說，亦有違言。卒之姚姬傳、陳碩士輩，借端排毀，經學遂微。不及卅年，漸滅殆盡，好高之過，其弊至此。弟嘗謂鄭氏徧注六經，數百萬言，既繁且博，自難並絕小疵。又時習讖緯，朝廷所尊，狃於聞見，間一援引，以曉愚蒙，不得為過。著述既多，門徒益盛，復不免假託師說，雜耨其間。故或先後不同，從違不一，後儒挾私尋釁，譬於江河之大，求泥沙之微，固無有不得者也。莊珍藝有言，漢學之存於今者，苟有一字一句之異同，要當珍若拱璧。弟嘗心佩以為名言。至如孫氏之注《書》，酷信緯學，劉氏之說《春秋》，尊之公羊，力申黜周王魯三統之義，謂夫子借以行天子事。莊氏謂《夏小正》即《連山易》，改其名為《夏時明堂陰陽經》，此皆意過其通，驚世駭俗，反為宋學助之攻矣。管見所及，就正於兄，幸教益之。

承近依薛中丞幕，脯飫所供，粗足自給。潘玉泉觀察，亮時相見，望致殷勤，為國珍重。今冬來春，或由津門航海南返，便道經滬，當謀暫集。北風儻順，載望瓊瑤，諸惟盛夏自怨。書不盡言。

（同上）

10.題《小謨觴館集》　　　　　　　　　　　　李慈銘

（千里）深於漢魏六朝之學，熟於周秦諸子之言，故其為文或散或整，皆不假繩削而自合。

（載《越縵堂讀書記》）

11.題《顧氏說文兩種》　　　　　　　　　潘錫爵

　　吾鄉顧千里先生，天資過人，博覽古籍，以校讎名其家。其所居齋曰「思適」，取北齊邢子才「誤書思之，更是一適」之語，蓋自道所得也。

　　先生每讀一書，必求其義例之所在。義例既得，而其中訛謬蹐駁之處，一一瞭如指掌。乃詳加校證，列諸簡端。然猶不敢自是，竟有已歷數年，猶復竄改者。其所不知，則從蓋闕之義。以故先生手校諸書，為海內藏書家所珍貴。

　　先生在嘉慶間，為諸鉅公校槧宋本，校畢，則必別為札記，釋疑正譌，以嘉惠來學。而獨為陽湖孫伯淵觀察校刊宋小字十行本《說文》，則未著札記。觀察〈序言〉，則又謂「所有同異，別為條記，附書而行。」似非未曾屬稿。今書後無之，不解其故。詢諸其孫河之孝廉。孝廉云，觀察刊此書時，同校者尚有烏程嚴鐵橋孝廉。孝廉擬將宋本酌改付刊，曾著《校議》一書。觀察頗採其說。先祖則學尚持慎，謂宋槧祇當影刊，不可改字。宜別著《考異》附後，觀察從之。先祖遂依許書之序，著有《考異》五卷。嗣與孝廉議不合，遂輟而弗為。手稿藏在家塾。余因向河之假讀，未即假得。後讀先生〈與阮文達公書〉（時公帥兩廣），謂《說文》義例，具在本書。後來治此者，馳騖於外，遞相矜炫，非徒使叔重之恉，轉多沈晦，且致他書，亦若牽合附會。意欲刊落浮詞，獨求真解，就本書之義例，疏通證明之，自然可與羣籍並行不悖，似與經學、小學，皆為有益之論。意謂先生之治《說文》如是，其所著述當不讓段、錢諸家。思欲得而讀之。及觀武進李申耆先生所著〈墓志銘〉，則稱先生論小學云，《說文》一書，不過為六書指示發凡，原非字義盡於此。欲取漢人經注作假借長編而未果。以是知先生之於《說文》，惟有《考異》未竟之稿，其他蓋有志未成焉。

　　咸豐丁巳季春，余薄遊城南書肆，得見鈔本《說文》兩種，一曰《說文辨疑》，一曰《說文考異》、《附錄》。《辨疑》者，采正嚴孝廉說也（每條前列「舊說」，即孝廉說），《考異》、《附錄》者，考校汲古閣本也（汲古閣本，同為鉉本，且亦出宋本，故別為《附錄》。即此可見先生義例之謹嚴）。《考異》不著名，而《辨疑》則著先生名，皆屬未竟之稿。余初疑其贋，及讀《辨疑》數則，乃彌嘆非精於許書義例者不能作。爰購得之。詢其由來，知為黃省齋家故物。省齋與先生為莫逆交，二書原稿，具在其家。併向假來，校勘一過，因得見先生手書《條記》，迺並錄之。時河之適館城中張氏，余遂往詢《辨疑》，冀得全書。豈知先生家無存稿，因假得《考異》。見

其上有觀察校語，並有先生自校語。而「玉」字、「瓃」字等條上方，又見朱書：
「此一條另有辨」，「其說今具載在《辨疑》中」，以是益信其為先生所作無疑。
余即手自草錄《考異》，屬元和管吉雲明經慶祺為加校正，存諸家塾。而先生《說
文》之書，於是備焉矣。戊午秋，又屬余弟紫廷彙錄成帙，余復朱書校語其上。暇
則披讀，益服先生與阮公所言詢非虛語。而其中《辨疑》一書，不特申明《說文》
之義例，並申明羣書引證《說文》之義例。假令先生當日並得成書，則經學、小學
之歧誤，皆得先生為之折衷，何至是非淆惑哉！惜也，因事中輟，僅此數卷以傳。
斯則學者之不幸，而亦未始非許君之不幸也。然先生所以讀許書之法，已略見於斯。
予雖夙受先君子《索隱》一書，粗知許書分部次，字皆以義類相從。奈其中可疑者
甚夥，驟難索解。今得先生是書，請即其義例推而準之，全書以及經學、小學諸書，
庶向之所蓄疑於心者，其可昭然若發矇也夫。己未冬月，吳縣潘錫爵跋。

（據鈔本《顧氏說文兩種》潘氏原跋逐錄）

12.檢書　　　　　　　　　　　　　　　　　　胡　澍

　　吾愛顧千里，風流尚足尋。校書思掃葉，得義等懷金。架上香芸馥，階前翠草
侵。因茲消永夏，已勝萬竿森。

（載〈壬申消夏詩〉）

13.葉昌熾詠顧千里

　　不校校書比校勤，几塵風葉掃繽紛。誤書細勘原無誤，安得陳編盡屬君。

（載《藏書紀事詩》卷六）

14.楊守敬論顧千里

　　昔邢子才謂「日思誤書，亦是一適。」知古人矜慎，不肯漫下雌黃。東坡傷《文
選》之妄改，以不誤為誤。知此弊北宋已然。至明代則逞臆尤甚。故近時顧千里創
為「以不校校之」之說，雖明知其誤，亦不輕改，以待學者之研求。誠刻書者之善
法，而讀書者之良規也。

（見《鄰蘇老人手書題跋·宋蜀大字史記跋》）

15.《思適齋書跋》序　　　　　　　　　　　　傅增湘

　　吳縣王君欣夫，既補輯《士禮居題跋》為繆藝風所未錄者，勒為四卷，刊板以行。復輯成顧澗薲先生題跋四卷，手錄其目，遠道示余，屬為文以發其凡。自維學殖荒落，老而無成，何敢以蕪詞謭說，弁此鴻篇。惟生平癖好古籍，雅嗜校讎，於黃、顧二公，夙所崇仰。嘗訝近世之人，推尚蕘圃，輯刻題識，至於再三。長箋短跋，搜采不遺。其手校之書，尤為世貴。稗書小集，一卷懸值百金。肆賈挾以居奇，而且惟恐或失。甚至以藏書自鳴者，若家無蕘圃手校之書，百城因之失色。而於澗薲校錄之書，乃澹然若忘，而莫知崇貴。是知庸耳俗目，固不足以言真賞也。蕘圃當乾嘉極盛之時，居吳越圖籍之府，收藏宏富，交友廣遠。於古書板刻，先後異同及傳授源流，靡不賅貫。其題識所及，聞見博而鑒別詳，巍然為書林一大宗。舉世推挹之，宜矣。至於澗薲先生者，受業於江艮庭傳惠氏遺學，當時名賢大師，皆得奉辭承教，故於經學訓故，咸所通曉。其校勘之精嚴，考訂之翔實，一時推為宗匠，即蕘圃亦自愧弗如。士禮居所刻諸書，泰半經其正定。斯可謂兩賢相得而益彰者矣。

　　王君為黃、顧鄉人，服膺二先生既久，私惜澗薲題跋經嗣君河之錄入遺集者祇五十首，其他遺佚正多，百年以來，無人為之董理。因刻意搜求，馳書四出，博訪旁咨，歷時數載，得一百八十餘篇，余亦發篋藏，補其闕遺。從此思適遺文，與士禮居竝行天壤，其為功於典籍豈淺鮮哉！欣夫之致力於是，可謂勤且專矣。

　　余嘗謂，有清一代，以校勘名家者，如何義門、盧召弓，皆博極羣書，撰述流傳，霑溉後學。至中葉以後，澗薲崛起，持音韻文字之原，以通經史百家之義。其訂正精謹，考辨詳明，與錢竹汀詹事、高郵王氏父子齊驅並駕。余曩時從楊惺吾假得日本古鈔《文選》三十卷本，以胡刻手加對勘，其中古本之異可以證今本之譌者凡數百事。因取所附《考異》觀之，凡奪誤疑難之文，或旁引曲證以得其真，或比附參勘，以知其失。而取視六朝原本，則所推斷者宛然符合。夫以叢殘蠹朽之書，沿譌襲謬已久，乃能冥搜苦索，匡誤正俗，如目見千年以上之本，而發其疑滯，斯其術亦奇矣。余披覽之餘，未嘗不歎其精思玄解為不可幾及也。

　　今欣夫盡取先生書跋萃於一編，雖其閒多隨時記錄，不盡先生精詣之所存，然學者覽其大凡，參以集中論學之文字，刻書之序錄，尋流以溯其源，則於校讎之學思過半矣。欣夫勤勤輯錄之意，其在斯乎！乙亥十月江安傅增湘謹序。

（載《思適齋書跋》）

16.傳增湘致王欣夫書

欣夫先生史席，昨藏荷頒賜輯刻《蕘翁題跋》，拜誦之下，知我公媚古嗜學，與世殊好，空谷足音，使人抃慰。第日久未及申謝，深用悚歉。前得來書，知近方編刊《思適齋書跋》，屬題字卷端。今強塗抹附呈，恐貽著糞之誚。弟嘗言，近世談校讎者，以黃、顧並稱。其實澗薲之精詣，豈蕘圃所能企及。耳食者爭寶蕘跋，常斥百金以購一冊，用以譁世取名，試以二公遺箸衡量其輕重，澗薲之詳核精能，當出義門、擘齋以上，若蕘圃者，見聞雖博，而學問殊淺，差與遵王、斧季相伯仲耳。今執事獨有取於思適，且從而振發之，可云先獲我心，敬佩無量。委作小序，誼不可辭，茲以錄呈，敬祈鑒正。若有繆失及文字不當者，乞加以斧削，勿庸謙退，至懇。手此敬候校綏。弟傅增湘拜啟。十一月七日。

（同上）

17.《思適齋書跋》題辭　　　　　　章　鈺

同邑葉鞠裳侍講《藏書紀事詩》，其為元和顧澗薲先生作者曰：「誤書細勘原無誤，安得陳編盡屬君。」推挹最至。先生與黃蕘翁並負校勘名，黃以士禮居精刻傳，力又能致舊本，用是蕘圃題跋，始刻於潘文勤，而江氏、鄧氏踵之。鈺又與繆小山、吳伯宛隨所見補輯，匯成鉅編行世。澗薲先生則家世儒素，佐士禮校事外，遞寄硯削於阮（元）孫（星衍）、張（敦仁）、胡（克家）、秦（恩復）、吳（鼒）諸家，半生精力，盡為人用。上海徐氏刻《思適齋集》，係據楊芸士當時錄本，題跋則散在各本，未全寓目。鈺題曹君直藏澗薲詩冊，曾附私見，謂宜援蕘圃例，早圖之。卒未果，旋以此事屬望我年家王君欣夫。君先嘗為蕘圃補年譜，編詩集，補輯題識，比又輯《思適齋書跋》若干篇，附以集外文，排校成帙，即日刊行。來訊謂，澗薲先生為學，得吾吳惠氏之傳，當分經儒一席。即其題識各書，洞徹表裏，與空談板本，博賞鑒名者迥別。以鈺首發此議，屬為弁言。欣夫既道出先生真際，鈺固無以易之也。

嘗讀李養一集志先生墓文矣，有曰：「先生之學，惟無自欺」，「惟無自欺，亦無書欺，存其真面，以傳來茲。」「屏絕附會，定其然疑。」即此尋繹，想見先生當年峨峨清遠，與古為稽。遭際承平，得以墨耨筆耕，不知老矣。今何時也，有

不勝令人歎且羨者。

欣夫忠信學禮，軼出時賢，收亡理紛，勤勤如此。一雲可作知，不發蕭條異代之悲矣。欣夫於顧、黃兩家外，又輯陳碩甫先生三百堂遺文印行，聚惠定宇先生校讀書，案條錄出，成《松崖讀書記》稿本，中吳舊學，賴青箱世業而傳。鞠老與君直往矣，晚交畏友，欽尚彌襟謰謖不自已，非敢當此書序也。乙亥九月，長洲章鈺舊都北池寓齋謹記。

（同上）

18.《黃顧遺書》序　　　　　　　　　　余嘉錫

吳縣王君欣夫博學好古，覃思著述，尤喜網羅放失，輯刻昔賢遺書。自甲戌起，歲歲繼承勿絕，已得百數十種，又輯黃蕘圃、顧千里經籍題跋及雜著集外文，都六種，顏曰《黃顧遺書》。刻既成，索余為之序。自惟學殖荒落，比來尤不喜作文字；報書謝不敏，而請之益勤，不獲已，遂為之言曰：黃、顧兩先生皆以校讎名家，方千里館蕘圃家時，主賓相得甚歡。既別去，猶為作〈百宋一廛賦〉，賞奇析疑，十餘年不絕。其後乃因事齟齬，竟至絕交。千里校士禮居所刻《輿地廣記》朱墨縱橫，塗抹殆徧，跋中詆諆蕘圃甚力，是千里之褊也。至於兩家學術，則論者類右顧而左黃，余亦不得而異焉。

嘗試論之：昔人謂有讀書者之藏書，有藏書者之藏書。校讎亦然。千里乃讀書者之校書；若蕘圃者，則藏書家之校書耳。蓋千里讀書極博，凡經、史、小學、天算、輿地、九流百家、詩文詞曲之學，無所不通。於古今制度沿革名物變遷，以及著述體例，文章利病，莫不心知其意。故能窮其旨要，觀其匯通。每校一書，先衡之以本書之詞例，次徵之於他書所引用，復決之以考據之是非。一事也，數書同見，此書誤，參之他書，而得其不誤者焉。一語也，各家並用，此篇誤，參之他篇，而得其不誤者焉。文字音韻訓詁，則求之於經。典章官制地理，則考之於史。於是近刻本之誤，宋元刊本之誤，以及從來傳寫本之誤，罔不軒豁呈露，瞭然於心目，躍然於紙上。然後臚舉義證，殺青繕寫，定則定矣。故曰「誤書思之，更是一適。」斯言也，豈徒日執誤書，嚮壁冥想云爾哉！

先生於書，必求善本以與各本互校。然善本之中，亦有不善存。及校本既出，

然後其書乃盡善。故凡經先生校正之書，其題跋雖於原本盛有稱美，其實皆筌蹄也。若其所未校，或校而未刻者，讀其跋，則古今刻本異同之故，可考而知。其有益學者大矣。論者徒見其校書不輕改字，以為先生尊信舊本，如藏書家佞宋之為者，非知先生者也。

至於蕘圃之校，蓋得一宋刻本而愛之。或愛之而不能得，因傳錄於近刻本之上，尋行數墨，句勘字比而已耳。鈎勒其行欵，塗改其諱字而已耳。譬之唐臨晉帖，一筆毋敢出入，號曰為宋真本面目留，其實不如毛氏影宋鈔遠甚。是尚不能傳宋刻之形貌，其能定古書之是非乎？雖然，有說焉。書必講本子，彌古而彌善，千里之言也。舉宋、元本中斷不可少之書，覆而墨之，勿失其真。縮今日為宋元，緩千百年為今日，亦千里之言也。刻本之古者，莫古於宋元，是誠足貴矣。時無攝影上石之術，覆而墨之，良非易易。影鈔須覓善工，貲費幾與刻等，亦匪甚易也。蕘圃《士禮居叢書》，固嘗取善本覆而墨之矣。絀於貲力，不能多刻，則姑就所見宋元本校於近刻本上，一字不易，為宋元本留一種子，好學者得而讀之，從而定其是與非焉。其有功古書，不亦多乎？此其道，自何義門、鮑淥飲類然，即惠定宇、盧抱經亦往往而然，蕘圃自守校讎家法耳，未可用此為訾議也。

蕘圃題跋，喜敘書籍流傳始末，多一時興到之語。不特不能如《七略》之辨章舊聞，併能如晁、陳之撮舉大旨。然自毛斧季、錢遵王而後，見舊刻之多者，莫如蕘圃。遵王之學又出蕘圃下，而其《敏求記》，尚為藏書家所資，況蕘圃之談板本，足供學者之漁獵者乎？故論其學術之淵博，誠不逮千里；至於鑒別古書，則亦不至大相遠也。

欣夫合刻二家之書，使兩先生之題識傳，而古書之崖略亦傳。是欣夫之心，即兩先生好古之盛心也。刻書之功有與著述等者，其此類也夫。

（見《余嘉錫論學雜著》）

19.《思適齋集外書跋輯存》序　　　　潘承弼

昔顏之推有言，校正書籍，亦何容易。揚雄、劉向，方稱此職。吾吳校讎名家，首推何義門氏。洎清中葉，黃氏蕘圃、顧氏澗蘋，並著校讎。黃氏題識自先文勤公首先掇拾，後者續補，漸臻富備。然篳路藍縷之功，固未可湮沒也。澗蘋跋文，自

《思適齋集》所載數十篇外，迄今八十餘年，後人未有為補輯者，誠亦藝林憾事。

吾友蔣君縠孫，淹雅媚古，其密韻樓藏書，早為海內所仰慕。近於黃顧校跋，蒐討尤勤。余歲過滬上，必造詣君門，賞析枕秘，文字相契，恆流連不忍返。今秋，君輯成《思適齋集外書跋》一編，授鄒君百耐印行，以垂不朽。鄒君復為增補十餘篇。書成畀余，屬繫數語。

余惟澗薲學問得自江氏艮庭傳授，艮庭師承惠氏松崖，吳學宗派，啟迪有自。嘗觀其論六書，引鄭司農注，六者平列，以斥段氏強分體用為未當。蓋別具卓見，不隨波流，尤非俴拙者所能企及萬一也。又嘗欲取漢人經注作假借長編而未屬稿。其〈答張子絜書〉，思作《毛鄭詩考讀》一書。〈與阮雲臺書〉嘗病《爾雅》郭注淺陋，思採古義以存家法。又讀許氏《說文》，欲求真解，就本書之義例，疏通而證明之。其序《戰國策札記》，欲仿杜征南於《左氏春秋》之意，撰為《戰國策釋例》五篇。綜此數書，俱難卒業。夫以澗薲之享年，胡不暇為此，誠以奔走一生，為人校刻。升斗之謀，汲汲遑遑。其校刻之書雖舉世共珍，而切己之學，不獲一二以傳。其視同時諸賢各有專業以名世者為何如耶？世徒以校讎重澗薲，余獨悲澗薲之以校讎而未能盡其所學也。則是區區百餘跋者，為澗薲精力所聚，又胡可不珍若球璧哉！

余既服蔣君用心之勤且慎，而又嘉鄒君傳古之雅懷，爰不辭懵陋，為志數語以歸之。乙亥十一月吳縣潘承弼謹序。

（載《思適齋集外書跋輯存》）

20.《思適齋集外書跋輯存》跋　　　　鄒百耐

傭書十載，所見善本至夥。苟遇名家題識，輒錄副藏諸篋笥，每為友人襲寫以去，不少靳惜。曩歲應華亭韓氏讀有用書齋主人之徵，整理藏書，得見蕘翁題跋，多為各家所未錄。恩恩迻寫，悉畀同好。今秋過蔣氏密韻樓，與縠孫縱談之餘，旋出顧氏《思適齋書跋》一編示余曰，此數年來，辛勤裒輯所得，子其有以補苴之乎？余受而讀之，俱為原集所未錄者。集中書跋屏不編入，緣顧集存本猶多，無庸贅列。吾深歎縠孫思力之精與取舍之謹，非淺見者流，以多為貴可比也。極謀鉛槧以快先覩。歸就平日彙錄者補輯十數則，並向世契潘君博山徵集顧氏手蹟，列之簡端，藉

闡幽光而申景仰。溯吾吳校勘名家，黃顧並重。黃氏題識自潘文勤公首倡編刊，後者補輯雖備，然椎輪大輅之功，固不可沒也。今穀孫此編為顧跋之先聲，吾知顧氏著述遺存當不止此，倘海內藏家別有存錄，得蒙鈔示，重付棗梨，走也不敏，願任其責。乙亥季冬，吳縣鄒百耐識於百擁樓。

（同上）

21.王國維談顧千里

《釋名》無善本，璜川吳氏本出顧千里手，增刪及改字太多而不著其何所本（殆無所本），其中非無是者，然殊不可為訓也。

（《中國歷史文獻研究集刊》第一集載《觀堂書札》第六十八）

22.葉德輝談顧千里

升庵先生博洽多聞，在明時可與王弇州對壘。近世漢學家動以疏陋譏明人。如楊、王二公，世復有幾？士恨不學耳。若戴東原動誇中秘，顧千里專事校勘，而下筆輒輕呵古人，豈公道哉？

（見《郋園讀書志》卷五）

23.劉肇隅談顧千里

顧廣圻畢生為人校刊善本，跡同掠販，徒耗精神也。

（見〈郋園讀書志序〉）

24.李詳談顧千里

《書目答問》所列《文選》學家，如錢陸燦、潘耒、余蕭客、嚴長明、葉樹藩、陳壽祺，或詩文略摹《選》體，或涉獵僅窺一孔，未足名家，余為汰去之，而補入段懋堂、王懷祖、顧千里、阮文達此四君子，乃真治《文選》學者。若徐攀鳳，梁章鉅亦可祔食廡下也。

（見《國粹學報》宣統三年第五號內載《媿談叢錄》）

25.日本神田喜一郎論顧千里

清代學術中宜注意者，有校勘學。宋元以來，刻書日盛。書賈射利，覆刻古書，

往往杜撰。其時學者，又空談理性，秦以來古本，任其荒亂。清儒治考據，古書訛奪，不能不為董理。於是博徵宋元舊刻，古鈔善本，校其異同，而校勘乃成專門之學。考訂家資之，清代治諸子者實以校勘學導夫先路也。乾嘉時，如畢沅、盧文弨、汪中、阮元、孫星衍、洪頤煊、嚴可均等，皆從事於此，而尤以顧千里先生為魁傑。蓋先生以校勘為畢生之業，是以成績獨優也。

余草先生年譜既竣，於先生之學，微有所見。願與當世君子言之。先生為清代校勘學第一人，殆世所共許。夫校勘之學，淺見者多以為比較文字之異同，無甚難事，而不知非博學有識之士，固不足與於斯也。先生深於經，與段玉裁辨《禮記・王制》「虞庠在國之西郊」，往復不屈。……又明於算，張之洞《書目答問・國朝著述諸家姓名略》，先生之名，列於算學家。又精《文選》而善駢文，近人李詳以先生與段玉裁、王念孫、阮元並稱，謂此「四君子」，「乃真治《文選》學者」，（參看《國粹學報》辛亥第五號《媿談叢錄》）讀先生《文選考異》，知李氏之言為不虛。曾賓谷《國朝駢體正宗》收先生所撰〈開方補記後序〉，典雅妥帖，罕與倫比。由以觀之，先生校勘之學所以能千古者，豈僅校勘而已哉？！

（見《國學》雜誌民國十五年第一卷第一期載《顧千里先生年譜》前後識語）

26. 《顧千里先生年譜》題識　　　　　　　陳乃乾

余輯顧氏舊書題跋，得百數十首，又欲纂錄其行事，與題識合為一編，見聞弇陋，未敢遽付手民。去年，於《支那學》得讀神田喜一郎所著《年譜》，驚若逾分。因請孫君俶仁譯之。神田君以為顧氏校勘之功，隱而不彰，故述其代人校刻之事特詳。至於其他事蹟，可紀者尚多，擬俟暇日，為之補苴。而先刊布其原稿於此，以不沒其創始之功云。陳乃乾附識

（同上）

27. 《顧千里先生年譜》題識　　　　　　　汪宗衍

元和顧千里先生，經史、訓詁、天文曆算、輿地，靡不綜貫，目錄校讎之學，尤為專門大師。日本神田喜一郎學士作《年譜》，疏略譌誤，指不勝屈，海外人言中土，自不易完備。嘗以余暇，為之補訂。書於簡端，日積月累，編滿上下方，幾

無隙紙。復得張菊生年丈之介，入觀涵芬樓書庫，縱覽秘籍，采獲益多，別寫為《年譜》一卷。然非神田氏作之於前，則小子何由繼述。而先生於學無所不闚，及校讎之精博，又豈末學所能測其萬一，非敢妄訡寫定，聊俟就正云爾。

（見《圖書館季刊》民國十九年卷四，第二號《顧千里先生年譜》）

28.《顧千里先生年譜》跋　　　　　　　姚　光

　　目錄之學為讀書之津梁，而校讎之學又書籍之藥石。以我國書籍有數千年悠久之歷史，則校讎之學尚矣。此學蓋發源於炎漢劉氏父子，時當秦火之餘，書籍大壞，董理排比，亦勢使之然。及至清代，承宋、元、明刻書日盛之後，字句之荒亂譌奪亦愈甚。故當乾嘉之際，樸學諸儒蓋無不通知此學者，而元和顧千里先生尤為卓絕。先生學問淵博，辨證精審，雖與黃蕘圃輩並稱於時，而實非其倫也。顧其著作，除上海徐氏所刻《思適齋集》及今所流傳之校勘諸書外，散佚者尚不少。即其行事，後人更未有為撰有統系之記載，非特於校讎之功隱而不彰，且無由知其為學之次第，此則余每對靈鶼閣之《蕘圃年譜》而未嘗不為先生致憾於後之學者也。近日人神田喜一郎撰有先生《年譜》，謬誤遺漏仍多。余友海寧陳君乃乾，欲為補苴，亦遲遲未果。崑山趙君學南爰重有編輯。舉以視余，披讀一過，頓彌宿憾。會余有彙印小種叢書之意，乃即以此先之。趙君此作，凡所採詩文及題跋等，已見本集者不錄，無年月可考者不錄。秀水王君欣夫（大隆）、吳縣潘君聖一（利達），均助搜採考訂，確實字字均有來歷，此則余以信趙君等而可信是書者也。陳君曾有先生舊書題識之輯，必有為是書所遺者，異日編成，當請儷以行焉。庚午端午節，金山姚光識於滬上寓次。

（載趙詒琛《顧千里先生年譜》）

29.《顧千里先生年譜》題識　　　　　　趙詒琛

　　顧千里先生在嘉、道間為諸名人校刻古籍，凡一字之誤，必再三考訂，不肯輕率。故刻成諸書，珍重士林。洪楊亂後，五書局開刻，大都據先生校本，重付手民。其有功於前賢，有益於後學，詎可量哉。特以不得科第，僅以縣學生終，而學者亦鮮有講求版本目錄之學，於是百年來，邑人有不能舉其姓名者，可慨也。前年余編先生《年譜》，並承王君欣甫、潘君聖一及諸益友之助，不三月而脫稿。金山姚君

石子，即鉛印於滬上。嗣後又陸續增修，視鉛印本不勝欲然。乃壽諸梨棗。姚君原跋，仍附於後，以誌高誼。陳君房山贈詩，綜括編譜之旨，不啻為有韻之序文也。爰冠卷端。聞先生孫河之孝廉，咸同間寓居上海城內，距城隍廟僅咫尺耳。今後人當有在者。如見此譜，通函惠教，補其略，正其誤，則更幸焉。辛未八月，趙詒琛識。

（同上）

30.王欣夫論顧千里

澗薲先生負才傲睨，盛氣凌人，與劉金門、段茂堂、黃蕘圃、李尚之始甚相投，終乃絕交，人所共知。余藏先生手校書數種，於《經典釋文》，則斥臧庸堂為不識一字之庸妄人，於《文選李注補正》則斥孫怡谷，一則曰陋而無識，再則曰癡人說夢。又有經韻樓刻《戴東原集》，亦先生批注，於茂堂校語及《校勘記》大點密叉，幾無完膚。雖不記年月，知其必絕交後所為也。他若吳山尊、嚴鐵橋，亦均不合，時起齟齬。李申耆撰〈墓誌〉，言詞色嫗煦，恐非記實也。

（見《顧千里年譜跋》）

31.《思適齋書跋》題識　　　　王欣夫

校讎之學自漢劉更生父子始其業，宋曾子固、宋子京諸人承其緒。至清儒學出而益昌。元和顧澗薲先生，其尤著也。先生受業於同縣江艮庭徵君，得紅豆惠氏之傳。深通音韻訓詁，多見宋元舊本。故所校羣籍，精識玄解，折衷至當，稱絕詣焉。惜其題識，未有為之輯錄梓行者。大隆夙好墳籍，景仰先哲，每見手跋，輒錄存之。建德周君叔弢（暹）、常熟瞿君鳳起（熙邦）助為搜集，裒然成帙，用付剞劂，以廣其傳。昔吾鄉雷甘谿先生（浚），嘗述先生之言曰：周子主靜，程子主敬。為人心不敬，心不靜，僅可為詞章之學，餘事亦未見其有當也。引用先抽檢而後下筆，亦執事敬之一端。案頭無此書，雖素所熟誦，亦姑置勿用。轉引則標明來歷，庶後人有可稽核，尤不可貪多炫博。又曰：治經之法，不可放過半字，為考訂之文，不可多引無用書，徒亂人心目。於此知先生本宋儒主敬主靜之方，治漢儒實事求是之學，宜其所校之書，心細於髮，識高於頂，前無古人，卓然成家矣。殺青既竟，爰述先生緒言於末，以為讀此書者告焉。民國二十四年，歲在乙亥十月，原籍秀水吳縣王

· 209 ·

大隆識於學禮齋。

（載《思適齋書跋》）

32.張舜徽談顧千里

孫氏在《讀書脞錄續編》卷一「〈王制〉西郊當作四郊」條下云：

> 《禮記·王制》：「周人養國老於東膠，養庶老於虞庠，虞庠，在國之西郊。」據《北史·劉芳傳》引作四郊。蓋西字誤也。四郊小學。即東西南北之小學，豈應偏置於西郊？〈祭義〉又云：「天子設四學，當入學而太子齒。」注云：「四學，謂周四郊之虞庠也。」《正義》引皇氏云：「四郊虞庠，以四郊皆有虞庠。」其為四郊之譌無疑。

孫氏這一考證，確是一件有價值的發現！所以阮元《禮記注疏校勘記》亟以孫說為是，但以校勘名家的顧廣圻，卻不以孫說為然。斥其言為模糊亂道。（見顧氏《禮記考異》及〈與段茂堂第二札〉。）於是段玉裁寫成〈四郊小學疏證〉一篇，以申孫說。顧氏又為〈學制備忘之記〉以相駁斥。從此往復辨難，相攻若仇。（兩家往來書札，俱載段氏《經韻樓集》卷十二，而顧氏《思適齋集》無之。平心而論，段氏原本經術，義證翔實。顧氏不免以意氣相爭。而朱珔《小萬卷齋文稿》卷四，有〈四郊小學辨〉一篇，引申段說，更加精密。後來黃以周《禮書通故》第三十二《學禮通故》也說：

> 〈王制〉：「虞庠，在國之西郊」。「西」本作「四」。皇侃云：「四郊虞庠，謂四郊皆有虞庠。」以周案皇說為得。

晚清學者們談到這個問題，不獨黃以周以段說為得；即孫詒讓的《周禮正義》，也是贊成段說的。（說見《大司樂疏》）只有李慈銘在這一問題上，獨持異議，申顧駁段，說見《桃花聖解庵日記》壬集第二集。（《越縵堂日記》第三十冊）本來，考論古代史實，特別是禮制方面的一些問題，異見紛紜，不容易得出統一的結論。各人自可保留己見，我們且不必在這兒深究了。

清代學者，確替我們留下了豐富的精校本和精刻本，值得我們重視。其中以乾嘉學者們做的工夫為最專最精。當時如顧千里、孫星衍、張敦仁、黃丕烈、胡克家、秦恩復、吳鼒諸人，都是喜歡校書和刻書的知名之士，而尤以顧氏為最負盛名。當

時諸家校刊古書，都爭迎顧氏為助。像孫星衍所刻宋本《說文》、《古文苑》、《唐律疏義》；張敦仁所刻撫州本《禮記》、嚴州單疏本《儀禮》、《鹽鐵論》；黃丕烈所刻《國語》、《國策》；胡克家所刻宋本《文選》、元本《通鑑》；秦恩復所刻揚子《法言》、《駱賓王集》、《呂衡州集》；吳鼒所刻《晏子》、《韓非子》；都是由顧氏參加校勘，替他們設計雕印的。每書刻畢，他又綜合書中校訂語，寫成《考異》或《校勘記》，附刊於後，給予讀者以極大方便，這功績是不可湮沒的。

但是像顧千里、盧文弨這般人遇書即校，徧及四部，這是校勘家的博涉一派；也還另有專精一派，一生功力的重點，擺在一方面，不大涉及或者很少涉及其他方面，例如王念孫、王引之父子的校勘羣經，錢大昕、錢大昭兄弟的校勘諸史，都是用力精邃，取得了輝煌成就的。

（見《中國古代史籍校讀法》）

33.《思適齋集》十八卷、《思適齋書跋》四卷別錄　　張舜徽

元和顧千里撰。千里原名廣圻，字千里，號澗蘋，後以字行。少好讀書，不事科舉，年三十，始補博士弟子員。從江聲遊，得惠氏遺學，因盡通訓詁名物之奧，而尤長於校勘。歷應孫星衍、張敦仁、黃丕烈、胡克家、秦恩復、吳鼒諸家刻書之聘。每一書刻竟，裒其所正定者，為考異、或校勘記於後，正譌訂謬，最稱精審，學者便焉。然千里之學，初不限於從事丹鉛已也。觀其言六書，力攻戴震分體用之說，以為六者皆造字之本。其五盡見於《說文》，惟假借不盡見於《說文》，宜取之經典傳注、三史舊讀、諸子詞賦、碑版遺文，而後可窮源通變。是《集》卷十一〈廣復古編序〉，卷十五〈書段氏注說文後〉諸篇中，言之詳矣。余謂此乃千里卓見。為昔人所未及道者。苟循是求之，亦講明訓詁之一道。論者以為千里晚與段玉裁論學制相牴牾，互攻若讎。乃藉六書之說，詆排戴震，實以中傷段氏，豈其然乎？且千里與段氏，始交甚契，非特無微辭，而推尊之甚至。千里之言曰：「凡學須名其家，金壇段君，學之名其家者也。所著有《六書音均表》等，未刻有《說文注》等，共若干種。憶始相識在乾隆壬子，既見謂曰，《音均表》解人，向為王懷祖，今乃得足下耳。此言固未必然，而其所以厚圻者，誠可謂至矣。」（是集卷十一〈刻釋拜序〉）千里既嘗為段氏刻《釋拜》於江寧，以廣其傳，而其傾服之誠，至於如此，

可謂有相知之雅。其後因辨論學制，致起釁隙。往返書牘，具刻《經韻樓集》中。以余觀二人意氣之爭，段氏實不能辭其咎。讀《經韻樓集·答黃紹武書》，可知當日輿論，亦多責難段氏。而李兆洛復稱千里進退粥粥，詞色嫗煦，徒以慤愿自守。

（見李氏所撰〈墓誌銘〉，載《養一齋文集》卷十一）兆洛親接其人，而所言如此，宜若可信千里之無爭氣也。是集為賦及詩三卷，詞一卷，文十四卷，凡羣書題跋及論涉校勘之語，多可取者。其中如卷七〈釋名略例〉，卷九〈鹽鐵論考證後序〉、〈焦氏易林後序〉，卷十五〈宋本淮南鴻烈解跋〉，尤為精邃。惟此本乃上海徐渭仁所刻，校勘未精。且所據乃楊芸士當時錄本，題跋則散在各書，未全寓目，故遺佚為多。近人吳縣王大隆刻意搜求，輯錄一百八十餘篇，釐為四卷，題曰《思適齋書跋》，一九三五年刊行。前有傅增湘、章鈺二序，極推重其用心之勤。同時烏程蔣祖詒亦有是輯。名《思適齋集外書跋輯存》，所收視王本為少，而復有異同。苟能合二本重勘訂之，去其複重，補其遺佚，又博求其他書札、雜文，彙輯為《思適齋文集補編》，實盛德不朽事也。

（載《清人文集別錄》）

34.日本《世界大百科事典》「顧廣圻」條

顧廣圻（1766-1835），中國清代的文獻學者。字千里，號澗蘋，因書齋稱「思適齋」，以此知名。江蘇省蘇州人。承清代考證學吳派開山惠棟之學，不僅深於古典之學，博通古今文獻，特別長於校勘。所謂校勘，是為了校訂一種書籍，收集多種古代刻本、抄本，對比諸本間文字的異同，以確定最正確文本的學問。在中國，有著浩瀚的文獻，而且這些文獻又各有多種版本，校勘就是一種極其必要的學問。顧廣圻在這方面，堪為清朝第一家。他一生校勘，刊刻了各種典籍。以宋刊本《儀禮疏》、宋淳熙刊本《文選》為首，達數十種之多。而且，由於這些他都是靠他人的財力進行的，故表面上並不見顧廣圻之名，而署以黃丕烈、秦恩復、胡克家等人之名。而這些古籍的校訂和刊刻，顧廣圻之功大矣！

（載平凡社 1972 年版《世界大百科事典》，此據原文譯出）

顧千里校書考

目　錄

十八）　　廣雅十卷　魏張揖撰

十九）　　博雅注十卷　隋曹憲注

二十）　　匡謬正俗八卷　唐顏師古撰

二十一）羣經音辨七卷　宋賈昌朝撰

二十二）急就篇一卷　漢史游撰

二十三）說文解字十五卷　漢許慎撰

二十四）汲古閣本說文訂一卷　清段玉裁撰

二十五）說文繫傳四十卷　南唐徐鍇撰

二十六）說文解字斠銓十四卷　清錢坫撰

二十七）玉篇三十卷　梁顧野王撰　唐孫強增訂　宋陳彭年等重修

二十八）復古篇二卷　宋張有撰

二十九）漢隸字源六卷　宋婁機撰

三十）　　隸韻十卷　宋劉球撰

三十一）班馬字類五卷　宋婁機撰

三十二）廣韻五卷　宋陳彭年等撰

三十三）集韻十卷　宋丁度等撰

三十四）漢魏三體石經遺字考一卷　清孫星衍撰

三十五）唐石經考異不分卷　清錢大昕撰

史部

一）　　漢書一百卷　漢班固撰

二）　　資治通鑑二百九十四卷　宋司馬光撰

三）　　資治通鑑釋文三十卷　宋史炤撰

四）　　通鑑外紀十卷　宋劉恕撰

五）　　建炎以來繫年要錄二百卷　宋李心傳撰

六）　　逸周書十卷

七）　　元朝秘史十卷續二卷

八）　　建康實錄二十一卷　唐許嵩撰

九）　　　國語注二十一卷　吳韋昭注

十）　　　戰國策注三十三卷　漢高誘注

十一）　　五代史闕文　宋王禹偁撰

十二）　　五代史補五卷　宋陶岳撰

十三）　　奉天錄四卷　唐趙元一撰

十四）　　唐大詔令集一百三十卷　宋宋敏求編

十五）　　晏子春秋八卷　周晏嬰撰

十六）　　古列女傳七卷續列女傳一卷　漢劉向撰（《續傳》撰者不詳）

十七）　　宋名臣言行錄前集十卷　後集十四卷　宋朱熹輯　續集八卷別集十三卷外
　　　　　集十七卷　宋李幼武補

十八）　　名臣碑傳琬琰集一百七卷　宋杜大珪編

十九）　　唐黃帝本行記一卷　唐王瓘撰

二十）　　軒轅皇帝傳一卷

二十一）　吳越春秋十卷　漢趙煜撰

二十二）　越絕書十五卷　漢袁康撰

二十三）　華陽國志十二卷附三州郡縣目錄一卷　晉常璩撰

二十四）　南唐書二十卷　宋陸游撰

二十五）　輿地廣記三十八卷　宋歐陽忞撰

二十六）　紹熙雲間志三卷續一卷　宋楊潛撰

二十七）　廣陵通典十卷　清汪中撰

二十八）　水經注四十卷　北魏酈道元撰

二十九）　洛陽伽藍記五卷　後魏楊衒之撰

三十）　　漢官儀二卷　漢應劭撰

三十一）　漢官一卷

三十二）　漢官解詁一卷　漢王隆撰　漢胡廣注

三十三）　漢官曲職儀式選用　漢蔡質撰

三十四）　漢舊儀二卷　漢衛宏撰

三十五）　漢舊儀補遺一卷　漢衛宏撰

三十六） 漢禮器制度一卷　漢叔孫通撰

三十七） 唐律疏議三十卷　唐長孫無忌等撰

三十八） 遂初堂書目一卷　宋尤袤撰

三十九） 昭德先生郡齋讀書志四卷　後志兩卷　考異一卷附志一卷　宋晁公武撰
　　　　考異附志、宋趙希弁撰

四十）　昭德先生郡齋讀書志二十卷　宋晁公武撰

四十一） 讀書敏求記四卷　清錢曾撰

四十二） 金石錄三十卷　宋趙明誠撰

四十三） 隸釋二十七卷　宋洪适撰

四十四） 隸續二十一卷　宋洪适撰

四十五） 寶刻叢編二十卷　宋陳思輯

四十六） 輿地碑記目四卷　宋王象之撰

四十七） 寶刻類編八卷

四十八） 古刻叢鈔一卷　元陶宗儀撰

四十九） 金石後錄八卷（又名《潛研金石目》）清錢大昕撰

五十）　吳郡金石志目錄一卷

五十一） 古甎錄一卷　清陳璚撰

五十二） 金石萃編一百六十卷　清王昶編

五十三） 兩漢金石記　清翁方綱編

五十四） 史通二十卷　唐劉知幾撰

子部

一）　　荀子注二十卷　唐楊倞注

二）　　鹽鐵論十卷　東漢桓寬撰

三）　　新序十卷　漢劉向撰

四）　　法言十卷　漢揚雄撰

五）　　潛夫論十卷　漢王符撰

六）　　中論二卷　漢徐幹撰

七） 孫子注二卷　周孫武撰　魏曹操注

八） 吳子二卷　周吳起撰

九） 司馬法三卷　周司馬穰苴撰

十） 管子注二十四卷　唐房玄齡撰

十一） 管子補注二十四卷　明劉績撰

十二） 韓非子二十卷　周韓非撰

十三） 洗冤集錄五卷　宋宋慈撰

十四） 平冤錄一卷

十五） 無冤錄二卷　元王興撰

十六） 洗冤錄辨證

十七） 金匱玉衡經一卷

十八） 黃帝授三子玄女經一卷

十九） 龍首經二卷

二十） 洪氏集驗方五卷　宋洪遵輯

二十一） 鷄峰普濟方三十卷　宋張銳撰

二十二） 天文大象賦一卷　隋李播撰　宋苗為注

二十三） 太玄說玄五篇　唐王涯撰

二十四） 易林十六卷　漢焦延壽撰

二十五） 墨子十六卷　周墨翟撰

二十六） 鬼谷子一卷　舊題鬼谷子撰

二十七） 淮南子二十一卷　漢劉安撰

二十八） 長短經九卷　唐趙蕤撰

二十九） 程氏演繁露十六卷續五卷　宋程大昌撰

三十） 困學紀聞二十卷　宋王應麟撰

三十一） 履齋示兒編二十三卷　宋孫奕撰

三十二） 老學庵筆記十卷　宋陸游撰

三十三） 松崖筆記三卷　清惠棟撰

三十四） 北堂書鈔一百六十卷　唐虞世南輯

三十五）鑑戒録十卷　後蜀何光遠撰

三十六）南部新書十卷　宋錢易撰

三十七）雲谿友議三卷　唐范攄撰

三十八）弘明集十四卷　梁釋僧祐撰

三十九）廣弘明集　唐釋道宣撰

四十）　一切經音義二十五卷　唐釋玄應撰

四十一）列子八卷　舊題列禦寇撰

四十二）抱朴子內篇二十卷外篇五十卷　晉葛洪撰

四十三）道藏目錄詳注四卷　明白雲霽撰

集部

一）　　蔡中郎集十卷（一為六卷）　漢蔡邕撰

二）　　駱賓王文集十集　唐駱賓王撰

三）　　張燕公集二十五卷（一本作三十卷）　唐張說撰

四）　　張曲江集二十卷　唐張九齡撰

五）　　李太白集三十卷　唐李白撰

六）　　王右丞文集十卷（一本作《王摩詰文集》）　唐王維撰

七）　　劉賓客文集三十卷　唐劉禹錫撰

八）　　呂衡州文集十卷　唐呂溫撰

九）　　歐陽行周文集十卷補遺一卷　唐歐陽詹撰

十）　　李元賓文集五卷（一作六卷）　唐李觀撰

十一）　沈下賢文集十二卷　唐沈亞之撰

十二）　文藪十卷　唐皮日休撰

十三）　讒書五卷　唐羅隱撰

十四）　孫可之文集　唐孫樵撰

十五）　笠澤叢書四卷補遺一卷（一本僅四卷）　唐陸龜蒙撰

十六）　嘉祐集十五卷　宋蘇洵撰

十七）　誠齋集一百三十三卷　宋楊萬里撰

十八）　梧溪集七卷　元王逢撰

十九）　戴震集十二卷附札記　清戴震撰

二十）　述學五卷　清汪中撰

二十一）耕學齋詩集十二卷　明袁華撰

二十二）古文苑九卷　宋韓元吉撰

二十三）續古文苑二十卷　清孫星衍編

二十四）文選注六十卷　唐李善注（又，六臣注）

二十五）文選理學權輿八卷補一卷　清汪師韓撰　孫志祖補

二十六）文選考異四卷　清孫志祖撰

二十七）文選李注補正四卷　清孫志祖撰

二十八）松陵集十卷　唐陸龜蒙編與皮日休倡和之作

二十九）文苑英華辨證十卷　宋彭叔夏撰

三十）　唐文粹一百卷　宋姚鉉編

三十一）全唐文　一千卷　清董誥等奉勅撰

三十二）西崑酬唱集二卷　宋楊億編

三十三）虛齋樂府二卷　宋趙以夫撰

三十四）文心雕龍十卷　梁劉勰撰

三十五）蒼崖先生金石例十卷　元潘昂霄撰

經　部

一，尚書譜（即尚書考異）六卷（鈔本不分卷）　明梅鷟撰

顧千里於嘉慶壬申（十七年）十月，以明鈔本校世行本，並跋於明鈔本上。

（《思適齋書跋》卷一。下簡稱《書跋》，凡不標明出處者，概出於《書跋》。）

嘉慶甲戌（十九年），欲刻是書，於六月再校此書一過，跋於明鈔本後。時寫樣刊行，新刊本據別本有所增補。是書於是年孟秋，收入《平津館叢書》以行。

（見原書後墨記）

顧千里校跋的明鈔本，為丁丙所得，其《善本書室藏書志》卷一著錄有：「《尚書譜》，不分卷，明鈔本，顧千里手校。」此條下曰：「是書不分卷，棉紙，藍格，的係明鈔，兼有朱校。後有顧廣圻朱筆和墨筆記。」

後歸江蘇第一圖書館。其《覆校善本書目・經部》著錄：「《尚書譜》，不分卷。」「明鈔本，顧千里手校，有『白堤錢聽默經眼』一印。有顧廣圻朱筆記。」是館後為江蘇省立國學圖書館，此書亦歸之。柳詒徵編《江蘇省立國學圖書館現存書目》卷一著錄此書，標明「丁書」。

此書現存南京圖書館。

二，毛詩正義四十卷　漢毛亨傳　鄭玄箋　唐孔穎達正義

千里嘗預校《十三經注疏》，主《毛詩正義》之校勘。阮元〈毛詩注疏校勘記序〉云：「以元舊校本授元和生員顧廣圻，取各本校之。」錢泰吉論《十三經注疏》校勘時曰：「《詩》則屬元和顧廣圻。」（《曝書雜記》卷上）又，《思適齋集》（下凡《思適齋集》，簡稱為《集》。）卷六載有〈答張子絜問讀毛詩注疏書〉曰：「《毛詩注疏》，則《傳》、《箋》實兩家之學。」「《傳》也者，全是古文家法；《箋》也者，或用今文《詩》破《傳》，或用今文他經說以破《傳》，或又用古文他經說以破《傳》，此自是鄭氏家法，不專主古文，亦不專主今文。明乎此，而後二家之體例憭然，《經》與《正義》亦憭然也。」另參見〈與段大令論椒聊經傳書〉。

千里校此書，嘗以小讀書堆藏南宋刻本參覈，並於嘉慶王戌（七年）九月一日跋於此書後。

此宋本《毛詩》，後為汪閬源所得，又入海源閣。楊氏《楹書隅錄》卷一著錄有：「宋本《毛詩》三卷一冊。」其條下載楊紹和跋曰：「先公於己酉購之揚州汪容甫先生家。」

此書在戰亂中，散失大半。僅餘十八至末，共三卷。現存北京圖書館。其《善本書目》卷一著錄有：「《毛詩詁訓傳》二十卷，漢毛萇，鄭玄撰，唐陸德明釋文。宋刻本。查慎行、顧廣圻跋，吳榮光題款。一冊，存三卷，十八至二十。」即此書。

又，近人黃焯先生《經典釋文彙校・毛詩音義》部分亦收有千里若干校語，可見其校《毛詩》之一斑。

三，詩外傳十卷　漢韓嬰撰。

黃丕烈曾於京師五柳居見元刻本《韓詩外傳》，後此書為袁壽階所得。黃氏以明沈辨之野竹齋刻本校之，並跋於元刻本上。時在乾隆末年。（《蕘圃藏書題識續錄》卷一）。

是年九月，千里借袁氏藏元本校程榮《漢魏叢書》、毛氏《津逮秘書》諸本，以為遠勝之。跋於元刻本後。

千里據校並跋的袁氏藏元刻本，後經袁氏之婿貝墉之手。周子美先生編訂羅振常遺著《善本書所見錄》著錄有：「《韓詩外傳》十卷」，「元刊本」。云：「袁又愷藏書」，有「貝墉所藏（白方）」印記。傅增湘先生有跋。此書現藏北京圖書館，其《善本書目》卷一著錄：「《詩外傳》十卷。」「元至正十五年嘉興路儒學刻明修本。黃丕烈校並跋。顧廣圻、瞿中溶、傅增湘跋，四冊。」即是書。

黃丕烈所校的野竹齋刻本，千里亦曾校過。此書流傳情況，周叔弢先生跋語言之頗詳：「黃蕘圃校元本，丁巳得之江都方無隅先生家。蕘翁初校此書，蓋在三十四歲時，後十七年，始錄陸東蘿校語於眉端，自五卷以後，則倩東蘿自寫之。再後十二年，其孫賦孫覆用殘元本校前四卷，距蕘翁之歿僅一年耳。此書在蕘翁家且三十年也。」「書中尚有陳仲魚、顧千里、鈕匪石校語若干則，又曾為吳枚庵、張訒

庵借校，當均有題記，惜末卷缺佚不可見，為可慨也。」

是書現存北京圖書館，其《善本書目》卷一著錄：「《詩外傳》十卷，明沈竹齋刻本。黃丕烈校跋並題詩。陸損之、顧廣圻、鈕樹玉、陳鱣校。黃美鎬、周叔弢校並跋。王大隆跋並臨張紹仁校識。六冊。」

四，周禮注十二卷　漢鄭玄注。

《北京大學圖書館藏李氏書目》著錄：「《周禮》十二卷，漢鄭玄注，明刻本（卷三至六，顧廣圻據宋本校，李木齋跋）。」

是書凡六冊，有「顧澗薲藏書」、「顧廣圻印」等藏書印記。第一冊末，有李木齋跋曰：「此書卷三至卷六用朱筆校宋。卷四第十三葉眉端，朱筆注云：十三、十四葉宋本訛作廿三、廿四葉，其廿三、廿四葉實十三、十四葉也云云。朱筆似澗薲所書，他處校字筆意不類，或屬友人所校。」

又，陳康祺《郎潛紀聞》卷八云，千里嘗為黃丕烈校《周禮》。

五，儀禮注五十卷，漢鄭玄注。

六，儀禮疏五十卷，宋賈公彥疏。

七，儀禮要義五十卷，宋魏了翁撰。（附《儀禮圖》十七卷，《旁通圖》一卷）

千里嘗云：「《儀禮》一經文字，特多譌舛。」（故其對此經用力甚勤，上列數種書曾互相參訂，故總而論之。）

黃丕烈於乾隆癸丑（五十八年）得宋景德間刻單疏本《儀禮》。（《百宋一廛書錄·儀禮注》）此書缺卷三十二至三十七凡六卷。嘉慶庚申（五年），顧千里以《儀禮圖》、《儀禮旁通圖》與之互勘。七月，跋於諸書上。

嘉慶辛酉（六年），千里於杭州《十三經》局識得嚴九能。次年七月，見嚴氏所攜汪氏欣託山房所藏宋刻本《儀禮要義》，大喜，跋之。（見《楹書隅錄》卷一）嚴氏又有手鈔一部見借，千里亦跋之。時，千里有以宋嚴州單注本所校的鍾人傑刻本，被收入《十三經注疏》之中。（見《儀禮注疏校刊記·引據各本目錄》）

嘉慶乙丑（十年），顧千里在揚州，張古餘問及諸經刊刻源流（〈禮記考異序〉）。次年二月起，千里即為張氏校刊宋本《儀禮》。其《經》、《注》采用嘉

靖翻刻嚴州本。以「唐開成石本校經，又以宋嚴州本校注」。（《書跋補遺》）其《疏》則用校單疏本、景鈔宋刻《儀禮要義》校補。至六月校畢。

嘉慶丙子（二十一年）六月，千里又用景宋鈔本《儀禮要義》與單注本互勘。

至道光庚寅（十年），時黃丕烈的景德刻單疏本《儀禮》已歸汪閬源所有。汪氏欲重刻，千里主其事，為汪氏撰〈重刻宋本儀禮疏序〉，並自為〈後序〉。

此外，據〈百宋一廛賦注〉云：嚴州本《儀禮鄭氏注》十七卷，「居士嘗跋其後云，張忠甫校《儀禮》，有監、巾箱、杭、嚴，凡四本。今所存《識誤》，稱『嚴本』者十許條。以此驗之，無一不合，其為嚴本決然矣。」千里嘗校之，「采入所撰《思適齋筆記》。」似即以鍾人傑刻本與之校。

千里所校跋諸書，其流布略有可考：

千里以宋本《儀禮注》校錄於簡端的鍾人傑刻本，現不知所終。然千里所校《儀禮注》，張敦仁有過錄本。現存北京圖書館。其《善本書目》卷一著錄：「《儀禮注》十七卷」、「張敦仁校並臨顧廣圻、段玉裁校。」

此書還有一種為「吳庠跋並臨顧廣圻校」者，亦載於《北京圖書館善本書目》。

千里校跋的宋景德本《儀禮疏》，據《楹書隅錄》卷一「影宋鈔校本《儀禮要義》」條云，似已散佚。現傳有周錫瓚臨顧千里所校者，藏北京圖書館。其《善本書目》著錄：「《儀禮注疏》十七卷」，「明崇禎九年毛氏汲古閣刻《十三注疏》本，周錫瓚校跋，又臨顧廣圻、段玉裁校跋。束世徵跋八冊。」

此書王欣夫先生曾寓目，其《蛾術軒篋存善本書錄》第十七冊過錄顧千里校「《儀禮注疏》五十卷。」條曰：「三十年前，余於存古齋書坊得陽湖周孟輿所藏香嚴手校汲古閣《儀禮注疏》全書，朱筆燦爛。案跋語，嘉慶十一年丙寅臨顧千里校宋刊單疏本。」「爰於一九四〇年之夏，假旋里居時，照臨於此劉刻本上。」「千里欲作之《單疏識誤》，於此可見其辜。」王先生還詳錄千里校語，此不贅錄。

《儀禮要義》，則有千里鈔校本與過錄千里校本傳世。

千里校本，曾歸馬二槎唫香仙館。《唫香仙館書目》著錄：「影宋鈔《儀禮要義》五十卷」，「顧澗蘋藏本，黃蕘圃丕烈跋，十本。」後轉入瞿氏鐵琴銅劍樓。

《鐵琴銅劍樓藏書目錄》卷四著錄：「《儀禮要義》五十卷，影宋鈔本」，「卷第悉依《賈疏》原本。今傳景德單疏本已多闕佚，分卷幾不可知。覈此書猶可考見其中文與今通行注疏本異同。是書傳本亦稀，《經義考》注，未見。惟云《聚樂堂藝文目》有之。此從歸安嚴氏元照藏宋本影寫，元和顧廣圻以單疏本校過。後有潤翁朱筆跋。卷首有『顧印廣圻』、『顧澗蘋藏書』二朱記。」此書現存北京圖書館，其《善本書目》卷一著錄：「《儀禮要義》五十卷。」「清抄本，顧廣圻校並跋。十冊。」

過錄顧千里校本，海源閣楊氏嘗得一種。《楹書隅錄》卷一著錄：「影宋鈔校本《儀禮要義》五十卷，十冊」，下錄有嚴九能跋語，曰：「去歲孟冬，予游武林，得宋魏□公《儀禮要義》宋刊本於汪氏，首尾完具，末僅缺一葉，真至寶也。首夏之月，從事鈔錄，……遂識其由於卷尾。壬子嘉平二十七芳茶堂主人嚴元照。」其後又有張敦仁的跋曰：「吳興嚴九能所鈔《儀禮要義》，嘉慶丙寅，顧千里攜來江寧，亟命胥照錄一本。時余方槧《儀禮注疏》，以補宋景德單疏《喪服傳》內缺葉，真快事也。七月朔日，依元本校畢謹識。」此後錄顧千里三條跋語，《書跋》已收錄，此不贅引。楊紹和跋云：「宋刊《儀禮要義》藏武林汪氏欣託山房。宋景德官本《儀禮疏》藏吳門黃氏百宋一廛，皆經學失傳之書。《要義》旋歸吳興嚴九能先生。此本即先生從宋刊錄出，而張古漁太守又依之傳寫者。且經潤蘋居士以景德官本單疏手為契勘，洵經笥中一秘寶也。近年吳越兵燹，兩宋刊恐已墮劫中，幸賴此本猶存真面，愈當拱璧視之矣。」

此書現亦存北京圖書館，其《善本書目》卷一著錄：「《儀禮要義》五十卷」，「清嘉慶十一年，張敦仁家鈔本。張敦仁校跋並錄嚴元照、顧廣圻題識。」

顧千里校《儀禮》，嘗以宋刻本《儀禮圖》十七卷《旁通圖》一卷參校，並跋之。此書後歸蔣氏傳書堂。《傳書堂書目》卷一著錄曰：「《儀禮圖》十七卷《旁通圖》一卷」，係「宋刻本」，有「顧千里手跋」。

此外，傅增湘《雙鑑樓善本書目》「《儀禮》」條下，還著錄有一金梧亭臨何義門校本，有「顧千里跋」。或亦為千里參校之本耶？

綜上所述，顧千里所校《儀禮》諸書，其流布狀況可略如下圖所示：

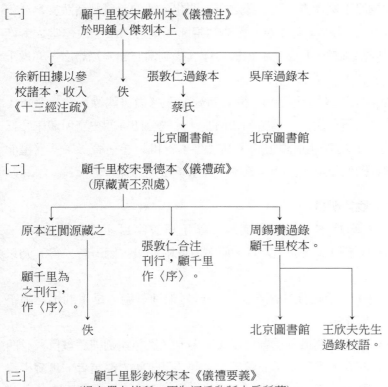

[一]　　　　顧千里校宋嚴州本《儀禮注》
　　　　　　於明鍾人傑刻本上

徐新田據以參　　　　　張敦仁過錄本　　吳庠過錄本
校諸本，收入　　　佚
《十三經注疏》　　　　　　蔡氏

　　　　　　　　　　　北京圖書館　　　北京圖書館

[二]　　　　顧千里校宋景德本《儀禮疏》
　　　　　　（原藏黃丕烈處）

原本汪閬源藏之　　　　　張敦仁合注　　　周錫瓚過錄
　　　　　　　　　　　　刊行，顧千里　　顧千里校本。
顧千里為　　　　　　　　作〈序〉。
之刊行，
作〈序〉。
　　　　　　　　　　　　北京圖書館　　王欣夫先生
　　佚　　　　　　　　　　　　　　　　過錄校語。

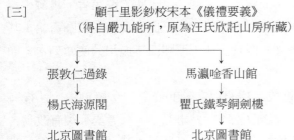

[三]　　　　　顧千里影鈔校宋本《儀禮要義》
　　　　　　（得自嚴九能所，原為汪氏欣託山房所藏）

張敦仁過錄　　　　　　馬瀛唫香山館

楊氏海源閣　　　　　　瞿氏鐵琴銅劍樓

北京圖書館　　　　　　北京圖書館

八，禮記注二十卷　漢鄭玄注

　　顧抱沖小讀書堆收有徐乾學舊藏南宋淳熙四年官刊撫州公使庫本《禮記》。嘉慶十年，千里告之張敦仁。（見《集》卷七〈撫本禮記鄭注考異後序〉）是年十二月，即為張敦仁將第一、第二卷校刊影摹上版，至次年六月全書影摹畢。（見張刻原書）顧千里將己所作《禮記考異》署張敦仁之名，附書刊行。

　　此刻本一出，即招段玉裁指責，段、顧之爭公開化。陳仲魚《經籍跋文》「宋本《禮記注》」條下曰：《考異》二卷，尤為精審。「是書初出，段懋堂大令作〈禮記四郊疏證〉，申孫黜顧，凡數千言。顧復作〈學制備忘記〉以辯之，亦數千言。兩家遂成水火。」

　　顧千里據校並跋的宋本《禮記注》，後入海源閣。《楹書隅錄》卷一著錄：「宋本《禮記》二十卷六冊一函」，楊紹和跋曰：「此先公四經四史齋所藏宋槧三禮《鄭注》本之一也。」現存北京圖書館，其《善本書目》卷一著錄：「《禮記注》二十卷」，「宋淳熙四年撫州公使庫刻本，顧廣圻跋，六冊。」

九，禮記釋文四卷　　唐陸德明撰

　　小讀書堆藏南宋刻單行本《禮記釋文》，顧千里曾寓目。嘉慶丙寅（十一年），千里為張敦仁校刊撫州本《禮記》時，原擬將此附於後，因一時未得，乃以通志堂刻本代之。

　　嘉慶庚辰（二十五年），千里促其姪尋出，「自力細勘一過，是正翻本之誤不少。」並於是年秋跋於宋本後。

　　千里據校並跋的宋本，後為鐵琴銅劍樓瞿氏所得。《鐵琴銅劍樓藏書目》卷四著錄，「《禮記釋文》四卷，宋刊本。」瞿氏云：此「蓋宋槧之最精者。舊藏小讀書堆。」「此本後有顧澗蘋氏手跋，見《思適齋集》。」此書現存北京圖書館，其《善本書目》卷一著錄：「《禮記釋文》四卷」「宋淳熙四年撫州公使庫刻本，顧廣圻跋。」

　　又，《藝風藏書續記》卷一「重校《禮記釋文》」條下曰：覆刻本，「後有『嘉慶廿五年庚辰，宋本《釋文》再校修改訖印行』十七字。《考異》復有改動，是《釋文》以後印為佳，而紙墨迥不如前矣。」殆千里為張氏刊《禮記注》後，又曾覆校《釋文》。

十，大戴禮記注十三卷　　北周盧辨撰

　　韓應陛《讀有用書齋書目》著錄：「《大戴禮記》十三卷，雅雨堂刻本、惠松崖棟、顧澗蘋廣圻、戈小蓮宙襄三人手校，有惠、戈二跋。」按，此《大戴禮記》當係《大戴禮記注》。現歸北京圖書館，其《善本書目》卷一著錄：「《大戴禮記

注》十三卷」，「清刻本。惠棟、戈襄批校並跋。顧廣圻批校。」

此書潘景鄭先生和王欣夫先生俱有過錄本。王欣夫先生於書末有跋曰：「戈小蓮臨松崖、顧澗薲校《大戴禮記》，舊藏松江韓氏，去年散出。我友潘景鄭曾照臨一過。頃從借錄。……原本有小蓮語甚多，今未錄。甲戌夏，王大隆記。」然王先生稱韓氏本為「戈小蓮臨松崖，顧澗薲」者，或此書惠、顧之校，並非其原筆耶？抑或韓氏著錄有誤耶？

十一，經典釋文三十卷　唐陸德明撰

是書因涉及諸經，故有清一代，治者甚眾。千里極重視此書，每校一經，即用以參核，故校閱此書終生不絕。觀其所校，大致可分為三個階段：

第一階段，是乾隆末年到嘉慶初年。千里於乾隆甲寅（五十九年），曾借鈕匪石校本過錄之。嘉慶四年，借袁廷檮五硯樓本過錄。其他如過錄何小山所校第一卷、臧庸校本等，似俱在此前後。

第二階段，是嘉慶壬戌（七年）至丙寅（十一年）間，殆與校《十三經注疏》，主校《毛詩》，後為張敦仁校《儀禮》、《禮記》時參覈之也。

第三階段，在此以後，千里校他書，如《爾雅》等，用以比勘。

因千里校勘此書數過，又多錄有諸家校語，如何小山、段茂堂、鈕匪石、臧在東等，故其校本歷來為人所重，傳錄者甚多，其流布淵源，間有可考者。

千里的手校本，一直存於家中，為其孫顧河之所藏。咸豐丁巳（七年）至戊午（八年）間，潘錫爵氏借顧河之所藏原本過錄。而千里原本以後則不知所終。

潘氏過錄顧氏校本之狀況，其跋語言之頗詳：「今年秋間，吉雲（管慶祺）假得澗薲先生之孫河之所藏校本，用以勘對（按：指與管氏原從常熟某氏臨得臧、段、鈕、顧諸家所校者），詳略頗有不同。余於冬間假河之本校臨。吉雲因屬予校勘異同，並纂錄其未備者。余因為校錄一通。」潘氏還從管慶祺處借得傳錄黃丕烈校臨惠松崖評閱本（見《涵芬樓燼餘書錄》「《經典釋文》三十卷，覆通志堂本」條下）和管慶祺所臨的江沅校本、孫星衍校本、以及江沅所臨的惠、段、臧、顧諸家校本。故在潘氏的過錄校本中，千里的校語得到了最多的保存。（黃焯《經典釋文彙校·引據各本目錄》）同時由於不少其據臨之本已散佚，故此過錄本便頗為時人所重，渡錄者亦復不少。

如，劉履芬有一渡錄潘氏本，現存北京圖書館。其《善本書目》卷一著錄：「《經典釋文》三十卷」，「清康熙成德刻通志堂經解本。劉履芬跋並臨黃丕烈、顧廣圻、段玉裁、顧之逵、管慶祺、潘錫爵校跋，十冊。」

北圖還藏有一失名臨潘氏本。其《善本書目》著錄：「清刻本，失名臨潘錫爵錄何煌、臧庸堂、顧廣圻、黃丕烈等校跋，十二冊。」

葉鞠裳先生有一臨潘氏過錄校本。為滂喜齋所得。潘景鄭先生《著硯樓書跋》葉氏「臨各家校通志堂本《經典釋文》」條下曰：「吾家藏有葉鞠裳先生臨潘錫爵錄各家校本一帙。」此書現存上海圖書館。

而涵芬樓曾藏有一「過錄葉菊裳臨潘秩廷所傳各家校本。」（見《涵芬樓燼餘書錄》）張菊生先生在此《書錄》中詳述此書傳錄淵源，並錄有潘氏跋語，文頗長，此不贅錄。

此外，王欣夫先生曾收得一費念慈過錄潘錫爵校本。《蛾術軒篋存善本書錄》清稿本第十四冊「《經典釋文》三十卷十冊」條下曰：「《涵芬樓燼餘書錄》著錄，某氏過葉菊裳、潘秩廷所傳各家校本，與此本同出管吉雲本。惟此本無朱秋崖、孫淵如、黃蕘圃三家，而有江艮庭，為費屺懷借錄於管申季禮耕者。申季為吉雲（慶祺）子，吉雲又號心梅，為陳碩甫弟子。申季其再傳也。」

「屺懷名念慈，光緒己丑進士，以編修充浙江主政。罷官居吳，精鑒別，富收藏，與曹叔彥師稱至交。師謂其嘗欲為《經典釋文疏證》，曾見其與師札云：『《釋文》極浩博，非旦夕可就，僅過錄校語，毫無心得，甚愧甚愧。』當即指是本。」

其淵源甚明，費氏之傳錄本，現存復旦大學圖書館。王欣夫先生有過錄費氏本，筆者嘗寓目。

綜上所述，千里所校此書之流布源流可略如下圖所示：

顧千里傳錄諸家校語，並校跋本。
（千里傳錄有何小山、惠棟、葉林宗、朱秋崖、顧抱沖、段玉裁、鈕匪石、袁廷檮、臧在東等校語）

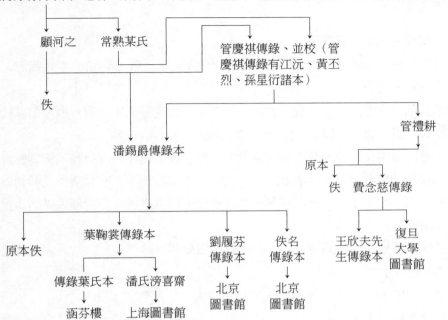

十二，春秋述義一卷　清汪中撰

　　道光二年，顧千里為汪遠孫校刊其先人汪中遺稿，時汪氏將汪中遺稿俱交千里（見《汪氏學行記》卷四）此即其中之一種。

　　此書後附於《述學》以行，其版式、字體與《述學》相同。俱由千里主持校刊。

十三，四書稗疏十四卷　清王夫之撰

　　《天津市人民圖書館善本書目・經部》著錄是書，曰：「清拜經樓吳氏鈔本。清顧廣圻校。十冊。」

十四，孝經注疏九卷附音義　唐玄宗注　宋邢昺疏

　　王欣夫先生《蛾術軒篋存善本書錄》第二十六冊著錄有：「《孝經注疏》九卷附《音義》，二冊」，為「嘉慶、道光間長洲汪士鐘藝芸書舍覆宋刻本，南陵徐世

昌手跋」者。認為是書係顧千里晚年為汪士鐘校刻者，自病風後遂擱置，云云。則千里曾校是書。

十五，爾雅注三卷　晉郭璞注

《集》卷十四載有千里於嘉慶丙寅（十一年）作〈重刻吳元恭本爾雅跋〉。則是年千里重刻此書。

葉廷琯《吹網錄》：「澗翁續得宋刊他本，校改若干字。旋以板片贈其門人程棗初集義。跋中自謂轉勝吳氏原刓，洵不誣也。」

《著硯樓書跋》「明景泰本《爾雅》單注」條下曰：「《爾雅》傳刻蘩繁。單注本以黎氏所覆影宋蜀大字本為最古。次則元雪窗書院本及明嘉靖吳元恭刊本，並稱精善。兩本互有勝處，宜顧澗蘋、臧庸堂先生據以重雕。今則顧、臧兩本已為難得，遑論元、明兩刻耶？」

然則，千里據校之淵源可明。《增訂四庫簡明目錄標注》曰：「顧廣圻仿吳元恭刊本，佳。」

道光甲申（四年）春，千里以宋本校通行本，並跋於宋本後。

千里所跋之宋本《爾雅》，後歸常熟瞿氏所藏。傅增湘先生嘗見之，《藏園羣書經眼錄·小學類》著錄：「宋刊本，半葉十行，行二十字，注雙行三十字。白口左右雙闌。後有顧廣圻跋。」其按曰：「似紹興刊本。日本翻刻與此同。（常熟瞿氏藏，乙卯八月見於邑里）」

涵芬樓嘗借之瞿氏，影印入《四部叢刊》。《四部叢刊初編目錄》著錄之。

此書現存北京圖書館，其《善本書目》著錄：「《爾雅注》三卷，晉郭璞撰，《音釋》三卷，宋刻本，顧廣圻跋。」

十六，釋名八卷　漢劉熙撰

《集》卷七有〈釋名略例〉，云：「吳子志忠將治《釋名》，屢咨其所難知者於予，故略舉本書以明其例，書而貽之。」而吳氏刊《釋名》，即由千里主其事。王觀堂先生曰：「《釋名》無善本，瑣用吳氏本出顧千里手，增刪及改字太多而不著其何所本（殆無所本），其中非無是者，然殊不可為訓也。」（《中國歷史文獻研究集刊》第一集《觀堂書札》之六十八）

十七，釋名疏證八卷補遺一卷續釋名一卷　清畢沅撰

《書跋》卷一錄千里跋曰：「顧千里再校一過，時距先師徵君之沒幾二十年矣。」

千里所校之書，曾為潘景鄭先生所藏，《著硯樓書跋》曰：「畢氏《釋名疏證》，始刊於乾隆五十四年。其明年，復刊江艮庭先生篆寫一本。今《經訓堂叢書》凡二本是也。兩本文字，互有損益。當世咸重江刻。顧千里先生為艮庭高弟，曾兩校江刻，獨未及初刻之帙。此初刻本二冊，經丁泳之及沈濟之兩家過錄千里先生校語，復勘兩本異同。……此本有『陳奐之印』四字朱記，審是碩甫先生舊物。此本從沈氏後人散出，余藏之數年。」

此書亦曾為傅增湘先生所藏，《藏園羣書經眼錄·小學類》著錄有：「《釋名疏證》八卷《補遺》一卷《續釋名》一卷」，曰：「清乾隆五十四年畢氏靈巖山館刊本。舊人臨顧廣圻校。書衣有篆文題字」，並錄有沈維驥手跋二則：「咸豐辛酉二月，先君子購得篆文《釋名疏證》十卷，為元和顧千里先生廣圻校本。先生為吾吳校勘名家，其師艮庭先生聲舉乾隆制科孝廉方正，善治經，有《古文尚書》刊刻行世，世所謂『江尚書』也。《釋名疏證》十卷為艮庭先生手書之書，皆小篆，與『江尚書』略同。先生平生每作字必為篆文，故其精如此。（以上皆先君子語）此書尚為初印，又經千里先生校過二次，真不可多得之書，敢不寶諸。時光緒二十五年九月重陽日長洲沈維驥重裝訂於江寧學舍。」「卷首有『陳奐之印』，知此書曾在石父先生家。先生著《毛詩傳疏》，精確無比，亦艮庭先生入室弟子。」「先府君云：此書別有正字二本，亦經訓堂所刻，余家購得後篆字正寫二書，皆為丁泳之士涵母舅借去，七年見還。其正字二本，府君先將顧校過入，未畢一卷經詠之母舅手過校完畢見還。母舅為石父先生高弟，學有師法，今將還書時寫條一紙並裝卷首，以誌韻事。」據博氏《經眼錄》云，書中有「陳奐之印」、「立齋藏」、「南雅」、「沈寶謙印」、「濟之讀過」各印。

此書現存北京圖書館，其《善本書目》卷一著錄，曰：「清乾隆五十四年畢氏靈巖山館刻本，失名臨顧廣圻校，沈維驥跋二冊。」

又，《增訂四庫簡明目錄標注》於「《釋名》四卷」條下，曰：「沅叔又收得篆文本，為顧千里手校。」似即指此書。《標注》誤。

十八，廣雅十卷　魏張揖撰

十九，博雅注十卷　隋曹憲撰

張揖原書稱《廣雅》，後曹憲音釋，因避隋煬帝諱，改稱《博雅》。明畢效欽刻本以降，復將《博雅》改為《廣雅》。故《四庫簡明目錄》云：「至今二名並稱。」然千里以為：「曰《博雅》，是用曹憲注本故爾。今自畢效欽以來，悉改復張揖舊名，似是而實非矣。」（《書跋》卷一）千里常以兩書互校，故合而敘之。

乾隆五十八年前，千里便曾校《廣雅》。（見《匪石日記鈔》）嘉慶元年，千里又以黃丕烈家藏支硎山人所跋之《博雅》校明畢效欽刻本，並作長跋。

千里為黃丕烈所校之本，黃氏又多次據校，並跋之。其曰：「向時顧千里館余家，為余校書。曾用畢效欽本以影宋校之，於佳字一一記出，有長跋可證。又於部葉上標題云，影宋鈔本校。影宋者悉不改正，蓋非昔人所云死校法也。」「然細玩顧校紅筆，亦不甚於影宋本作依樣葫蘆，殆斟酌其是非出之。」（《蕘圃藏書題識再續錄》卷一）

千里自己用影宋鈔本校過的明刻胡文煥校正本《廣雅》，則於嘉慶壬戌（七年）贈徐北溟。

以上千里校跋之諸書，其流傳狀況亦略有可考者。

千里所跋影宋鈔本，為張金吾氏所得。《增訂四庫簡明目錄標注》曰：「張金吾有明支硎山人舊鈔《博雅》十卷，有顧千里跋。」《愛日精廬藏書志》卷七著錄：「《博雅》十卷，舊鈔本。」下錄支硎山人跋及顧千里跋。即是書。

千里為黃蕘圃所校之本，據《增訂四庫簡明目錄標注》云，似為「銅山張伯英」所得，而又歸某氏。《涵芬樓燼餘書錄》則著錄有黃丕烈據顧千里校本覆校之《博雅》，其云：「《廣雅》宋本，自明以來不傳於世。黃蕘圃得是本，以為與《敏求記》之影宋本同出一源，極重視之。嗣取影宋本對校，又以顧千里舊校本覆勘，謂與宋本佳字，無一遺漏，前後跋至七次，珍重至矣。」

又，《北京圖書館善本書目》卷一著錄：「《廣雅》十卷，魏張揖撰，隋曹憲音解。明刻本，顧廣圻、黃丕烈校並跋，一冊。」疑即千里據影宋鈔本為黃丕烈校者。

此外，千里所校，贈徐北溟之《廣雅》，後入丁丙善本書室，其《藏書志》卷五：「新刻《廣雅》十卷，明刊校影宋本」條下有王宗炎跋云：「晚聞居士記云，嘉慶壬戌，北溟在詁經精舍為芸臺侍郎續勘《經籍纂詁》。其時千里以校勘《十三經》，同寓精舍，此書乃所贈也。明年，北溟死，此書歸於我。」此書後入南京江蘇省立國學圖書館，其《現存書目》卷二著錄：「新刊《廣雅》十卷」，「顧千里以景宋本校明刊本，丁書。」現藏於南京圖書館。

二十，匡謬正俗八卷　唐顏師古撰

《皕宋樓藏書志》卷十二著錄：「《刊謬正俗》十卷，舊鈔本。」為「顧千里校」。

又，日本《靜嘉堂秘籍志》卷十六亦著錄此書。曰：「有紹與十三年八月汪應辰跋。甲戌十二月無名氏跋。何氏焯手跋。」及「嘉慶甲子乞巧日立齋陳昱」跋，有「顧千里校本」、「養拙齋」兩朱文印。

則是書已漂泊東洋矣。

二十一，群經音辨七卷　宋賈昌朝撰

千里嘗云，澤存堂「張氏刻書好點竄，如《玉篇》、如《羣經音辨》，以舊本勘之，往往失真。」（《書跋》卷一「《廣韻》五卷宋刻本」條）則千里當校過是書。

二十二，急就篇一卷　漢史游撰

顧千里跋校本《急就篇》曰：「明正統間，楊政重摹葉殘本（按，指葉夢得摹本）尚在松江府學，余收有拓本，遂校之一過。」（《集》卷十四）是書未見藏家著錄，似已亡佚。

二十三，說文解字十五卷　漢許慎撰

千里對此書用力甚勤。據所見資料，其校《說文解字》，情況如下：

嘉慶戊午（三年），以己所校《荀子》從袁廷檮處易得汲古閣初印本《說文解字》。（《涵芬樓燼餘書錄》「《說文解字》袁綬階、顧千里、楊芸士舊藏本」袁氏跋）

嘉慶庚申（五年）五月，千里又於周香嚴處見段玉裁所跋毛斧季校本《說文解字》，並跋之。

千里著力治《說文》，是在嘉慶己巳（十四年）以後的數年間。嘉慶己巳，孫星衍得宋刻小字本《說文解字》，校汲古閣本，欲刊行之。而嚴可均撰《說文校議》，孫淵如「頗采其說」。（〈顧氏說文兩種潘錫爵跋〉及《涵芬樓爐餘書錄》嚴鐵橋、孫淵如、顧千里、洪筠軒校《說文解字》條）淵如又屬千里校正此書。在校勘中，「嚴氏所校，孫氏間有商榷之詞，而顧氏乃嚴加駁詰，語不少遜。」（同上）千里以為，「宋槧祗當影刊，不可改字。宜別著《考異》附後。觀察（按：孫淵如）從之。」千里「遂依許書之序，著有《考異》五卷，嗣與孝廉（按：嚴可均）議不合，遂輟而弗為。」（〈顧氏說文兩種潘錫爵跋〉）而現《平津館叢書》本《說文解字》，乃千里為孫淵如「手摹篆文，辨白然否付梓」。（孫星衍〈重刊宋本說文序〉）

此後，千里一直志於《說文》。其〈與阮芸臺制府書〉中云：「許氏自有義例，具在本書。後來治此者馳騖於外，遽相矜炫，非徒使叔重之指轉多沈晦，且致他書亦苦牽合附會。意欲刊落浮詞，獨求真解，就本書之義例疏通而證明之。」然由奔波於傭筆之役而未果。（《集》卷六）

千里關於《說文解字》的著述文字，頗有流傳於世者。其可考者有如下數端：

其一，已刊布者，如吳縣雷氏刊刻的《說文辨疑》。此書乃千里於嚴可均《校議》中，摘其尤不可從者三十四條，加以辨證，然僅二十條而止。其中如「𡐨」、「鬻」、「喁」等字，俱獨有見地。譚復堂嘗曰：「顧千里《說文辨疑》，件繫不多，語皆精碻，足為嚴氏諍友。」（《復堂日記》卷六）此外，《集》和《書跋》中，亦有若干文字。

其二，手稿鈔本。其最有代表性的，是顧千里所撰的《說文考異》。此書有潘錫爵鈔本，與《說文辨疑》鈔本合稱為《顧氏說文兩種》。書末有潘錫爵跋，敘此書流傳淵源：「咸豐丁巳季春，余薄遊城南書肆，得見鈔本《說文兩種》。一曰《說文辨疑》，一曰《說文考異附錄》。《辨疑》者，采正嚴孝廉說也。（每條前列「舊說」，即孝廉說。）《考異附錄》者，考校汲古閣本也。……《考異》不著名，而《辨疑》則著先生名，皆屬未竟之稿。余初疑其贋，及讀《辨疑》數則，乃彌嘆非精於許書義例者不能作，爰購得之。詢其由來，知為黃省齋家故物。省齋與先生為莫逆交。二書原稿具在其家。併向假來校勘一過。因得見先生手書條記，迺並錄之。時河之適館城中張氏，余遂往詢《辨疑》，冀得全書。豈知先生家存藁。因假

得《考異》，見其上有觀察校語，並有先生自校語。而『玉』字、『瓚』字等條上方，又見朱書：此一條另有辨。其說今具載在《辨疑》中，以是益信其為先生所作無疑。余即手自艸錄《考異》，屬元和管吉雲明經慶祺為加校正，存諸家塾。而先生《說文》之書，於是備焉。戊午秋、又屬余弟索廷彙錄成帙，余復朱書校語其上。」書中有「海日廔」、「耄遜」等印章，殆曾經沈曾植先生之手。

又，馬敘倫先生《清人所著說文之部書目初編草稿》著錄有顧千里所作《說文》之著作凡四種：《說文考異附錄》、《說文辨疑》、《說文條記》、《說文說》。（見《圖書館學季刊》1926 年第一卷第一期）疑其所據，即此也。然《說文說》，未見。

其三，所校之書。《涵芬樓燼餘書錄》著錄有「《說文解字》十五卷，汲古閣刊本，十二冊。嚴鐵橋、孫淵如、顧千里、洪筠軒校」。張菊生先生跋曰：「今觀是本，乃知即雷氏（按：指刻《說文辨疑》之雷浚）所指，初由嚴氏校改，孫氏從而審之，繼得小字宋本又校一過，而顧氏最後為之抉擇者也。……雷本所舉之字，是本有未下可否者。雷本所刊三十四條，僅至原書之『第五下』止。其自『第六上』至『第十四』下，嚴氏所校，為顧氏抨擊者，當屬不少，且於毛斧季、錢竹汀、段茂堂、鈕匪石諸氏之說，亦多糾正。……雖為最初未定之稿，然能使彙輯成編，以續於《辨疑》之後，於治許氏學者，亦未始無助也。」此書似當仍存於世。

此外，傅增湘先生《藏園羣書經眼錄・經部》著錄。「《說文解字》十五卷」為「清汲古閣刊本。孫星衍、顧廣圻、瞿中溶校」。注明係「涵芬樓藏書」。此書現存北京圖書館。其《善本書目》卷一著錄有「孫星衍、顧廣圻校並跋，十二冊」之《說文》。

除以上三種類型的材料外，千里在校其他書中，亦或有涉及《說文解字》之處。可見，有關材料還是比較豐富的。若能依張菊生先生之說，將顧氏各種有關《說文》之論述及校訂文字匯集整理，必將燦然可觀。

二十四，汲古閣本說文訂一卷　清段玉裁撰

千里〈跋周漪塘所藏毛斧季手校本說文〉曰：「段先生於跋此後一月，即成汲古閣《說文訂》刊行。今用此本覆勘，《訂》中所稱初印本及剜改」者，多有不

合。「兼可訂而未經入者，又往往而有。」（《集》卷十四）可見千里曾以《說文》與《說文訂》覆校。

二十五，說文繫傳四十卷　南唐徐鍇撰

顧千里曾於嘉慶癸亥（八年）七月，辛未（十六年）閏月，六月，及道光癸未（三年）多次校閱是書。

千里所校《說文繫傳》之狀況，王獻唐先生《說文繫傳三家校語抉錄》有所論述，現擇要錄之：「顧氏此本，即依汲古閣影宋鈔本校於汪刻本上（按，指乾隆壬寅汪啟淑刻本）。書中間稱『殘宋本』云云，殆又借蕘圃所藏之本比合參校者。……全書又以大徐本《說文》及黃氏《韻會》合校，間及《玉篇》諸書。其合《韻會》，不合大徐者，用『○』；合大徐，不合《韻會》者，用『△』；俱不合者亦用『△』；當改者，用『∠』。……以上概用朱筆，並於書眉標注異同，只校至十九卷。其他雖有『○』，『△』，均未批注。至以鈔本及殘宋本校者，概用墨筆，校至二十卷止。他篇間有校筆，亦寥寥無幾。其有自加案語者，類於分校時，以其所用之筆註之，不分朱墨。……內凡汪本脫漏，均依抄本注補。脫漏過多，則另紙抄附本卷之後。各冊襯頁，多雜記校勘事項，或錄他書，或下案語，凌亂無次，不甚可解。」王氏文中還詳錄千里之校語，此不錄。

千里所校《說文繫傳》，後為祁寯藻刊刻本之祖本。王筠對祁刻本頗有非議，間及千里。其跋祁刻《說文繫傳》曰：「道光辛丑（二十一年），祁淳父先生賜筠此書，出自顧千里抄本，首尾完具，譌誤差少，以為所據之本誠完本也。癸卯秋，借得朱竹君先生家藏本校之，而後悟其非。」下面列六條理由，指千里私改原文，具體如下：

其一，原書挩文誤字，自昔相傳，各本皆然，顧氏本獨首尾完整，譌誤亦少。

其二，尤袤當宋乾道時，所見原書，已斷爛難讀，而顧氏本文義順從。

其三，顧千里所改，頗有與王懷祖、吳西林相類者，乃鈔他人而私改。

其四，原書「櫟」字。《傳》，計六百六十餘字，「泰」字《傳》，計四百四十餘字，及至「穌」，至「科」，適是一葉。諸本皆闕，顧千里抄之使全，頗為可疑。

其五，諸本「心部」脫十八葉（王獻唐氏按：在「懾」下，自「憚」至「惢」，凡脫三十三字）而顧鈔獨全。

其六，「首」部「劗」字，「互」部「彖」字，為顧千里所增。

此為一種說法。

王筠此說一出，「遂為學術界之疑問」（王獻唐語）。其後，王獻唐先生則根據所得的述古堂影宋寫本（顧千里據校的汲古閣影宋鈔本或即由此出），以及顧千里手校本（祁氏據以寫刻者），一一核對，認為王籙友之說未必能成立。因為顧千里之校本與述古堂本相合處甚多，因而很可能千里據校的汲古閣鈔本即如此。故王獻唐以為：

顧氏私改與否，今頗難定。即使真為顧改，亦非有意欺人。即使果有一部分為顧氏私改，亦恐是隨筆更定，未分別標明，刻者誤以原本如此，即以付刊。或當時曾經注明，刻者疏略，漏未標記，均不可知。若如王氏所述，直是欺人自欺，決非學人如顧氏者所為。（王獻唐文見《山東省立圖書館季刊》第一集第一期。）此又為一說。

以上二說之是非曲折，俟識者鑒之。

顧千里手校本《說文繫傳》，曾入海源閣楊氏。《楹書隅錄》卷一著錄：「校本《說文解字繫傳》四十卷十冊」，楊氏跋曰：「壽陽所刻，固已精密，然此本為澗薲手校，且合大徐、《韻會》互相稽考，尤極詳審。亦讀楚金書者所亟當探討，故並儲之。」此所謂「壽陽所刻」，乃指祁氏假「澗薲居士影宋本並黃蕘翁所藏宋槧殘本（即汪氏藝芸書舍本）重加校刻者」。

此本似仍當在世間。

二十六，說文解字斠銓十四卷　清錢坫撰

千里嘗跋此書曰：「此等著作，皆意在衒價」，云云，頗不以為然。丁氏《持靜齋書目》卷一著錄曰：「《說文斠銓》，十四卷，刊本，顧澗薲校勘，朱墨燦然。」可知千里校過此書。

千里所校《說文斠銓》經丁氏，後又入適園張均衡之手，《適園藏書志》卷二著錄：「《說文解字斠銓》十四卷校刻本」，係「顧廣圻，鈕樹玉校勘手稿。顧朱筆，鈕墨筆」。張氏以為：「所訂極精碻，然亦有刻誤，非十蘭之誤也。」

二十七，玉篇三十卷　梁顧野王撰　唐孫強增訂　宋陳彭年等重修

　　段玉裁嘗校是書。顧千里於嘉慶丁巳（二年）七月，借段玉裁校本過錄於張氏澤存堂本上，錄畢，朱筆跋於卷三十之後。此後，於嘉慶乙丑（十年）、辛未（十六年）及道光壬午（二年）陸續又校跋於此書上。

　　此書後由千里之孫顧河之保存，咸豐丁巳（七年），潘錫爵從顧河之處借得，「因照一通」，並跋於書後。

　　千里所校原書，後不知所終。潘氏臨本，後為冒孝魯先生所得。王欣夫先生從冒氏處渡錄潘氏臨本，並跋於書後，敘其淵源。以上所引，俱出自此書。

二十八，復古篇二卷　宋張有撰

　　顧千里嘗於乾隆辛亥校此書。此書幾經輾轉，現存陝西師範大學黃永年先生處。承先生函示，其狀況如下：

　　顧校《復古篇》共三冊。校在乾隆四十五年葛鳴陽刻本之上，校用朱筆。程俱〈後序〉末空白處，有朱筆題記三行：「重光大淵獻，用養拙齋影元版鈔本校。養拙齋者，《曝書亭集·漢晏壽碑跋》所稱中吳齊女門顧氏是也。孟陬廿有七日圻記。」卷上首葉鈐「顧印千里」（朱白文方印），「一雲散人」（朱文方印），卷內除校改外，別無其他題識。舊為測海樓吳氏所藏。黃先生於一九五四年得於上海秀州書店。

二十九，漢隸字源六卷　宋婁機撰

　　顧千里代黃丕烈作〈汪本隸釋刊誤序〉云：「訂諸本之異同，取婁彥發《字源》為證，惟葉本，（按，指葉九來鈔本）最多吻合。又，千里跋葉九來鈔本《隸釋》云：「此本十行廿字，行款與元槧《隸續》同。碑文用婁氏《字源》釋之，往往脗合。」

　　可見顧千里嘗以此書與《隸釋》等互校。

三十，隸韻十卷　宋劉球撰

　　千里嘗跋景宋鈔本《隸韻》曰：「《字源》所注之數易於舛錯，使如此書之悉注碑目，又烏可移易哉！」則千里嘗以此書與他書互參。

　　又，《郎潛紀聞》卷八云：顧千里嘗為秦恩復校刊《隸韻考證》。

再，筆者嘗見一顧千里手札，其中有「所懇《隸韻》，賴鼎力已成之」云云。此札乃寄給「春生」即吳嘉泰者，可知千里校訂《隸韻》時，嘗得到吳氏支持，未知是否即為秦氏校刊者。

千里所校跋之《隸韻》，亦未見傳者，不知尚存否。

三十一，班馬字類五卷　宋婁機撰

《皕宋樓藏書志》卷十四著錄：「《班馬字類》五卷，《補遺》附，舊鈔本，顧千里手校。」《靜嘉堂秘籍志》卷十六亦著錄此書，曰：「卷中有『馬玉堂印』（白文）『笏齋』（朱文）二方印。卷末有嘉慶壬戌九月顧廣圻手跋。」則千里手校此書，現在日本。

又，千里曾於道光戊子（八年）跋於一景宋鈔本上。《北京圖書館善本書目》卷一著錄：「《班馬字類》五卷，清鈔本。鈕樹玉、顧廣圻跋」，以即此書。

此外，《北京圖書館善本書目》還著錄有一種「清馬氏叢書樓刻本。褚南崖臨顧廣圻錄李曾伯《補遺》，袁廷壽跋」。

三十二，廣韻五卷　宋陳彭年等撰

顧千里於乾隆乙卯（六十年）二月過錄惠棟校語，五月五日，又過錄段玉裁校語，並跋於過錄校本上。

嘉慶乙丑（十年）三月，千里在揚州郡齋，以《集韻》與自己的過錄校本互勘，覺「舊校多未妥」。

道光辛巳（元年）千里在揚州洪氏積學齋，見曹棟亭舊藏宋刻小字本，便用以覆校自己的過錄校本，並跋於宋本之上。（《集》卷十四）千里又曾見元刻本，亦有跋。

可知千里對此書也是隨身攜帶，時時校讐，歷數年不已。惜其手校之《廣韻》，未見其下落。

筆者僅得見王欣夫先生渡錄丁泳之舊藏的過錄惠、段、顧校本。由此可窺得千里校此書之殘鱗碎爪。

三十三，集韻十卷　宋丁度等撰

顧千里曾於嘉慶乙丑（十年）二月，借周香嚴臨段茂堂校本，過錄於曹棟亭揚州使院刻本上，並跋之。三月，以《廣韻》與此本對校，又跋之。

嘉慶十九年，方葆嚴氏得曹氏殘板，顧千里「意慾為之補全」，重新付印。於是，便將所需金額，分為十份，「每分各出元銀參拾兩」，勸有力者資助。（《顧千里手札》原仲）於是年年底刻成。十二月，千里撰〈補刊集韻序〉。此即諸家所謂「顧千里補刊《集韻》。」然或有以為千里重修版刊印者多臆改。（《增訂四庫簡明目錄標注》）

千里所校《集韻》，世間尚存。《北京圖書館善本書目》卷一著錄有：「《集韻》十卷」為「清康熙四十五年曹寅揚州使院刻本，顧廣圻校，顧之逵跋並臨段玉裁校。」

三十四，漢魏三體石經遺字考一卷　清孫星衍撰

是書孫星衍有〈敘〉曰：「蒙雖不敏，夙究篆籀之學。就《隸續》所載理而董之，證以經典字書，為之音釋。又得嚴孝廉可均、洪明經頤煊，互相是正。既成，寄顧茂才廣圻於江寧刊刻傳遠。」千里得此書，即於江寧為孫氏校勘上版。並於嘉慶丁卯十二年正月，作〈漢魏三體石經遺字考跋〉，並手書上版。是書現入《平津館叢書》。

三十五，唐石經考異不分卷　清錢大昕撰

筆者嘗見一顧千里校《唐石經考異》鈔本。此書封面有題識曰：「嘉慶辛酉，元和顧廣圻借錄一部訖。時寓西湖孤山之蘇公祠中。」書中千里對臧在東的籤校多有批駁。據日本吉川幸次郎先生《臧在東年譜》載，臧在東於乾隆五十八年四月，嘗校此書。如在〈御刪定禮記月令〉篇中，臧氏批曰：「《唐石經・月令》缺一百九十四字，今據朱子《儀禮集傳集注》補完。」顧千里批曰：「天下之缺而不可復補者，石刻而已矣。洪丞相《隸釋》、《續》，載石經殘字，孰能補之耶？即如此〈月令〉，不補何損？竹汀先生豈未見朱子書也？！補之何益？徒失其真。亦妄作之一端也。」可見二人見地出入。

此書《涵芬樓燼餘書錄》著錄：「《唐石經考異》不分卷，錢竹汀稿本，一冊。」張菊生先生曰：「計《周易》六十六條，《尚書》五十一條，《毛詩》九十

條，《周禮》八十二條，《儀禮》二百九十二條，《禮記》二百五條，《春秋》三百八十六條，《公羊》八十八條，《穀梁》一百五條，《論語》四十一條，《孝經》二條，《爾雅》七十四條，《御刪定禮記月令》別為一篇附後。臧庸堂、瞿木夫均有籤校。顧千里於臧氏所校，頗多評駁。」

是書現存北京圖書館，其《善本書目》卷一著錄：「《唐石經考異》十三卷，清錢大昕撰，清袁廷壽抄本。臧庸堂、瞿中溶、顧廣圻校。一冊。」此云「十三卷」，殆以每篇為一卷也。

史 部

一，漢書一百卷　漢班固撰

　　嘉慶戊午（三年），千里嘗以宋景祐二年監本校汲古閣刻本，並跋於宋本之後。千里在〈百宋一廛賦〉中云：「《漢書》特善，清秘留將，是曰景祐，憂乎弗亡。」「僕嘗目驗，若毛若汪，削長決贅，補乙彌創。」注曰：「景祐二年本《漢書》一百卷」，「居士曾為予細校汲古本，而予以汪文盛本佐證之。」殆指此事。

　　千里所跋之宋本，後歸瞿氏鐵琴銅劍樓，其《書目》卷八「《漢書》」下曰：「有顧校一百二十卷宋刊本《漢書》」，並錄千里跋語。百衲本《二十四史》中，《漢書》即以此影印。張菊生先生稱其為「百宋一廛中史部之冠」，於〈跋〉中論之頗詳，此不贅引。是書現存北京圖書館，其《善本書目》卷二著錄。

　　千里所校者，則未見其傳。

二，資治通鑑二百九十四卷　宋司馬光撰

　　嘉慶壬申（十七年）春，江寧布政使胡克家獲元初舊刻《胡三省音注資治通鑑》，於是集資鳩匠，設局於孫星衍之家祠，請顧千里、彭兆蓀等校勘翻雕之。（見胡克家〈重刊元本資治通鑑後序〉）胡氏旋調離江寧，至嘉慶丙子（二十一年），又由安徽調回江蘇任巡撫，並於四月上旬撰〈重刊元本資治通後序〉。其間，或千里陸續為胡氏校刊是書。

　　胡氏翻刻《通鑑》，顧千里校勘之詳情已不可考知。然《集》卷六〈與鄧溥泉書〉、卷十四〈書元板胡三省注《通鑑》第八十卷後〉，可窺千里治《通鑑》的一些狀況。

　　胡氏書刊行以後，其版於同治年間，歸江蘇書局，尚存二百有七卷。後又補完。（見《增訂四庫全書簡明目錄標注》）而千里所校之原稿，則不知下落。

　　千里為胡氏校刊之書，後又多有研治者。如張敦仁有《資治通鑑刊本識誤》，張瑛有《資治通鑑校勘記》，熊羅宿有《胡刻資治通鑑校字記》，而章鈺又以宋本詳校全書，是正極多。

陳援菴先生《胡注通鑑表微》卷三〈校勘篇〉曰：「鄱陽胡氏覆刻《通鑑》，主其事者為顧千里。……有心校改，以不誤為誤，而與原旨大相背馳。熊氏詆之，不亦宜乎！」此處「熊氏」，乃指熊羅宿。其嘗云：「鄉先輩胡果泉中丞影刻元本《通鑑》，承乏者師心輒改，大失中丞矜慎之旨。」（見《胡注通鑑表微》卷七所引）刻書而求無瑕，不亦難乎！

三，資治通鑑釋文三十卷　宋史炤撰

千里曾於嘉慶丙子（二十一年）校此書，筆者嘗見一過錄校本，其卷二十六「厭代」條上，有千里「丙子校」之識語。殆為胡克家校《資治通鑑》時，以此參覈也。

千里據校者，乃王西莊藏本（見卷一校語），錢大昕《潛研堂文集》卷二十八〈跋通鑑釋文〉曰：「西沚光祿偶得之，詫為枕中之秘。」可知王鳴盛確藏有是書。

千里校本，後入丁氏善本書室。其《藏書志》卷七著錄：「《資治通鑑釋文》三十卷，顧千里校宋本。郁泰峰藏書。曰：「此本為顧廣圻手校，鈐『顧廣圻字千里號澗薲』，又『顧廣圻印』、『千里』、『泰峰』、『泰峰所藏善本』諸印。」

此書隨丁氏藏書歸江蘇第一圖書館，《江蘇第一圖書館覆校善本書目·史部》著錄。後，柳詒徵先生主編之《江蘇省立國學圖書館現存書目》卷三亦著錄。現當存於南京圖書館。

四，通鑑外紀十卷　宋劉恕撰

北京圖書館古籍卡片目錄，著錄有：璜川吳氏刊本，為顧千里校。然未見其原書，暫錄此俟考。

五，建炎以來繫年要錄二百卷　宋李心傳撰

《顧鶴逸藏書目》著錄：「《建炎以來繫年要錄》，顧千里校本，一百本。」

顧鶴逸係蘇州怡園主人，多藏典籍字畫，頗注意收集鄉邦碩儒遺澤。惜不知此書尚存否。

六，逸周書十卷

　　黃丕烈曾收有元至正十四年劉氏刻本《逸周書》（見《蕘圃藏書題識續錄》卷一「《汲冢周書》」條）。乾隆甲寅（五十九年）顧千里曾向黃氏惜讀，並用以校世行明章檗刊本，跋於其上。

　　道光乙酉（五年），千里為陳穆堂《逸周書補注》作序，曰：「《逸周書》晉孔晁解，疎陋無足觀。近世餘姚盧學士文弨，雖集合眾家，校正刊行，然間一尋覽，但覺尚多棘口瞀心，譬猶蠶叢魚鳧，與康莊相錯，每至窘步，輒復掩卷。」（見《集》卷十一）可見後又曾校讀過此書。

　　千里的校本，吳氏《拜經樓藏書題跋記》中略有記載，其卷一《逸周書》「盧抱經舊校本」條下錄陳鱣跋云：「去歲除夕，吳中度歲，往縣橋巷黃蕘翁家作祭書之會。因得明嘉靖廿二年四明章檗刻本《逸周書》，係顧君千里依元刻手校本。余既跋而藏之。新歲攜示同里吳槎翁，嘖嘖稱善，遂取其舊藏章刻本錄顧校文於上，且以明鍾人傑校本及汪士漢刻入《秘書》本重加參閱。」《逸周書》條，吳壽暘識曰：「明章檗刻本，先君子手錄吳中顧澗蘋茂才所校於上。」又錄吳槎客跋：「仲魚孝廉以《逸周書》見眎，乃吳中顧千里茂才手校本，較世行本多所是正。予復取明鍾人傑校本及國朝汪士漢刻入《秘書》本重加參校，亦尚有裨益處。」此外，還錄顧千里跋和陳仲魚跋。陳氏之跋對千里所說「黃玢」乃「黃玠」之誤作了補充，曰：考《弘治湖州府志》云，黃玠字伯成，慈溪人，宋黃震之曾孫。云云。可見千里校本，當時已為學者所重。惜今不知下落。

七，元朝秘史十卷續二卷

　　嘉慶甲子（九年）千里在盧州，見太守張祥雲處有景元槧舊鈔本《元朝秘史》。次年，便請張古餘借得，為之校勘，嘉慶乙丑（十年）跋之。

　　此書的流布狀況，傅增湘先生《藏園羣書題記初集》卷二「鈔本《元朝秘史》」條下，敘之甚詳，現錄於下：「《元朝秘史》十卷《續集》二卷，舊寫本，半葉五行，每段先錄蒙古譯音，從元刊影出。其格式一仍元本也。此書相傳金星輅家有元刊殘帙，張太守家有影元鈔本。此本乃張古餘從影元本重錄而顧千里為之校勘者。……此書舊藏盛伯義祭酒家。癸丑歲，意園藏籍星散，余偶見之正文齋譚篤生許，因先菊生前輩，為涵芬樓收之。……客歲，陳君援菴治元史地理學，欲得

《元秘史》舊本為勘正之資，余因馳書海上，從涵芬樓假得，郵致北來，留援菴中者數月，俄爾上海難作。……涵芬樓書數十萬卷，高棟連雲，一夕化為灰燼。此書以余假閱之故，竟逃洗劫。」

張菊生先生《涵芬樓燼餘書錄》著錄：「《元朝秘史》十卷《續集》二卷，影鈔明洪武刊本，六冊，顧千里校。」現存北京圖書館，其《善本書目》卷二著錄，標明：「清鈔本，顧廣圻校並跋。周鑾詒、傅增湘跋。六冊。」

八，建康實錄二十一卷　唐許嵩撰

朱氏滋蘭堂藏有舊鈔本《建康實錄》，乾隆戊申（五十三年）為顧千里所得。又據「周香嚴家汲古閣所藏宋刊本」校改，並跋於書後。

千里之校本於嘉慶己未（四年）歸黃丕烈，黃氏於是年「莫（暮）春九日」有跋。（見《蕘圃藏書題識續錄》卷一）

此書後為昭文張氏所得，其《愛日精廬藏書志》卷十一著錄：「《建康實錄》二十卷，舊鈔本。顧氏澗薲據宋本校。」《增訂四庫簡明目錄標注》亦云：「昭文張氏有舊鈔本，顧澗薲據宋本校。後列嘉祐三年開造校正官張廬民等銜名七行，紹興十八年重雕校勘官韓軨等銜名九行。」莫友芝氏嘗見之，其《郘亭知見傳本書目》卷四著錄：「《建康實錄》二十卷」，「昭文張氏有舊鈔本，顧澗薲據宋本校。」云云。現不知尚存否。

九，國語注二十一卷　吳韋昭注

乾隆癸丑（五十八年）五月，千里曾借段玉裁校本，傳錄於明萬曆間新建李氏的刊本上。（段玉裁校本，其所據者為宋明道二年刻本。）初九日校畢，跋於傳錄本上。（見顧千里所校原書。下稱「傳錄本」。）

是年十一月望，重閱後又跋之。（同上）

乾隆乙卯（六十年）四月，顧千里借黃丕烈所藏影寫宋明道二年本，悉心校勘「傳錄本」，「兩逾月始克歸之。」六月四日跋於黃丕烈影宋鈔本上，認為「自今而後，宋公序以下本皆可覆瓿矣。」六月二十一日，跋於「傳錄本」上曰：「景宋本重勘，凡補段君校所遺文又若干字。」（原書）

據《書跋》著錄，還有一「校宋本」，千里跋云：「乙卯夏日用景宋本覆校一

過。」此本係黃丕烈據影宋鈔本及惠棟據陸敕先校本等覆校者，又屬千里覆勘之。（見《楹書隅錄》卷二）

由上可知，在乾隆末年，千里嘗以數本細勘此書。

嘉慶己未（四年），千里以景宋鈔本為黃丕烈校訂刊印，收入《士禮居叢書》。其中卷一至卷三，因別得佳本，故不以黃氏所收景宋鈔本上版，而卷六、卷十、卷十九至廿一，因寫手不佳，重摹付刊，因將這餘下之卷，合訂成一本，並書其原委於此殘本上。此時，千里又參核諸本，撰《國語札記》，附書刊之，然署以黃丕烈之名。又代黃氏作〈校刊明道本韋氏國語解札記序〉。

嘉慶甲子（九年），千里又重閱自己的「傳錄本」，並跋曰：「惠松崖先生校本，真蹟在周漪塘家。近黃蕘圃翻刻明道二年本，予悉取入《札記》中，足以表其微矣。」「明道本為宋公序先生所亂。惜惠先生所見乃臨陸敕先校本，殊未得真至。惠先生援引他書之說，陳樹華《考證》，輒摭摕略盡，今錄於旁行者是也。異日擬併合為一書，庶小門生區區之意云，顧廣圻記。」顧千里校訂《國語注》之情況大致如此。其所校諸本，後流布狀況，亦約略可考。

千里的傳錄本，後歸前「京師圖書館」，（見原書藏書章）存北京圖書館。其底本為明萬曆間刻本，筆者嘗見之。

千里覆校的黃丕烈校本（即黃氏以影宋鈔本及惠棟校本校訂者），後為楊氏海源閣所收，《楹書隅錄》卷二著錄，其中黃丕烈校語，曰：「此書首借朱秋崖所臨惠松崖校閱本對勘，而參以傳錄陸敕先校本，亦可自信為善本矣。繼得影寫明道本，屬余友顧澗薲正之。宋本之妙，前賢所校實多闕遺，逐一一考訂如左。書中稱影宋本者，皆盡美盡善處也。而今而後，《國語》本當以此為最，勿以尋常校本視之。」此書之底本，據黃丕烈跋，乃「山東孔氏校刊本。」餘過錄前人校語甚多，不贅引。

此書現存北京圖書館，其《善本書目》著錄：「《國語注》二十一卷」，「清孔氏詩禮堂刊本，黃丕烈、顧廣圻校並跋。」

千里所跋的景宋鈔殘本，後為松江韓應陛所得，其《讀有用書齋書目》著錄：「殘本《國語》，存一至三卷、六卷、十卷、十九至二十一卷。景鈔宋明道本，顧澗薲跋。」

此外，《涵芬樓燼餘書錄》著錄有：「《國語》二十一卷，明覆宋刊本，八冊，段玉裁、顧抱沖、顧千里校。」跋云：「段氏跋指此為明嘉靖時金李刊本，惟以〈韋氏敘〉後無澤遠堂牌記為疑。按，書中多避宋諱，〈韋敘〉末葉適損一角，必牌記為人割去。半葉十行，行二十字。段氏讎校精審，卷中復有『逮案』、『廣圻案』若干條，則顧抱沖及其從弟顧千里所續增也。」下錄有段玉裁跋語，殆即千里曾借錄之段氏校本。

此書現存北京圖書館，其《善本書目》著錄：「《國語解》二十一卷」，為「明嘉靖七年金李澤遠堂刻，顧廣圻校，顧之逵校並臨段玉裁校跋，八冊。」

北圖《善本書目》還著錄一「明刻本」，為「瞿熙邦臨顧廣圻校，四冊。」錄以備考。

綜上所述，千里所校跋諸書，其流傳淵源可略如下圖所示：

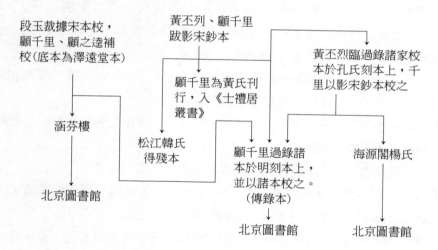

十，戰國策注三十三卷　漢高誘注

是書南宋時，姚宏以梁溪安氏本及梁溪高氏本等校刊行世，是為剡川姚氏本。而括蒼鮑彪因高誘注「疏略繆妄」（〈吳師道序〉）重定次序刊行，是為鮑氏本。後，元至正年間，吳師道對鮑氏本作了整理，是為吳師道元刊本。

清初，錢氏收有宋刊梁溪高氏本和安氏本。絳雲樓一炬，原刊本化為灰燼。陸

敕先嘗從絳雲樓影錄得安氏刻本，並借錢氏藏高氏本諸本校過（《戰國策札記》引陸敕先跋），是為陸敕先鈔校本。盧氏雅雨堂刊本即據此刊刻。

顧千里嘗以吳師道刊本與雅雨堂刊本互勘，發現雅雨堂刻與「吳師道駁正所稱元作某某者，頗有不合。」「深不解其故。」（見北京圖書館藏袁廷檮過錄顧千里校本）

嘉慶丁巳（二年）夏，千里為黃丕烈用小讀書堆藏影宋鈔本校雅雨堂本（同上。又見《楹書隅錄》卷二）此時，黃丕烈又得桐鄉金德輿氏所藏宋高氏刻本，顧氏「又為校勘，又可正影鈔本之誤。」（同上）

嘉慶己未（四年）二月，黃丕烈又得宋刊姚氏本，千里以其與自己曾用吳師道本校過的雅雨堂刻本互勘，校畢，跋於宋刊本上（《菀圃藏書題識》卷二），又跋於己之校本上（北圖藏袁廷檮過錄校本）。黃丕烈所得之姚氏刻本，即後來鈕樹玉、袁廷檮、顧千里等為之唱和題詠者。

嘉慶癸亥（八年），顧千里為黃丕烈將宋刊姚氏剡川本影橅重刊（〈黃菀圃序〉），以元至正刊吳師道本與之互勘。黃氏所得宋刊本，乃以〈劉序〉冠於前者，或云原出於宋梁溪高氏本（《菀圃藏書題識》卷二）。

是年五月，千里跋於顧抱沖舊藏的影宋鈔本上，云此與黃蕘圃所藏者不同，乃以〈曾序〉冠於前者，原出於宋梁溪安氏刊本。

數年後，小讀書堆舊藏景鈔宋本已不存於顧氏，千里見吳有堂有一景宋鈔安氏刊本，跋於其上，頗多感慨。

千里校跋諸書之狀況大致如此。諸本流布淵源，間有可考。

千里所跋的小讀書堆藏影宋鈔本（冠以〈曾序〉），後歸於楊氏海源閣，《楹書隅錄》卷二著錄：「影宋精鈔本《高注戰國策》三十二卷，四冊。」

千里以吳師道刊本等校勘之書，後由袁廷檮過錄。千里原書已不見著錄，而袁氏過錄本經陳仲魚之手（見原書藏書印記），現存於北京圖書館。

千里校跋，並有諸家題詠的黃丕烈藏宋姚氏刊本，曾為汪閬源所得，又入松江韓氏，《讀有用書齋書目》著錄：「《戰國策高誘注》三十三卷，六冊。宋刊宋印本。每半葉十一行，行二十字。注雙行，字同。士禮居舊藏，見〈百宋一廛賦注〉。黃蕘圃跋四則，又詩一則。又鈕匪石、袁廷檮、夏方米、顧澗薲詩，並顧跋一則。以上諸家詩跋，又見繆藝風所輯《蕘圃藏書題識》。」此書又歸於南海潘氏

寶禮堂。《寶禮堂宋本書錄》：「《新雕重校戰國策》三十三卷。六冊。」潘氏云：「此即《四庫》著錄宋姚宏校正之高誘注本也。」又補充千里跋語云：「顧千里跋是本剜脩處未能盡善，舉第六卷第四葉首之行例之，謂當以鈔本為正。按，剜脩之葉尚有第三卷第五葉後十一行。第七卷、第五卷後七行至十一行。第十八卷第一葉後一行至五行。第二十九卷第三葉後九行至十一行，其下半行且原缺補寫。又，《序錄》第一葉後二行至八行。不知與顧氏所見之抄本異同何若。」此書現存北京圖書館，其《善本書目》著錄，標明為「潘捐」。

綜上所述，千里校跋本之流布淵源，如下圖所示：

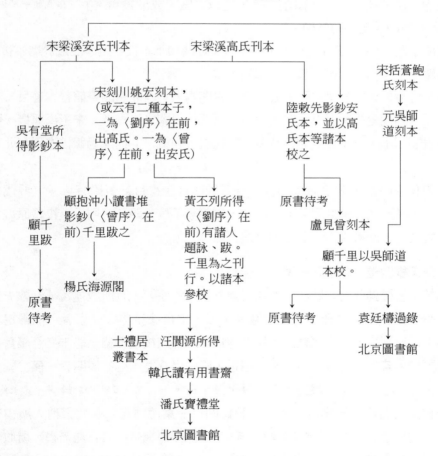

十一，五代史闕文　宋王禹偁撰

十二，五代史補五卷　宋陶岳撰

此書合訂為一冊，千里並校之。

乾隆丁未（五十二年），顧千里從程氏蓉江寓館鈔得此二種（見顧千里校鈔本原書）。己酉（五十四年），從其師張白華處借得馮知十家藏鈔本，校己之鈔本一過，多有補正。嘉慶元年十二月小除夕，跋於己之鈔本上，云：「家兄抱沖曾用以讎毛本，謂不啻如風庭掃葉也。讀未見書齋中插架略備，而此當未有宋槧名鈔者，爰輟是冊為贈。源流所自，未失虞山宗派，姑以充數，或庶幾焉。」（俱見顧千里校鈔原書）或將此書贈黃丕烈時所題。

嘉慶丁巳（二年）三月十八日，顧千里又以馮知十本校一過，並跋於馮本後。

嘉慶庚午（十五年），千里又跋馮知十本。

後，勞權曾錄顧千里之題識於毛氏汲古閣本上。《北京圖書館善本書目》卷二著錄：「《五代史補》五卷，宋陶岳撰。《五代史闕文》一卷，宋王禹偁撰。明末毛氏汲古閣刻本，勞權校跋並錄訥道人、顧廣圻題識。」則此過錄校本現存北京圖書館。

中國科學院圖書館藏周星詒抄本《書鈔閣行篋書目》著錄有：「《五代史闕文》一卷，《五代史補》五卷」「一本，顧澗蘋手校手錄。」則千里校錄原書，曾經周季貺之手。此書現亦存北京圖書館。

十三，奉天錄四卷　唐趙元一撰

關於千里校勘此書之狀況，他在〈重刻奉天錄序〉中有所敘述：「秦敦夫先生在都中得《奉天錄》一冊於龍變堂觀察，云，出自徐星伯太史家者。攜歸定為四卷，屬不佞校刊焉。……《錄》中序次考以年紀，或後先參錯，恐未必全屬舊貫，茲無所更定。若字句轉寫之譌，悉心讎正，固十得八九，疑弗能明者，僅從闕如之義。……時在道光三年，歲在癸未，夏至後十日。」（見《石研齋四種》本《奉天錄》）

是書秦氏石研齋刊本於道光十年刊行問世。葉德輝嘗云：此書他人所校有誤者，「秦刻皆不誤。」（《郋園讀書志》卷三）而據繆藝風《雲自在龕叢書》所收《奉天錄》覆刻秦氏本〈序〉云，秦氏石研齋所刻，亦有兩種刊本，略有出入，殆所刻

非一版也。

十四，唐大詔令集一百三十卷　宋宋敏求編

張菊生先生《涵芬樓燼餘書錄》著錄：「《唐大詔令集》一百三十卷，鈔本，二十冊，顧千里校藏。」張先生云：「鈔手粗率，經顧千里校過。」

是書現存北京圖書館，筆者嘗得寓目。原缺第十四至二十四，八十七至九十八，凡二十四卷。

卷九十九目錄上，有批識：「乙亥十二月校。丙子正月再校。」

卷七十七〈景陵優勞德音〉文上，千里批：「丙子二月。」

卷六十一〈郭子儀號尚父制〉文上，千里批：「丙子三月。」

卷七十〈寶曆元年正月南郊赦〉及卷七十七〈謁五陵赦〉文上，有「丙子五月」批識。

可知千里校此書之日，正在《全唐文》館之時，以此與唐文互勘也。

書中多標有《文苑英華》所載文之卷數，如卷三十四，〈冊雍州牧左武侯大將軍越王泰改封魏文王〉，上批：「《英華》四百四十四。按，《英華》雖亦無撰人名，但以前後考之，此篇即岑文本作。」卷六十八目錄：〈天寶六年節郊赦〉上，千里批曰：「南郊。」又云：「此篇脫去，應依《英華》四百廿五補。但《英華》非全文。」等等。可知顧千里以《文苑英華》與之互校。

1958 年，商務印書館以此為底本，與張均衡《適園叢書》本相校，斷句出版。但千里所校有些內容尚未收入。

此校本中，有「節壽堂」、「海鹽張元濟經考」及涵芬樓、北京圖書館等藏書章，其流傳淵源亦大略可知。

十五，晏子春秋八卷　周晏嬰撰

千里校刊是書之過程，吳鼐在〈刻晏子春秋序〉中有所述及，其云：「嘉慶甲戌九月十日，鼐犬馬之辰春秋六十矣。……妻兄孫淵如先生遣人以宋錦一端，影寫元刻《晏子春秋》八卷為壽……明年，余與元和顧君千里同有文字之役在揚州，因請顧君督梓之，一切仍其舊文。又明年，書成。」時在嘉慶丙子（二十一年）。千里則有〈重刻晏子春秋後序〉附於書後。

《書跋》著錄有《晏子春秋》「景元鈔本」跋云：「甲戌九月校正付刊。」殆千里於嘉慶甲戌（十九年）便已校畢此書。

千里校本現存北京圖書館，其《善本書目》卷二著錄。

又，關於千里為吳鼐所校刊者為何時刊本，後頗有論者。潘景鄭先生《著硯樓書跋》「明本《晏子春秋》條」辯證頗詳，其云：是書「宋本既不復觀，百年前藏家著錄，惟元刻九行十八字之八卷本為最善。孫淵如影寫以贈吳山尊。山尊屬顧澗薲覆校付梓，而孫氏自據沈啟南、吳懷保本校勘，復假拜經樓所藏元本補卷首總目。由是九行十八字之為元刊，已成千古不易之定論。拜經藏本，後歸吾家湀喜齋。余取勘吳刻，其誤處悉經澗薲改正。間有未當者，如第四卷『苟得不知所亞』，『亞』，古『惡』字，吳刻竟改作『惡』，誤矣。諸如此類，瑕不掩瑜，因未足以訾議前賢耳。竊謂拜經元刻，字體結構，全無蒙古遺意。細審尚是正、嘉以前雕槧。蓄疑未敢臆定。旋閱雙鑑樓所藏明刻本，行款與此相同。馳書藏園先生，悉其源流，與此相合。……頃吾友黃君永年，閱肆得此明刻本，携示商榷，審與拜經藏本字體行款一一脗合，其為明刻之上駟，可無疑義。因不必沿襲前人之失，徒以元本取重耳。」

又，《增訂四庫簡明目錄標注》云：傅增湘收得九行十八字明刻本，有「王廉生跋。謂即吳刻本所自出。吳氏誤認此為元本也。」

十六，古列女傳七卷續列女傳一卷　漢劉向撰（《續傳》撰者待考）

乾隆癸丑（五十八年），千里從兄顧抱沖得宋余氏勤有堂刻本《列女傳》。（《百宋一廛賦注》）至乾隆乙卯（六十年）付之梓。顧千里則董其校讎之役。黃丕烈嘗云：「居士（指千里）為道人（指抱沖）校讎重雕行世，文悉仍舊。」「獨定其畫像題顧凱之者，為余氏補繪而削去。」（同上）

千里「參驗他書，綜覈同異」，並取段玉裁之語，成《考證》一卷，附於書後而行。此即小讀書堆據宋槧重雕者。

對於千里之《考證》，段玉裁認為其「雖略而謬尚少。」（《經韻樓集》卷十一）胡玉縉先生則云：「所附《考證》甚精。」（《四庫提要補正》卷十九）葉德輝認為此刻本「校訂精審，余讀是書者多所裨益，是則勝於阮本者也。」（《郋園讀書志》卷五）

顧千里之手校本，《皕宋樓藏書志》卷二十七著錄云：「《新編古列女傳》十卷，「顧千里校宋本。」

日本河田羆《靜嘉堂秘籍志》卷十八著錄云：「《新編古列女傳》八卷，顧千里校宋本」「卷首有『顧千里手校』白文方印。卷末有周氏手跋二則。」周氏之跋有曰：「右顧澗薲先生手校，明黃氏刻《列女傳》殘本五卷。黃氏駁亂次序，竄入贊語，與古文錯迕。錢虞山嘗深譏之，其書為世所輕，特以澗翁手跡所在，乃可貴耳。季覜。」可知此千里校本，曾入周星詒之手，後歸陸心源，現已隨皕宋樓書，漂泊東洋。

十七，宋名臣言行錄前集十卷後集十四卷　宋朱熹輯續集八卷別集十三卷外集十七卷　宋李幼武補

道光年間，洪鈐庵曾於揚州覆刊是書，為「續學堂洪氏校刊本。」

千里代洪氏撰〈重刊宋本名臣言行錄序〉云：「是書傳刊舊多譌舛，近得宋槧，完善可觀。則太平老圃校正。崇硻平翁序識者也。……爰付重雕，冀廣流傳，共資探討。至於錯簡更鏧，譌文糾正，則元和顧君千里之功多焉。」又作《宋名臣言行錄·後序》曰：「鈐庵殿撰重刊《宋名臣言行錄》成，屬為覆校，因悉心細勘一過。……與殿撰鉤稽檢核閱數百餘日乃始藏事。」則主其校刊之事者，千里也。

又，潘氏《寶禮堂宋本書錄》著錄有一宋本，係「成書後第一刊本。」經潘氏以此本與千里為洪氏校刊本互勘，略有出入，潘氏《書錄》此條下列有校勘表，可窺見二者之異同。

十八，名臣碑傳琬琰集一百七卷　宋杜大珪編

道光二年，「張古餘留一鈔本於揚州」，四年，顧千里「携回，兼借他本勘對。正其錯，補其闕，去其重。」並跋之。可見千里嘗校是書。惜校本未見傳布。

十九，廣黃帝本行記一卷　唐王瓘撰

顧千里於嘉慶丁卯（十二年）二月所作〈廣黃帝本行記序〉曰：「淵如先生得壹是堂舊鈔本，屬校刊於江寧。因借朝天宮正統十年藏本對勘一過，凡訂正若干字。」此書收入《平津館叢書》。刊本末有墨記識語：「山東督糧道孫星衍校，元

和縣學生員顧廣圻覆校，嘉慶丁卯五月刊行。」

二十，軒轅皇帝傳一卷

千里所撰〈軒轅黃帝傳序〉曰：是書與《廣黃帝本行記》，「淵如先生所得壹是堂鈔本正合二種為一冊，必所出同源也。」「今既一併校刊於江寧。」時「嘉慶丁卯三月」。

是書亦收入《平津館叢書》。書末墨記題識與《廣黃帝本行記》同。

二十一，吳越春秋十卷　漢趙煜撰

乾隆甲寅（五十九年）九月十六日，顧千里跋「嘉定甲申《吳越春秋》景鈔本」曰：「全勘一過。」認為「較諸此本固勝矣。」千里所跋此本，不知存否。

又，《鐵琴銅劍樓藏書志》卷十著錄：「《吳越春秋》十卷校宋本」，云：「此明刻本，顧澗薲氏以影宋鈔本校過。」此書現入北京圖書館，其《善本書目》卷二著錄：「《吳越春秋音注》十卷，元徐天祐撰，明刻本，顧廣圻校並跋，四冊。」

二十二，越絕書十五卷　漢袁康撰

《匪石日記鈔》載：乾隆甲寅（五十九年）九月初一日，侯黃蕘圃，「又至顧千里館中，見其所校《越絕書》。」

二十三，華陽國志十二卷附三州郡縣目錄一卷　晉常璩撰

是書現知最早刻本為宋元豐戊午秋，呂大防刊於成都者。然已不可見。宋嘉泰年間，丹稜李壘於臨邛有重刻本，然多據他書以增刪，非舊觀。即使如此，其本亦不傳，至修《四庫全書》時，李壘本只有影寫者而已。（見《四庫全書總目提要》卷六十六。）

清代流傳的鈔本，顧千里所見者如常熟空居閣馮氏影宋本，其師張白華舊藏何義門手批原錢罄室藏本和吳方山鈔本等，俱出於李壘本。

千里於嘉慶癸亥（八年），曾想以「《史記》以下各史及《水經注》、《太平寰宇記》等書詳加訂正，重刻行世」，然未果。跋於景鈔馮氏空居閣本上。

越十年，千里在江寧，見孫星衍有季滄葦舊藏之影鈔本，遂以影馮氏本校之，

記於影馮本上。（見王欣夫先生過錄顧千里校本）其間，又曾以黃蕘圃所得錢叔寶鈔本
參校。（《菟圃藏書題識續錄》卷一）

是時，廖寅在江淮轉運司任事，欲刻是書，出資向孫星衍借顧校季氏舊藏本刊
行。千里盡半年之力，為其督工開雕，於嘉慶甲戌（十九年）春季刊行。（千里代廖氏
作〈校刊華陽國志序〉）是年二月至五月，千里又多次校閱，並將所得批於影鈔馮氏本
上，故校本與所刻印之題襟館本並不相同。（見王欣夫先生過錄本）

關於廖氏據何本刻印，前人或有以為即據顧校影馮氏鈔本。後四當齋章鈺認
為：「廖本校勘既出千里手，何以與顧校舊鈔多不相應？如〈士女目錄〉所脫九條
之類，究據何本？詳讀〈廖序〉，知廖刻實用季滄葦鈔嘉泰舊刻作為底本，顧氏覆
取平時校語列入卷中。」（《章氏四當齋藏書目》卷上）葉景葵先生以為章氏此說，
「洵屬讀書得間。」（《卷庵書跋》「華陽國志」條）

顧千里校跋諸本流布狀況，大致如下：

千里所校影馮氏鈔本，為馬氏唫香仙館所收。《唫香仙館書目》著錄：「《華
陽國志》十二卷」，「顧澗蘋校本。前有嘉泰甲子季夏朔眉丹陵李㙯叔廑序，鈔
本，四冊。後入鄧邦述之手。《寒瘦山房鬻存善本書目》卷六著錄：「顧千里手校
本。」錄有吳慈培氏跋語，云：題襟館本，「以此本對勘，頗有異同」，可以據此
校本是正處不少，故「廖氏書雖具在，而此本猶當珍若球琳。」《書目》中有鄧氏
跋語兩則，其略云：「廖氏以蜀人摹刻是書，故淵如讓之。直取澗蘋已校成者，付
諸廖氏，故冊尾跋語云云，猶認孫為刻書之人，無一字及廖也。刊版光緒間猶存，
此則其祖冊。」又云：「甚或刻將成而廖氏出資加一跋語，亦未可定也。」此書後
葉景葵先生向鄧氏借閱，未及還，鄧氏亡故。王欣夫先生嘗向葉先生借得，以朱筆
校臨於李氏修版再刊的廖氏刻本上，並跋之曰：「顧澗蘋手校此書，為鄧正闇年丈
羣碧樓所藏。因葉揆初先生借讀寄滬。七月八日，余向葉先生轉假臨校。明日，鄧
年丈以事來滬，遇諸劉翰怡丈寓齋，長談二時，精神尚佳。二十九日，訪潘博山
兄，驚知鄧年丈於前日病中風逝世，是書在案，尚未還也。展卷不勝悽感。」王先
生還以墨筆傳臨了羣碧樓所藏的何義門校本及惠松崖跋語。以此按之，千里手校本
似仍當存於世間。

千里校刊的廖氏本書版，轉歸於會稽陶濬宣處。後南海令李鐵船於光緒庚寅十

月，以「悔過齋」之名，修版重印。（見重印本陶濬宣〈跋〉）

此外，吳慈培曾傳臨顧氏校馮氏空居閣本，為傅增湘所得。傅氏見之後，曾跋於明劉大昌刻本上，曰：顧千里所校，「中多識其疑誤，而改訂之處乃絕少。緣所見馮本外，僅有錢罄室寫本，何義門校本而已，於明代嘉靖以前舊刻似未寓目也。」（《藏園羣書題記續集》卷一）

傅增湘又曾跋明張佳胤刻本，曰：「是書十二卷，今祇存十卷，缺第十一、十二兩卷，第十卷分為上中下。顧澗薲所謂據抄本以補上、中兩卷者，此本固宛然具焉。惟顧校本凡〈先賢士女讚〉讚詞下逐列小傳，此本提行，先列其人之銜名字為一行，次行低一格列讚，以次諸人銜接而下，其諸人小傳則直至諸讚畢乃彙列之。計自讚後接〈蜀都士女嚴遵傳〉起，至〈姚超二女傳〉止，為上卷；〈廣漢士女楊宣傳〉起，至〈犍為士女黃帛傳〉止，為中卷，〈漢中士女鄭子真傳〉起，至〈郭孟妻孫楊傳〉後附『讚曰』，二則為下卷，編次既乃截然不同，文字亦復多異。昔繆藝風荃孫嘗聞盛意園昱言，顧澗薲校刻《華陽國志》乃私襲張佳胤之本。今此本行格雖與顧本同，而卷十竟差異如此，則其非出於一源，或展轉鈔傳改易致此，亦未可知。按顧校第十卷上末有按語云：近人見舊本較張佳胤以來所刻多第十之上中兩卷云云，不知顧氏所見張本適脫此兩卷乎？抑未見張本而姑逐眾人之說遂為此武斷乎！」（見《藏園羣書經眼錄》卷四）

對於傅氏之說，葉景葵先生略有異辭。其云：「季本（季滄葦本）久已亡佚，廖刻是其嫡嗣，實堪珍視。近江安傅氏跋劉大昌刻本，以廖刻滿紙訛奪為口實，並以澗薲未見嘉靖以前刻本為疑。余恐後人泥於傅氏之言，而輕視此佳刻本，故明辨之。」（見《卷庵書跋》「華陽國志」條）此乃有涉千里所校書之爭議，故錄之以備考。

吳氏傳錄的顧千里校本，現存北京圖書館。其《善本書目》著錄：「《華陽國志》十二卷」，為題襟館刻本。有「鄧邦述跋。吳慈培校跋並錄顧廣圻題識。」為「傅捐」之書。

此外，《北京圖書館善本書目》還著錄有「失名臨何焯、吳翌鳳、顧廣圻校跋」的題襟館刻本《華陽國志》，係李木齋遺書。又有千里所撰寫「《三州郡縣目錄》」稿本。前者《藏園羣書經眼錄》卷四著錄頗詳。並錄此以備檢覈。

綜上所述，千里所校跋諸本淵源，可略見下圖：

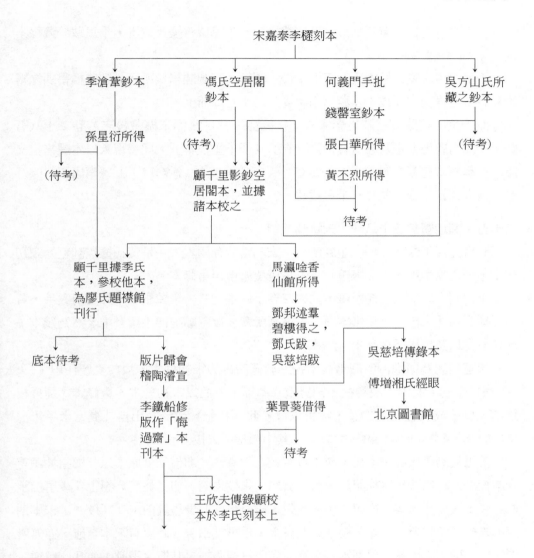

二十四，南唐書二十卷　宋陸游撰

　　千里嘗於小讀書堆見陸敕先校本，傳錄於再刻汲古閣本上。此陸氏校本，乃據錢罄室鈔本校。（見《靜嘉堂秘籍志》卷十九）

　　嘉慶己未（四年），千里借袁綏階藏影宋刊本與陸氏校本互勘，跋於書後。五月，又覆校一過。

五月中澣九日，黃丕烈以《野客叢書》易千里傳錄陸氏校本，千里跋於傳錄本後。（《蕘圃藏書題識》卷三）

千里傳錄之陸氏校本入黃丕烈手後，輾轉為海源閣楊氏所得。其《楹書隅錄續錄》卷二著錄曰：「校本陸游《南唐書》二十卷二冊」。

而千里所校跋袁綬階之影宋本，後歸皕宋樓，《皕宋樓藏書志》卷二十八著錄：「《南唐書》十八卷《音釋》一卷」「顧千里校本」。此書現入日本靜嘉堂文庫。《靜嘉堂秘籍志》卷十九著錄有：「顧千里校本（影宋刊本）」《南唐書》十八卷，《音釋》一卷，並錄有千里跋語。

二十五，輿地廣記三十八卷　宋歐陽忞撰

此書據黃丕烈《校勘札記》所云，宋刊當時存兩本。一是黃氏據以翻刻的宋初刊本，一是嘉泰甲子譙令憲重修、淳祐庚戌朱申再重修本。

宋初刊本原為朱竹垞所藏，闕首二卷。此本上有朱筆校語，不知出何人手，黃丕烈稱之為「朱校」。重修本原為季滄葦所藏，後歸顧抱沖小讀書堆，然為殘本，周錫瓚曾以其校己所藏鈔本。

黃丕烈認為顧抱沖所藏重修本遠遜於己所得的宋初刻本，故於嘉慶任申（十七年）據以重刊。其中所缺卷帙，則據重修本補全。並以宋初刻本、重修本、周氏校鈔本互勘，成《札記》二卷，附書以行。此《札記》或云乃出自「夏方米手筆」（王欣夫先生過錄顧千里校《輿地廣記》）。其中頗指「朱校」有誤。

千里見到黃氏翻刻本後，頗不以黃氏之說為然。即借宋刻原本以及顧抱沖藏重修本覆勘。認為黃氏《札記》多有「冤屈」朱校之處，如《札記》卷上「後唐曰承德」條，曰：「宋本『後唐』，朱校脫『後』字。」千里批曰：「『後』，宋本期畫，朱校何能脫耶？又如，卷下第七頁上，千里批曰：「此後有宋本全無，亦無所謂朱校。細按之，蓋必用別本嫁名耳。作偽日勞心拙，其斯之謂歟！」凡此種種，不一一列舉。校畢後，千里有跋云：「此夏方米手筆，故未有荒謬可笑之語。但抑抱沖所藏季滄葦本而揚朱竹垞本，則妄人憑臆定此意見，夏不免隨之作計耳。」又云：「單看不覺其荒謬，借到底本一覆，其病萬端。甚矣，下筆之難也。」（王欣夫先生過錄重校本）

千里校是書之時間，據過錄校本跋語及《書跋》所載，似當在嘉慶庚辰（二十五年）秋。

由於千里與黃蕘圃意見相左，故有關此書兩個宋本版刻前後諸問題，後人頗有論及者。

黃丕烈以為朱竹垞原藏者為初印本，季滄葦原藏者為重修本。而千里則以為朱氏原藏者係「翻重修本而已。」對此，楊紹和認為：「二本均無刊書年月，其先後實莫能考辨，……（然而朱氏本）與季本行式迥然不合，且無卷末題識，自當另是一刻，斷非從重修本覆出。澗薲跋季本時，蓋未見此本，僅據蕘圃新刻及周氏鈔本核之，不無譌謬，故有沿襲重修本之疑。泊得向汪君假校，則云『據此之真，顯彼之偽』，又云『庶幾讀歐陽書者不致多所失實』，可知澗蘋亦深以此本為佳。季本所跋云云，固非定論矣。」（《楹書隅錄》卷二）

又，王欣夫先生《蛾術軒篋存善本書錄》清稿本第十六冊著錄有：「《輿地廣記》三十八卷《札記》二卷」，此條下，王先生據宋本中刻工之姓名，正顧千里以為朱竹垞藏本為翻刻季氏藏本之誤，可謂證據確鑿矣。

至於千里認為黃丕烈「冤屈」朱校之事，楊紹和認為殆因周氏鈔本亦用朱筆校，或援引混淆所致。（《楹書隅錄》卷二）可備一說。

千里所校跋之書，其流布狀況如下：

朱竹垞所藏本歸黃丕烈以後，又入汪閬源之手，再為吳志伊所得。「志伊既卒於官，書多散失」，遂轉入海源閣。（《楹書隅錄》卷二）此書現存北京圖書館，其《善本書目》著錄：「《輿地廣記》三十八卷」，「宋遞修本（卷一至二配清抄本）」。

千里據宋本及周氏鈔本覆校的黃丕烈刻本，後為徐行可所得。王欣夫先生過錄顧千里校本上，有跋云：「武昌徐君行可藏思適居士手校本」可證。王先生過錄本現存，而顧氏所校原書，似當仍存。

季滄葦舊藏本，曾為顧氏小讀書堆所得，千里所跋，散出後，輾轉歸潘氏寶禮堂，其書上有李木齋跋曰：「蕘圃既借校季本，又購得朱本，遂付景刊。……其後兩本皆歸汪閬源。……獲觀於雲合樓，主人屬題。」（《寶禮堂宋本書錄》史部）此書由潘氏捐獻，現存北京圖書館，其《善本書目》著錄。

周錫瓚之鈔校本，後則為松江韓氏所得，《讀有用書齋書目》著錄：「《輿地廣記》三十八卷，周香巖屬王仲和手鈔，據士禮居藏舊鈔本並錄蕘圃跋五則，又，周氏跋二則，復以顧澗蘋藏宋本校及士禮居藏本校。」

綜上所述，可略以下圖見示：

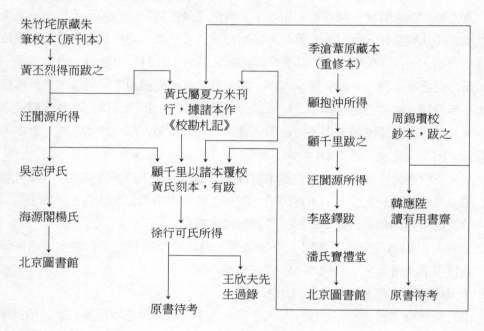

二十六，紹熙雲間志三卷續一卷　宋楊潛撰

千里嘗云，曾為孫淵如校刊《紹熙雲間志》，其時在「辛未冬洎甲戌秋。」（《集》卷十一〈廣復古篇序〉）

近人嘗有考此書刊刻始末者，其曰：「是書宋槧後無復刊者。乾隆間，錢竹汀從王鶴溪借鈔得之。袁綬階又從竹汀傳其副。綬階既歿，為華亭沈虳雲所收，屬孫淵如刻之金陵，其校譌補缺，則顧千里也。故今本有淵如〈序〉、千里〈跋〉，並載竹汀舊跋。」（見「湖外小山」著〈紹熙雲間志考證〉，載《學海》雜誌民國三十三年八月號。）

又，王欣夫先生《蛾術軒篋存善本書錄》清稿本第十六冊：「《雲間志》三卷

續一卷」條下曰：「顧衹鈔本傳世，在若存若亡間。嘉慶甲戌，華亭沈綺雲得袁壽階鈔本，因屬孫淵如刻之白下，校者則顧千里，板藏古倪園。」

二十七，廣陵通典十卷　清汪中撰

是書係汪喜孫屬千里據其父汪中遺稿校訂刊布。

《汪氏學行記》載千里所撰〈廣陵通典校例〉，作於「壬午仲秋下旬」，則是時，千里正在校訂此書。

又，同書中載有〈顧千里與喜孫書〉，曰：「《廣陵通典》自閏月至今，無日不看，僅校定大半。」是為道光二年之事。

道光三年，《廣陵通典》刊行，千里撰〈廣陵通典序〉，此書收入《江都汪氏叢書》。據千里所撰〈校例〉可知，千里於此書之原稿略有改易，校刊之功大矣！

二十八，水經注四十卷　北魏酈道元撰

千里在道光四年閏月，於桐城汪均之處見有校本《水經注》四十卷，跋之。

現北京圖書館藏有一明鈔本《水經注》，或云為「何焯、顧廣圻校。」其卷四十末有袁廷檮跋曰：「嘉慶乙酉九月借校，因正錯簡脫失。」然考嘉慶無「乙酉」年，疑或有誤。書中間有校字，然未標明出於何人之手。書中有「稽瑞樓」、「越縵草堂」、「翁同龢印」、「翁斌孫印」、「袁又愷借校過」諸印記。殆前人定為出自千里校筆，錄以備考。

二十九，洛陽伽藍記五卷　後魏楊衒之撰

此書千里校跋於臨毛斧季校本上，云：據《史通・補注篇》所載，此書原有小字自注。又云，手校本為袁壽皆取去。

後，千里因病通行之本綱目混淆，語朱紫貴曰：「子多暇日，能重為分析，一如劉氏知幾之所云乎？」朱氏之甥吳若準即循顧氏之說以成《集證》以行。

吳氏本出，唐晏氏認為「吳氏創始為之，畫分段落，正文與注，甫得眉目，然究嫌其限域未清，混淆不免，雖少勝於舊編，猶未盡夫塵障。」故又廣為搜抉，作《洛陽伽藍記鉤沉》。（見唐晏〈洛陽伽藍記鉤沉序〉）

張元濟先生在影印明如隱堂刻本時，以吳氏《集證》互勘，並跋曰：「《史

通・補注篇》謂書舊有注，顧千里疑原用大小字為別，後世連寫，遂混注入正文。錢塘吳若準重為編次，釐定綱目，蒐據諸刻，校其異同，成《集證》一卷，世稱善本。然仍有人議其不免混淆，未盡塵障。朱紫貴序舉其所據校者，以如隱堂本為首。余取以對勘，與是本互異者凡百數十字，吳氏均未指出，疑所見或亦為傳錄之本。」

　　近人張宗祥先生又病吳、唐之未足，復為《合校》，其跋曰：「昔顧澗蘋先生欲仿全氏治《水經注》之例，分別此書注文而未果。吳氏聞斯言於其舅朱氏，《集證》本遂起而分之。然極簡略，恐非楊氏之舊。……唐氏復因吳氏之簡，《鉤沉》本又起而正之。……此書則如隱以前，未見他刊。如隱而後，注盡不分。……故苟無如隱以前之古本可以勘正，實不必泥顧氏之說，強為分析，致蹈明人竄改古籍之覆轍也。」此又為一說。

　　陳寅恪先生則據六朝僧徒合本子注之體，認為此書乃仍僧徒著述之體而為之。（見《歷史語言研究所集刊》第八本第二分〈讀洛陽伽藍記書後〉）也認為原書有正文及注文之區分，後人未識其例而已。可見千里之說，為後人所重。

　　千里所校之本，未見流傳，但傳錄千里所校者，略有可見：《鐵琴銅劍樓藏書目》卷十一「《洛陽伽藍記》五卷明刊本」條下曰：「此如隱堂刻本，較綠君亭本為佳。舊為吳頊儒丈藏書，內第一卷、第二卷並有缺葉，以顧澗蘋校本抄補。」

　　又，《藝風堂友朋書札》下冊〈吳昌綬致繆藝風〉第九十札中云：「叔蘊寄來傳校顧澗蘋本《洛陽伽藍記》，與如隱本不甚合，不知瞿本如何？」則此與鐵琴銅劍樓所藏者非一本，且曾為繆藝風所見。不知此本尚存否。

三十，漢官儀二卷　漢應劭撰

三十一，漢官一卷

三十二，漢官解詁一卷　漢王隆撰　漢胡廣注

三十三，漢官曲職儀式選用　漢蔡質撰

三十四，漢舊儀二卷　漢衛宏撰

三十五，漢舊儀補遺一卷　漢衛宏撰

三十六，漢禮器制度一卷　漢叔孫通撰

此八種，俱千里為孫淵如校勘，並收入《平津館叢書》。考此八種，乃孫星衍於嘉慶丁卯（十二年）四月所輯，（見張紹南《孫淵如年譜》）故千里所校，當在是時前後。

千里手校底稿本，現存上海圖書館，其《善本書目》卷二著錄：《漢官儀》、《漢官解詁》、《漢禮器制度》等三種，注明「顧廣圻校，稿本。」實則此八種因篇幅無多，併為一種，書目著錄未全。其中《漢舊儀補遺》後，有批識：「刻在《漢禮器制度》前，刻完時印寄十餘張。」又一封面上有批：「底稿上，續添按各條另清本寫刻」俱千里手跡。此乃千里據以上版之底本，誠可貴也。

三十七，唐律疏議三十卷　唐長孫無忌等撰

千里〈唐律疏義後序〉云：至正辛卯崇化余志安刻本，「今年淵如先生見屬摹刊於江寧。」時在嘉慶丁卯（十二年）八月。千里為淵如校刊之書，收入《岱南閣叢書》。千里在〈後序〉中認為刻本中有「此山貰冶子」的釋文，而王元亮重編時刪併有未盡者。後人對此頗有議論。比如，《鐵琴銅劍樓藏書目》卷十二「《故唐律疏議》三十卷元刊本」條下云：「案，此書進表中注釋及本文有注字者，無名氏〈序〉謂此山貰冶子釋文也。卷後之釋文，則王元亮所為。《釋文纂例》當時自為一書，刊書者併入之耳。顧澗薲氏為陽湖孫氏繡雕是書，〈序〉謂元亮將此山貰冶子原釋重編刪併，而以卷中有注字者，為刪併未盡而偶見之，恐未必然。」此外，《滂喜齋藏書記》卷一「《宋刻唐律疏議》三十卷」條下，對千里所說亦提出異議，指出千里「殆由未見宋本」，故所論不妥。

後，張元濟先生借滂喜齋藏宋刻《故唐律疏議》影印入《四部叢刊》三編，跋曰：「岱南閣孫氏得元至正時釋文本，屬顧千里為之梓行，顧氏未見宋刻，跋語稍誤，潘氏先已指明，其他亦間有訛奪。然顧氏精於校勘，殊有足以訂正是本之處。」（見《涉園題跋集錄》）可謂定評。

千里曾於嘉慶壬申（十七年）得一影鈔本，於是年除夕前一日跋於書後。此跋本未見流傳，唯見鈔本《涵芬樓藏善本書目》中著錄有：「《唐律疏議》抄本」，

注明有「顧千里印」，抑或即此書耶？

三十八，遂初堂書目一卷　宋尤袤撰

　　蔣汝藻《傳書堂善本書目》卷五著錄：「《遂初堂書目》一卷，舊鈔本，黃蕘圃、顧千里手校，錢竹汀手跋。」

三十九，昭德先生郡齋讀書志四卷　後志兩卷　考異一卷　附志一卷　宋晁公武撰
　　　　附志、考異　宋趙希弁撰

四十，昭德先生郡齋讀書志二十卷　宋晁公武撰

　　此兩種原實為一書，因刊刻源流不同，多有出入。千里嘗以兩種互校，故併敍之。

　　乾隆末年，千里曾從瞿木夫處見舊鈔衢州刻本《郡齋讀書志》二十卷，從之寫其副藏諸篋中。（見《集》卷十五）

　　後來，千里又從袁廷檮處借鈔其所藏衢州本，然「史部書目類闕一葉。別集類下《劉筠集》以後闕二三十葉，無從補全。」於嘉慶乙丑（十年）九月跋於此鈔本上。

　　後，瞿木夫之舊鈔本被黃丕烈借去，請李富孫校訂。汪閬源即據此校訂本於嘉慶己卯（二十四年）刊行，是為汪刻衢本《郡齋讀書志》。

　　道光三年，千里於洪氏積學堂重觀舊鈔袁州本《讀書志》，以此與衢州本互校，並跋於袁州本後。（季錫疇過錄顧千里校本）

　　道光丁亥（七年），顧千里校汪氏藝芸書舍刻衢本《讀書志》，並於冬日分別跋於兩種汪刻本上，主要云其小學類「顛倒錯亂，當分六段移轉」。千里又於己丑（九年）八月撰〈衢本郡齋讀書志考辨跋〉，詳論自己對《讀書志》的見解。

　　這裏有一個問題須加以說明，千里在《書跋》和《考辨》中，再三聲稱自己的鈔本從未示人。而黃丕烈、李富孫在汪氏刻本〈序〉中云，曾以顧千里抄本校之。今以顧千里諸本跋語看，顧千里曾有兩個鈔本；一鈔自袁廷檮，一鈔自瞿木夫。鈔自瞿氏本者千里一直藏於身邊，「未嘗示人」，而鈔自袁廷檮者，為黃、李所得，或千里記憶稍有差錯。

千里校跋諸本之流布淵源亦有可考者。

千里從袁廷檮處鈔得之本，後季錫疇曾傳鈔之，並錄千里另一鈔本上瞿中溶和顧千里跋。是過錄校本，現存北京圖書館，筆者嘗寓目。其封面上有「可入恬裕齋書目」字樣，書中有「長樂鄭振鐸西諦藏書」朱文方章，乃由瞿氏而入鄭振鐸手者也。而千里所鈔之原本，則未嘗見之。

千里所跋的袁廷檮原鈔本，被黃丕烈、李富孫所得，據以與諸本互勘，為汪閬源刻印。後此書入蔣氏傳書堂，《傳書堂善本書目》卷五著錄：「《昭德先生郡齋讀書志》二十卷，舊鈔本，顧千里、汪閬源、李薌沚、黃蕘圃手跋」，即此書。又歸涵芬樓，張元濟先生《涵芬樓燼餘書錄》著錄：「《昭德先生郡齋讀書志》二十卷、鈔本、四冊」並云：「此為五硯樓舊藏。汪閬源以吳枚庵本校。李薌沚以瞿木夫鈔本及馬氏《經籍考》校，黃蕘圃又據以上各本覆校，朱墨燦然，並皆精審。汪氏所刊，即以此為底本。」此書現亦存北京圖書館，其《善本書目》卷三著錄：「《昭德先生郡齋讀書志》二十卷」「清鈔本，袁廷檮校，顧廣圻、李富孫校並跋，黃丕烈校並錄錢大昕跋」。

又，《增訂四庫簡明目錄標注》引王頌蔚之語曰：「余在古里瞿氏，見顧千里於汪本上塗乙數處，甚言李校之未善。」潘景鄭先生《著硯樓書跋》「王蓮涇手校衢本郡齋讀書志」條下曰：「汪刻蓋出自瞿木夫家所藏鈔本，大半經李香子所校，澗蘋先生謂其所校未善，曾以汪本塗乙校改，是正頗多。此本藏瞿氏鐵琴銅劍樓。」可見瞿氏曾藏有千里所校汪氏刻本。然潘先生以為「汪刻蓋出自瞿木夫家所藏鈔本」，與張元濟先生以為出自袁廷檮鈔本之說，略有差異。似以潘先生之說為近是。此書疑現存於上海圖書館。

此外，《北京圖書館善本書目》卷三著錄有：「《昭德先生郡齋讀書志》四卷《後志》二卷，宋晁公武撰，《附志》一卷《考異》一卷，宋趙希弁撰。明鈔本，何焯批校，張敦仁跋，顧廣圻題款，十四冊，瞿捐。」殆原亦係古里瞿氏之藏書。

《傳書堂善本書目》卷五還著錄：「《昭德先生郡齋讀書志》二十卷，長洲汪氏刻本，吳有堂臨顧千里校本。」

並錄此以備檢核。綜上所述，千里抄錄、校跋之《讀書志》，其流傳淵源可略如下圖所示：

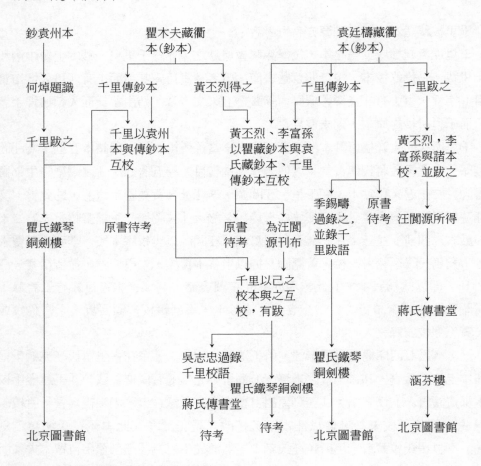

四十一，讀書敏求記四卷　清錢曾撰

　　葉德輝《郎園讀書志》卷四：「《讀書敏求記》四卷」條下云：「宗伯伯義祭酒藏有汪閬源舊藏沈刻（按：指乾隆十年沈尚傑刻本）初印本，中有舊人校語數條。……余借臨於此本上……按其蹤跡，疑出顧千里之手。原本誤字不改，用死校法，亦於顧校相近，殆好事者過臨顧本。」其原書未見著錄，葉氏傳臨之本亦無踪跡，姑錄以備考。

四十二，金石錄三十卷　宋趙明誠撰

　　此書宋刻本極少見，僅有傳鈔本流傳。其中以崇竹堂葉文莊鈔本、吳文定鈔本

及錢叔寶鈔本為佳。清初順治年間，有謝世箕刊本。據張元濟先生《涉園序跋集錄》所載：「葉、吳二本，何義門均獲見之，唯錢本則僅見陸敕先所過校者。何氏復自有校定之本，盧見曾得之，又得景鈔濟南謝世箕刊本，因刻入《雅雨堂叢書》。」這是顧千里以前，此書的版刻大致狀況。

乾隆甲寅（五十九年）六月，千里於小讀書堆見其從兄所得「葉文莊手鈔首尾兩葉本」和錢罄室鈔本。細勘盧氏雅雨堂刻本一過，「以葉本為主而附錢本異同」，併於六月十日跋於自己的校本後。十一日，又跋於首尾兩葉為葉文莊所鈔本上。

嘉慶己未（四年）春月，黃丕烈跋自己的校鈔本曰：「既抱沖弟潤蒼為余言，《金石錄》之妙無過此本者，有手校本示余。余病其行款尚未細傳，復向小讀書堆借得原本自為對勘，中以他事作輟，潤蒼為全補校，悉照原本傳錄。至葉本妙處，俟後之讀者自領之。」（見《蕘圃藏書題識》卷三）可見黃丕烈之校本，乃千里為之補全。黃氏並錄有何焯和顧千里在葉氏鈔本上的跋語。今《書跋》卷二著錄此書「校鈔本」下，錄有千里兩條跋文，實際上當是千里分別跋於葉氏鈔本和黃丕烈校鈔本二書之上者，不當混為一書跋語。

是時，千里以以葉氏鈔本覆校盧氏刻本，並跋之。

至嘉慶乙亥（二十年）千里在揚州，於趙晉齋處得見宋刻殘本十卷《金石錄》，又校跋之。

是為千里校跋《金石錄》之概況。以上五種千里校跋、經眼之書，小讀書堆舊藏錢罄室和葉文莊的鈔本，已不知下落，其餘流布如下：

千里自己據葉氏、錢氏鈔本所校的雅雨堂刻本，後為瞿氏鐵琴銅劍樓所得。其《藏書目》卷十二「《金石錄》三十卷、校宋本」條下曰：「此本為顧澗薲所校定」，下錄千里「乾隆甲寅六月十日」跋。又云：「是本校讎精善，勝盧本遠甚。惟『唐醉吟先生傳並墓碑』一條曰：《舊唐史》云，居易卒年七十五，『五』乃『七』字之譌。《新史》云，年六十五。『六』乃『七』字之譌。此葉、錢兩本疏處，何氏，顧氏俱未訂正。張菊生先生曾借此本與涉園舊藏呂無黨鈔本互勘，成《校勘記》，附《四部叢刊續編》中的《金石錄》一書以行，中可窺得千里一二校語」

是千里校本現存北京圖書館，其《善本書目》卷三著錄：「《金石錄》三十

卷」，「乾隆二十七年盧見曾《雅雨堂叢書》本」，「顧廣圻校並錄何焯題識，六冊，瞿捐。」

　　千里為黃丕烈校補之書，為松江韓氏所得，《讀有用書齋古籍目錄》著錄：「《金石錄》三十卷，雅雨堂刊本，顧澗薲、黃堯圃手校，顧跋二則，黃跋三則。」後又入潘氏滂喜齋。潘景鄭先生《著硯樓書跋》「校本《金石錄》」條下曰：「余先藏黃、顧合校之本，則據葉文莊家鈔本，極詆盧刻之訛謬。」此書現藏北京圖書館，其《善本書目》著錄，稱「黃丕烈校並跋，顧廣圻校跋並景鈔葉國華、何焯題識」者是也。

　　此本後吳志忠氏曾過錄於一清鈔本上。《北京圖書館善本書目》卷三著錄：「《金石錄》三十卷」，「清鈔本，顧霖校跋，並錄錢穀、陸貽典題識。吳志忠校跋並錄葉國華、何焯、顧廣圻題識。」

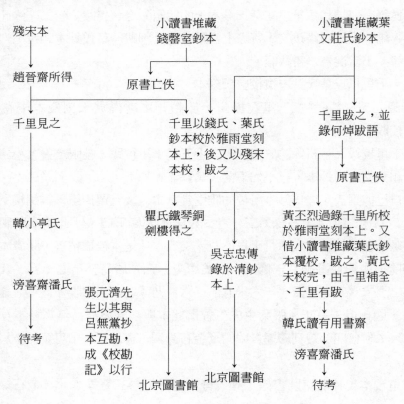

千里所跋殘宋刻本，後為韓小亭所得。《增訂四庫簡明目錄標注》「《金石錄》」下曰：「韓小亭有不全宋本，存十卷。」又引王頌蔚語曰：「韓氏所藏宋本，今歸潘伯寅尚書。」張元濟先生亦曰：「宋刻世間僅存十卷，即跋尾之卷十一至二十，今藏滂喜齋。」（《涉園序跋集錄》）此書似仍當在世間。

綜上所述，千里校跋諸本之流布狀況可如上圖。

四十三，隸釋二十七卷　宋洪适撰

此書宋刻清初已不多見，清代主要以錢塘汪氏樓松書室刊本傳世。然此刻不甚佳。

千里嘗細校此書。據《匪石日記鈔》載：乾隆甲寅（五十九年）九月二十八日，鈕樹玉「至黃蕘圃家，觀影宋鈔《隸釋》，周漪塘所藏，每葉二十行。碑文俱作隸書，甚工，校今汪本大有異同。」「蕘圃雖借校於汪本上，然莫能得其真面目也。」

是年，黃丕烈又得葉九來所藏舊鈔本，顧千里以為係「依宋槧本所鈔也。」（〈汪本隸釋刊誤序〉）嘉慶丁巳（二年），千里即以此葉氏藏舊鈔本校黃丕烈的校宋鈔本，參以萬曆戊子王氏刻本、婁氏《字源》等書，「用力卅有一日」，校畢後，跋於葉氏藏舊鈔本上。殆在此基礎上，千里撰成《汪本隸釋刊誤》。此稿被黃丕烈索去。千里代黃丕烈作〈汪本隸釋刊誤序〉、〈後序〉，又自作〈後序〉。

然黃丕烈未將此《刊誤》立即付刊，故後來千里在跋《隸續》時云：向者欲各為《刊誤》，「《隸釋》纔畢，為某人乞索以去，遲久未刻」，頗有不滿之辭。此「某人」，當即是黃丕烈。直至嘉慶丙子（二十一年）黃氏方將此書刊行。

千里所校之原本，鈕匪石曾見過，《匪石日記鈔》載：「會顧澗薲，觀所校《隸釋》，共八十五葉。以宋本校今汪本，參以《字源》，無不吻合。」時在嘉慶丁卯（十二年）十一月廿五日。此處所謂「宋本」，當即是影宋鈔本。

千里據校的葉氏舊藏影宋鈔本，據譚獻《復堂日記》卷一載：「舊鈔《隸釋》，出於元本。為葉九來故物，後歸黃蕘圃。有袁又愷、顧千里兩君詳校。末有陳仲魚先生戴笠小像印記。」

以上兩種，現俱不知尚存人間否。

四十四，隸續二十一卷　宋洪适撰

是書係《隸釋》之續作，宋刻亦不見。元泰定年間之刻本，清初存有七卷。而汲古閣藏影宋鈔本「自第八卷至末，都十四卷」，曹棟亭即據此以刊行。（見潘景鄭先生〈隸續版本考〉，見《制言》雜志民國二十八年第五十一期）

千里於嘉慶丁巳（二年）八月，以汲古閣景鈔宋本校第八卷至末，並跋於校景宋鈔本之後。（見《愛日精廬藏書志》卷二十），後又曾跋於曹棟亭刻本之上。

千里校跋之書，其流布狀況如下：

千里校影宋鈔本，後為張金吾所得。《愛日精廬藏書志》卷二十著錄：「《隸續》十四卷，校影鈔宋本」，曰：「顧澗薲據毛氏影寫宋刊本校。卷十三〈鄧君闕畫像〉下，校補跋尾一段，計八十八字。又補無名人墓闕畫像一行。王稚子闕，沛相范皮闕後，俱補繪畫像。」對於此本，潘景鄭先生曰：「此即顧氏為薳圃校第八卷至末之一本。」

此校本莫友芝曾見，《邵亭知見傳本書目》卷六著錄：「《隸續》二十一卷」，云：「影抄宋本十四卷，顧澗薲據毛氏影宋校。」

後，徐行可先生曾得過錄顧千里校本。據潘先生《著硯樓書跋》云：「徐行可先生郵假所藏《隸續》校本二冊，為上元劉彬盦手臨各家校語於曹棟亭本上。各家者何？為何義門、李南澗、江秋史、孔葒谷先生並彬盦自校之語。行可先生復補錄顧千里先生校語於其上，朱筆爛然，其為精本，固無待言。」潘先生嘗欲據之以作《隸續刊誤》，然未果。

又，《北京圖書館善本書目》卷三著錄：「《隸續》二十一卷」，為「清康熙四十五年曹寅揚州使院刻本。吳志忠校並跋，袁廷檮跋並臨錢大昕、顧廣圻校跋三冊。」似為又一過錄校本。

黃丕烈有校前七卷者，後為東莞莫伯驥氏所得。《五十萬卷樓羣書跋文》卷三著錄，並錄有千里「無鹽醜女與鍾離春是一人」等語，可一併參考。

四十五，寶刻叢編二十卷　宋陳思輯

千里於道光戊子（八年）春仲，從江秬香處得鈔本，「因傳寫一部」，並跋之。此書千里後曾校過。

　　千里之校跋本，後歸罟里瞿氏，《鐵琴銅劍樓藏書目》卷十二「《寶刻叢編》二十卷」條下曰：「……缺第四卷、九卷、十一、十二卷、十六、十七卷，凡六卷。此出自元人鈔本，……脫誤甚多，顧澗薲氏據《金石錄》、《隸續》、《輿地紀勝》校過。卷前有『顧千里印』、『一雲散人』二朱記。」此書現存北京圖書館，其《善本書目》卷三著錄：「《寶刻叢編》二十卷，宋陳思輯，清道光八年顧廣圻家鈔本，顧廣圻校並跋。然其云：「存十五卷（一至八，十三至十五，十八至二十）」與瞿氏所云略有出入。未知究竟何家疏忽致誤也。

四十六，輿地碑記目四卷　　宋王象之撰

　　千里於《校刊輿地碑記目序錄》中曰：「予嘗得孫淵翁、趙晉齋兩家寫本，又據殘闕《紀勝》原書，就所存之卷逐一讎校，乃始補其脫者共若干行，正其誤者幾不勝枚數，於是粗有條理，可用省讀矣。上元車明經秋舲，從予傳其副，復屬其同邑友陳君仲虎覆再三，以付築氏。」（《集》卷八）可見今日所傳的車氏道光庚寅（十年）刻本，其源實出自千里。

四十七，寶刻類編八卷

　　鮑廷博氏曾欲將此書刻入《知不足齋叢書》，顧千里知而跋於鮑氏鈔本後，以為校定是書，實非易事。

　　而千里自己則有一手校本，金陵陳宗彝得之。道光壬辰（十二年）夏，劉喜海從陳氏假得顧千里校本，錄其副以存。至道光戊戌（十八年）五月，劉氏即以此刊於臨沂，（見劉喜海〈寶刻類編序〉）後任氏又以劉氏刻本收入《續粵雅堂叢書》。千里手校之本，則未見流布踪跡。

　　千里所跋知不足齋鈔本，現存北京圖書館。其《善本書目》卷三著錄：「《寶刻類編》八卷，清鮑氏知不足齋抄本，顧廣圻跋，鮑廷博、嚴元照校。」

四十八，古刻叢鈔一卷　　元陶宗儀撰

　　是書清代有陶氏手寫者流傳，原為葉文莊家舊物，然而不知其所終。顧氏小讀書堆則收有轉鈔陶南村鈔本者，原出錢叔寶家所藏。

　　嘉慶辛未（十六年），孫星衍「用時代重編次《古刻叢鈔》，寄其薰」，屬顧

千里校勘，未卒業，鮑以文過蘇州，談及此書，「即出其底樣，見付並勘」。顧千里「乃輟數日功」，以孫氏本、鮑氏本和家鈔本互勘，校畢，分別跋於諸本上。

後，鮑氏先付梓，刻入《知不足齋叢書》第二十六集，而孫氏則刊入《平津館叢書》。刊刻已竟，千里又於嘉慶壬申（十七年）五月，取小讀書堆藏本校孫氏刊本，修版五十餘字，其不可改者，再跋於書後。故鮑氏、孫氏兩種刻本得分而行之。

千里為鮑、孫二氏所校的刊刻祖本，未見著錄流布，殆已亡佚。千里自己家鈔之校本，似曾入馬氏唫香仙館，其《書目》著錄：一鈔本，為「周嘉猷、顧廣圻、陳鱣跋」，疑即是書。後又入瞿氏鐵琴銅劍樓，其《藏書目》卷十二著錄：「《古刻叢鈔》一卷，鈔本」，曰：「鈔本間有舛譌，澗蘋顧氏校過。末有跋。」現藏於北京圖書館，其《善本書目》卷三著錄：「《古刻叢鈔》一卷，清鈔本，顧廣圻校並跋，瞿捐。」

四十九，金石後錄八卷（又名《潛研金石目》）　清錢大昕撰

是書係以年代為序，按地區排列的金石目錄。此書袁廷檮有鈔本。千里嘗校之，千里在校本前有題識曰：「少詹此目隨得隨錄，故傳本多不同。予從袁壽皆索其副，又用別本增改之。擬將有跋者分甲、乙、丙、丁標每題上，而碌碌未果也。」又曰：「增入多出潛研壻瞿木夫手，今已付刻，而每有失次為譌字，此略正之，然未能盡耳。」此外還有若干跋語，不一一迻錄。

書中有「楊文蓀藏」，「鹽官蔣氏□□草堂三世藏書印」等藏書章，現藏北京圖書館，其《善本書目》卷三著錄：「《金石後錄》八卷，清錢大昕藏並撰，清袁氏貞節堂抄本，顧廣圻校補並跋，二冊。」

五十，吳郡金石志目錄一卷

《瞿木夫自訂年譜》載：道光九年十月，曾寄顧千里《吳郡金石志目錄》，「屬其校正。」

五十一，古甎錄一卷　清陳璜撰

道光乙酉（五年），千里嘗點定此書鈔本一過，並跋於書末。次年夏，又為陳氏撰是書之序。（《思適齋集補遺》卷下）

五十二，金石萃編一百六十卷　清王昶編

千里所校是書，未見各家書目著錄。然於顧氏所跋碑帖及行文中略可考見。

千里於道光三年跋〈李使君墓碑〉拓本曰：「嘉慶丙子趙晉齋處得此本，今年始見《萃編》對讀，補彼脫誤甚多，蓋益信石刻非目驗親釋不可。」千里又跋〈馮善廓浮圖銘〉曰：「王氏《萃編》，極有功於金石，惜其體例每有未善。即如諸碑撰書人姓名有在前者，有在後者，難可劃一，而《萃編》以置於題下為限，於是多移改失其舊觀，亦未善之一也。」（俱見《思適齋集補遺》）此外，其跋〈右僕射裴遵慶神道碑〉、〈跋北平王重修文宣王廟院記〉、〈跋峴山石柱題名〉、〈跋祀三公山碑〉、〈跋萬年宮銘〉、〈跋唐平百濟國碑〉、〈跋鄭仁愷碑補金石萃編六十八卷作〉、〈跋乙速孤行儼碑〉、〈跋道安碑〉、〈跋內侍者功德碑〉、〈跋峿臺碑〉等跋文中，俱有以碑版與《金石萃編》互校之內容。可見千里確曾校過《萃編》，惜其校本不傳。

五十三，兩漢金石記　清翁方綱編

千里校此書亦未見諸家書目著錄，僅從其跋文中窺見之。《集》卷十六《跋祀三公山碑》中。即言及與此書對勘之狀：第四行，「乃术道𤳹本祖𢆉原」，翁氏釋「术」作「來」，同時誤認「𤳹」為「視」。第五行，「屮」字，翁氏誤釋作「与」，第三行「兆」，當作「并」，翁亦誤釋作「我」，俱是由於不知此碑中，橫畫未有向下曳筆例。其他如〈跋重鐫天祿辟邪字〉、〈跋新刻漢石經殘字〉、〈跋谷朗碑〉、〈跋李苞通閣道題名〉等篇中，也俱言及以碑版校核《兩漢金石記》之內容。可知千里嘗校是書。

五十四，史通二十卷　唐劉知幾撰

是書宋刻不傳，現知明代的刻本有嘉靖間陸深刻本、萬曆五年張之象刻本、萬曆三十年張鼎思復刻陸深本等。

清初，何義門曾以馮己蒼評本校張之象本。（見《巷庵書跋》）此本何氏門生沈寶硯有過錄本，後為黃丕烈所得。（《菡圃藏書題識》卷三）

孫潛夫曾以葉石君校本校張鼎思刻本，是本入千里之手。此外，千里還見陸深蜀刻本，即《讀書敏求記》著錄之本。

千里何時始校此書，現有兩種說法：鄧邦述以為千里於乾隆辛丑（四十六年）已校過此書。（見顧千里校《史通》後鄧氏跋）。而葉景葵先生以為千里居「無為州寓所」時方始校此書，至嘉慶甲子（九年）又覆校。（見《卷庵書跋》）似以葉說為是。

嘉慶九年，千里重閱此書，略加點定，並跋於陸氏刻本上。七月朔日，采《羣書拾補》所引宋本，錄若干條，跋之。初三日重閱，又跋。八月三日，跋於孫潛夫校本上，並「照臨一通」，而將原本歸於袁廷檮。

又據《蕘圃藏書題識》卷三所載，千里亦曾校過孫潛夫校本。

九月十四日，顧千里又借黃丕烈所藏沈寶硯臨馮己蒼、何義門校本校陸深刻本，補寫失葉，並跋之。（顧千里校《史通》原書）

至道光癸未（三年），千里於揚州洪氏積學齋見到何義門手校本，又跋於其上。

以上是千里校跋此書概況。千里校跋諸書，其流布間有可考者：

千里所校的所謂陸刻本，後為鄧邦述所得。《羣碧樓善本書錄》卷六著錄，鄧氏嘗於宣統庚戌（二年）作三跋於後，略曰：「此顧澗蘋手校本，去年得之都中。往歲吳下得一本乃錄馮己蒼評何義門校者，丹黃精好，字體遒麗，不知何人手筆。檢此卷尾，言黃蕘圃所藏沈寶硯家本，即臨馮評何校者，與余所藏雖兩本，而實出一源。蕘圃、澗蘋未見何本，其所勘正非何之舊，殆可與義門抗衡矣。異日當合兩本一寫定之」「義門真本頃為沅叔同年所得，吾友吳偶能謂余向取所收過校本中有義門弟小山勘語多處，其本未可非也。正闇又筆。」「澗蘋先見沈臨之本，嗣於道光癸未得見何氏原本，計其時已老矣。此書一校於乾隆辛丑，再校於嘉慶甲子，相距廿年，真以校讐為性命者，先輩不可及也。壬子既見何本後書此。羣碧主人。」鄧氏此云千里始校此書於「乾隆辛丑」，葉景葵先生以為不然，說見前。而此本經葉先生收藏，後歸上海圖書館收藏。筆者嘗得寓目。

關於此書之底本為何種刻本，前人皆認為陸深所刻。洪業先生於一九四六年，曾於上海檢閱此書，他根據書中字體，以及〈曲筆〉、〈鑒識〉二篇之情況等，認為此非陸氏刻本。其跋略曰：「歲初自美洲歸，道過上海。二月九日，顧起潛延至合眾圖書館，午餐，出示鄧正闇舊藏顧千里手校陸刻本《史通》。……吾所謂陸刻者，雖有陸深、王闔、李佶、楊名、高公韶、彭汝寔諸氏序跋，雖亦每半葉十行，

行廿字，而其字體乃與昔所見原梓翻修陸刻諸本迥不相同。似吳越，不似川蜀手工。檢讀舊稿，疑其本乃《天一閣書目》中范堯卿所謂第三刻本之流。因函托起潛代雇書胥為我影抄一部。復謂書手不可得，擬自從葉揆初先生校錄之本手制勘表以壓吾望。……昔者業校萬曆丁丑張碧山雲間刻本，所注蜀本異文，訝其輒與蜀藩原刻及儼山翻梓諸本不同，疑碧山亦為第三刻本之流所愚。今檢起潛此表，益證吾說不悞。」此跋係書於一紙上，今附此校本中。

千里所校的孫潛夫校本，歸袁氏五硯樓後，「曾藏持靜齋」（見《增訂四庫簡明目錄標注》），《持靜齋書目》卷二著錄曰：「《史通》二十卷，明嘉靖乙未陸深刊於蜀中本。孫潛夫所手校，於明刻多所是正，並足以訂近時《通釋》之失。卷首有孫潛、顧廣圻、吳嘉泰諸印。」

此後，似歸於涵芬樓。《涵芬樓原存善本草目》中著錄。然張菊生先生《涵芬樓燼餘書錄》中未見，抑或已化為灰燼耶？

此校本他人曾過錄，烏程蔣氏傳書堂曾收得。《傳書堂善本書目》卷五著錄，為「明萬曆張氏刻本，臨孫潛夫、顧千里手校。」此外，吳慈培有一過錄本，曾歸傅增湘雙鑑樓。《雙鑑樓善本書目》卷二著錄：「《史通》二十卷，明萬曆張鼎思刊本。九行十八字。吳佩伯臨孫潛夫、顧千里校本。」是本亦歸北京圖書館。《北京圖書館善本書目》著錄：「《史通》二十卷」，「明萬曆三十年張鼎思刻本，吳慈培臨孫潛夫、顧廣圻校語，並錄顧廣圻、吳嘉泰、顧沅題識。」

千里跋的何義門校本，從洪氏積學齋出，也曾歸傅氏雙鑑樓。《雙鑑樓善本書目》卷二著錄：「《史通》二十卷，明萬曆張之象刻本，何義門手校，顧千里跋。」《藏園羣書經眼錄》卷六著錄，曰：「竟體評點，並錄馮舒評語。有顧廣圻跋，又鄧邦述跋。」又曰：「鈐有『顧苓之印』白、『雲美』朱，『謙齋』朱、『陳中鑑印』白、『尹從之印』白、『漢陽葉名澧潤臣甫印』白。」原為「盛昱鬱華閣遺書。」此本現亦入北京圖書館，其《善本書目》著錄，曰：「明萬曆五年張之象刻本。何焯批校，並跋。又錄馮舒評語，顧廣圻、鄧邦述跋。」

此外，《北京圖書館善本書目》還著錄有一種過錄千里校跋本，為「傅增湘跋，吳慈培跋，並臨何焯、顧廣圻校跋」者。鄧邦述則有一過錄於郭氏評釋本上者。見《羣碧樓善本書錄》。

　　《四部叢刊》影印萬曆張鼎思刻本，後有孫毓修所作《札記》，收錄若干千里校語。

　　綜上所述，千里校跋之《史通》，其流布狀況可如下圖所示：

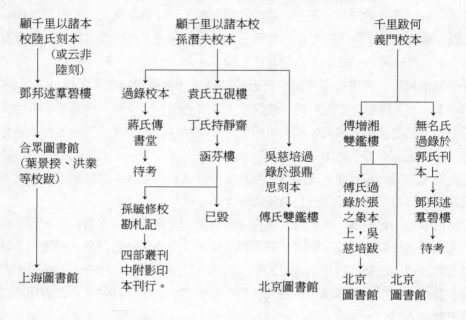

子　部

一，荀子注二十卷　唐楊倞注

千里校此書，有關的宋刻本主要有三：

其一，宋熙寧間呂夏卿等校刊本。即王深寧在《困學紀聞》中所稱的熙寧舊本、監本。後淳熙八年唐仲友刊於台州者，係此本之翻刻。（見台州本〈唐仲友序〉）

其二，所謂「建本」。千里以為，此「與元纂圖互注者頗近，明世德堂本又從之出。餘姚盧學士文弨合校諸本，撰定開雕。」（〈百宋一廛賦注〉）

其三，則是錢佃的漕司本。

千里校此的大致經過如下：

嘉慶元年八月，在士禮居，千里借周香嚴所收景鈔呂夏卿本（大字宋本），校世德堂本及盧抱經本，並跋於景鈔本上。是年十一月，千里又覆校鈕匪石所校的世德堂刻本。（千里校原書）

嘉慶戊午（三年）季秋既望，千里知袁廷檮有汲古閣初印本《說文解字》，即以所校《荀子》易之。（《涵芬樓燼餘書錄》「《說文解字》袁廷檮、顧千里、楊芸士舊藏」條）

次年，千里始將惠棟校本過錄於明《六子書》本上，至甲子（九年）六月方陸續錄畢，跋之。並以其校盧抱經刻本。（見王欣夫先生過錄校本題識）

道光己丑（九年）一月，千里於汪氏藝芸書舍見宋錢佃江西漕司刻本，以為與呂夏卿監本互有短長，跋於宋本上。是年秋，千里又見一宋修版覆刊的呂夏卿監本，跋之。

是時，王念孫正在刊刻《讀書雜志》中的《荀子》部分，千里於道光十年初，將呂、錢二宋本之異同寄王氏，懷祖即以之為「《補遺》一編」附書刊行。（王念孫《讀書雜志·校荀子後敘》）故千里所校，從《讀書雜志》中可見之。

千里校跋之諸書，其流布淵源亦有可考者。

千里過錄惠棟校語的《六子書》本，為瞿氏鐵琴銅劍樓收得。其《藏書目》卷

十三著錄：「《荀子》二十卷，校宋本」，曰：「此元和惠徵君校宋本，原出葉林宗氏。以景宋本校過。徵君又加校之。澗薲顧氏依之傳錄，凡改正七百七十字。卷中有『樹玉案』，一條，當是匪石山人題識。盧氏校刻本每自用己意，舉以相核，不盡同也。卷首有『顧澗薲藏書』朱記。」此書現存北京圖書館，其《善本書目》著錄：「《荀子注》二十卷，唐楊倞撰，明桐陰書屋刻《六子書》本，顧廣圻跋並臨惠棟校注題識，鈕樹玉校。」此書王欣夫先生曾自瞿氏借得，過錄於光緒三年浙江書局本上。

千里所跋的呂夏卿刻本（按：當為覆刻本），後為松江韓氏《讀有用書齋》數得。其《書目》著錄：「大字本《荀子》二十卷，十冊，北宋熙寧刊印本。每半葉八行，每行十六字，小注雙行，行二十四、五、六字不等。士禮居舊藏，見〈百宋一廛賦注〉，顧澗薲跋。」

顧千里所跋的影宋呂夏卿鈔本，為張金吾收得。《愛日精廬藏書志》卷二十一著錄：「《荀子》二十卷，影寫宋呂夏卿大字曰：「是本從宋槧初印本影寫。現存之宋槧則紙質破損，字跡模糊，且為庸妄子據俗本描補，殊失廬山真面，故宋槧轉不若影宋本之可貴也。金吾聞之蕘圃先生云。」此書現不知存否。

千里覆校鈕樹玉校本，流落書肆，曾為黃裳先生所得，其跋曰：「癸巳芒種日，收此鈕樹玉校、顧千里覆校本《荀子》於武林。書自越中來。」現存上海圖書館。其《善本書目》卷三著錄：「清鈕樹玉、顧廣圻校」的「明萬曆顧氏世德堂刻《六子書》」本《荀子》。即此書。

至於千里所跋的錢佃刻本，其跋載《集》卷十四，其書未見，或仍存於世耶？

此外，《北京圖書館善本書目》還著錄一種「顧廣圻校並跋」的明銅陰書屋刻《六子書》本《荀子注》。為周叔弢先生所捐，惜未見之。錄此待驗。

綜上所述，千里校跋諸本流布狀況，可如下圖所示：

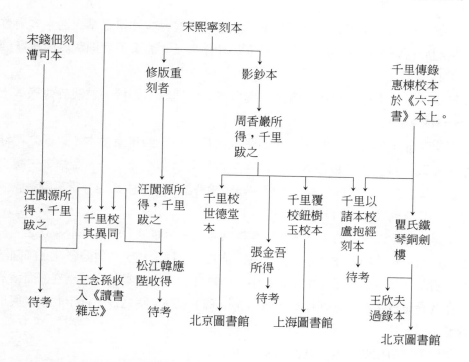

二，鹽鐵論十卷　東漢桓寬撰

現知此書最早的刻本為宋嘉泰壬戌本。宋刻還有錦谿張監稅宅本。明刻則有涂禎刻本、太玄書室本、兩京遺篇本等，不一一列舉。

千里校此書的過程大致如下：

乾隆甲寅（五十九年）除夕，曾以太玄書室本校黃丕烈所藏的明鈔本。後，黃丕烈又屬千里以影寫的華氏活字本傳錄於此校本上。千里有跋。（見《蕘圃藏書題識》卷四）

乾隆乙卯閏月下旬三日，黃丕烈訪友蘇州醋坊橋，於書肆得明攖寧齋鈔本，跋之。（見此鈔本原書）

千里自己有一「從錫山華氏活字本傳錄」的鈔本（見《鐵琴銅劍樓書目》卷十三），此即黃丕烈所稱的「影寫本。」此本原出於「洞庭鈕匪石之友所藏。」（《蕘圃藏書題識》卷四）

　　嘉慶癸亥（八年）五月，黃丕烈屬千里以攪寧齋鈔本和傳錄華氏活字本對校，將所見記於傳錄華氏活字本上方，千里跋於此本後，而黃丕烈則跋於攪寧齋鈔本後。（同上書）

　　是年八月，千里又將攪寧齋鈔本與自己的所傳錄本對校，並跋於傳錄本上。（《鐵琴銅劍樓書目》卷三）

　　嘉慶丁卯（十二年）五月，千里為張敦仁校弘治十四年涂禎本，以己之傳錄本參校，並跋於自己的傳錄鈔本上。同時參校的有明張之象刻本、金蟠本、盧文弨《羣書拾補》等。為張敦仁據各本撰《鹽鐵論考證》，代張氏作〈重刻鹽鐵論並考證序〉，又自撰〈後序〉。

　　千里為張敦仁校刊的十行本，後有指其非為涂禎原刻者。如日本森立之《經籍訪古志》云：有「塙系涂刻原本」，為半葉九行，行十八字。葉德輝在《郎園讀書志》，趙詒琛在《顧千里先生年譜》中，亦以九行十八字本為涂禎原刻。而葉景揆先生在《卷庵書跋》中，則以為「弘治涂禎原本，每半葉九行，行十七。」與千里所刻者不同。

　　關於千里所校跋諸本，其流布淵源如下：

　　千里自己的影寫華氏活字本，後歸於瞿氏鐵琴銅劍樓。其《書目》卷三著錄：「《鹽鐵論》十卷，舊鈔本」曰：「此從錫山華氏活字本傳錄。顧澗薲以太玄書室本、攪寧齋舊鈔本校過。」並指出，「是本當即陽城張氏撰《考證》之底稿也。」然不知此本現在何處。

　　千里為黃丕烈傳錄的華氏活字本，曾為楊氏海源閣所藏。《楹書隅錄》卷三著錄：「校明鈔本《鹽鐵論》十卷一冊」，其中詳錄千里、黃蕘圃題跋。此書後歸北平圖書館。趙萬里先生編《北平圖書館善本書目》卷三著錄，云：「抄本，黃丕烈、顧千里校並跋。」此書現仍在北京圖書館。其《善本書目》卷四著錄：《鹽鐵論》「清抄本，顧廣圻校並跋，一冊。」近王利器先生據此本校入《鹽鐵論校注》。

　　黃丕烈所得的攪寧齋鈔本，葉昌熾曾於「乙未季夏」見而跋之。後歸吳郁生。吳氏將其贈嘉業堂劉翰怡，劉先生又奉還吳氏，吳氏敘其流布始末於書後。此書現亦存北京圖書館，其《善本書目》卷四著錄：《鹽鐵論》「明攪寧齋鈔本。黃丕

烈、葉昌熾、吳郁生跋。」

綜上所述，千里所校跋此書的流布狀況，可如下圖所示：

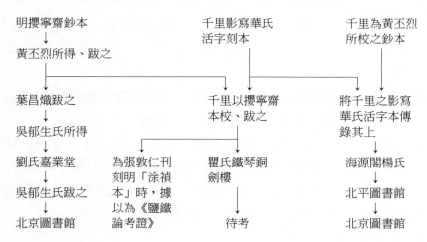

三，新序十卷　漢劉向撰

千里於乾隆乙卯（六十年）孟陬九日，借何義門校本錄於明刻本上，並跋之。是年閏月，黃丕烈借千里此本傳臨之。（《楹書隅錄》卷三）後又以宋本校所傳臨之本，跋曰：「此本間有與宋本字合者，以雙圈識之。視顧澗薲所校《漢魏叢書》本勝之遠矣。卷首〈目〉，《叢書》本無之，此本居然完璧，洵近刻中之佳者也。」

千里過錄校本，後入涵芬樓。《涵芬樓燼餘書錄》著錄：「《新序》十卷，明覆宋本，四冊。顧千里臨校，貝簡香舊藏」，係「顧千里臨何義門校本。」

黃丕烈傳臨顧千里校本，曾入楊氏海源閣。《楹書隅錄》卷三著錄：「校宋本《新序》十卷二冊」，下錄有顧千里和黃丕烈之跋語。此本後趙萬里先生嘗跋之，其《芸盦羣書題記》云：「此正、嘉間刊本，半葉十一行，行十八字。黑口，四周雙邊，與《說苑》同刊。前後無序跋，不知何人何地所雕也。初黃復翁假顧千里傳錄何義門校宋本，以墨筆臨於此本行間，並顧跋亦臨於卷首。」下錄黃丕烈和孫星衍跋，又云：「余別有校記以存宋本異字，茲從略。」（天津版《大公報》民國三十二年一月七日《圖書副刊》）

此外，《北京圖書館善本書目》著錄：「劉向《新序》十卷」，「明刻本，失

名錄顧廣圻跋並臨何焯校，四冊。」此當又是一過錄校本。

四，法言十卷　漢揚雄撰

現存此書之刻本，大致可分為兩個系統，一為書坊所刻《五臣音注本》，書中「元文悉經刪節，全失其舊。」明世德堂據以重刻；另一則為宋刻治平監本，即秦氏石研齋據以重刊者。

何義門曾據絳雲樓所藏的宋刻本校勘。此校本沈寶硯有過錄本。嘉慶己未（四年）六月，千里臨沈寶硯過錄本於世德堂刊本上，並跋之。

嘉慶戊寅（二十三年）春，秦恩復購得修宋版治平本《法言》，千里以所傳臨的何義門校本與之對勘，「大致符合」，並勸秦氏刊刻。（《重刻治平監本揚子法言並音義·序》）並作長跋於宋刻本之後。次年此書刊成，千里代秦恩復作《重刻治平監本揚子法言並音義·序》。後《四部叢刊》即據此影行。

千里校跋諸本之傳布淵源如下：

千里所跋的宋版《法言》，也即「秦刻祖本」（《卷庵書跋》中葉先生語）後歸楊氏海源閣。《楹書隅錄》卷三著錄：「北宋揚子《法言》十三卷《音義》一卷；四冊一函」，曰：「每半葉十行，行大十七、八、九字，小二十五、六、七字不等。有『秦伯敦夫』、『顧千里經眼記』各印。」又錄千里長跋。此書後為傅增湘所得。《藏園羣書題記初集》卷三著錄：「《揚子法言》十三卷《音義》一卷」，傅氏跋曰：「後有顧千里手跋二十六行，已刊入《楹書隅錄》，不更贅述。是書石研齋秦氏已有覆本，學者多有其書。今以原刊對勘，摹泐精良，足稱佳槧。其文字佳勝，視建安坊刻遠過，顧澗薲已備言之矣。」然而，傅先生以為，是書「斷為治平監本誠是矣，而以為治平所刊則非也。」當是南宋「浙杭重翻之本。」後，在《藏園群書經眼錄》中，又曰：「是書前人據《音義》後列國子監校勘官銜名，定為北宋治平監本。然詳檢卷中，宋諱桓、慎均缺末筆。其刊工吳中、秦顯、章忠、李倍等見余藏宋刊《南齋書》，王壽、章忠又見余藏宋本《太玄經》。然則此書為南宋孝、光之際浙中所刊，非治平監本明矣。」此書現藏北京圖書館，其《善本書目》卷四著錄：「《揚子法言注》十三卷，晉李軌撰，《音義》一卷。宋刻元遞修本。顧廣圻、傅增湘跋。」則認為此係《宋刻元遞修本》矣。

千里過錄並跋的沈寶硯臨何義門校本，曾入黃丕烈之手，後轉入繆藝風之手。《藝風堂讀書續記》卷二著錄有「《揚子》一冊」，云：「世德堂本，沈寶硯以十三卷宋本校之，惜止存下冊。世德堂刊《五臣注》，寶硯以李軌本專校李注，他不及也。」下錄沈氏、黃丕烈及顧千里跋語。轉而又歸涵芬樓收藏。《涵芬樓燼餘書錄》著錄：「《揚子法言》，世德堂刊本，存卷六至十，一冊，沈寶硯校，朱文游、黃蕘圃舊藏。」張元濟先生曰：「沈寶硯據鈔宋本校，……取秦氏覆本對勘，所校正一一符合，蓋所據之鈔宋本，即從治平監本出，故校正者僅為《李注》及《音義》所有之字。其於宋、吳、司馬諸家之注，間引他書，或參己見，為之評騭而已。秦氏云，《集注》十三卷本，杳難再遭。吾輩又生百年後，安得復見之乎？沈校精整絕倫，其用墨筆者，出他人手，不足重也。舊為江陰繆氏所藏，見《藝風堂藏書續記》。」此書現藏北京圖書館，其《善本書目》卷四著錄：「《新纂門目五臣音注揚子法言》十卷，晉李軌、唐柳宗元、宋宋咸、吳秘、司馬光撰，明嘉靖十二年顧春世德堂刻《六子書》本，沈巖臨何焯批校題識，黃丕烈、顧廣圻跋，一冊。」

又，據葉景葵先生《卷庵書跋》云，其嘗見「袁綬階臨顧潤蒼本。綬階又向黃蕘圃借沈寶硯臨本覆勘並補校《音義》者。」葉先生嘗以此與秦氏所刻本對校，並詳列二本之異同，凡一百十七條。葉氏認為，其中或有原刊之誤而秦刻改正者「但如『終後誕章』，『終』不作『然』；『事辭稱則經』，不重『事』字；『不亦珍乎』，『珍』不作『寶』；『謹其教化』，『謹』不作『議』；『請問蓋天』，『天』字不入注文；凡此皆秦氏所校治平監本之誤。又如『无止仲尼』，『无止顏淵』，『止』不作『心』，則與天復本合。義門昆仲所見之未槧，為絳雲樓故物，或遠勝於秦氏所據之本，未可知也。」

此外，《上海圖書館善本書目》卷三著錄有千里所校的「明萬曆顧氏世德堂刻《六子全書》本」《新纂門目五臣音注揚子法言》，未知是否臨校沈氏過錄本原書？

《浙江圖書館善本書目》甲編卷三，則著錄有「過錄顧千里批校」的世德堂刻本《法言》，亦未能寓目。

綜上所述，千里校跋諸書，其流布狀況可如下圖所示。

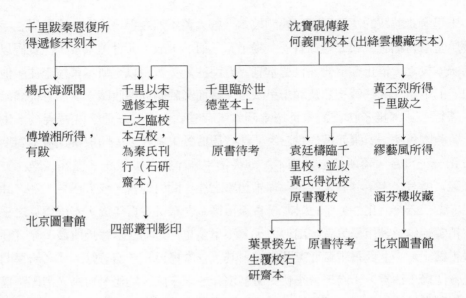

五，潛夫論十卷　漢王符撰

《匯石日記鈔》載，乾隆甲寅九月初一日，見顧千里所校《潛夫論》。則千里校過此書。惜未見書目著錄。

六，中論二卷　漢徐幹撰

《北京圖書館善本書目》卷四著錄：《中論》二卷，「明刻本，黃丕烈跋，顧廣圻校，二冊。」底本為明弘治黃華卿氏重刻元陸友仁本。顧千里有個別校字。有「顧廣圻印」（白方）、「蕘圃」（朱方）、「馬玉堂」（白方）及傅增湘等藏書印記。

是書《雙鑑樓善本書目》卷二著錄，曰：「明弘治刊本，八行十六字。馮氏朱筆題記，黃蕘圃手跋。有『大馮君』、『馮氏藏書』、『馮長武印』、『寶伯』、『馬玉堂』、『笏齋珍藏之印』、『漢唐齋』、『顧廣圻印』、『蕘圃』、『楊庭』諸印記。」傅氏未稱此書為顧千里校本，殆因所校字甚少故也。

七，孫子注三卷　周孫武撰，魏曹操注

八，吳子二卷　周吳起撰

九，司馬法三卷　周司馬穰苴撰

《平津館叢書》中，此三種收為一冊。孫星衍〈序〉云：「《孫子》三卷、魏武帝注，《吳起》二卷，《司馬法》三卷，皆宋雕本，嘉慶五年三月，屬顧茂才廣圻影寫刊板行世。」又敘《孫子注》一書云，「此本既影寫上板，宋人缺筆字及不合六書字體皆仍其舊。每篇有上、中、下題識，又不分卷，亦因之。板心注明補葉，不惑後人。當與顧茂才商榷作《音義》附後云。」此三種書後都有墨記云：「嘉慶庚申，蘭陵孫氏重刊小讀書堆藏宋本，顧千里手摹上板。」可見千里曾為孫氏校勘，手摹上板刊行。

十，管子注二十四卷　唐房玄齡撰

十一，管子補注二十四卷　明劉績撰

此二書千里嘗互相參校，故一併敘之。

千里館於黃丕烈家時，得見小讀書堆舊藏陸敕先校本，因過錄陸校於明刻劉績《補注》本上，並自加案語。（見《鐵琴銅劍樓藏書目》卷十四）

嘉慶丁巳（二年）千里以宋瞿源蔡氏所刊的殘本與明趙用賢《管韓合刻》本校，跋於校宋本上。後，又「以朱筆錄松崖徵君疏證語於上方。」（《鐵琴銅劍樓藏書目》卷十四）

千里所校跋的以上兩種《管子》，後俱入瞿氏鐵琴銅劍樓，其《藏書目》卷十四著錄。一稱「校宋本」，一稱「明刊本。」冒廣生先生嘗得見之，並分別作跋，對二書有所評騭。其跋千里錄惠棟校語並校的《管子注》曰：「此書既為松崖未經寫定，千里過錄亦未校正。……戴子高《管子校正》採其三條。〈幼官篇〉『下下爵賞』條，稱『丁云，惠周惕』云云。〈小匡篇〉『巧轉而兌利』條亦稱『惠周惕』云云。〈度地篇〉『可治者章』條，稱『惠』云云。蓋誤以松崖為其祖周惕。又，〈輕重篇己篇〉，『穧渠當脅軔』條，引丁云『惠學士以「脅」為「申」，「軔」疑當為「鞠」。』則又誤以顧千里說為惠說矣。」此書中，千里共錄惠松崖批校凡二百三十九條。冒氏在跋中列舉千里的校語四十七條，並曰，千里之校本，「取陳碩甫校本比之，遠不如陳校之詳。」但「皆足補陳挂漏。」

冒廣生先生又跋千里過錄陸敕先校本云：「朱筆臨陸敕先以宋本所校劉績本，

其自校用墨筆。……皆極精覈。戴子高《管子校正》採其四條，內一條冠「丁云」二字，知戴未見原書。其采及千里校語，由其友丁士涵也。《校正》所採，正說最多，而與千里同者亦最多。其他猶可云暗合，惟〈問篇〉『戈戟之緊』，千里云『「緊」疑作『緊』，戟衣也。』丁七字全同。〈弟子篇〉『居句如矩』，千里考證凡一百三十餘子，丁亦全同。皆當於『丁云』下加『顧千里云』四字，不爾，則成佳人作賊矣。此本假之常熟瞿氏鐵琴銅劍樓。」冒氏之跋語俱見載《學海》雜志，民國三十三年九月第一卷第三期。

以上千里校錄之書，現俱藏北京圖書館。其《善本書目》卷四著錄：「《管子注》二十四卷，唐房玄齡撰，明萬曆十年趙用賢刻《管韓合刻》本，顧廣圻校並跋，又臨惠棟校注，六冊。」又有：「《管子補注》二十四卷，明劉績撰，明刻本，顧廣圻校並抄補缺葉，又臨陸貽典校跋，六冊。」

千里所校此書，頗有過錄者。

《北京圖書館善本書目》著錄一種：《管子注》，為「吳志忠跋並臨黃丕烈、顧廣圻、段玉裁、王引之等校注。」

南京博物館藏有一本《管子補注》，為明刻本，有清葉裕仁跋，季錫疇校跋，並錄顧廣圻批校題識。

此外，王欣夫先生曾從瞿氏借得顧千里校《管子注》，過錄於光緒二年浙江書局刻本上。《蛾術軒篋存善本書錄》清稿本第二十一冊著錄：「《管子》二十四卷，六冊」，「吳縣王欣夫臨校宋蔡潛道墨寶堂本，又錄元和惠棟、顧廣圻校並跋。」

合而觀之，可見千里校此書之情狀。

十二，韓非子二十卷　周韓非撰

千里校此書甚具功力，其校書之狀況大致如下：

嘉慶丁巳（二年）六月，千里從周香嚴處借得所收馮己蒼校張鼎文（此本乃馮氏據葉林宗《道藏》本校，同時參校的有「宋殘本」、「秦季公本」、趙用賢刻本和凌濛初刻「迂評本」）和惠棟過錄馮校並又校過的趙用賢刻本，以惠氏本為主，參以馮氏本，過錄於趙用賢刻本上，並跋之。千里當時過錄當有兩本，一留自己身邊備用，一歸黃丕

烈。《楹書隅錄續編》卷三「校宋本《韓非子》二十卷」條下，錄有黃丕烈的校語曰：「向從郡城周香巖家借得張鼎文《韓非子》，雖明刻，然頗近古，已屬余友顧澗蘋臨校於趙本矣。……趙本自宋本出，澗蘋又為余臨校諸本於上。……《韓非子》別有顧千里為余手臨諸家校本在趙本上。然諸家所校宋刻及《藏》本，今取以勘余親見之宋刻與《藏》本皆不同。余故云，手校真本乃可信也。」可見千里曾為黃丕烈校過一本，此與千里留持身邊，以後不斷校閱之本，非為一書甚明。

千里校畢，於是月二十三日，跋於為黃丕烈所校之本上。

是年九月，千里從袁壽階處借得正統十年刻《道藏》本以校過錄本，校畢，分別跋於為黃氏過錄之本和自己的過錄本上。（按：《書跋》卷三第十頁《韓非子跋》中，「乙巳九月」之「乙巳」，當係「丁巳」之誤。）

到嘉慶庚申（五年）九月，千里聞孫淵如於京師得見宋本《韓非子》，便跋於自己的過錄校本上。孫氏所見，即黃丕烈所云：李書年「官於京師，欲以卅金求售於孫伯淵，伯淵未之買，並為言此書可寶」者（見《四部叢刊》影印本《韓非子》後黃丕烈跋）。亦即宋黃三八郎刻本。

嘉慶壬戌（七年）春，千里得述古堂鈔本（此本係影鈔宋黃三八郎刊本，曾經季滄葦、汪啟淑所藏），校自己的過錄校本，僅校得〈初見秦〉一篇。六月，將此書以卅金易歸黃丕烈，於是年，又屢次以此影鈔本校自己的過錄本，並多有跋語。

直到嘉慶乙丑（十年）七月，千里在揚州，從張古餘太守處假得宋黃三八郎刻本，覆校自己的過錄校本，並跋於卷一後。

是年，王渭嘗為千里校《韓非子》。

十一月，千里跋張古餘影鈔宋本。是時，為張敦仁據宋本勘影鈔本，又跋於影鈔本之後。同時，又重新用《道藏》本覆勘自己的過錄校本。是時，千里之《韓非子識誤》已初步撰成。

可知，千里一是採納了馮己蒼校張鼎文本、惠棟過錄馮校又親自勘校的趙用賢本之成果，二是參校了錢氏述古堂鈔本，三是以宋黃三八郎刻本對勘，四是以《道藏》本比勘，前後十餘年，以成《識誤》，可謂集前人之大成，功力甚巨！至嘉慶戊寅（二十三年），千里為吳山尊據影宋本刊刻《韓非子》，方將《識誤》附書後以行。

關於千里為吳鼐所刻之本，近周勳初先生經過校勘，認為吳鼐刻本有據別本或徑自修改之處，云：「一般說來，顧廣圻改動的文字屬於顯然的誤字和衍脫之處，但他還是應該在《校勘記》中說明一下，讓讀者能夠由此進窺宋乾道黃三八郎原刻的本來面貌才好，只是他不作任何說明，總是一件令人遺憾的事。」（見《韓非子札記·韓非子版本知見錄》）周先生所云，是完全正確的。實際上，千里的「《校勘記》」並不是據吳鼐影宋鈔本而撰，乃早已撰成，故有出入。

吳鼐刻本一出，即為世人所重，當時世行的趙用賢本漸被取代。光緒間刊的浙江書局《二十二子》本，王先慎的《集解》本，以及《四部備要》本，皆出於此。

顧千里批校諸本，其流布狀況亦略有可考者。

千里跋的錢氏影宋鈔本，歸黃丕烈士禮居後，曾歸汪閬源藝芸書舍（影鈔本序下、卷六、卷十一、卷十七等有汪士鐘藏印），又經孫毓修之手，再歸涵芬樓。《涵芬樓善本書目》著錄：「《韓非子》，影宋鈔本。卷十後有顧千里、黃蕘夫跋，合半頁。卷末有顧跋一頁，黃跋五頁。又，摹印圖記及說明二頁。述古堂錢氏、季滄葦舊藏，季振宜、汪閬源、開萬樓、顧廣圻、黃丕烈印記。」張元濟先生《涵芬樓燼餘書錄》著錄，稱之為「名鈔名校、可謂兩難併已。」後《四部叢刊》即據此本影印。原書現存北京圖書館。

千里為黃丕烈過錄之本，周子美先生整理的《善本書所見錄》著錄：「《韓非子》二十卷，顧澗蘋手校，趙用賢刻本」，並錄有惠棟、顧千里跋語。此書現存北京圖書館，《北京圖書館善本書目》卷四著錄：「《韓非子》二十卷，明萬曆十年趙用賢刻《管韓合刻》本，顧廣圻校跋並臨惠棟批校題識。」

千里自己的過錄之本，現存北京圖書館，其《善本書目》卷四著錄：「顧廣圻、王渭校注並跋。」又，松江韓氏《讀有用書齋古籍目錄》著錄：「《韓非子》二十卷，明萬曆壬午趙用賢刊本。王子渭校，戈小蓮校，復以顧澗蘋、惠松崖兩家所據宋本、校本度入，並跋。」似即從千里自己的校本過錄。此書現也存北京圖書館。

最後，還有千里校跋的張敦仁影鈔黃三八郎本。此書未見各家書目著錄。先曾在朱氏結一廬，又入朱氏之婿張佩倫手，書套上有：「景宋乾道本《韓非子》，四冊二十卷，顧千里跋，澗於草堂藏」數字。徐乃昌先生曾經眼，卷首有「徐乃昌

「讀」朱文方章。現存上海圖書館。

綜上所述，千里校跋《韓非子》諸本流布淵源，可如下圖所示：

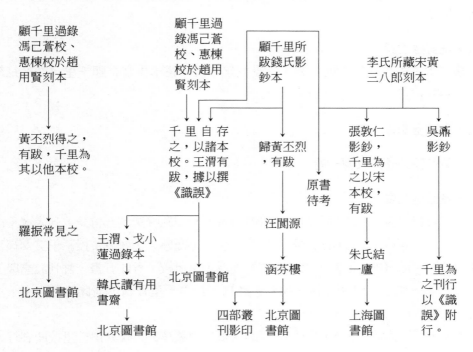

十三，洗冤集錄五卷　宋宋慈撰

十四，平冤錄一卷

十五，無冤錄二卷　元王興撰

千里〈重刻宋元檢驗三錄後序〉云：「（《洗冤錄》）向得元槧本，丁卯歲為孫淵如觀察摹刻於江寧，附《唐律疏議》後以行。旋又得無名氏《平冤錄》，元東甌王氏《無冤錄》二種，皆舊鈔本，乃併取三錄合成一編。」千里於嘉慶庚午（十五）年，勸吳山尊刊行。千里在〈後序〉中，認為胡文煥《格致叢書》本多誤。殆以《格致叢書》本校過。

千里所校的《平冤錄》和《無冤錄》，現北京圖書館收藏。《北京圖書館善本

書目》著錄：「《新刻平冤錄》一卷，明胡文煥刻《格致叢書》本，顧廣圻校一冊。」又有同樣刻本的顧廣圻校《新刻無冤錄》一卷。然《洗冤錄》未見千里校本流傳，惜哉！

十六，洗冤錄辨證

據《木夫先生自訂年譜》載，道光九年十月，瞿木夫嘗寄顧千里《洗冤錄辨證》，屬其校正。

十七，金匱玉衡經一卷

十八，黃帝授三子玄女經一卷

十九，龍首經二卷

此三書與《廣黃帝本行記》、《軒轅黃帝傳》同為《黃帝五書》，刊入《平津館叢書》。《龍首經》注明為洪頤煊校，《金匱玉衡經》、《黃帝授三子玄女經》未注明校人。而《本行記》、《黃帝傳》則為千里所校。考此五書一併刊於嘉慶丁卯（十二年），同由江寧劉文楷、模兄弟鐫刻，且由千里督刊，則此三書亦由千里校勘上版。

此外，《平津館叢書》中同樣版式的《華氏中藏經》，疑亦由千里校閱刊行。

二十，洪氏集驗方五卷　宋洪遵輯

千里跋是書曰：「頃在揚州郡齋，借到《太醫集業》，尋覽之餘，見板口有『三因』字，遂取《三因極一病證方論》互勘，知即割裂其殘本為之耳。《太醫集業》者，第二卷之一條，並非別有此書也。」可見千里嘗校過此書。

此千里跋本，後為瞿氏鐵琴銅劍樓所得，《瞿氏藏書目》卷五著錄：「《洪氏集驗方》五卷，宋刊本」者是也。此書現藏北京圖書館，其《善本書目》卷四著錄：「《洪氏集驗方》五卷」，「宋乾道六年姑孰郡齋刻公文紙印本，黃丕烈、顧廣圻跋，二冊。」

二十一，雞峯普濟方三十卷　宋張銳撰

此書江閬源藝芸書舍於道光八年據宋本刊刻。千里代汪閬源所作的《重刻宋本

鷄峯普濟方 · 序》云：是書「自宋以來流傳已尠」，「爰影摹開雕校讐竣事，述其梗概。」並於是年夏五月，自作〈序〉，可知此書係千里為汪氏校讐開雕。

《增訂四庫簡明目錄標注》曰：「宋本有項氏藏印。由汪歸顧氏。」此「顧氏」不知是指千里否。

二十二，天文大象賦一卷　隋李播撰，宋苗為注

千里〈隋李播天文大象賦序〉云：「嘉慶庚申歲，孫淵如先生在浙中得晴川孫之騄手鈔本《大象賦》並《注》一帙，……屬予校刊以行。今年五月，遂取隋唐間人言天文之書，若《史記天官書正義》、《漢書天文志顏師古注》、《晉》、《隋》兩〈天文志〉、《開元占經》等參互細勘，……校畢，繕寫一通。」據此可知，千里嘗校是書。

千里所校之書，後又覆校，改正數字，付刻字人照寫上板，刊入《平津館叢書》的《續古文苑》中。

千里所跋的孫氏鈔本，後入瞿氏鐵琴銅劍樓，《瞿氏藏書目》卷十五著錄：「《天文大象賦》一卷，舊鈔本」，「舊為孫氏之騄藏本，後有澗翁跋，邑人吳頊儒氏依之傳錄。」

二十三，太玄說玄五篇　唐王涯撰

張菊生先生《涵芬樓燼餘書錄》著錄：「《太玄說玄》五篇，鈔本，一冊，顧千里校藏。」云：「題唐宰相王涯字廣泮撰，後附《釋文》，據萬玉堂刊本影鈔。」下錄有千里題跋。

涵芬樓所藏此書似來自丁氏持靜齋。《持靜齋書目》卷三著錄：「王涯《說玄》五篇，一卷，舊鈔本，顧廣圻藏。」

此書現存北京圖書館。《北京圖書館善本書目》卷四著錄：「《說玄》五篇，一卷，唐王涯撰。《太玄經釋文》一卷，清鈔本，顧千里跋，一冊。」

二十四，易林十六卷　漢焦延壽撰

千里校此書，主要有二個階段，其一是在乾隆乙卯（六十年），借盧文弨臨陸敕先校本傳錄。其二是在嘉乙丑（十年）至戊辰（十三年）間。

第一次較簡單，僅傳錄陸校而已。第二次是為黃丕烈校此書，過程如下：

嘉慶乙丑（十年）十月，顧千里在故里，借黃丕烈所得陸敕先校本校自己的傳錄陸校本。校畢以後，分別跋於自己的傳錄本上和另一傳錄陸校的明刻本上。疑係為黃丕烈傳錄者。

是年冬，千里赴江寧，又於舟次校之。後應黃丕烈之請，將自己的校本寄黃丕烈，黃丕烈據之付刻，收入《士禮居叢書》。

至嘉慶戊辰（十三年），黃氏新刻樣本成，千里又為黃丕烈覆校。並跋於自己的校本上。並代黃氏撰〈刻陸敕先校宋本焦氏易林序〉，自己撰〈焦氏易林後序〉。

千里校跋的《易林》，《書跋》著錄有兩種，俱為「十六卷」。考丁丙《善本書室藏書志》卷十七著錄：「《焦氏易林》二卷，明嘉靖刻本」曰：「此嘉慶乙丑，元和顧廣圻臨常熟陸貽典校本。士禮居刊《易林》即以此為底本。有『顧千里印』、『一雲散人』諸印。」此書後入江蘇第一圖書館，其《覆校善本書目》著錄：「《易林》二卷」，曰：「明嘉靖刊本。顧千里臨校陸貽典宋本，有『顧印千里』、『一雲散人』、『顧澗薲藏書』諸印。有千里校記，前後並錄黃丕烈序，陸貽典校記。」不知現仍存於南京圖書館否？

又，《上海圖書館善本書目》卷三著錄：「《焦氏易林》，四卷」，「明毛氏汲古閣刻本，清顧廣圻校本，並過錄陸貽典跋。」

以上兩種校本，其卷數與《書跋》著錄不同。

二十五，墨子十六卷　周墨翟撰

《靜嘉堂秘籍志》卷二十七著錄：《墨子》十五卷，畢刻，顧千里校《道藏》本，錄有千里跋：「乙卯二月七日校畢」，「嘉慶乙未再讀一過，又正錯簡數條」。此書《皕宋樓藏書志》卷五十五也著錄，殆由陸氏書而渡於東洋矣。

千里所校，國內尚有過錄本。筆者嘗見一孫詒讓舊藏的過錄校本，上錄有陳并和孫詒讓的題識，敘其源流頗詳。陳并的題識曰：「千翁原本近為長洲馬芝生（銘）所得，周意蓮先生假來渡校，因得借鈔一過。朱墨句讀，悉依原本。道光己酉十一月三十日。」孫詒讓的題識曰：「陳并不知何許人。冊內又有稱『大案』

者，亦未詳其姓，恐有舛誤。」又云：「顧千里校《道藏》本《墨子》，光緒丙戌春，德清蔡通判匯滄段陸氏十萬卷樓所藏傳錄本寫贈，恐尚有脫誤，惜未得千翁手校本覆勘也。此本佳者，余已全采入《閒詁》，惟文誼顯然譌衍者不錄。然終當存此冊以見臧本面目。後人得此，勿以為已陳之芻狗可也。丙申臘月。」由此或可窺得千里校此書之狀。

二十六，鬼谷子一卷　舊題鬼谷子撰

陳康祺《郎潛紀聞》卷八云：顧千里曾為秦恩復校刊《鬼谷子》。

其校本筆者未見其他書目著錄，錄此備考。

二十七，淮南子二十一卷　漢劉安撰

千里校此書的狀況如下：

乾隆甲寅（五十九年）三月，千里借得顧抱沖傳校惠棟校本，略記於武進莊逵吉刻本下方，並跋之。惠棟所校原本為黃丕烈所得。

嘉慶庚申（五年）春，千里借《道藏》本校莊逵吉刻本，認為莊氏並未見《道藏》真本。僅據校《道藏》本刊刻。千里《道藏》本乃從袁綬階處借得。（《士禮居藏書題跋記續》卷上）

至嘉慶己卯（二十四年），千里得王念孫《讀書雜志》中的《淮南子》一種，王氏「求其詳識宋本與《道藏》本不同之字及平日校訂是書之譌」者，以便「補刻以遺後學」（王引之《讀書雜志・淮南內篇補序》）是乃此年小除事。次年七月，千里從汪閬源處借得所藏北宋刻本，覆校自己往日的校本，以為「遠出《道藏》本之上，而他本無論矣」。作長跋於宋本之後，列宋本與他本之異同。又跋於己之校本上，並記宋本譌字。

千里將自己所校的內容寄王念孫，王氏將其作為《補遺》，附於《淮南子雜志》之後以行。

千里所校跋《淮南子》，現可知者主要有兩種，後人又有過錄之本，其流布淵源略述如下：

千里所校之本，後被古里瞿氏所得。《鐵琴銅劍樓藏書目》卷十六著錄：「《淮南鴻烈解》二十一卷，校宋本」，曰：「此顧澗蘋氏校定善本。先以《道

藏》本校過，後於汪閬源家假得宋本詳校近刻之訛字及注中脫文，與文注混淆處，俱一一改正，並注明行款葉數。宋本每半葉十二行，行廿二字。注每行廿五字。不題『高誘注』，題『太尉祭酒臣許慎記上』，蓋宋時相傳為許注也。其下方墨筆則松崖先生所校，亦澗薲氏從朱文游族子借得惠校本逐錄者也。」此本現存北京圖書館，其《善本書目》著錄：《淮南子》二十一卷，「清乾隆五十三年莊逵吉刻本，顧廣圻校並跋，又臨惠棟校。」此書千里之校語，王引之稱：「其心之細，識之精，實為近今所罕有，非熟於古書之體例而能以類推者，不能平允如是。」（〈補刊顧澗薲校淮南子序〉）但近人吳則虞先生以為：「顧校固甚細，然王氏亦多溢美之言。（見《淮南子書錄》，載《文史》第二輯）

千里所跋之宋本，後歸海源閣楊氏。《楹書隅錄》卷三著錄：「北宋本《淮南鴻烈解》二十一卷，十二冊」，曰：「高郵王懷祖先生《讀書雜志》中辨證《淮南》諸條，多同此本，而所據專主《道藏》本，以明劉績本輔之，並未嘗獲見宋槧，故澗薲居士以為闇合也。洎道光庚辰，文簡公太夫子續輯《補志》一卷，詳載居士所識宋本與《道藏》本不同之字及平日勘訂是書之譌，則即從此本校出者。世行諸子不乏舊帙，惟是書自北宋已有舛脫，……若此至精至善之本，實於人間無兩，固碩果僅存者矣。」

千里據以傳錄，並校跋的顧抱沖臨惠棟校本，現亦存於北京圖書館。其《善本書目》著錄曰：「顧之逵、顧丹榮臨惠棟校注題識、顧之逵跋、顧廣圻校並跋，八冊。」

除此千里校跋之本外，尚有一些過錄校本傳世。

《北京圖書館善本書目》卷四著錄有：「陳倬跋並錄王念孫、顧廣圻校」的「《淮南子注》二十一卷。」

又，《涵芬樓燼餘書錄》：「《淮南子》二十一卷，莊逵吉刊本」，為「陳碩甫校，譚復堂舊藏。」曰：「陳碩甫據顧澗薲影鈔北宋本校勘一過。」錄陳奐跋曰：「北宋《淮南書》二十一卷，此最善本也。舊藏蘇州黃主政士禮居，後歸山塘汪氏。高郵王尚書借鈔屬校，字多漶漫，讎對頗不易易。奐與汪道不相謀者也，其書不能稽覽，未及過錄，常自恨惜。顧澗薲翁曾有影鈔本，稱其精核。胡君雨塘以四十白金換得之，即士禮居舊藏本也。今向雨塘借校，重覩至寶。又為蘭鄰先生札

屬，代校一過。其不同處，悉書於字側而並著行款如宋。」據此，則千里又曾有影鈔宋本，惜未能窺其流布狀況。

此外，吳則虞先生《淮南子書錄》著錄有一「顧達」校本，曰：「校於莊逵吉本之上，過錄顧廣圻校語，間附己見，寥寥數解，亦頗有可取處。」此本不知現存何所。

綜上所述，千里校跋諸書的流布狀況可如下圖所示：

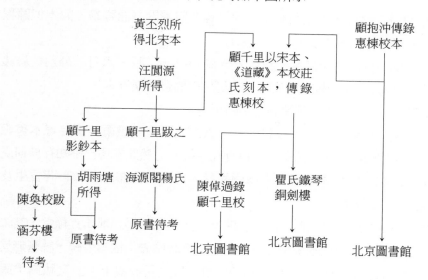

二十八，長短經九卷　唐趙蕤撰

千里於道光九年，以黃省齋所收鈔本與顧氏《讀畫齋叢書》本校勘一過，分別跋於鈔本和刻本後。此二跋《集》、《書跋》俱收錄。然其校本不知尚存否。

二十九，程氏演繁露十六卷續五卷　宋程大昌撰

《皕宋樓藏書志》卷五十六著錄：「《程氏演繁露》十六卷續五卷，明鈔本，顧千里校宋本。」下錄有千里題跋二則。千里跋語見《書跋》卷三收錄。千里校本不知尚存否。

三十，困學紀聞二十卷　宋王應麟撰

千里校此書的情況大致如下：

乾隆五十二年，「顧千里年二十二，得元刊六、七、八三卷校，始以朱筆錄何義門評語於芙蓉江館。」（《蛾術軒篋存善本書錄》清稿本第二十二冊。此條徐鵬師嘗標點整理，刊於《中華文史論叢》總第十一期。其底本為馬曰璐叢書樓刊本。）

「乾隆五十七年壬子，千里年二十七，八月，重寓齊女門之順宜堂，句讀是帙。」「乾隆五十九年甲寅孟冬，千里年二十九，朱筆補臨義門評語自十二卷至十七卷。」（同上）至此，千里與顧至、程世銓共將義門評語臨畢。臨本似歸程氏所得，故千里有再校此書之舉。

後，千里得見錢竹汀校本，於嘉慶癸亥（八年）二月，六月，分別校於錢氏校本上。（千里校原書）錢氏校本的底本，亦是馬曰璐叢書樓刻本。

以上這兩種千里校本，其流布淵源略可考。

千里與顧、程合校之本，後曾歸於王欣夫先生，《蛾術軒篋存善本書錄》著錄，曰：「元和顧廣圻、長洲顧至、程世銓手校。」然此本現已不知存於何處矣！

千里校的錢大昕校本，現存上海圖書館，此書的流布狀況，有蔣香生及「榮翁」的題跋，敘之頗詳。

書後蔣香生之跋曰：「此《困學紀聞》，光緒五年得之郁氏宜稼堂，其朱筆為錢竹汀先生批校，墨筆則顧千里先生勘對者。按諸兩先生他本手跡，絲毫無異，當非過本。爰以番蚨卅餅得之。十二月初四日，香生記於滬上。」又跋曰：雨窗無事，偶一展讀，覺批校中尚多黃蕘圃先生手跡夾雜。蓋黃、顧兩先生當時相契之深，往往互見耳。

「榮翁」氏手跋在書前，曰：「此馬氏叢書樓刊本《困學紀聞》，有錢竹汀（朱筆）、顧千里（墨筆）批校。舊為長洲蔣香生所藏。冊尾蔣跋記云，墨筆中尚雜有黃蕘圃手跡。末有乾隆戊午馬曰璐〈刻書後序〉，頗希見。清《學部圖書館善本書目》亦戴此書，乃瞿木夫中溶迻錄竹汀校語，不知與此有異同否。其本馬氏〈後序〉已佚，木夫補錄之。繆藝風荃孫於目內注云，此〈後序〉罕見。壬午六月廿一日。榮翁檢閱因記。」

三十一，履齋示兒編二十三卷　宋孫奕撰

千里校此書前後幾達二十年，其大致過程如下：

嘉慶庚申（五年）閏四月，鮑廷博氏以明潘方凱刻本屬顧千里校勘，欲刊入《知不足齋叢書》。鮑氏之書乃是請盧文弨、孫怡谷、徐北溟校過者。千里在諸人校勘的基礎上，以顧抱沖氏所藏的姚舜咨家鈔本覆校。

越十年，至嘉慶庚午（十五年），鮑氏方將此書上版，又以印樣請千里覆校。千里於次年根據自己的鈔本為鮑氏覆校，並撰《履齋示兒編辛未年重校補》，又先後作兩篇跋文，寄鮑氏。《知不足齋叢書》刻是書時，將《辛未年重校補》附書後以行。

《知不足齋叢書》本《履齋示兒編》刊行以後，千里於嘉慶己卯（二十四年），由汪閬源得見其所藏的宋劉氏學禮堂刊本，顧千里以宋本校自己的鈔本，並跋於兩本上。次年，千里又曾一校此書。自嘉慶五年至此，幾二十年矣。

千里校跋的四本《履齋示兒編》，其流傳狀況亦間有可考見者。

千里據校並跋的汪閬源舊藏宋刻本，後為海源閣楊氏所得。《楹書隅錄》卷三著錄云：「《新刊履齋示兒編》二十三卷十二冊，二函」，下錄顧千里跋，注明此跋書於另紙，未經裝入冊內。

千里為鮑廷博所校跋之本，歸鮑氏，鮑氏據以刻入《知不足齋叢書》，貝簡香氏嘗見之。（見貝墉〈重刻履齋示兒編序〉）

千里自己的鈔本，即為鮑氏撰《辛未年重校補》之底本，《增訂四庫簡明目錄標注》曰：「曾見顧千里手校本。鮑氏本即據以脩改，鈔本。」此本現存於北京圖書館，其《善本書目》卷四著錄：「《履齋示兒編》二十三卷」，「清鈔本，顧千里校並跋，四冊。」係周叔弢先生所捐。

《北京圖書館善本書目》還著錄一種「清嘉慶十五年、十六年、二十四年鮑廷博刻《知不足齋叢書》本，傅增湘跋並臨何煌、顧廣圻校跋，六冊」，為傅增湘先生所捐。查《藏園羣書題記》卷三，著錄有傅增湘先生跋明本《履齋示兒編》，其云：「又考是書宋時有劉氏學禮堂刻本，藏汪氏藝芸書舍。顧千里為鮑氏覆刻時，衹據姚舜咨鈔本校訂，洎鮑氏身後乃得見宋本，故千里又覆校之，條錄百餘則，附諸卷後。昔年余曾於廠市觀千里手勘宋本原帙，因臨寫於鮑刻上。」可知傅氏過錄之本，即出於顧千里以宋本所校之鈔本。

千里於嘉慶庚辰（二十五年）年校跋之本，《皕宋樓藏書志》卷五十七著錄：
「《新刊履齋示兒編》二十三卷」，係「顧千里校宋本。」《靜嘉堂秘籍志》卷二
十八河田氏案曰：「《儀顧堂續跋》云，《新刊履齋示兒編》二十三卷，題曰廬陵
鄉先生孫奕季昭撰，顧千里校宋胡楷刻本，目後有嘉定癸未胡楷重刊跋」，又曰：
「此本卷末有『嘉慶庚辰顧千里借觀』九字。」可見，此書現也已隨陸氏藏書東渡
日本矣。

綜上所述，千里校跋之書其傳布的淵源，大致可如下圖所示：

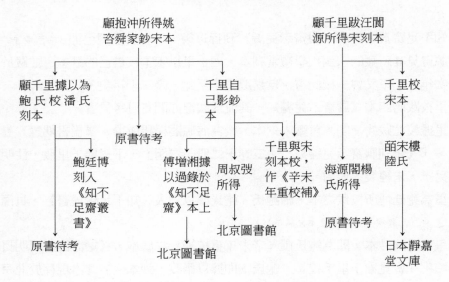

三十二，老學庵筆記十卷　宋陸游撰

千里校是書狀況如下：

乾隆乙卯（六十年）正月、四月，千里以小讀書堆所得陸敕先校本以及毛氏校
宋本校《稗海》本，並跋於校本上。

嘉慶元年，黃丕烈借顧千里校本傳錄，並跋之曰：「客歲借余友顧澗薲校本
《老學庵筆記》，至今春始為傳錄。渠所校為明會稽商濬本，是《稗海》中所
梓。」

嘉慶丁巳（二年）七月，千里借得景宋本，又校後五卷，校畢，又跋於校本後。

千里校本，不知現存何處。而《藝風藏書記》卷二著錄「過錄黃蕘圃校影宋本」，下錄千里和丕烈之跋語。又，最新標點本《老學庵筆記》中，間錄有千里校語，或千里校本尚存世間耶？

三十三，松崖筆記三卷　清惠棟撰

王欣夫先生《蛾術軒篋存善本書錄》清稿本第十一冊著錄：「《松崖筆記》三卷一冊」；「清道光二年吳門文照堂刊本。此刻為松崖再傳弟子朱秋崖從手稿鈔出，經徐葵、錢大昕、顧廣圻三人校訂，案語附刻書眉。」

則千里嘗校是書。

三十四，北堂書鈔一百六十卷　唐虞世南輯

汪宗衍先生《顧千里年譜》據孔廣陶《校本北堂書鈔敘例》云：嘉慶六年四月，千里為孫淵如校陶九成景宋鈔本《北堂書鈔》。

千里所校之本，現藏北京圖書館。《北京圖書館善本書目》卷五著錄有一「明鈔本」《北堂書鈔》，乃「孫星衍、嚴可均、周星詒校並跋。王石華、洪頤煊、王引之、錢東垣、顧廣圻、譚儀校，傅以禮跋。戴望、譚儀、葉昌熾、鄧邦述題款。二十冊」者，殆千里參預此書之校勘。

三十五，鑑戒錄十卷　後蜀何光遠撰

江標《士禮居藏書題跋記續》卷上「《鑑戒錄》宋槧本」條下，錄黃丕烈校語：「余友顧千里為余言曰，有宋刻《鑑戒錄》，得諸徐七來家，後為程念鞠豪奪去，此事已逾二十年矣。余思欲一見之而未得。……既而，千里以鈔本贈余，云，是別從趙味辛本錄出，而以宋本校勘。故板本較大，其行中字或已照校後改正。遇歧異處，注曰『王』，注曰『宋』。後傳錄諸名公題跋一葉。細審緣由，知阮亭先生曾校正誤字，則鈔本已非宋本面目。」可見千里曾校過是書。

千里被程氏「豪奪」去之書，後黃丕烈又從程氏親戚毛榕坪處購得。顧千里見故物，不勝感慨，於嘉慶甲子（九年）又跋於宋刻本上。

此後，黃丕烈因得原朱竹垞舊藏宋本，因跋於影宋鈔本上曰：「千里曾有手校本貽余，余亦甚珍之，然非舊鈔。客冬書友攜此冊來，易余五番餅，擬傳錄顧校，

余今春從程氏購得宋刻，此冊又弁髦視之矣。」（見《藝風藏書續記》卷八）是冊後為
繆藝風氏所得。然千里校跋諸本，現在何處，尚不得而知。

三十六，南部新書十卷　宋錢易撰

嘉慶丁巳（二年）六月，千里館於黃丕烈之士禮居，借丕烈所藏的明刊本（缺首
二卷者）以及周香嚴所藏的錢曾、何義門校本對勘，為黃丕烈補全前二卷。又於六
月八日跋於明刻本上，於跋中略舉所校之內容。

千里為黃丕烈補鈔的明本，後歸陸心源所得。《皕宋樓藏書志》卷六十二著
錄：「《南部新書》十卷，明刻本，黃蕘圃舊藏者」是也。殆亦已歸日本矣。

而千里據明刻本校跋的原周錫瓚藏本，現藏於北京圖書館，其《善本書目》卷
四著錄：「《南部新書》十卷」，「明刻本，錢曾、胡珽校，何焯、周錫瓚、顧廣
圻校並跋，二冊。」

三十七，雲谿友議三卷　唐范攄撰

千里跋是書曰：「家兄抱沖曾收得惠松崖先生手校者。」

又，《蕘圃藏書題識》卷六「《雲谿友議》三卷」條下曰：「一日，書賈以其
家所留書籍求售，余揀得二、三冊，是其一也。……塾師顧澗薲取校惠松崖勘本，
知是刻即為惠所據，而是本失去中卷，為可惜矣。惠校本今藏小讀書堆，松崖尚不
悉照此刻，而澗薲賴此勘正者猶多。」其時在嘉慶戊午（三年）三月，可見千里嘗
為黃丕烈校補此書。

後，顧千里於嘉慶辛酉（六年），於杭郡買得汪氏開萬樓舊藏之明刻本，與小
讀書堆藏惠氏校本對勘，發現「字句脗合，但惠先生尚有遺落耳。」又跋於書上。
可見千里又校是書。

千里題跋的汪氏開萬樓舊藏本，後歸丁丙。《善本書室藏書志》卷十一著錄：
「《雲谿友議》三卷，明刊本，汪秀峯舊藏，錄顧千里跋語。」

此書又隨丁丙之書入江蘇第一圖書館，其《覆校善本書目》著錄：「《雲谿友
議》三卷」，「明刻本，汪秀峯藏書，有開萬樓藏書印。末有澗薲朱筆記。」是書
不知仍在南京否？

三十八，弘明集十四卷　梁釋僧祐撰

陸心源《皕宋樓藏書》卷六十五著錄：「《弘明集》十四卷」，「顧千里校本」。陸氏《儀顧堂題跋》卷九曰：「明萬曆刊本，顧千里以《釋藏》本校過。《藏》本每卷有目，連屬篇目，而明本皆削之，又改每篇標目，上目下名，此時文之式，顧氏詆之當矣。……惟「劉君白」當為「劉善明」之字，故《藏》本一則曰「劉君白答」，再則曰「劉君白重答」，與全書一律。顧氏謂「君白」非字，以「君」代名，則「白」字又作何解？名善明而字君白，其義相通。《史·善明傳》不著其字，缺也。」此書現泊東洋。《靜嘉堂秘籍志》卷三十著錄：「《弘明集》十四卷，顧千里校本。」下錄有千里跋記。

三十九，廣弘明集　唐釋道宣撰

陸氏《皕宋樓藏書志》卷六十五著錄：「《廣弘明集》三十卷」「顧千里校本」。其《儀顧堂題跋》卷九，此書條下曰：「顧千里以《釋藏》本校過。其刪去每卷之目，改篇目與《弘明集》同。《藏》本二十七分上、中、下三卷，此本合為上、下二卷。」此書現亦已渡往日本。《靜嘉堂秘籍志》卷三十著錄：「《廣弘明集》三十卷」，「顧千里校本。」

四十，一切經音義二十五卷　唐釋玄應撰

《書跋》卷三收錄千里題此書二條跋語。一是跋於臧在東校本上，一是跋於鈕樹玉鈔本上，然俱未著明時間。從跋中語氣觀之，當是在與段玉裁交惡之前所作。

《書目答問補正》及鄭文焯《國朝未刊書目》，俱著錄有段玉裁與顧千里同校的《一切經音義》。

千里所校原書，未見流布。現《北京圖書館善本書目》卷五著錄：「《一切經音義》二十五卷」，「清乾隆五十一年莊炘刻本，戴光曾抄補並臨盧文弨校，傅增湘跋並臨顧廣圻校。」

四十一，列子八卷　舊題列禦寇撰

《蕘圃藏書題識》卷六「宋本《列子》」條下曰：「《列子》行世本，以世德堂《六子》本為最。余舊藏景宋鈔本，抱沖曾取與世德堂本校之，多所歧異，幾自

矜為善本矣。近得此本，佳處更多，鈔本遂遜而居乙。抱沖從弟澗薲為余校是書，
見其中所坿音，始猶疑為殷敬順《釋文》，後細審之，乃知非《釋文》，蓋作者之
舊音也。且為余言，殷敬順乃宋人而託名唐人者。如此本字句，《釋文》所云一本
作某某，皆與此本合，則此本之在《釋文》未行之前可知。」可見千里曾為黃氏校
過是書。

又，葉景葵先生《卷庵書跋》「《沖虛至德真經》」條下曰：「黃蕘翁舊藏
《沖虛至德真經》影宋鈔本，至乾隆末年，又遇書賈鄭輔義購得北宋槧本。……蕘
翁乃屬抱沖從弟澗蘋代校是書，綏階又以世德堂本屬澗蘋校之。……蕘翁得北宋本
在乾隆末年乙卯季冬，作北宋本跋在嘉慶元年丙辰元旦，其屬澗蘋代校，當亦在丙
辰。綏階屬澗蘋校訖在丙辰十二月，是為同歲所校。」葉先生云千里為黃丕烈校是
書在「丙辰」，據黃氏跋語觀之，其作跋時似千里已校過是書，則千里為黃丕烈校
《列子》，當在乙卯年末。

至嘉慶八年，秦恩復氏刊刻《列子》。錢泰吉《曝書雜志》云：疑亦由顧澗蘋
所校定。陳康祺《郎潛紀聞》卷八則云，是書係千里為秦氏所校，殆有據。

以上是千里校此書概況。

千里據以校勘的宋刻本《列子》，後為瞿氏鐵琴銅劍樓所得。千里的校本，現
存於上海圖書館。《上海圖書館善本書目》卷三著錄：「《沖虛至德真經》八
卷」，「明萬曆，顧氏世德堂刻《六子全書》本，清顧廣圻校。」當即葉景葵先生
所見者。

四十二，抱朴子內篇二十卷外篇五十卷　晉葛洪撰

顧千里校此書的狀況如下：

嘉慶初，千里嘗為黃丕烈以明魯藩本、《道藏》本校翻刻明烏程盧氏本。《蕘
圃藏書題識》卷六：「《抱朴子內篇》二十卷，《外篇》五十卷，舊鈔本」條下
云：「向在都中見明魯藩本《內篇》二十卷，《外篇》五十卷，後為陶五柳主人買
歸，屬澗蘋校其翻刻明烏程盧氏本。澗薲復借金閶袁氏所藏《道藏》本為之校勘。
澗薲嘗謂余曰，《道藏》本為最勝。此外無復有善本矣。今因得此，遂從澗薲借魯
藩本相對，雖行款不同，而大段無異。間有一二處與魯藩本異者，卻與《道藏》本

合，則鈔先於刻明甚。」黃丕烈之跋作於嘉慶丁巳（二年）十一月，則此前千里已經校過是書。

到了嘉慶辛未（十六年），孫星衍欲刊行是書，以所藏盧舜治刻本、盧文弨校本及天一閣殘鈔本《內篇》，互相校勘。（見孫星衍〈新校正抱朴子內篇序〉）又屬方維甸、顧澗薲「各以家藏諸本，參證他書，覆校數過。」（方維甸〈校刊抱朴子內篇序〉）千里時有「葉林宗家鈔本及明嘉靖時潘藩刊本，大略皆與《藏》本相同。」（孫星衍〈新校正抱朴子內篇序〉）十二月校完一過。年末，千里又借朝天宮所藏《道藏》本校之，並於嘉慶壬申（十七年）初，跋於自己的傳鈔《道藏》本上。

嘉慶癸酉（十八年）三月，千里等人所校定之《抱朴子》將刊入《平津館叢書》，時千里為孫淵如主其事，故又校一過，刊印出樣張後，千里又校閱樣張，得若干條，記於自己的傳鈔本上。孫星衍在〈新校正抱朴子內篇序〉中，談到當時的校勘情況，曰：「江寧《道藏》在朝天宮，仍借來覆審一過，書中多依之。有依別本校改者，則注明《藏》本作某。其更定錯簡，及尋按詞義，旁據他書，勘正各條，亦一一注明，以詒後人。第十七卷〈登涉篇〉諸符，各本縮寫，多失形似，今全從《道藏》影摹，俾傳其真云。」這中間的工作，千里出力大焉。

《內篇》刊印以後，孫氏即屬千里校勘《外篇》。（千里〈抱朴子外篇序〉）然千里並未立即進行。嘉慶丙子（二十一年）千里粗覽一過《外篇》，至嘉慶庚辰（二十五年）春，方重校畢《外篇》。亦刊入《平津館叢書》。

以後到道光丙戌（六年），千里在揚州重校平津館刻本《抱朴子外篇》，又改正數條，並跋於刻本上。

千里所校跋的《抱朴子》，其流布狀況亦間有可考者：

為黃丕烈所校之書，後入陸氏皕宋樓。《皕宋樓藏書志》卷六十六著錄：「《抱朴子內篇》二十卷《外篇》五十卷，舊鈔本，黃蕘圃舊藏。」下錄黃丕烈跋語。此書現不知存於何處。

千里據以校勘並跋的葉氏鈔本，後為瞿氏鐵琴銅劍樓收得，其《藏書目》卷十八著錄：「《抱朴子內篇》二十卷《外篇》五十卷，舊鈔本」，曰：「此明人從正統《道藏》本錄出。《外篇》中，〈百家〉、〈行文〉二篇為〈尚博篇〉，顧澗蘋謂當刪併改定，合〈自序〉恰好五十篇。與〈自序〉所云，《直齋書目》所載自

合。顧為平津館校刻是書，即權輿於是本也。舊為葉石君藏書。」現《北京圖書館善本書目》卷五著錄：「《抱朴子內篇》二十卷，《外篇》五十卷」，「明鈔本，顧廣圻校並跋，四冊」當即是此書。

《增訂四庫簡明目錄標注》在「《抱朴子》條下亦引王頌蔚曰：「顧澗薲極詆嚴校之誤，以朱筆塗乙，深文醜詆，亦文人相輕之故智也。其本在古里瞿氏。」所云也是上述之本。

又，傅增湘先生《藏園羣書題記初集》卷四，明鈔本《抱朴子》條下曰：「迨嘉慶丁丑，長白繼昌合各本重加勘定，又得孫星衍、方維甸、顧廣圻、嚴可均諸人相助勘覆，舉數千年來榛莽垢薉一舉而郭清之，於是《內》、《外》七十一篇乃鏨然可誦焉。」此乃評論千里校訂之語，錄以備查。

四十三，道藏目錄詳注四卷　明白雲霽撰

千里於道光丁亥（七年）閏月，同吳有堂氏遊城隍廟，至陶五柳家，見有鈔本《道藏目錄詳注》，因取以校秦氏石研齋刻本，並跋於秦氏刻本上。

此書後流落廠肆，羅振常先生著、周子美先生編輯的《善本書所見錄》中著錄：「《道藏目錄》四卷，明冶城白雲霽注，江都秦氏刊巾箱本。有『澗薲』（白長方）、『顧廣圻印』（白方），顧千里朱筆手校本。」並錄有千里跋語。

此書後歸周叔弢先生，筆者嘗閱是書，其中有「曾在周叔弢處」朱文長方章。現藏北京圖書館。其《善本書目》卷五著錄：「《道藏目錄詳注》四卷」，「清秦氏石研齋刻本，顧廣圻校並跋，四冊」。

此書尚有過錄顧千里校本流傳。《北京大學藏李氏書目》著錄：「《道藏目錄》四卷」，「清抄本」，「章壽康過錄顧千里校。」又，《杭州大學圖書館善本書目》卷二著錄：「《道藏經目錄》四卷」，為「清道光二十五年刻本」，「有朱筆過錄清顧廣圻校。」

集　部

一，蔡中郎集十卷（一為六卷）　漢蔡邕撰

千里校此書所用版本甚多，其大致經過如下：

嘉慶九年九月，黃丕烈得一明刻六卷本《蔡中郎集》示千里，乃是述古堂舊物。千里認為不佳，跋於此本後。此後，黃丕烈又得一徐子器刻十卷本，借何夢華所藏華氏活字本反覆校勘。千里則以蘭雪堂活字本校之，並影鈔一部，將徐子器刻書時妄改之處記於上方。又跋於徐子器刻本上，時在嘉慶丙寅（十一年）十二月。

至嘉慶丁卯（十二年）正月，千里以明活字本與徐子器本對勘，並分別跋於二本之上。

五月，在江寧，又以《後漢書》等校影鈔活字本，跋之。

至嘉慶戊辰（十三年）十二月，又跋於黃丕烈所得的樸學齋鈔本上，認為各本中，以此為最佳。

千里自己一直有志於校勘是書，故至道光四年，作〈蔡氏月令序〉時還云：「輒欲校定，遣諸方來，丹鉛歷歲，未逮汗青」，其心情略可見之。

千里校跋此書的本子甚多，主要幾種的流布狀況如下：

千里所跋的黃丕烈述古堂舊藏明刻六卷本，後為璜川吳氏收得。又流入適園張均衡處。《適園藏書志》卷十著錄：「《蔡中郎集》六卷，明刻本」，曰：「此明嘉靖二十七年喬世寧與俞憲校刊，並為六卷。述古堂藏本，有顧千里兩跋，黃蕘圃一跋，有『璜川吳氏考藏圖書』，朱文一印。」

千里與黃丕烈校過的徐子器刻本，後歸海源閣楊氏。《楹書隅錄續編》卷四著錄：「校本《蔡中郎文集》十卷《外傳》一卷，二冊」，下錄黃丕烈四條跋語，顧千里三條跋語。此書於咸豐癸丑，經高伯平氏校定，刊刻行世，即世行的楊氏刻本。後錢塘羅以智因楊氏刻本尚有缺憾，又以所見的盧抱經、嚴鐵橋、勞季言校本及袁壽階過錄顧千里校本、陳仲魚過錄顧千里校本等，參考諸書，撰成《蔡中郎集舉正》。而羅氏據校的袁壽階、陳仲魚過錄顧千里校本，兩者之間，「亦有異同。

新刊本中有未之采列者。」（見羅以智〈蔡中郎舉正序〉）這恐怕是由於二人所過錄的顧千里校本不同之故。正如高伯平所說「顧校尚有別本。」（同上）

海源閣所藏千里校本，據王獻唐先生云，已於民國十八年失佚。（見《學海》雜志民國三十三年創刊號）

千里影鈔並以諸本校過的明活字本，未見著錄。《鐵琴銅劍樓藏書目》卷十九著錄：「《蔡中郎文集》十卷，鈔校本」，云：「黃蕘圃氏於影寫蘭雪堂本，以樸學齋舊鈔本參校，用朱筆拈於上方，復以墨筆寫顧澗薲校語，多所訂正，此即迻錄本也。」此迻錄本現存北京圖書館，其《善本書目》卷六著錄：「明影刻蘭雪堂銅活字印本，瞿鏞臨黃丕烈、顧廣圻校，二冊。」又，趙詒琛《峭帆樓善本書目》著錄有：「《蔡中郎文集》十卷，用舊紙影寫明錫山華氏活字本」，曰：「先君子用墨筆臨顧千里校，朱筆臨黃蕘翁校本。」似千里此時校本尚存。而現不知其下落矣。

此外，《增訂四庫簡明目錄標注》曰：「涵芬樓藏鈔本十卷，蕘夫校，千里跋。」《涵芬樓善本書目》及《涵芬樓原存善本草目》中俱著錄有「《蔡中郎文集》」，一作「抄校本，黃蕘圃、顧千里跋，黃校。」一作「校鈔本，黃蕘圃、顧千里跋。」而張菊生先生《涵芬樓燼餘書錄》中未著錄，或已化為灰燼矣。

《北京圖書館善本書目》著錄有一明刻本《蔡中郎集》，為「黃丕烈、顧廣圻校並跋」者，或即千里等所校的明蘭雪堂本邪？

除千里親筆校跋者外，還有過錄校本傳世。

《北京圖書館善本書目》著錄一「清影鈔明蘭雪堂銅活字印本」，有「失名臨黃丕烈、顧廣圻校。」

而筆者還見一王欣夫先生過錄校本，底本為翻刻海源閣楊氏刻本，書前扉頁上有王欣夫先生的題識云：「昔年徐君行可寄示海源閣本，錄有舊校，極精審而不具名。案頭適有此覆刻本，因屬友轉臨之。越年，見羅鏡泉《蔡中郎集舉正》鈔本，覈之，知即鏡泉所校底本。案，丁氏《善本書藏書志》亦有鏡泉校本，不著何刻。觀所載目次，知即楊本，並載鏡泉手識。疑此校即出於彼而失錄其識語耳。而此本附刊舊敘，有案語三條，范書《列傳》有考證三十三條，又輯中郎遺事十六條，可補《舉正》之闕。孰謂書有定稿而校本可廢哉！」其中多錄千里校語，可與諸本相參。

綜上所述，千里校跋諸本流布淵源可如下圖略示。

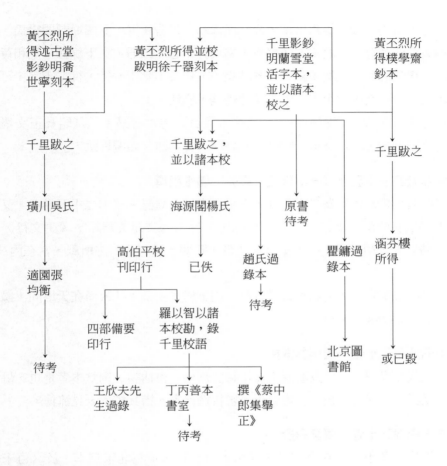

二，駱賓王文集十卷　唐駱賓王撰

　　千里最早於嘉慶丁卯（十二年），從顧抱沖小讀書堆影寫一部原毛氏汲古閣藏的北宋刻《駱賓王集》十卷，並於九月跋於北宋刻本上。

　　到嘉慶丙子（二十一年），千里為秦恩復以影寫北宋本校世行各本，並核以《文苑英華》等書，撰《考異》一卷，附書以行。是即石研齋刻本。後丁丙評論《駱賓王集》諸種版本時云：「終不若顧廣圻為秦恩復刊之十卷本為最善。」（《善本書室藏書志》卷二十四）

　　千里的影鈔本，後未見諸家書目著錄。

千里所跋的小讀書堆舊藏本，後為汪氏藝芸書舍所得，又歸海源閣楊氏。《楹書隅錄》卷四著錄：「北宋本《駱賓王文集》十卷，二冊。」下錄顧千里和黃丕烈的跋語。楊氏曰：「此與予藏《王摩詰集》，皆每半葉十一行，行二十字，可謂北宋蜀本也。……卷第六至末，汲古閣毛鈔補，極佳。」

此北宋本現存北京圖書館，其《善本書目》卷六著錄：「《駱賓王文集》十卷。」「宋刻本（卷六至十配毛氏汲古閣影宋鈔本）黃丕烈、顧廣圻跋。」

三，張燕公集三十五卷（一本作三十卷）　唐張說撰

《張燕公集》世行為二十五卷，千里於秦恩復處見宋刻本二十五卷者，又從汪孟慈處得椒花吟舫舊藏三十卷本的鈔錄本，參以《文苑英華》、《唐文粹》之所載，校勘以後，初為寫定。千里所跋此書之時間，據《集》中所載，當在丙戌（道光六年）。

千里所校是書，未見諸家書目著錄，胡玉搢先生云：「或尚在天壤間，錄之以待訪。」（《四庫提要補正》）

四，張曲江集二十卷　唐張九齡撰

千里跋此書曰：「此萬曆四十一年時韶州刻，書估謂之祠堂本者是也。併作十二卷，甚謬。姑就之一校。」可見千里曾校過此書。惜其校本未見流傳。

五，李太白集三十卷　唐李白撰

千里曾於黃丕烈處見得宋刻本《李太白集》，定為北宋刻本，於〈百宋一廛賦〉中稱之為：「翰林歌詩，古香溢紙，對此色死。」注曰：「元豐三年臨川晏氏本《李太白文集》三十卷，行字之數與康熙中繆氏覆本同。繆嘗用以亂真，然特不可以對此耳。」

道光丙戌（六年），千里在揚州校刊《唐文粹》，因收得繆氏刻本及其他本互勘，並有跋。

千里校本，後亦未見流傳。僅其所校《唐文粹》中，有與《李太白集》互校之語，可略見其片鱗碎爪。

此外，千里所定的「北宋刻本」《李太白集》，現存於日本靜嘉堂文庫。乃隨陸

氏皕宋樓書同往者。日本學者平岡武夫先生在其主編的《唐代研究入門》之九〈李白的作品前言〉中，根據書中避諱等狀況，定此本為「南北宋之間」的刻本。朱金城先生亦持此說（見《學林漫錄初集》所載〈談日本影印的宋本李太白文集〉），可供參考。

六，王右丞文集十卷（一本作《王摩詰文集》）　唐王維撰

千里跋《王摩詰文集》曰：「余讀《文獻通考》引《書錄解題》云，建昌本與蜀本次序不同。大抵蜀刻《唐六十家集》多異於他處本。而此集編次尤無倫，乃悟題《摩詰集》者，蜀本也，題《右丞集》者，建昌本也。」可知千里已注意到此書有兩個版刻系統。

千里先於黃丕烈處得見所藏麻沙本《王右丞文集》，即〈百宋一廛賦〉中所稱：「王沿表進，移氣麻沙，秀句『半雨』，夙假齒牙」者。注曰：「《王右丞文集》十卷，每半葉十一行，每行二十字不等，傳是樓舊物也。」後汪閬源得此刻本，千里於道光丙戌（六年）影鈔一部，取他本勘之，並跋於宋本上。

至道光丁亥（七年），千里又從汪閬源處見蜀刻《王摩詰文集》，影鈔一部，與原鈔的《王右丞文集》互勘，認為「除次序外，其多寡異同，互有短長，擬合成定本。」又跋於宋本《王摩詰文集》上。

千里影鈔並校勘的兩種本子，現俱已亡佚。而千里所跋的宋刻本，卻可考見。

千里跋的宋刻本《王右丞集》，後入陸心源皕宋樓。《皕宋樓藏書志》卷六十八著錄：「《王右丞文集》十卷，宋麻沙刻本，徐健菴舊藏。」下錄有千里及黃丕烈跋。現存於日本靜嘉堂文庫。《靜嘉堂秘籍志》卷十著錄：「《王右丞文集》十卷，宋麻沙刻本，徐建菴舊藏。」下亦錄千里跋語、河田氏按曰：「前有顧千里題語，後有黃蕘圃題語，即〈百宋一廛賦〉中所謂『王沿表進，移氣麻沙，秀句「半雨」，夙假齒牙』者也。」

千里所跋的《王摩詰文集》，後歸於海源閣楊氏。《楹書隅錄》卷四著錄「北宋本《王摩詰文集》十卷六冊」，下錄千里校語。並曰：「錢遵王本，後歸黃復翁百宋一廛，即澗蘋所稱之『建昌本』，《讀書敏求記》云：是麻沙宋刻。」楊氏認為此為「建昌本」，是不確的，當係蜀本。此書後為周叔弢先生所得，現存於北京圖書館。其《善本書目》卷六著錄：「《王摩詰文集》十卷」，「宋刻本，袁褧題

款，顧廣圻跋，六冊，周捐。」此書現有影印本行世。

七，劉賓客文集三十卷　唐劉禹錫撰

　　黃丕烈藏有殘本《劉夢得文集》，千里曾見之。在〈百宋一廛賦〉中云：「賓客碑文，受教名儒，以石攻錯，乍彰其瑜。」注曰：「殘本《劉夢得文集》，每半葉十二行，每行廿一字，所存一至四而已。曩者錢大昕借讀明刻完本《劉集》於予，手校〈袁州萍鄉縣楊岐山故廣禪師碑〉文，疏於別紙云：石刻與刻本不同者二十餘字，多五十餘字。今宋本雖未能盡爾，然與明刻異者必與石刻同矣。」此〈碑〉文載於《集》中卷四。

　　後，千里嘗校是書。《知退齋稿》卷五〈河之顧君傳〉云：「庚申吳中之變，君方在都。迨南歸，家中藏書數萬卷，遭劫散去。君深自痛惜失其先世手澤。重購篇籍，偶得澗薲先生手校《劉賓客》、《沈下賢集》，寶獲之。」千里所校之書，特別是晚年所校唐人文集，多散失於是時。此《劉賓客文集》，未知尚存人間否。

　　又，北京圖書館藏有千里手校《唐文粹》，其中有校劉禹錫之文處，略可見千里校是集的一些狀況。

八，呂衡州文集十卷　唐呂溫撰

　　道光六年，秦恩復以所獲常熟馮氏鈔校本請千里校勘，認為馮氏所校「極草草」。校畢後，千里跋於馮氏鈔本上。又「徧取自《舊》、《新》兩書以下凡有關涉羣籍，博搜精擇，審定是非」，撰成《考異》，附於書後刊行。是即石研齋刻本。

　　千里的校本未見流布。而《楹書隅錄續錄》卷四著錄有「校舊鈔本《呂衡州文集》十卷二冊」條下，錄有千里書札一封，有曰：「承示《衡州文集》一冊。……余家有寫本《衡州集》五卷，及借范氏天一閣寫本校對一次。……」可知此當是千里據校之一種。

九，歐陽行周文集十卷補遺一卷　唐歐陽詹撰

　　《書跋》中著錄千里所跋有兩本，一為「閩刻本」八卷，現不知其所終。另一為「鈔本」十卷，筆者嘗得寓目。

　　此鈔本乃石研齋秦恩復氏鈔自何義門手校本。書後有秦氏題跋曰：「乙巳冬，

從吳徵埜太史處借得何義門先生手校本，抄錄成冊。覆取御定《歷代賦彙》及《全唐詩》，將三卷再校一過，並補〈秋月賦〉一首，附於後。」而何義門校本，所據為葉文莊家鈔本。此書末，錄有何義門題識：「康熙己丑重陽前一日，從內弟吳紫臣借得所收葉文莊公家鈔本手校改正數處。葉本與此亦互有得失。」則此書淵源有自矣。

千里於道光丁亥為秦氏覆校是書。卷五末，有千里跋云：「道光丁亥，底本覆校於雙橋巷口寓中，千翁記。」又云：「何校與葉多雜糅，而何自下己意，語多不確，姑就此粗勘，當別寫方是定本。」《集》和《書跋》中，將此跋與〈韓城西尉廳記〉的校語連書，稍有誤。此外，卷一〈懷忠賦〉中，有千里標注：「六月十日再讀」，可知千里校書之時間。

千里所校此書，後入蔣香生「秦漢十印齋」，書前有蔣氏帖籤曰：「此《歐陽行周集》十卷，蓋石研齋秦敦夫先生手抄本也。顧澗蘋先生據宋刊本，並《文粹》、《文苑》、《全唐文》校勘。卷後跋語刊入《思適齋文集》，洵不易得之秘籍，可寶可寶。」書中有「秦漢十印齋藏」等印記。

是書現存北京圖書館，其《善本書目》卷六著錄：「《歐陽行周文集》十卷《補遺》一卷」，「清乾隆五十年，秦恩復抄本。秦恩復、顧千里校並跋，孫星衍、蔣鳳藻、周維都跋，二冊。」

十，李元賓文集五卷（一作六卷）　唐李觀撰

《李元賓文集》，陸希聲輯為三卷，後，趙昂又編《外編》二卷，是為五卷本。嘉慶乙亥（二十年），秦恩復與校《全唐文》，取《文粹》、《文苑英華》等，校勘是集；並輯《續編》一卷，是為六卷本，屬千里覆勘。

千里為秦氏覆校，於嘉慶戊寅（二十三年）刊版，並撰〈書新刊李元賓集後〉。是書與秦氏刻《駱賓王集》、《呂衡州文集》，並稱為《唐人三家集》。

此後，千里又得原李鑑舊藏的吳元恭家鈔本，跋之，並過錄馮己蒼校本，於嘉慶庚辰（二十五年）跋之。

現《北京圖書館善本書目》卷六著錄：「《李元賓文集》五卷《附》一卷」，「清抄本」，「翁心存錄顧廣圻校，翁同書跋。」則千里所校，還可由此而見。

十一，沈下賢文集十二卷　唐沈亞之撰

　　道光丁亥（七年），秦恩復以家藏何義門校本鈔一部贈千里。千里於「立秋後三日」裝成，跋於書後。又「復假原本來臨何校一過」，「取《文苑英華》所有對勘。」

　　次年夏，千里「又得震澤王氏家藏鈔本一校」，並補其缺文，並跋之。

　　千里之校本，在咸豐庚申年間散失，後其孫顧河之又購得。（張瑛《知退齋稿》卷五〈河之顧君傳〉）徐康曾於顧河之處見過此書，曰：「沈亞之等七家，皆用昌皮紙浣許翰屏精寫，不加裝訂，但用夾板平舖以便付梓。余曾訪澗翁文孫河之孝廉，曾一見之。今河之久歿，所居亦遭劫，書樣無可訪矣。」（見《前塵夢影錄》卷上）不知此書尚存人間否？

十二，文藪十卷　唐皮日休撰

　　千里跋是書云：見坊間書架上有汪啟淑開萬樓舊藏萬曆間刻《文藪》，「乃賈之而歸，校正德袁板，無異同。」又云：「〈袁序〉在末，余所鈔闕，藉以補之。」

　　此外，千里在跋《一鳴集》時云：「《歐陽四門》、《皮子文藪》、《張燕公》，俱粗勘定。」可知千里曾校定過是書。

　　考《歐陽行周集》、《張燕公集》校於道光丁亥、丙戌，係千里從事《文粹辨證》之役時所為，則千里校《文藪》殆亦在是時。惜未見校本流布。

十三，讒書五卷　唐羅隱撰

　　千里跋此書曰：「《唐文粹》所載亦未全校，可謂草草矣。刻書易，校書難，豈不洵然耶。」可見千里當校過此書。

十四，孫可之文集十卷　唐孫樵撰

　　千里曾於道光丁亥（七年）夏，借汪閬源藝芸書舍宋刻本校震澤王氏正德刻本，並跋於宋刻本上。此宋本原係顧抱沖小讀書堆所藏，千里見時，不勝感慨。

　　千里所跋的宋刻本，後歸海源閣楊氏所有。《楹書隅錄》卷四著錄：「宋本《孫可之文集》十卷三冊」，下錄有顧千里、黃丕烈跋語。此後，又為東莞莫伯驥氏所得，其《五十萬卷樓羣書跋文·集部》著錄：「《孫可之文集》十卷，宋刊

本。海源閣舊藏。黃蕘圃、顧千里批校。」殆是書亦已毀於戰火中矣！

千里所校的王鏊正德刻本，似仍存於世間。《北京圖書館善本書目》卷六著錄：「《孫可之文集》十卷」，「明正德十二年王鏊、王諤刻本。顧廣圻校並跋。」殆即此書。

十五，笠澤叢書四卷補遺一卷（一本僅四卷）　唐陸龜蒙撰

千里家原有一養拙齋依至元書院本重刊者。道光三年，於洪氏積學齋見一從王士禛池北書庫所出的鈔本，以為勝於己所有者，便跋於鈔本後。此鈔本乃出自黃虞稷得自江右的鈔宋本。

道光丙戌（六年），千里題跋於己之校本上，認為海鹽許氏重刻者未必佳。道光戊子（八年）見覆刻本，又題於封面上。其間，千里曾以多種本子校過是書，一為毛斧季家本，一為何心友用馬寒中所藏弘正時鈔校本，但以為皆不如「江右本」佳。

千里所校跋之書，現流傳者亦不止一種。比如，周子美先生整理的《善本書所見錄》著錄：「《笠澤叢書》四卷《補遺》《續補遺》各一卷，舊鈔本」，「顧千里手校。有跋。前有《陸魯望文集・序》，元符庚辰仲秋月郵人樊開撰。」是為一種。

又，《北京圖書館善本書目》卷六著錄：「《笠澤叢書》九卷」，「附《考》一卷，清許槤撰。清嘉慶二十四年許氏古韻閣刻本，顧廣圻校並錄何煌題識」，是為另一種。

十六，嘉祐集十五卷　宋蘇洵撰

千里於嘉慶壬戌（七年），得明嘉靖刻本，借黃丕烈所藏的蔣篁亭臨宋校本轉錄之，題識於上。同時，又有校語題於蔣氏校本上。《士禮居藏書題跋記續》卷下，有黃丕烈跋曰：「第十一卷中第七葉校云，宋本作數月，（注：顧千里以為不可解，借余校本識後語）與此宋本對，『數月』二字作『數年』。」可證千里於黃氏藏本上有題識。

後，千里又嘗作〈嘉祐集跋〉，《集》中收錄，惜未注明為何本。

千里所校之書，後為傅增湘先生收得。《藏園羣書題記補遺》著錄顧千里校《嘉祐集》，傅氏跋曰：「此明嘉靖壬辰太原守張鎧重刻本。書凡十五卷，與晁、

陳諸家書目所載卷數合。……顧氏據蔣篁亭校宋本手為訂正，使數百載榛蕪，一旦廓清，有功於茲集殊鉅。」《雙鑑樓善本書目》卷四著錄：「《重刊嘉祐集》十五卷，明嘉靖刊本，十行二十一字，顧千里依宋本手校並跋。」即是此書。又據《藏園羣書經眼錄》卷十三著錄此書，云有：「海濱逸民平泉鄭履準凝雲樓書畫之印」、「凝雲深處清暇奇觀」、「淡泉」、「大司寇章」等朱文大印。此書現藏北京圖書館，其《善本書目》卷六著錄：「《重刊嘉祐集》十五卷」，「明嘉靖十一年太原府刻本，顧廣圻校並跋，傅增湘跋」，即此書。

此外，南京圖書館藏有一過錄顧千里校本，筆者嘗得寓目。是書底本為徐健菴舊藏的明嘉靖壬辰太原府刻本。書前錄有千里跋語，即載於《集》中者。又有一無名氏貼籤，曰：「晁氏、陳氏、馬氏諸家著錄皆十五卷。紹興十七年婺州本。舊在傳是樓。……（一本）題『蘇老泉先生全集』，全失本真。閻百詩《潛邱札記》中論之甚明。此乃明嘉靖壬辰太原府重刻本，尚是有宋以來舊第。有『陸沅之印』、『靖伯』、『吳門陸沅鑒藏之印』。」似與藏園所收者非為一本。

十七，誠齋集一百三十三卷　宋楊萬里撰

《增訂四庫簡明目錄標注》卷十六「《誠齋集》」條下，曰：「沈子培藏舊鈔本百三十三卷，顧千里手校。」未知此書尚存否？

十八，梧溪集七卷　元王逢撰

是書初刊於明洪武年間，繼補於景泰。迄明季，景泰版已模糊斷爛，汲古閣又修補景泰版刊行。顧抱沖小讀書堆收得有此種本子。

是書清雍正年間，蔣西圃氏有一手抄本，後為鮑廷博所得，郤刊入《知不足齋叢書》，將校本請千里覆校。千里校未果，鮑氏下世，千里有跋於小讀書堆明刻本上，同時又跋於鮑氏手鈔本上。（見《寒瘦山房鬻存善本書目》卷六）

鮑廷博得千里校本後，未立即刊入叢書。直至道光三年方始刊行，時鮑廷博已亡故。道光三年冬，鮑志祖以江陰葉廷甲《梧溪集訂譌》一冊示千里。千里對葉氏所作頗有不滿，於是撰《釋梧溪集訂譌》。又作〈識語〉於稿本之前。千里此稿存上海圖書館，其《善本書目》卷四著錄：「《釋梧溪集訂譌》一卷，清顧廣圻撰，稿本。」

千里為鮑廷博校跋的鈔本，後為鄧邦述所得。其《寒瘦山房鬻存善本書目》卷六著錄：「《梧溪集》七卷，六冊」，「鈔本，蔣西圃、鮑淥飲、顧千里手校。」下錄有蔣西圃和顧千里跋文。鄧氏跋曰：「《梧溪集》刻入《知不足齋》，此其祖本也。千里校勘真跡，斑斑可見。淥飲用綠筆，間示用朱，校處甚多。其別一朱筆在鮑、顧前，則蔣西圃手校。自雍正迄道光，凡經三校，又皆校讎名家，豈因有刊本遂得魚而忘筌耶？」是本似仍當在人間，惜未見著錄。

此外，《皕宋樓藏書志》卷一百零七著錄：「《梧溪集》七卷，明初刊本，汲古閣舊藏。」錄有顧千里跋云：「此書校畢於嘉慶丁丑歲。」殆也是千里據校之本。

十九，戴震集十二卷附札記　清戴震撰

王欣夫先生《蛾術軒篋存善本書錄》著錄有「《戴東原集》十二卷附《札記》」，為「乾隆五十六年段玉裁經韻樓刊初印本。元和顧廣圻手校，獨山莫棠，江寧鄧邦述跋。」王先生云：「其朱墨校改審係顧千里手跡，於首段序『編為十二卷，精校重刊，略以意類分次其先後，不分體，如他文集者。』廿六字旁加墨叉，蓋不以其編體為然。卷五〈原象〉篇末段氏附識『嘗分析數十章』六字旁加墨勒，《札記》中亦多加墨叉者。知此校當在論學交惡以後。」王先生又云：「先兄蔭嘉得自莫氏銅井文房。及余得陳碩甫校《經韻樓集》，因以見貽。」此跋吾師徐先生已整理標點，刊於《中華文史論叢》總第十一輯，此從《文史論叢》中錄取。

千里所校是集，現已不知下落。當仍在人間，或日後仍能見之耶？

二十，述學五卷　清汪中撰

《汪氏學行記》卷四載有千里與汪喜孫關於校刊汪中遺稿的若干書札。其中關於校刊《述學》的書札中，有云：「委刊《述學》，茲已竣工，奉上清樣全部。又，前付來底蕖，一併繳呈。新增文一卷，已遵示改名《別錄》矣。此書傳寫之譌，合諸端翁所校，大約已正。惟恐修板或有一二不到處，亦俟教知為幸。」又，葉氏《郋園讀書志》卷十「《述學》」條下曰：此書「當時主校者，為劉端臨、顧千里兩君。」可見千里嘗校訂此書。

二十一，耕學齋詩集十二卷　明袁華撰

　　《蕘圃藏書題識》卷九《耕學齋詩集》「舊鈔本」條下曰：「憶及篋中有舊鈔殘本《耕學齋集》，係王蓮涇所藏，目為葉文莊鈔本，因取覆校此本，乃知此本實從葉本傳錄。惟行款未之遵循耳。覆為校去陸本（按：指陸時化手鈔本）訛字幾處。即如卷十二〈直沽偶成〉，次首「馬牛遺矢滿平川」，曹、陸二本俱誤為「失」。澗蘋云，此「矢」字。及檢葉本，信然。」可見千里嘗校過此集。汪氏《顧千里年譜》亦以為千里嘗校是書。

二十二，古文苑九卷　宋韓元吉輯

　　是書乃得自佛寺龍龕之中，南宋淳熙六年，韓元吉次為九卷。後章樵為之注釋，增為二十一卷，九卷本遂不行。

　　嘉慶丁巳（二年）春，千里得陸貽典家影宋鈔本於顧抱沖小讀書堆。嘉慶己未（四年）、庚申（五年）間，千里謀於仁和孫邦治，欲重刊此書而未果。

　　嘉慶己巳（十四年），孫星衍屬千里校刊是書，千里為之刊於江寧，十月校勘畢。收入《岱南閣叢書》之中。

　　此後，千里於嘉慶庚午（十五年）初，又續校是書，並跋於陸敕先家鈔本上。（見千里校原書）

　　千里校是書時，多與《隸釋》互勘。如卷八〈桐柏廟碑〉此本作「王延壽」撰，千里校：「《隸釋》無撰人。」卷九〈西嶽華山亭碑〉，此本作「衛覬」撰，千里校：「《隸釋》無撰人。」卷五樊毅〈祠西嶽乞差一縣賦發復華下十里以內民租田口筭狀〉，千里校：「《隸釋》：樊毅〈復華下民租田口筭碑〉。」此文中「雪未消澤」，千里曰：「《釋》作『澤』，章樵改『釋』非。」等等，俱是其例。

　　此外，千里還多以《初學記》、《藝文類聚》等類書與之校勘。如卷一董仲舒〈士不遇賦〉，千里校曰：「《藝文》卅，有可訂正處。」卷二劉歆〈甘泉宮賦〉，千里校曰：「《藝文》六十二與此多不同，當校。」李尤〈函谷關賦〉，千里校曰：「《初學記》七載前半，《藝文類聚》六載後半。」崔寔〈大赦賦〉，千里校曰：「《藝文》五十二同此，《初學記》廿刪節。」又卷三〈枯樹賦〉，千里校曰：「《藝文》八十八刪節。」凡此，不一而足。由此可窺見千里校書之方法，

亦多有補於治漢魏六朝之文學者。

千里批校的陸氏鈔本，後歸晜里瞿氏。《鐵琴銅劍樓藏書目》卷著錄：「《古文苑》九卷，影宋鈔本」，跋曰：「舊為趙凡夫所藏，孫岷自、陸敕先假得葉林宗鈔自趙本者傳錄，又從錢遵王假舊鈔本參校，遂為是書善本。今本陽湖孫氏所刻，即從此出。」下面錄有孫岷自跋語。又云：「卷首有『陸貽典印』，『陸氏敕先收藏書籍』、『廣圻審定』、『顧澗蘋藏書』諸朱記。」是書現存北京圖書館，筆者嘗得寓目。其《善本書目》卷八著錄：「《古文苑》九卷，明崇禎十四年孫江、陸貽典家鈔本。孫江跋，陸貽典、顧廣圻校並跋」者，即此書。

此外，日本《靜嘉堂秘籍志》卷四十七著錄：「《古文苑》九卷，顧千里校宋本。」河田氏案曰：「卷首有嘉慶十四年己巳十月顧廣圻序」，則此書為孫星衍重刻之本，千里又覆以宋本校之者。

二十三，續古文苑二十卷　清孫星衍編

《平津館叢書》本《續古文苑》前，有孫星衍於嘉慶丁卯（十二年）二月所作的〈序〉云：「為予討論有顧君千里，凡得書二十卷，作者若干家，付之剞劂，以廣流傳。」乃千里為之校勘督印。又，千里在〈廣復古篇序〉中，也曰：曾為「淵翁校刊《續古文苑》」等書。可知此書千里曾經校過。

二十四，文選注六十卷　唐李善注（又，六臣注）

嘉慶元年，千里以陸敕先覆校馮氏本及周錫瓚所藏殘宋尤袤刻本細校《六臣注》本，曰：「閱時之久，幾倍馮、陸。補其漏略，正其傳譌，……意欲準古今通借以指歸文字，參累代聲韻以區別句逗，經史互載者考其異，專集尚存者證其同，而又旁綜四部，雜涉九流，援引者沿源而溯源，已佚者借彼以訂此。」千里此時已欲撰《文選考異》，且已有初步規橅。

次年，千里嘗重新校閱一過《文選》。（見《文祿堂訪書記》卷五）

嘉慶九年，見到孫志祖氏所撰《文選考異》，千里以為不足道，跋於書後。

嘉慶十一年，阮元跋於《增補六臣注文選》上曰：「馮寶伯據晉府諸本校本，陸敕先據遵王宋本校本，顧澗蘋校周氏藏宋尤袤槧本校本，又顧另有按語用墨筆，皆著名，今以墨筆臨寫。」（《文祿堂訪書記》卷五）可見千里校本，當時已為人所重。

　　嘉慶十二年，千里自江寧歸蘇州，時黃丕烈得宋尤袤刻本李善《文選注》。（黃丕烈〈宋本輿地廣記序〉），顧千里與彭甘亭告知正在蘇州任布政使的胡克家，胡氏從黃丕烈處借歸，由千里主持校勘翻雕。千里參核何義門、陳景雲的校本以及袁州刻本、茶陵刻本等，撰《文選考異》十卷，與其事者有彭兆蓀。（按：關於胡刻《文選考異》的作者為顧千里，筆者有另文辨證，此不贅論。）至嘉慶己巳（十四年）二月，《文選》刻成，是為著名的胡氏刻本。

　　《文選》刊行以後，顧千里並未就此而滿足，相反，他繼續進行校勘。據筆者所見的顧校《文選李注補正》中，千里有「庚寅」年，即道光十年的校語。可見千里治《文選》幾終其一生。故近人李詳稱其為清代四大選學家之一。（見宣統三年《國粹學報》總第七十九期：〈愧談叢錄〉。）

　　千里手校的《文選》，現未見流傳。《北京圖書館善本書目》卷八著錄：「《文選注》六十卷」，「明末毛氏汲古閣刻，清乾隆二十七年楊氏儒纓堂重修本。阮元跋並臨馮武、陸貽典、顧廣圻校跋。」此似《文祿堂訪書記》中著錄者。

二十五，文選理學權輿八卷補一卷　清汪師韓撰　孫志祖補

　　王欣夫先生《蛾術軒篋存善本書錄》清稿本第二十四冊著錄：「《文選理學權輿》八卷《補》一卷」，為「嘉慶戊午石門顧修讀畫齋刊初印本，元和顧廣圻手校，貴池劉慎詒手跋。」王先生曰：「此本經顧千里朱、墨筆評校，卷二下有墨筆『廣圻案』一條，末題『己巳三月十八日燈下得此。』案是時正為胡果泉撰《文選考異》，知以此作參考也。」此條書錄，吾師徐先生已整理標點，刊於《中華文史論叢》七九年第三輯中。書錄中詳載千里校識語，不一一贅錄。

二十六，文選考異四卷　清孫志祖撰

　　千里於嘉慶甲子（九年）十一月，跋是書，以為「既鮮精深，亦未閎富。」並先後對此書多有批校。筆者嘗見王欣夫先生一過錄的顧千里校本，對孫氏的校語，多加辨正。其內容主要有以下幾個方面：

　　其一，認為孫志祖校古書而不懂音韻。如卷一〈魏都賦〉「隔蹻奕世」，孫志祖認為「『世』不叶。」千里批云：「全不曉韻，如何讀《選》！」卷三〈山鬼〉「風颯颯兮木蕭蕭」，孫志祖校曰：「《文苑》作搜搜。」千里批識：「全不曉韻

故耳。」

其二，認為孫志祖不明《文選注》的義例。如卷三，千里有批識曰：「凡李《注》例，但取義同，不拘語倒。如引『子孫』，注『孫子』；引『蠻荊』，注『荊蠻』；引『瑟琴』，注『琴瑟』，隨舉可證。」「侍御讀《李注》不熟，遂據誤本矜獨得之秘耳。」

其三，認為孫志祖所據的材料不可靠，引用材料不注明出處。如卷一〈吳都賦〉中，孫志祖引《字彙補》，認為「封狶虥」之「虥」字誤。千里批曰：「《字彙補》豈可據以證《選》乎？」〈鵬鳥賦〉，「變化而嬗」，孫志祖引許慎語，疑「嬗」為「嬗」字的異文，認為：「嬗，古禪字代也。」千里批曰：「何至剿顏《漢書注》耶？」卷三〈陳情表〉「是以區區不能廢遠」，孫志祖認為「『不能』，《華陽國志》作『不敢』。」千里批曰：「《蜀志注》引耳。今《華陽國志》無。道聽途說，豈不可笑。」

其四，糾正孫志祖《考異》中的一些具體錯誤和不足。比如，卷一，〈神女賦〉關於宋玉、讓王孰人入夢事，孫志祖認為：「趙曦明云，二賦，〈高唐〉之末日，王將欲見之云云。〈神女〉之起曰：其夜王寢，果夢與神女遇。上下緊相承接，逗得欲見者是襄王，入夢者反不是襄王而是宋玉？《容齋五筆》所載，其謬固有不待辨而可明者。」千里批曰：「今考得五臣本與善本『王』、『玉』字相反，自來所說，沈存中、姚令威大旨已得，但欠細分析。」「如侍御者，夢囈而已。」又如，卷四〈郭有道碑文〉：「以建寧二年正月乙亥卒。」孫志祖曰：「按《水經·汾水注》，作建寧四年正月丁亥。趙一清曰，《漢隸字源》載此碑，作『乙亥』。《文選》同。《後漢書·靈帝紀》建寧四年正月甲子。是有乙亥無丁亥，注文誤。」千里批云：「案，《後漢書》本傳，建寧元年云云，明年春卒於家，時年四十二。章懷《注》引〈謝承書〉，泰以建寧二年正月卒。〈謝承書〉亦云《水經注》，獨云四年正月丁亥疑誤。」「今案，泰卒於二年無疑。唯考《通鑑》，劉羲叟《長歷》，是年正月甲辰朔，無乙亥。則乙亥二字當仍有誤，難以定也。」「又案，劉羲叟《長歷》，二年正月甲辰朔，無乙亥。二月癸酉朔，乙亥在二月三日。四年正月壬戌朔，乙亥在正月十四日，丁亥在正月廿六日，孫志祖全錯。」

凡此之類，難以偏舉，可見千里校書之精嚴。千里的批校，指出了孫志祖的欠

缺，表達了他的校勘見解，多可與胡刻《文選考異》相參證。但正如王欣夫先生所指出的「於怡谷盡情譏彈，咄咄逼人」（《蛾術軒篋存善本書錄》清稿本第二十四冊），此乃其不足處。

關於此書的流傳情況，王欣夫先生在《蛾術軒篋存善本書錄》中有所記載，云：「一九二八年冬，余友婿貴池劉慤夫遺書散出，購得讀畫齋初印本《文選理學權輿》三冊，《文選李注補正》一冊，審係顧千里手校。中夾揚州玉書堂書坊書單一張，有批校《文選》五冊，價十六元。則原有《文選考異》一冊，三種本全，乃遍尋不得，不知遺落何所，深為惋惜。後數年，於坊間觀獨山莫氏銅井文房藏書，忽見無名氏臨校《考異》一冊，大喜過望，持不釋手。賈人因疑為千里真跡，索值殊昂，力不能得，則商請持尋錄付。猝求讀畫齋原本不得，得此翻刻本，竭一宵之力，照臨之。」王欣夫先生這裏所云「不知遺落何所」的千里校讀畫齋本《文選考異》，承揚州市圖書館古籍組告知，現存於江蘇興化縣圖書館。顧起潛先生云，此書原為李詳購得。如是，則千里所校《文選》三種，可望合璧有日矣！

二十七，文選李注補正四卷　清孫志祖撰

千里此書，殆也是撰《文選考異》時所參證者。其校本筆者嘗見之，底本為讀畫齋刻本。千里在批校中，也多糾孫志祖之誤。比如，卷一〈西征賦〉「明三敗而不黜」，《注》言「『三』未詳。」孫志祖《補》曰：「許云，案彭衙之敗，在文二年春。是年冬，晉及宋、鄭、陳伐秦，取汪，及彭衙而還。是亦晉勝秦敗，並前殽之役為三敗。」千里批曰：「考此役，秦未嘗及晉師戰，其非孟明將而敗不待言。何得強取以足三敗耶？」又曰：「古人讀書，自有義例，未策乃侈口妄議，切戒之。」類似的例子尚多，俱可與《文選考異》互相參證。

書中有貴池劉慎詒手跋，曰：「怡谷此書，王蘭泉稱為詳覈，李蒓客稱為古義湛然，精覈不苟。而千里此校則惡謔毒譏，體無完膚，與所校《考異》同。於〈序〉後大書『毫不足觀』四字，概相抹煞。考書中校語署年者，有『嘉慶十三年戊辰』，『十四年己巳』，『道光十年庚寅』。千里為胡果泉校刻《文選》及撰《考異》，刻成在己巳，則戊辰、己巳，正在為撰《考異》時，故有取此書作參考。乃庚寅之去戊辰二十三年，千里亦六十五矣，然仍研摩不輟，其果毫不足觀，

何如此之不憚煩耶？以千里吹求之深，糾繩之嚴，全書約占十分之三四，然則其餘六七正可見其考覈之精，無可非議。怡谷著書之精華，反因之而彰明，於怡谷何損哉。若能研究是非，平心討論，自附諍友，豈非交得其益！惜千里不知出此而徒事囂囂。」這也是一種看法，錄以備檢。

此書後亦歸王欣夫先生所得，其《蛾術軒篋存善本書錄》第二十四冊著錄曰：「《文選李注補正》四卷一冊」，「清仁和孫志祖撰，嘉慶戊午，石門顧修讀畫齋刊初印本，元和顧廣圻手校，貴池劉慎詒手跋。」

二十八，松陵集十卷　唐陸龜蒙編與皮日休倡和之作

據《書跋》所載，千里校跋此書凡二種。一為顧抱沖小讀書堆舊藏的毛斧季、陸敕先校本，一為千里於乾隆甲寅（五十九年）九月手臨的校本。

千里於嘉慶丁巳（二年）校自己所臨本，於九月廿一日跋之，並將是本歸黃丕烈，黃丕烈跋曰：「毛斧季校本《松陵集》，余於數年前從邵書友處見之，而未及購買。後聞其歸於顧抱沖，遂從借歸，擬傳錄一本，因循不獲從事，而抱沖已作故人，書猶未還，心殊怏怏。抱沖從弟澗薲適館余家塾，出其所傳錄本為贈。凡書中佳處，悉載於後跋，與斧季手校真本無毫髮之異矣。而抱沖藏本有手鈔何小山跋語一紙，余又傳錄於此，一以見昔人校書之勤，一以見故友藏書之善。今而後校本《松陵集》之可寶，不僅以斧季手跡為重也。至抱沖之本所校宋刻精妙處，澗薲當紙為摘出，俾抱沖遺孤成立讀之，益加明瞭，豈不快乎？黃丕烈此跋乃作於「嘉慶二年九月二十二日」，即千里贈書之次日。至九月二十三日，千里又跋於小讀書堆所藏本上，其跋語與跋於影摹本者大致相同，見《書跋》所載，此不贅錄。

千里所跋的小讀書堆原藏校本，未見著錄，或已不存。而千里所跋的迻摹本，則歸於北平圖書館。趙萬里先生一九三三年主編《北平圖書館善本書目》卷四著錄：「《松陵集》十卷」，「汲古閣刻本，顧千里校並跋，黃丕烈跋。」而王重民先生《中國善本書提要》集部總集類亦著錄此書，曰：「按此本為顧廣圻手迻毛扆校宋本，其原委具詳諸家題記。毛扆辨字體一跋，開盧抱經、黃蕘圃之先聲，在校勘學上頗為重要，特為刊布。至於毛校原本，則恐久已不在人間矣。」毛氏跋頗長，此不贅錄。又，此書《北京圖書館善本書目》未著錄，不知尚存否？

二十九，文苑英華辨證十卷　宋彭叔夏撰

《書跋》著錄有千里校跋之《文苑英華辨證》，千里曰：「乾隆癸丑十月校畢記。」則千里當校過此書。

鮑廷博於乾隆乙卯，將千里所校之本刊入《知不足齋叢書》，則其風貌猶存。

三十，唐文粹一百卷　宋姚鉉編

千里晚年致力於唐代文獻整理，多收集唐集，於道光丁亥（七年）「有《文粹》辨證之役。」故校勘是書用力甚勤。

千里手校明嘉靖徐焴刻本《唐文粹》，筆者嘗得寓目，朱墨燦然，誠可寶貴。書中多標有校勘之時間，據考訂，千里校是書的經過大致如下：

嘉慶丙子（二十一年）七月，千里嘗校是書。殆在《全唐文》局，以此書參覈。

道光乙酉（五年），千里始全力校勘是書。是年六月至九月，借孫古雲家殘宋本《文粹》，校於徐焴刻本上，時或每日兩卷，校畢後，逐一記於卷末，故歷歷可考。

校畢一過，於是年十二月再讀此書。

次年，又於一月，九月，十月至十二月，陸續覆校之。多以唐集與之互勘。千里自己亦云：「道光丙戌，在揚州校刊姚鉉《文粹》，因徧搜唐集之存於今者，互相勘訂。」

到道光丁亥，千里又三校之。可知千里於三年之中，曾反覆以殘宋本及各種文集，細校此書。

千里所校的內容，後林志垣氏曾錄出部分，與江沅的校本互勘，撰成《校勘記》，附於《四部叢刊》影印的《唐文粹》後以行。然細檢中，覺林氏《校勘記》中，頗有錄之未詳之處，下略擇錄如下：

卷九，歐陽詹〈懷忠賦〉「丙寅歲，因受譴季冬之月次於殷。」千里校：「『譴』當作『遣』。〈西江池記〉『某因受遣，觀光上國』可證也。〈記〉作於貞元五年，此『丙寅』者，二年也。以八年登第。見〈哀辭〉。」

卷三十二，褚遂良〈唐太宗文武皇帝哀冊文〉「瑤華方薦，仙舟劍術」，千里校：「『劍』當作『歛』。

卷六十二，柳宗元〈衡山大明寺律和尚塔碑銘〉「廣德二年始立大明寺於衡

山」，「乾元三年又命衡山立毗尼藏。」千里批校曰：「《集注》以史考之，則乾元當在先，廣德當在後，當是乾元字誤矣。一本於此特曰『某年』，疑之也。」

卷六十九，柳宗元〈唐監察御史周公墓碣銘〉「有唐貞臣汝南周氏諱某，字某，以諫死，葬於某。貞元十二年，柳宗元立碣於墓左。在天寶年。」千里批曰：「《集》，臣周子諒也。」又曰：「開元二十五年四月，子諒以監察御史彈牛仙客非才而死。此云『天寶』，誤也。」

卷八十六，田弘正〈與李教書〉。千里改「教」作「勃」，又曰：「『勃』，當作『渤』。渤字潘之。《舊書》本傳，穆宗即位，召為考功郎。未幾，請告。會魏博節度使田弘正表渤薦副使。」凡此之類，俱有助於治唐代文史者參考。

千里所校《唐文粹》，後歸罟里瞿氏。《鐵琴銅劍樓藏書目》卷二十三著錄：「《唐文粹》一百卷，明刊本。」曰：「澗薲顧氏以宋刻殘本校其半餘，據本集及《文苑英華》參酌校定，補正脫誤甚多。後有重刊此書者，是本其珍珠船也。」以所見觀之，瞿氏之語不誣也！是書現存於北京圖書館。其《善本書目》卷八著錄：「《重校正唐文粹》一百卷」，「明嘉靖三年徐焴刻本，顧廣圻校並跋。」即此書。

千里所據校的宋刻殘本《唐文粹》，現也存於北京圖書館。《善本書目》卷八著錄：「《文粹》一百卷」，「宋紹興九年臨安府刻本，缺葉顧廣圻抄補。」

此外，《北京大學圖書館藏李氏書目》著錄有：「《唐文粹》一百卷（存卷一一六十八）」「元刻本（有抄配缺葉，顧千里，李木齋跋）」，殆也是千里據校之本。

三十一，全唐文

千里嘗參與校勘此書。嘉慶甲戌（十九年），孫淵如應「鹽政阿公聘，校刊《全唐文》」（見張紹南《孫淵如年譜》），千里應孫淵如之請而參與《全唐文》之校勘。現《集》卷六所載〈與劉金門宮保書〉及〈與吳山尊學士書〉，即是千里與他人討論《全唐文》中校勘的書札，其中所涉〈謁五陵赦〉、〈上尊號制〉的錯簡問題，可與《唐大詔令集》條下互參。由此亦可窺見千里校勘之一斑。

三十二，西崑酬唱集二卷　宋楊億編

千里所校此書，筆者嘗得寓目。底本為明末馮班鈔本，多有殘損。末有千里跋語，《書跋》中已收錄。據筆跡，似千里早年所書。書中有「樸學齋」（朱方）、

「歸來草堂」（朱方）、「石君」（朱方）、「彭城仲子審定」（朱長方）、「戈小蓮秘籍印」（朱長方）、「半樹齋戈氏藏書印」（朱方）、「臣戈載印」（白方）、「順卿」（朱方）及鐵琴銅劍樓藏書章等印記，又有葉萬、何小山的題識。由藏書章可知，原為戈氏半樹齋藏書，後為瞿氏所收。《鐵琴銅劍樓藏書志》卷二十三著錄：「《西崑酬唱集》二卷，舊鈔本。」

此書現藏北京圖書館，其《善本書目》著錄：「《西崑酬唱集》二卷」，「明末馮班抄本，馮班跋，葉萬、何煌、顧廣圻校並跋。」即為此書。

三十三，虛齋樂府二卷　宋趙以夫撰

黃丕烈原藏有錢遵王鈔本和汲古閣毛氏景宋鈔本的《虛齋樂府》。（見《蕘圃藏書題識續錄》卷四）千里館於士禮居時，曾為黃氏以兩本互校，並跋於述古堂景宋鈔本後。

千里批校的錢氏述古堂鈔本，後入涵芬樓。《涵芬樓燼餘書錄》著錄：「《虛齋樂府》二卷，景宋鈔本」，為「顧千里校，錢遵王，黃蕘圃舊藏」者，並云：「其詞四庫未收，汲古閣毛氏亦未刊行。是本前有淳祐己酉自序，上下二卷。詞凡六十八調，半葉十行，行十八字。卷末有『臨安府棚北睦親坊南陳解元書籍舖刊行』一行。每葉闌外有耳，署『錢遵王述古堂藏書』，蓋錢氏據宋本影寫也。」下面錄有黃丕烈，顧千里跋。

此書現存北京圖書館，其《善本書目》卷八著錄：「《虛齋樂府》二卷」，「清初錢氏述古堂影宋鈔本，顧廣圻校並跋，黃丕烈跋。」

三十四，文心雕龍十卷　梁劉勰撰

千里於乾隆甲寅孟冬，與黃丕烈共校此書。據李慈銘《越縵堂日記》云：「顧、黃二氏據元刻、弘治活字本、嘉靖汪一元本，朱墨合校，足為是書第一善本。」而楊明照先生曰：顧、黃二人除用以上三本外，還采用了「謝恒鈔馮舒校本」，曰：「黃所校元刊本及謝鈔本用朱筆，所校活字本及覆刻汪本則用墨筆；顧所校四本，皆用墨筆。一覽即曉。尤足尚者，所據元刊及弘治活字本今已不可復得，……。」（見《文心雕龍校注拾遺·附錄》）黃、顧校本足可珍視。

千里與黃丕烈合校之書，後為譚復堂所得。《復堂日記》卷四云：「《文心雕

龍》，黃叔琳本，顧廣圻校。」卷五云：「顧千里傳校《文心雕龍》十卷，蓋出黃蕘圃。蕘圃則據元刻本、弘治活字本、嘉靖汪一元刻本，朱墨合校，足為是書第一善本。」又云：「予就顧校擇要錄入鄂刻卷中。」

千里此校本現不知仍存於世間否。而過錄千里之校本，則有見於著錄者。

陳準〈顧黃合校文心雕龍跋〉云：「餘杭譚中義藏有顧、黃合校本十卷，至詳。吾邑孫仲容先生假此本傳錄。乃從孫先生所校本轉迻書眉，以留其真，蓋抑劉氏之幸矣。」（見《圖書館季刊》一九二八年第二卷第二期）孫詒讓過錄本，現存於杭州大學。《杭州大學圖書館善本書目》著錄：「《文心雕龍輯注》十卷」，為「乾隆六年（一七三七）刻本，清孫詒讓臨黃丕烈、顧廣圻諸家批並校識，有『玉海樓藏印』，二冊。」

楊明照先生也藏有一「傳錄黃丕烈、顧廣圻合校本」，楊先生以為「有此傳校之本，亦仿佛廬山真面也」。（見《文心雕龍校註拾遺・附錄》）

此外，據詹瑛先生《文心雕龍板本敘錄》云，有「顧譚合校本《文心雕龍》」，曰：「北京大學藏，四冊，底本為萬曆刊楊升庵評點梅慶生音注本。卷首『華陽鄭氏百瞻樓珍藏圖籍』印，目錄下有『華陽鄭言』印。目錄後注：『此篇假萬松蘭亭齋抄迻顧千里、譚復堂兩先生評校本，顧用硃筆，譚用墨筆。百瞻樓丙寅夏季標識。』」詹先生以為：「這個本子是顧、黃合斠本的傳校本。」（見《中華文史論叢》一九八〇年第三輯）

還有，除了上述的千里校本外，孫詒讓《札迻》中，還記載有一「傳錄馮舒、顧廣圻校本。」范文瀾先生《文心雕龍注・校勘所用書目》中亦著錄此本。以《札迻》中有關條目與《文心雕龍注》中所引千里校語相勘，發覺間有出入之處。或千里另有一校本耶？因未見流布、記此以俟考。

三十五，蒼崖先生金石例十卷　元潘昂霄撰

千里校跋此書，有數種，現據所見，略敘如下：

是書據千里云，元代有三刻。嘉慶己未（四年）十二月，得元至正戊子（八年）得第二刻，跋於書尾，將此書歸黃丕烈，（按：《書跋》卷四載此書跋語，稱此本為「明朝鮮刻本」。）易得黃氏所收的第三刻和盧文弨刻本。不久，所謂元代的「第三刻」又

歸袁綏階。

後，千里嘗以顧抱沖所藏的鈔本（從第一刻者出）及所謂的「第二刻」本校盧雅雨刻本，跋曰：「舊鈔本行段全異。蓋從至正五年本出。盧板則從明年王思明本出也。」又跋曰：「舊鈔本從第一刻出，所有異同，記之如右，千翁。」「又借明年王思明刻本一勘，千翁再記。」（見千里手校盧氏雅雨堂刻本《蒼崖先生金石例》）關於千里校跋此書的時間，書中未署明年代，僅於卷五末曰：「四月初七日燈下勘至此卷。」考此署名為「千翁」，當為千里晚年所校。又《書跋》卷四有千里跋於吳有堂所贈此書的跋語，為「甲申之春」（道光四年春）所題，或校此本亦在此時耶？

千里所校跋的諸本，其流布情況大致如下：

千里所跋的「第一刻」，後歸瞿氏鐵琴銅劍樓，其《藏書目》卷二十四著錄：「《蒼崖先生金石例》元刊本」，曰：「舊為曝書亭藏書。」至正五年，係「此書初刻本也。」「後有黃蕘圃、顧澗蘋題識。」或顧抱沖之鈔本即自此出耶？

千里所跋，後歸黃丕烈的「第二刻」，後入北平圖書館。《北平圖書館善本書目》卷二著錄：「《蒼崖先生金石例》十卷」，「明朝鮮刻本，顧廣圻跋。」對於此稱「朝鮮刻本」，王重民先生頗以為不妥，云：「此本即徐氏積學齋翻刻底本，諸家所認為元至間第二刻本者。《北京圖書館善本書目》題為『明朝鮮刻本』，不知何所據而云然？若因此本用高麗紙刷印，（似是高麗紙，然或為滇、蜀所產）則為懸想過敏所誤矣。余閱高麗刻本稍多，覺其不若是，因仍題為元刻。」見（《中國善本書提要》集部詩文評類）《書跋》題「明朝鮮刻本」，殆即沿《北圖書目》之說也。

再，吳有堂贈千里之書，現存北京圖書館，其《善本書目》著錄：「《蒼崖先生金石例》十卷」，「明刻本，別卷附錄一卷，清抄本，顧廣圻校並跋。」

此外，還有千里據舊鈔本及「第二刻」本所校跋的盧氏雅雨堂刻本，後為李木齋所得。其書前有李氏貼籤，跋曰：「壬午夏，偶遊金陵市上，以番并二枚購得雅雨堂刻本《金石三例》。內《金石例》一種，經舊人以元刻暨舊鈔本校過，末署『千翁』……。」此書現藏北京大學圖書館，其所藏《李氏書目》著錄：「《金石三例》」，「清乾隆二十年雅雨堂刻本」。「《金石例》，顧千里據元刻本及抄本校。李木齋跋。」

顧千里題跋書目考略

說明：凡係校本有題跋者，此不再重複著錄。凡顧千里抄補之書，則一併收錄。

經　部

一，大學合鈔六卷　稿本

　　見《書跋》卷一，《集外書跋輯存》經部。

二，新集古文四聲韻五卷，鈔本

　　見《書跋》卷一。

三，六書統溯源十三卷，元刻本

　　見《書跋》卷一。

四，六書說一卷，刻本

　　見《書跋》卷一。

五，字林考逸八卷，鈔本

　　見《杭州大學圖書館善本書目》卷一。

六，新刻漢石經殘字

　　見《獨抱廬叢刻》本《新刻漢石經》，《集》卷十六。

史　部

一，後漢書補注二十四卷　稿本

　　見《北京大學圖書館藏李氏書目》史部。

二，前漢紀三十卷，後漢紀三十卷　明刻本

　　見《書跋》卷二。

三，通鑑紀事本末四十二卷　宋刻本

　　見《藏園群書題記初集》卷二，《書跋》卷二，《北京圖書館善本書目》卷二
　　（下簡稱《北圖善本目》）。

四，大金國志四十卷　鈔本

　　見《書跋》卷二，《上海圖書館善本書目》卷二（下簡稱《上圖善本目》），《集
　　外書跋輯存》史部。

五，三輔黃圖六卷　明刻本

　　見《書跋》卷二，《鐵琴銅劍樓藏書目》卷十一（下簡稱《瞿目》），《北圖善
　　本目》卷三。

六，元和郡縣志四十卷　鈔本

　　見《書跋》卷二，《瞿目》卷十一。

七，剡錄十卷

　　見《蕘圃藏書題識再續錄》卷一。

八，吳郡圖記續記三卷　鈔本

　　見《書跋》卷二，《集外書跋輯存》史部，《持靜齋書目》卷二，《涵芬樓燼
　　餘書錄》，《北圖善本目》卷三。

九，景定建康志五十卷　鈔本

　　見《書跋》卷二，《集外書跋輯存》史部，《愛日精廬藏書志》卷十六。

十，咸淳臨安志十五卷

　　見《士禮居藏書題跋記》卷二。

十一，新定續志十卷　宋刻本

　　見《書跋》卷二，《書跋集外輯存》史部，《傳書堂善本書目》。

十二，河朔訪古記二卷　鈔本

　　見《書跋》卷二，《書跋集外輯存》史部。

十三，翠微先生北征錄十二卷　元鈔本

　　見《書跋》卷四，《集外書跋輯存》集部，《瞿目》卷二十一，《北圖善本

目》卷二。

十四，太常因革禮一百卷　鈔本

　　見《書跋》卷二，《瞿目》卷十二。

十五，傳是樓書目不分卷　鈔本

　　見《書跋》卷二。

十六，慈雲樓藏書志五十卷

　　見《書跋》卷二，《善本書所見錄》。

十七，澹生堂書目　鈔本

　　見《上圖善本目》。

十八，金石萃編補正四卷，鈔本

　　見《書跋》卷二，《集外書跋輯存》史部。

十九，金石補編目錄一卷　稿本

　　見《北圖善本目》。

子　部

一，外臺秘要方二十二卷　宋刻殘本

　　見《書跋》卷三。

二，孫子算經三卷　宋刻本

　　見《書跋》卷三，《集外書跋輯存》子部，《滂喜齋藏書志》卷二，《上圖善
　　本目》卷二。

三，九章算經五卷　宋刻本

　　同上。

四，張邱建算經三卷　宋刻本

　　同上。

五，清河書畫舫十二卷　鈔本

　　見《書跋》卷三。

六，淮南天文訓補注二卷　鈔本

　　見《書跋》卷三，《集外書跋輯存》子部，《傳書堂善本書目》卷七。

七，學齋佔畢四卷　鈔本

　　《書跋》卷三，《集外書跋輯存》子部，《士禮居藏書題跋記》卷四，《涵芬樓燼餘書錄》，《北圖善本目》卷四。

八，曲洧舊聞十卷　刻本

　　見《書跋》卷三，《集外書跋輯存》子部，《適園藏書志》卷四。

九，唐摭言　鈔本

　　見《北圖善本目》卷四。

十，四朝聞見錄五卷　鈔本

　　見《傳書堂善本書目》卷八。

十一，博物志

　　見《青鶴》雜誌民國二十三年十六期，《宋元善本存目》中著錄。

十二，鐵圍山叢談殘本二卷　鈔本

　　見《書跋》卷三，《集外書跋輯存》子部。

十三，玉照新志五卷　鈔本

　　見《書跋》卷三，《集外書跋輯存》子部，《皕宋樓藏書志》卷六十三。

十四，賓退錄十卷　鈔本

　　見《書跋》卷三，《集外書跋輯存》子部，《皕宋樓藏書志》卷六十三。《靜嘉堂秘籍志》卷二十七。

十五，金陵瑣事四卷　刻本

　　見《書跋》卷三。

十六，列子考異一卷　鈔本

　　見《書跋補遺》。

十七，南華真經十卷　刻本。

　　見《上圖善本目》卷三。

集　部

一，嵇康集十卷　鈔本

　　見《書跋》卷四。

二，鮑氏集十卷　鈔本

　　見《書跋》卷四，《集外書跋輯存》集部，《瞿目》卷十九，《蕘圃藏書題
　　識》卷七。

三，會稽三賦注　宋刻元修本

　　見《北圖善本目》卷六。（抄補）

四，毗陵集

　　見《黃蕘圃年譜》「嘉慶十年」。

五，碧雲集二卷

　　見《書跋》卷四，《集外書跋輯存》集部。

六，杜荀鶴文集三卷　鈔本

　　同上。

七，一鳴集十卷　鈔本

　　見《書跋》卷四。

八，歐陽文忠公居士全集八十卷　鈔本

　　見《讀有用書齋書目》，《北圖善本目》卷六。

九，南豐先生元豐類稿五十卷　續附一卷

　　見《北圖善本目》卷六。

十，後山先生集三十卷　刻本

　　見《北圖善本目》卷六，《藏園羣書經眼錄》卷十三。

十一，和靖先生詩集殘存一卷　鈔本

　　見《北圖善本目》卷六。（抄補）

十二，周益文忠公集一百二十五卷　鈔本

　　見《書跋》卷四。

十三，蘇學士集

　　見《卷庵書跋》。

十四，姜白石集一卷

　　見《書跋》卷四。

十五，中菴詩殘本十一卷　鈔本

　　見《書跋》卷四，《書跋集外輯存》集部，《蕘圃藏書題識續錄》卷六。

十六，僑吳集十二卷　明刻本

　　見《書跋》卷四，《書跋集外輯存》集部，《北圖善本目》卷七。

十七，楚國文憲公雪樓程先生文集三十卷年譜一卷

　　見《北圖善本目》。

十八，丁鶴年集四卷　元刻本

　　見《書跋集外輯存》集部，《士禮居藏書題跋記》卷六，《瞿目》卷二十二。

十九，唐詩鼓吹十卷　刻本

　　見《蛾術軒篋存善本書錄》清稿本，王欣夫先生《藏書紀事詩補正》。

二十，唐歌詩一百卷

　　見《書跋》卷四，《北圖善本目》卷八。

二十一，稼軒長短句十二卷　元刻本

　　見《書跋》卷四，《書跋集外輯存》集部，《北圖善本目》卷八。

二十二，玉琴齋詞　稿本

　　見《書跋》卷四，《書跋集外輯存》集部。

二十三，墓銘舉例四卷　刻本

　　見《北圖善本目》卷八。

二十四，會稽三賦注　宋刻元修本

　　見《北圖善本目》卷六。

顧千里著述目錄

一，思適齋集十八卷

　　道光間，上海徐紫珊刻本。

二，思適齋書跋四卷

　　王欣夫輯錄，一九三五年王氏學禮齋《黃顧遺書》本。

三，思適齋集補遺二卷，再補遺一卷

　　同上。

四，思適齋集外書跋輯存

　　蔣祖詒會輯，鄒百耐增印，一九三五年印本。

五，思適齋筆記

　　原書已佚。〈百宋一廛賦注〉、《撫本禮記考異》中間可見一二條。

六，思適齋遺書

　　王欣夫先生會編，未刊。（按：此書已由北京中華書局於 2007 年出版，名《顧千里集》，可參見拙文該書〈出版說明〉。）

七，百宋一廛賦注一卷

　　嘉慶間士禮居刻本，光緒間，潘祖陰重刊。又，《思適齋集》中收錄。

八，撫本禮記考異二卷

　　嘉慶間張敦仁摹宋撫州本《禮記鄭注》二十卷《釋文》一卷後所附。或署名為「張敦仁」撰。

九，說文辨疑一卷

　　光緒間崇文書局刊本，又，有鈔本。

十，說文條記一卷

　　有鈔本。《聚學軒叢書》附《辨疑》後。

十一，說文說

馬絞倫《清人所著說文之部書目初編草稿》著錄，原書未見。

十二，說文考異五卷

鈔本。

十三，國語札記一卷

嘉慶間士禮居影宋本《國語》後附，題「黃丕烈」撰。實出千里手，筆者有考。

十四，戰國策札記三卷

嘉慶間士禮居影宋本《戰國策》後附，題「黃丕烈」撰，或云為千里與之共撰。

十五，汪本隸釋刊誤一卷

嘉慶間《士禮居叢書》本。題「黃丕烈」撰，實出千里手，筆者有考。

十六，輿地碑記目四卷　序錄一卷

宋王象之撰，顧千里校輯，上元車持謙補校，道光間上元車氏刊本。

十七，古列女傳考證一卷

嘉慶間顧氏小讀書堆刊《古列女傳》後附。

十八，荀子校記

見王念孫《讀書雜誌》中附錄。

十九，鹽鐵論考證一卷

嘉慶間張敦仁刻本《鹽鐵論》後附，作「張敦仁」撰，實出千里之手，筆者有考。

二十，韓非子識誤三卷

嘉慶間吳鼒刻《韓非子》後附。

二十一，淮南子校記

見王念孫《讀書雜誌》中附錄。

二十二，履齋示兒編重校補一卷

《知不足齋叢書》本《履齋示兒編》後附。

二十三，邐翁苦口

千里輯《朱子語錄》，嘉慶間張敦仁刻本。

二十四，駱賓王文集考異一卷

　　道光間秦恩復《唐人三家集》本《駱賓王集》後附。

二十五，呂衡州文集考證一卷

　　道光間秦恩復《唐人三家集》本《呂衡州文集》後附。

二十六，釋梧溪集辨譌一冊

　　稿本。

二十七，文選考異十卷

　　嘉慶間胡克家刻《文選》後附，作「胡克家」撰，實出千里之手，筆者有考。

二十八，顧廣圻石刻題跋

　　王欣夫先生《思適齋集補遺》中輯有若干種。又北京圖書館金石組又有《選
　　錄》，載《文獻》雜誌第十二輯。

二十九，顧千里佚文輯錄

　　筆者所輯。

附注：此處著錄之版本等，僅據筆者所見，非敢云千里著述版本盡在於此。

顧千里佚文輯錄

書　札

致盧文弨

　　三月間，於書肆購得近刻《新唐書糾繆》。見第二卷內鄭絪條，第二十卷末三十行，諸是正趙開美本誤處，洵為美善。圻家有一何義門校本，云據鈔本校，大致略同，其間亦有小小異處。如表，賢人君子功名德業之成規（今本無「規」字），何校增「規」字（九卷）。元結猗玗子（今本玗從干），何校改「玗」為「玕」，云〈元次山碑〉作「玕」。考《新唐書·元結傳》，亦作「玕」，惟〈藝文志〉作「猗玕」（九卷）。蕭穎士，〈文藝傳〉蕭穎士（今本二「穎」字俱作「潁」）。何校改「潁」為「穎」（十四卷）。獨〈封德彝傳〉無此為中書令一節（今本無「此」字），何校增「此」字。凡此數條，似有微長。至趙開美本雖有脫誤，然第六卷中云〈王綝傳〉，其孫摶，今案〈宰相世系表〉皆作「搏」，趙本如此，與《新唐書》表、傳石，今本則「搏」字在表，「摶」字在傳，不合。第十一卷中「壏」「丙」，趙本如此，亦與《新唐書·武后傳》合。今本「丙」作「𠀑」，與傳載不合，且「𠀑」，固篆文「天」字，不得謂武后所作。此二條，竊以為疑，幸教之。

附，盧文弨札：

　　顧君以義門蕭穎士改「，穎」為「潁」，殆以《晉書·祖納傳》有「汝潁之士，利如錐」語耳。案，穎士字茂挺，則明是「苕穎」、「脫穎」之穎，即楊汝士字慕巢，亦無取乎利錐之語也。至武后所作𠃚、𡆠、埊，何嘗不本篆文來，此尚不可全據也。

（見武英殿聚珍版《新唐書糾繆》後所附）

致周春

承示《衡州文集》一冊。弟查竹垞《勸刻秘本書目》云：「余家有寫本《衡州集》五卷，及借范氏天一閣寫本校對一次，其天一閣寫本則每卷分為二卷，共為十卷。究莫定其為誰氏所分也。且范氏寫本其中〈鹿賦〉，一篇，兼多誤字，不及余家藏本之善，洵秘寶也。」以上竹垞《書目》云云。今仁兄此冊，得之嘉禾，即竹垞舊藏耳。然前錄之所稱冊數、卷數均不合，或是別一本也。

（見《楹書隅錄續錄》卷四）

致汪喜孫　之一（以下關於《廣陵通典》）

《廣陵通典》自閏月至今，無日不看，僅校定大半。凡校書之法，必將本書透底明白，然後可以下筆，必將本書所引用之書透底明白，然後可以下筆。否則望文生解，或尋覓出處，必致失其本指而不自覺。雖方今宇內頗少能知書之誤不誤者，然潦草塞責，豈見委之意耶？

之二

《廣陵通典》引隋龍舟二百丈，僕改丈為尺。據嚴衍《通鑑補》，此處云高四十五尺，闊五十尺，長二百尺。衍自言用功卅年，可信也。

之三

承委《廣陵通典》之事，將次校畢。第八卷尾元缺十三年，定當如來教，無庸添補。其餘凡張翁有誤改處，已悉改回，並批明其所以然。大率什去其八九，僅從其一二耳。走生平無徇情事，顧勿以失真廑慮。至別有不得不改之處，前信內略舉四例❶。此四例內惟移較多，蓋編年之書，斷不能前後錯亂。其刪、添、改殊少，亦均批明其所以然，大約就原文討論修飾而已，更不至失真也。

之四

尊公大人〈哀辭〉，茲具薰呈上。走之此文，上方屈、宋不足，下比崔、蔡有餘。走無文集，或姑刊諸《通典》後，附以行世。

---

❶　此指〈廣陵通典校例〉。王欣夫先生《王顧遺書》中已收輯，可參見。

之五

《通典》粗已校訖，昨申翁來，於案頭見之。若送彼看，須待來命，走不敢擅專也。又，拙撰〈哀辭〉藁，知已覽及。此文雖未足揄揚尊公於萬一，然其意驚心，其辭動魄。內有二處應注，一言〈知新記〉，一言〈吊黃祖文〉，當再補入錄上也。

之六

《廣陵通典》校訖，尊意欲請李申翁再看，但此時業已寫刻將半，難於又有更改，竟於明年刊成後，印一部請申翁撰足下所言之《考異》，必萬妥萬當矣。

之七

今刷出已印清樣《廣陵通典》一卷。此書不能照某翁意改，誠如尊諭。承委刊校，自當竭某所知，今將某翁所改而不應改者，一概改回。謹將此一卷粗舉為例，草具別紙，並呈俟裁。如其可採，便用此例。如曰不然，望別從尊處底本寫一清本來，以便遵刻。緣前旬旬草本，久已丹黃重疊，一改再改矣。若再下筆，寫樣人斷無從下手故也。至於刊校此書，似不應同某向日刻書之法。言各有當，夫豈一端，想高明能自悟之。

之八（以下關於《述學》）

所論一文兩藁，鄙意不宜兼存。丁小雅論〈明堂通釋〉，二稿併刻，似不甚安。

之九

先藁陸續校寫，其正編大率依劉端翁本，亦有仍元刻及添改處，但無多耳。《續編》僭定處較多，而《外文》，據鄙見，不必盡改，須擇精而載之，方與全書相稱。昨孫淵翁示錄各札，似可不存。今寄呈酌，以為舉例，餘條不一一。

之十

《述學》正文四卷，大抵用端臨先生校居多。《補遺》一卷，專就尊公先生兩次目錄所有為定。其餘概入《外文》。歷次寄下、及孫、段各處之藁，擇載九首，《外文》共得四十首。

之十一

《內篇》以下併為歐體，卓然不朽之書，自非六丁所能取去耳。

之十二

段茂翁家所存，業經取到。校勘鈔錄，魯魚道遠，不及商量往復。隨條黶記，統俟黶正可也。

之十三

委刊《述學》茲已竣工，奉上清樣全部。又前付來底稾，一併繳呈。新增文一卷，已遵示改名《別錄》矣。此書傳寫之譌，合諸端翁所校，大約已正，惟恐修板或有一、二不到之處，亦俟教知為幸。

之十四（以下關於〈知新記〉）

前後寄下草稿具在，並無遺失。若付刊，能如前札所呈，一將各人祭文、行狀彙附《述學》後，唐宋人集之成例也。一將各書散見條，錄彙成一種，略如《潛邱雜記》，大同小異，亦一成例也。未知於尊見有合否？

之十五

尊公先生稿本俱收存，鄙意再四思維，定宜彙為一部別錄，題一新名，內分子目，仍存各種舊名，方為妥帖。

之十六

〈知新記〉俟彙集各種再行勘定。前面白鄭注唐人一條，已在《通鑑·文宗紀》內檢得，絲毫不錯，可見讀書之難矣。若謂《新》、《舊唐書·鄭注傳》無此文，未必非鄭康成注，豈不大錯耶？

之十七

前後寄來各種，雖曾再四躊躇，合為一書，收拾必以乾淨妥當為主，無如年來精力就衰，無能為役，謹總封繳還，幸能諒而恕之。

（以上俱見《汪氏學行記》卷四）

致吳嘉泰　之一

碌碌久未奉書為歉，伏惟侍奉萬福。合譚集慶，是忻是頌。茲有懇者，寶元《集韻》，實為海內寶書，行世頗罕。其曹氏刊板尚存，但殘損小半。弟意欲為之補全，擬募資十分，每分各出元銀叁拾兩，為數尚屬無多，想大雅必樂奮此善舉，慨助一分。其銀望交至舍間。此時補刊，已得過半，年內成工印行，當以書六部作報也。即候懇借，□書即付下為感。專此並候文安。春生一兄先生。廣圻頓首。初九日。

之二

前得來函，深感注存。旅次多冗，未即復候，比想侍奉萬福，文境雙優，以忻以頌。補刊《集韻》，承許售書貼補刊工，銘瀝之至。匠人處此間業經料理，其項會付舍下，倘能於早晚便中擲去，俾應節前之需，尤荷盛情，萬勿遠寄，諸多不便也。順候邇安，不盡。上春生一兄大人閣下。弟顧廣圻頓首。廿五日。

之三

適得《松江詩鈔》一部，其書於小傳、詩話，頗有遺文逸事，可備查檢，聊以上諸鄴架。伏唯曬而存之。餘早晚晤，盡不一一。春生仁兄大人。廣圻頓首。十三日。

之四

日前承枉過，未及謝步為歉。所懇《隸韻》，賴鼎力已成之。陶三兄處弟擬窺清秘，曾代道意否？祈均示知。即此佈請春生仁兄大人臺安。附繳□□南文鈔，並謝。

之五

返舍後，俗事坌集，又將匆匆解維，委寫之件，竟不得捫管，因倉猝為之，必彌增其惡劣也。開春當與觀察詩一併報命，叨在□下必能恕其遲滯耳。草草留致春生一兄大人。廣圻頓首。廿九日。

之六

春翁仁兄左右，送上委寫素冊一葉。拙作五首，頗有關係於經學。故奉乞大雅正之。至所寫目眵手強，略不復成字，非獨不能更作小篆也。□□外拙文一首，友人所刻，並請教，毫筆附繳。令弟四兄有屈被落，不識南還否？念念。草此並問時安，容再面頌。不盡。弟顧千里頓首。端陽後三日。

之七

送到《編年》十八本，望驗收。前諭價數，倘能酌增，則尤好。緣此本雙行，與時本單行者不同也。草草奉讀，並候日安不一。春齋仁兄臺覽，弟顧廣圻頓首。初一日。

（俱從手札原件抄錄）

致顧蒓

南雅先生大兄閣下，昨聞榮轉，喜不可勝。正思馳賀，旋得惠書，藉稔起居康吉，慰甚，慰甚。又續接惠書並漳州經幢，係久訪未得者，謝甚，謝甚。至弟訛傳一說，實出於里中某甲，不謂遠達都中，致勞垂念，感歉交並。弟頑健雖遜前，而自與舊居停洪殿撰分手後，久不飲酒矣。唯失館困頓，時苦肝疾，然尚不劇也。前有一札，佈陳下情，欲求援手代謀位置，交小壻鈕承之寄京，想荷覽及，唯企德音。茲有致王伯申先生信一封，外《荀子》六冊，又諸城劉公官諱喜海信一封，外書兩冊，又外孟慈信一封，統祈分致。瑣瀆為感。此請臺安，不盡。弟千里頓首拜啟。十一月十七日

（見《思適齋集外書跋輯存》前影印原件）

致王引之　之一

晚生顧千里敬啟曼卿先生大人閣下，客冬得《淮南》續刊，伏稔起居康懋，福與時增，載深欣頌。且以謏聞仰獲附青雲而稱後世，忭頌之私，非筆所罄。唯大序獎飾踰分，當之滋忝，尚期刻勵，覬副垂賞於萬一也。先秦各書，想《讀書雜志》均有校本，現刊成若干種，除已見賜外，仍望授讀，曷勝幸甚。前承在此間，惠分清俸，愧感交並，兼悵舟次匆匆拜謁，未克將積年所蓄疑義，一一叩請發蒙。昨檢行篋舊稿，謹錄文一篇，呈求誨正，務希直筆指南，是所翹盼。其餘尚有雜著小

文，未經楷寫，改日統擬續上也。肅此謹請臺安，不盡。顧千里頓首再拜。二月一日上啟。

之二

曼卿先生大人閣下，獻歲由南雅學士付下手書，伏稔侍奉多福，簡轉春官，深為忭慶，並承賜問賤體，曷勝銘荷。前呈《荀子》各條，係就舊時管窺，命人病中錄出，大抵淺近，恐無所當。若得老大人採擇，附《補遺》以傳，榮且不朽，先此鳴悃為禱。去冬寄到惠頒《經義述聞》叁拾貳冊，闡發淵源，懸之國門，洞究聲音文字之原，用袪自古相沿之蔽，使凡後學，既奉寶書，曉然指南，不獨得所遵循。一身私幸，雖委頓之餘，自力不前，轉形悵惘，惟教誨殷勤，始終不棄，倍增感激也。累月以來，末疾殊劇，右手恐廢，有罫仰答，彌懷惶悚，但祈愿宥。肅此敬賀，並以申謝，順請崇安，餘容少閑續布，統望垂鑒，不盡。晚生顧千里頓首。正月廿七日。

（見趙詒琛《顧千里先生年譜》）

致汪閬源

閬翁先生閣下，顧千里原名廣圻頓首，承問刻書避諱，凡係本朝人撰著，無不敬謹改字，其前朝人書，重寫樣者亦然。唯翻宋板，則但鑿去或一二筆、或半個不等。向來如此辦也。草此佈復，不一。廿三日。

（見《思適齋集外書跋輯存》前影印原件）

序跋題識

一，羣經釋地二冊（抄本）　清戴清撰

道光五年五月，寓邗上翠筠館中，鄭新甫司馬持此書見示，率題數字以識時日。元和顧千里。

（據原跋本逐錄）

二，魏三體石經遺字考一卷　清孫星衍撰

宋蘇望氏得魏三體石經數紙，其字斷剝，字多亡缺，取其完者摹刻之，題曰

《石經左傳遺字》。載《隸續》第四卷者，雜糅顛倒，了不可知。今經淵如先生理而董之，分別《尚書・大誥》等篇，於是讀者始憭然也。因思《隸續》第廿四行⊠函⊠，當下接廿六行，⊠冬十，在宣十一年《經》。廿四行⊠，廿五行⊠君子⊠曰⊠善，當是桓六年《傳》，「君子曰善自為謀」。廿九行⊠，當在七行大⊠之間，是〈大誥〉「考翼，不可征」。擬議若此，無以決其必然，書於最後，用備異說云爾。丁卯正月元和顧廣圻跋。

（見《平津館叢書》本《魏三體石經遺字考》）

三，唐石經考異一冊（抄本）　清錢大昕撰

凡《毛詩》內夾籤出臧庸堂手筆，謬妄特甚。今粗用朱筆抹之，其說詳予所辨《毛詩注疏考證》中，此不及細載。

顧千里曰，天下之缺而不可復補者，石刻而已矣。洪丞相《隸釋》、《續》，載石經殘字，孰能補之耶？即如此〈月令〉，不補何損！竹汀先生豈未見朱子書也。補之何益？徒失其真，亦妄作之一端已。

（據原校本迻錄）

四，復古編二卷　宋張有撰

重光大淵獻，用養拙齋影元版鈔本校。養拙齋者，《曝書亭集・漢晏壽碑跋》所稱中吳齊女門顧氏是也。孟陬廿有七日，圻記。

（據原校本迻錄）

五，後漢書補注（抄本）　清惠棟撰

右松崖先生家所寫本，今為揚州陳君穆堂得之，己卯夏五借閱一過。中多鈔胥譌字，不敢輒改。予家有浙人新刻，亦未攜行篋相勘願俟他年卒業云。小門生同縣顧廣圻識。

（據原跋本迻錄）

六，國語注二十一卷（明刻本）　韋昭注

右惠松崖先生校本，真蹟在周漪塘家。近黃蕘圃翻刻明道二年本，予悉取入《札記》中，足以表其微矣。嘉慶甲子重閱記。

明道本為宋公庠先生所亂，惜惠先生所見乃臨陸敕先校本，殊未得真。至惠先生援引他書之說，陳樹華《考證》，輒掃撦略盡，今錄於旁行者是也。異日擬併合為一書，庶小門生區區之意云。顧廣圻記。

（據原校本迻錄）

七，高氏戰國策三十三卷　漢高誘注

此書曾晦於世，得雅雨刻之而後顯，好古之士咸重之。乃予取驗吳師道駁正所稱元作某某者，頗有不合，而於改為某某者，反有合焉，深不解其故。丁巳夏，得影宋抄本一校，今年春，得宋槧本再校，乃知與吳齟齬者，大率文不可讀，則參取以潤色之，出雅雨堂刻是書之所為也。夫傳古書而不傳古書之真，尚得謂之能傳古書乎？雖謂顯而仍晦可也！今悉復其舊，以為蕘圃所藏宋槧之副。期廣與好古之士共之。若云必留此不可讀者為佞宋之病，則請用駁正，比而細讀之，當知其不然也。嘉慶己未二月，顧廣圻記。

（據袁廷檮過錄本迻錄）

八，五代史闕文一卷（抄本）　宋王禹偁撰

九，五代史補五卷（抄本）　宋陶岳撰

乾隆丁未，從程氏蓉江寓館抄得此二種，大約與汲古毛氏及近日伍子田所刊脫誤□耳。後從白華師借得馮知十家藏抄本校一過，遂多補正。家兄抱沖曾用以讎毛本，謂不啻如風庭掃葉也。讀未見書齋中插架略備，而此當未有宋槧名抄者，爰輟是冊為贈。源流所自，未失虞山宗派，姑以充數，或庶幾焉。嘉慶元年十二月小除夕。

（據原校本迻錄）

十，華陽國志十二卷　晉常璩撰

依《目錄》訂之，當作「然」。《水經·潛水注》作「李」，疑李垔用《水經注》改「然」為「李」也。甲戌四月再讀得此條。

又按：《目錄》，桂陽太守然溫，江州人。又有桂陽太守李溫，宕渠人。然則別是一人，但皆為桂陽太守耳。同日再記。

· 345 ·

《目錄》有然溫，無李溫，似脫落不完也。

丁小雅校《目錄》然溫，以為《巴志》作李。向輕信之，遂致大繆。近時人考訂，真貽誤不淺也。昨刊此書已成，始借到丁校，大幸，大幸。初四日燈下記。

（按：以上俱在卷一，「桂陽太守李溫等」句處。）

〈六國表〉云，蜀反，司馬錯往誅蜀守煇，定蜀。〈秦本紀〉昭襄王六年，蜀侯煇反，司馬錯定蜀。《索隱》引《華陽國志》，但云「歸胙於王」，又云「王大怒。」不著何王。小司馬亦不言其有異同，疑今本非唐人所見之舊矣。癸酉五月校。（按：此在卷三）

《通鑑》，「梓潼太守張演委城走巴西」，（句絕）「丞毛植以郡降，蕩進攻博於葭萌」。最是也！

《載記》，「博走葭萌。蕩進寇巴西，巴西郡丞毛植、五官襄珍以郡降蕩。」「進攻葭萌。」最非也！

蓋博本在梓潼，及為蕩所襲而敗退，故在葭萌也。於是張演因博敗，棄梓潼而走巴西。故梓潼無太守，但有郡丞毛植以郡降也。蕩得梓潼郡城，於是進攻博於葭萌。其間蕩無進寇巴西之事，而毛植亦並非巴西之郡丞。《通鑑》不用《載記》，其考訂者精矣！

昨校刊時已訂正此條，但未詳言之，故復著此說如此。甲戌四月十五日。

（按：此在卷八）

裴松之《三國志·費詩傳注》引孫盛《蜀世譜》曰：「詩子立，晉散騎常侍。自後益州諸費有名位者，多是詩之後也。此〈傳〉云「加員外散騎常侍」，即是一人，而云父揖，字君讓，巴西太守。大相違異，所未詳也。甲戌四月再讀。（按：此在卷十一）

（據過錄本迻錄）

十一，輿地廣記三十八卷　宋歐陽忞撰　《札記》清黃丕烈撰

歐陽忞所見《通典》脫誤，與今同，遂刪去「荊治襄陽」一句。按，《通典》云「有州十三（今誤二），司隸荊（今脫）荊河，故注有荊治襄陽。《通考》作「司隸荊豫」，注同，可證。

又，兗理昌邑，涼理武威。今《通典》「兗治武威」，「兗」是「涼」字之譌，《通考》正作「涼」。歐陽忞所見《通典》，譌與今同，遂致下文「涼理武威」復出，而又誤刪之。（按：以上在卷二「三國・晉十九道」條上）

按，卷一，七國楚地不列韶。據此，似彼有脫。南雄州、英州同此。十一月再閱記。（在卷三十五「廣南東路・韶州」條上）

按，《寰宇記》祁州下云，無極縣地，唐景福二年二月，於此置祁州。從定州節度使王處存之請也。仍割無極、深澤之縣以屬焉。此段沿革必在前葉，今失去耳。（在卷十二「深澤縣」條上）

所稱朱校，大率子虛，今見真本，始知其誕罔乃爾。

宋本清楚，並無朱校。此類竟不勝枚舉。知其必非無心偶誤矣。

有宋本者，無朱校也。有朱校者，必宋本之模糊闕損處也。凡既稱「宋本」又稱「朱校」者，全謬。

此後有宋本全無，亦無所謂朱校。細按之，蓋必用別本嫁名耳。作偽心勞日拙，其斯之謂歟。夏方米何苦聽其說謊。（以上在《礼記》上）

（據王欣夫先生過錄本迻錄）

十二，洛陽伽藍記五卷　　後魏楊衒之撰

案，《史通・補注篇》曰，亦有躬為史臣，手自刊補，雖志存貶博，而才闕倫敍。除煩則意有所恡，畢載則言有所妨。遂乃定彼榛楛，列為子注。若蕭大圜《淮海亂離志》、楊衒之《洛陽伽藍記》云云。依此，是在唐時有正文，有子注，今本全為正文，絕非其舊矣。

（據李葆恂重刊吳若準《洛陽伽藍記集證》本所載）

十三，金石後錄（又名《潛研金石目》）二冊　　清錢大昕撰

少詹此目隨得隨錄，故傳本多不同。予從袁壽皆索其副，又用別本增改之。擬將有跋者分甲、乙、丙、丁，標每題上，而硈硈未果也。千里漫記。

增入多出潛研壻瞿木夫手，今已付刻，而每有失次及譌字。此略正之，然未能盡耳。又記。

《茹守福志》，開元十一，此目無。見《養心錄》。

袁綬堦鈔此書與今所刊者多異同。刊本意主增添，而未嘗細為檢照。如增青田石門洞程閱中題名一行，在康衢一行下，郭仲辰一行上，不知郭仲辰以後所注之「同上」（鈔本不云「同上」），皆係承襃城縣玉盆二字。若隔此一行，人必誤認矣。（予今改乙於前。）又如添黃庭堅題淡山巖詩，黃庭堅作已載政和六年九月刻，不當兩見也。又，校讎大欠工夫，如張安國書裴坦語，鈔本云在衡州府者，最是。刊本改「衡」為「蘇」，極誤。衡州、蘇州各有此刻，詳見跋尾。觀之便知，其斷不容改。此類尚夥，無暇悉數。甚矣，著述定本之不易也，庚辰年記。

又如唐節等題名（紹聖四年），亦增添間錯，病中又記。

（據原校本迻錄）

十四，金石目補編目錄一冊

丙戌四月上旬，於上洋黃椒升贈。跋之，與黃別二十年矣。

（據原跋迻錄）

十五，史通二十卷（明刻本）　唐劉知幾撰

此一百九十九字，不當入《曲筆》。李百藥以魏收為實錄，魏徵以王劭為有慚正直，皆子玄所摘鑒識之謬者耳。曲筆者，載事而失，鑒識者，評史乖理，二篇之別在此。甲子九月。（按：在卷九《鑒識》「夫史之曲筆」句上）

（據原校本迻錄）

十六，管子注二十四卷　唐房玄齡撰

「居句」，讀為〈考工記〉之「倨句」，謂侈斂之度也。「如矩」，謂一執新燭，一執將燼之燭，相交，正方如矩也。〈考工記〉於〈磬氏〉曰：「倨句一矩有半」，於〈韗氏〉云：「倨句磬折」，此即「一矩有半」也。於〈冶氏〉云，「倨句外博」，此侈於一矩而不及一矩有半也。於〈匠人〉云，「句於矩」，此斂於矩而不及一矩也。《管子》云，「居句如矩」，則正方也。凡「倨句」連文，猶言大小；折言，則如鉤爪倨牙是也。丁未七月。（按：在卷十九〈弟子職〉篇內）

（據王欣夫先生過錄校本迻錄）

十七，困學紀聞二十卷　宋王應麟撰

《漢書·藝文志》，《蜎子》十三篇，在道家。《史記》「楚王問於范蜎」，徐廣曰：「一作『蠉』，《戰國策》云作『蠉』也。」今《戰國策》作「蠉」，非。即此蜎子《淮南》「蜎」、「蠉」複，當有譌衍。癸亥六月，千里校。（按：在卷十七，宋玉〈釣賦〉條）

（據校本原書迻錄）

十八，道藏目錄詳注四卷　明白雲霽撰

《道藏經目錄》四卷，在英字號，蓋正統刊刻時所編，故列於末。其後「萬曆丁未張國祥編」以下「杜」至「纓」二十四字號，謂之《大明續道藏目錄》，亦附焉。予所見全藏凡三，吾鄉之圓妙觀、杭州之火德廟、江寧之朝天宮，皆正統本。而朝天宮則借其所欲鈔欲校者尤多。此目錄亦自彼鈔得者也。又，白雲霽有注本，較便尋覽。江都秦澹生太史曾刊行，予取以相勘，注本頗有譌脫，如洞元部少「惟」、「鞠」兩字號之類，恐出傳鈔所致。白雲霽身在冶城，其見目錄即此，不當有異也。然無容輒相補足，莫如別刊之而並行，庶讀者各有所考。爰以寄太史，且書其後如此。元和思適居士顧廣圻。

（據原校本迻錄）

十九，歐陽行周文集十卷補遺一卷（抄本）　唐歐陽詹撰，補遺　清秦恩復輯

馮抄每葉廿行，每行廿字，每格子畫外有「馮彥淵藏本」五字，隸書。（按：此在〈序〉前）

道光丁亥，底本復校於雙橋巷口寓中，顧千翁記。

何校與葉鈔多雜糅。而何自下己意，語多不確，姑就此粗勘，當別寫方是定本。又記。（按：此在卷五末）

道光丁亥中伏之五日，揮汗對底本訖。千翁。（按：在卷十末）

（據原校本迻錄）

二十，後山先生集三十卷　宋陳師道撰

政和五年魏衍編次記云：離詩為六卷，類文為十四卷，合二十卷，目錄一卷。未知其本尚在世間否。今弘治板卅卷，詩多七至十二，文但八卷，又多廿一至卅，

驗其標題有茶陵陳仁子同俌編校，即弘治板出於此，故不同也。衍記末云：又有《解洪範相表》、《闡微彰善》、《詩話叢談》，各自為集，而陳仁子但有《詩話叢談》，尤不同耳。思適居士記。

義門手閱書及門下士所過最盛，往往有源流，蓋見舊本多耳。近此道幾絕，諸家藏者散失略盡矣。偶遇是集於五笥仙館，借而臨之。道光七年之閏，一雲老人記，時年六十二。

此卷以上，何多摘任注，今不錄。千翁臨並識。（在卷六末）

道光丁亥臨於揚州新城寓齋。顧千里。（在卷末）

《老學庵筆記》云，陳無己子豐詩亦可喜，晁以道集中有謝陳十二郎詩卷是也。建炎中以無己故，特命官。李鄴守會稽，來從鄴作攝局，鄴降虜，豐亦被繫纍而去，無己之後遂無在江左者，豐亦不知存亡。（按：傅增湘記曰：此則在卷二十後，不署名，當是千里之筆也。）

（見《藏園羣書經眼記》卷十三）

二十一，丁鶴年集四卷　　元丁鶴年撰

題《丁鶴年集》呈蕘圃政（得年字禁押本事）

西域詩人集，傳於至正年。諸兄咸附錄，高弟各分編。時下哀思淚，亦隨方外緣。須知海巢序，只說武昌前。

時嘉慶己未四月顧廣圻稿。

再賦《丁鶴年集》（得丁字仍禁本事）

搜來從架下，首已殘零。我自一知己，人殊不識丁。收藏誠有數，呵護豈無靈。別具區區意，茲為隗始寧。（時蕘圃命某賈為玉峰續訪之役。）顧廣圻稿。

（見《琳琅秘室叢書》本《丁鶴年集》）

二十二，釋梧溪集訂譌一冊（稿本）　　清顧千里撰

癸未之冬，鮑君志祖以江陰葉雲樵廷甲《梧溪集訂譌》一冊重過余商榷。予以為新刻寫工雕匠之譌，在所不免，但當修板若景泰本，則頗少譌，恐無煩如此。其訂乃刪存什一付之，列為覆校矣。繼復念，葉既謂景泰本為譌，或將謂其必當訂且不當刪也。遂乃取所刪各條，著所以刪之故而釋之。大抵申說本集互見，自具明

證，及實有來歷，□正非僻書，景泰本之無譌可訂者而已。雖然，人心若不同予，安能必其不謂今之釋又譌，而又當加之以訂耳。始錄一通，交鮑君，望轉就葉商榷焉。倘其相從，則無所謂訂，無所謂譌，亦無所謂釋，當舉斯者一併之，使讀景泰本者如溫伯雪子之目擊而道存，庶乎其可已。甲申立夏後，元和顧千里書於思適齋。

（據原書迻錄）

二十三，增補六臣注文選六十卷　唐李善等注

　　嘉慶丁巳，元和顧廣圻重閱一過。

（見《文祿堂訪書記》卷五）

二十四，文選考異四卷　清孫志祖撰

　　李引《東觀記》有「以應圖讖」語，的然「予」字無疑矣。五臣荒陋不足以知此，侍御所見略與五臣相等耳。

　　有意立異甚非。

　　查〈章帝紀〉首，永平十八年十二月癸巳，有司奏言孝明皇帝作登歌，正予樂。（並不作「雅」）孫侍御荒陋過於五臣矣。（按：以上在卷一〈東都賦〉「正予樂」條）

　　〈辭隋王牋〉注有潘岳詩「邈然雨絕天」，潘差在後，便不以為證，善注精嚴如此。（按：此在卷一〈鸚鵡賦〉「何今日之雨絕」條）

　　今考得五臣本與善本「王」、「玉」字相反，自來所說，沈存中、姚令威大旨已得，但欠細分析。（按：此在卷一〈神女賦〉「其夜王寢」條）

　　凡李注例，但取義同，不拘語例。如引「子孫」注「孫子」，引「蠻荊」注「荊蠻」，引「瑟琴」注「琴瑟」，隨舉可證。引「辰良」注「良辰」，亦其例。〈蜀都賦〉等自作「辰良」，侍御讀《李注》不熟，遂據誤本矜獨得之秘耳。如此著書，恐《夢溪筆談》笑人。

　　〈九歌〉十一首，首句必是韻，如何可作「良辰」耶？

　　今注中所有「良辰」，皆傳寫順正文誤改。（按：以上在卷三卷內批識）

（據王欣夫先生過錄校本迻錄）

二十五，文選理學權輿八卷　清汪師韓撰

汪師韓注引羣書，有王儉《今書七志》，其說是也。《隋書·經籍志》史部簿錄篇》「《今書七志》七十卷，王儉撰」，考《南齊書·王儉傳》，依《七略》撰《七志》四十卷。在宋世。隋多三十卷，又名冠「今書」，則在齊世。善所見與〈隋志〉同也。（按：在卷二《引用書目》內）

（據原校本迻錄）

二十六，文選李注補正四卷　清孫志祖撰

袁本「洒搜逑」至「陽靈之宮」三十二字為一節。茶陵本亦然。尤延之始割「函」字分節，乃用三劉說，遂有不同。前作《考異》遺失此。（按：此在卷一〈甘泉賦〉「冠倫魁能」條）

廣圻謂留落，即〈吳都賦〉「楠榴之木」也。張載注，楠榴，木之盤結者，其盤結文尤好，可以作器，建安所出最大長也。扶留，列於草，不得當此。戊辰七月。（按：此在卷一〈上林賦〉「留落胥耶」條）

按袁本、茶陵本此注云，「北陸天墟，音區。」最是。何未得其解。予近訂正之，在新撰《考異》。（按：此在卷一〈海賦〉「北洒天墟」條）

（據原校本迻錄）

二十七，唐文粹一百卷（明刻本）　宋姚鉉纂

「譴」，當作「遣」。〈西江池記〉，「某因受遣，觀光上國」可證也。〈記〉作於貞元五年，此「丙寅」者，二年也。以八年登第，見〈哀辭〉。（按：此在卷九〈懷忠賦〉「丙寅歲，因受譴」上）

《寶刻類編》八，〈馬坊碑〉，郗昂撰。開元二十五年立，鳳翔。按，依此，「郜」字誤。丁亥六月（按：此在卷二十二〈岐邠涇寧四州八馬坊碑頌並序〉文上）

按，李文墓志，《苑》十五上□，以「仙舟東汎」與「紫氣西浮」偶句。可證此當作「仙舟歈術」無疑也。丙戌十二月再定。（按：此在卷三十二〈唐太宗文武皇帝哀冊文〉「仙舟劍術」上）

防害用濡者，水也。禁焚用光者，火也。《英華》、《集》是。丙戌上元得此。（按：此在卷三十四〈天論上〉「防害用濡，三禁用光」上）

《集》注以史考之，則「乾元」當在先，「廣德」當在後。當是「乾元」字誤矣。一本於此特曰「某年」，疑之也。（按：此在卷六十二〈衡山大明寺律和尚塔碑銘〉上）

《集》，臣周子諒也。

按，考開元二十五年四月，子諒以監察御史彈牛仙客非才而死。此云「天寶」，誤也。（按：以上在卷六十九〈唐監察御史周公墓碣銘〉上）

案，勃，當作「渤」。渤字濬之，《舊書》本傳，穆宗即位，召為考功郎。未幾，請。會魏博節度使田弘正表渤，篤副使。（按：此在卷八十六〈與李教書〉上）

（據原校本迻錄）

二十八，蒼崖先生金石例十卷　元潘昂霄撰

舊鈔本，從第一刻出。所有異同，記之如右。千翁。

又借明年王思明刻本一勘，千翁再記。

舊鈔本行段全異。蓋從至正五年本出。盧板則從明年王思明本出也。

（據原校本迻錄）

其他

贈儀克中楹帖

墨農三兄先生屬篆楹帖撰句，應命即求教正：

文發春華，學收秋實。

遠瞻劍氣，近挹珠光。

時道光九年乙丑之歲八月既望元和
弟顧千里記
（據影印件迻錄）

補錄二則

（一）

周栖巖寺詩，高宗、則天撰，韓懷信正書，長安二年。載趙德甫《金石錄》第八百二十七，而他家罕有著錄者。頃葉君紹之得此舊拓本見示，御製詩署咸亨三年十一月八日。其下為姚元崇過栖巖寺詩又韋元旦奉和詩，末為六絕紀文一首，宣德郎行蒲州河東縣主簿韋光晨撰。文首云，大周長安二年歲王寅正月中有皇帝賜姚公詩。蓋《趙錄》言之不詳耳。文又云，左史尹元凱工於八體，口稱二妙，同奉口衷。因而題記又云，左史翰簡蟲篆之絕也。當本有元凱題額，所謂六絕之一，而拓本失之矣。唐之蒲州即今山西省蒲州府，不知寺及此碑尚存否。彼方土著既少，訪碑之人又未有風雅大吏如畢秋帆、王蘭泉者，故全省石墨皆晦而未顯，不獨此詩也。道光七年丁亥冬，顧千里觀於□墀精舍並記。

（據顧起潛先生所校趙氏《顧千里年譜》上校語移錄）

（二）

曩甲子歲，曾拓得是銘而讀之，以為「右」當釋作「侑」，鄭浚司農注《周禮‧大祝》云，「右」讀為「侑」可以相證。作跋一首，書覃谿翁氏考尾，補所裁諸家之未及。今獲思亭先生見示竹垞老人藏本，時篋中無舊稿，輒舉大綮奉正，他日更寄全篇，或可備一說也。嘉慶王申上巳日，元和顧廣圻書於江寧寓館之東齋。

（據載於昭和十五年八月一日發行的
日本三省堂版《書苑》第四卷第八號
《焦山鼎銘集》中顧千里手蹟移錄）

顧千里校勘學初探*

　　縱觀數千年中國學術史，乾嘉時代的校勘學，號稱鼎盛。在如林的校勘學者中，顧千里堪為傑出者。

　　顧氏名廣圻（1766-1835），字千里，又字澗蘋，號思適居士。有《思適齋集》等著作傳世。近人王欣夫先生輯有《思適齋集補遺》、《思適齋書跋》，刊入《黃顧遺書》，後又合以上三種，略事增補，成《顧千里遺書》，未刊。❶

　　顧氏校跋之書，頗為藝林所重。然而對於這樣一位學者，他到底校過多少書，其校跋之書流布狀況如何，他校勘的方法、主張、特點又如何，凡此等等，俱缺乏系統的研究。

　　因此，為了更好地整理顧千里的校勘成果，為了進一步研究古代校勘學，特別是為了繼承顧千里校勘學中有益的經驗，為整理我國古代典籍和發揚中華民族的古代文明服務，對顧千里校勘學進行一些研究，是必要的。本文擬對此作一些初淺的探討。全文分四個部分：

　　一、顧千里校勘學產生的社會歷史條件。

　　二、顧千里校勘之方法。

　　三、顧千里校勘之主張。

　　四、顧千里校勘之特點。

　　此外，將若干有關的考證以及顧千里校跋、著述目錄，作為附錄，以便查核。❷

---

* 　這部分為筆者 1979-1982 年在復旦大學讀研究生的畢業論文。部分章節在中國大陸的雜誌上發表過。在此是首次全文發表。謹向我的導師徐鵬先生、當時審閱畢業論文的已故顧廷龍先生、呂貞白先生、章培恆先生表示由衷的感謝。

❶ 　此書後改名《顧千里集》，已於 2007 年由北京中華書局出版。

❷ 　題跋、著述目錄等已見前。

顧千里校勘學產生的社會歷史條件

顧千里校勘學，是當時社會歷史條件的產物。

乾嘉之際，統治嚴厲。文網遍於天下，文字之獄屢興。學者一反清初經世之學風，埋頭於考據校勘之域，究其原委，大致如下數端。

其一，統治階級倡導。

乾隆號稱「稽古右文」，對考據校勘，大加倡導，乾隆五十五年，他親自訓釋《石鼓文》，次年，又勅將蔣衡手書《十三經》校勘刻石（《清續文獻通考》卷九十六〈學校三〉）。嘉慶則在嘉慶十三年，詔將內府所藏《全唐文》「編輯校勘完善，進呈乙覽後，刊刻頒行」（《清續文獻通考》卷一百一〈學校八〉）。上行下效，對當時社會的影響，可想而知。

當時考據校勘之學，直接涉及學者之仕途。乾隆末年，多次下諭：科舉鄉試，嚴禁使用坊本經書和小本講義。「儻再有沿用坊監本以致舛誤者，將考官士子分別議處停科」（同上書，卷九十六〈學校三〉）。而小本講義之類「一經查出，照違制治罪。其未能詳查之地方官及各督撫學政，均照例分別議處」（《清續文獻通考》卷九十七〈學校四〉）。故文人士子，必須講求版本、校勘，以免違制犯科之虞。也就是在乾隆年間，修纂《四庫全書》，開《三通》館，徧取有才學之士從事校勘。戴東原等人，「以鄉貢士起家，入館充校理」，「洊升瀚林」，可謂平步青雲。故「天下士聞之，咸喜以為得發抒所學矣」（《抱經堂文集》卷六〈戴氏遺書序〉）。在統治者這種政策影響下，士子學者潛心於考據校勘之學，便不足為奇了。

其二，文人學者重視。

由於統治者的倡導，有才學之士，便多棄文章義理而講考據校勘。正如洪亮吉所云：「向之空談性命及從事帖括者，始駸駸然趨實學矣。」（《洪北江詩文集·卷施閣文集》卷九〈邵學士家傳〉）比如，與顧千里關係甚密的孫星衍，早年以詩鳴於世，袁枚曾譽其為「天下奇才」（《揅經室二集》卷三〈孫淵如傳〉），他則因袁氏而「得盡交海內傀異之士」（《孫淵如詩文集·問字堂集》卷四〈答袁簡齋前輩書〉）。然後來「雅不欲以詩名，深究經史文字音訓之學，旁及諸子」（《揅經室二集》卷三〈孫淵如

傳〉）。寫信給袁枚云：「近時開四庫館，得《永樂大典》所出佚書甚多，及釋道二藏載有善本古書，前世或未之觀，而鐘鼎碑碣則歲時出於土而無窮，以此而言考據之學，今人必當勝古。」袁枚對他改行雖有「為韓愈可惜，惜其一枝好筆」之嘆（《孫淵如詩文集·問字堂集》卷四〈答袁簡齋前輩書〉），也只好以一笑了之。又如錢大昕，早年亦以詩文鳴，沈歸愚選《吳中七子詩選》，以其居首（《清史稿》卷二百八十六〈錢大昕傳〉），後來卻致力於經史考證。至於洪亮吉，文筆極佳，亦躋於地理考據之林。可見時風所煽，文人學者對考據校勘之學的重視。故一時名家，如戴震、惠棟、王念孫、王引之、邵晉涵、段玉裁、劉端臨、陳鱣、王昶、盧文弨、王鳴盛、阮元等等，俱湧現於乾嘉之際，並非偶然。

其三，刊印典籍需要。

謝國楨先生嘗云：「自康、乾以還，時局漸見穩定，生產趨向發展，刊刻古籍之風，蔚然興起，而纂輯抉擇，刊刻精良，亦較昔人為善。」「私家刻書而外，官吏亦皆提倡刻書。」（《明清筆記談叢·叢書刊刻源流考》）以乾嘉年間刊行的叢書為例，如盧見曾《雅雨堂叢書》、畢沅《經訓堂叢書》、李調元《函海》、盧文弨《抱經堂叢書》、孫星衍《岱南閣叢書》與《平津館叢書》、顧修《讀畫齋叢書》、阮元《文選樓叢書》、吳騫《拜經樓叢書》、黃丕烈《士禮居叢書》等等，琳琅滿目。其他如阮元刊印《十三經注疏》，武英殿刊印《史記》、《漢書》、胡克家刊印《資治通鑑》、《文選》等等，更是人所共知。無論官刊私印，俱需人校勘，以求其善，故上至朝廷有司，下及鄉紳文人，多延士以校書。這就促進了校勘學興盛發展。

所有這些，造成了如段玉裁所說的：「超軼前古」，「校讎之業，至今日而極盛」的局面（《經韻樓集》卷八〈經義雜記序〉）。

這種社會局面，為顧千里從事校勘事業，創造了良好的條件，然而，他之所以能成為校勘大家，除此一般的條件外，還有其特殊的社會歷史因素。表現在：

一、顧千里所處的江南地區，是其從事校勘事業的良好環境。

江南地區，有清一代，為學術文化極盛之地區。它是當時學術的中心之一。前人嘗云：「有清一代考據之學，發源於吳中顧氏亭林、惠氏紅豆祖孫父子。」（葉德輝《郋園讀書志》卷十《七經樓文鈔》六卷，《春暉閣詩鈔》六卷）著名學者，薈萃於此。

康熙、乾隆三次鴻詞博學科取仕，包括「辛未保舉經學授官者」，據統計共有 73 人，而江浙地區佔 56 人（見陳康祺《郎潛紀聞》卷二）。其在當時學術上舉足輕重的狀況，略見一斑。顧千里所在的吳中，是當時「吳派」學者桑梓之地，號稱「文人之淵藪」（俞樾〈蘇州長、元、吳三邑諸生譜序〉）。他受當地學風之薰陶，也就可想而知。其次，江南地區是當時刻書中心之一。傅增湘先生云：「乾嘉以後，刻書之風盛行，如孫氏、畢氏、鮑氏、黃氏、盧氏，皆在大江以南。」（《雙鑒樓藏書續記》卷下）謝國楨先生亦云：清代「公私諸家刻書之舉，始於北京，盛於江浙。」（《明清筆記談叢·叢書刊刻源流考》）這種刻書之風，使顧千里從事的校勘事業，有了大顯身手之可能。其三，江南地區又是清代私家藏書之中心。自清初以迄乾嘉道咸，私家藏書輾轉流播，不出江南境外上百年，著名藏書家林立。如清初錢氏絳雲樓、也是園、徐氏傳是樓、毛氏汲古閣、范氏天一閣，以後有盧氏抱經樓、鮑氏知不足齋、汪氏開萬樓、吳氏瓶花齋、張氏愛日精廬、陳氏稽端樓等等，俱甚可觀。顧千里所在的姑蘇，「藏書家自康、雍之間碧鳳坊顧氏、賜書樓蔣氏後，嘉慶時以黃蕘圃百宋一廛、周錫瓚香嚴書屋、袁壽階五硯樓、顧抱沖小讀書堆為最，所謂四藏書家也。後盡歸汪閬源觀察士鐘」（《藝芸書舍宋元本書目·潘祖蔭書序》）。故前人云：「國朝吳中，藏書之富，甲於天下。」（《郎園讀書志》卷四〈士禮居藏書題跋記〉）顧千里正是憑藉著這種優良的圖書條件，得以博極群籍，以校勘名家。

二、師友淵源和社會交遊關係，是顧千里從事校勘學的重要保證。

從師承上說，顧千里係江聲之高足，惠棟之再傳，此外，又得其他學者指點，如在紫陽書院時，曾受學於錢大昕，為書院中的佼佼者（《十駕齋養新錄》前附《竹汀居士年譜續編》）。曾就教於段玉裁。兩人交惡之前，段氏盛讚其云：「其人尚未進學，而學在在東之上，校書最好。」（《經韻樓集補編·與劉端臨第十一書》）譽其為蘇州之「二俊」之一（王欣夫先生輯《經韻樓集外文》抄本）。又曾及王昶之門，王氏稱其云：「惠施既往沈（果堂）戴（東原）逝，賴有君家好兄弟。」（《春融堂集·存養齋集·為顧秀才千里廣圻題其兄弟抱沖小讀書堆圖》）這些講求考證、重視實學的學者對顧千里的指點和稱道，對顧千里治學方法及學術觀念的形成，必然有很大的影響。

再看交遊。為了說明問題，先將顧千里交遊者的相互關係略加交代。江聲和王鳴盛同是惠棟的學生（《漢學師承記·江聲》及《清史稿》卷四百八十一〈王鳴盛傳〉），又

與錢大昕等「來往親密」（《漢學師承記·江聲》）。錢大昕與王鳴盛是同年進士（《清史稿》卷四百八十一〈錢大昕傳〉、〈王鳴盛傳〉）。錢又是王的妹婿（《潛研堂集》卷五十〈亡妻王恭人行述〉）。孫星衍與阮元同出朱文正公門下，「交最密」（《揅經室集》卷三〈孫淵如傳〉），二人與秦恩復為同年進士（《揚州府志·秦恩復傳》及《清史稿》卷四百八十一〈孫星衍傳〉），孫星衍又係吳鼒的妻兄（〈重刻《晏子春秋》吳鼒序〉），段玉裁與王念孫同就學於戴東原（《清史稿》卷四百八十一〈段玉裁傳〉、《漢學師承記·戴震》），與盧文弨友善（《清史稿》卷四百八十一〈盧文弨傳〉）。段玉裁是龔自珍的外祖父（《龔自珍全集·最錄段先生定本許氏說文》）。劉端臨與段玉裁、王念孫、汪中為「莫逆之交」，又係阮元之姻家（《揅經室二集·劉端臨先生墓表》）。以上是稍長於顧千里者。同輩之中，顧千里與黃丕烈為同鄉，且又曾為其館師（《蕘圃藏書題識》卷四「《韓非子》景宋鈔本」條），江藩、鈕樹玉與顧千里同為江聲高足（《漢學師承記·江聲》，《孫淵如詩文集·平津館文稿》卷下〈江聲傳〉），李銳、夏文燾、鈕樹玉、顧蒓、李福等，俱是顧千里在紫陽書院時的同學（《十駕齋養新錄》前附《竹汀居士年譜續編》）。江沅是江聲之孫（《漢學師承記·江聲》），瞿木夫是錢大昕之婿（《潛研堂文集》前附〈潛研老人自題像贊〉），汪喜孫則為汪中之子（《清史稿》卷四百八十一〈汪中傳〉）。顧抱沖係顧千里之從兄（《養一齋集》卷十一〈顧澗蘋墓志銘〉），袁廷檮是錢大昕的門人（《潛研堂文集》卷一末）。江沅為段玉裁之弟子（《清史稿》卷四百八十一〈江沅傳〉），臧庸則係盧文弨的學生（同上書〈臧庸傳〉）。其他與顧千里交往者如：陳鱣、張敦仁、彭兆蓀、郭麐、李兆洛、吳志忠、陳宗彝等等，相互也俱有交往。可見，由於師生、同學、親屬、同年、同鄉等等關係，這些文人學者，達宦鄉紳，縱橫交錯地形成了一個甚為緻密的社會網絡。顧千里躋身其間，方得結交群儒，這對顧千里在校勘上有所建樹，影響極大。表現在：其一，學術上的切磋琢磨，探討啟迪。如〈與段大令論〈椒聊〉經傳書〉中論《詩》中首章、二章「遠條且」當俱作「遠脩」，而不能如段氏所云，一作「條」，一作「脩」。在〈劉金門宮保書〉中論《全唐文》中錯簡（《思適齋集》卷六）。俱屬此例。其二，善本書籍，得互相借閱傳錄。如顧千里幾乎校閱終身的《經典釋文》，就曾借周錫瓚的葉林宗景宋鈔本對校（《思適齋書跋》卷一）。宋刊本《儀禮要義》則從嚴九能處借錄（同上）。其他如《史通》沈寶硯本得自黃蕘圃，宋刻《淮南鴻烈解》得自汪閬源，宋刻《張燕公

集》得自秦恩復（俱見《思適齋書跋》），等等，不勝枚舉。其三，最重要的，是師友間的介紹、推薦、任用、提攜。如阮元召顧千里往杭州詁經精舍預校《十三經》，在一定程度上即得力於段玉裁之介紹（《經韻樓集補編‧與劉端臨第十一書》）。顧千里為孫星衍校書，孫氏身居要職，故「一時從淵如游者，得與交焉」（《思適齋集》卷十三〈嚴小秋詞序〉）。顧千里為身居轉運使之職的廖寅校刊《華陽國志》，就是由於孫星衍的推薦（《思適齋集》卷八〈校刊華陽國志序〉）。其他如參校《全唐文》，校刊《資治通鑑》、《文選》，也多得力於孫星衍、胡克家等人的提攜和任用。

顧千里以一諸生之身份，躋身於達官學者之間，這和顧氏的師承親友淵源，有很大關係。某種意義上說，這正是顧千里在校勘學上有所成就的重要保證。

三、顧千里本人的素質和生活閱歷，是其校勘學得以成就的決定因素。

顧千里自幼就勤奮好學。「少孤多病，枕上未嘗廢書」（《養一齋集》卷十一〈顧澗蘋墓志銘〉）。及長，遍覽群書。又從江聲等學，「得惠氏遺學，因盡通經學、小學之義」（同上）。年輕時即喜抄錄古書，校勘異同。如現可見的《五代史補》、《五代史闕文》、《西崑酬唱集》等（現藏北京圖書館），就是其早年抄錄或校閱的。而此事幾終身不絕，可謂嗜書如命。

不僅讀書，他還注意在日常生活中積累有關典籍方面的知識。如他曾從老書賈錢聽默處聽得：《笠澤叢書》中，「〈吳宮辭〉『大姑蘇兮小長州』，善本『大』作『火』，『小』作『沼』」（《思適齋書跋》卷四）。在跋《揚子法言》時云：「賈人錢景開言，桐鄉金德輿曾以宋槧大字《揚子》進呈。」（同上書，卷三）在《清河書畫舫》跋中云：「乾隆年間，滋蘭堂主人朱文游三丈，白堤老書賈錢聽默，皆甚重常熟派，能視裝訂籤題根腳上字，便曉屬某家某人之物矣。余喜從兩人問各家遺事。」（同上）便是其中的幾個例子。

這樣，就使他具備了從事校勘所必需的學問，這是一個方面。

顧千里如此好學不倦，也曾有過濟世之心。如其跋《鹽鐵論》云：「讀此書貴能得其用，如余者，徒索解於字句間，何足道哉！」（《思適齋書跋》卷三）可見一斑。然仕途卻坎坷艱難，「以諸生屢應鄉試不利。孫兵備舉為衍聖公典籍，得封其親。以學官弟子為素王家臣。」（《冬生草堂文錄》卷四〈奎文閣典籍顧君墓志銘〉）以博學之材，僅得為「素王家臣」，正反映了這種不遇的狀況。

　　因此，其生計頗窘。如，他「緣力不能蓄」，不得不將自己喜愛的汪氏開萬樓舊藏錢氏述古堂影宋鈔本《韓非子》轉讓給黃蕘圃，發出了「豈物各有主耶？抑物雖好而有力始能聚耶？」的嘆息。（《蕘圃藏書題識》卷四）又如，筆者嘗見上海圖書館珍藏的《顧千里江沅手札》真跡，據《札》中所記，顧千里欲刊印《集韻》，然財力困乏，只得將所需資金，以每份三十兩，請友朋募領。關於顧氏的生計狀況，前人亦頗有論及者。如郭頻伽（麐）嘗有詩贈之曰：「世不生竹實，坐令鳳苦飢」，「久甘困塌翼，仰天看群蜚」（《靈芬館全集爨餘集》，〈用韻贈顧澗蘋千里〉）。此乃生前。龔自珍嘗詠之曰：「故人有子尚饘粥，抱君等身大著作。」（《龔自珍全集》第十輯，己亥雜詩）此乃死後。其一生清貧之狀可見。這是另一方面。

　　總其生平，既好讀書，又有才學，然家境清貧；既有抱負，卻官途坎坷。這種矛盾的狀況，再加上當時特定的社會歷史環境：皇家提倡，士人嚮往，考據校勘之學為時風所煽；師友親朋，多為顯官貴紳，喜歡聚書論學，刊書傳世。而顧千里又正具有校書之才幹，於是，從事校勘以謀生計，以求出路，以成其事業，也就完全是一種必然的趨勢了。

　　顧千里生在這樣特定的社會歷史條件中，歷史和社會也就鑄就了顧千里的校勘學。

顧千里校勘之方法

「誤書細勘原無誤，安得陳編盡屬君。」這是《藏書紀事詩》中讚許顧千里的兩句詩。被人譽為「清代校勘第一人」（見日本神田喜一郎著《顧千里年譜》及平凡社編《世界大百科事典》「顧千里」條），顧千里在校勘學方面如此成就卓然，自有其一套具體的方法，對此，他曾作過概括的論述：「凡校書之法，必將本書透底明白，然後下筆。必將本書引用之書透底明白，然後可以下筆。」（《汪氏學行記》卷四〈顧千里札〉）

本文擬根據顧千里的這一論述，作一些探討。

第一、關於「將本書透底明白」

要「將本書透底明白」，就必須對此書的各種版本、款式，對書中的文字訓詁、篇章結構、思想內容、風格特色俱有深入的了解。在此基礎上，從中求得其誤訛之所在，辨析而勘正之，此乃是「將本書透底明白」之方法。具體而言，有如下數端：

一、以版本對勘和書中款式求之。

根據版本和書中款式勘誤，此是校書最基本、亦最主要的工作。校書之本義，即所謂「一人持本，一人讀書」。宋元以降，版刻盛行，凡一書輾轉傳刊，版本有多至數十上百種者。或因校刊忽略，或由坊賈牟利，魚魯豕亥，倒乙衍脫，在所難免。若不根據版本和書中款式細勘，終難「透底明白」本書。乾嘉之際，根據版本和書中款式校書，顧千里實為巨擘。下細析其法：

1.根據各種版本，對勘異同。

這就是廣羅異本，一一對勘，明其異同之法。顧千里校書，一貫注重以眾本互勘。如他校《禮記》，以宋《撫州本禮記鄭注》為底本，廣羅唐石經、南雍本（即十行本）、俗刻本（包括明李元陽本、萬曆監本、毛氏汲古閣本）以及其他校本互勘（《撫本禮記鄭注考異·張敦仁序》後注）。校《華陽國志》，則以宋嘉泰李𡎏刻本、馮氏空居閣鈔本、錢罄室家鈔本等互勘（《思適齋書跋》卷二）。校《荀子》，收羅了宋呂夏卿

監本、錢佃漕司本、元纂圖互注本、明世德堂本、盧文弨刻本等異本。校《韓非子》，則用了《道藏》本、錢氏述古堂影宋鈔本、馮己蒼校本、惠松崖校本，及明趙用賢刊本等對勘（同上書，卷三）。校《文選》，則以宋尤延之的貴池刻本，與袁州本、茶陵本等互校（《文選考異》）。俱是此類例證，此誠為進一步研究之出發點。

實際上，根據各本對校，即可解決版本傳刊產生的不少問題。

如：《履齋示兒編校補》「目錄」條，顧千里云：「鈔（筆者按：指姚舜咨鈔本）。有『盧陵鄉先生孫季昭撰』，另為一行，在此行後，卷一行前。明刻、今刻無。又於〈目〉後隔四行，有『示兒一編』云云至『晚學盧陵胡楷子式志』六行，明刻無，今刻移在全書末。案，當以鈔為是也。蓋此非履齋原有之目錄，乃楷所編者，故云『重加訂正』而首題『鄉先生』而尾稱『晚學』耳。」這是通過對勘，以辨明原刊本的本來面目，弄清楚後人改易之處。

又如：復旦大學藏有過錄顧千里校《資治通鑑釋文》。卷十一「高車」條上，顧千里校云：「西莊本（筆者按：指顧氏據校的王鳴盛藏本）。不缺。今補自『高車』起，至『輕重注』止。」此是通過對勘，增補傳刊抄錄過程中脫漏之文。

其他類似之錯簡訛字，衍文脫句，多有可根據各本互校而勘正者。以上諸條，若僅以理推之，終難明斷，而以眾本對勘，則煥然冰釋。可見廣羅眾本對勘之法，貌似較易，而實可收事半功倍之效，故為顧千里所重。

2.根據各書之行款格式校勘。

典籍刊版以行世，一書之行款格式，自有定則可尋。如一葉之行數，每行之字數，絲欄之有無，篇目之間隔，細加檢索，俱可作為校勘之資。顧千里校書，就十分注意此類細節。

如：《汪本隸釋刊誤卷第十・安平相孫根碑》中，有如下二行：「罰惡以威賞善□恩仲伯拔乳蔡足譎攘□□岩恪色正不犯子養□岷化與產□配哉九陾□□□□相彼大國□□□東□□管□」，而汪氏刊本《隸釋》中所收碑文，這兩句的空□，僅有五個，顧千里推算每行字數云：「以上二行，行廿六字。□者凡十五，誤脫其十。」此乃是根據原刊本每行之字數，推斷出刊本所脫漏字數之例。

顧千里在根據行款格式校勘時，特別注意書中版本修改的痕跡。痕跡之所在，

或係剜版改易，或修補舊刊，然誤訛生焉。故尋此痕跡而推闡之，往往可得致誤之由。

如：《撫本禮記鄭注考異》卷上〈檀弓上〉「飾棺牆置翣」條，顧千里云：「各本『牆』下有注云：『牆之障柩猶垣牆障家』，凡九字。蓋他本取《正義》語載之，遂誤入《鄭注》也。《撫本》初刻並無此九字，最是。修板時，誤於他本剜擠入之，故其添補痕跡，今猶宛然。」

又如：《文選考異》卷五《文選》卷二十七〈短歌行〉「但為君故，沈吟至今」條，顧千里校云：「袁本、茶陵本有校語云，善無此二句。」顧千里認為二本「所見非也」。推斷此處可能脫去了李善注本中的正文及注。指出：「尤延之知其誤，據五臣補正文，故此處有添改痕跡，但疑終失注耳。」

這俱是根據修版的痕跡，進一步推斷其致誤原由的例子。

此外，考究書中的各種標記，如版心之字，刻工之名，卷中之墨記，等等，也俱有助於識得版本沿革之源流，可應用於校勘。如顧千里跋《梧溪集》云：「六、七兩卷板心有粉墨塗改痕跡，於次第頗舛錯，蓋景泰板模糊塗爛，致有此失。」（《思適齋書跋》卷四）又如，他曾根據《輿地廣記》中版心刻工姓名，考證朱彝尊本，為「另一翻板」（同上書，卷二）。固然，如僅根據行款格式校勘，往往只能發現問題，但發現了問題，便可啟迪思路，促進深入研究，故此不失為校勘之具體方法。

二、以文字訓詁求之。

1.根據字形校勘。

先看根據字形本身的演變狀況校勘。如，《說文》中的「𦥯」。段玉裁、嚴可均等認為當依《廣韻》所引，改篆為「𦥯」（《說文解字注》二篇上·𦥯及《說文詁林》二篇上同字下引《說文校議》）。顧千里則根據篆書和隸書的演變狀況，認為「𦥯」與「𦥮」「此於篆文原屬兩字，故《說文》分載於『𦥑』、『𠙵』兩部。而隸體則通為一字。『𦥮（咨）』，隸變為『𦥯』。而『𦥮（誰）』，隸變亦為『𦥯』。故《廣韻》只載一字，而咨也，誰也，同為𦥯字之訓」（《說文辨疑》）。故不當改篆。這是根據篆文和隸書的演變進行校勘。

又如：《隸釋》卷三〈無極山碑〉「房子大男蓋高」的「房」字，清代汪氏樓

松書屋刊本將隸書之「房（房）」字，刻為「所」字。顧千里根據《隸釋》卷三〈仙人唐公房碑〉洪氏跋「蓋隸法房字其戶在側」之說，糾正了汪氏刻本因未詳考隸楷變化而造成的誤訛（《汪本隸釋刊誤》）。

在各個時期典籍的流傳刊布過程中，往往「有當時俗體在期間」（《思適齋集》卷十六〈跋龍龕道場銘〉），不明此理，就會因不識異體字而改易原文，故必須考究異體字，予以勘正。

如：顧千里在《汪本隸釋刊誤》中云：「漢隸『太』字不用點。」汪氏刻本將「大」改作「太」，不當（〈司空宗俱碑〉）。又云：「東漢時當未有俗『刁』字也」，故汪氏刻本將原來的「刀」改為「刁」亦失當（〈逢盛碑陰〉）。

又如：顧氏在《文選考異》中云：「駕」，「《唐石經》、宋刊本，下皆從『馬』、《古今人表》所載亦然」。到「晉代不復用之」，而後才改從『鳥』（卷二〈子虛賦〉「連駕鵝」）。又云：「貟圓古同字」（卷十〈石闕銘〉「色法上圓」）。「綌即綌之別體字」（卷十〈宋孝武宣貴妃誄〉「處麗絺綌」）。

這都是從考究異體字的角度進行校勘之例。

異體字從字義上講，本身並無差別。但正如上述諸例所示，它往往具有時代之印記，有時可作為考究版本之據，輕加改動，有失舊觀。更重要的是，有些字雖僅點畫上略有出入，但稍不留意，便有失之毫釐，差以千里之虞，誠如顧千里所云：「雖同此一字，不過偏傍點畫稍涉歧異」，「區別但分毫，此之不謹，將大有妨文害義者」，故須「一筆一劃以求之」（《思適齋集》卷八〈汪本隸釋刊誤序〉）。

顧千里也很注意從因刊刻形近致誤的方面進行校勘。

如：他曾指出的：誤「屏」為「屏」（《文選考異》卷二〈洞簫賦〉：「處幽隱而奧屏兮」）；誤「舉」為「舞」，誤「江」為「汪」（《思適齋書跋》卷四《西崑酬唱集》）；誤「賓」為「寅」，誤「牡」為「壯」（同上書，卷三，《淮南鴻烈解》）；誤「官」為「宮」，誤「艮」為「良」（同上書，卷一《博雅》）；等等，不勝枚舉。而類似的狀況，各種典籍中亦較常見，此誠為古書致誤之一大原因。以上，顧千里都是從形近而誤的角度，予以勘正。

顧千里對漢字本身以及部首的分合增缺致誤也給予注意。

如：《文選》卷四〈南都賦〉：「其竹則鍾、籠、箽、篾、筿、篠、簳、箛、

箄」下的李善注，一本作「竹萹皮白如霜，大者宜為篙」。顧千里校云：「竹萹當作箄。蓋一字誤分為二。」（《文選考異》卷一：「竹萹皮白如霜」）《淮南鴻烈解》卷十一〈齊俗訓〉：「而刀如新剖硎」的「硎」，一本分作「刑、石」二字，並誤入注文，顧千里在〈宋本淮南源烈解跋〉中，校正其誤（《思適齋集》卷十五）。這是考一字分為二字以校勘。

又如：顧千里在《古列女傳考異》「復壯者三」下云：「三」字當是「二、一兩字誤併爾，二字屬上句讀」，「一字屬下句」。《史通》卷十二《古今正史》：「自是以來，春秋世亦以煥炳」，顧千里校云：「『世』是『卅』、『一』二字誤併」（上圖藏顧千里原校本）。這是考二字併為一字以校勘。

再如：顧千里在《文選考異》卷一「〈東都賦〉：『《左氏傳》曰子曰』」條云：「上『曰』字當作『晏』，各本皆誤。」又在卷一「〈西京賦〉：『襲衣，毛形也』」條云：「『衣』，當作『襬』，各本皆誤。」這是推斷原字脫落，僅存一部分，據此以校勘。

總之，或追溯字形篆隸楷書演變之狀況，或考究因各種原因造成的同字異體，或根據字形相近，或注意部首之分合，凡此諸項涉及字形者，顧千里都用以校勘，此即所謂根據字形校勘。

2.根據字音校勘。

顧千里精於音韻之學，並以此為校勘依據。

先看根據注音校勘。

古代典籍，多有注音，或以直讀，或作反切。根據注音和本字的對應關係，可勘正傳刊之誤訛。

如《禮記·內則》：「芝栭蔆椇棗栗榛柿瓜桃李梅杏楂梨薑桂」之「柿」字，一本作「柿」。《注》中云：音「俟」。顧千里在《宋撫州本禮記考異》中校云：「作『柿』誤也。」其根據是：「柿」音芳吠反，而「柿」字「音仕」。考「俟」「仕」二字，《廣韻》同屬上聲「止」韻。這是根據注音糾正本字之例。

又如：《文選》卷四十四〈難蜀父老〉「使疏逖不閉召爽」之「召」字，或引韋昭注作：「召，梅憤切。」顧千里在《文選考異》中校云：「『憤』，當作『慣』。各本皆訛。《索隱》曰：『召，音妹。』『梅憤』即『妹』之反語也。

『憤』字不可通。」這是根據本字糾正注音之例。

除了注音外，顧千里更多的是根據叶韻校勘。

中國古代典籍，有韻之文甚多。《詩經》、《楚辭》，樂府、駢文，自不待言；即使史傳諸子之中，亦間有叶韻之句。按其韻律，可勘誤訛，故顧千里將「以韻求之」作為校勘的重要方法（《思適齋集》卷九〈焦氏易林後序〉）。

如：顧千里校韓元吉輯的九卷本《古文苑》，在卷九〈北海王誄〉「於是境內市不交易，涂無征旅，農不修田，室無女工，感傷慘怛，若喪厥親，俯哭后土，仰懟皇旻」的「旅」、「女工」、「親」、「旻」等字下，俱以圓圈標識，並於「女工」二字上校云：「當作工女。」（北京圖書館藏顧千里校陸貽典家鈔本《古文苑》）考此〈誄〉為傅毅所撰。文中有韻。「親」與「旻」叶（上古韻，「親」為真部，「旻」為文部。《廣韻》俱屬真韻），「旅」當與「女」叶，而與「工」不叶（上古韻，「女」「旅」屬魚部，「工」為「東」部，《廣韻》中亦沿為「魚」，「東」二韻），故顧千里根據叶韻校改之。

又如：《鹽鐵論》卷七〈非鞅〉「善鑿者建周而不疲，善基者致高而不蹶」之「疲」字，顧千里在《鹽鐵論考證》中校云：「『疲』當作『拔』。與下句「蹶」字為韻。」考上古韻，「拔」、「蹶」俱屬月部，叶韻，而「疲」字則屬歌部，一般與月部字不叶韻。

顧千里精於音韻之學，故在校勘中，經常從考究通假字的角度來糾誤。

如：顧千里校《戰國策》卷二十一〈趙策〉「太后盛氣而揖之」云：「古『須』皆作『胥』，誤為『揖』。」（北圖藏顧千里校《高氏戰國策》）考《史記・趙世家》作：「太后盛氣而胥之。」裴氏《集解》云：「胥，猶須也。」《穀梁傳》：「胥其出也。」顧千里殆正是從通假字的角度，考慮到「胥」係「須」的通假字，隸書「須」寫作「胥」，形近誤為「㬥」，再加上「手」旁，則於意義全反矣。以此來作為校正誤訛的根據之一。

又如：汪氏刻本《隸釋》卷二十六〈司空殘碑〉「予同爾輔」的「同」字，顧千里指出此乃是「回」字之誤。「『回』與『違』，古字通。此『予回爾輔』者，〈皋陶謨〉之『予違汝弼』也」（《汪隸釋刊誤》）。

這都是從通假字的角度來探索典籍誤訛的原委，進而勘正的例子。若不知通

假，便不能如此探根尋源，分析得精闢入裡了。

顧千里在校勘過程中，十分注意古今字音的沿革變化。

如：筆者嘗得觀覽過錄顧千里校孫志祖《文選考異》卷三〈山鬼〉「風颯颯兮木蕭蕭」條，孫氏云：「《補注》，『蕭蕭』。《文苑》作『搜搜』。」顧千里在「《文苑》作『搜搜』」數字下劃一粗槓，批云：「全不曉韻故耳。」（復旦大學圖書館藏過錄顧千里校《文選考異》）

顧千里在此正是考究了古今韻之沿革變遷，進行校勘。考上古韻，「蕭」、「搜」俱屬幽部、平聲，而聲母亦同，只是等呼略有出入，故其音自當基本相同。而到了《廣韻》音系，「蕭」字歸「宵」韻，而「搜」字屬「尤」韻，其音變化較大，且韻部也不可同用。孫氏殆未詳考古今韻之變化，以《廣韻》音系二字音不同，列異備考，故遭顧千里「不曉韻」之譏。

不僅上古音與《廣韻》音系之不同，即使《廣韻》音系（或稱中古音）內部的韻部分合變遷，顧千里也給予了充分的注意。

如顧千里校《廣韻》，就是考究了《廣韻》與《集韻》韻部的分化沿革，糾正了張氏澤存堂刊《廣韻》之誤。他云：「宋槧佳處，即如『去聲，艷第五十五，㮇同用』。『陷第五十七，鑒同用』。『鑒第五十八』，『釅第五十九』，『梵同用』。次序分合，猶存《廣韻》之舊。視張刻之依《禮部韻略》，『艷與㮇、釅同用』。『陷與鑒、梵同用』。而移『釅』於『陷』、『鑒』前，改為『釅』五十七、『陷』五十八、『鑒』五十九迥勝。」（《思適齋集》卷十四〈書宋槧廣韻後〉）

考《四庫總目提要》卷四十二《廣韻》條下云：「惟新舊《廣韻》皆在《集韻》之前，而上、去二聲仍皆用《集韻》移併之部分，平入二聲又不從《集韻》移併。疑賈昌朝奏併十三部以後，校刻《廣韻》者以『鹽』、『檻』、『儼』、『陷』、『鑒』、『釅』六部字數太窄，改從《集韻》以便用。」又《集韻》十卷條下云：「今以《廣韻》互校，……去聲併『釅』於『艷』、『㮇』，併『梵』於『陷』、『鑒』，皆與本書部分不應而乃與《集韻》相同。知此四韻亦《集韻》所併，而重刊《廣韻》者誤據《集韻》以校之，遂移其舊第耳。」可見併「釅」於「艷」、「㮇」，併「梵」於「陷」、「鑒」，皆是宋景祐初賈昌朝奏併十三韻以後之事，而張士俊刻本以及曹楝亭的揚州詩局刻本《廣韻》，殆由未詳考韻部分合

沿革之歷史而誤。周祖謨先生的《廣韻校本》，亦據戴震及段玉裁之說，改正張氏之誤（《廣韻校本》附〈校勘記〉卷四）。可證顧千里對此之重視是有根據的。

以上是顧千里在校勘中注意古今音沿革之例。

總之，由於顧千里深悉音韻之學，故在校勘之中，或根據本字之讀音，或參核詩文之叶韻，明析文字假借之途徑，考究音韻古今之沿革，橫貫左右，追溯源流，使紊絲糾葛，條脈分明，疑難結症，渙然冰釋，此即顧千里根據字音校勘之法也。

3.根據字義校勘。

字義與形、音，關係之密切，此自不待言。然典籍流布過程中，確有因不明字義而致誤者。故須訓其字義而勘正之。

如：《鹽鐵論》第二十九〈散不足〉「羬胎肩」之「羬」字。顧千里校云：「按，『羬』當作『幾』（字書未見『羬』字）。」「『幾』，刉也。《周禮》故書作『幾』，見〈肆師〉，又見於〈犬人〉。而《鄭注》讀為『刉』，亦必故書也。皆謂刉牲為幾，故名其禮為幾。《說文》作『幾』。『幾』『幾』同字。《周禮》又作『刉』，見《士禮》。鄭小子注以『刉』為正字。然而『幾』即『刉』，而訓為『刉』也」。」（《鹽鐵論考證》）

又如，明徐氏刻本《唐文粹》卷三杜甫〈三大禮賦〉：「仡神光而䀝闚。」顧千里校「闚」作「闦」（《四部叢刊》本《唐文粹》後附〈校勘記〉）。考《說文》：「闚，望也。」《段注》云：「望者出亡在外，望其還也。」又《文選·琴賦》「俯闚海湄」下李善注：「闚，視也。」而「闦」字，《說文》云：「闦，大開也。」《杜詩詳注》此句注引《上林賦》「䀝呀豁閜」云：「閜與闦同。」杜甫此句文義，乃頌唐替隋祚，神光顯像。如作「闚」，則於義不通矣。

凡此，皆是顧千里從考求字義的角度進行校勘的例子。考求字義，最困難之處，在於必須明白古今字義沿革變遷之狀況，不可望文生義。

如，顧千里曾糾正翁方綱在所校《金石文字記》中的一點失誤，云其「以『右』為左右之右，非佑享之佑。引《禮記》及《周禮》『史由君右』說之，殊為未審」。「蓋此『右』者，導也。見《爾雅·釋詁》。於『侑』為古今字。讀當云：南仲侑世惠入門。且凡『右』之見於他器者，皆當准此」（《思適齋集》卷十六〈跋焦山鼎銘〉）。考《爾雅·釋詁下》有云：「詔、亮、左、右、相，導也。」顧

氏即據此而立論。

又如，《文選》卷八〈羽獵賦〉「蹶松柏，掌蒺藜」。顧千里校云：「茶陵本『藜』作『藜』，注同。袁本正文『藜』，注『藜』。」「『藜』，『藜』二字有分別。」「『蒺藜』乃變體加『艹』，非借『藜藿』字。當依茶陵本」（《文選考異》卷二）。考「藜」字，《易·困卦》：「據於蒺藜。」虞翻注云：「蒺藜，木名。」「藜」字，《禮記·月令》：「藜莠蓬蒿叢生。」《史記·太史公自序》云：墨者食「藜藿之羹」。張守節《正義》云：「藜，似藿而表赤。藿，豆葉也。」《漢書·司馬遷傳》「蒺藜之羹」的顏師古《注》云：「藜，草似蓬也。」可知最初之義，「藜」、「藜」二字，一指木，一指草，並不相同。後來殆由形近聲同，故漸可互通用。然漢代，其字義恐尚分明也。故顧千里於此，考究其字本意而區別之。

以上俱是從考求字義古今沿革的角度進行校勘的例子。

除此之外，以字義校勘還涉及在某些特定的環境中，某一字會有其特定含義的問題。如不明其特定之含義，以一般字義視之，則會造成誤訛。此事顧千里也注意到了。

如：《文選》卷十三〈鸚鵡賦〉「何今日之兩絕，若胡越之異區」。顧千里校云：「『兩』當作『雨』。考〈贈蔡子篤〉『一別如雨』，注云：〈鸚鵡賦〉曰，『何今日以雨絕』。陳琳《檄吳將校》曰『雨絕於天』。然諸人同有此言，未詳其始，善自作『雨』甚明。」（《文選考異》卷三）

此乃是根據「雨」字在此時此地的特殊環境中，有其特殊之意義，而糾正傳刊之誤，即使未必如刊本中那樣文從字順，亦不以己意妄改。考《讀書雜志·餘編下》「何今日之兩絕」條，王念孫所校與顧千里完全相同。此類事在校勘中未必常見，然亦不可失之疏忽也。

總之，或訓釋字之本義，或考求字義之沿革，同時注意辨析字在某些特殊環境中的特殊含義，據此以勘正典籍之誤，此乃顧千里根據字義校勘之法也。

以上，我們探討了顧千里在校勘中，「以文字訓詁求之」的具體方法和每種方法中他所注意和涉及的具體問題。顧千里對於所校之字，是從形、音、義三個方面，追溯其源流，探求其根本，考究其分合之原委，明析其變通之脈絡，洞悉其孳

生蕃衍之狀況，辨證其特殊環境之含義，然後合三者為一字，勘正典籍中之誤訛。此誠為校勘最重要的基本功，當引起我們充分重視。

三、以章句互見求之。

1.根據上下文相承關係校勘。

古人遣辭屬文，求其文順理達。故上下行文之間，有其必然聯繫。其所敘之事，自當連貫；行文之間，當合文理，如自相矛盾，前後乖違，殆便有誤。顧千里常據此以校勘。

如：《荀子・富國篇》：「故禹十年水，湯七年旱，而天下無菜色者，十年之後，年穀復熟，而陳積有餘。」顧千里校云：「『後』下疑脫『七年之後』四字，承上『故禹十年水，湯七年旱』言之。」「宋本與今本同，蓋皆誤」（王念孫《讀書雜志》所附錄顧千里〈荀子補遺〉）。這是在並無版本根據的情況下，以上下文相承關係校勘之例。

又如：《淮南子・俶真訓》：「今以涅染緇，則黑於涅。以藍染青，則青於藍。涅非緇也，青非藍也，茲雖遇其母，而無能復化已。」顧千里校「涅非緇」云：「『涅』、『緇』二字疑當互易。承上文『以涅染緇』，與下句承上文『以藍染青』一例。」（《讀書雜志》附顧千里〈淮南內篇補〉）

以上俱是考究上下文意而校勘之例。

總之，上句所涉，下當呼應，下文所論，源自上出，文氣相貫，其義相通，此乃為文之常理。考究其文理是否順暢，尋繹其所述有無牴牾，據此以校勘，此即根據上下文相承關係校勘之法。

2.根據正文與注文對應校勘。

古代典籍，或有注釋。注釋之文，無論是其內容，或其排列之順序，自當與正文一一對應。故根據對應之狀況，可校勘典籍之誤。顧千里亦間用此法。

如：《文選》卷三〈東京賦〉：「雖萬乘之無懼，猶怵惕於一夫。」李善注云：「《尚書》曰『怵惕惟厲』。孔安國曰『怵惕，悚懼也』。《方言》曰『戒，備也』。〈過秦論〉曰『一夫作難』。惕，驚也。」對此，顧千里校云：「『怵惕』，當作『惕戒』。」他根據注文與正文對應之關係，認為「正文無『怵』字，但有『惕』字」。今本乃是由人誤改所致（《文選考異》卷一）。這是根據注文與正

文順序上的對應關係校勘之例。

又如：《文選》卷二十四〈為顧彥先贈婦〉：「翻飛浙江汜。」李善注引《毛詩》曰：「江有汜。」顧千里據此注與正文之對應，認為：「善但引『江有汜』為注，而不注『浙江』，是『江汜』連文，非『浙江』連文。」並進一步根據袁本、茶陵本所載，認為「浙」字可能係「游」字之誤（《文選考異》卷四）。這是根據注文與正文內容上對應之關係校勘之例。

總之，或對照注文與正文排列之順序，或品味注文與正文所述之內容，如有牴牾乖違，便可據以考核。當然，鑑於注釋者見識未必精當，難免有失正文原意之處，但注文與正文，確有其內在聯繫，確可據此以發現並勘正典籍中的一些誤訛，故只須言之有據，慎而行之，以注文與正文互相參核，仍不失為校勘之一法。

  3.根據駢文儷句校勘。

如：徐氏刻本《唐文粹》卷十〈元皇帝室大成之舞一章〉：「昭炎孕皇。」顧千里校「昭」作「胎」（《四部叢刊》本《唐文粹》後附〈校勘記〉）。考《說文》，「胎，婦孕三月也」（四下·肉部），「孕，裹子也」（十四下·子部）。其義正相對應，而「昭」字則不類。又《全唐詩》及郭氏《樂府詩集》所載此詩，正作「胎」，可見顧氏所校有理。伍氏龍池草堂刊本《張說之集》作「貽」，亦誤。

又如：《文選》卷二十二〈古意酬到長史溉登琅邪城〉：「脩篁壯下屬，危樓峻上干。」顧千里根據詩句對偶之關係，認為「篁」係「隍」字之誤。云：「偶句云，『危樓峻上干』，『危』則峻也，『脩』則壯也。隍在城下，於義極協。」（《文選考異》卷四）

這是根據詩中詞或句對偶關係校勘之例。

除了駢文詩句外，即使散文之中，亦間有偶句者，顧千里同樣以此法校勘。

如：《淮南子·要略》「原道之心，合三王之風」句，顧千里認為：「『道』下疑當有『德』字，與下句對文。」（《讀書雜志》附顧千里〈淮南子內篇補遺〉）

又如：《文選》卷四十〈在元城與魏太子箋一首〉：「農夫逸豫疆畔，女工咏於機杼。」顧千里校云：「『女工』當作『工女』。以『工女』與『農夫』偶句也。」（《文選考異》卷七）

這俱是在散文中，根據有關文字對偶關係校勘之例。

　　總之，不論駢體之文，格律之詩，還是秦漢古文，明清小品，多有對偶之辭句，俱可根據其對應關係，考求典籍傳刊之誤，此即根據駢文麗句校勘之法也。

　　4.根據詩文避複校勘。

　　古人綴文，為求音調宏亮，文字參差，或有上下句中，避用複字之例。如劉彥和嘗云：「詩騷適會，而近世忌同。」（《文心雕龍·練字》）顧炎武亦云：「自漢以來，作文者即有回避假借之法。」（《日知錄》卷二十一）可見前賢已注意此端。顧千里在校勘中，也間用此法以勘誤。

　　如：《文選》卷十七〈文賦〉：「喜柔條於芳春。」或云，「喜」字，李善作「嘉」。顧千里校云：「『嘉』字傳寫誤。下有『嘉麗藻之彬彬』，必相回避無疑。」（《文選考異》卷三）

　　又如：《文選》卷三十一〈雜擬詩〉「重陽集清氣」句，顧千里校云：「詳下云：『氣生川岳陰』，文必相避。蓋善自作『氛』」，「但傳寫訛『氣』」（《文選考異》卷六）。

　　這都是根據避複校勘之例。

　　此種方法，清代學者，亦有用之者，如王念孫讀《漢書·翟方進傳》「兄宜靜言令色，外巧內嫉」云：「『靜言』即『巧言』也。文改『巧言』為『靜言』者，避下文『外巧』巧字也。」（《讀書雜志·漢書》）以此校書，固不失為一種方法，然古人行文，亦有不避繁複之例（見俞樾《古書疑義舉例》卷二），故不可拘泥而強用，當酌情而定。

　　5.根據相類句式校勘。

　　典籍篇章，多經筆削潤色，故其行文句式，間有相類似者。或同句反複，一唱三嘆，以求聲律回旋；或字數句式，有例可尋，以求凝練工整。通篇之中，全書前後，考求其相類似之句式，可據以校勘，顧千里亦用此法。

　　如：顧千里在《古列女傳考證》〈孿嬰傳頌〉「終被禍敗」條云：「此傳頌止六句，餘皆十句，蓋脫此下四句也。」

　　又如：《文選》卷十九〈補亡詩〉之一〈南陔〉「彼居之子，色思其柔」句，顧千里認為當「如首章例」，應列在「心不遑留」下（《文選考異》卷四）

　　這是根據通篇之中，重複章節，相類似句式的句數及排列順序校勘之例。

此外，筆者嘗見王欣夫先生過錄顧千里校《輿地廣記》。其卷八「京西南路、鄭州」條下，一本作「後唐改曰威勝，周改曰武勝」。顧千里校云：「『周』後依例當有『避諱』二字。」考此乃是避後周郭威之諱而改名者。《輿地廣記》中，凡因避諱改易之地名，多標明之，如卷五京畿冠氏縣條下，唐避高祖諱改「清淵縣」為「清泉縣」。卷六萊州萊陽縣條下，後唐避廟諱改「昌陽縣」為「萊陽縣」等等，故顧千里以此句例校之。

還有，《荀子·仲尼篇》：「故道豈不行矣哉，文王載百里地而天下一，桀紂舍之，厚於有天下之勢而不得以匹夫老。」顧千里校云：「『載』下疑當有『之』字。『載之』、『舍之』對文。二『之』字皆指道也。〈富國篇〉『以國載之』，是其證矣。」（《讀書雜志》附顧千里〈荀子補遺〉）

此俱是根據行文之中，類似句式校勘之例。

總之，或如《詩經》，〈式微〉、〈芣苢〉諸篇，章節重複，或如史傳贊頌之類，句式字數，有其定格。俱可據以互相參證，勘除誤訛，即使無此明確格式可尋者，也可考其行文類似之處，文句之格式，進行校勘，此即根據類似句式校勘之法也。然此事非諳熟者，難以為之。

6.根據相關內容校勘。

載籍敘事，上下左右，多有相關者。一事之始末，一人之生平，同一著作所記，自不當互相矛盾。故考其通篇所論述，細加爬梳，如有誤訛，自當可見。此亦即左右旁通之義也。顧千里常據此校書。

如：《呂衡州集》卷五〈代鄭監使奏吐蕃事宜狀〉一文，顧千里校云：「『鄭』當作『薛』。薛監使者，內官薛盈珍也。本集本卷〈代張侍郎起居表〉云，『固令盈珍等卻回奏事』，與此狀云，『固欲令臣卻歸奏事』，又云『令臣與張薦分背便發』（張薦即張侍郎也），二文相應。又高品，薛盈珍有上卷〈謝章服表〉可證。」（《呂衡州集考異》）

又如：《華陽國志》卷一〈巴志〉「墊江龔榮」，「榮」字，顧千里據本書後〈梁益寧三州先漢以來士女目錄〉校云：「當依〈目錄〉作『調』。即上文所謂『龔升候』也。」同書卷十二〈梁益寧三州先漢以來士女目錄〉「巴郡太守龔揚」之「巴郡」，顧千里校云：「當作『犍為』。見〈士女贊〉『韓姜自財后族其冤』

注。」考此注曰「姜聞故自殺，太守巴郡龔揚哀之」云云，是乃「犍為」郡之事，可證顧校有理（復旦大學圖書館藏王欣夫先生過錄顧千里校《華陽國志》）。

以上俱是根據本書有關內容校勘之例。

總之，將書中所記之人，考其行跡；所述之事，究其始末，以辨析其有無乖誤之處，此即根據本書有關內容校勘之法。用此方法，其要在於精悉全書，有關人事，胸中存其概貌，否則難以為之。

7. 根據書中篇目標題校勘。

顧千里校書，也頗注意篇目標題，以此勘誤。

如：徐刻本《唐文粹目錄》第七十六卷，呂間任有〈大水起〉一文。顧千里校「起」為「記」（《四部叢刊》本《唐文粹》後附〈校勘記〉）。考此書第七十六卷之目錄及卷中文前之題目，俱作「記」。又，卷三十一〈唐德宗神武皇帝奉天改年大赦〉，顧千里校云：「下有『文』字。」（〈校勘記〉）考全書目錄及本卷首之篇目，下俱有「文」字，顧千里殆即據此以校之。

以上是以書中目錄、卷首篇目以及正文題目互相對勘正誤的例子。

對勘之外，顧千里還根據標題與正文內容的對應關係來校勘。

如：秦氏石研齋刻本《駱賓王集》卷四〈初於六宅宴〉，顧千里校其題目云：「以第八卷序證之，當作〈初秋於寶六郎宅宴得風字〉，《集》、《苑》皆非。」（《駱賓王集考異》）

此是以文中之內容校標題誤訛例。考古人標篇名之方法，或取篇中數字以為名，或攝取文意以列題。自六朝以降，似以後者為多，故可據此校勘。

總之，或以典籍中所有之標題篇目互相對校，或以正文與標題的對應關係勘誤，俱是根據篇目標題校勘之法。

以上，我們探討了顧千里校勘的七種方法：根據上下文關係，根據正文與注文對應，根據駢文儷句，根據詩文避複，根據相類之句式，根據相關之內容，根據篇目標題。前四種所涉，主要在於一篇中互見者，後三種，則進一步擴展及全書各篇互見。其要則在於通覽全書，精析篇章，熟知其所述之內容，洞悉其行文之文理，由文字而及篇章，由篇章而及全書，前後左右，融會貫通，參核對照，勘正誤訛，此乃「以章句互見求之」者也。

四、以本書義例求之。

顧千里校書，極重視義例。正如潘錫爵氏云：顧千里「每讀一書，必求其義例之所在。義例既得，而其中訛謬踳駁之處，一一瞭如指掌，乃詳加校證」（北京圖書館藏抄本《顧氏說文兩種·潘氏序》）。那麼，顧千里具體如何根據義例校勘的呢？下面試析之。

1.根據斷限校勘。

限者，界也、度也。大凡著述，俱有規定的研究對象，明確的內容界限。「正其疆里，開其首端」（《史通·斷限》），即典籍斷限者也。不合此例，自當有誤，所謂「過此以往，可謂狂簡不知所裁者焉」（同上）。顧千里間據此以校勘。

如：《文選》卷四十三〈與山巨源絕交書〉「吾每讀《尚子平》《臺孝威傳》，慨然慕之，想其為人」下注「《英雄記》曰」云云。顧千里指出，王粲《英雄記》所記時間只在漢末，而尚子平乃東漢光武帝建武中人，故當是誤也。並疑為《英賢譜》之文（《文選考異》卷八）。考顧懷三《補後漢書藝文志》載：「《漢末英雄記》八卷，舊本題魏王粲事。」故其所記，不當及於東漢初事。而《英賢譜》全名為《姓氏英賢譜》，作者賈軌。《隋志》及《新》、《舊唐書》俱著錄。姚振宗《隋書經籍志考證》云：「其書久佚，據李善《文選注》引，前列爵里，後詳事跡，蓋以譜牒傳記合為一書者也。」故其所記，於時間斷限無礙。此乃據時間斷限校勘例。

又如：《輿地廣記》卷八「京西南路·均州」條下，有云：「齊於此僑立始平郡。」顧千里校云：「僑立例不見，此再查。」（復旦圖書館藏過錄顧千里校本）考《輿地廣記》中，敘各地建制，而於僑立之州郡，多不記載，殆其取捨有義例，僑立乃其所述內容界限之外者也，故顧千里疑其誤。此乃是根據記述範圍之限度校誤之例。

總之，或考所述時間之始末，或明論述內容之範圍，此之外者，或有誤訛，據此校書，乃所謂根據斷限校勘者也。

2.根據分類校勘。

方以類聚，物以群分。典籍之分類，乃現實分類之反映。《荀子》云：「以類行雜，以一行萬。」（〈王制〉）可見前人對分類之重視。故編纂著述，多據各篇之

宗旨，將內容條分縷析，此即分類之義例。如分類淆雜，自當有誤，可據例而校之。顧千里校書，常用此法。

如一本《史通》，卷七〈曲筆〉「此義安可言於史耶」下，何義門從馮己蒼本增入「夫史之曲筆誣書」至「盜憎主人之甚乎」十一行。顧千里校云：「此一百九十九字，不當入〈曲筆〉。李百藥以魏收為『實錄』，以王劭為『有慚正直』，皆子玄所摘鑒識之謬者耳。若曲筆者，載事而失其真，鑒識者，評史而乖其理，二篇之別在此。」（上海圖書館藏顧千里校《史通》，又見《四部叢刊》《史通》後附〈校勘記〉所引）這是根據《史通》中各篇立意分類不同而校勘之例。

又如：抄本顧千里《說文考異》卷二「𢁀，二余也，讀與余同」條下，顧千里云：「此當有誤也。《玉篇》『余』下出『𢁀』字云：『同上』。是『𢁀』即『余』重文也。下云『文十二，重一』亦可證。又案，如同上，今本則『入』部不容廁『𢁀』字，必以『余』建首，『𢁀』為『余』之屬，別出一部，方合許書體例，以是知元系重文無疑矣。」（北京圖書館藏鈔本《顧氏說文兩種》）考顧氏之意，乃認為當依《玉篇》所引，以「𢁀」為「余」之重文。若以「二余也，讀與余同」，則當另建首分部，方合《說文》分部之義例。此是根據分類排列義例校勘之例。

總之，或根據撰述者立意之不同，或根據典籍材料排列之原則，俱可勘正典籍傳刊之誤，此即根據分類校勘者。

3. 根據編次校勘。

著述編纂，具有次第。或以年代人物為序，或以事理地域為綱，以求連貫成文，渾然一體。「使閱之者雁行魚貫，皎然可尋」（《史通·編次》），此即編次之義例。編次失序，於其間有「體統不一，名目相違，朱紫以之混淆，冠履於焉顛倒」者（同上），則誤訛必矣。顧千里多以此法校書。

如：衢州本《郡齋讀書志》，小學類之編排次第，顧千里認為有誤，乃將其著錄的三十九種書，分為六段，重加排列。以《爾雅》至《方言》凡六種為第一段。以《說文解字》至《經典釋文》凡七種為第二段。以《干祿字書》至《臨池妙訣》凡六種為第三段。以《群經音辨》至《類編》凡五種為第四段。以《集韻》至《唐氏字說解》凡六種為第五段。以《陸氏埤雅》至《切韻指玄論》及《四聲等地圖》凡九種為第六段。並云：「小學類顛倒錯亂，當分六段移轉。有硬改《臨池妙

訣》、《唐氏字說解》為互倒，即謂無誤，豈知每類以時代為先後，晁氏自有例耶。」（北京圖書館藏季錫疇錄顧千里鈔本《昭德先生郡齋讀書志》）

又如：《文選》卷四十一，孔融〈論盛孝章書〉次於朱浮〈為幽州牧與彭寵書〉之前，顧千里校云：「此書當在後，下〈與彭寵書〉當在前，今乃季漢之文，越居建武之上，必非善舊甚明。各本皆同，卷首子目亦然，未知其誤始自何時也。」（《文選考異》卷七）

此俱是根據原書編次之義例，糾排列失誤之例。

總之，根據作者之思路，考究其敘事編輯之原則，校正典籍中與此違悖之處，此即根據編次校勘也。

4.根據文體校勘。

古人云：「文章之有體也，此陶冶之型範，而方圓之規矩也。」（顧爾行〈刻文體明辨序〉）因而強調「文辭以體制為先」（《文章辨體·諸儒論作文法》）。故《文選》選篇，以文體為類，《雕龍》論文，有文體諸篇。明其體制，可以校書。顧千里亦間用此法。

如：秦氏石研齋刻本《呂衡州集》卷五〈博陵崔公行狀〉，顧千里校云：「行狀之首，依例當云某州、某縣、某鄉、某里、崔某、字某、年若干、行狀。吳、馮兩本及《文苑英華》七百七十七所載皆脫去，而僅為『狀』字，無可補也。唯《英華》子目云，『崔涼行狀』。疑其所見初尚未脫矣。」（《呂衡州集考證》）《文心雕龍·書記》云：「狀者，貌也。體貌本原，取其事實，先賢表諡，並有行狀。」就此而言，顧千里所校，殆非無據。

又如：石研齋刻本《駱賓王集》卷六〈上齊州張司馬啟〉的最後一句：「憂心如屬。」顧千里校云，下面當有「謹啟」二字（《駱賓王集考異》）。《文心雕龍·奏啟》云：「至魏國箋記，始云啟聞，奏事之末，或云謹啟。」可見末有「謹啟」二字，乃「啟」之格式所定，顧千里殆亦有據於此。

以上，俱是根據文體格式校勘之例。

總之，詩賦詞曲，詔策疏表，書啟論箋，碑銘頌贊，各種文體，俱有義例可尋。據此以校誤，即根據文體校勘之謂也。

5.根據稱謂校勘。

顧千里校書，亦間據稱謂而勘典籍之誤。

如：《文選考異》卷一〈魏都賦〉「注，莊子曰」條，顧千里云：「袁本、茶陵本『子』作『周』。案，二本最是。此稱莊周，舊注例也，若稱莊子，善注例也。」此是根據對人之稱謂校書之例。

又如：同上書〈魏都賦〉「注《毛詩》云夏屋渠渠」條，顧千里曰：「袁本、茶陵本無『毛』字。案，無者最是。此稱《詩》，舊注例也，若稱《毛詩》，善注例也。其有不合者，非。餘各本皆誤者准此。」考此「注」乃係舊注，故顧千里有此論。又「注〈太史書〉曰〈田敬仲世家傳〉曰」條，顧千里云：「『書』，上當有『公』字。又，『家』下當無『傳』字。各本皆誤。以此推之，疑凡載《注》，皆稱『〈太史公書〉』，今多失其舊也。」此是根據對典籍的稱謂校書之例。

總之，各書稱謂，多有不同。或為全名，或為省稱，稱呼之中，褒貶見焉。考究義例，糾正誤訛，此乃以稱謂校勘之法。

6. 根據用字校勘。

根據文字訓詁校勘，前已論及，此處所謂「用字」，乃指有些典籍之中，作者對某些字之用法，與眾不同，此或可稱之為用字之義例。明悉此事，可以勘正傳刊之誤。顧千里亦用此法。

如：顧千里在《撫本禮記考異》中，校《禮記·聘義》鄭注「惟有德者」云：「『惟』當作『唯』。凡鄭注例用『唯』，無有用『惟』者，各本皆誤。」又，校〈郊特牲〉「以鐘次之」云：「《毛詩》，《周》、《儀禮》例用『鍾』，而《禮記》例用『鐘』」。「凡群經之中，其字之偏旁，每經為不同，有如此者」。

又如：《韓非子·初見秦》「彼固亡國之形也，而不憂民萌」，顧千里云：「『萌』，《策》作『氓』，本書例用『萌』字。」又，〈二柄〉「故劫殺擁蔽之主」，顧氏校云：「『擁』當作『壅』。」陳奇猷先生補充道：「本書皆作『壅』。〈主道篇〉『人主有五壅』，〈南面篇〉『有壅於言者』，皆其例。」（《韓非子識誤》，又，《韓非子集釋》）

此俱是根據各書用字特點校勘之例。

總之，或由於學派不同，或由於歷史沿革，或由於作者用字之習慣，典籍中某些字的用法，或有其特點可尋，據此以校書，即根據用字校勘者。

　　7.根據繁省校勘。

　　繁省，指敘事行文之繁省也。古人撰述，或求其周密，注釋引文，敘事立說，重複論述，所謂「繁詞縟說，理盡於篇中」（《史通·敘事》），或求其簡明，撮取大意，文不復出，所謂「省文約字，事約於句外」（同上）。本旨不同，繁省有別。顧千里亦據此而校書。

　　如：《文選考異》卷四〈洛神賦〉「注，已見〈東都賦〉」條，因此處袁本、茶陵本對「伊闕」、「轘轅」二詞復出注文，故顧千里校云：「袁、茶陵二本復出，皆非。案，復出不合善例。」此一觀點在同書卷二〈西征賦〉「注《漢武故事》曰，衛子夫下至悅之」條，卷七〈為吳令謝詢求為諸孫置守冢人表〉「注，懷金，已見上〈謝平原內史表〉。佩青，已見上〈求通親親表〉」條下，俱加引述，據以校勘。此是根據《文選》李善注，內容不復出的義例校書。

　　又如：《文選考異》卷五〈雜詩〉「注，生南國」條，顧千里云：「依善例，當添『王逸曰，南國』五字，各本皆脫。」又，同上書卷六〈雜體詩〉「張廷尉」條，顧氏云：「『張』當作『孫』。」「考此三十首，善於其人之不見《選》中者，必為之注。」「善例精密乃爾。倘果別有張廷尉綽，不當反不注，可見善自作『孫』。」此乃根據李善注《文選》，引文必交代清楚，注釋嚴密周細的義例校書之例。

　　總之，撰述立說，其繁省自有例可尋。當繁不繁，當簡不簡，其誤必矣。據此校書，即根據繁省校勘之謂也。

　　8.根據學術見解校勘。

　　典籍之中，作者或因學派師承，或由慧眼獨見，必有其學術見解存其間。一人之著述，其觀點見解，當無大的矛盾。明析作者觀點意旨所在，可糾正典籍中牴牾之訛。顧千里間亦採用此法。

　　如：《史通》卷二十〈忤時〉：「王劭直書，見仇貴族，人之情也。」王厚齋、何義門認為「王劭」係「王韶」之誤。顧千里校云：「『劭』，何改『韶』，非也。此是隋王君懋，著《齊志》二十卷，《隋史》八十卷者。『直書見仇』，見〈鑒識篇〉（或改入〈曲筆〉），誤始於《困學紀聞》。」（上圖藏顧千里校《史通》）考劉子玄在《史通》中，屢讚王劭。〈敘事篇〉稱其「長於敘事，無愧古人」，「志

存實錄」。〈鑒識篇〉（或入〈曲筆〉）稱其「如王劭之抗詞不撓，可以方駕古人」。可見劉氏對王劭的評價頗高，〈忤時篇〉中如此評論王劭，與其觀點並無矛盾之處。然則正由於王劭「書法不隱，取咎當時」（〈鑒識〉或入〈曲筆〉），時人「共詆王氏」（〈敘事〉），唐代為王劭作傳時，便已多有微詞，稱其：「多錄口敕，又采迂怪不經之語及委巷之言」，「無足稱者」。「或文詞鄙野，或不軌不物，駭人視聽，大為有識所嗤鄙」（《隋書》卷六十九〈王劭傳〉），這與劉知幾的看法大相徑庭。後人殆未細辨劉氏本意，為時論所惑，故改「劭」為「韶」。顧千里正是考究了劉氏本來的觀點，以糾正後人之誤。

又如：《史通》卷四〈論贊篇〉：「子長淡泊無味」，顧千里校云：「當云『淡泊有味』。」（《四部叢刊》本《史通》附〈校勘記〉）考劉子玄於《史通》之中，甚推《史記》。如〈六家篇〉中列《史記》為古史「六家」之一，〈二體篇〉中稱其「載筆之體，於斯備矣」。〈采撰篇〉稱子長撰《史記》，「殷周已往，采彼家人」，「以蒭蕘鄙說，刊為竹帛正言，而輒與《五經》方駕，《三志》競爽，斯亦難矣」。〈人物篇〉稱「子長著《史記》也，馳騖古今，上下數千載」「事跡居多」。在〈雜說上〉之中，更斥張輔「優班劣馬」之論為非。通書上下，對司馬遷《史記》的評價灼然可見，安得獨於此篇中斥子長為「無味」耶？故顧千里得根據作者之觀點糾正之。

這俱是根據學術見解校書之例。

當然，鑒於對作者學術觀點的認識和評價，學者多有不同，暗合者固有之，相違者則更多。仁者見仁、智者見智，難求一律。故以此法校書，多有歧見。然據上述例子而論，其仍不失為校勘一法。

以上我們探討了顧千里以義例校書的方法。根據斷限之確定典籍論述之範圍，考究分類編次以探求編纂著述之經緯，明辨文體以洞悉寫作之體裁格式，察析稱謂、用字，行文繁省可知其風格特色，而學術見解，乃統轄全盤者。凡此數端，就是所謂「以本書義例求之」。然則用此校書，須謹慎而行，即使博大精深如段玉裁、顧千里者，也難免失誤。段玉裁校《說文》，後人有「武斷」之微辭（王筠〈說文句讀序〉），顧千里頗為自信的校正《衢本郡齋讀書志》，小學類順序亦只有「七、八」與宋本合（《澀園序跋集錄·昭德先生郡齋讀書志》），故識者鑒之。

綜上所述，由一書之版本、款式，到文字訓詁，由文字訓詁而章句互見，由章句互見而考求義例，從表面到內涵，從形式到內容，從某種意義上講，可謂將「本書透底明白」了。然而，任何典籍都非孤立產物，從材料的來源，到作者的學術見解，以至所用的術語名詞，都與一定的社會歷史環境有著不可分割的聯繫。因此，要真正「透底明白」本書，還須將其放到更廣闊的領域中去探討。

第二、關於「將本書引用之書透底明白」

所謂「本書引用之書」，實際是包括了經、史、子、集等各個方面的材料。那麼，究竟如何透底明白引用之書呢？

一、以與本書直接有關的材料求之。

這是一個很大的範圍。所謂直接有關的材料，如大致劃分一下，可包括如下三個方面：一、與本書內容相類的記載。二、與本書有關的實物材料。三、前人關於本書的研究成果。下面依次敘之。

1.根據相類的記載校勘。

典籍之中，多有相類之文獻記載。或取材本同，流傳有別，或此由彼出，源淵所自，至於編纂著述，互為根據，則更屬屢見不鮮。互相參核，可勘流傳鈔寫之訛，顧千里多以此法校書。

如：《雞峰普濟方》，「考以行世收藏家各目，並未著錄」，顧千里乃取各有關之醫書，校勘以行世（《思適齋集》卷十〈重刻宋本雞峰普濟方序〔代汪閬源〕〉）。

又如，顧千里以《說文》與《玉篇》、《廣韻》等互校（見《說文考異》），以《史記》、《漢書》與《資治通鑑》互校（見《思適齋集》卷六〈鄧溥泉書〉），以《華陽國志》與《三國志‧蜀志》互校（見顧千里校《華陽國志》，復旦大學圖書館有過錄本），以《戰國策》與《韓非子》、《史記》等互校（見北圖藏顧校《戰國策》，又刊本《韓非子識誤》）。

凡此種種，俱是以類似文獻記載校勘之例。

總之，或取其他文獻中相同的文字對勘，或博取相類記載以補缺正訛，考證異同，此俱是以相類文獻校勘之法。其要，在於熟知目錄，明悉各書所載內容之異同，方可左右逢源，為我所用，彌補無善本參核之憾。故此法多為學者所採，誠校

勘中重要方法之一。

　　2.根據有關實物校勘。

　　實物者，各種可稽之歷史文物、碑版、古蹟之類也。漢唐即有以石碑竹簡校書之事，自宋歐陽永叔撰《稽古錄》以降，金石學別開生面。乾嘉之際，金石學復盛，故文人學者多事之。顧千里頗嗜金石，據統計，現存北京圖書館的顧千里舊藏碑版拓片，即達一千餘種。故其校書，常取各種實物為據。

　　如：顧千里跋〈裴遵慶墓碑〉云：「青浦《金石萃編》所收〈裴遵慶碑〉闕兩行，又每行止於四十四字。此多出每行九字及書擬人名。」（北京圖書館藏拓片，又《思適齋集補遺》）又，跋〈嵋台銘〉云：「《說文》『百』。古文『百』从『自』，與此〈銘〉『百』正合。第一畫雖稍剝蝕，然具存可辨，而《萃編》乃云『百』字，意書作『自』，亦所未詳，疏舛甚矣。」（王欣夫校《思適齋集》卷十六）

　　又如：顧千里跋〈石鼓文〉云：「太學石鼓，磨滅已甚，此舊拓本，神采奕奕，深可寶貴。予嘗讀《古文苑》，第六鼓文為『世』里。『世』必當釋作『三十』。『世里』者，《小雅‧六月》『之於三十里』也。」（《思適齋集》卷十六）筆者嘗見北京圖書館藏顧校《古文苑》，其卷一〈石鼓文〉此字上，顧氏批道：「『世里』，云『三十里』也。」當即據此拓本而定。

　　以上是根據碑帖校勘的例子。

　　再如：顧千里曾見秦敦夫所得漢元延二年銅尺，以此校沈彤《果堂集》載畢良史之拓本，云：「今較驗拓本廬俔尺及畢良史款識中晉尺制度長短，無少差異。」（《思適齋集》卷十六〈跋元延二年銅尺拓本〉）此是以器物校勘之例。

　　還如：顧氏於嘉慶甲子三月，與袁綬階同遊焦山寺，見焦山鼎，因以其銘文證翁方綱所校《金石文字記》。云：「『立中庭』之上一字，覃溪以為『內』、『門』二字合寫，非『僉』字，其說是也。」「『烈考』上，家亭林先生云，觸（按：當為蝕）一字。覃溪云，詳其篆勢，『朕』字也。當存之以備考」（《思適齋集》卷十六〈跋焦山鼎銘〉）。此是以鼎銘金文校勘之例。

　　總之，元代器物碑版，凡與典籍所載有關者，俱可用以考證校勘。除上述諸項外，甲骨龜片，木牘竹簡，封泥印鑒，陶瓷器皿，摩崖刻石，帛書畫冊，不一而足。顧千里雖未必據以上諸物，逐一用以校勘，然其法一也。近時地不愛寶，古物

問世者日多，故以此校理典籍，遂成蔚然大國。

　　3.根據他人研究成果校勘。

　　古往今來，治學之士眾矣。歷代典籍，特別是秦漢簡策，多有研究琢磨者。或彙成專書，或零星記載，或專文論述，或間有涉獵。其間有獨具慧眼，發人所未見處，亦有可啟迪思路，指點門徑者，凡此俱可據以校書。顧千里頗重視此法。

　　如：嘗見過錄本顧千里所校《墨子》。卷十一〈耕柱〉，周公旦「辭三公，東處於商，蓋」云云，顧千里校曰：「江先生曰，當讀商蓋句絕。商蓋者，商奄也。《韓非子・說林》：『周公旦已勝殷，將攻商蓋。』」（復旦大學圖書館藏孫詒讓家舊藏的過錄顧千里校本）

　　又如《履齋示兒編重校補》「曰『永嘉』，則後漢沖帝，西晉懷帝同」條，顧千里云：「彭兆蓀甘亭曰，史繩祖《學齋佔畢》載漢永憙元年石刻。證沖帝『永嘉』之為『永憙』。何義門云，〈左雄傳〉作『永憙』。《范史》及《通鑑・沖帝紀》作『永嘉』，此與履齋之言皆相承而誤。予謂此讀者所宜知也。」

　　此乃是引用其師友研究成果校勘之例。

　　再如：顧千里在《撫州本禮記考異》中，多參考岳珂《九經三傳沿革例》、日本學者山井鼎《七經孟子考文》之成果。在《鹽鐵論考證》中，間採盧文弨《群書拾補》中之成果。此俱是參考前人專門論著校勘之例。

　　還如：《文選》卷十九，宋玉〈神女賦〉中「其夜王寢，果夢與神女遇」，以及接下去的一連串「王曰」、「玉曰」的對話，究竟「王寢」之「王」字，是否係「玉」字之誤，這涉及到究竟是何人「夢與神女遇」，因而關係到對此賦內容理解的問題。顧千里引用了何義門、陳景云校勘成果，參考了沈括《夢溪筆談》、姚寬《西溪叢語》中的論述，認為此乃「王」「玉」互倒（《文選考異》卷四）。此是根據前人筆記中所載有關條目校勘之例。

　　總之，凡屬前人研究之成果，不論專著文集所載，筆記雜著所論，甚至師友傳授之心得，俱可採納，用以校勘，以避孤陋寡聞之虞，可免重蹈覆轍之勞。此即所謂根據他人研究成果校勘者。

　　以上，我們從三個方面，探討了「以與本書直接有關材料求之」的具體方法。其中一為相類之記載，一為有關之實物，一為他人之成果。這些方法，在顧千里校

勘中所佔有之地位，幾可與列異本互勘相埒，故當重視之。

二、以所涉歷史事實求之。

所謂歷史事實，上下幾千年，縱橫數萬里，典籍所載，殆不可數。然某特定書中所記，則可考矣。或有不明事實，傳刊生誤者，則須根據事實，予以勘訂。不僅僅滿足於文從字順，想當然耳。顧千里在校勘中也常用此法，下面亦分而詳論之。

1.根據時間校勘。

事件發生，必有確定之時日，典籍所載，或有傳誤，故考究事件發生之時間，可以校誤。

如：《文選理學權輿》卷三「幸甘泉」條：「揚雄〈甘泉賦〉云，正月從上甘泉，還，奏〈甘泉賦〉以諷。」汪師韓云：「《漢書》曰，『永始四年正月行幸甘泉』。《七略》曰，『〈甘泉賦〉，永始三年正月，待詔臣雄上』。《漢書》三年無幸甘泉之文，疑《七略》誤也。」顧千里校曰：「『永始四』，今本誤字，當作『元延二』，《拾遺》有。」（復旦大學圖書館藏顧千里校《文選理學權輿》卷三）考錢大昕《三史拾遺》卷三云：「〈揚雄傳〉皆取子雲自序，與《本紀》敘事多相應，如雲正月從上甘泉，即《紀》所書元延二年正月行幸甘泉郊泰疇也。」又考近人錢穆作《劉向歆父子年譜》，列上此賦之時為元延二年。余嘉錫《四庫提要辨證》亦云：「〈甘泉〉、〈羽獵賦〉，皆作於元延二年。」（卷二十）可見顧千里所校有理。

又如：筆者嘗見北京圖書館藏顧千里校《唐文粹》，卷六十二〈衡山大明寺律和尚塔碑銘〉文中有云：「廣德二年，始立大明寺於衡山」，「乾元三年，又命衡山立《毗尼藏》」，顧氏校云：「《集》注，以史考之，則乾元當在先，廣德當在後，當是乾元字誤矣。一本於此特曰『某年』；疑之也。」考《柳宗元集》，此碑文載卷七，「乾元三年」作「乾元元年」，注文出自韓醇。顧千里雖引《集》中他人之注文，實也是據時間以校勘。

總之，考究事件發生之時間，糾正傳刊中典籍記載之失誤，此即是根據時間校勘。

2.根據地點校勘。

事件發生，人物活動，俱有確切之地點可尋。考究其地點，可正因不明輿地造

成的典籍之誤。顧千里亦多以此法校書。其最常見者，是糾正誤寫之地名。

如：顧千里校《輿地廣記》卷六「京東東路，歷城」條「隋置齊郡，唐為濟州」之「濟」為「齊」。校卷二十七「荊湖北路（上），安鄉縣」條「《水經注》，澧水東徑安南縣」之「安南」為「南安」（俱見復旦大學圖書館藏王欣夫過錄顧千里校《輿地廣記》）。又，在《文選考異》卷一〈魏都賦〉「注，今鄴下有十二登天井堰」條云：「『堰』當作『堰』」。

凡此，俱是考地名之誤而校正者。顧千里更精到之處在於：不僅考地名之誤，而且根據實際輿地之方位，勘正典籍之誤。

如：顧千里校《全唐文》時曾云：原來廿五卷中，自「更以來月五日於太清宮聖壽恭」以上，是〈上尊號制〉之文（按：指〈上聖祖大道玄元皇帝號並五聖加諡制〉，《唐大詔令集》卷七十八收錄）。而自「禮寧王憲」以下，是〈謁五陵赦〉之文。其理由之一是：「禮寧王憲」以下文中，有「京兆府供頓縣」免今年地稅云云。考《唐會要》、《元和郡縣志》諸書，五陵者，「『獻』在三原，『昭』在醴泉，『乾』在奉先（按：原作『奉天』，此據王欣夫先生校改，下同），『定』在元平（按：原作富平），『橋』在奉先。皆京兆府所屬，故十七年十一月之親謁五陵也，自五日辛卯至廿二日戊申，凡歷十有八日，此諸縣之（按，『之』字據王校補）所以有供頓也。若夫太清宮，即在西京大寧坊西南角，故八載閏月丙寅之親謁太清宮冊尊號也，一日而畢耳，無所謂『供頓』也」（王欣夫校《思適齋集》卷十六〈與劉金門宮保書〉）。

又如：《資治通鑑》卷十二「高帝十二年」有云：「布軍敗走，渡淮，數止戰，不利，與百餘人走江南，上令別將追之。」「漢別將擊英布軍洮水南北，皆大破之。」而胡景參作注云：「布軍既敗走江南，則洮水當在江南。」並引羅含《湘中記》、《水經注》等，以為洮水在長沙境內。顧千里乃根據《史記·高祖本紀》、《漢書·高帝紀》、〈黥布傳〉等所載，認為「高祖自將一戰，勝布於蘄西，於此遂還，故令別將追布也。布敗走，『渡淮，數止戰』者，皆與別將戰也，即所云『擊布軍洮水南北，皆大破之』」，因而「徐廣注，洮水『在江淮間』者，確解也」。「且布走江南也，才及茲鄉，便遭梟滅，是與百餘人者，未嘗竄過鄱陽西南一步，果洮水在江南，果戰洮水在走江南之後，亦應在鄱陽東北之境，安得飛度遙集，遂在湘中零陵，豈非風馬牛不相及者乎？」（《思適齋集》卷六〈與鄧溥泉

書〉）這俱是根據典籍所載，詳考輿地方位，而校正誤謬錯訛之例。非精於地理之學，非胸中自有其輿地方位在者，恐難以為此。

總之，或考究地名之正誤，或考究地點與事件之發生有無矛盾，或考究地輿方位之所在，據此以校正典籍傳刊之誤，即根據地點校勘者。

3.根據人物校勘。

事件係人所為，故言及史實，多涉人物。而歷史人物其名號、世系、籍貫等，或有可考知者。典籍史書所載或張冠李戴，或名號不符，即可考而正之。顧千里亦以此法校書。

如：《履齋示兒編重校補》中，校《履齋示兒編》卷十六「事類，『田單火牛，揚凝燃馬』」云：「正文『琔』誤為『凝』，而不可解矣。」「楊琔，〈范蔚宗書列傳第二十八〉，有然馬事，云『繫布索於馬尾』，又云『因以火燒布，布然馬驚』也，今得據以訂正」。此乃因傳刊者不知楊琔守零陵，燃馬破陣之事，而以形近傳誤也。

又如：《輿地廣記》卷六，「京東東路」，「苻朗以州降晉，置幽州，以辟閭渾為刺史，鎮廣固。隆安四年，為慕容恪所陷，遂都之，為南燕」。顧千里校「慕容恪」為「慕容德」（復旦大學圖書館藏過錄顧校《輿地廣記》）。考《晉書》卷一百二十七〈慕容德載記〉，攻辟閭渾者，乃慕容德所為。又《通鑑・晉紀・安帝隆安四年》，有「南燕王德。即位於廣固」之事，可見乃傳刻者誤也。

以上，是根據人物之事跡校書之例。

總之，或考據人物之名號，或考證人物之生平行事，以此來辨證典籍傳刊之誤。即根據人物校勘之謂也。

4.根據典故校勘。

古人著述，行文之間，喜用典故。或因不明典故之含義，或未考典故之出處，於典籍中常有致誤者。顧千里亦根據典故而校勘。

如：《文心雕龍・神思》：「阮瑀據案而制書。」顧千里校「案」為「鞌」（范文瀾《文心雕龍注》引）。考《三國志・魏志・王粲傳》，裴氏注引《典略》曰：「太祖曾使瑀作書與韓遂。時太祖適近出，瑀隨從，因於馬上具草，書成呈之，太祖攬筆欲有所定而竟不能增損。」「案」字殆由不知阮瑀馬上草書事者傳誤也。近

人范文瀾《文心雕龍》，劉永濟《文心雕龍校釋》，俱以顧氏之說為當。

又如：徐氏刻本《唐文粹》卷四，楊炯〈渾天賦〉中「南斗主爵祿，東璧主文章」句，顧千里校「璧」作「壁」（《四部叢刊》本《唐文粹》附錄〈校勘記〉）。考《晉書‧天文志》云：「東壁二星主文章，天下圖書之秘府也。」張說有詩云：「東壁圖書府，南園翰墨林。」（《全唐詩》卷八十七〈思制賜食於麗正殿書院宴賦得林字〉）而《文苑英華》此字正作「壁」。可見《唐文粹》中係由未明此典而傳誤也。

以上，俱是根據典故之原意及出處，校正傳刊之誤例。

總之，典籍之中，由於不明典故之原意，未考典故之原始出處而致誤者，則考究典故之原意而勘正之，此即是根據典故校勘之法。

5.根據學術源流校勘。

古往今來，學術流派之分合興替，連綿不絕。此亦歷史之重要現象，與典籍之所載，頗有干係。根據家法師承，學術派別，或可勘正典籍之誤。顧千里校書，頗為重視此事。他嘗云：《毛詩注疏》中的《傳》、《箋》，實為兩家之學。「夫《傳》也者，全是古文家法」，「《箋》也者」，「自是鄭氏家法，不專主古文，亦不專主今文」，近人不明此意，往往致誤（《思適齋集》卷六〈答張子絜問讀毛詩注疏書〉）。又曾云：「北海鄭君，時代正接。〈月令〉兩注，抑何徑庭。蓋中郎之學以今文家為主，鄭君之學，以古文家為主」，「讀者往往不識家法，以致誤改」（同上書卷十一〈蔡氏月令序〉）。故顧千里常以此法校書。

如：校《經典釋文》時，曾以《毛詩‧鄭風‧山有扶蘇》中「山有橋松」之「橋」字為例，認為「古『橋』、『槁』同字」（復旦大學圖書館藏王欣夫先生過錄顧校《經典釋文》），而此條是「讀毛、鄭詩秘鑰」（黃焯《經典釋文彙校》引）。阮刻《十三經注疏‧毛詩校勘記》中，此條的校語，當是反映了顧千里之觀點（《毛詩》之校勘。乃由顧千里所主，見阮元〈毛詩注疏校勘記序〉及錢泰吉《曝書雜記》），其云：「《釋文》：橋，本亦作喬。」而毛作「橋」，鄭作「槁」。「考《正義》，本是『橋』字。此《經》毛作『橋』，以為『喬』之假借。鄭亦作『橋』，與毛字同，但以為『槁』之假借，是其異耳。《釋文》云『毛作某』、『鄭作某』者，指《傳》、《箋》之義，不以指《經》之形。」「其《釋文》本亦『喬』者，乃依毛義改為正字耳」（《十三經注疏‧毛詩注疏校勘記》）。考顧氏之意，乃以毛、鄭為二家之學，故

其訓釋不同。古「橋」字，一可解作「喬」，一可解作「槁」。後來傳刊者殆由未詳考其學術流派之不同，僅據《毛傳》之義改經，故其失誤。

又如：《鹽鐵論・繇役》「《詩》云：『獫狁孔熾，我是用戒。』」盧文弨校云：「『戒』當作『愇』。」顧千里糾之云：「大誤。次公所稱作『戒』，必三家詩如此。《毛詩》作『急』。《爾雅》：愇，急也。《爾雅》與此以『戒』、『愇』同字而駁異，猶《毛詩》以『愇』、『急』同義而駁異也，不得改而一之。」（《鹽鐵論考證》）考三家詩者，乃屬今文經學，而《毛詩》屬古文經學。二者於漢代，截然兩家，不得混淆。而盧文弨以《爾雅》中據《毛詩》「急」字所訓之「愇」，改桓寬所據三家詩中之「戒」，乃混淆了今古文之淵源，故為顧千里所非。

以上俱是根據學術流派校書之例。

總之，先秦百家，兩漢今古文，魏晉玄學，隋唐釋道，宋明朱王之理學，清代漢宋之經學，其學派門徑，截然分明，典籍所載，或者不明此理，而以此改彼者，則其大誤矣。故須考究古今學派源流分合狀況，據以勘正傳刊之訛，此即根據學術源流校勘者。

以上，我們從時間、地點、人物、典故、學術源流等五個方面，探討了顧千里校勘之方法。俱是歷史上確實發生過或傳聞中的具體事實，細加考核，以糾正典籍傳刊訛誤，此即所謂「以所涉歷史事實求之」者。

三、以有關名物制度求之。

古今名物制度變遷興替，繁複難盡。然典籍所載，又多有所涉，或前朝舊制，或當時新法。欲辨載籍之當否，必須考究當時名物制度的特點，了解其沿革的狀況。顧千里博極群書，在校勘中，多以此糾正典籍訛誤。下面，試析其具體方法。

1.根據食貨制度校勘。

食貨者，乃「生民之本」（《漢書・食貨志》）建步立晦，賦稅徭役，平準均輸，河渠漕運，皆預此焉。周有井田之制，秦有稅禾之法。西漢平準，北魏均田，唐代「兩稅法」，明季「一條鞭」，歷代興替，不可盡而言之。典籍中常有不明其制而誤者，顧千里考而校之。

如：《唐文粹》卷四十二，〈服母齊衰三年議〉：「周則井邑兵甸以立徵

稅。」顧千里校「兵」為「丘」（《四部叢刊》本《唐文粹》附錄〈校勘記〉）。考《漢書·刑法志》「魯成公作丘甲」下顏師古注云：「丘，十六井也。止出戎馬一匹，牛三頭。四丘為甸，甸，六十四井也。乃出戎馬四匹，兵車一乘，牛十二頭，甲士三人，卒七十二人耳。」《通考·田賦》亦云：「四井為邑，四邑為丘，四丘為甸，甸六十四井。」可見丘者，乃古時徵稅之組織單位，刊刻者殆由不明此制而致誤。

又如：《歐陽行周集》卷五〈韓城西尉廳記〉：「列縣出於千。」何義門根據《文苑英華》，《唐文粹》所載，於「千」字上添「五」字。顧千里則根據「《舊唐志》，貞觀十三年定簿，縣一千五百五十一，《新唐志》，開元廿年戶部帳，縣千五百七十三」，認為：「行周此記作於貞元十五年，已非復貞觀，開元之盛，其決不得反有五千縣之多明矣。」（《思適齋書跋》卷四）戶部所記，可反映當時賦役之實況，此乃據賦役制度演變而校勘者。

總之，或考究食貨稅賦狀況，或根據經濟制度沿革，糾正典籍記載傳刊之誤，此即根據食貨制度校勘者。

2.根據曆法校勘。

古代曆法，由來已久。「堯命羲和，曆象日月星辰」（《新唐書·曆志》），可見其遠。「其要在於候天地之氣，以知四時寒暑，而仰察天日月星之行運，以相參合而已」，然二者常動而不息，「故為曆者，其始未嘗不精密，而其後多疏不而合」（同上），不合則屢變，故或有平朔之算，或有定朔之法。李唐一朝，曆凡八變，故其朔日，略有出入。典籍傳刊，或不明各曆定朔方法不同，或未考朔日之干支，故誤訛生焉。顧千里則根據曆法而校之。

如：《汪本隸釋刊誤》〈敦煌長史武斑碑〉「洪跋，闕以三月癸丑作」條，顧千里云：「『三』誤作『二』。按，碑二月辛巳朔，無癸丑，依〈通鑑目錄〉，三月庚戌朔，癸丑是四日也。」

又如：秦氏刻本《呂衡州集》卷五〈代李尚書賀生擒李錡表〉：「伏承今月十三日夜，浙西將士張子良等相率效順，生擒李錡者。」顧千里根據《文苑英華》及《元氏長慶集·南陽郡王張子良碑》所載，認為「十三日」似當為「十二日」，又云：「舊、新〈憲宗紀〉，元和二年，皆云『十月癸酉』。而《通鑑》繫於『丁

卯』之下。據〈目錄〉、〈長曆〉，是月乙卯朔，其丁卯正十三日，與《集》為合。」「其癸酉乃十九日。故《通鑑》云：癸酉本軍以聞。則指兩〈紀〉所書之日也。」（《呂衡州集考證》）

此俱是根據曆法，推算干支而校勘之例。

總之，考究古今曆法變革興替之狀況，根據各時曆法，推算干支時日，糾正典籍傳刊過程中不明曆法而造成的誤訛，即是根據曆法校勘者。

3.根據輿地制度校勘。

古今朝代，「莫不體國經野」，「分疆劃界」（《隋書·地理志》），大禹分九州，秦皇立三十六郡，漢代之郡、國，唐宋之道、路，明代之布政司，清代之行省，其分合之狀，非博識之士不能條理。典籍所載，常有誤訛。顧千里則詳考其名目建制之沿革，校書中之誤。

如：《淮南子·俶真訓》「有苗三危，通為一家」。注云：「有苗國在南方彭蠡，舜時不服者。三危，西極山名，在辰州。」顧千里校云：「此非高注。漢時不得有辰州之名。上既云『三危在西極』，下又言『山名』，在『辰州』，於文為不詞矣。」（復旦大學圖書館藏王欣夫先生過錄顧千里校《淮南子》）考辰州，乃「古蠻夷之國。秦屬黔中郡。漢屬長沙、武陵二郡」，「晉、宋、齊並為武陵郡地，隋分置辰州」（《通典·州郡十三·辰州》），則漢代不得稱「辰州」明矣。這是根據古今地名沿革狀況校書之例。

又如：《輿地廣記》卷三，五代「郭氏代漢，十州入於劉旻」，「世宗取秦鳳階成瀛，莫及淮南十四州」，「又增置之州五：濟、溪、雄、霸、通」。顧千里校「溪」為「濱」（復旦大學圖書館藏過錄顧千里校本）。考五代間，周置州共五，其中太祖置「濟」，世宗置「濱」、「雄」、「霸」、「通」。且五代之際，並無「溪州」之名（《新五代史·職方考》），可見「溪」誠當「濱」之誤。這是根據輿地建置及所屬區域校書之例。

總之，或考地名沿革之歷史，或考州郡興廢之狀況，或考區域建制的所屬關係，以此來勘正典籍傳刊之誤，即是根據輿地制度校勘者。

4.根據職官制度校勘。

職官制度，「古今異制，文質殊途」（《隋書·百官志》）。秦設郡縣之官，漢

有公卿之制，隋唐的三省六部，明清的錦衣、八旗，名目之繁多，等級之森嚴，論者多矣。行文載籍之中，或有不明其制而誤傳者，顧千里則根據職官制度而校正之。

如：《文選考異》卷四〈應詔觀北湖田收〉「注，緹騎一百人」條，顧千里云：「袁本『一』作『二』。案，劉昭注引《漢官》，亦云二百人，可證『二』是『一』非也。」考《後漢書・百官志》：「緹騎二百人。」注引《漢官》，云：「執金吾緹騎二百人。」可證顧氏所校有據。

又如：《駱賓王集考異》「率府左果毅都尉」條下，顧千里云：「『府』上，《苑》有『衛尉』二字，是也。」考《新唐書・百官志》：「諸衛折衝都尉府」，有「左、右果毅都尉各一人」。「貞觀十年，改統軍府曰折衝都尉，別將曰果毅都尉」。顧千里殆有據於此也。

此俱是根據職官制度校勘之例。

總之，或考究職官名稱之變遷，或考究職官隸屬之關係，勘正典籍傳刊之誤，即所謂根據職官制度校勘者。

5. 根據學制校勘。

學制所涉，事關選舉。三代詳情，文獻難徵。秦漢以降，或舉孝廉方正，或評九品中正。隋唐始開科舉之制，元明頗興書院之風。歷代異制，名目不一。典籍所載，或有因一字之異而爭訟不已者，最著名的例子，係段玉裁、顧千里的周代學制之爭。

顧千里在《撫州本禮記考異》〈祭義〉「注，『四學』謂周四郊之虞庠也」條下云：「『四郊』之『四』當作『西』，《正義》釋經云，『天子設四學者，謂設四代之學。周學也，殷學也，夏學也，虞學也』。又云，『天子設四學，以有虞庠為小學，設置於西郊，是天子設四學，據周言之』。《正義》所釋，據鄭此注，最得其解。鄭注『四學』，為四代之學，與『西郊』迥不相涉。」

顧千里此說，引起了段玉裁的強烈反駁，掀起了學制之爭的軒然大波。顧千里在爭論中，涉及周代「大學」、「小學」與「國學」、「鄉學」的關係時又云：「大學、小學者，學之一類也，天子諸侯主之者也。鄉學、州序、黨序、遂學者，學之又一類也。鄉大夫、州長、黨正、遂大夫主之者也。凡此二類，判然分別，非

可雜糅也。」（《經韻樓集》卷十一〈顧千里學制備忘之記〉）又云：「鄭義『四學』，為四代之學，兼大學、小學而名之者。」（《思適齋集補遺·祭義四學為四代之學解》）實際上就是認為「國學」與鄉、州、黨、遂之學為兩個系統。而「國學」又可分為大學、小學，俱有四代之學。以此來證明自己所主「虞庠在西郊」的論點。

段顧二人的孰是孰非，乃乾嘉之一大公案，筆者不敢妄下斷語。然考顧千里之方法，實際上就是考究學制以校勘。

總之，或考究選舉學制之名目，或考究學制之狀況，以此勘正典籍傳刊之誤，此即根據學制校勘者也。

6. 根據祭祀制度校勘。

《洪範》八政，其三曰祀。儒家敬天孝祖，祭祀之法甚繁。禘、郊、柴、燎、昭、穆、蒸、嘗，名目多矣。天子諸侯，等級有差，時代迢遞，禮儀變易，典籍中多有不明其禮儀而傳誤者，顧千里則詳考其制而糾正之。

如《唐文粹》卷十，魏徵等作〈冬至日祀旻天樂章八首〉，顧千里校「旻」為「昊」（《四部叢刊》本《唐文粹》附〈校勘記〉）。考《禮記·祭法》鄭氏注云：「禘郊祖宗，謂祭祀以配食也，此禘謂祭昊天於圜丘也。」（《十三經注疏》本《禮記·祭法》）《通典》：「周制，冬至日至，祀天於地上之圜丘。」又《文獻通考》：高宗顯慶二年，「太尉長孫無忌議曰：據祠令及新禮，並用鄭玄六天之義，圜丘祀昊天上帝」云云，可見「旻」字乃由不明祭法而傳誤。

又如：《文選考異》卷一〈東都賦〉「注，太常其以初祭之日」條，顧千里認為「初」乃「礿」之誤。此乃〈東都賦〉末〈寶鼎詩〉之注，所述為東漢明帝事，《後漢書·明帝紀》有「太常以其礿祭之日，陳祭於廟，以備器用」的記載，考《禮記·王制》：「天子諸侯宗廟之祭，春曰礿。」鄭玄注云：「周則改之」，「夏曰礿」（《十三經注疏》本《禮記·王制》）。而當時並無「初祭」之名，殆由不知祭名而傳誤。

總之，或考究祭祀之禮儀，或辨明祭祀之名稱，以勘正典籍傳刊之誤，此乃根據祭祀制度校勘者也。

7. 根據輿服制度校勘。

《尚書》曰：「明試以功，車服以庸。」（《晉書·輿服志》引）故天子有五路之

車，大臣有紫緋之服。唐初有令：「上得兼下，下不得擬上。」（《新唐書・車服志》）乃用以辨秩位，明等級也。且歷代之制，各有不同，「夏則戴冕致美，商則大輅示儉」，「踵事增華，日新代異」（《明史・輿服志》）。典籍刊刻，不明其制，必生誤訛。顧千里則據其制而校正之。

如：《文選考異》卷二〈藉田賦〉「注，戟車載」條，顧千里據《晉書・輿服志》闟戟車，「長戟邪偃向后」的記載，認為此句當為「闟戟車載戟」，「各本皆脫誤」。「闟、闔亦同字」，此殆由傳刊者因不明「闟戟車」為何物而誤也。

又如：《文選考異》卷九《後漢書・皇后紀論》「唯皇后貴人金印紫綬」條，顧千里根據何焯、陳景云所校，認為「貴人」二字當復出。並進一步指出：「各本蓋皆脫。」因為「『皇后自同乘輿』耳」。又根據《後漢書・輿服志》所載，認為「天子貴人赤綬同諸侯王，與此不合，或光武時紫綬，以後乃赤綬也」。考《後漢書・輿服志》：「諸侯王赤綬」，「長公主，天子貴人與諸侯王同綬者，加特也」。可見顧氏所云有據。

這俱是根據輿服制度校勘之例。

總之，或考究輿服之名目，或根據其等級規定和沿變狀況，俱可勘正典籍傳刻之誤，此即根據輿服制度校勘者。

　8.根據刑律校勘。

古人「作刑以明威也」（《漢書・刑法志》）。周有三典五刑，秦有棄灰之誅。漢初張蒼立法，唐代長孫注律，明清以降，條例愈密。刑律文字，事關生殺，稍有差誤，失之遠矣。故顧千里多詳考其制，來勘正典籍之誤。

如：《韓非子・奸劫弒臣》：「及襄子之殺智伯也，豫讓乃自黔劓，敗其形容。」顧千里校「黔」作「黥」。王先慎《韓非子集解》云：「顧說是。《書・呂刑》：『爰始淫為劓、刖、椓、黥』，黥，劓，刑在面。」

又如《古列女傳考證》齊太倉女「肉刑五」條，顧千里云：「〈文帝紀〉、〈刑法志〉皆作『三』。孟康曰：黥、劓二，刖左右趾合一，凡三也。此『五』字，蓋傳寫之誤。」

再如：一本《唐律疏議》卷一：「流罪自五百里至三千里。」而顧千里校刻本作：「二千里至三千里。」（《四部叢刊三編》本《故唐律疏議》附〈校勘記〉）考《通

典・刑二》：隋律，流刑有三，「有千里，千五百里，二千里」。又《唐書・刑法志》：高祖四年，「詔僕射裴寂等十五人更撰律令」，「流罪三，皆加千里」。太宗即位，詔長孫無忌、房玄齡等復定舊令，「除斷趾法，為加役流三千里，居作二年」。可見唐代流刑凡三，俱比隋代加一千里。所謂「五百里」者誤也。顧千里殆考其制而校定之。

以上俱是根據刑律校勘之例。

總之，或考刑法之名目，或據刑律之條款，或辨刑法沿革之狀況，以此來勘正典籍傳刊之誤，乃根據刑律校勘者也。

9.根據名物校勘。

魚蟲草木，器物用具，隨時代變化，地域不同，其稱謂亦各異。載之典策，多令人費解。或因知其名而不辨其狀，或名雖同而實則有異，故前有魚蟲草木之疏，後有深衣九穀之考。傳刊之中，不明其制，誤訛甚多，顧千里則詳加考究，予以勘正。

如：《文選考異》卷一〈蜀都賦〉「注，鱣、魛鱨也」條，顧千里云：「『鱣』當作『鮪』。各本皆誤。」考《爾雅・釋魚》郭璞注云：「鮪，鱣屬也。」《毛詩草木魚獸蟲魚疏》「有鱣有鮪」條：「鮪，魚形似鱣而青黑，頭小而尖」，「益州人謂之魛鱨」。這正如顧千里在《文選考異》、〈西京賦〉「注，鮪似鮎」條下所云，鮪當係「鱣屬」。然則鱣不得名「魛鱨」。

又如：顧千里在為汪喜孫刻其父汪中所著《廣陵通典》時，校《廣陵通典》引《隋紀》「龍舟二百丈」云：「二百丈」當為「二百尺」。因為龍舟「高四十五尺，闊五十尺」，若以二百丈計，則失其制矣（《汪氏學行記・顧千里札》）。

這俱是考究草木器物校勘之例。

總之，或同名異狀，或異物名同，或歷代易制，或各地方言，俱可詳而考之，以勘正典籍傳刊之誤，此乃是根據名物校勘者也。

10.根據避諱校勘。

禮儀制度與典籍文字大有干係者，避諱之制也。避諱起源甚早，唐宋以降，其法漸密。其具體狀況，陳垣先生所著《史諱舉例》論之詳矣。在此欲說明的是，顧千里在校勘時，也注意根據避諱以糾傳刊之誤。

　　如：《蔡中郎集》集目「〈上《漢書》十志疏〉」，顧千里校云：「志」當為「意」（復旦大學圖書館藏鈔本羅以智《蔡中郎集舉正》引）。羅以智云：「桓帝諱『志』。〈本紀〉注，志之字曰意。《中郎集》本作志者，必為後人所改。」（同上）可見顧千里是根據避諱而校正後人改易者。

　　又如：《文選考異》卷二〈甘泉賦〉「以孝治天下」條，顧千里云：「袁本、茶陵本『治』作『理』。云，善作『治』。《晉書》作『治』。案，注中引《孝經》字作『理』。考『治』字，唐諱也。李濟翁《資暇錄》曰，李氏依舊本不避國朝廟諱，五臣易而避之，宜矣。」此也是根據當時避諱之制而勘正後人改易原文之例。

　　總之，對於避諱之字，或有原書避諱而後人改之者，或有引用前人之書而據引用時諱例改易者，或有刻書之人據刻書時諱例改易者，或有沿襲前人而改之未盡者，輾轉刊刻流布，誤訛生焉，俱須詳核避諱之制，辨明其改易之緣由，勘而正之，此即根據避諱校勘者也。

　　以上，我們列舉了顧千里根據名物制度校勘的十個具體方面，曰：食貨、曆法、輿地、職官、學制、祭祀、輿服、刑律、名物、避諱。當然，名物制度甚多，如五行，樂制等等，非僅以此十項為限，然此十項，可謂其中主要者。總之，考核歷代名物制度之名目及其沿革變遷之狀況，據此以勘正典籍傳刊中之誤訛，此即是所謂以名物制度求之。

　　綜上所述，上窮天象，下極地理，歷代人物事件變遷，古今名物制度沿革，無論文獻所載，還是可考之實物，凡與所引典籍有關者，俱可考究之而據以校勘。其基本精神在於不是把所校的書僅看成孤立的東西，而是把它放到一定的社會環境中，放到歷史發展的過程中，從材料來源，內容形成，及版刻流傳等諸方面，從它與其他相關典籍記載的聯繫中，去校正傳刊過程中所發生的誤訛，這才能稱得上「透底明白所引之書」。

　　我們對於所校之書，從所具有的版本、款式為出發點，廣列異本，互相勘對，進而考究文字，離析章句，探求義例，進而博採各種有關之材料，考據所涉及之歷史事件，典章制度，凡此等等，根據顧千里實際的校勘成果，歸納了他校勘的三十八種具體方法。需要強調的是，只是為了敘述方便，我們才分門別類，按條探討。

在顧千里實際的校勘過程中，這些方法決非各自分離，而是數種並用，互相參證，融會貫通的。對於顧千里來說，他特別講求版本之根據，往往在眾本互勘之後，借助他法而定其是非，在引用他種相類文獻記載的基礎上，再詳加考證。因而我們對於顧千里校勘之基本方法，廣列眾本以勘其異同，決不可輕視之。

「考證萬端歸至是，辭華一字必精純」，這是張敦仁贈顧千里的兩句詩，以此評價顧千里的校勘方法，是很恰當的。

顧千里校勘之主張

本章擬探討顧千里校勘之主張。鑑於顧千里本身著述有限，正如馮桂芬在〈思適齋文集序〉中所云：「先生讀書之日多，著書之日少」，再加上歲月迢遞，論著散佚，這就更為我們增添了很多困難。現僅能以所見的材料為據，略加論述，以求其萬一。

一、關於校勘之基本思想。

顧千里對校勘所持的基本指導思想，用他自己的話來說，就是：「去鑿空騰說之損，收實事求是之益。」（《思適齋集》卷十四〈禮記考異跋〉），王欣夫先生則歸納成四個字，曰：「實事求是」。

實事求是的指導思想，主要包括如下兩方面的內容：

1.不以個人的想像和感情來代替典籍之客觀面貌。校勘須下筆精嚴，言之有據，力求做到「無一字無來歷」。（《思適齋集補遺》卷上〈與陳仲魚孝廉書〉）

首先表現為校書不可單憑胸臆。如：嘉慶十二年，顧千里刊布《爾雅》以後，吳春齋曾問及顧千里，顧氏刻本《爾雅·釋水》「灡，潎」，「為瀾」之「瀾」及下面注文中的「瀾」字，是否當有「艸」。顧千里當時未加詳考，單憑想像就回答道：「當依陸氏《釋文》，皆有『艸』。」事後，他細加思索，查考，覺其不然。因不少版本的《爾雅》，此字及注文中之瀾，俱無「艸」。且《爾雅》之中，上下一字而偏傍部首各異者，所在多有。如〈釋訓〉：「是刈是穫。鑊，煮之也」；〈釋魚〉：「螣，騰蛇」；未必俱須一樣。於是他寫信給吳氏，說明了情況，云：「此固難因〈釋文〉而竟改矣。」（《思適齋集》卷六〈與吳春齋書〉）表示希望繼續探求。又如，他為孫星衍校勘《古刻叢鈔》，其中〈故永陽敬太妃墓志銘〉：「十一月九日乙卯」。但上下文中有「普通元年」，「粵其月廿八日戊戌」字樣。根據《通鑑目錄》，是年十月辛丑朔，十二月庚子朔，十一月當為辛未朔。以此推斷，九日當是「己卯」，廿八日方得為「戊戌」。但鑑於各種版本皆為「乙卯」，顧千里不敢憑主觀推斷而改易。直到見了鮑廷博本，正作「己」，方改之，並在跋中說明。這正如他在為孫氏刻本所作的跋中云：「未嘗隻字敢憑胸臆。」（《思適齋集》

卷十五〈古刻叢鈔跋〉）可見顧千里強調不可單憑主觀的想像去校改典籍。

其次，表現為顧千里強調不因個人感情來決定取捨。在學術上他堅持自己認為正確的主張。如，嘉慶六、七年間，顧千里在杭州詁經精舍，預校《十三經注疏》。此事原曾得力於段玉裁之推薦（《經韻樓集補編・與劉端臨第十一書》），但他和段玉裁在注疏合刊等問題上看法有分歧。〔顧千里認為：「北宋本必《經注》自《經注》，《疏》自《疏》，南宋初始有《注疏》，又其後始有附《釋音注疏》。」「安得有北宋初刻《禮記注疏》及淳化刻《春秋左傳注疏》事乎？」（《思適齋集》卷一〈百宋一廛賦注〉引）而段玉裁則認為《注》《疏》合刊，始於北宋。云：「曾見《春秋正義》淳化本於朱文游家」（《錢竹汀日記鈔》卷二）又曾跋《左傳正義》云：「此淳化庚寅官本，慶元庚申華刻者也。」（《愛日精廬藏書志》卷五《春秋左傳正義》條下段玉裁跋）此外，《思適齋集》卷三所載的〈有感〉，〈重有感〉詩，卷六〈與段大令論（椒聊）經傳書〉等文字中，也可見當時之分歧。〕他堅持己見，最後不歡而散。又如，後來與劉鳳誥關於《全唐文》的校勘，與黃丕烈關於《輿地廣記》校勘等問題的爭論，也多涉學術見解。不僅同代人如此，對於前輩的知名學者，顧千里也決不因個人的好惡而盲目順從。如對何義門。何氏乃是被康熙帝稱為「讀書種子」（《清史稿》卷二百七十一〈何焯傳〉）之著名學者。錢大昕嘗云：「近世吳中言實學，必曰何先生義門。」（《潛研堂文集》卷十三〈跋義門讀書記〉）顧千里對何氏也頗推崇，視其為「前輩」（《思適齋書跋》卷三〈揚子法言跋〉）得一傳錄何義門之校本，則喜曰：「具有淵源，可寶也」。（同上書，卷四〈一鳴集跋〉）。然而，對何義門所校之書，如《文選》，《歐陽行周集》等等，他仍然是一一勘對，糾正了何氏不少失誤，這一切，正如顧千里在給汪喜孫的一封信中所說：自己「生平無徇情事，願勿以失真塵慮」。（《汪氏學行記・顧千里札》）

因為顧千里不憑胸臆主觀武斷，不以感情決定取捨，故其校勘精嚴。這是其「實事求是」思想的重要內容。

2.不持學派的門戶偏見，強調漢學與宋學兼而採之，學問與辭章兼而習之。

乾嘉之際，漢學與宋學的門戶之見頗深。主漢學者，強調言有根基，注重訓詁考證，不輕說義理，往往不重辭章詩賦。而講宋學者，又攻訐漢學者拘泥於訓詁小學而不明性理，支離破碎而不識精微大義。如方東樹〈漢學商兌序例〉云：「有為漢學考證者，著書以辟宋儒、攻朱子為本，首以言心、言性、言理為屬禁。」其學

「不出於訓詁小學名物制度，棄本貴末，違戾詆譭，於聖人躬行求仁、修、齊、治、平之教，一切抹煞，名為治經，實是亂經；名為衛道，實則判道。」甚至稱顧亭林「談道論學，其智乃不如漁者婦人」，可見當時門戶壁壘之分明。

顧千里從師承而言，純屬所謂漢學「吳派」嫡系。然而，他並不囿於門戶之見，而是兼采宋學。他嘗云：「予嘗反復尋求，閱歷數十年而後得，請以三言蔽之曰：漢學者，正心誠意而讀書者是也。宋學者，正心誠意而往往不讀書者也。俗學者，不正心誠意而尚讀書者是也。」（《思適齋集》卷十三〈壞室讀書圖序〉）我們不應僅從字面上理解為顧千里貶宋學者「不讀書」。相對漢學者之博覽深究及俗學者汲汲於名利啃經書而言，宋學者講性理，探大義，不強調訓詁考證，書誠讀得少。然顧千里肯定了宋學者之「正心誠意」與漢學者同，而迥異於俗學者，可見其對宋學並非一概排斥。更可說明問題的是，顧氏曾輯錄了朱子語錄三百四十餘條，成《遁翁苦口》以勸學。道光四年，張敦仁為之刊布。觀此書內容，主要有三方面：一是講求治學目的。如云：「今人為學多是為名，又去安排討名，全不顧義理。」「自欺是個半知半不知底人」，「欺人也是自欺，此又是自欺之甚者。」等等，認為治學須誠實，不可貪圖名利，自欺欺人。二是關於治學態度。如云：「讀書者，當將此身葬在此書中，行住坐臥念念在此，誓必以曉徹為期，看外面有甚事，我也不管，只憑一心在書上，方謂之善讀書。」認為治學須靜下心來，專心致志，透徹鑽研。三是指點讀書方法。如云：「貫通是無所不通」。此乃講求博洽。云：「人若心不細，如何讀得古人書」。此乃反對粗心。云：讀書「先見得大綱，道理了然，詳究細節」，此乃要識義例。云：「大凡看書，要看了又看。」此乃講求反覆。王欣夫先生曾云，顧千里乃是吸取了宋學主敬主靜之態度，治漢儒實事求是之學。（〈黃顧遺書序〉）此誠為切中肯綮之見。我們若把顧氏所輯錄的這些朱子語錄和顧千里治學之目的、態度、方法等對照一下，其相似之處是顯而易見的。

顧千里不囿於門戶之見，還表現在他雖以校勘名家，卻也精習辭章詩賦。他曾說：「予向者治經餘暇，亦頗涉獵於此間。」（《思適齋集》卷十三〈詞林正韻序〉）對所作的〈汪容甫哀辭〉，他自認：「上方屈、宋不足，下比崔、蔡有餘」（《汪氏學行記・顧千里札》），頗為自負。他的詩詞，如五言〈和彭甘亭贈句〉，嘆學術之沉淪，詠朋友之交情，抒胸中之抱負，五十韻之長調，一氣呵成，有慷慨之氣。其

他詩詞，或言離別之情（如〈庚午十月喜子絜子實至即送其回南昌作〉），或敘懷舊之念（如〈月下笛·過袁綬階舊居有感用戈順卿賦〉），俱委婉哀切，頗為感人。至於賦，如〈百宋一廛賦〉，敘版本狀況，別開生面。〈對床風雨圖賦〉，人或譽為「藝苑之鴻制」。（《越縵堂讀書記·小謨觴館集》）對於顧千里在詩賦辭章方面的成就，歷來學者俱有評論。如彭兆蓀讚顧千里為「奇人」，云其：「大師鄒魯儒，壯采文章伯。」「君也奄有之」，（《小謨觴館集》卷八〈古詩贈顧澗蘋〉）李慈銘稱顧千里：「深於漢魏六朝之學，熟於周秦諸子之言，故其為文或散或整，皆不假繩削而自合。」（《越縵堂讀書記·小謨觴館集》）此公不輕許人，對顧千里稱道如此，可見顧氏功力。又近人李詳，稱顧千里為清代四大《文選》學者之一。（宣統三年五月《國粹學報》第十一期〈愧談叢錄〉）俱可證明顧千里精於辭章之學。

正因如此，故顧千里校書時，訓詁文字之外，對駢文儷辭，文體格式等等，俱可左右逢源，為我所用，以為校勘之助。

總之，顧千里不憑主觀臆斷，不囿於門戶之見，強調實事求是，這乃是其校勘學最基本的指導思想。孫星衍稱他：「考證文字能實事求是」。（《孫淵如詩文集·平津館文稿》〈江聲傳〉）李兆洛在他墓誌銘中概括其一生：「先生之學，惟無自欺，以誠而明，不為書欺。惟無自欺，亦無書欺，存其真面，以傳來茲。」（《養一齋文集》卷十一〈顧澗蘋墓誌銘〉）可謂定評。

二、關於校勘之基本原則。

實事求是的指導思想，在校勘過程中，表現為顧千里始終堅持的三條原則。此乃其校勘主張的重要組成部分。

1.校勘中，不可竊他人之成果為己有。

梁任公嘗以「凡采用舊說，必明引之；剿說認為大不德。」為乾嘉學風十大特點之一。（《清代學術概論》）在校勘學領域中，顧千里誠為恪守此條最屬者。顧千里曾以孫潛夫校本校《史通》，後又得觀何義門之校本，云：「檢向所雌黃，多是何義門諸氏所已有，當推還之，獨存其新知耳。」（《思適齋書跋》卷二〈史通跋〉）此校本現存上海圖書館，其上凡何義門語盧文弨《群書拾補》語，俱一一注明，可見顧千里言而有信。又，顧千里在《國語札記》中引段玉裁之語，在《文選考異》中引何義門、陳景云語，以及在其他所校之書中，引惠棟、錢大昕、彭甘亭等等之成

果，不論已刊未刊，俱一一注明，決不掠人之美。

反之，對引他人之成果而不注明者，他是頗為不屑的。筆者嘗見過錄顧千里校孫志祖《文選考異》。《鵬鳥賦》「變化而嬗」條，孫氏云：「許云，嬗，疑嬗之異文。嬗古禪字代也。」對此，顧千里批云：「何至剽顏《漢書注》耶？」（復旦大學圖書館藏本）考《漢書・賈誼列傳》，「變化而嬗」下，顏師古注云：「此即禪代字，合韻故音嬋耳。」孫志祖雖未必存心剽竊，然其未注明係引用，則是事實，故為顧千里所譏。此略可反映出顧千里對竊人成果的態度。

總之，不論對己對人，顧千里始終恪守不可勦人成果之原則。此乃涉治學之基本道德問題。人而無行，不言其可。以剽竊之行治學，欲求其實事求是，無異與虎謀皮，故顧千里深斥之。

2.校勘立說，須有確實之根據。

這大致可從兩個方面來談。

其一，對於所引用之材料，顧千里強調要標明出處，以明言之有據。檢核顧千里所校之書，大凡引用材料，俱詳細標明出處，如筆者嘗見北京圖書館藏鈔本顧千里所作之《說文考異》，書前空葉顧氏注明參考書名凡八種，曰：《繫傳》，《五音韻譜》，《玉篇》，《廣韻》，《集韻》，《類篇》，《韻會》，《六書故》，而書中凡引用之材料，也一一注明，據潘錫爵統計，凡三十餘種書。其他如顧千里所作之題跋、序言，以及所撰的校勘記中，徵引材料，俱來源詳明，不作無根之談。對於校勘中引用材料不注明出處者，顧千里是很不滿的，如《文選考異》中，對袁本、茶陵本，以及尤延之刻本校改而不出校語者，他都予以指出。（如卷一〈西都賦〉。「眾流之隈汋湧其西」條，「度宏規而大起」條。〈東都賦〉「蹈一聖之險易云爾哉」條，等等，顧氏都指明其「失著校語」），當然，失著校語，可能有兩種情況，一為臆改，一為未標明根據，然似以後者為多。顧千里反覆指出這一點，可見顧氏對此事的態度。

其二，顧千里強調校勘必須要檢核原文，憑第一手資料講話，反對僅據傳聞，以耳食治學。顧千里在談到《資治通鑑》致誤原因時，以司馬溫公「就長編筆削，不復一一對勘元文，遂或失於檢照」居其首，（《思適齋集》卷十一，〈通鑑刊誤補正序〉）在顧千里校勘過程中，凡有原始材料可尋者，他總要尋檢之。如顧千里以

《道藏》本校武進刊本《淮南子》，跋云：「此《淮南王書》，武進刊本，校則嘉定獻之也。錢實未見《道藏》，所見校《道藏》本耳，故其稱說，全無一是。今悉用《道藏》改正」（《思適齋書跋》卷三）。又如，黃丕烈嘗延夏方米等以朱竹垞校宋本（原藏小讀書堆）與周錫瓚校宋本《輿地廣記》對勘，成《札記》二卷，附書刊布以行，顧千里又取朱竹垞校本復核之，發現有不少出入。因而跋云：「所稱朱校，大率子虛。今見真本，始知其誕罔乃爾。」（復旦大學圖書館藏王欣夫先生過錄顧千里校《輿地廣記》）這俱可見顧千里強調必須以原始資料為憑。他人之校本如此，他人所引述的材料也如此。如，吳騫曾以姜白石《琵琶仙》詞題中引〈吳都賦〉。「戶藏烟浦，家具畫船」二句為證，問顧千里，《文選·吳都賦》是否有脫句。顧氏「心知白石雖聖於詞，而此卻不可為典要，然當時無切證，未能奪之也。」後校《唐文粹》，見李庚〈西都賦〉有曰：「其近也，方塘含春，曲沼澄秋，戶閉烟浦，家藏畫舟」，知白石所引，乃出此。引字有誤，且將唐之〈西都〉移為〈吳都〉，因而跋《姜白石集》云：「白石但襲志書或類書之舛，豈得便謂之《文選》脫文哉。」（《思適齋書跋》卷四）又如，孫志祖《文選考異》，〈陳情表〉「是以區區不能廢運」條，云：「『不能』，《華陽國志》作『不敢』。」顧千里指出，這是《蜀志注》引，而今本《華陽國志》無。認為孫氏「道聽途說，豈不可笑。」（復旦大學圖書館藏過錄顧千里校本），這都表明顧千里對只憑傳聞校書的反感。

　　引用材料標明出處與校勘典籍核檢原文，是「校勘立說須有確實根據」這一原則的兩個方面。標明材料出處，以示有據可查，以待天下人共核之。或有人以為，標明出處，易被小人剽竊。（見《無邪堂答問》）實則學術乃天下之公器，剽竊可苟惑一時，又安能盡掩天下人之耳目？！因俱竊不注明根據，恐也未必為當。復核原文，是為了避免或由記述有誤，或由曲解原文而造成的誤訛，不使以訛傳訛。言之失據。只有這樣，方能立論有根據，使「實事求是」的主張，有堅實的基礎。

　　3.校勘不可輕改原文。

　　顧千里關於這方面的論述，最出名的，要數他對邢子材「以不校校之」論的說明了。他云：「書必以不校校之，毋改易其本來，不校之謂也，能知其是非得失之所以然，校之之謂也。」（《思適齋集》卷十四，〈禮記考異跋〉）此外，他又說，「凡書不可輕改，而經為甚。」（《撫州本禮記考異》卷上，〈曾子問〉）在杭州詁經精舍校

《十三經》時，顧千里因不同意改易《經》文，曾作詩云：「獨恨漆書私改日，豎儒重焰祖龍灰」。（《思適齋集》卷三〈重有感〉）直將改書與始皇的焚書同類視之。

顧千里這一主張，曾受到段玉裁等另一些學者的非難。段茂堂寫信給顧千里云：「校經者，將以求其是也。審知經有訛，則改之，此漢人法也。」（《經韻樓集》卷十一〈答顧千里書〉）又進一步質問道：「子昔所事師艮庭先生，其注《尚書》，改字當幾許，足下其亦見而知之否耶？今足下乃云，援他書改經為陋習，為紊經。足下當年何以師此紊經陋習之師；師死而後背之也。足下向語蘇州諸友袁又凱、黃蕘圃輩云，吾學得諸茂堂先生，但僕從來治經如是，不知足下所得我者何也？」（同上）因此，後來有人稱顧千里校書為「死校」。（《寒瘦山房鬻存書目》卷六〈鬼谷子〉）那麼，究竟應當如何看待顧千里所堅持的這條原則呢？要弄清這一問題，當先對顧千里所校書之簡況作一分析。

根據所見到的材料，顧千里對所校書的態度，大致可以分為如下三種情況：

其一，主張絲毫也不得改動者。如在〈汪本隸釋刊誤序〉中云，校汪本《隸釋》「雖同一字不過偏傍點畫稍涉歧異，必為標舉。」在為黃丕烈刻印陸敕先校宋本《焦氏易林》時云：「凡陸勘而誤，必存其真，雖可知當為某字者，終不輒以改竄。」（《思適齋集》卷九〈陸敕先校本焦氏易林序〉）筆者又嘗見顧千里校《唐石經考異》，顧氏對其中臧在東等增補之文極為不滿，云：「天下之缺而不可復補者，石刻而已。」「補之何益，徒失其真。」（北京圖書館藏顧千里校《唐石經考異》）這就把話說得更明確了。

細檢之，此類書，多係金石碑版，珍藏秘籍，它們的可貴，就在於完全保存了當時的原貌，可供人們考證研究。如輕加改易，失其舊觀，就有失其價值了。顧千里正是注意到這一點，故再三強調對點畫歧異，必加說明。

其二，據某一版本為底本，在刊刻過程中，對底本中有誤之處略加改易者。如，顧千里為顧之逵小讀書堆刊印《古列女傳》，其所據為宋余氏勤有堂刻本。顧千里云：「今此圖蓋余氏所補繪耳，無容贅為摹刻也。」（《思適齋集》卷九〈重刻古列女傳序〉）於是將其插圖全部刪去。又如，顧千里為胡克家校刻《文選》和《資治通鑑》，其中也有改易處。據統計，顧氏校刊的胡刻《文選》，與尤延之刻本，異同有七百餘處（中華書局影印本〈前言〉及〈校勘附表〉），其中或有刻者失誤，但也不

乏校改之處。胡刻《資治通鑑》校改之處，章鈺《胡刻通鑑正文校宋記》和陳援庵先生《胡刻通鑑表微》中，俱有論及。

這一類典籍，顧千里的目的，往往不是為了保存某一刻本之狀況，而是力圖反映出作者真目，以成一新版本。以《古列女傳》為例，顧千里云：「劉向《列女傳》，考顏黃門《家訓》，則曹大家注本已有羼入者。至宋時蘇頌，王回，又出己意更改，厥後蔡驥遂散《頌》入《傳》，而建安余氏勤有堂所刊兼逸去〈頌義大序〉及〈魯師氏母〉一傳，迥非劉氏之舊矣。」（《思適齋集》卷九〈重刻古列女傳序〉）而顧千里之改易，則是反映了他對劉向《列女傳》真面貌之認識。這種校刊本，已不是原來所據底本的再現，而是包含著校刊者研究成果的新刊本了。在這類典籍中，對刊刻時的避諱字，異體字等，也多加改易：打上了當時的時代印記。

其三，對於未經刊印之稿本，顧千里校勘時，則多加改易。如為汪喜孫校汪中的《廣陵通典》，他大刀闊斧，或移，或刪，或補，或添，改易甚多。《思適齋集補遺》所載〈廣陵通典校例〉，可見其一斑。又如，嘗見顧千里所校錢大昕《金石後錄》之抄本，朱墨燦然，多有更乙。其在書前題記中云：「少詹此目，隨得隨錄，故傳本多不同。予從袁壽皆索其副，又用別本增改之，擬將有跋者分甲、乙、丙、丁，標每題上，而碌碌未果也。」（北京圖書館藏顧千里校原書）當然，這類校改，情同今日編輯修改稿子，其目的，是使刊刻之書，較為完善，這與前二類情況略有不同。

可見，如除了最後這一類，顧千里所主張的「不可輕改原文」之原則，實際包含著二層主要意思：一是凡欲「求其古」者，強調點畫細微之處俱不可改易舊觀。二是凡欲「求其真」者，為了盡可能反映原作之真面目，對傳刊過程中產生的誤訛，可本著慎重的態度，予以糾正，但同時須標識清楚，以便後人有案可稽。在這一點上，他與段玉裁之分歧，並不在於可不可改易，而在如何改易。故如不加分析，視顧千里校書僅為一一對勘，不主張探其本原，不會糾正傳刊之誤，那恐怕是片面的。

綜上所述，這三條顧千里在校勘中嚴格遵循之原則，乃是其「實事求事」指導思想的具體體現。今日已為大多數學者所接受。

三、關於校勘所需具備的學問。

錢大昕嘗云：「顏之推有言曰，『校定書籍，也何容易。自揚雄、劉向，方稱此職耳。觀天下書未遍，不得妄下雌黃』。予每誦其言，未嘗不心善之。海內文人學士眾矣。能藏書者，十不得一。藏書之家能讀者，十不得一。讀書之家能校者，十不得一。」（《潛研堂集》卷二十五〈盧氏群書拾補序〉）可見校勘之役，決非等閑之事。那麼，需具備哪些必要的學問，方能勝任此事呢？顧千里著述題跋中，間有所論，而校勘的實際活動，又較明確地表達了他的見解。據此，試對顧千里的主張略事探討。

　　1.校勘須知目錄版本。

　　關於校勘與目錄版本之關係，近來論說紛紜。或云目錄、版本，校勘俱為校讎之一部；或云目錄學兼包版本校勘；或云版本學遍涉目錄校勘；或云目錄、版本、校勘，雖發軔於校讎，而至今則獨自成家，蔚為大國。其持論不一，但認為目錄、版本與校勘有密不可分的關係，則無異議。這一點，正是顧千里所主張的。

　　先看目錄與校勘之關係。

　　顧千里嘗稱張金吾《愛日精廬藏書志》是「開聚書之門徑」，「標讀書之脈絡」。認為「世之欲藏書讀書者苟循是而求焉」，便可「事半功倍」。（《思適齋集》卷十二〈張月霄書目序〉）反映了顧千里對目錄作用之基本看法：一、可據以尋書，二、可據以為治學之門徑。這對於從事校勘，都是極為必要的。

　　在具體的校勘實踐中，顧千里經常借助於目錄，下面聊舉數端：

　　如：或云，曾見所謂《宋律》。有人將此事告訴了顧千里。顧千里「既備聞是兩言者而疑之。以為考諸《宋史》、《文獻通考》、《玉海》等書，趙宋一代所用名曰《刑統》，安得有所謂《宋律》也者。」後又考求《文獻通考》、《書錄解題》、《宋史藝文志》等，認為此乃《唐律》。（《思適齋書跋》卷三〈律十二卷，音義一卷〉）

　　這是根據目錄，確定所校為何書之例。此其一。

　　又如：顧千里在《履齋示兒編重校補》中，校卷七「擬聖作經」類，「張揖又衍為《廣雅》（魏），以至《博雅》（張揖）」條云：「注張揖，當作曹憲。《玉海》以魏《廣雅》，隋《博雅》並列云，憲改『廣』為『博』。又云，因張揖《廣

雅》，附作《音訓》，更為十篇。《書錄解題》，『《廣雅》，魏博士張揖撰』之下，有『隨齋』批注云，『《博雅》乃隋曹憲撰。』是當時類以《廣雅》屬揖，《博雅》屬憲，故履齋兩言之也。傳寫者誤『曹憲』作張揖，乃與上文復而不可通。」

這是根據目錄，辨證誤訛之例。此其二。

再如，顧千里跋《太常因革禮》云：「北宋三修禮書，開寶久佚，政和僅存嘉祐《太常因革禮》，雁湖李氏所題，載鄱陽《經籍考》。予求其書歷年不可得，意謂康熙間徐健庵司寇撰《讀禮通考》時引用具在，未應亡也。久之，見郡城蓮涇王氏《家藏書目》云，『《太常因革禮》一百卷，五冊。失五十一至六十七，共缺十七卷，鈔白五百六十七翻』。益信其存」。後據以而求得此書。」（《思適齋集》卷十六）

此是根據目錄，尋求所需之書例。此其三。

還如，顧千里跋明刻《三輔黃圖》：「首尾通為一卷，與《隋志》合」，「字句煩簡，也往往合於《玉海》諸書所引者，足證其本之佳矣。」（《思適齋書跋》卷二）

此是根據目錄所載，考求典籍版本之例。此其四。

以上四端，是直接與校勘有關者。當然，目錄之功用，決不止此，如以目錄辨章學術，考求源流等等，就不一一列舉了。正如顧千里所云：「目錄之學，豈易然哉。」（《思適齋集》卷十四〈題鈔本（集古文韻）〉）

對於顧千里精於目錄之學，前人也多有評論。如彭甘亭嘗稱其「千秋定文學，流別重判白。著錄《七略》間，惟君庶靡哉。」（《小謨觴館詩集》卷八〈古詩贈顧澗蘋〉）而《清史稿·顧千里傳》稱其：「目錄之學，尤為專門。時人方之王仲寶，阮孝緒。」可見，顧千里視目錄之學，為從事校勘所必不可少之學問。

再來看版本與校勘之關係。

顧千里一貫強調版本的重要。他嘗論宋版之作用云：「得其大則存亡起廢，憭惑條紛，炙轂賢路，擁篲聖門。得其小則博物所效，多聞攸資，秘帳助談，闤市立師。」（《思適齋集》卷一〈百宋一廛賦〉）又稱宋版之書為：「奇中之奇，寶中之寶，莫與比倫者」（《思適齋書跋》卷一〈焦氏易林後序〉）認為日後看宋元版書，「竟將同

三代竹簡，六朝油素，名可得而聞，形不可得而見。」（《思適齋集》卷十二〈藝芸書舍宋元本書目序〉）可見評價之高。故在校勘過程中，多將校勘與版本之學結合起來。顧千里認為：

其一，校勘須知所校之書的版刻源流。如他校《廣韻》時云：「世所行《廣韻》有三，其本各不同。家亭林先生刻，節注本也。吾郡張氏刻，足本也。」「揚州詩局所刻」，乃出自曹棟亭「所收之宋本」。（《思適齋集》卷十四〈書宋槧廣韻後〉）又如，跋《王摩詰文集》云：「余讀《文獻通考》引〈書錄解題〉云，『建昌本與蜀本次序不同，大抵蜀刻唐六十家集多異於他處本。而此集編次尤無倫，乃悟題《摩詰集》者，蜀本也。題《右丞集》者，建昌本也。』」（《思適齋書跋》卷四）

其二，校書須知各種版本之特點。如顧氏跋《荀子》云：宋槧本有呂夏卿監本與錢佃江西漕司本，俱為佳刻；然「互有短長，正以合之乃成兩美」。（《思適齋書跋》卷三）跋宋刊《張燕公集》云：「其行款每半葉十一行，每行二十字。宋槧唐集類如是，計有多家。」（同上書，卷三）。

其三，校書須知此書何種刻本為最佳。如顧千里云：宋撫州公使庫刻本《禮記》，是「南宋淳熙四年官書，於今日為最古矣。」（《思適齋書跋》卷一）云《文選》，以宋尤延之貴池刻本為佳（《思適齋集》卷十〈文選考異序〉）。跋《蔡中郎集》鈔本云：「《蔡集》以宋人所編十卷本為最佳，而所見十卷本又以此為最佳。」（《思適齋書跋》卷四）。

知版本之源流，明各種刻本分合沿革之狀況，方能有目的地廣羅異本。明各種版本之特點，方能在校勘中揚長避短，集諸家之長處。明何本為最佳，則對校勘時底本之選擇關係甚大，此俱是直接與校勘有關者。當然，這些問題往往還要通過校勘方能進一步弄清楚，但前人關於版本的記載，實大有助於校勘，故顧千里主張：凡一書之各種版本，須詳注於書目之下，「使讀者於開卷間，目瞭心通，而據以考信，遂不啻燭照數計」。（《思適齋集》卷十二〈石研齋書目序〉）甚至可以「備載各家之序跋」，「略敘校讎考證，訓詁、薄錄、匯萃之所得」（同上〈張月霄書目序〉），這樣，就把目錄、版本和校勘有機地結合了起來。

可見，在顧千里心目中，目錄、版本與校勘，是密切相關的，因此，從事校勘

不能不知目錄版本。

　　2.校勘必須精通文字音韻訓詁。

　　顧千里嘗云：「予粗通小學」。（《思適齋集》卷十一〈廣復古編序〉）梅曾亮在回憶顧千里時說：顧千里曾「語我六書學，訓詁宜兼之，凡校古人書，不以他書資。」（《柏梘山房詩集》卷七〈書示張生端甫〉）可見顧千里對小學十分重視，以為是從事校勘的根基。

　　因為顧千里重視研求小學，故其有不少精到的見解。如，他論《說文》云：「《說文》一書，不過為六書指示發凡，原非字義盡於此。」（《養一齋文集》卷十一〈顧澗蘋墓志銘〉）而許慎《說文解字》中之六書，並不分體用。（《思適齋集》卷十五〈書段氏轉注假借記〉），這是對戴震、段玉裁所主：六書中，象形、指事、形聲、會意為體，轉注假借為用這一觀點，提出了異議，可備一說。他又撰《說文考異》、《說文辨疑》，對《說文》多加探求。故潘錫爵云：「先生之治《說文》如是，其所著述，當不讓段、錢諸家。」（北京圖書館藏鈔本〈顧氏說文兩種跋〉）又如，顧千里嘗論假借云：「假借者，依聲托事也。」「自唐虞秦漢，假借字可徵信者，經典傳注也，三史舊讀也，諸子詞賦也，碑版遺文也。」欲撰關於「假借」之書，「輔佐《說文》而行，使六書之道大白於天下。」（《思適齋集》卷十一〈廣復古編序〉）俱可見顧千里小學方面的功力。

　　事實上，顧千里對《爾雅》、《說文》、《釋名》、《玉篇》、《一切經音義》、《廣韻》、《集韻》、以及《經典釋文》等等，俱一一校過，數十年反復琢磨。對於字形、篆、隸、楷、草之沿革，上古，中古以及近代聲韻之變遷，以及古今字義之演進，瞭如指掌。對於異體字、假借字、古今字等方面的學識也造詣深到，段玉裁嘗稱顧千里云：「《音韻表》解人，向為王懷祖，今乃得足下耳。」（《思適齋集》卷十一〈刻釋拜序〉）章鈺論顧千里之校書，「持音韻文字之原，以通經史百家之義」，故能「訂正精謹，考辨詳明。」（〈思適齋書跋序〉）可見顧千里精於文字音韻訓詁之學，而視此為從事校勘所必須具備的學問。

　　3.校勘須博覽群書，知各書之義例。

　　校勘須有廣博的知識，這一點古人早有所論。顏黃門所謂不偏讀天下書，不得妄下雌黃之論，人所共知。顧千里也如此主張。他曾云：「凡書必博稽而後知其

例，知其例而後是非無惑，否則隨所見而懸揣之，正難免於因誤立說也。」（《禮記考異》卷下〈鄉飲酒義〉）可見顧千里強調博覽，而博覽之目的，則在於識典籍之精微，在於明其例。

顧千里自幼博覽群書，有「萬卷書生」之稱。（《養一齋詩文集》卷十一〈顧澗蘋墓志銘〉）而他校勘所涉及的內容，經、史、子、集，無所不包。天文、地理、名物制度，無所不有。世代之興替，人物之生平，俱為之所用。這正如前人所云：他「天資過人，無書不讀。經、史、小學，天文曆算，輿地之學，靡不貫通。又能為詩古文詞，駢體文字，當今海內學者，莫之或先也。」（《漢學師承記·江聲》）由博覽而知書之義例，他根據各書義例校書之狀況，前已述及，此不贅引。

可見，博覽群書，探知義例這是顧千里所主張的。

以上，我們通過顧千里本人的論述，他的實踐活動，以及他人對顧千里的評價等方面，探討了顧千里關於從事校勘所必須具備哪些學問的主張。這對於我們從事校勘學的研究，對於培養校勘人材，都是有借鑑意義的。

四、關於校勘的具體步驟。

校勘是一項實踐性很強的工作。如果說上述的各項主張更多地表現在「原理」方面，那麼，鑑於顧千里本人終身從事校勘實踐，在「方法論」方面，也有許多精到的見解，試論之如下：

1.必須注意校勘底本的選擇。

校勘所涉的第一個具體問題，便是底本的選擇。顧千里對此，非常重視。比如，他為張敦仁校刊宋本《儀禮注疏》。以宋嚴州本《儀禮注》與景德六年單疏本為底本。單疏本有缺者，則取同樣出於景德年間刊本的抄本《儀禮要義》補之，僅數月而成，刊行於世。（《思適齋集》卷七〈儀禮注疏序〉）有人問之曰：「汲古毛氏刻十三經，凡十數年而始成，而居士云，非善本也。古餘先生合刻《儀禮注疏》，乃一大經而難讀者，僅改歲而成，而居士云，本莫善矣。何謂也？」顧氏答云：「夫毛氏仍萬曆監刻而已，此其所以不能善也。古餘先生以宋本易之而精校焉，熟讎焉，此其所以善也。」並云，取世行者讀之即可知也。（《思適齋集》卷十四〈合刻儀禮注疏跋〉）可見顧千里認為，底本之選擇，直接關係到刊本的質量關係到校勘所需的時間。

那麼，顧千里在校勘中，如何選擇底本呢？根據現所見到的顧氏所校書，其底本選擇，大致可以分為兩大類：一是取宋元善本為底。如上所述的《儀禮注疏》，及為張敦仁校刻的《撫州本禮記》，為孫星衍校刻的《古文苑》，為胡克家刻《文選》，為黃丕烈校刻《國語》、《國策》，等等，俱屬此類。二是選較好的通行刻本為底。如校《韓非子》，取明趙用賢刻本。校《淮南子》，取武進莊逵吉刊本。校《金石錄》，取盧見曾雅雨堂刻本。校《唐文粹》，取明嘉靖徐焴刻本。《抱朴子》則取明盧舜治刻本。這對於一時無法見到善本者，不失為一值得借鑑之方法。

2.校勘必須反復推求，不可企望限以時日，一蹴而就。

校勘是一項十分細緻的工作，顧千里特別強調校書要反覆進行，不可倉促為之。如他在跋《長短經》時云：「校此書嘗搜其所出而參互，以定是非，然使倉卒限以時日，非所可辨也。」（《思適齋書跋》卷三）又如，在〈韓非子識誤序〉中云：「予讎校數過，推求彌年，既窺得失，乃條列而識之。」

考察一下顧千里所校之書，可以看到，為了生計而倉促為之者，不能說沒有，但他凡認真致力者，無一不是彌經數年，校閱再三方始完稿的。如顧千里校《文選》，於嘉慶元年時，即有設想（《思適齋書跋》卷四，〈文選〉），嘉慶十三年為胡克家刊成，以後又多次校勘，甚至到嘉慶二十五年，還有校語。（復旦大學圖書館藏過錄顧千里校孫氏《文選考異》）他校《韓非子》，自其開始著手，直到刊成，前後竟達二十餘年。至於所校《經典釋文》，幾乎是終身攜帶，時時勘正。晚年校《唐文粹》，也推求數過，彌歷數年。所見其手稿，幾批校已遍。至於在其校書的題跋中，經常可見「又校一過」，「又得若干條」之類的字樣，就不一一列舉了。校書如拂塵掃葉，不可盡也。正因顧千里反覆推求，故其能悉其精微，較少誤訛。

3.校勘過程中，當隨時標識，逐一考訂。

在具體校勘時，顧千里主張，校書須隨時標識。翻閱顧千里所作題跋，常可見此類記載，如，跋《焦氏易林》云：「此書去年出門舟次粗加再讀，上方標記朱筆者是也。」（《思適齋書跋》卷三）跋《松陵集》云：「今正其已校修之本，依宋刻者加圈別之。」（同上書，卷四）至於顧千里手校之書，如北圖藏《唐石經考異》，九卷本《古文苑》，《唐文粹》，上圖藏《史通》等，書中多有圈點。

凡標識之處，便旁徵博引，逐一考訂。如其跋《金石錄》云：「葉本（按：指

葉文莊鈔本）妙處，也略擇極精者校著下方。」（《思適齋書跋》卷二）校《呂衡州集》，則「徧取自《舊》《新》兩書以下凡有關涉群籍，博搜精擇，審定是非」（〈呂衡州文集序〉）至於具體考訂之方法，前面已述，此不贅舉。

凡校訂處，顧千里不是事過景遷，便不再置理，而是反顧再三。發現舊校有誤，立即訂正。如其跋《尚書譜》云：「凡舊校失當者，今標舉正之」（《思適齋書跋》卷一）又如，其校《華陽國志》，卷一，「桂陽太守李溫」之「李」，為「然」之誤。後來發現書後〈目錄〉，有「桂陽太守然溫江州人」。又有「桂陽太守李溫宕渠」的記載，認為「『然』則別是一人，皆為桂陽太守耳」。（復旦大學圖書館藏王欣夫先生過錄顧校《華陽國志》）便在校本中注明。類似訂正前校的例子，在顧千里所校書中，屢見不鮮。

對於顧千里具體校書步驟，葉景蔡先生嘗有如下表述：「先於懷疑處，以小圈記之」，再取眾本，「擇善而從」，其不合者，再取諸書校正之。「昔以為是，今以為非者，必改。」（《卷庵書跋·華陽國志》）

4.校勘之成果，應當注意其表達之形式。

校勘之成果，總要通過一定形式表達出來。顧千里對此也有不少主張。

首先，主張將校勘成果，寫成校勘記附原書以行，而不要列於原文之下，以割斷字句。他在〈列女傳考證後序〉中云：「其傳寫訛脫，也略為補正」，「不欲著於當句之下，橫隔字句，故別為此〈考證〉附於後。」又如，他為孫星衍校刻《說文解字》，認為「學尚持慎」，「宋槧只當影刊，不可改字，宜別著〈考異〉附後。」（北京圖書館藏鈔本《顧氏說文兩種》潘錫爵跋）在他校刊的書中，凡有校勘記之類文字的，他都取此法以行。考顧氏這樣做的目的，大致有二：一是可以保持原書的基本樣式，不致過份失其舊觀。二是不隔斷文句，便於觀覽。故後來有人論及乾嘉時校刊典籍時云：盧文弨等人均有「據他書攙校句文，不免隔斷文氣」之病，而顧千里「則無是也」。（《郘園讀書記》卷一，〈韓詩外傳〉）

其次，凡顧千里校勘完稿上版之書，俱十分講求版式清朗悅目，字體工整美觀，刻工精巧細緻。徐康《前塵夢影錄》中記載：顧千里曾「覓得足本沈亞之等集七家，皆用昌皮紙澣許瀚屏精寫，不加裝訂，但用夾版平鋪以便付梓。余曾訪澗蘋文孫河之孝廉一見之。」再考顧千里校刊之書，多為劉文奎、劉文楷、劉文模鐫

刻。許瀚、劉氏兄弟，俱為寫版、刻書一時之選，故顧氏校刊之書，如《士禮居叢
書》、胡刻《文選》、秦氏石研齋《唐人三家集》等，款式、字體、刻工、紙張，
俱極佳，為清代刻本之上品。

再次，顧千里校勘之成果，往往採用多種體裁以表達。或撰校勘記（如，考異、
考證、札記、識誤等等），或刊為定本，或寫成題識，或作序跋，或以筆記，或成書
信，甚至詩賦之類，可謂得心應手，不拘一格，也可為我們參考借鑑。

總而言之，顧千里以其現存的著作，更以其校勘的實踐，從校勘的指導思想，
校勘的原則，校勘所需具備的學問，到校勘的具體步驟，表達了一系列主張。龔自
珍嘗贊許顧千里云：「劉向身後此大家，豈與陳晁競目錄。」（《龔自珍全集》第十輯
〈己亥雜詩〉）以為顧氏凌越前賢，直續劉向校讎之學，充分地肯定了他在我國校讎
學史上的地位。對於顧千里的這些校勘主張，實是值得我們重視和認真研究的寶貴
遺產。

顧千里校勘之特點

　　乾嘉之際，從事校勘的學者甚眾，除其共同處外，各有其特點。本章擬將顧千里與同時代的其他學者，如王氏父子、段玉裁、盧文弨、錢大昕等，稍事比較，以期對顧千里校勘之特點，略加探討。

一、校勘對於顧千里來說，不僅是一門研求的學問，而且是其得以立命的謀生之道。

　　乾嘉之際，從事校勘者雖多，但細析其動機，卻各有不同。或視為治學之法，或借以為消遣之資。而對於顧千里來說，校勘不僅是研求的學問，更重要的還是謀生之道。這只須與他人比較一下，便可昭然了。

　　下面逐一舉之。

　　王念孫、王引之父子，俱係進士及第，都曾身居要職。王念孫雖於嘉慶十五年，因治永定河失職而致仕，然仍食六品之俸祿，由其子引之奉養，得以專心著述，安度晚年。王引之官至工部尚書，並充任武英殿總裁，主持修訂《康熙字典》，甚得皇帝信任，最後死於職上（《王石渠先生年譜》及《清史稿・王念孫傳》）其父子所著的《廣雅疏證》、《讀書雜志》、《經義述聞》、《經傳釋詞》等書，誠為不可沒之巨著，多為事校勘者所重視，然究其校勘和著述之動機，或曰：「以著述自娛」（《清史稿・王念孫傳》），或曰：「用小學說經，以小學校經」（《龔自珍全集》第二輯〈工部尚書高郵王文簡公墓表銘〉），以成一家之言，誠非為了生計而齗齗於校勘之役。

　　錢大昕，進士及第，曾任翰林院庶吉士，入直上書房。後遷詹事府詹事。晚歲家居，主講於蘇州紫陽書院（《竹汀先生自訂年譜》）。其一生的狀況，用其自己的話來說，是：「官居四品，不為不達，歲開七秩，不為不年」，「插架圖籍，不為不富」，「也仕也隱，天之幸民。」（《潛研堂文集》前錄〈自題像贊〉）其所著《二十二史考異》，對諸史「反復校勘，雖寒暑疾疢未嘗少輟。」（《二十二史考異序》）目的在於以校勘而治史，自不是為了謀生計，這是顯而易見。

　　盧文弨，也是進士及第，官至翰林院編修，侍讀學士，也曾入上書房，後雖因

學政言事而左遷，歸家後，一直主講各書院幾二十餘年，「官俸脯脩所入，不治生產，僅以購書」（《經韻樓集》卷八〈翰林院侍讀學士盧公墓志銘〉），其所撰《群書拾補》等書，為校勘學者所重。究其生平，致力於校書，是因為性之所好，而非為生計迫也。

段玉裁，則為舉人出身，嘗為四川大巫縣令，中年因遷祖塋之事，與人爭訟，後僑居姑蘇，閉門著述。（《段王學五種・段玉裁年譜》）其雖應阮元之請而主《十三經注疏》校勘之役，並作有〈與諸同志論校書難〉等文，然其畢生成就最大者，無過於其積數十年功力而成的《說文解字注》。其生計並不匱乏，也是顯然的。

其他如阮元、孫星衍、張敦仁、吳鼒、秦恩復、黃丕烈等，或為達官顯貴，或饒有資財，從事校勘，決非為稻粱之謀，至於嚴可均、嚴元照、李富孫、臧在東、陳鱣諸人，究其生平，或間受雇於人而事校勘，然決無為生計所迫，終生從事者。

觀顧千里一生，則與上述諸人迥異。其先為黃丕烈之館師，後又被孫星衍、阮元、張敦仁、胡克家、吳鼒、秦恩復、汪喜孫等人所雇請，為之校書。他嘗云：原打算撰一關於假借字之論著，無奈「奔走傭筆，事多冗雜」，不得不掇筆。（《思適齋集》卷六〈與阮云台制府書〉）又曾云：人生百年，儒者當「就此百年之中，求其所謂立功，立德，立言。」然自己「德之與功，固宜無分，而束髮受學屆茲，振素不離文字間，徒以奔走傭筆，牽率遲暮，未能撰成一二短書」，「且貧病交困，贏莫支轉。」（同上書，卷十一〈人壽金鑑序〉）身不由己為人所傭之情，為謀生計而無法著述之憤，可謂溢於字裏行間。這正如後人所指出的：「夫以澗蘋之享年，胡不暇為此？（按：指著述）誠以奔走一生，為人校刻，升斗之謀，汲汲遑遑。」（《思適齋集外書跋輯存・潘祖蔭序》）「特以貧故，見役於人，一生心力，實耗於此。身通六藝，僅為謀食之資，學貫百家，窮於反古之世，終以不遇，豈不悲哉！」（《冬生草堂文祿》卷四〈奎文閣典籍顧君墓志銘〉）

可見，顧千里之於校勘，不僅是作為一門學問去研求，而更多的是迫於生計，以其作為謀生之手段，以其為職業。這就造成了顧千里校勘的如下一些狀況：

其一，校勘內容不能由自己興趣決定，要取決於雇主的要求。如〈蕘圃藏書題跋記〉中，常可見「屬澗蘋校勘一過」之類的話，即是一例。因而，他不能專攻一門，以成一家之言，而只能隨人所定，涉及百家。

其二，由於以校勘為職業，如同今日之編輯，故在校勘中必須考慮具體的出版問題，注意校勘成果的表達形式。顧千里所校之書，多數是從頭至尾，細加勘對，而不像他人那樣，僅在有感之處，校而敘之，殆由以也。

其三，由於受僱於人，在校勘中，就不免受他人制肘，受到各種制約，未必能完全表達自己的主張。如他為汪喜孫校刻《廣陵通典》時，曾致書給汪氏云：「《通典》粗已校訖，昨申翁來，於案頭見之。若送彼看，須待來命，走不敢擅專也。」（《汪氏家行記顧澗蘋札》）校《述學》畢，又寄書汪氏云：「委刊《述學》茲已竣工，奉上清樣全部。又前付來底稿一并繳呈。新增文一卷，已遵示改名《別錄》矣。」（同上書）其寄人籬下之情，顯然可見。顧氏晚年，尚且如此，他則可想而知。顧千里校書，極其細緻，與此恐不無關係。

其四，正是因為要謀求生計，故所校之成果，往往不得不轉讓他人。胡刻《文選考異》、黃氏《國語札記》、張敦仁的《鹽鐵論考證》等等，俱出自顧千里之手，卻署他人之名。日本學者本田成之在談到顧千里時說：顧千里「家道貧窮，終日以校書為生計，所以名不大顯。」（《支那經學史》第七章），神田喜一郎更明確指出：顧千里校勘成果，「因是靠他人財力來進行的，故表面上未署顧千里之名。」（《世界大百科事典·顧廣圻》）這都是有識之見。

總上所述，顧千里從事校勘，很大程度是以之為謀生手段，是集學者與近代所謂編輯於一身，許多顧千里校勘中產生的情況，都可由此而找到其根源。此可謂顧千里校勘最重要的特點之一。

二、從校勘的範圍來看，顧千里不是偏專於一門，而是博及諸部。

歷來從事校勘者，以其所涉範圍而言，總不外乎二類，一是專攻一門，一是兼涉數部。顧千里顯然是屬於後者。為了說明問題，也不妨將其與同時代的學者略事比較。

王念孫《讀書雜志》，所校之書，凡十餘種。王引之《經義述聞》，也只經部數種。考其著作，王念孫當首推積數十年而成的《廣雅疏證》，引之所撰，則以《經義述聞》見聞。其主要致力於經學、小學。對此，王氏父子自己早有論述。王念孫云：「念孫於公餘之暇，惟躭小學。」（《王光祿遺文集》卷四）王引之云：「吾之學，於百家未窺，獨治經。吾治經，於大道不敢承，獨好小學。」（《龔自珍全

集》第二輯〈高郵王文簡公墓表銘〉）同時之人，也持如是觀。焦循云：「高郵王氏，鄭、許之亞。」（《雕菰集》卷六〈讀書三十二贊〉）江藩云：王念孫「精於訓詁」，王引之「能世其學」。（《漢學師承記・戴震》）可見，王氏父子所治之學，專在經部小學，其校勘之範圍，雖念孫兼涉諸子，然仍以治小學為本。

段玉裁所專，也在於小學。他嘗云：「以一生師友言之，迥微天人性命，愚不如先師東原氏，《考工記》、《喪服經》。制度條例，考核精當，上駕康成，愚不如易田徵君。熟精史事，識小無遺，愚不如辛楣少詹。潛心三禮，愚不如端臨博學，盡而虛懷，好學不倦，愚不如弨弓學士。涵齋侍講，深究音韻十七部，紬繹成書，愚不如懷祖觀察。文辭古雅，愚不如姬傳刑部。惟於古音古訓，經文古本，略有微勞抑末也。」（《經韻樓集》卷十二〈答黃紹武書〉）

再看錢大昕。錢氏之學，以博洽精深聞。段玉裁稱錢氏，「於儒者應有之藝，無弗習，無弗精。」（〈潛研堂文集序〉）然推其校勘主要著作，當屬《二十二史考異》。其主要研究之範圍，在於乙部。對此，他自己也有論述：「予好讀乙部書，涉獵卅（按：四十）年」（《潛研堂文集》卷二十四〈二十四史同姓名錄〉）又云：「予弱冠時好讀乙部書。通籍以後，尤專斯業，自《史》、《漢》迄《金》、《元》，作者廿有二家，反覆校勘，雖寒暑疾疢未嘗少輟。」（《潛研堂文集》卷二十四〈廿二史考異序〉）同時代人也云：「詹事之學，博大精微，於何為極，遷、固、修、祁。」（《雕菰集》卷六〈讀書三十二贊〉）這是合乎實際情況的。

其他同時代的學者，如阮元、陳鱣、洪亮吉、嘉定諸錢、嚴可均、李富孫等等，雖多從事校勘，然考其所涉之範圍，或在於經，或在於史，或兼及諸子、集部，但俱不能與顧千里相垺。

顧千里一生所校之書，前人似未有專門統計。據筆者所見到的實物和記載，總數不下一百六十種。加上其題跋者，可達二百三十餘種。所校之書，如經部的《儀禮注疏》、《撫本禮記》、《爾雅》、《經典釋文》，小學類中的《說文解字》、《廣韻》，史部的《資治通鑑》、《國語》、《國策》、《華陽國志》、《唐律疏議》、《金石錄》、《隸釋》、《隸續》、《郡齋讀書志》，子部的《荀子》、《管子》、《晏子》、《韓非子》、《淮南子》、《鹽鐵論》、《抱朴子》，集部的《文選》、《古文苑》、《唐文粹》、《呂衡州集》、《李元賓集》、《駱賓王

集》等等，早已廣為流傳，從校書數量上說，黃丕烈、盧文弨或更多於顧千里，然就所涉範圍廣泛而言，便不能與顧千里相較了。

顧千里校勘範圍廣博，除上所述外，有兩點尚值得著重提一下。其一，重視對集部書，特別是對唐代文集之校勘。乾嘉之際從事校勘者，多重經史，或進而治秦漢諸子，對集部書，相對來說，不甚重視，顧千里則對此頗為用心。晚年致力於唐集之校勘，特別是《唐文粹》的校勘，用力甚勤，於唐文頗有補益。清代致力唐文校勘的學者，就所校數量而言，自何義門以降，似無能有與顧千里相匹者。其二，校勘頗涉及釋道二門。他曾多次以朝天宮《道藏》校《抱朴子》、《韓非子》等書，並曾手校白雲霽的《道藏目錄詳注》（現藏北京圖書館）。在校勘《唐文粹》時，能以禪宗「牛頭山六世祖」之世系及第六世「慧忠」之事蹟，勘正書中之誤（北京圖書館藏顧千里校《唐文粹》卷六十三末之誤語）俱是其例。相比之下，他人未必能如此。當時號稱「博綜群籍，自開國以來，蔚然一代儒宗」的錢大昕，「惟不喜二氏書」（《清史稿·錢大昕傳》），餘則可想而知。

綜上所述，從校勘之範圍而言，稱顧千里為「博涉派」（張舜徽《中國古代史籍校讀法》第二編）是完全正確的。這是顧千里校勘的一顯著特點。

三、從校勘的方法來看，顧千里特別強調要有版本根據，不可輕改原文。

這一點，我們在論述顧千里校勘方法和主張時，都已有所涉及。在此則擬將顧千里與其他人加以比較，以明確這是他校勘方法的特點。

先看王氏父子。其校書之方法，大抵將本書中相類文字排比之，從中找出規律性的東西，然後糾正不合其例之誤。而徵引材料，往往有取於類書。用這種校法，王氏父子多發前人所未見，不少疑難之癥結，經其分析，條理分明，一朝而解。其成就之高，自不待言。然用此法，也有其弊。其一是容易以己意改易原文。盧文弨嘗寄書王念孫，對他校《大戴禮記》，委婉地表示了自己的看法，云：「讀所校《大戴禮法》，凡與諸書出入者，並折衷之以求其是，足以破注家望文生義之陋。然舊注之失，誠不當依違，但全棄之，則又有可惜者。若改定正文而與注絕不相應，亦似未可。不若仍正文之舊，而作案語繫於下，使知他書之文，固有勝於此之所傳者。觀漢魏以上書，每有一事，至四五見，而博聞互異，讀者皆當用此法以治之，相形而不相掩，斯善矣。」（《抱經堂文集》卷二十〈與王懷祖念孫庶常論校正《大戴禮

記》書〉）姚永概云：「古人屬辭，意偶而辭不必偶，往往有一字而偶二、三字者，王氏每以句法參差不齊為疑，據類書以改古本。」（《慎宜軒文集》卷一〈書《經義述聞》、《讀書雜志》後〉）朱一新也云：王氏父子，「往往據類書以改本書。」（《無邪堂答問》卷二）這是頗切中王氏父子之失的。其二是多據類書而不重視勘對善本。這一點，前人也有指出的。如朱一新云：「若《北堂書鈔》、《太平御覽》之類，世無善本，又其書初非經訓而作，事出眾手，其來歷已不可恃，而以改數千年諸儒斷斷考定元本，不也俱乎！」（《無邪堂答問》卷二）柳詒徵先生也曾云：「高郵王氏校訂群書，最稱精善。然其法大抵先取宋人所輯類書，如《太平御覽》、《冊府元龜》、《玉海》等書，比其異同。即據為己意，先立一說，而後引類書以證之。」（《中國文化史》第三編第十章）顧千里，雖也間引類書為證據，但總的說來，他是不太相信類書的。他嘗云：「今本《御覽》最多錯誤，難可依據」（《說文辨疑・坴》），又如，王念孫歷時數年所校的《荀子》、《淮南子》，顧千里見了以後，用宋呂夏卿刊監本和江西漕司錢佃刊本《荀子》，以及宋本《淮南子》細校，又發現了不少問題。對此，王念孫和王引之俱以為得當，故作為「補遺」，附《讀書雜志》以行。王引之稱顧千里，「其心之細，識之精，實為今所罕有。非熟於古書之體例，而能以類推者，不能平允如是。」（《讀書雜志・淮南內篇補敘》）這可說明二者在校勘所持根據上的差異。

再看段玉裁。段玉裁校書，也是不太講求版本根據的。他主張：「凡校書者，欲定其一是」，「故有所謂宋版書者，亦不過校書之一助。是則取之，不是則卻之。宋版豈必是耶？」「當改則改之，不必有其左證。」（《經韻樓集》卷十一〈答顧千里書〉）又云：「凡宋版古書，信其是則從之，信其非則改之，其疑而不定者，則姑存以俟之。不得勿論其是非不敢改易一字。」（同上書，卷四〈與黃蕘圃論《孟子音義》書〉）因此，在具體校勘中，頗喜改易原文。如《說文解字》，他據己意改動的篆文就有七十餘個。又多以「篆無此字」而改說解。當然，他改對的固屬不少（如「木」部，段氏所改之字，與後所見唐寫本殘卷，多有相合者。又如「上」「下」二篆改為「二」「二」，與今日出土之古文字合），確有發人未到之創見。然主觀臆斷者也復有之，故為人指摘。如胡秉虔云：「讀古人書須先明其體例。《說文》正文用小篆，凡小篆所無之字，雖切於用，不須闌入。說解用隸書，則隸書所有之字，苟非大謬，皆可

收用。說解中字往往有本書小篆所無者，職是故也。」（《說文管見》）其他如鈕樹玉《說文訂》，徐承慶《說文段注匡謬》，是更為人所共知。這正如王箓友所云：「段氏書體大思精，所謂通例，又前人所未知。惟是武斷支離，時或不免。」（〈說文釋例序〉）

　　顧千里與段氏的校勘方法不同。二人原本意甚相投，後來竟成水火。與此頗有關係。如二人爭論最激烈的周代學制問題，段玉裁根據《北史・劉芳傳》載：「《禮記》云：『虞庠在國之四郊』」；孔穎達《正義》引皇侃說，也作「四郊」；而《禮記・祭義》中鄭注云：「四學為周四郊之虞庠」，等理由，主張改《禮記・王制》、〈內則〉等篇中的周之虞庠在國之「西郊」為「四郊」。而顧千里則認為：〈王制〉、〈內則〉等篇中的經文與鄭注，現俱作「西郊」，而賈公彥《儀禮・鄉射》疏文中所引的《禮記》有關文字，也作「西郊」，故「西郊」不誤，而劉芳、皇侃乃持王肅之說，在經學上，與鄭氏不同，故此數處經注俱不得改易。（《思適齋集補遺》卷上〈禮記・祭義〉鄭注，「四學謂周四郊之虞庠也」考異及《經韻樓集》卷十一〈與顧千里書〉等有關文字）其他如關於「二名不偏諱」的「偏」、「徧」之爭，關於「禮器，先王之立禮也有本有文」，「有文」二字是否衍文之爭，都涉及二人校勘方法分歧。這在二人往來的信札中，表現得很清楚。如段玉裁指摘顧千里云：「孔氏守唐時訛繆之本，千里又守孔氏所守。至於古本之是者，確有可據而不之信」，「是知孔氏之底本而不知鄭氏之底本也。」（《經韻樓集》卷十二〈與諸同志論校書之難〉）鄭氏之底本原不可見，段玉裁所謂「鄭氏之底本」，實際就是根據自己研究而改定存於其胸中者也。顧千里則指段玉裁：於經文、注文、正義等等，有明文鑿鑿者，一概抹殺之，「然後煩稱博引他經他注非有明文者，為之自立一說，以就所欲說」，「而不計其為牽合」，（《思適齋補遺》卷上〈與段茂堂大令第二書〉）如不論其經學上的孰是孰非，二人在校勘方法上的差異，可謂昭然若揭了。

　　再來看盧文弨。召弓持論，確有頗精當者。如其云：「夫校書以正誤也，而粗略者，或反以不誤為誤。考文於古本，宋本之異同，不擇是非而盡載之，此在少知文義者，或不肯如此，然今讀之，往往有義似難通而前後考證，不覺渙然者，則正其不持擇之故，乃得留其本真於後世也」。（《抱經堂文集》卷七〈《周易注疏輯正》題辭〉）即是一例。然觀其所校書，卻有不少與其論不合之處。如，王念孫曾指出，

盧文弨校《逸周書》，將〈史記篇〉中「竟進爭權」之「竟」改「競」（《讀書雜志》：「逸周書·度訓篇·力競」），將〈柔武篇〉「以成為心」之「成」改為「誠」。（同上書，「柔武篇·成」）近人岑仲勉先生嘗作《白集源流考》，其中糾正盧文弨所校《白氏諷諫》之誤甚多。如卷三，〈華原磬〉，「知有新聲不如古」，盧改「如」為「知」。〈上陽白髮人〉：「綠衣監使守宮門」，盧改「綠衣」為「六官」，與現所見《全唐詩》及景宋本迥異。（見《群書拾補·白氏文集》，又原國立中央研究院《史研所集刊》第九冊）故《清史稿·盧文弨傳》云：「文弨校書，參合各本，擇善而從，頗引他書改本書，而不專主一說。」反映了盧文弨校書的實際狀況。

顧千里則與此不同，他曾多次指摘盧氏校書改易原文之弊，如他跋《經典釋文》云：「近日此書有三厄」，而「盧抱經新刻本多誤改」則為其中之一（《思適齋書跋》卷一），又嘗云：「盧鈔書往往以意改補，兼之多作盧習用字體，遂變其真。」（同上書，卷三〈一切經音義〉跋）而他自己所校之書，若無版本可據，則寧可存疑，決不輕改。他為孫星衍校《天文大象賦》，取「隋唐間人言天文之書」互相參證。如《賦》注：「羅堰三星」，而《晉書·天文志》、《隋書·天文志》，俱云：「羅堰九星，在牽牛東。」又如「委」星西南的天庾星座，《賦》注云：「三星」，而《晉志》、《隋志》俱云：「四星」，等等，顧千里「未敢據彼改此」。殆因此俱二十八宿外之星，天象變遷，不可隨意雌黃。

綜上所述，顧千里校勘，十分強調根據善本勘對，不輕據不可靠之材料；講求版本根據，不輕改原文，若有異文，寧可存疑。誠如楊守敬所云：顧千里校書，「雖明知其誤，也不輕改，以待學者之研求，誠刻書者之善法，而讀書者之良規也。」（〈鄰蘇老人手書題跋，宋蜀大字《史記》跋〉）這是顧千里校勘的又一重大特點。

當然，顧千里所校之書，由於種種原因，也有例外的地方。如王觀堂指顧氏為吳志忠校刊的《釋名》多有改易（《中國歷史文獻研究集刊》第一期〈觀堂書札〉第六十九）于鬯指顧千里校《韓非子》等多有誤改（《香草續校書·韓非子》），陳援庵先生《通鑑胡注表微·校勘篇》中，糾正顧氏校刻本之誤（將「唐昭宗天復元年給事中韓偓言」的注：「世固有能知之言之而不行，究於行者，韓偓其人也。」的「而不行」改「而不能」，且連下讀，於意正反）等等，都是有據之言，不必為顧氏諱，但似也不必以此而否定顧千里校勘時，講求版本根據，不輕改原文這一特點。

四、顧千里不僅終身從事校勘之實踐，而且注意校勘義理的探求。

在歷代的校勘家中，大凡可以分為三類，一類是主要從事校勘實踐，而對校勘本身的規律、義理，則未予深加探索者。第二類是雖然所校之書不多，但十分重視校勘理論之探討，頗有發人所未見者。第三類是既有豐富的校勘實踐，而又注意校勘義理的探討者。這一類，方是校勘學領域中的翹楚者。正如張舜徽先生所云：「校勘學家對學術界的貢獻，本不限於校訂文字的正誤，而在能通過長期校書工作，掌握古人用字屬辭的一般規律，從中找出公例和通則，寫成專著，使學者們得到理解古書，疏釋舊義的一把鑰匙。」（《清代揚州學記》）顧千里當屬這一類。

第一類的學者，為數頗眾。其或讀書未廣，校書未多，雖有體會，無從總結；或治學之著眼點，不在校勘，故對其義理，未加探討，故這一類在此不論。

第二類學者中，章學誠堪稱是有代表性的人物，故試將其與顧千里略作比較。

章氏關於校讎的專著是《校讎通義》。其中〈宗劉〉、〈補鄭〉篇，溯校讎之源委，論「辨章流別」之宗旨；〈互著〉、〈別裁〉篇，論目錄著錄之方法，俱有獨到之見。而在〈校讎條理〉、〈著錄殘逸〉等篇中，則對具體的校勘方法作了探討。如云：「校書宜廣儲副本」，校書必注原文、著錄殘逸；校書須求專門之人；以及提出作索引以便檢求等等主張，俱有見地。然他在一些具體材料的引用上，常有錯誤。如《文史通義·言公下》云：「班固倡儻以從竇，銘勒狼居。」考《後漢書·竇憲傳》，竇憲班固勒石者，乃燕然山。而狼居胥山與燕然山相距甚遠。又如《校讎通義·辨嫌名》云：「《淮南鴻烈解》刪去『鴻烈解』而但曰《淮南子》」，又在《文史通義·繁稱》中云：「劉安之書，本名《鴻烈解》，而《漢志》但著《淮南內外》」，認為此有誤。考《淮南子》原名《淮南鴻烈》或《淮南》，高誘〈淮南鴻烈解序〉所言甚明，云其為《鴻烈解》誤矣。凡此等等，似屬不當。這種情況，正如章學誠自己所云：「吾讀古人文字，高明有餘，沈潛不足，故於訓詁考質，多所忽略，而精解精識，乃能窺得前人所未到處。」（《章氏遺書·由亳州往湖北家書》）

顧千里與其不同。顧氏十分講求小學訓詁，注重考證。同時，也進行規律性的歸納，進行義理的探討。如，顧千里在代洪賓華作的〈重刊宋本名臣言行錄後序〉中，就歸納了書中致誤的十八種原因：一、全葉失落。二、錯簡。三、年名誤。

四、地名誤。五、人名誤。六、謚號誤。七、官名誤。八、脫字。九、脫句。十、兩句各脫其半。十一、衍字。十二、倒字。十三、訛字。十四、誤字。十五、小字側注誤入正文。十六、注中所出書名訛脫。十七、引用古事訛誤及脫漏。十八、因當時俗體而誤。（《思適齋集》卷八）在〈唐律疏議後序〉中，列舉了書中致誤的六種情況：一、應別自為條而誤連他條。二、應屬一條而分為數條。三、標其字而佚其釋。四、釋尚在而遺標字者。五、前後互換其處。六、釋所據本不同而牴牾者。（同上）還在〈通鑑刊誤補正序〉中，論刊書致誤之三種原因：一、不復一一勘對原文。二、望文生義乃違本。三、未審原文之意而誤。（同上書，卷十一）這都是帶有一定普遍性的現象。其他如：〈焦氏易林序〉中談校勘之三種主要方法；〈知不足齋叢書序〉中論刻書之三難和叢書的三大優點；〈廣復古篇序〉中論探求古代假借字的四種可靠材料，在為吳志忠作的〈《釋名》釋例〉中例舉的《釋名》釋字之十例；凡此等等，俱是對於規律的探索。至於在各種考異，題跋的字裏行間所闡發的見解，則更比比皆是，多有益於理解古書。因此，我們將顧千里歸為校勘家中的第三類。

當然，顧千里並沒有將這些見解進一步系統整理，寫成專著。因而，在某種程度上講，它缺乏章氏那種系統性，不如後來俞曲園《古書疑義舉例》等書那樣全面，那樣有條理。但如果細讀顧千里的論述，不能不說，其中頗有與章學誠所論相類，且有得俞曲園等人先聲之處，其功自不可沒。傅增湘先生嘗云：對顧千里現存之文字，「覽其大凡」，「尋流以溯其源，則於校讎之學，思過半矣。」（〈思適齋書跋序〉）此誠非過譽之辭。

所以，我們說，不僅終身從事校勘實踐，而且重視校勘義理之探求，也是顧千里校勘的一個特點。

以上，我們從四個方面，通過與同時代主要校勘家相比較，探討了顧千里校勘之特點所在。需要說明的是，其一，所謂特點，乃是指其與他人不同的地方，並不等於就是優點。比如，涉獵廣博，在各個具體領域中，則未必能比他人深刻。又如，講求版本根據，過份強求，就難免有拘泥之嫌。故要辨證地認識，方為客觀。其二，將顧千里與他人比較，絲毫也不是為了貶低他人成就而抬高顧千里。王氏父子的經學和文字訓詁，錢大昕的史學，盧文弨對校勘古籍之倡導，段玉裁的小學，

章學誠的史論、方志學，等等，各個學者在自己的學術領域中，都有不可磨滅的建樹。正因為乾嘉之際學者輩出，方使當時學風為之一變。顧千里只不過是這歷史群雕中的一座塑像而已。當然，在他從事的校勘學領域中，他有著高人之處，日本學者神田喜一郎先生稱顧千里為「清代校勘第一人」（《顧千里年譜》及《世界大百科事典・顧廣圻》），恐怕也正是這個原因吧。

顧千里從事校勘，慘淡經營了一生，為我們中華民族的文獻寶庫，增添了一些財富。他校勘整理的典籍，正廣為人們翻印誦讀，溉澤後世。他的校本、手跡，也正得到應有重視，留芳藝林。可謂斯人已逝，其業長存。顧千里死後，龔自珍曾不無感慨地吟道：「何日重生此霸才」。在今日的中國，在十億炎黃的子孫中，可望有更多的「霸才」降生，中華民族文明之花，應當放射出更加奪目的光采！

顧千里對校勘學的貢獻*

縱觀數千年中國學術史，清代校堪學勘稱鼎盛。而清代校勘學家中，顧千里誠為卓犖者。

顧千里（1766-1835），名廣圻，號思適居士，千里乃其字。江蘇元和人，少年喪父，家境清貧，好學不倦，人稱「萬卷書生」。嘗游錢大昕門下，又為惠棟之高足。然仕途坎坷，「以諸生屢應鄉試不利」，靠孫星衍之保舉，方得為「衍聖公典籍」。其畢生致力於校勘，以此求其溫飽事業。他所校跋之書，現可知者不下二百幾十種，僅刊行流布者，便有數十種之多，被日本著名漢學家神田喜一郎先生譽為「清代校勘第一人」。張舜徽先生所列中國數千年之文獻學家，不過數十人，千里預焉。（《中國文獻學》第十二編）其學術之成就，可見一斑。

一、對「以不校校之」論的闡發

顧千里在校勘學領域中得以獨樹一幟，最著名的論述，可謂「以不校校之」論。此論實肪自北齊邢子材。邢氏嘗云：「天下書至死讀不可遍，焉能始復校此，且誤書思之，更是一適。」（《北齊書·邢昕傳》）千里本此而名己之書舍為「思適齋」，自稱「思適居士」，並進一步地闡發了這一論述。而顧千里的論述之所以會引起學者們的廣泛重視，卻是由於同段玉裁關於「周代學制之爭」。❶

---

*　此文原刊於《復旦學報》（社會科學版）1984 年第 3 期。

❶　乾嘉之際，江南學者議欲重刊《十三經》，嘉慶初，阮元撫浙，在杭州西湖畔設詁經精舍，開十三經局，廣延四方碩學宿儒校書。段玉裁、顧千里等俱應招焉。在校經過程中，顧千里與實際主其事的段玉裁意見不合，漸生牴牾。千里憤憤然離開經局，別尋出路。嘉慶十年，顧千里於揚州為張敦仁校刊宋撫州公使庫本《禮記》，並作《禮記考異》，表達了自己的見解，其中又對孫志祖認為《禮記·王制注》「周立小學於西郊」之「西」當改作「四」的說法，提出了異議。段玉

　　爭論主要包括兩方面的內容：一是周代的學制問題，即周代的虞庠，究竟設在「四郊」還是在「西郊」？這涉及到《禮記》中的「四學」指的是什麼？周代的「大學」、「小學」，與「國學」、「鄉學」之關係等一系列問題，屬經學或史學之範疇，近人高步瀛先生已有專論，不屬本文討論之範圍。而另一則是在刊布《禮記》等經典時，應當如何處置典籍中這一記載的問題，屬校勘學範疇。段、顧二人則持論相左。

　　段玉裁以為：

> 校經者，將以求其是也。審知經字有誤，則改之，此漢人法也。漢人求諸義，而當改則改之，不必有其左證。自漢而下，多述漢人，不敢立說擅改，故博稽古本及他引經之文，可以正流俗經本之字者，則改之……（《經韻樓集》卷十一〈答顧千里書〉）

即認為當根據自己研究的成果，改易誤字。

　　顧千里則以為：

> 凡書不可輒改，而經為甚。（《宋撫州本禮記考異》卷上）

又指責段玉裁云：

> 於經之明文鑿鑿者，抹殺之，曰，「譌」，不計其一見、再見，若合符節也。……然後煩稱博引他經、他注之非有明文者，為之自立一說，以就所欲說。（《經韻樓集》卷十一附錄〈顧千里第二札〉）

裁因此寫信給顧千里，申孫而詘顧，於是書札往復，引起了在乾嘉學界堪稱軒然大波的一場爭論。鑑於當時江南為全國學術中心地區，段氏為宿儒先輩，顧氏作為「吳派」之後勁，亦已在學界嶄露頭角，更由於校勘之學當時正盛，故二者針鋒相對的論點，自然就為學界和時人所重。

顧氏之意很明確；不可根據自己的理解在校勘中改易經文。

由於段、顧爭論，後趨激烈，語間或有意氣之辭，故當時士人，多視千里為唐突先輩，是段非顧。二人關於校勘見解的對立因此而未能深入展開。於是，顧千里的「以不校校之」說，便遭誤解而受到非議。直到近代，尚有不少人視顧千里的校勘為「死校」（見鄧邦述《寒瘦山房鬻存書目》卷七〈鬼谷子〉條下）認為顧千里校勘，只不過是「據此本以校彼本，一行幾字，鈎乙如其書。一點一畫，照錄而不改。見有誤字，必存原本」，而不能檢其誤譌之由（見葉德輝《藏書十約‧校勘》，又見吳楓《中國古典文獻學》）。

果真如此嗎？非！

請看顧千里本人對「不校校之」的論述：

> 書必以不校校之。**毋改易其本來，不校之謂也；能知其是非得失之所以然，校之之謂也。**（《思適齋集》卷十四〈禮記考異跋〉）

這裡說得很明白，「不校」者，並不是不要檢核誤訛，而是要保持典籍的原來面目。試想一下，如果校書者對所校典籍，自認其誤，便橫加刪改，那麼，人視此典籍，究竟算作是原作還是算作校書者的改編呢？或曰「所改者誤耳。」然而，今日所見之書，又何嘗不是前人以為不誤而改定者？而前人又何嘗不視己所定者為是？且今改之處，又安能保後人不視之為非而又復改之？此風一盛，則原書的本來面目又安可復見？！再則，學海無涯，改者又安能保己所定為必不誤？縱觀歷史，明人校書，多改易原文，而清代音韻學興，古書古字難解者，多可訓釋，而明人改易，適見其淺誤。前者之覆，豈可不鑑？！又，即以段玉裁之碩學專攻，其所校《說文》，固有不可易之卓見之處，然亦難免「武斷」之譏（見王筠〈說文釋例序〉）更何況才識俱不如段氏者耶？！故千里「不校」之說，誠為不可易之論。

那麼，是否僅僅「死校」而不檢誤訛呢？我們不妨再來看看顧千里校書的實踐。比如《說文》中的「𤦎」字，段玉裁、嚴可均等認為當依《廣韻》所引，改篆為「𤦎」（見《說文解字注》二篇上及《說文校議》）顧千里則以為此不當改。指出《廣韻》所載的「𤦎」字，實是隸變以後的產物，其包括了原篆文中的「𤦎」、「𤦎」

兩字的含義。又如，顧千里校《歐陽行周集》卷五「韓城西尉廳記」之「列縣出於千」不當依何義門校添「五」字❷，校《唐文粹》卷四十二〈服母齊衰三年議〉「周則井邑兵甸以立徵稅」之「兵」當為「丘」❸等等，俱是探其誤訛之源而改正之。凡此之例，不勝枚舉，顧千里豈僅乙正筆畫者耶？！

由此可見，顧千里的「以不校校之」論，是對邢子材說的闡發。正如李兆洛所說：「子才之校，乃其思也。不校之誤，使人思；誤於校者，使人不能思。去誤於校，而存不校之誤，於是日思之，遂以與天下後世樂思者共思之。此不校校之者之所以有取於子才也。」（《養一齋文集》卷十一〈潤蘋顧君墓志銘〉）正是由於顧千里的明確倡導，此論方始在校勘學領域中獨樹一幟，形成為一個流派。且日益為學者所接受，以此為校勘學中不可動搖的原則。顧千里之功，是不可抹煞的。

二、校勘須做到兩個「透底明白」

顧千里提出：

> 凡校書之法，必將本書透底明白，然後下筆；必將本書引用之書透底明白，後可以下筆。（《汪氏學行記》卷四〈顧澗薲札〉）

所謂「將本書透底明白」，從內容上說就是要把所校書之字、句、篇章，義理透底弄明白，然後才來校正書中的誤訛。而要明篇章、義理，首先就要識字，要通訓詁，明字義。顧千里是一向十分重視文字、音韻、訓詁的。他嘗云：「予粗通小學」。（《思適齋集》卷十一〈廣復古編序〉）梅曾亮在回憶顧千里時說，顧千里曾「語

---

❷ 《歐陽行周集》卷五〈韓城西尉廳記〉，「列縣出於千」，何義門根據《文苑英華》、《唐文粹》所載，於「千」字上添「五」字。顧千里則根據《舊唐書·地理志》所載：貞觀十三年定簿，縣一千五百五十一。《新唐書·地理志》載：開元廿年戶帳，縣千五百七十三，認為「行周此記作於貞元十五年，已非復貞觀、開元之盛，其決不得反有五千縣之多明矣。」（見《思適齋書跋》卷四）。

❸ 顧千里校勘，見《四部叢刊》本《唐文粹》附錄〈校勘記〉。考《漢書·刑法制》「魯成公作丘甲」下顏師古注：「丘，十六井也。止出戎馬一匹，牛三頭。」《通考·田賦》亦云：「四井為邑，四邑為邱，四邱為甸，甸六十四井。」顧千里殆考據「丘甲」原文而校正《文粹》之誤。

我六書學，訓詁宜兼之，凡校古人書，不以他書資。」（《柏梘山房詩集》卷七〈書示張生端甫〉）而他對《爾雅》、《說文》、《釋名》、《玉篇》、《一切經音義》、《廣韻》、《集韻》以及《經典釋文》等重要典籍，俱一一校過，反復琢磨。由於有雄厚的小學根基，明篆隸之變遷，究音韻之沿革，識字義之繁衍，故能抉剔玄奧之機，考辨古今之訛。四當齋章氏云：顧千里校書，是「持音韻文字之原，以通經史百家之義」，實為碻論。

除文字之外，顧千里還重視詞賦篇章。乾嘉之際，事漢學者，或多輕視文辭，視之為浮誇，儒學文苑，判為兩家。而顧千里則不甚持門戶之見。學問辭章兼而習之。故在校書時，駢文儷辭，文體格式，句法結構，運用嫻熟，俱為校書之資，由此而及全書之義理，故多有發前人未見者。

從形式的角度而言，「徹底明白」就是對此書的版面、款式，到此書的版本沿革，都要進行認真的考究。顧千里在談宋版書作用時說：

> 得其大則存亡起廢，憭惑條紛，炙轂賢路，擁篲聖門。得其小則博物所效，多聞攸資，秘帳助談，閨市立師。（《思適齋集》卷一〈百宋一廛賦〉）

認為日後看宋元版書，「竟將同三代竹簡，六朝油素，名可得而聞，形不可得而見。」（《思適齋集》卷十二〈藝芸書舍宋元本書目序〉）所以，他認為，校勘，必須講求版本，這包括：

第一，校勘必須知道所校書的版刻源流。如他在校《廣韻》時指出：「世所行《廣韻》有三，其本各不同。家亭林先生刻，節注本也。吾郡張氏刻，足本也。」「揚州詩局所刻」，乃出自曹棟亭「所收之宋本」（《思適齋集》卷十四〈書宋槧廣韻後〉）。又如，在校《王摩詰文集》時，指出，王氏集，有建昌本與蜀本之不同。「題《摩詰集》者，蜀本也。題《右丞集》者，建昌本也。」（《思適齋書跋》卷四）可謂瞭如指掌。

第二，校書須知各種版本之特點。如其跋所校《荀子》時說：「宋槧《荀子》有呂夏卿監本與錢佃江西漕司本，雖俱為佳刻，然「互有短長，正以合之乃成兩美。」（《思適齋書跋》卷三），在跋宋刊《張燕公集》時云：「其行款每半葉十一

行，每行二十字。宋槧唐集類如是計有多家。」（同上書，卷四）真是心中了然。

第三，校書須知所校之書，何種版本最佳。他嘗云：宋撫州公使庫本《禮記》，是「南宋淳熙四年官書，於今日為最古矣。」（《思適齋書跋》卷一）講到《文選》，則云，以宋尤延之貴池刻本為佳。（《思適齋集》卷十〈文選考異序〉）。在校《蔡中郎集》時則云：「《蔡集》以宋人所編十卷本為最佳」，而所見十卷本又以鈔本為最佳。（《思適齋書跋》卷四）簡直如數家珍。

很顯然，只有這樣，方能有目的地收羅刻本，在校勘中揚長避短，集諸本之長處為一佳刻。排除劣本中他人誤改造成的差漏，這與顧千里所主張的「以不校校之」論正是一脈相通。人或稱顧千里校勘為「版本派」，蓋由此也。

如果說上述「將本書透底明白」僅是從一本書的角度對典籍進行考究，那麼「將所引用之書透底明白」則是從一本書與其他典籍的聯繫上來考究。

典籍是歷史的產物，其總要利用前人遺留下來的各種思想材料，總與同時代其他的典籍有著這樣或那樣的聯繫。顧千里強調要「透底明白所引用之書」，正是要從這種歷史的連續性，追溯史源之所在，辨正典籍的誤訛，而不是僅僅囿於所校之一書。他嘗云：

> 凡書必博稽而後知其例，知其例而後是非無惑，否則隨所見而懸揣之，正難免於因誤立說也。（《禮記考異》卷下「鄉飲酒義」）

他指出，《資治通鑑》一書之所以會有一些誤訛，「溫公就《長編》筆削，不一一對勘原文，遂或失於檢照，是其一也。」（《思適齋集》卷十一〈通鑑刊誤補正序〉）

因此，在具體校勘時，顧千里就特別注重如下兩點：

其一是必廣徵博引，探求材料之原始出處，之正傳訛。比如筆者嘗見有鈔本顧氏所著《說文考異》，其標明引用書目達數十種。其中有：《玉篇》、《廣韻》、《集韻》、《類篇》等小學著作，亦有《周禮鄭注》、《尚書》、《毛詩》等經典，還有《華嚴經音義》、《御覽》、《文選注》等其他典籍，頗為博洽。又如在校《通鑑》時，他檢核原始資料，指出胡三省注「漢別將擊英布軍洮水南北」之

「洮水」「當在江南」，是錯誤的❹。其他如《文選考異》、《鹽鐵論考證》、《淮南子校記》等著作中，俱是廣徵博引，探求史源，糾其誤訛。

其二是必須注明材料之出處。校書須博引之，而所引之書其材料又必有所出，故又須復加徵引，如此而往，安可極耶？且前人所徵引之材料，今日已有不可見者，而今日此地為可見之材料，於來日彼地則又或為不可得。故校勘之中，顧千里特別強調要對徵引之材料標明出處，以示言之有據，以便天下共核之。他對引用材料不注出處是頗不以為然的。在校孫志祖《文選考異》時，對孫氏的指責，即是這方面的例子❺。而這樣，便可將校勘一書正誤，放在一定的前提下進行探討，亦便於明辨是非。

綜上所述，可以看到，顧千里主張的校書須「兩個透底明白」，已遠遠地超越了僅僅對一本書文字的勘對，而是將目錄、版本、文字、考據，乃至典章制度、學術流別等科目有機地聯繫了起來。這從校勘學史的角度看，可以說是對清代的乾嘉之際的校勘學成就的概括。

三、關於校勘步驟的論述

校勘不僅是一門學術性很強的專門之學，而且是一項實踐性很強的具體工作。自古事校勘之學者，往往注重其學術性之一面，或從宏觀的角度考鏡學術之流別，或從微觀的角度辨析文字之正訛，而對於具體的校勘步驟，對於校勘中的技術性問題，卻討論甚少。鑑於顧千里畢生以校勘為業，故不但在學術性方面有所創見，而且對具體的校勘步驟，亦頗有發前人所未及。

---

❹　《資治通鑑》原文載卷十二「高帝十二年」，胡氏注云：「布軍既敗走江南，則洮水當在江南。」並引羅含《湘中記》、《水經注》等，以為洮水在長沙境內。顧千里則考據《資治通鑑》所本之《史記・高祖本紀》、《漢書・高帝紀》、〈黥布傳〉等記載，認為「高祖自將一戰，勝布於蘄西，於此遂還，故令別將追布也。布敗走，渡淮，數止戰者，皆與別將戰也，即所云『去布軍洮水南北，皆大破之』。」因而，「徐廣注，洮水『在江淮間』者，確解也。」（見《思適齋集》卷六〈與鄧溥泉書〉）

❺　筆者嘗見過錄本顧千里校孫志祖《文選改異》。在《鵩鳥賦》「變化而嬗」條下，孫氏云：「許云，嬗，疑『壇』之異文。『壇』古『禪』字代也。」對此，顧千里批云：「何至剽顏《漢書注》耶？」凡此有數處。可見千里對不標所據材料出處之不滿。

具體而言，有如下數端：

1.必須注意校勘底本的選擇。

校書首先遇到的具體問題，便是底本的選擇。顧千里對此十分重視。比如，他為張敦仁校刊宋本《儀禮注疏》，以宋嚴州本《儀禮注》與景德六年單疏本為底本。單疏本有缺者，則取同出於景德間刊本的影抄本《儀禮要義》補之，僅數月而成，刊行於世。有人問之曰：「汲古閣毛氏刻十三經，凡十數年而始成，而居士云，非善本也。古余先生（慶按：張敦仁字古余）合刻《儀禮注疏》，乃一大經而難讀者，僅改歲而成，而居士云，本莫善矣。何謂也？」顧氏答道：「夫毛氏仍萬曆監刻而已，此其所以不能善也。古余先生以宋本易之而精校焉，熟爛焉，此其所以善也。」（《思適齋集》卷十四〈合刻儀禮注疏跋〉）可見他以為，底本的選擇，直接關係到刊本的質量，關係到校勘所需的時間。

那麼，顧千里是如何選擇底本的呢？依我所見，大致可以分為兩大類：一是取宋元善本為底本。如其為張敦仁所校刻的《儀禮注疏》、《撫州本禮記》，為孫星衍校刻的《古文苑》，為胡克家校刻的《文選》，為黃丕烈校刻的《國語》、《國策》等等，俱屬此類。二是選較好的通行本為底本。如校《韓非子》取明趙用賢刻本。校《淮南子》，取清武進莊逵吉刻本。校《金石錄》，取盧見曾雅雨堂刻本。校《唐文粹》，取明徐焴刻本。凡此等等，不一一列舉。這對於一時無法見到善本者，不失為一值得通融的方法。

2.校勘必須反復推求，不可企望限以時日，一蹴而就。

校勘是一項十分細緻的工作，因此，顧千里特別強調校書要反復進行，不可倉促為之。比如，他在跋《長短經》一書時說：「校此書當搜其所出而參互，以定是非。然使倉卒限以時日，非所可辨也。」（《思適齋書跋》卷三）又如，在〈韓非子識誤序〉中云：「予讎校數過，推求彌年。既窺得失，乃條列而識之。」

顧千里校《文選》，校《韓非子》，從開始著手，直到刊成，俱前後達十數年。至於所校《經典釋文》，幾乎是終身攜帶，時時勘校。在顧千里校過的書中，常常是丹黃幾遍，朱墨燦然，經常可見「又校一過」，「又得若干條」字樣。正因反復推求，故能悉其精微。這種反復研求，勇於接受時間檢驗的態度，無疑是值得我們學習的。

3.校勘過程中，當隨時標識，逐一考訂。

在具體校書時，顧千里主張，凡有疑難之處，須隨手標識，逐一考證。翻閱顧千里所作題跋，常可見此類記載。如跋《焦氏易林》云：「此書去年出門舟次粗加再讀，上方標記硃筆者是也。」（《思適齋書跋》卷三）跋《松陵集》云：「今正其已校修之本，依宋刻者加圈點別之。」其他顧千里手校諸書，如《唐石經考異》、《古文苑》、《唐文粹》、《史通》等等，多有圈點標識。

考訂一過之後，顧千里並不是事過景遷，便不予反顧。而是時時復核之，發現舊校有誤，則再訂正之，決不文過飾非。如其跋《尚書譜》云：「凡舊校失當者，今標舉正之。」（《思適齋書跋》卷一），又如，校《華陽國志》卷一「桂陽太守李溫」，他先以為「李」係「然」之誤。後來發現書後〈目錄〉載有「桂陽太守然溫（江州人），又有「桂陽太守李溫（宅渠）」。可見「『然』則別是一人，皆為桂陽太守耳。」於是便在校本中注明。

對於顧千里這種校書方法，葉景葵先生嘗有如下敘述：「先於懷疑處，以小圈記之」，再取眾本「擇善而從」，其不合者，再取諸書校正之。「昔以為是，今以為非者，必改。」（《卷盦書跋》「華陽國志」條）這是很具有概括性的。

4.校勘之成果，應當注意其表達之形式。

首先，顧千里主張將校勘成果寫成校勘記附原書以行，而不要列於原文之下，以割斷字句。他在〈列女傳考證後序〉中云：「其傳寫訛脫，亦略為補正」，「不欲著於當句之下，橫隔字句，故別為此〈考證〉附於後。」又如，他為孫星衍校刻《說文解字》，認為「學尚持慎」，「宋槧只當影刊，不可改字，宜別著〈考異〉附後。」（《顧氏說文兩種·潘錫爵跋》）在顧千里所校刊的書中，凡有校勘記之類文字的，他都取此法以行。

其次，凡顧千里校勘定稿上版之書，俱十分講求版式清朗悅目，字體工整美觀，刻工精巧細緻。徐康《前塵夢影錄》中記載：顧千里曾「覓得足本沈亞之等集七家，皆用昌皮紙浼許翰屏精寫，不加裝訂，但用夾版平鋪以便付梓。余曾訪澗蘋文孫河之孝廉一見之。」再考顧千里校勘之書，多為劉文奎、劉文楷、劉文模鐫刻。許氏、劉氏，俱為寫版、刻書的一時之選，故顧千里校刊之書，如《士禮居叢書》，胡刻《文選》，秦氏石研齋《唐人三家集》等，款式、字體、刻功、紙張俱

極佳，人視為清代刻本之上品。這也反映出顧氏對版式優劣的重視。

還有，顧千里的校勘結果，往往採用多種體裁來表達。或撰為校勘記（如考異、考證、札記、識誤等等），或刊為定本，或寫成題識，或作為序跋，或以筆記，或以書信，甚至詩賦之類，也為其所用，可謂不拘一格，得心應手。這如果聯繫到顧千里主張的「以不校校之」論，則可視為是其保持典籍原來面目而不加改易的具體辦法，這正可證顧千里所述校勘之步驟與其所持的校勘學主張，有著密切的內在聯繫。

四、對典籍致誤規律的探討

張舜徽先生嘗云：

> 校勘學家對學術界的貢獻，本不限於校訂文字的正誤，而在能通過長期校書工作，掌握古人用字屬辭的一般規律，從中找出公例和通則，寫成專著，使學者們得到理解古書，疏釋舊義的一把鑰匙。（《清代揚州學記》）

顧千里在這方面，也是有所建樹的。比如他在代洪賓華所作的〈重刊宋本名臣言行錄後序〉中，歸納了書中致誤的十八種原因：一，全葉失落。二，錯簡。三，年號誤。四，地名誤。五，人名誤。六，諡號誤。七，官名誤。八，脫字。九，脫句。十，兩句各脫其半。十一，衍字。十二，倒字。十三，訛字。十四，誤字。十五，小字側注誤入正文。十六，注中所出書名訛脫。十七，引用古事訛誤及脫漏。十八，因當時俗體而誤。（見《思適齋集》卷八）在〈唐律疏議後序〉中，列舉了書中致誤的六種情況：一，應別自為條而誤連他條。二，應屬一條而分為數條。三，標其字而佚其釋。四，釋尚在而遺標字。五，前後互換其處。六，釋所據本不同而牴牾。（見《思適齋集》卷八）。在〈通鑑刊誤補正序〉中，論其致誤的三種原因：一，不復一一勘對原文。二，望文生義乃違本。三，未審原文之意而誤。（同上書，卷十一）這都是帶有一定普遍性的現象。其他如〈焦氏易林序〉中，談校閱此書的三種方法：「以復見求之也，以所出經、子、史等求之也，以韻求之也。」（同上書，卷九）在〈知不足齋叢書序〉中，論刻書之「三難」和叢書的三大優點；〈廣復古篇

序〉中，論探求古代假借字的四種材料，在為吳志忠作的《釋名釋例》中，例舉《釋名》之十例，凡此等等，俱是對古代典籍規律性的探索，多有益於對典籍的疏釋理解。

誠然，顧千里並沒有將這些見解進一步系統整理，寫成專著傳世。在某種程度上講，尚不如後來俞樾《古書疑義舉例》等書那麼全面。但是，如果細讀顧千里的論述，可以知道，其中頗有得後人先聲之處。傅增湘氏嘗云，對顧千里現存之論述，「覽其大凡」，「尋流以溯其源，則於校讎之學，思過半矣。」（〈思適齋書跋序〉）此誠非過譽之辭。

如果說，顧千里在具體的校勘中，難免還有不少失誤，如王國維先生指出的其校《釋名》之誤（見《觀堂書札》），陳垣先生糾正顧千里校《通鑑》之誤（見《通鑑胡注表微・校勘篇》）等等，那麼，顧千里對校勘學的這些論述，則表現出了更強盛的生命力。龔定庵當時有詩稱顧千里曰：「劉向身後此大家。」（見《己亥雜詩》）認為在校勘學史上，顧千里凌越前賢，直續劉向。因此，我們對顧千里校勘學進行一些探討，無論是對校勘學史的研究，還是對繼承借鑑前人的優秀遺產，更好地搞好當前的古籍整理工作來說，都是很有意義的。

附 錄

附錄一、《撫州本禮記考異》作者考

現在署名為張敦仁（字古余）撰的《撫州本禮記考異》，實際成於顧千里之手。現考證如下：

顧千里代張敦仁撰的〈撫州本禮記鄭注考異序〉中曰：「撫本《禮記鄭注》者，宋淳熙四年撫州公使庫刻，今為元和顧千里之從兄抱沖氏所藏，予轉借影寫一部，又慮其僅存之易絕也，以墨于板，仍取世行各本校讎出入，為之《考異》。」（見《思適齋集》卷七。又，中華書局本《顧千里集》卷八，頁 131，2007 年版）可見刊行的底本，來自顧千里。

又，顧千里在〈撫本禮記鄭注考異後序〉中說曰：「去年廣圻道過揚州，時陽城張古余先生在郡。見詢群經轉刻源流，廣圻因歷舉凡先後所見以對，此《撫州禮記鄭注》其一也。」「乃覆校未得其人，於是廣圻又何敢辭。」可見，張敦仁在遇見顧千里之前，並不清楚此本。顧千里「道過揚州」，至少是在「乙丑」（嘉慶十年）二月以後（二月以前，顧千里在廬州，見拙著〈新訂顧千里年譜〉，本書頁 80）。是年十二月，顧千里已經為張敦仁影摹開雕《撫州本禮記鄭注》（見張氏省訓堂刊原本卷二後墨記）。從時間上看，如此一部大經，張敦仁從不知此書版刻源流到完成此《考異》，似嫌過於神速。而顧千里與此書關係之密切，也顯而易見。

其次，《考異》刊布以後，在當時學界引起了相當的反響。段玉裁立即對《考異》提出了指責。乾嘉之際著名的「段顧之爭」，即公開於此時。（關於此爭論，可參見本書頁 95、427-429）段玉裁在一系列文章中，直截了當地稱《考異》為顧千里所撰。如：

在〈二名不偏諱說〉中曰：

　　顧秀才千里作《禮記考異》，乃云「偏」是「徧」非。其說曰，鄭以一一解

偏，不一一者，皆偏有其一者也。

在〈周人卒哭而致事經注考〉中曰：

近顧千里作《撫州本禮記考異》乃云興國本改注為經，而撫本依之剜添，撫本並非依興國剜添也。

又在〈答顧千里書〉中曰：「足下為張古余作《禮記考異》，僕見立說多乖謬，偶舉〈祭義〉『天子設四學注』一條札示，亦朋友規諫之義也。」又曰：「《禮記考異》襲諸所聞者則無誤，其餘展卷可摘，尚未徧讀也。」「慎勿謂天下無識者，為《考異》以誤後學，以使識者謂古余也。」（以上諸條，俱見《經韻樓集》卷十一）

這裏，段玉裁十分明確地指出，《禮記考異》乃顧千里代張敦仁所撰。查段玉裁的指責和張敦仁刊《禮記考異》一一吻合。而接到段玉裁信的顧千里，又作書數通回答段玉裁，和他進行辯論。信也收入段氏《經韻樓集》。可見顧千里也承認《禮記考異》是自己所撰。

最後一點，當時，其他的知情者也都知曉《禮記考異》出自顧千里之手。如黃丕烈在跋原小讀書齋（這是顧抱沖的藏書齋名）舊藏《禮記鄭注》殘本曰：「宋時撫州本，陽城張古余守江寧，介抱沖從弟影寫付刊，外間頗多傳布。惜千里作《考證》，未及將抱沖所歸顧懷芳家殘宋本，余家所藏殘宋本一取證耳。」（見《蕘圃藏書題識》，又見《寶禮堂宋本書錄》）。

其他如李兆洛所撰〈顧澗蘋墓志銘〉：列舉他為當時個人所刻之書，其中有為張敦仁刻的「撫州本禮記」，又曰「每一書刻竟，綜其所定者，為考異，或為校勘記於後」。（中華書局本《顧千里集》附錄，頁406，2007年版）

由此可證，《撫州本禮記考異》當為顧千里所撰。

附錄二、《國語札記》作者考

《國語札記》的作者，目前所見，大致有三種說法：

其一，根據此書的署名，認為是黃丕烈所撰。

其二，認為是顧千里所撰。如李兆洛所撰〈顧澗蘋墓志銘〉中所述。

其三，認為是出自黃顧二人之手。梁啟超《中國近三百年學術史》中，持此看法。（見中華書局版，頁234，1936年）

筆者認為出自顧千里之手，現考證如下。

筆者為研究顧千里，曾見北京圖書館（現在的國家圖書館）所藏顧千里校明萬曆本《國語韋昭注》。此書原係京都圖書館所藏者，淵源有自。書前有顧千里批識曰：

> 右惠松崖先生校本真蹟在周漪塘家。近黃蕘圃翻刻明道二年本，予悉取入《札記》中，足以表其微矣。嘉慶甲子重閱記。

此題識《思適齋集》和《思適齋書跋》、《思適齋集補遺》都未收錄。

考其中所說惠棟的校本得自周錫瓚，與〈國語札記序〉中所說「借之同郡周明經錫瓚家」，正可互相印證。這是顧千里本人所說。此可為《國語札記》出自顧千里手的證明之一。

刊本《國語札記》中多引用惠棟和段玉裁語，這和上述顧千里校本中反映出來的情況正相吻合。

如：卷一「人三為眾，女三為粲」條，《國語札記》在「粲」字條下曰：「惠云，《說文》曰，『三女為奻。奻美，从女，奻省聲。』依此則奻从女，呂忱《字林》作『奻』。」而顧千里的校本中，在此條上游校語曰：

> 《說文》曰，「三女為奻。奻，美，从女，奻省聲。」按，此則奻从

「女」，不从「米」。呂忱《字林》作『娺』。」

其他如：卷四「二十觳」條，《國語札記》曰：「舊作『廿觳』，與此本異。」卷五「秉，二百四十斗也。」條，《國語札記》曰：「當作一百六十斗為是。」等等，都和顧千里校本《國語韋昭注》中的校語意思相同。可見《國語札記》和校本關係密切，校本當就是他撰寫《國語札記》所據者。

此外，嘉慶十四年，顧千里和段玉裁在爭論的過程中，有書信往復。段玉裁在〈答顧千里書〉中說：「足下昔年為《列女傳》《國語》校語，尚就正於僕，故雖略而謬尚少。」（見《經韻樓集》卷十一）這裏說的「校語」，當就是指顧千里所撰《列女傳考證》和《國語札記》。這兩種書中多引段玉裁之說，可以印證其說。

或曰，段玉裁曾為黃丕烈士禮居翻刻的明道二年本《國語》寫過〈序〉，稱《國語札記》為黃丕烈撰。但是從他給顧千里的信中可見，他很清楚《國語札記》實際是出於顧千里之手。〈序〉中所云，乃是因為該書署名為黃丕烈，當然要根據刊刻的署名來寫。同樣，顧千里為黃丕烈代撰的〈校刊明道本韋氏解國語札記序〉，也把〈札記〉作為「丕烈」所撰，那只不過是一種表面性的應酬而已。

最後，再來看看當時和顧千里、黃丕烈都有交往的人士的說法。孫星衍在所撰的〈江聲傳〉（見《平津館文稿》。《孫淵如文集》第五冊，《四部叢刊》影印本）中這樣說：「時有徐孝廉頲，顧秀才廣圻，紐布衣樹玉從聲游，俱以通小學為聲契賞。」「顧君校宋本《列女傳》《國語》諸書，為之《札記》，考證文字，能實事求是。」作此《傳》時，江聲已死，考江聲卒於嘉慶四年。《傳》中又曰：「子僩，吳縣學生，亦好古，後聲一年卒。」如是，則作《傳》當不早於嘉慶五年。考黃丕烈刊印士禮居本《國語》（即附有《國語札記》者），在嘉慶四年，所以，孫氏所云顧千里所撰的《札記》，當即指此。其說反映出當時學界的一般看法。

據此，可以認為，現署名黃丕烈的《國語札記》，當為顧千里所撰。

附錄三、《鹽鐵論考證》作者考

　　清張敦仁仿涂刻禎本的《鹽鐵論》後，附有《考證》一卷，署名為「張敦仁」撰，但是，此《考證》的作者，實際是顧千里。現考證如下：

　　首先從張敦仁刊刻《鹽鐵論》的過程和《考證》所據的本子來看。此書刊於嘉慶十二年，時顧千里客居江寧。（見本書頁91）據〈重刻鹽鐵論並考證序〉曰：

> 近因顧千里得弘治十四年江陰令新淦涂禎依嘉泰壬戌所刻，及其後錫山華氏活字所印，細為校讀。

可見，張敦仁是由顧千里才得見所謂的涂禎本和華氏活字本。而上述的序文，也是由顧千里為張敦仁代撰的。（見《思適齋集》。中華書局本《顧千里集》卷十，頁150）

　　根據現在所知，顧千里校《鹽鐵論》的情況大致如下：

　　乾隆五十九年（甲寅），曾以太玄書室刊本校明鈔本（見《思適齋書跋》卷三，中華書局本《顧千里集》卷二十，頁316）

　　乾隆六十年（乙卯），又傳錄華氏活字本。王利器〈鹽鐵論校注前言〉中曾說到，北京圖書館（按：現在的中國國家圖書館，下同，不另出）藏有「黃丕烈舊藏乾隆乙卯傳錄華氏活字本」的《鹽鐵論》。又有「顧廣圻乾隆乙卯傳錄華氏活字本簡端記」，可見，黃丕烈舊藏本是由顧千里傳錄的。而顧千里又把這些傳錄在自己的抄本上。

　　嘉慶八年（癸亥）夏八月，顧千里又為黃丕烈用攖寧齋鈔本校明鈔本，並過錄於自己鈔本上。

　　《思適齋書跋》卷三〈鹽鐵論校明鈔本〉條曰：「嘉慶癸亥蕘翁囑閱一過，就所見標於上方，此書明代屢刻，俱遜於攖寧齋鈔本。」（中華書局本《顧千里集》卷二十，頁316）

　　北京圖書館藏傳錄華氏活字本有題識曰：「嘉慶歲在癸亥夏，用攖寧齋鈔本

校。」而顧千里在「《鹽鐵論》鈔本」的跋語中曰：「黃蕘圃曾借鈔此本，復用其所藏攖寧齋舊鈔校出見示，因錄之。」可以互相映證。

到了嘉慶十二年（丁卯）五月，顧千里又以涂禎本校其傳錄得華氏活字本，並參以攖寧齋鈔本校過的舊鈔本。《思適齋書跋》卷三〈鹽鐵論校鈔本〉條曰：「嘉慶丁卯五月，為居亭主人張古余先生校刊弘治十四年涂禎本再讀此。」可以為證。

可見，顧千里在為張敦仁校刊涂禎本以前，就用華氏活字本，攖寧齋鈔本等多次校過《鹽鐵論》，而且手邊就有校過的底本（即「鈔本」）在。此鈔本後來流傳入鐵琴銅劍樓，故前人曰：顧氏此「舊鈔本」「即陽城張氏撰《考證》之底稿也。」

（見《鐵琴銅劍樓書志》卷十三「《鹽鐵論》十卷舊鈔本」條下）

現在可以設想一下，一方面顧千里手中有此校本在，張敦仁請顧千里為自己校刊此書，而在此同時，張敦仁又用顧氏所據校的本子自己重校一遍，作成《考證》，再請顧千里代為自己寫〈序言〉，這是否可能呢？顯然，在情理上是說不通的。

極言之，如果張敦仁認為自己比顧千里高明，或許還有可能。然而，張敦仁對顧千里極為推重，道光丁亥，他曾贈詩給顧千里云：「何日金陵重聚首，余光時得問迷津。」（見《思適齋集》卷三，中華書局本《顧千里集》頁 46）因此，實際情況應當是：張敦仁請顧千里為自己校刊涂禎本《鹽鐵論》，顧千里以自己的校勘成果作成《考證》，並代張敦仁寫了〈序〉，又自為〈後序〉，將《考證》以張敦仁的名義發表。乾嘉之際，代人撰述之事並不乏見，顧千里此舉也就不足為奇了。

其次，我們可以把《考證》中的內容和顧千里其他校勘的成果進行比較：

其一，《考證》的「〈非鞅篇〉『推車之蟬攫』」條：「按，當作『椎』，後〈遵道篇〉『而椎車尚在也』。〈世務篇〉『無徒守椎車之語』不誤。〈散不足篇〉『古者椎車無柔』也不誤。椎車者，但斲一木，使外圓以為車輮，不用三材也。蟬攫，即柔。柔即三材之牙也。《廣雅釋器》：『輇輵，輮輞也。』《淮南子說林訓》作『蟬匰』。蟬，輇同字。攫，輵，匰，也同字。」「《韓非子八說》云，『古者寡事而備簡，樸陋而不盡。故有挑銚而椎車者。』又云，『故智者不乘椎車，聖人不行椎政。』此語出於彼。今本《韓非》《淮南》亦誤『椎』為『推』，皆當訂正。」

在顧千里校的《韓非子》中，可以找到幾乎相同的說法：〈八說〉的「古者寡

事而備簡，樸陋而不盡。故有挑銚而椎車者」條下，顧千里有校語：「推，當作椎。又《鹽鐵論》〈遵道〉〈散不足〉〈世務〉，皆言『椎車』，則作『椎』字不誤可證。」

又，王欣夫先生過錄顧千里校《淮南子》本的〈說林訓〉的「蟬蠦」二字旁，俱打有「△」，也可與上述校語相印證。

考《鹽鐵論考證》刊於嘉慶十二年，而《韓非子識誤》刊於嘉慶二十一年，二者如此相似，或是這兩者出於一人之手，或者是顧千里在《韓非子識誤》中公然抄襲張敦仁，而後者顯然是不太可能的。

其二，《考證》的〈未通篇〉「矧惟南面」條：「按，『南』字誤也。此必本作『人』。後〈繇役篇〉『椎人面之倫，莫不引領而歸其義』不誤。《墨子明鬼》引《商書》『矧住（此字當作『佳』，省惟為佳也。近江氏聲《尚書注》說之如此。）人面，胡敢異心。』此語出於彼。《後漢書章帝紀》『迄惟人面，靡不率俾』，〈和帝紀〉『戒惟人面，無思不服』，亦可證也。」

筆者曾見趙詒深舊藏孫詒讓過錄顧千里校《墨子》，在〈明鬼〉的「矧住人面，胡敢異心」處，顧千里有校曰：「江先生曰『住』，當為『佳』，『佳』讀當為『惟』。《尚書注》。廣圻按，〈鹽鐵論未通篇〉『矧惟南面，含仁保德，靡不得其所』。〈繇役〉『椎人面之倫（慶按：原校本上作『綸』，今改。），莫不引領而歸其義』《後漢書章帝紀》『迄惟人面，靡不率俾』，〈和帝紀〉『戒惟人面，無思不服』。」

考顧千里校《墨子》時間在「乙卯二月」和「嘉慶己未」（見孫詒讓過錄本卷十五末，顧千里識語。）俱遠在《鹽鐵論考證》刊布之前，其觀點和引用材料如此一致，當是出於一人之手。

其三，《考證》的〈取下篇〉「怠於公平」條：「按，『公平』當作『上公』。前〈未通篇〉『上公之事』兩見。蓋三家詩〈七月〉云『上入執公功』（三家者，但三家之一也。《漢書田千秋傳贊》，不見次公治何家，故無可分析言之）而出於彼也。《毛詩正義》曰『經當云：執於宮公。本或公在宮上，誤耳。今定本云執宮功，不為公字。』然則作《正義》時，《毛詩》之本頗有涉三家而舛誤者。《毛詩》作『宮功』，故〈箋〉云『宮中之事』；三家作『公功』，則為公家之事。『上

公』，上至公家也，非《毛傳》『入為上』之義。」

現行〈毛詩正義校勘記〉曰：「《正義》云：『經當云：執於宮公。本或公在宮上，誤耳。今定本云執宮功，不為公字。』《箋》云『執宮中之事』。與上載『武功事也』相承，當以定本為長。」

《十三經注疏》和《十三經校勘記》，刊於嘉慶二十一年，實際的校勘實在嘉慶十年以前。《毛詩》的校勘由顧千里主持。（參見拙著《新訂顧千里年譜》，又阮元的〈十三經注疏序〉及錢泰古的《曝書雜記》卷上「十三經注疏」條）雖說〈毛詩校勘記〉，未必都是顧千里自己所作，但是，這裏有關《正義》有誤及定本「為長」的看法和《鹽鐵論考證》中的觀點如此一致，當然不能說只是偶然。

從以上各種不同著作內容的相互對照上來看，可以證明，《鹽鐵論考證》當是顧千里的著述。

最後，再來看看有關學者的論述。

李兆洛在〈顧澗蘋墓志銘〉中，認為《鹽鐵論考證》出於顧千里之手。

清代道光年間，周心如氏輯的《紛欣閣叢書》，把《鹽鐵論考證》署名為「顧廣圻」所撰。

近代楊樹達先生在〈鹽鐵論校注自序〉中說：「顧千里嘗為陽城張氏敦仁重刻涂禎十卷本，並為之《考證》。」又說：「顧氏以校勘名世，其所《考證》，尤能疏抉疑滯，令人解頤，張、盧誤校亦多糾正，信可謂有功於桓氏書者也。」（《增訂積微居小學金石論叢》，頁259，科學出版社，1955年）

近人王佩錚先生著有《鹽鐵論札記》，在〈自序〉中說：「往余少時讀桓次公書，得長沙王氏《校勘小識》而善之，因兼識盧召弓《群書拾補》及顧千里為張古余所作校勘考證。」都是明確把《考證》視為顧千里之作。這些都是《鹽鐵論》研究的專家，所言可信。

還有，梁啟超《清三百年學術史》，范希曾《書目答問補正》，葉德輝《郋園讀書志》以及日本神田熹一郎所撰《顧千里年譜》中，也都把《鹽鐵論考證》視為顧千里所撰。

據此，可認為《鹽鐵論考證》的作者當是顧千里。

附錄四、《汪本隸釋刊誤》作者辨證

　　洪适《隸釋》、《隸讀》，四庫館臣稱其「自有碑刻以來，推是書為最精博」，（《四庫總目提要》「隸釋」條下）此二書清代以汪氏樓松書屋刻本最為流傳。鑑於此刻本所錄文字與原刻頗有出入，故學者多勘正之。其中署名黃丕烈的《汪本隸釋刊誤》校訂較佳，為人所重。然此書誠非出於黃氏之手。真正的作者當是顧千里。

　　顧千里在《隸釋》跋中說：「向者，欲各為刊誤（按：指《隸釋》、《隸讀》二書），及《隸釋》纔畢，為某人乞索以去，遲久未刻，故《隸讀》遂不更卒業。」（《思適齋書跋》卷二）由此可見：一，顧千里曾作過《隸釋刊誤》。二，顧氏的稿子為人索去，而又遲遲未予刊行。現在的問題是：顧氏所作的《隸釋刊誤》是怎樣的？而又被誰索去了呢？

　　首先，看顧千里本人關於此事的敘述。他在代黃蕘圃作的〈汪本隸釋刊誤序〉中云：「爰偕顧千里訂諸本之異同，取婁彥發《字源》為證」，「乃知文惠原書字體纖悉依碑，而汪本失之遠也，摘記千有餘條，刊其誤，以貽留心東漢文字者。」（《思適齋集》卷八）可見，顧千里和現署名黃丕烈的《汪本隸釋刊誤》有著密切關係。

　　顧千里在跋葉文莊校抄本《隸釋》時云：「今世所行惟浙江汪姓刊本，乃依萬曆戊子本開雕者，訛舛頗多。余向亦用之，乃取以讎勘，并參驗萬曆本，用力者卅有一日而始竣，每有是正，輒嘆賞不已。為題之每卷末，以質蕘圃，當同此擊節矣，嘉慶丁□□月初三日」。「此本十行二十字，行款與元刊《隸續》同。碑文用婁氏《字源》釋之，往往吻合，即周香嚴所藏隆慶四年本不若也。蕘圃當勿以其非宋刊、毛抄，不以驚人秘籍目之，九月一日。」（《思適齋書跋》卷二）這些材料可以證明顧千里校勘《隸釋》作《刊誤》的如下情況：

　　1.時間。當在嘉慶二年（丁巳）九月以前。嘉慶「丁□」之年凡三：丁巳（二年）、丁卯（十二年）、丁丑（二十二年），考顧千里己未（四年）五月跋《隸韻》云：

「昔洪文惠《漢隸五種》，唯韻書不成，婁彥發《字源》最行於世。余嘗舉之以正今本《釋》、《續》二書點畫之訛。」（《思適齋書跋》卷三）可見此時已校過《隸釋》、《隸續》。且丁巳十一月所作的〈汪本隸釋刊誤序〉中也云與黃丕烈共校《隸釋》，故丁卯、丁丑為不可能。

2.根據。顧千里校《隸釋》所據的是葉氏校抄本，並參以婁彥發《字源》。

3.狀況。顧千里校此書十分下功夫，且是獨立完成的。顧千里校《史通》，一日凡五卷，精校《唐文粹》一日二卷，而校此書一日一卷尚未果，這雖可能有其他因素，但其用功之狀況還是可想而知。

4.黃丕烈對葉氏校鈔本的態度。在當時黃氏對此鈔本還不甚重視，可見在此之前他不太可能以此本為根據細校《隸釋》。

我們把這些情況和現刊的《汪本隸釋刊誤》對照一下，《汪本隸釋刊誤》出自顧千里之手，是顯而易見的。此外，〈汪本隸釋刊誤序〉作於丁巳十一月二日，距顧千里校畢此書僅二月，顧千里實在沒有必要再用同樣的本子，在原來認真校的基礎上再重校一遍。還有，顧千里的《刊誤》成於嘉慶二年九月，而錢大昕、段玉裁所作之序，一是在丁巳年平月八日，一是在嘉慶三年正月，而此書直到嘉慶二十一年方才刊印（見原書）與前面顧千里所謂「遲久未刻」也相符合，這都可為《刊誤》係顧千里所作之旁證。

其次，他人有關的記載。據《匪石日記鈔》所載：甲寅九月二十八日，「至黃蕘圃家，觀影宋鈔《隸釋》，周漪塘所藏，每葉二十行，碑文俱作隸書甚工，校今汪本大有異同。《四老神座》，鈔本無『綺季』一行，按洪氏語，本不當有，乃後人妄增，據此可知鈔本之精，惜不得借錄一過，蕘圃雖借校於汪本上，然莫能得其真面目也。」又，丁卯十一月二十五日，「會顧澗蘋，觀所校《隸釋》共八十五葉，以宋本校今汪本，參以《字源》，無不吻合。」

這說明，黃丕烈於乾隆五十九年前，曾以周錫瓚所藏鈔本校過汪刻本，然「莫能得其真面目」。而顧千里曾以「宋本」並參以《字源》相校，「無不吻合」，二人之高下，一目了然，現刊行的《汪本隸釋刊誤》全書凡校千餘條，字體點劃之細微，版本行款之異同，無不注明，決非「不得真面目」之狀。反之，校語中多注明與《字源》吻合，其出何人之手，不難判明。

又，段玉裁〈隸釋刊誤序〉云：「因取所藏昆山葉氏舊本勘正今錢塘汪氏刻本，一畫之異，必謹識之，不厭其詳，葉本異汪刻者往往與宋婁氏《漢隸字源》合，是知葉本之善也。」與鈕氏所見也可參證。

最後，從《汪本隸釋刊誤》所反映的觀點來看，可與顧千里所校的其他書一一印證。如：

《刊誤》卷九〈廣漢屬國候李翊碑〉「棲遲不就」條：「迡，誤作遲，按揚子云〈甘泉賦〉亦用此迡字。李善《文選注》云，迡迡，即棲遲也。」

顧氏所作，《文選考異》卷二「靈迡迡兮」條：「茶陵本『迡迡』作『棲遲』，云善作『迡迡』。案，茶陵所見及尤本皆非也。袁本云，『棲遲』，善作『遲迡』，其載善音，則云，『遲』音『棲』，《漢書》作『遲迡』。顏注『遲』音『棲』。考《集韻》十二齊有『犀』，『遲』。別無『迡』字重出其下，然則但傳寫誤耳，當依袁所見訂正。」

這都是糾以遲作迡之誤。

又如：《刊誤》卷十〈逢盛碑陰〉，「刀真解字」條：「刀誤作『刁』，按〈楊震碑陰〉『刀仲凱』字同。東漢時當未有俗『刁』字也。又他書如豎刀、刀牛、皆本是『刀』而改為『刁』者。」

《文選考異》卷十「擊刀舛次」條：「袁本、條陵本『刀』作『刁』。案，注中字各本皆作『刁』，又上注引《漢舊儀》，擊刀鬥，袁、茶陵二本也作『刁』。考此字本作『刀』，後人作『刁』以別之，蓋已久矣。其錯出作『刀』者，轉因訛而偶合於古耳」。

這裏論述「刀」、「刁」二字的沿變。觀點完全一致。

又如：《刊誤》卷十六〈四老神座神祚機〉「角里」條：「『角』，誤作『用』。此『角』與《字源》一屋所載合。按《佩觿辯證》論『角』字詳矣。」

《文選考異》卷六「注角里先生」條：「袁本『角』作『用』。案。『角』是『用』非也。《廣韻》一屋云：角里先生。《漢書》四皓。又音覺。可見宋時尚別無『用』字，袁本係後改耳。茶陵本不誤。與此同。」「《隸釋·四皓神祚機》字。影宋本作『角』，極其明畫，近亦改『用』。恐讀者習見誤本，附訂之如此。」

這裏關於「角」是，「用」誤之說，也完全相吻合。

再如，《刊誤》卷九〈儒先生婁壽碑〉「不可營叭祿」條：「『營』，誤作榮。按，此漢《易》也，虞仲翔字正如此，載李氏《集解》，不知者乃依《正義》改洪書矣。」

《文選考異》卷五，「不為好爵榮」條：「以義求之，似當是『營』。應劭注《漢書·敘傳》，『不營』，曰『爵祿不能營其志』引《易》，『不可營以祿』、虞翻本正如此。今本《漢書》改引《易》作『榮』，又《隸釋》載〈婁壽碑〉『不可營以祿』。新刻也改『榮』，是後人多知榮，少知營，故改耳。」

這裏關於「營」、「祿」的說法，如合符契。

此外，《刊誤》卷二十一「樊毅修華嶽碑河南河南樊君」條：「『河南』誤不重，按，河南河南，〈堯廟碑〉、〈劉寬碑陰〉及此〈華山亭碑〉，皆有之，其餘若〈殹阢君碑〉，陳留陳留，〈三公山碑〉，甘陵甘陵，〈孔彪碑陰〉，博陵博陵，〈韓勑孔廟後碑陰〉，敦煌敦煌，〈宗俱碑陰〉，平原平原，〈門生故吏名〉及〈劉寬碑陰〉，下邳下邳，凡上郡下縣之為重文者，《隸釋》、《隸續》見之屢矣。」

而顧千里校《金石錄》卷十七〈漢樊毅西嶽碑〉：「河南樊君諱毅」。顧千里於「南」字下加一「／」云：「按，此當依碑重河南，見《隸釋》」。（《四部叢刊續編》《金石錄》後附〈校勘記〉）

此二處關於《隸釋》義例的看法也完全一致。

胡刻《文選考異》係顧千里所作，已另文論證。其刊行於嘉慶十三年，此時《汪本隸釋刊誤》尚未刊印，而顧千里校《金石錄》時間也在嘉慶二十一年《汪本隸釋刊誤》刊行之前，如非出於一人之手，又何能如此吻合？如果說，點畫異同他人尚可細心校勘而得出同樣的結論。那麼，這麼多觀點上的相同，全歸於偶合，則是無論如何說不通的。

因此我們認為，顧千里自己所作的《隸釋刊誤》。就是現署名黃丕烈撰的《汪本隸釋刊誤》，向顧千里索之者，黃蕘圃也。

綜上所述，關於此書校勘的大致狀況可歸納如下：

乾隆甲寅前，黃蕘圃曾以周錫瓚藏影宋鈔《隸釋》校汪刻本。然「莫可見其真

面」，鈕匪石曾見此校本，記入日記。

後嘉慶二年顧千里又以葉氏校鈔本《隸釋》校汪氏刻本。參以婁機《漢隸字源》，撰成《刊誤》。時顧千里為黃丕烈之館師，故稿子被黃丕烈索去，並請顧千里代撰序、後序。顧氏又自作跋，然顧千里仍有一底本。

是年底和次年初，黃丕烈以顧氏之稿，請錢大昕、段玉裁作序，然後未立即刊行。

顧千里之原稿被黃氏索去，又久久未刊行，頗有不滿，故在跋《隸韻》、《隸續》中，流露了出來。

丁卯（嘉慶十二年），鈕匪石又見到顧千里的校本。

以後，顧千里為胡果泉代撰《文選考異》及校《金石錄》等書時，即以自己的校本為依據，故多有採納其中觀點者。

嘉慶二十一年，黃丕烈方將《汪本隸釋刊誤》刊行。

這樣，便大致可與各種文獻記載相符合了。

附錄五、胡刻《文選考異》為顧千里所作考*

「《文選》爛，秀才半。」《昭明文選》在我國古代文獻中的地位乃人所周知。現最通行的《文選》刻本，是清嘉慶十四年胡克家翻刻的宋貴池刊本（以下簡稱胡刻本）。其後附錄了署名「胡克家撰」的十卷《文選考異》，以其考核精博為人所重。近年，中華書局把胡刻《文選》及《考異》影印出版，亦持此說，筆者以為值得商榷。胡刻《文選考異》的作者，不是胡克家，其主要成於清代著名校勘學家顧千里之手，現考之如下。

---一---

首先，我們看一下顧千里與胡刻《文選考異》的關係。胡克家翻刊宋尤袤貴池本《文選》，主其事者乃顧千里。《清史稿·顧廣圻傳》、《養一齋文選》卷十一〈澗薲顧君墓志銘〉等言之甚明。而〈文選序〉及〈文選考異序〉均係顧千里代胡克家所撰。道光十八年上海徐氏校刊的《思適齋集》卷十載之，並注明「代胡果泉」，可以覆案。

顧千里治《文選》，並非一日之功。早在為胡克家校刊《文選》十餘年前，他就曾以吳郡周錫瓚氏所藏的殘宋本尤氏貴池刊《文選》校過他本。他在〈文選（校宋本）跋〉中云：

> 此《文選》朱筆校出汲古閣主人同時馮竇伯手。其前二十卷又有藍筆，則陸敕先所復校也。今年秋八月，余屬菟圃以重價購之，復借鄉嚴周氏所藏殘宋尤袤槧本，即馮、陸所據者，重為細勘。閱時之久幾倍馮、陸，補其漏略，正其傳譌，頗有裨益。惜宋槧之尚非全豹也。（王欣夫先生輯《思適齋書跋》卷四）

---

* 此本曾刊於北京圖書館（現國家圖書館）《文獻》雜誌第 22 輯（書目文獻出版社，1984 年）。

其時在嘉慶元年十二月。在此〈跋〉中，他還說：

> 廣圻由宋本而知近本之謬，兼由勘宋本而知即宋本亦不能無謬。意欲准古今
> 通借以指歸文字，參累代聲韻以區別句逗，經史互裁者考其異，專集尚存者
> 證其同，而又旁綜四部，雜涉九流，援引者沿流而溯源，已佚者借彼以訂
> 此，未必非此學之功臣也。

可見，此時顧千里不僅用宋刊本進行了細緻的校勘，而且連如何進一步研究《文選》的方案都初步規劃好了。我們把顧千里設想的方案和十卷《文選考異》對照一下，不難發現，二者有其內在聯繫。

又，《文祿堂訪書記》卷五「《增補六臣注文選》六十卷」條下，錄有顧千里的跋語：「嘉慶丁巳元和顧廣圻重閱一過。」還錄有阮元的跋語云：「顧澗薲校周氏藏宋尤袤槧本，校本」，其時在嘉慶十一年。這可以說明：一，顧千里在為胡克家校刊《文選》以前，校《文選》已非止一次。二，當時顧千里的校本，已被人所重視。故顧氏在嘉慶十三年間撰成《文選考異》，決非偶然。

事實上，在現存的大量顧千里手校本，過錄顧千里校本以及刊行的顧氏校勘著作中，有著許多可以和十卷本的《文選考異》中內容相印證的材料，現擇其一二，對照如下：

其一，復旦大學藏顧千里手校孫志祖著《文選李注補正》卷一，《西征賦》「明三敗而不黜」注「言三未詳」條，《補正》曰：

> 許云，案彭衙之敗，在文二年春。是年冬，晉及宋、鄭、陳伐秦，取汪，及
> 彭衙而還，是亦晉勝秦敗。並前殽之役為三敗。

顧千里朱筆批云：

> 考此役秦未嘗及晉師戰，其非孟明將而敗不待言。何得強取以足三敗耶。戊
> 辰十一月。

又用墨筆批云：

> 古人讀書自有義例，末策乃侈口妄議，切戒之。

胡刻《文選》此條下有注云：「又曰，晉先且居伐秦，斯三敗矣。」《考異》云：

> 善明云止三敗，言三未詳，更不得有此。當是或駁善注而記於旁，尤延之不審，取以入注耳。考此役秦未嘗及晉師戰，其非足三也。於此可知善義例之精矣。

可見，顧千里手校本與胡刻《文選考異》不僅觀點完全相同，且用語亦相類。

其二，復旦大學藏王欣夫先生過錄顧千里批校本孫志祖著《文選考異》。卷四《過秦論》「遁逃而不敢進」條下，善原注：「《史記》作逡巡遁逃。」孫氏以為：

> 《匡謬正俗》云，逡遁而不敢進。遁者，蓋取盾之聲以為巡字，當音詳遵反。……後之學者既不知遁為巡字，遂改為遁逃，……且書本好者今猶為逡遁，不作遁逃也。

顧千里批云：

> 善从遁逃，（小字注：明文在《西征賦》注。）顏从逡遁。惜侍御未足以語此矣。

胡刻《文選考異》卷九「注。《史記》曰逡巡遁逃」條下云：

> 袁本、茶陵本作「遁逃，《史記》作逡巡。」案，二本是也。「遁逃」，復舉正文。「《史記》曰逡巡」，五字為一句。善所見《史記》作「逡巡」，

而今本作「逡巡遁逃」。後人妄添二字，尤反依之改轉，誤之甚者也。《賈子》作「逡巡」，正與善所見《史記》同。又案，正文作「遁逃，〈西征賦〉注引作遯逃。」必善讀《漢書·陳涉傳》如此，故載《史記》之異。意謂兩文俱通……然則作「遁逃」自無不可，未見潘安仁必誤，如《匡謬正俗》所譏也。師古《漢書》專主「逡遁」，即其所謂「遁者，蓋取盾之聲以為巡字，當因詳遵反。學者既不知遁為巡字，遂改為遁逃」者。與善全異，不可用以校此。

很顯然，這正是駁孫志祖《考異》中的觀點，也正是對前面所引顧千里批語中看法的具體闡述。

其三，同上書卷一《神女賦》條目下，孫志祖《考異》云：

趙曦明云，二賦，〈高唐〉之末曰「王欲見之」云云。〈神女〉之起曰「其夜王寢，果夢與神女遇」，上下緊相承接。豈得欲見者是襄王，入夢者反不是襄王而是宋玉？《容齋五筆》所載，其謬固有不待辨而可明者。

其下，顧千里批云：

今考得五臣本與善本王、玉字相反。自來所說，沈存中、姚令威大旨已得，但欠細分析。

而胡刻《文選考異》卷三「其夜王寢」條云：

陳云，王寢白玉諸字，當如沈存中、姚令威之說。案，何校亦云然，謂玉、王互譌也。說載《筆談》及《西溪叢語》。今考互譌始於五臣，見下。

在「玉曰」條下云：

袁本、茶陵本「玉」作「王」。云，「善作『玉』。」案，二本與尤正同。
然則善，五臣「王」、「玉」互換，此其明驗也。自「王寢」以下及「王覽
其狀」，皆當如此。二本校語不備，尤本亦多以五臣亂善。賴存此一處，可
以推知致譌之由，為沈存中、姚令威疏通而證明之，讀者亦可以無疑矣。

這二者一脈相承，是顯而易見的。

此外，顧千里所校《文選理學權輿》卷二，云〈甘州記〉書名有誤（顧校本現存
復旦大學）；顧千里校《淮南子》卷十三，認為《文選》中注〈魏都賦〉者當是張
載（復旦大學藏王欣夫先生過錄顧千里校本）；顧千里以為〈魏都賦〉「襲偏裻以讀列」
條下的李善注衍一「列」字，認為李善注《文選》，凡言「然」者，即今之人言
「然則」之意（見《說文辨疑》）等等，都可以在署名胡克家的《文選考異》中找到
完全相同的內容。這當然不會全是偶然的巧合。

事實上，顧千里自己也說過，他曾作過《文選考異》。（見顧千里校《文選李注補
正》卷一。）據上所述，顧千里所作的《文選考異》，當即是署名胡克家者。

二

為了進一步證明胡克家的《文選考異》係顧千里所作，讓我們來看看段玉裁的
有關論述。胡刻本《文選》及《考異》刊布後，段玉裁寫了一封信給陳鱣。對顧千
里所作的《文選考異》進行了抨擊。（《經韻樓集》卷十二〈與陳仲魚書〉。）段氏此信
的具體時間，《集》中未注明，但大致可以考得。此信載於〈答紹武書〉之後，
〈吳都賦蕉葛竹越解〉之前。此卷之文大致按時間先後排列。〈答紹武書〉中云：
「愚為年高，誠七十有四矣。」段氏生於雍正十三年，「七十有四」，當為嘉慶十
三年。〈吳都賦蕉葛竹越解〉注明作於「庚午中秋日」，乃嘉慶十五年，則〈與陳
仲魚書〉當作於此期間。正胡刻《文選》及《考異》刊行之時。

段玉裁在信中對顧千里撰的《文選考異》提出了四條異議。為了說明問題，不
妨將段氏信中所論及顧千里撰《考異》中的有關文字與胡氏《文選考異》對照一
下：

段氏信中文字	胡氏《文選考異》
〈文賦〉「故躑躅於短垣（段氏原注，今各本作韻，尤延之作垣），放庸音以足曲。」李注，「《廣雅》曰，躑躅，無常也」云云。「《國語》曰，有短垣君不踰。」顧千里云，袁本、茶陵本作韻，不著校語。注中《國語》曰九字，各本亦無之，恐尤改，未必是也。	袁本、茶陵本垣作韻，不著校語。案，注中「短垣」語二本亦無之，恐尤改，未必是也。（見卷三「故躑躅於短垣」條。）
〈蜀都賦〉「瀳以潛沫」，（段氏原注：〈蜀都賦〉本作瀳，與演別，千里不能正。）劉淵林注曰，《禹貢·梁州》云，沲潛既道有水從漢中沔陽縣南流，至梓潼漢壽縣，入大穴（原注：俗本無大字，千里不能正。）通岡山下，西南潛出，今名伏水（原注：俗本伏作複），舊說云，〈禹貢〉潛水也。千里云，漢中二字不當有，沔陽當作江陽……。	案，「漢中」二字不當有，「沔」當作「江」。（見卷一「注有水從漢中沔陽縣南流。至梓潼漢壽縣」條。）又：段氏文中注明顧千里「不能正」的文字，現胡刻本《文選》俱如段氏所云。
〈吳都賦〉「其竹則篔簹竹於桂箭射筒」。淵林注云，射筒，竹，細小通長（段氏原注：當作通中），長丈餘，亦無節，可以為射筒。筒及由梧，皆出交趾九真。（段氏原注：「筒」上奪「射」字，千里因之生誤。）千里不知奪一「射」字，以射「字」乙置「筒」字下，云，「射筒」當作「筒射」，各本皆倒，「筒」句絕，「射」下屬。此但可以為「筒」耳，非單名筒也。	案，「射筒」當作「筒射」，各本皆倒。「筒」句絕，「射」下屬。詳劉注意，篔簹也，林箊也，桂也，箭也，射筒也，由梧也，篥也，笭也，凡八竹。此但可以為筒耳，非單名筒也。（見卷一「注可以內射筒，筒及由梧竹」條。）

又〈吳都賦〉「楠榴之木」淵林注云，楠榴，木之盤結者，其盤結節文尤好，可以作器，建安所出最大長也。千里云，「楠」當作「南」，「南榴」復二字為一木名，與柟之別體作楠無涉，誤也。	案，「楠」當作「南」，注中作「南」各本皆同。袁、茶陵二本「楠」下有南音。蓋五臣「楠」而亂之。南榴，復二字為一木名，與柟之別體作楠無涉，五臣誤也。（卷一「楠榴之木」條。）

通過以上對照可以看出，段玉裁指責的顧千里所撰的《文選考異》，即是現在署名胡克家所撰者。至於段氏引文略有出入，殆因段氏書札行文，未必逐一詳核原文所致，不足為怪。

值得回味的是，與段、顧二人俱有交往的陳鱣，曾把段玉裁的指責轉告給顧千里。千里亦有信給陳氏，這就是現載於王欣夫先生輯《思適齋集補遺》卷二的〈與陳仲魚孝廉書〉。在信中，顧氏表示不願與段氏糾纏。可設想一下，如果段玉裁張冠李戴，把明明是胡克家撰的《考異》，算到了顧千里的頭上，大加非議，而此時顧、段二人又正值交惡之際，顧千里怎會不加以說明？而當時欲作二者解人的陳仲魚又何至於跟著鬧笑話？這在情理上是說不通的。

三

以上，我們從兩個方面論述了胡氏的《文選考異》出自顧千里之手。下面，我們再來看一下，為什麼說此《考異》不可能是胡克家所作呢？

細觀《文選考異》可知，它是以尤袤淳熙辛丑的貴池刊本為底本，參核吳郡袁氏本、陳氏茶陵本，並對照了何義門、陳景云師生的批校語，廣徵博引而成。功夫甚巨，斷非一、二年猝然可成者。而這項工作必不可少的，就是要有一個尤氏刻本。但尤氏宋刻本，在嘉慶之際，亦屬稀見之物。那麼，胡克家是何時見到此尤氏所刻的宋本《文選》呢？現有兩條資料可以說明。

其一，胡氏〈文選序〉云：

> 往歲，顧千里、彭甘亭見語，以吳下有得尤槧者。因屬兩君邏手影摹，校刊行世，踰年工成。

此序作於嘉慶十四年二月，故可知胡克家係從顧、彭處得知吳下有尤槧本。

其二，黃丕烈〈重雕曝書亭藏宋刻本《輿地廣記》緣起〉云：

> 余喜藏書而兼喜刻書。欲舉所藏而次第刻之，力有所不能也。會鄱陽胡果泉
> 先生典藩吳郡，敷政之餘，留心選學，聞吳下有藏尤槧者，有人以余對。遂
> 向寒齋以百金借鈔，蓋酬余損裝之資，而實助余刻書之費，洵美意矣。

從以上可知，胡氏得見尤袤刻本，乃是在到達蘇州任布政使之後。據《清史列
傳·大臣傳》次編八卷三十三〈胡克家本傳〉云，胡氏於嘉慶「十一年遷江蘇布政
使，十四年二月兼署江蘇按察使。」又據《清代職官表》所載，胡氏為布政使時在
嘉慶十一年五月。故可斷定，胡氏借鈔尤刻《文選》的時間決不會早於此。

再考顧千里行跡。他自嘉慶十年八月回家省母後，一直寓居於江寧，為孫淵
如、張敦仁校刻書籍，直到嘉慶十二年冬方返回蘇州。江標所著《黃蕘圃年譜》
云：嘉慶十二年「十一月五日，先生往侯顧澗薲，時顧方從江寧歸也。」趙詒琛
《顧千里年譜》所載同。在此之前，顧氏無機會在「吳下」見到胡克家。再對照
〈文選序〉：「踰年工成」之言，胡氏見到尤刻《文選》的時間，當係在十二年
冬，顧千里回到蘇州之後。

從嘉慶十二年冬到十四年二月，胡克家在短短的一年多時間內，要利用「敷政
之餘」的閒暇，校完《文選》，並旁徵博引，洋洋灑灑地寫成幾達二十萬言的《考
異》，似乎是頗為其難的。

此外，現存的兩種原始的胡克家傳記，清史館所存的〈傳記〉和馮登府所撰的
〈神道碑〉中，對胡氏的行跡記載頗詳，但俱未言《文選考異》為其所撰。這恐怕
不能說是偶然的疏漏，可作為《文選考異》非胡克家所作之旁證。

四

如果說胡克家的傳記中未記載他撰過《文選考異》，但在當時以及以後關於顧
千里的材料中，卻有不少這樣的記載。現摘其部分如下：

李兆洛所撰的〈澗薲顧君墓志銘〉中云：「為胡刻宋本《文選》，元本《通
鑑》」，「每一書刻竟，綜其所正定者為考異，或為校勘記於後。」（《養一齋文

集》卷十一）

　　曾經師事過顧千里的梅曾亮於道光五年作詩云：

　　吳郡顧千里，儒林得大師。病猶思誤字，醒亦好微詞。潦倒依書卷，崢嶸仗酒巵。最憐《文選》學，不解《說難》悲。（詩下原注：君刻書數十種，皆有考異，極精核。《文選》、《韓非子》，其二種也。）

詩見《柏梘山房詩集》卷四〈夏日雜詠〉。其時顧千里猶健在，梅氏不致誤言。

　　李慈銘嘗記載，庚申八月初十日，顧千里之孫河之避亂至蘇州洞庭山，「因言家故貧，惟有書數萬卷，皆其祖澗薲先生所藏善本，多有手校手寫者。秘籍及宋元槧亦不下百餘種。先生嘗為鄱陽胡氏校刻《通鑑》及《文選》，《文選》尤最所致意。其《考異》一書，皆出先生，故家有藏稿，又有初印紅字《通鑑》，真希世之寶也。」（《越縵堂日記》）此可謂確證。

　　此外，張之洞《書目答問》著錄：

　　《文選李善注》六十卷，附《考異》十卷。

范希曾《補正》云：「胡本《考異》十卷，顧廣圻撰。」

　　莫友芝《邵亭知見傳本書目》亦著錄：《文選李善注》六十卷，「胡果泉仿宋刊本，顧千里為《考異》十卷附之，即依淳熙辛丑尤延之貴池刊本。近世通行以此本為最善。」

　　當然，無須諱言，有的文獻中，也有與此不盡相同的記載。錢泰吉《曝書雜記》卷上云：

　　胡公刻《通鑑》，〈序〉謂別撰《考異》。今所行本未見也。嘉慶十四年刻《文選》，有《考異》十卷，元和顧君廣圻，鎮洋彭君兆蓀所撰。

彭兆蓀《小謨觴館文續集》卷一〈與劉芙初書〉載：

　　淳熙《文選》全帙已刊，近與潤薈的商榷《考異》，渠精力學識，十倍於蒙，探索研導，匪朝伊夕，凡諸義例，半出刱裁，間以黥淺補苴其闕。

但這也可證《文選考異》並非出自胡克家之手。達官顯宦請他人代筆而署己名，此在乾嘉之際並非罕見。

　　綜上所述，我們從四個方面進行了考證，可以確定，現署名胡克家的十卷《文選考異》，並非胡氏所撰，而實為顧千里所作，至少是主要出於顧千里之手。

徵引文獻目錄

經部

《十三經注疏》

《尚書考異》（尚書譜）　明梅鷟撰

《詩外傳》　漢韓嬰撰

《韓詩外傳集釋》　許維遹撰

《儀禮注疏》　漢鄭玄注　唐賈公彥疏（士禮居刻本）

《禮記鄭注》　漢鄭玄注　《釋文》，唐陸德明撰　《考異》，原署清張敦仁撰（張敦仁省訓堂
　　摹刻宋撫州本）

《大戴禮記》　漢戴德撰　北周盧辯注（王欣夫過錄顧千里校本）

《四書章句集注》　宋朱熹撰（中華書局據吳氏璜川書屋所刻排印本）

《爾雅》（四部叢刊本）

《經典釋文》　唐陸德明撰（王欣夫過錄顧千里校本，凡二種）

《經典釋文彙校》　黃焯撰（中華書局本）

《魏三體石經考》　清孫星衍撰（平津館叢書本）

《唐石經攷異》　清錢大昕撰（顧千里校袁廷檮五硯樓傳鈔本）

《說文解字》　漢許慎撰（平津館叢書本）

《顧氏說文兩種》（《說文考異》、《說文辨疑》）　清顧千里撰（清潘錫爵鈔本）

《說文繫傳》　南唐徐鍇撰（清祁寯藻刻本）

《釋名》　漢劉熙撰（清吳志忠刻本）

《玉篇》　陳顧野王撰（王欣夫過錄顧千里校本）

《廣韻》　宋陳彭年等重修（王欣夫過錄顧千里校本）

《集韻》　宋丁度等撰（顧千里重修曹楝亭版本）

《復古篇》　宋張有撰（顧千里校本）

史部

《漢書》　漢班固撰（百衲本）

《後漢書補注》　清惠棟撰（顧千里校本）

《新唐書糾繆》　宋吳縝撰（武英殿聚珍本）

《五代史補》　宋陶岳撰（顧千里抄校本）

《五代史闕文》　宋王禹偁撰（版本同上）

《宋史》　元脫脫撰

《明史》　清張廷玉撰

《清史稿》　清趙爾巽撰

《資治通鑑》　司馬光撰（中華書局標點本）

《通鑑釋文》　宋史炤撰（過錄顧千里校本）

《通鑑補正略》　清張敦仁撰（峭帆樓叢書本）

《國語注》　吳韋昭注（士禮居叢書本，又顧千里校本）

《戰國策》　漢高誘注（士禮居叢書本，又袁廷檮過錄顧千里校本）

《華陽國志》　晉常璩撰（王欣夫過錄顧千里校本，又，悔過齋重印廖氏題襟館本）

《奉天錄》　唐趙元一撰（雲自在龕叢書本）

《唐大詔令集》　宋宋敏求編（顧千里抄校本，商務印書館排印本）

《漢官》　□□撰（顧千里校本）

《漢官解詁》　漢王隆撰，胡廣注（版本同上）

《漢官曲職儀式選用》　漢蔡質撰（版本同上）

《漢儀》　漢應劭撰（版本同上）

《漢舊儀》　漢衛宏撰（版本同上）

《漢禮器制度》　漢叔孫通撰（版本同上）

《漢舊儀補遺》　漢衛宏撰（版本同上）

《故唐律疏議》　唐長孫無忌等撰（四部叢刊三編本）

《晏子春秋》　周晏嬰撰（清吳鼒刻本）

《列女傳》　漢劉向撰（小讀書堆刻本）

《人壽金鑑》　清程得齡輯

《列朝詩集小傳》　清錢謙益撰

《漢學師承記》　清汪藩撰

《清史列傳》

《國朝長元吳三邑諸生譜》　清錢國祥編（簡稱「三邑諸生譜」）

《國朝先正事略》　清李正度輯

《碑傳集補》　閔爾昌輯

《桐城耆舊傳》　馬其昶

《明清歷科進士題名錄》

《吳中藏書先哲考略》　蔣吟秋撰

《金石家書畫家小傳》　西泠印社編

《閻潛邱先生年譜》　清張穆撰

《述菴先生年譜》　清嚴榮撰

《竹汀居士年譜》　清錢大昕自訂　續編　錢慶曾補編

《邵二雲先生年譜》　黃雲眉撰

《孫淵如先生年譜》　清張紹南撰、訂補，清繆荃孫補

《高郵王氏父子年譜》　劉盼遂撰（《段王學五種》本）

《段玉裁先生年譜》　劉盼遂撰

《黃蕘圃先生年譜》　清江標撰

《黃蕘圃先生年譜補》　王欣夫先生補

《顧千里先生年譜》　[日]神田喜一郎撰

《顧千里先生年譜》　汪宗衍撰

《顧千里先生年譜》　趙詒琛撰（金山姚氏鉛印本，又對樹書屋刊本，王欣夫校本）

《臧在東年譜》　[日]吉川幸次郎撰（筑摩書房《吉川幸次郎全集》本）

《瞿木夫先生自訂年譜》　清瞿中溶自訂

《瞿木夫先生自訂年譜補》　王欣夫補

《吳山尊先生年譜》　清吳榮光撰

《梅郎中年譜》　吳常燾撰

《定菴先生年譜》　清吳昌綬撰，外紀　清張祖廉撰

《竹汀日記鈔》　清錢大昕撰

《匪石日記鈔》　清鈕樹玉撰

《越縵堂日記》　清李慈銘撰

《復堂日記》　清譚獻

《水經注》　北魏酈道元撰（顧千里校本）

《洛陽伽藍記校注》　范祥雍注

《輿地廣記》　宋歐陽忞撰（士禮居刻本，王欣夫過錄顧千里校本）

《畿輔通志》

《山東通志》

光緒九年《蘇州府志》

嘉慶年間修《揚州府志》

同治續修《揚州府志》

光緒續修《揚州府志》

民國修《杭州府志》

光緒續修《江寧府志》

光緒九年《松江府續志》

《常昭合志》

同治間修《上元江寧兩縣志》

民國修《吳縣志》

光緒間刊《重修六合縣志》

《續修甘泉縣志》

民國修《甘泉縣續志》

光緒年間修《江都縣續志》

光緒年間重修《儀徵縣志》

光緒年間重修《江陰縣志》

光緒二年刻《海鹽縣志》

《光緒上虞縣志校續》

民國修《蕭山縣志》

民國修《德清縣志》

道光《諸城縣續志》

民國修《萊陽縣志》

民國修《昭通縣志稿》

民國九年《英山縣志》

道光八年《歙縣志》

民國修《歙縣志》

同治間修《番禺縣志》

《嘉慶黎里志》

《清續文獻通考》　劉錦藻編撰

《衢本郡齋讀書志》　宋晁公武撰（清汪氏藝芸書舍刻本，又，顧千里校本）

《道藏目錄詳注》　明白雲霽撰（石研齋刻本，顧千里校跋本）

《四庫全書總目》

《增訂四庫全書簡明目錄標注》　清邵懿辰等校注

《四庫提要補正》　胡玉搢、王欣夫編撰

《續修四庫全總目提要》　台灣刊本

《蕘圃藏書題識》　繆荃蓀等輯

《士禮居藏書題跋續錄》　清江標等輯

《蕘圃藏書題識續錄》、《再續錄》　王欣夫輯

《思適齋書跋》　王欣夫輯

《思適齋集外書跋輯序》　鄒百耐等輯

《藝芸書舍宋元本書目》　清汪士鐘撰

《愛日精廬藏書志》　清張金吾撰

《拜經樓藏書題跋記》　清吳騫撰，吳壽暘編

《經籍跋文》　清陳鱣撰

《書鈔閣行篋書目》　清周星貽編

《唫香仙館書目》　清馬二槎撰

《書目答問補正》　清張之洞撰，范希正補正

《藏書紀事詩箋正》　王欣夫箋，稿本

《鐵琴銅劍樓藏書目》　瞿鏞撰

《楹書隅錄》　清楊紹和撰

《善本書室藏書志》　清丁丙撰

《皕宋樓藏書志》　清陸心源撰

《顧鶴逸藏書目》　（抄本）

《涵芬樓燼餘書錄》　張元濟撰

《涉園題跋集錄》　張元濟撰

《國朝未刊書目》　清鄭文焯撰

《藝風堂藏書記》、《續記》　繆荃蓀撰

《邵亭知見傳本書目》　清莫友芝撰

《儀顧堂題跋》、《續跋》　清陸心源撰

《傳書堂善本書目》　清蔣鳳藻撰

《讀有用書齋書目》、《書跋》　清韓應陛撰（抄本）

《寶禮堂宋本書目》　潘宗周撰

《峭帆樓善本書目》　趙詒琛撰

《文祿堂訪書記》　王文晉撰

《五十萬卷樓羣書跋文》　清莫伯驥撰

《卷庵書跋》　葉景葵撰

《雙鑑樓善本書目》　傅增湘撰

《藏園羣書題記初集》、《續集》　傅增湘撰

《藏園群書經眼錄》　傅增湘撰

《寒瘦山房鬻存善本書目》　鄧邦述撰

《羣碧樓藏書錄》　鄧邦述撰

《適園藏書志》　張均衡撰

《章氏四當齋藏書目》　章鈺撰

《江蘇省立國學圖書館現存書目》　柳詒徵等編

《江蘇省第一圖書館覆校善本書目》

《四部叢刊初編目錄》

《北平圖書館善本書目》　趙萬里撰

《北京圖書館善本書目》

《北京大學所藏李氏書目》

《上海圖書館善本書目》

《著硯樓書跋》　潘景鄭撰

《善本書所見錄》　羅振常撰，周子美編

《芝庵羣書題識》　趙萬里撰（《大公報》1934 年連載）

《蛾術軒篋存善本書錄》　王欣夫撰稿本

《中國善本書題要》　王重民編撰

《靜嘉堂秘籍志》　[日]河田羆撰

《經籍訪古志》　[日]森立之撰

《清人所著說文之部書目初編》　馬敍倫（見《圖書館季刊》1926 年第一卷第一期）

《淮南子書錄》　吳則虞

《金石錄》　宋趙明誠編撰（《四部叢刊續編》本，顧千里校抄本）

《潛研金石目》　清錢大昕撰（顧千里校跋本）

《古刻叢鈔》　明陶宗儀撰（《平津館叢書》本）

《寶刻類編》　（《知不足齋叢書》本）

《汪本隸釋刊誤》　舊題清黃丕烈撰

《輿地碑記目》　宋王象之撰

顧千里所藏石刻題跋　（見《文獻》第十二輯）

《史通》　唐劉知幾撰（《四部叢刊》本，顧千里校本，王欣夫過錄顧千里校本）

子部

《荀子》（王欣夫過錄顧千里校本）

《孫子》（《平津館叢書》本）

《吳子》（同上）

《司馬法》（同上）

《韓非子集釋》　陳奇猷撰

《韓非子札記》　周勳初撰

《墨子》（孫詒讓舊藏過錄顧千校本）

《管子注》　房玄齡注（王欣夫過錄顧千里校本）

《管子補注》　明劉績注

《淮南子》　漢劉安撰（王欣夫過錄顧千里校本）

《易林》　漢焦延壽撰（顧千里校本士禮居刻本）

《中論》　魏徐幹撰

《抱朴子內外篇》　晉葛洪撰（平津館校刊本）

《抱朴子內篇校注》　王明撰

《遯翁苦口》　顧千里編

《唐律疏議》（《岱南閣叢書》本，又標點本）

《洗冤集錄》　宋宋慈撰（岱南閣刊本）

《經史質疑錄》　清張聰咸撰

《困學紀聞》　宋王應麟撰（顧千里校本）

《履齋示兒編》　宋孫奕撰　《重校補》　顧千里撰

《東京夢華錄》　宋孟元老撰

《鑑戒錄》　蜀何光遠撰（知不足齋刊本）

《揚州畫舫錄》　清李斗撰

《曝書雜記》　清錢泰吉撰

《讀書雜志》　清王念孫撰

《履園叢話》　清錢詠撰

《墨林今話》　清蔣寶齡撰

《揚州畫苑錄》　清汪鋆撰

《東湖叢記》　清蔣光熙撰

《郎潛紀聞》　清陳康祺撰

《吹網錄》　清葉廷縮撰

《前塵夢影錄》　清徐康撰

顧千里手札　（散見）

《藝風堂友朋書札》　繆荃蓀撰

《知不足齋叢書》

《獨抱廬叢刻》（殘本）

《士禮居叢書》

《江都汪氏叢書》

《平津館叢書》

《岱南閣叢書》

集部

《古文苑》（陸貽典家鈔，顧千里校本）

《文選》（胡克家刻本）

《文選攷異》　清顧千里撰（胡克家刻《文選》後附）

《文選攷異》　清孫志祖撰（顧千里校本）

《文選李注補正》　清孫志祖撰（顧千里校本）

《文選理學權輿》　清汪師韓撰（顧千里校本）

《文苑英華》　宋李昉等編

《文苑英華辨證》　宋彭叔夏撰

《唐文粹》　宋姚鉉輯（顧千里校本，《四部叢刊》本）

《西崑酬唱集》　宋楊億編（顧千里校本）

《湖海詩傳》　清王昶編

《蔡中郎集》（王欣夫過錄顧千里校本）

《蔡中郎集舉正》　羅以智撰

《駱賓王集》（秦氏石研齋刊《唐人三家集》本）

《王右丞集》（影宋本，有顧千里跋）

《劉禹錫文集》

《歐陽行周文集》（顧千里校本）

《李元賓文集》（秦氏石研齋刊本）

《蘇學士集》（顧千里跋本）

《釋梧溪集訂譌》　清顧千里撰（稿本）

《丁鶴年集》

《憺園集》　清徐乾學撰

《述學》　清汪中撰

《揅經室集》　清阮元撰

《潛研堂文集》　清錢大昕撰

《抱經堂文集》　清盧文弨撰

《春融堂集》　清王昶撰

《戴東原集》　清戴震撰

《經韻樓集》　清段玉裁撰

《段玉裁經韻樓集外文》　王欣夫輯（稿本）

《洪北江文集》　清洪亮志撰

《平津館文集》　清孫星衍撰

《岱南閣集》　清孫星衍撰

《章氏遺書》　清章學誠撰

《亦有生齋集》　清趙懷玉撰

《存悔齋集》　清劉鳳誥撰

《三松堂集》　清潘奕雋撰

《大滌山房詩錄》　清張吉安撰

《嘉樹山房集》　清張士元撰

《澥云詩鈔》　清汪澥云撰

《賞雨茅屋集》　清曾燠撰

《邗上題襟續集》　清曾燠撰

《船山詩鈔》　清張問陶撰

《惜抱軒集》　清姚鼐撰

《花嶼讀書堂集》　清李福撰

《吳學士詩文集》　清吳鼐撰

《頤道堂詩選》　清陳文述撰

《碧城仙館詩鈔》　清陳文述撰

《匪石山人詩》　清鈕樹玉撰

《露蟬吟詞鈔》　清唐仲冕撰

《雕菰集》　清焦循撰

《紅蕙山房吟稿》　清袁廷檮撰

《思適齋集》　清顧千里撰

《思適齋集補遺》　王欣夫輯（《黃顧遺書》本）

《半樹齋文》　清戈襄撰

《鐵橋漫稿》　清嚴可均撰

《王文簡公遺集》　清王引之撰

《小謨觴館詩集》　清彭兆蓀撰

《拜經堂文集》　清臧在東撰

《靈芬館全集》　清郭麐撰

《愚谷文存》　清吳騫撰

《簣山堂詩集》　清王賡言撰

《柯家山館遺詩》　清嚴元照撰

《晦庵文存》　清嚴元照撰

《鑑止水齋集》　清許宗彥撰

《古泉山館詩集》　清瞿中溶撰

《冬生草堂文錄》　清夏寶晉撰

《養一齋文集》　清李兆洛撰

《饅飢亭集》　清祁㝢藻撰

《染香庵集》　清江沅撰

《柏梘山房詩文集》　清梅曾亮撰

《楓江草堂詩集》　清朱紫貴撰

《清湘瑤瑟譜》　清朱紫貴撰

《龔自珍全集》　清龔自珍撰

《知退齋稿》　清張瑛撰

《儀宋堂文二集》　清吳嘉淦撰

《仰簫樓文集》　清張星鑑撰

《清詩鐸》　張應昌撰

《文心雕龍注》　梁劉勰撰　范文瀾注

《文心雕龍校注拾遺》　楊明照撰

《蒲褐山房詩話》　清王昶撰

《蒼崖先生金石例》　元潘昂霄撰（雅雨堂刊本，顧千里校本）

《墓銘舉例》　明王行撰（顧千里校本）

《詞林輯略》　清林汝珍撰

《三百年學術史》　梁啟超撰

《四庫全書纂修考》　郭伯恭撰

《胡注通鑑表微》　陳垣撰

《中國古代的類書》　胡道靜撰

《學海》雜志

《制言》雜志

《青鶴》雜志

《圖書館學季刊》雜志

《文史》雜志

（未注明版本者，為一般通行本）

國家圖書館出版品預行編目資料

顧千里研究（增補本）

李 慶著. – 初版. – 臺北市：臺灣學生，2013.01
面；公分

ISBN 978-957-15-1580-9 (平裝)

1.（清）顧千里 2. 學術思想 3. 傳記

782.876   102000708

顧千里研究（增補本）

著　作　者：李　　　　　　　　慶
出　版　者：臺 灣 學 生 書 局 有 限 公 司
發　行　人：楊　　　雲　　　龍
發　行　所：臺 灣 學 生 書 局 有 限 公 司
　　　　　　臺北市和平東路一段七十五巷十一號
　　　　　　郵 政 劃 撥 帳 號 ： 0 0 0 2 4 6 6 8
　　　　　　電　話 ： (0 2) 2 3 9 2 8 1 8 5
　　　　　　傳　眞 ： (0 2) 2 3 9 2 8 1 0 5
　　　　　　E-mail：student.book@msa.hinet.net
　　　　　　http://www.studentbook.com.tw
本 書 局 登
記 證 字 號：行政院新聞局局版北市業字第玖捌壹號
印　刷　所：長 欣 印 刷 企 業 社
　　　　　　新北市中和區永和路三六三巷四二號
　　　　　　電　話 ： (0 2) 2 2 2 6 8 8 5 3

定價：新臺幣八〇〇元

西 元 二 〇 一 三 年 一 月 初 版

78248
有著作權・侵害必究
ISBN 978-957-15-1580-9 (平裝)